U0926276

中国近代留洋法学博士考

OVERSEAS-EDUCATED DOCTORS OF LAW *of* MODERN CHINA

第二版

王伟 著

上海人民出版社

献给我的父母

RIGHTS OF CITIZENS AND PERSONS

UNDER THE

FOURTEENTH AMENDMENT

BY

CHIN-YUNG YEN

FELLOW OF COLUMBIA UNIVERSITY

Submitted in Partial Fulfilment of the Requirements for the Degree of Doctor of Philosophy in the Faculty of Political Science Columbia University

NEW YORK

1905

严锦镕 1905 年哥伦比亚大学宪法学博士论文

王宠惠签名（1901 年加州大学伯克利）

王宠惠签名（1902 年耶鲁大学）

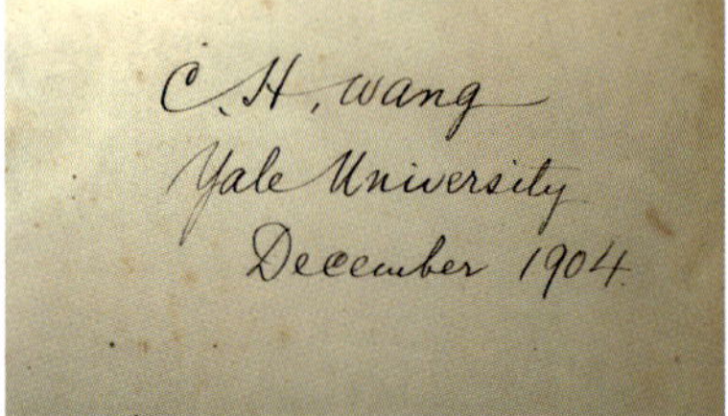

王宠惠签名（1904 年耶鲁大学）

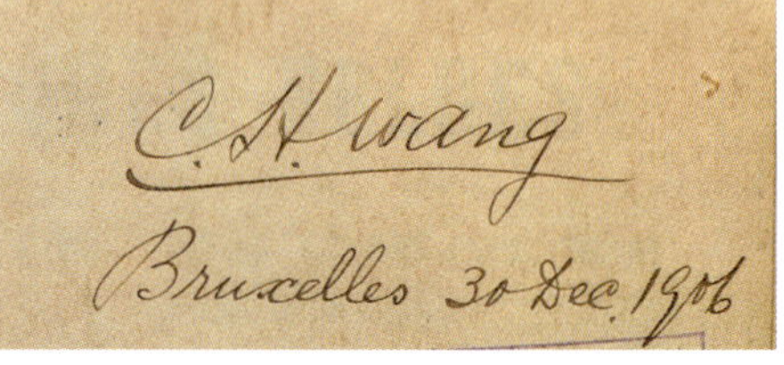

王宠惠签名（1906 年布鲁塞尔）

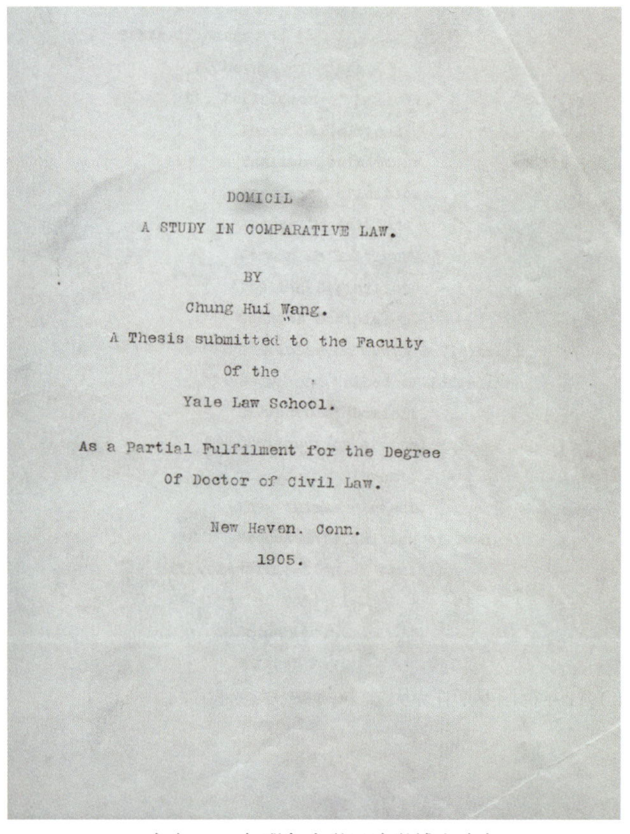

DOMICIL

A STUDY IN COMPARATIVE LAW.

BY

Chung Hui Wang.

A Thesis submitted to the Faculty

Of the

Yale Law School.

As a Partial Fulfilment for the Degree

Of Doctor of Civil Law.

New Haven. Conn.

1905.

王宠惠 1905 年耶鲁大学民法学博士论文

QVOD FELIX FAVSTVMQVE SIT

SVMMIS AVSPICIIS

SERENISSIMI ET POTENTISSIMI PRINCIPIS AC DOMINI

DOMINI

FRIDERICI FRANCISCI

MAGNI DVCIS MEGALOPOLITANI

PRINCIPIS VENEDORVM SVERINI ET RACEBVRGI

COMITIS SVERINENSIS

TERRAE ROSTOCHIENSIS ET STARGARDIENSIS DOMINI

VNIVERSITATIS HVIVS LITTERARIAE PATRONI MVNIFICENTISSIMI

ATQVE

CANCELLARII MAGNIFICENTISSIMI

RECTORE MAGNIFICO

FRIEDRICH MARTIUS

MEDICINAE DOCTORE ET PROFESSORE PVBLICO ORDINARIO

EX IVRECONSVLTORVM ORDINIS DECRETO

AD HVNC ACTVM CLEMENTISSIME CONSTITVTVS PROCANCELLARIVS

BERNHARD MATTHIASS

DOCTOR IVRIS VTRIVSQVE ET PROFESSOR IVRIS PVBLICVS ORDINARIVS

ORDINIS IVRECONSVLTORVM H. T. DECANVS

VIRO PRAENOBILISSIMO ET DOCTISSIMO

XAVER KINGINTHAI

CHINENSI

POSTQVAM

COMMENTATIONEM TRADIDIT CVI TITVLVS EST

WELCHE RECHTE HAT DER GRUNDSTÜCKSEIGENTÜMER IM FALLE DER ÜBERSCHREITUNG SEINER GRENZE DURCH ERRICHTUNG EINES GEBÄUDES AUF DEM NACHBARGRUNDSTÜCK UNTER DEN VORAUSSETZUNGEN DES § 912 B.G.B.?

ET

EXAMEN RIGOROSVM RITE ABSOLVIT

IVRIS VTRIVSQVE DOCTORIS

DIGNITATEM HONORES PRIVILEGIA

D. XX. MENSIS IVNII A. MDCCCCXI

CONTVLIT

IDQVE HAC TABVLA SIGILLO ORDINIS MVNITA

PVBLICE PROFESSVS EST

ROSTOCHII

TYPIS ACADEMICIS ADLERIANIS

赓德祥 1911 年德国罗斯托克大学法学博士学位证书

梅华铨照片

The Chancellor, Professors and Council of

New York University

To all persons to whom this writing may come
Greeting!

Be it known that we in recognition of the successful completion of the requisite course of study in our

School of Law

by virtue of authority granted us by charter of the State of New York do confer upon

Hua-Chuen Mei

the degree of

Juris Doctor

with all the rights, privileges and immunities thereunto appertaining.

In witness whereof we have caused this Diploma to be signed by the duly authorized officers of the University and sealed with our corporate seal, in the City of New York, June, Nineteen hundred fourteen.

Elmer E. Brown, Ph.D., LL.D., Chancellor

George C. Sprague, Ph.D., Registrar

Clarence D. Ashley, LL.D., Dean

梅华铨 1914 年纽约大学法律博士学位证书

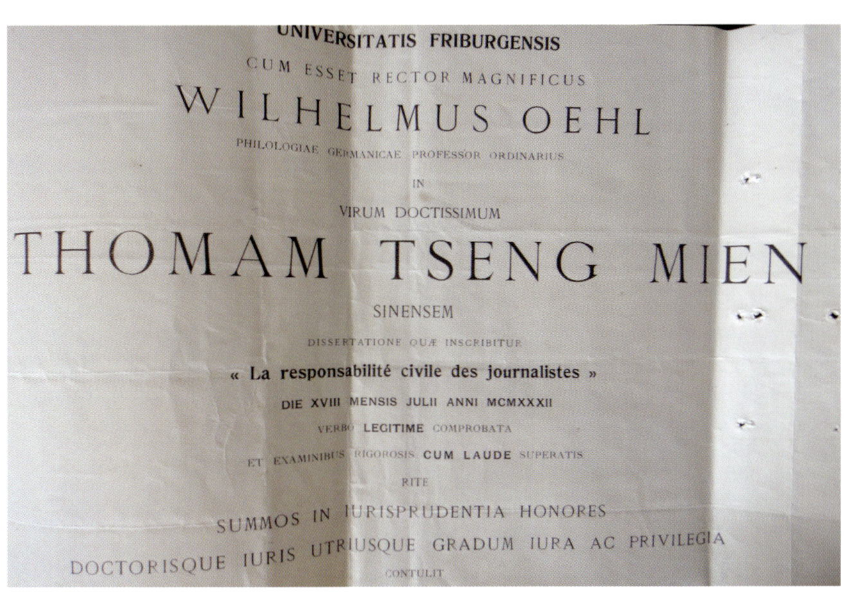
UNIVERSITATIS FRIBURGENSIS
CUM ESSET RECTOR MAGNIFICUS
WILHELMUS OEHL
PHILOLOGIAE GERMANICAE PROFESSOR ORDINARIUS
IN
VIRUM DOCTISSIMUM
THOMAM TSENG MIEN
SINENSEM
DISSERTATIONE QUÆ INSCRIBITUR
« La responsabilité civile des journalistes »
DIE XVIII MENSIS JULII ANNI MCMXXXII
VERBO LEGITIME COMPROBATA
ET EXAMINIBUS RIGOROSIS CUM LAUDE SUPERATIS
RITE
SUMMOS IN IURISPRUDENTIA HONORES
DOCTORISQUE IURIS UTRIUSQUE GRADUM IURA AC PRIVILEGIA
CONTULIT

曾勉 1932 年瑞士佛莱堡大学法学博士学位证书

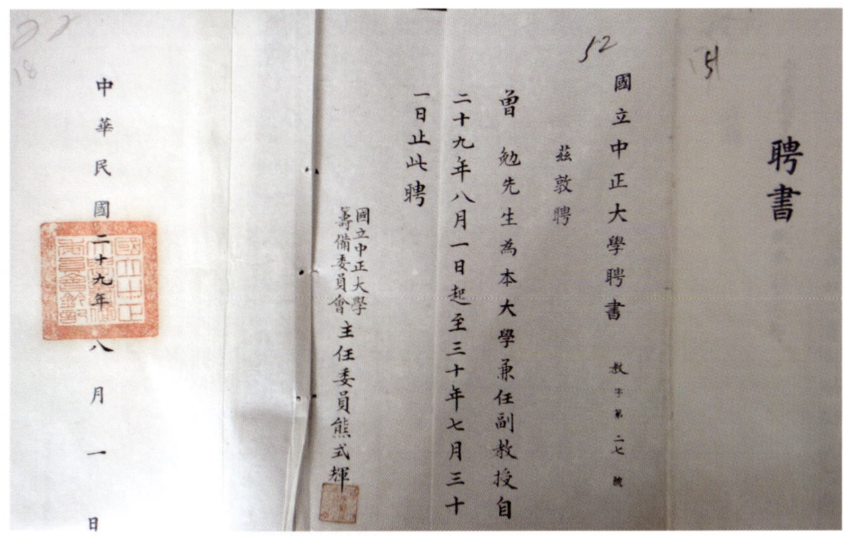
聘書

國立中正大學聘書 教字第二七號

茲敦聘

曾勉先生為本大學兼任副教授自二十九年八月一日起至三十年七月三十一日止此聘

國立中正大學籌備委員會主任委員熊式輝

中華民國二十九年八月一日

曾勉 1940 年中正大学聘书

张鑫长 1936 年印第安纳大学 J.D.

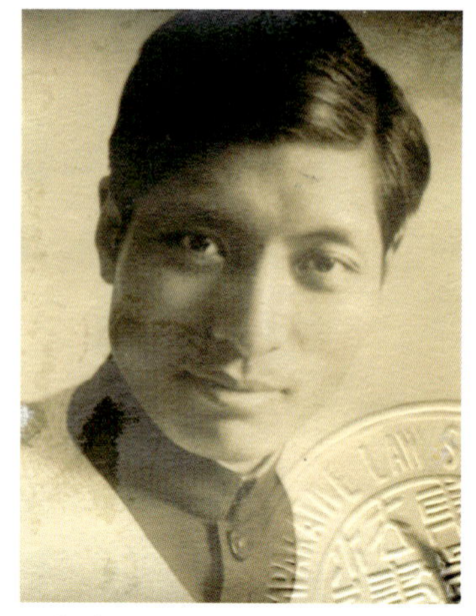

郑涛 1936 年印第安纳大学 J.D.

孙亮 1936 年印第安纳大学 J.D.

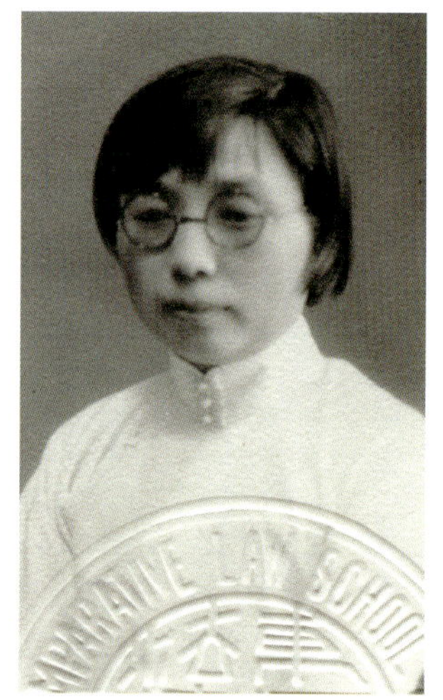

徐亚辉 1937 年印第安纳大学 J.D.

1935 年印第安纳大学中国 J.D. 学生合影

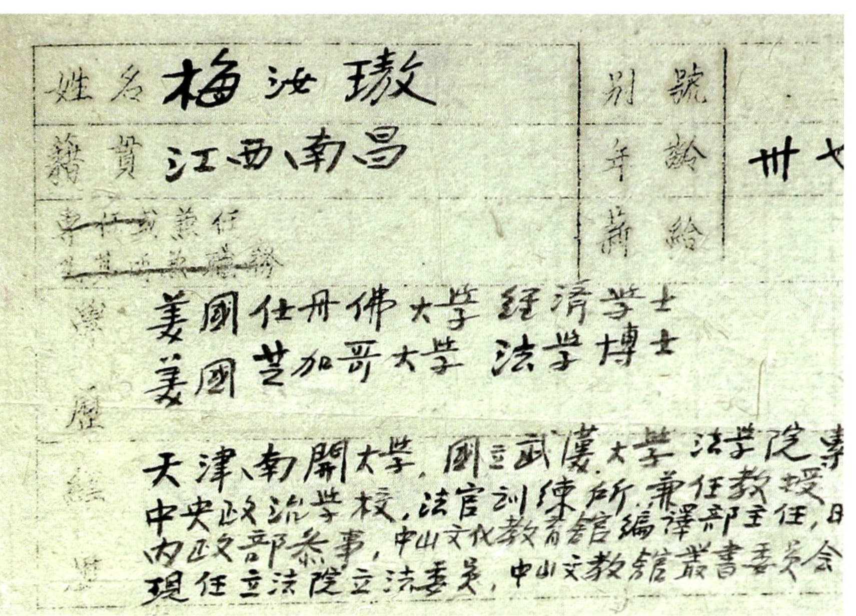

姓名	梅汝璈	號別	
籍貫	江西南昌	年齡	卅七
~~專任或兼任~~		薪給	
學歷	美國仕丹佛大学 經濟学士 美國芝加哥大学 法学博士		
經歷	天津南開大學、國立武漢大學法学院教…… 中央政治學校、法官訓練所兼任教授…… 內政部參事，中山文化教育館編譯部主任，…… 現任立法院立法委員，中山文教館叢書委员会……		

芝加哥大学法律博士梅汝璈亲笔填写的履历表

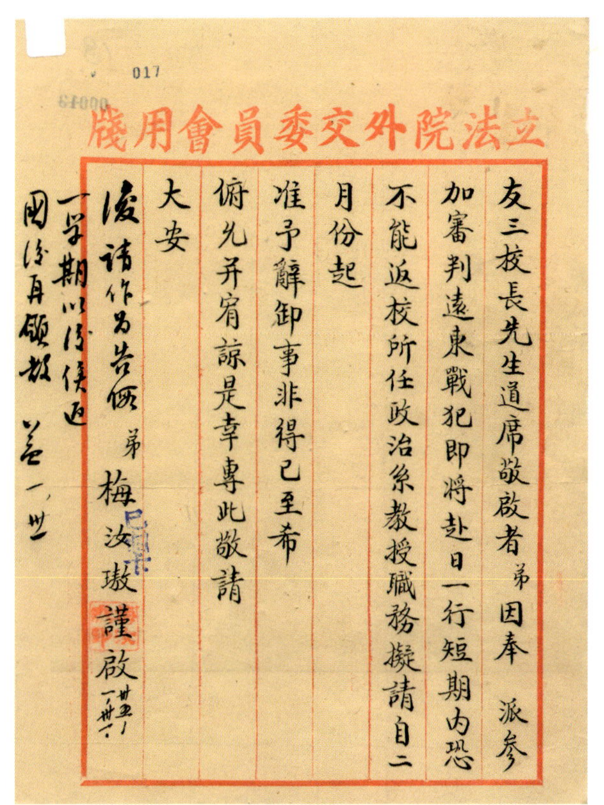

立法院外交委員會用箋

友三校長先生道席敬啟者弟因奉派參加審判遠東戰犯即將赴日一行短期內恐不能返校所任政治系教授職務擬請自二月份起准予辭卸事非得已至希俯允并宥諒是幸專此敬請

大安

弟梅汝璈謹啟 一月廿一

後請作為告假一學期以俟返國後再領教 …… 一、廿

梅汝璈 1946 年奔赴东京审判前致信复旦大学校长章益

University of London

Bin Cheng

of

University College

having completed the Course of Study approved by the University and passed the prescribed Examinations, has this day been admitted by the Senate as an Internal Student to the Degree of

DOCTOR OF PHILOSOPHY

in the Faculty of *Laws*

the Field of Study being *Public International Law*

10 May 1950

James Henderson
Academic Registrar

郑斌1950年伦敦大学法学专业哲学博士学位证书

目　录

图片目录

表格目录

第一版序言

我最早对中国近代留洋法学博士这个群体感兴趣是在伦敦大学攻读博士学位时期，我的博士论文涉及中国近代条约、外交和金融法史，在收集资料的过程中，我注意到一个现象：一些中国近代留学生的博士论文对我的论文非常有用，于是我开始关注这些早期留学生的教育背景，并产生一个念头：何不编写一本《中国近代留洋法学博士名录》？至少，这一名录将有益于像我一样从事法学研究的人。为此，我在撰写博士论文期间就开始留意收集有关中国近代留洋法学博士的资料。可以说，没有伦敦大学的博士研究经历，我不大可能对近代留洋法学博士问题感兴趣。

通过几年的研究，我的目的已经从编写简单的名录进而上升到撰写一册系统的考证性研究著作上。现在看来，当初的这一决定实在有些冒失，甚至有些自不量力，原以为很快就可以完成的工作，居然拖了六、七年，占据了我几乎全部的业余时间，其难度远远超过我的预想。可以说，我对于这个问题所花费的心血，甚至比我对自己博士论文的付出还要多。难就难在“中西结合”上。近代留洋法学博士的教育背景往往就是中西结合，所以其教育背景资料也往往是中西结合，而收集分析其教育背景资料也必须中西结合，单单收集中国的资料当然不够，仅仅收集外国的资料更是不够。在写作过程中我不得不承认，不要说学贯中西，哪怕仅仅是研究那些曾经学在中西的人也很难。袁同礼先生为编写《中国留美同学博士论文目录》，殚精竭虑，耗费了十年的功夫，一度被所谓博士问题弄得“头焦额烂”（唐德刚《胡适杂忆》），对比前辈，我虽辛苦，但远不及其万一。事实上，如果没有袁同礼先生的目录，就没有我的这本书，这绝非虚言。

在整个写作过程中，我花费时间和精力最多的是留美法学博士、留美法科哲学博士和留法法学博士。虽有袁同礼三本目录作为参考，但事实上远远不够。一是因为近代留洋法学博士群体的范围大大超过袁氏目录中留洋法学博士的范围；二是因为袁氏目录本身存在不少错漏之处，不能过分依赖，否则将被误导，尤其是袁氏目录在一些姓名翻译上的错误，稍有不慎，就会影响统计结果；三是因为袁氏目录仅仅是博士论文目录，而本书则是对博士本身的考证，既涵盖博士论文，也涵盖博士的生卒籍贯和履历等方面，试图从多角度、多方位研究近代留洋法学博士群体。

目前已出版的各种留学生研究论著，尚未有专门论述留洋博士群体的，而本书以近代留洋法学博士为对象，是在近代留学生研究上的一个新尝试。该选题是否得当，研究是否有价值，留待读者评价，留待历史评价。

这项工作进展缓慢，现在的结果仍然不能让我十分满意。“予有著书疾，成后反自惭”（孟德斯鸠《罗马兴亡论》）。我甚至一度怀疑，这项工作能否真正完成？能否列出一张穷尽所有中国近代留洋法学博士的清单？如果不能穷尽所有的近代留洋法学博士，那么我的所谓统计分析结果是否站得住脚？是否经得起读者的检验？法学博士的标准究竟是什么？在分析资料的过程中，我遇到很多互相矛盾之处，何者正确？何者错误？抑或全都错误？我在纠正别人错误的过程中是否会错上加错？这些疑问和担心困扰我许多日日夜夜，让我内心不得安宁，“知我者谓我心忧，不知我者谓我何求？”在进行这项痛苦的研究过程中，我逐渐明白：这项工作不可能尽善尽美，我只能尽自己最大努力。任何一个研究人员，都不得不受制于“研究能力”、“研究资金”、“研究资料”等的限制。

这一研究更大的困难在于受制于时间和空间，因为我们无法复制近代中国，无法回到中国近代，无法当面向那些法学先贤请教。时间能使档案的字迹模糊，能使档案的纸张脆化、灭失，时间能使人衰老，使人记忆力减退，使人死亡。这是不可抗拒的自然原因，而人为原因呢？难道人为的原因就可以回避吗？一场接一场的战乱，一场接一场的运动，“樯橹灰飞烟灭”，真不知消磨了多少豪杰。近代留洋法学博士，曾经漂洋过海，去摘取法学皇冠上的明珠，今天看来，他们中的很多人本身就是法学皇冠上的明珠，只是深埋在海底，一旦重新浮出水面，必将散发出熠熠的光辉。

王 伟

2011年8月31日

写于南息斋

第二版序言

《中国近代留洋法学博士考》于 2011 年首次出版，经过八年的沉淀积累，再版的时机已经成熟。与第一版相比，本次再版内容做了较大改动，增删调整之处甚多，此处不再一一赘述。除了内容修改之外，本次再版全部换上新图片，既有留洋法学博士的照片，也有他们的手迹、博士论文封面、博士学位证书等。这些图片是从笔者收集的上千幅图片中精心挑选而成。

通过本书第一版，我结识了一些朋友。陈立博士虽小我 10 岁，但研究近代法科留学生的时间并不短，搜求留学生档案的足迹遍布英美法德比等国。他在哈佛燕京图书馆里读到《中国近代留洋法学博士考》第一版后，主动给我发了一封电子邮件（我保留着他发给我的第一封邮件，时间是 2013 年 9 月 10 日），指出了书中的几个问题，让我大为惊讶！他当时的身份是哈佛法学院的一名硕士生，不去追求时髦的前沿课题，却对近代留学生这一冷门极感兴趣，如数家珍。我们经常通过微信进行讨论，有时断断续续持续几个小时，时差虽在，乐此不疲，真可谓同道中人。毫无疑问，这本书的第二版也浸透了陈立博士的心血，他是该版稿件的第一位读者，也是极其认真的校对者和资料提供者，不仅帮我解决了一些难题，也让我避免了很多错误。

我还要特别感谢华东政法大学龚汝富教授，他给我分享了自己跑遍江西各地档案馆所收集的珍贵档案，让我大开眼界，历史真相往往就隐藏在某个偏僻的角落。感谢我的同事史大晓副教授，他利用在康奈尔大学法学院游学的机会帮我查找资料。我的学生郝世淑及安尼米克（Annemick）通晓德语、荷兰语，帮我解决了两篇博士论文题目翻译中的难题；汪媛媛、鱼洋、李易凡、刘宁宁、王韶楠等同学在国外留学期间多次帮我查找资料；马达琮琮、彭静颖早已毕业，仍然主动请缨；罗佳莹、曾晶、郭雪晴不辞辛苦校对稿件；朱凌瀚帮我从厦门大学图书馆借到魏文翰先生的英文自传（这本自传存世极少）……有这样的学生，真是老师的福气。华中师范大学黄欢博士提供了有关严锦镕的资料。我的同事班天可博士、在德国康斯坦茨大学留学的复旦法学院校友汪倪杰博士以及法国巴黎二大张鑫源博士帮助我核对了若干留德、留法博士的身份及论文。感激之余，也敬佩他们对于学术的探索精神。

感谢留学前辈——著名国际法学家郑斌先生（伦敦大学 1950 年国际法学专业哲学博士）寄来其日内瓦大学、伦敦大学学位证书的复印件，并来信鼓励、指点我的研究。我特意将这两份极为珍贵的留学史料收录到本书之中，我相信读者也会对这两份文凭极感兴趣。

感谢盛振为先生之女盛芸老师，感谢杨兆龙先生的女儿女婿杨黎明医生和陆锦璧老师，感谢孙晓楼先生之女孙行佳老师，感谢李秀清教授、郝铁川教授、王健教授、张仁善教授、杜卫华副教授、刘训练教授、马剑银副教授、沈伟博士、汪强博士等，他们对本书第一版提出了很多建设性意见。李秀清教授还两次邀请我回母校讲近代留洋法学博士的故事，并提供留美法学博士陈霆锐和吴经熊的成绩单，郝铁川教授则亲自出马帮我查找东吴法学院教师的人事档案。感谢湖北省档案馆、天津市档案馆、北京市档案馆、山东省档案馆、广东省档案馆、福建省档案馆、浙江省档案馆、江西省档案馆、湖南省档案馆、复旦大学档案馆、南京大学档案馆、上海市档案馆等。再次感谢本书的责编上海人民出版社徐晓明博士，他既是一位编辑，也是一位学者。感谢复旦大学法学院对本书再版的慷慨资助。

谢谢印第安纳大学法学院戴维斯副院长、法律图书馆主任法里斯女士，在她们的帮助之下，我 2016 年的布鲁明顿之旅收获颇丰，期待今后有机会发掘那些尚未公开的档案。感谢德国汉堡大学中央法律图书馆主任安德烈亚斯·诺贝尔斯多尔夫（Andreas Knobelsdorf）先生，他的热情、幽默和语言方面的天才给我留下了深刻印象，在汉堡大学图书馆查找中国留德学生毕业论文的经历让我终生难忘。谢谢复旦校友、汉堡大学历史系博士生黄田先生对我在汉堡大学访学时所提供的各种帮助，也要谢谢汉堡大学外事处王恒博士的关心。感谢芝加哥大学图书馆的门卫，她允许我无证入馆查阅，可见人性自有其超越法律的温情一面。感谢比利时鲁文大学法学院院长伯纳德·蒂尔曼(Bernard Tilleman)教授和法律史专家弗雷德·史蒂文斯(Fred Stevens)教授帮我核对中国早期留学鲁文大学的法学博士的身份。

王　伟

2019年2月1日写于沪上南息斋

引　言

中国有很多法律学人早年曾经出国留学。《中国大百科全书(法学卷)》收录中国近代、当代法学人物28名,其中22名有出国留学经历,约占80%;有5名取得留洋博士学位,约占18%。这五名留洋博士分别是:杨鸿烈(日本东京帝国大学文学博士)、周鲠生(法国巴黎大学法学博士)、陈体强(英国牛津大学法学博士)、钱端升(美国哈佛大学政府系哲学博士)、倪征日奥(美国斯坦福大学法律博士)。[1]有很多留学生因为种种原因并未取得博士学位。第四届中美庚款奖学金获得者王铁崖在1937—1939年间留学英国,据说由于欧战爆发而未能实现博士梦想。[2]第四届中英庚款奖学金获得者李浩培也曾经于1936—1939年间留学英国,攻读国际公法、国际私法、比较民法,后来也因为战争原因而被迫中断学业,没有取得法学博士学位。[3]第三届中美庚款奖学金获得者龚祥瑞曾经从伦敦转学巴黎大学,但也没有取得博士学位。[4]在人数众多的近代留学生中,本书关注的是那些取得留洋法学博士学位的人,同时也将讨论促使或者阻碍中国留学生取得法学博士学位的制度原因。

第一节　近代留洋法学博士的身份之谜

大多数留洋法学博士没有留下自传、回忆录或者日记。[5]在本书考证的数百名近代留洋法学博士群体中,出版回忆录的仅有百分之五左右。在为数不多的已经出版的回忆录中,详细描述留学经历的并不多见。例如郑毓秀的自传几乎全是她的革命经历,缺少关于她在法国巴黎大学攻读法学博士学位的具体内容；刁敏谦《留英管窥记》也多记载其对英国社会的印象，对其留英教育经历着墨不多。

下面收录了部分近代留洋法学博士自传或者回忆录。

1	周泽春	留德法学博士	《四十年外交纪略》	《近代史资料》1957年第2期	1957年，第99—105页
2	顾维钧	留美公法哲学博士	《顾维钧回忆录》第1—13分册	中国社会科学院近代史研究所译，中华书局	中译本（1983—1994年）
3	郑天锡	留英法学博士	*East and West: Episodes in a Sixty Years Journey*（《东方与西方：六十年之旅的片断回忆》）	London, Hutchinson & Co.(Publishers) Ltd.	1951年
4	刁敏谦	留英法学博士	*London Through Chinese Eyes*（《留英管窥记》）；《刁德仁自传》（1952年3月25日、1954年7月26日、1952年8月撰写）	London, The Swarthmore Press Ltd.；载张伟群著《四明别墅对照记：上海一条弄堂诸史》，中央编译出版社，第283—292页	英文本（1920年）中译本（2013年）
5	郑毓秀	留法法学博士	*My Revolutionary Years: The Autobiography of Madame Wei Tao-Ming*（《我的革命生涯：魏道明夫人自传》）；《不寻常的玫瑰枝：郑毓秀自述》（赖婷婷译）	New York, Charles Scribner's Sons；中国法制出版社	英文本（1943年）中译本（2018年）
6	吴经熊	留美法律博士	*Beyond East and West*（中译本《超越东西方》）	Sheed and Ward, Inc., New York, & Mei Ya Publications, Inc., Taipei, Taiwan；社会科学文献出版社	英文本（1969年）中译本（2002年）
7	张肇元	留美法律博士	《张肇元回忆录》	正中书局，台北	1976年
8	张彝鼎	留美公法哲学博士	《鉴秋忆往录》	私印本，台北	1981年
9	倪征日奥	留美法律博士	《淡泊从容莅海牙》	法律出版社；北京大学出版社	2003年第二版；2015年增订版
10	夏晋麟	留英法学博士	《我五度参加外交工作的回顾》	传记文学出版社，台湾	1978年1月1日初版
11	赵　冰	留英法学博士	《赵冰博士自传》	戈枫：《赵冰传略》，载《葵乡俊彦列传》（第二辑），新会市政协学习文史社会法制工作委员会，1998年10月，第62页	1960年

12	凌其翰	留比法学博士	《我的外交官生涯——凌其翰回忆录》	中国文史出版社	1993 年 4 月第 1 版
13	漆竹生	留法法学博士	《春满人间谈往事》	上海外语教育出版社	1988 年 8 月第 1 版，第 236—260 页
14	芮　沐	留德法学博士	《芮沐自述》	《中国社会科学家自述》，上海教育出版社	1997 年，第 365—367 页
15	端木正	留法法学博士	《端木正自述》	《中国社会科学家自述》，上海教育出版社	1997 年，第 370—371 页
16	赵理海	留美公法哲学博士	《赵理海自述》	《中国社会科学家自述》，上海教育出版社	1997 年，第 379—380 页
17	赵俊欣	留法法学博士	《赵俊欣自传摘要》	《丹徒文史资料》第 5 辑，政协丹徒县文史资料研究委员会	1990 年，第 40—56 页
18	龚　钺	留法法学博士	《著名国际法学家龚钺自述》	《福州市文史资料选辑》第 10 辑	1990 年 10 月，第 39—44 页
19	吴凯声	留法法学博士	《吴凯声博士传记》	香港大地出版印刷公司	1993 年 12 月第 1 版
20	董　霖	留美公法哲学博士	*Revolutionary China: A Personal Account*	St. Martin's Press, New York	1973 年
21	魏文瀚	留美法律博士	*My life in China: including twenty-three years residing in Communist China*	Englewood, New Jersey, 自印本	1978 年
22	陈雄飞	留法法学博士	《外交生涯一甲子：陈雄飞先生访问记录》	"中央研究院近代史研究所"，台北	2016 年 12 月初版
23	芮正皋	留法法学博士	《外交生涯纵横谈——芮正皋回忆录》；《劫后余生——外交官漫谈"结缘人生"》	三民书局；三民书局	2013 年初版；2014 年 10 月初版

有些门生故旧所编写的文集、纪念集等，在留洋法学博士教育背景上往往只有四个字——"法学博士"，这使得想要进一步探索的人望洋兴叹。例如，在张群所撰写的《司法院院长王公宠惠墓表》中，将王宠惠的博士头衔表述为——"膺美国耶鲁大学法学博士学位"[6]，其年代、具体种类、博士论文等情况均不详。《民国第一位法学家——王宠惠》一书附录《王宠惠先生大事年表》也将其博士教育背景简单地记录为："光绪二十九年至三十二年，二十二岁至二十五岁之间，转往耶鲁大学就读，获博士学位。"[7]与王宠惠交往颇深的夏晋麟博士在晚年回忆录中曾经提到王宠惠，"王部长名重一时。1904 年，以译德国民法为英文，获得耶鲁大学法学博士学

位。”[8]事实上,王宠惠获得耶鲁大学法学博士学位的时间是1905年,其取得博士学位凭借的是博士论文《住所:一个比较法的研究》(Domicil: A Study in Comparative Law),而不是凭借其翻译的德国民法典。王宠惠翻译德国民法典与其获得博士学位没有任何关系。[9]

按照中文惯例,留洋法学博士回国后统称为法学博士。随着时光的流逝,人们早已忘记他们博士头衔的真正名称和含义,更不了解众多法学博士头衔之间的区别。东吴大学(台湾)官方网站在介绍历任董事长和校长(院长)时,对于很多人的博士背景只用四个简单的字“法学博士”(或者用英文“doctorate degree in law”)笼统地描述,无论是取得D.C.L.的王宠惠,或者是取得J.S.D.学位的端木恺、石超庸,或者是取得S.J.D.学位的丘汉平,还是取得J.D.学位的陈霆锐,一概被简称为“法学博士”[10]。更何况有些没有取得法学博士的人有时自称为法学博士,[11]有些明明取得法学博士学位的人却不主动展示自己的法学博士身份。[12]这些有意无意的反常情况增加了后人判断上的困难,并带来很多不必要的疑惑。

同在美国学习法律并取得博士学位、同为著名国际法学家、共同参与东京审判的梅汝璈和倪征日奥,他们的博士学位是否相同?《中华法学大辞典——国际法学卷》中的“梅汝璈”和“倪征日奥”条目,仅仅提到他们的任职和著作情况,没有提到他们的学位事项;[13]《中国大百科全书(法学卷)》虽然称倪征日奥“1929年获美国史坦福大学法学博士学位”[14],但是没有指明该“法学博士”的具体种类。在为梅汝璈遗著《远东国际军事法庭》一书所作的序言中,王铁崖提到梅汝璈“取得了美国芝加哥大学的法学博士学位”,也没有指出是何种类型的法学博士学位。[15]梅汝璈之子梅小璈在《梅汝璈法学文集》的后记中坦承:“余生也晚,混沌未开,适逢‘文革’,于先父之思想及事功竟至茫然。”“我只知道先父早年就读于清华学堂,后来在美国芝加哥大学获得法学博士学位,又曾在国内不少大学任教,也从事过编译、出版工作,写过一些专业文章。”[16]梅小璈的后记和范忠信编写的《梅汝璈先生生平简表》只显示梅汝璈取得芝加哥大学“法学博士”学位,但是这一法学博士学位的具体种类却不得而知。其他关于梅汝璈学历的记载也都采用“法学博士”这一笼统的称呼。[17]

事实并非如此简单。从表面上看,倪征日奥和梅汝璈取得的都是“法律博士”学位(J.D.),且都是名校法律博士,倪征日奥取得斯坦福大学J.D.,梅汝璈取得芝加哥大学J.D.,然而这两个J.D.在学制和毕业论文要求上截然不同。倪征㬇在斯坦福大学攻读的是一年制的J.D.,需要博士毕业论文,而梅汝璈在芝加哥大学攻读的是三年制的J.D.,无需博士毕业论文。[18]

有些学校档案中的教职员名册对于有关学位的表述也是五花八门。例如,在复旦大学1957年教师名册中,哈佛大学毕业的杨兆龙是"法律科学博士",西北大学毕业的孙晓楼是"法学博士",巴黎大学法学博士张企泰的学历变成"硕士",剑桥大学硕士刘家骥的学历却变成"美国剑桥大学哲学博士",哈佛大学法学博士卢峻的最后学历栏目则仅仅填写为"美国哈佛大学法学院毕业",印第安纳大学法律博士(J.D.)丘日庆的最后学历则填写为"英国伦敦大学政治经济学院法律系一年"[19]。上述记载,有真有假,有对有错,有的隔靴搔痒,有的雾里看花。显然,仅凭这些档案资料来确定近代法科留学生的学位身份是不可取的作法。更何况有些学校的档案并不完善,缺漏断档的情况很多。档案不可不用,但绝不可盲信盲从。

再以出生年份为例,有资料记载留法法学博士(政治与经济学专业)徐曰琨生于1906年,但是根据笔者2010年6月1日到上海市有关派出所的调查,其户籍档案记载的出生年份是1907年。户籍虽然是官方记载,但也不一定准确,这里可能有填写的错误或者记忆的错误,可能有农历与公历的区别等等,更多的情况是无法查找到准确的生卒年份,所以,本书提供的留洋法学博士的生卒信息等并非绝对正确的记录,仅供参考。

在研究近代留洋法学博士的教育背景时,亲友的回忆往往不可靠。张宗植在回忆魏文翰时,称魏文翰是美国哈佛大学法学博士。[20]事实上,魏文翰并非哈佛大学法学博士,而是芝加哥大学法律博士(J.D., 1927)。[21]李圣五之女李淑琴误以为其父是英国牛津大学"国际公法博士"[22]。实际上,李圣五在牛津大学并未取得博士学位。

有些看似权威的"人名录"、"同学录"、"校史"也不可靠。1936年东吴大学法学院出版的《私立东吴大学法学院一览》将其第9届毕业生梁鋆立记载为"哈佛大学法学博士"[23],这不符合事实。[24]《国立西南联合大学校史》称章剑(Tchang Kien)是法国里昂大学法学博士,[25]其实章剑在里昂大学取得的是文学博士学位，博士论文是《安置制度》。[26]研究近代留学生教育的学者经常引用台湾刘真主编的《留学教育——中国留学教育史料》一书，该书编写质量较高，但也有一些错漏之处，引用时不可不慎。例如，该书称周纬是法国巴黎大学法学博士，[27]实际上，周纬是瑞士佛莱堡大学法学博士。[28]

以上种种问题，如果不加以澄清，很容易以讹传讹。的确，中国近代留洋法学博士的博士头衔、种类、性质不尽相同，稍有不慎即有可能出错，仅凭今天的知识来判断和理解过去的学位，错误在所难免。有时仅凭过去的资料也容易出现问题。

研究中国近代留洋法学博士，最直接的方法是采访他们本人，这样取得的资料堪称一手资料，可信度极高。遗憾的是，在我开始从事这项研究的时候，绝大多数中国近代留洋法学博士已经作古。我有幸采访到两位近代留洋法学博士，一位是 1936 年取得纽约大学 J.S.D.学位的何海晏先生（已年过百岁），另一位是 1949 年取得印第安纳大学 J.D.学位的王毓骅先生。在本书再版修订期间，我有幸联系上 1950 年取得伦敦大学法学博士学位的郑斌先生。此外，我还与若干近代留洋法学博士的子女进行了访谈，然而多数情况下，这些子女并不清楚他们父辈的留学经历和具体学位，所以这种访谈的效果并不佳。很显然，采用大规模直接访谈的方法已经不适合中国近代留洋法学博士的研究。[29]

调查中国近代留洋法学博士早年留学学校的学籍档案，这是一种必不可少且行之有效的方法，然而实际上也很不容易。如何取得一笔足够的研究经费"周游"列国列校？这是一个很现实的问题。更何况，在我去过的有些学校，对于已经去世的毕业生的学籍档案，由于种种原因，至今仍然不予开放，有些虽然已经开放，但并不完整。档案遗失遗弃问题，不仅存在于中国，也存在于外国。

根据我的经验，参考旁人所编写的人物传记是很不可靠的一种方法。这类材料比较容易取得，但其最大的缺点是可信度不高，缺乏必要的注释，出处不明。通过研读这些材料可以发现，就同一个人的教育背景，不同资料的记载往往并不相同，甚至相互矛盾。孰对孰错？判断对错的标准是什么？有时，很多资料对某一留学生的记载完全相同，实际上却是以讹传讹。以近代史研究热点之一——伍廷芳为例，认为伍廷芳是中国第一个留洋法学博士的专著、文章比比皆是，事实上，伍廷芳从未在英国取得法学博士学位，他的法学博士头衔是其出使美国期间获赠的名誉博士学位。[30]

本书参考的资料除了可信度相对较高的访谈记录、自传、档案和学校正式出版的毕业生名录之外，也采纳部分二手传记的记载作为补充，例如上海《密勒氏评论报》(*The China Weekly Review*)编辑发行的《中国名人录》(*Biographies of Chinese Leaders*)。该名人录最早出版于 1918 年，在民国期间曾经多次再版。其第五版(1936 年)前言称："本书中的传记内容来源于报纸和官方记录，有些直接由本人提供，有些由他们的朋友提供。"《密勒氏评论报》的《中国名人录》在民国期间影响较大，难能可贵的是，该名人录多次再版，其收录的关于中国名人的资料始终在更新，这一悠久的历史和内容上的延续性使得这一传记与普通的名人录或者传记有所不同。该名人录是英文版名人录，在学位名称上使用西方通用的学位简称，例如 M.A.，Ph.D.，J.D.，LL.D.，从文字上减少了诸如"法学博士"这类模棱两可的中文词汇所带来的困扰。不过《密勒氏评论报》的《中国名人录》也有若干不实之处。例如，该《中国名人录》记载蒋梦麟取得美国加州大学法学士学位(LL.B.)。[31]事实上，蒋梦麟早年先入加州大学伯克莱分校农学院，后转到社会科学院(College of Social Sciences)，以教育为主科，历史与哲学为副科，于 1912 年 12 月 20 日获得加州大学文学士学位(Bachelor of Letters)，[32]而非法学士学位(Bachelor of Laws)。《中国名人录》蒋梦麟词条之所以记载为 LL.B.，很可能是将 Bachelor of Letters 的缩写 Litt.B.或 B.Litt.误作 LL.B.。

第二节　现存的若干问题

一、博士论文目录问题

迄今为止，尚没有一部完整的中国近代留洋博士名录。20 世纪 60 年代初，袁同礼以一人之力编辑了三本中国留学生博士论文目录，分别是:《中国留美同学博士论文目录》,[33]《中国留英同学博士论文目录》,[34]《中国留欧大陆各国同学博士论文目录》。[35]袁氏目录价值巨大,收录了20世纪60年代之前中国留学生文史哲、数理化等多个领域的博士论文,其中也有一些法学博士论文,但这三本目录也有美中不足之处。

1. 不包括无论文的博士

袁氏目录只收录撰写过博士论文的博士,不收录无博士论文的博士,这一点袁同礼在《中国留美同学博士论文目录》的前言中已经有所交待。[36]而法学博士却可以分为有论文的法学博士和无论文的法学博士,正因为此,在袁同礼的目录中找不到远东国际军事法庭的中国籍法官——留美法学博士梅汝璈,也找不到吴经熊、盛振为、孙晓楼、端木恺等广为人知的"法学博士"。无论文法学博士的现象主要集中在美国、比利时等国家,这些国家的某些学校针对某些特定的学位(在某些特定的时期)不要求提交博士毕业论文。单就留美法学博士来说,本书第一章收录的留美法学博士数量远远超过袁氏目录中留美法学博士数量。从整体上说,本书收录了396位近代留洋法学博士,其中三分之一左右未被袁氏收录。

2. 遗漏有论文的法学博士

有些近代留洋法学博士,即使撰写了博士论文,也没有被袁同礼收录。例如,斯坦福大学法律博士倪征日奥、哥伦比亚大学公法科哲学博士胡汉瑞、法兰克福大学法学博士芮沐、罗斯托克大学法学博士赓德祥、巴黎大学法学博士许念曾、纽约大学法学博士谭明德、哥伦比亚大学公法哲学博士董维键等人。

袁氏目录还误录一些并不存在的所谓博士论文,在归类上也缺乏明确的标准和必要的说明,容易引起误解。袁氏目录较为突出的问题是博士姓名上的错误,有时中文姓名错误,有时外文姓名错误,有时中外文姓名全都错误。这是后人在参考袁氏目录时尤其需要注意的问题。此外,袁氏目录收录的部分博士论文题目存有瑕疵,在范围上不涉及中国留日博士及其博士论文。以上具体瑕疵,详见本书正文有关章节,这里不再一一指明。

总之,袁氏目录的局限性增加了研究中国近代留洋法学博士的难度,片面依赖袁同礼的三本目录来研究中国近代留洋法学博士是远远不够的。本书收录的法学博士与袁氏目录既有重叠,也有较大差异。

二、西方法律教育史研究上的困难

一个不为人所注意的难点是对于西方法律教育史的研究。在不了解西方法律教育史的情况下研究中国近代留洋法学博士,其结果很可能是进得去却出不来。以美国为例,如果不了解法学学位制度在美国的曲折演变史,如何分得清 J.D.与 J.S.D.? 如何分得清谁是没有博士论文的 J.D.? 谁又是有博士论文的 J.D.? 同样一个学位名称,在不同的学校可能有不同的含义,在同一所学校的不同时期,可能有不同的要求,甚至可能是性质完全不同的法律学位。例如,美国 J.S.D.往往需要提供博士论文,但是纽约大学的 J.S.D.学位在设立初期(20 世纪 20 年代),学习年限只有一年,且无需提交博士论文;通常情况下,作为职业博士学位的 J.D.不要求博士论文,但加州大学柏克莱及印第安纳大学等校在最早设置职业学位 J.D.课程的时候曾经明确规定必须提交毕业论文,过了一段时间之后才取消了 J.D.毕业论文的要求。[37]类似这样的例外、变化,甚至反复无常的情况不时出现,弄清这些问题,对于中国人诚属不易,对于西方人也并非易事。

很多美国法学院出版的毕业生年刊、校友名录并不齐全,看似权威,其实错漏很多。有些名录只有姓名而没有注明具体学位,仅仅依靠这些出版物很难弄清中国近代留洋法学博士的真实身份。例如《纽约大学法学院校友名录 1896—1969》(The New York University Law Alumni Directory 1896—1969)就遗漏了很多在纽约大学取得法学博士学位的中国留学生。在 1935 届中,该名录收录了杨德恩而遗漏了林振镛、凌兆麟、李彩霞、胡毓杰、梁敬钊。[38]在 1936 届中,更是遗漏了何海晏、张为资、林钦辰、吴清葵等人。[39]

西方法律教育史研究上的另一项困难是:有些学校已经不复存在,曾经在那里攻读法律的中国留学生的资料很难收集。例如丘汉平、梁鋆立等人的母校——位于美国首都华盛顿的国家大学(英文全称 The National University of the United States)早在 1954 年就被并入乔治·

华盛顿大学，这大大增加了查证丘汉平、梁鋆立等留美法学博士早年教育资料的难度。

除了西方法律教育史料的匮乏，西方对于法律教育史的整体研究也不尽如人意。20 世纪 80 年代，罗伯特·史蒂文斯(Robert Stevens)出版了 *Law School: Legal Education in America from the 1850s to the 1980s* 这一法学教育史专著，[40]可惜这本书并没有从学位演变的角度进行综合研究，只是在注释中提供了一些零散信息，依靠这本书，无法找到美国法律学位变迁的足迹。2007 年，波士顿学院法学院(Boston College Law School)的盖尔·J.赫伯(Gail J.Hupper)发表了一篇文章——《学术性法学博士的兴盛：起源于二战》(Rise of an Academic Doctorate in Law: Origins through World War Ⅱ)，对于美国法学博士学位的沿革进行了一定程度的梳理，但是仅选取了几个学校作为例证，不够全面，忽略了芝加哥大学、西北大学、国家大学这几所与中国留学生关系密切的学校。[41]总之，要想真正了解和掌握西方法律学位以及法学教育的历史轨迹，必须脚踏实地，逐一研究西方各国主要法学院的演变历史，这一工作，即使西方人自己也尚未完成。

三、其他问题

目前，中国的法律教育史学研究方兴未艾，然而不容否认的是，对于近代法律留学生的研究基础尚不深厚，对于近代留洋法学博士这一群体的研究远未成熟。1949 年至改革开放前的近三十年间，中国法制建设和法学研究停滞、倒退，法律被轻视，法律人物自然也没有什么地位，几乎无人对"旧法人物"的法律教育背景予以学术上的关注。具有留洋背景的"旧法人物"，轻者夹着尾巴做人，重者被打成右派，甚至被投入监狱(如杨兆龙等)。总而言之，"旧法人物"基本靠边站，其社会影响微乎其微，社会贡献更是心有余而"力"不足。改革开放以后，具有近代留洋法学教育背景的人有些已经去世，有些已经年老力衰，有些已经知识老化，有些已经不愿意再从事学术研究，所以新的研究成果有限，社会影响力有限，世人对其留洋教育经历的关注程度依然不够。此外，相当一批近代法律留学生在 1949 年左右去往台湾或者外国，基本上割断了与大陆或者国内法律实务界、学术界的联系，他们的贡献不为大陆所熟知，如梁鋆立、端木恺等。少数人在大陆改革开放以后重返故土进行学术交流，如国际法学家陈世材、董霖，但是几十年政治上的敌对隔阂，使得大陆法律界对这批去往台湾等地的法律界前辈变得日渐陌生，台湾法律界对于留在大陆的近代法科留学生的状况和结局也不甚清楚。至于那批客死异国他乡的中国近代留洋法学博士，后辈学人更是知之甚少。还有相当一批近代留洋法学博士，在1949年前后突然销声匿迹，不知去往何处，生死尚且不知，何谈其余。

第三节 本书范围

一、时间范围

本书收录的人物基本上是在近代时期留学外国并取得法学博士学位的中国学生。也就是说，本书大的范围在1840年至1949年之间。从现有的史料来看，清中期及以前，中国没有出国留洋的法律学生，更谈不上留洋法学博士。中国较早获得外国博士学位的是严锦镕（哥伦比亚大学）和王宠惠（耶鲁大学），时间都是1905年，更为巧合的是，两人的博士论文均为法学博士论文。[42]鉴于此，本书研究范围的上限是1905年，即中国人最早获得留洋法学博士学位的年份。

另一方面，既然是研究近代留洋法学博士，依照常理，本书似乎应该止于1949年，1949年以后出国学习法律的人不在本书研究范围之内，但是个别1949年以前出国留学的人到1950年才取得法学博士学位（例如端木正1950年取得巴黎大学法学博士、朱奇武1950年取得牛津大学法学专业哲学博士学位），鉴于他们的留洋学法经历主要在1949年之前，本书将他们收录在内，因此本书的下限定在1950年。至于1950年之后取得法学博士学位的留学生，例如1952年取得法国巴黎大学法学博士学位的钟期荣、胡鸿烈，[43]1952年取得耶鲁大学法学博士学位（J.S.D.）的夏道泰，[44]1953年取得巴黎大学法学博士学位的王名扬，[45]以及1953年取得美国加州大学法学博士学位（J.S.D.）的曹文彦等，本书不予包括在内，有兴趣者可以对此做进一步研究。例如,可以研究“中国现当代留洋法学博士”,对象是自1950年以来在西方取得法学博士学位的中国留学生,那必将是一件极有意义的工作。但是限于时间、精力、研究资金和研究兴趣,我将本书的研究范围限定在1905年至1950年之间。这一时间范围,也与袁同礼三本博士论文目录不同,袁氏目录收录范围分别是1905—1960年(留美目录),1916—1961年(留英目录),1907—1962年(留欧大陆目录)。留英博士郑斌比较特殊,他于1950年取得伦敦大学(大学学院)国际法专业法科哲学博士学位(Ph.D.),[46] 1966年,他又从该校取得法学博士学位(LL.D.),1978年获得香港中文大学名誉法学博士学位(LL.D.)。[47]本书将郑斌收录在内的基础是其1950年的法科哲学博士学位,而非1966年的法学博士学位,更非其1978年的名誉法学博士学位。

二、地域范围

如果对留洋法学博士这一群体再进行细分,似乎又可以划分为“留学英美的法学博士”(语言标准)、“留学欧洲大陆的法学博士”(地域标准)、“留欧法学博士”(地域标准)、“留学欧美的法学博士”(地域标准)、“留法比瑞的法学博士”(语言标准)。本书既没有采用语言标准(例如法语国家、英语国家等),也没有采用区域标准(例如欧美、美加等),而是根据单个留学国家进行分类研究。这样做的优点是可以突出各个国家的法学博士教育特点。事实上,欧美各国法学教育制度的个性要远远大于共性,即使在同一语系的国家,其法学教育制度也可能完全不同,法学博士的标准、称号也可能不尽相同。

例如,本书之所以将同属普通法系的美国和英国分开来,主要是考虑到英国和美国在法学教育制度上的重大区别。美国将法学教育放在研究生层面,所以在20世纪初期就已经有一些美国法学院将法学基本学位变为法学博士(J.D.)学位,而英国至今仍然将法学基础教育定位于本科层面,其法学基本学位仍然是法学士(LL.B.)学位。两者缺乏可比性。即使在法学博士层面,英美制度也大相径庭。英国从未引入J.D.学位,也从未设置美国法学院设置的最高法律学位——S.J.D.或者J.S.D.学位。如果勉强将两者并在一起,虽然范围扩大了,但是反而容易引起误解和混乱。

美国和欧洲大陆的法学教育制度差别更大，法学博士学位制度也难以类比。从法科留学生的人数上看，留学美国的学生多于留学欧洲大陆的学生，例如，根据 1914—1915 年官费留学美国、欧洲（英法德）法科学生统计，留学美国的有 88 人，留学欧洲的 40 人，[48]也就是说，官费留学欧洲攻读法律的人数不到官费留美攻读法律人数的一半。不仅仅在法学专业留学生人数上有差别，留学生总人数在欧美之间也有较大差别。根据民国政府教育部的统计，1937 年度，留学美国的有 202 人，留学德国的有 51 人，留学法国的仅有 14 人。[49]鉴于此，本书将近代留学美国、英国、法国、德国等国的法科留学生分开研究，最后在统计时采用有分有合的办法，这样既可以掌握各国的留学生分布，也可以从整体上掌握留学生分布的特征。

本书研究的留学地域范围包括美国、英国、法国、比利时、德国、瑞士、意大利、奥地利、荷兰、加拿大和日本，重点研究在美国、英国、法国、比利时、德国取得法学博士学位的中国留学生。为了方便起见，本书所收留洋法学博士采用编号方式，前面的符号是英文字母，A 代表美国，E 代表英国，F 代表法国，B 代表比利时，G 代表德，S 代表瑞士。国别符号后面的阿拉伯数字是具体编号，一般情况下按照取得博士学位的年代先后顺序排列。Ap 代表近代留美法科哲学博士。意大利、奥地利、荷兰、加拿大、日本培养的中国近代留洋法学博士人数稀少，没有必要专门按照国别分类编号。

相比留学美、英、法、比、瑞、德等国家的中国学生人数，近代留学俄国/苏联的中国学生人数较少，留俄攻读法政的学生尤其少见。[50]迄今尚未发现在 1950 年以前取得俄罗斯或者苏联法学博士学位的中国留学生，也未发现取得西班牙法学博士学位的中国留学生。江苏人曹日新曾获得西班牙马德里大学法学博士学位，[51]但时间是 1961 年，不属于近代范畴，因此不在本书的研究范围之内。

还有一种情况比较特殊。美国部分法学院校在 20 世纪 70 年代前后改变学位制度，将过去的法学士学位（LL. B.）更名为法律博士学位（J.D.），而且允许以前的 LL.B.毕业生申请换发 J.D.学位证书，也的确有一些早期毕业生申请换发了 J.D.学位，从“学士”变成了“博士”。对于这种持有换发 J.D.学位的学生，本书不予收录。

三、学位范围

1. 法学博士 v.文理医工科博士

从横向看,本书之所以选择留洋法学博士,而不是留洋文学、理工科或者医学博士等,原因有二:第一,中国近代留洋法学博士在留洋博士中占据重要地位。研究留洋博士,必须首先从留洋法学博士入手。中国最早的留美博士就是法学博士(即1905年取得博士学位的严锦镕和王宠惠),中国第一位留法博士也是法学博士(即1912年取得巴黎大学法学博士的陈继善),中国第一位留英博士依然是法学博士(即1916年毕业于伦敦大学的郑天锡),中国最早的两位留德博士之一就包括法学博士(即1907年柏林大学法学博士马德润)。第二,本书作者的专业是法学,对于留洋法学博士这一题材有兴趣,理学博士、文学博士等均非作者力所能及。

2. 法学博士 v.法学士和法学硕士

从纵向看,本书之所以选择法学博士作为研究中心,而不选择法学士、法学硕士以及未能取得或者不想取得法律学位的留学生,主要原因有以下三点:

第一,多数留洋法学博士撰写了博士论文,这批博士论文至今仍有一定学术价值。如果没有较高的外语水平,如果没有深厚的法律知识,很难撰写出一篇像样的法学博士论文。在留洋法学博士中,不少是具有真才实学的人,而滥竽充数能够一直冒充到留洋博士阶段的人并不多见。笔者并非以貌取人,也不认为学位高者一定比学位低者更有真才实学。试举一例,张志让1920年从哥大法学院毕业,取得法学士学位。比起有些留美一年即获得法律博士学位者,张志让在哥大法学院经过完整的三年法律本科学习,他的留美法律教育背景显然更加深厚。只是限于笔者的水平与精力,与其不分轻重地贸然研究那些“不知几千”的普通留洋法律学生,不如首先踏踏实实研究留洋法律学生中的代表和精英——留洋法学博士,为今后进一步研究打下基础。

第二,没有取得学位的法科留学生以及取得法学士、法学硕士学位的留学生的人数不易统计,其背景、履历难以查证,较难得出具有说服力的统计结论。相对而言,留洋法学博士这一群体在统计上、资料收集上具有较大的可行性。在某些方面,留洋法学博士群体的人数甚至比留洋法学硕士、法学士的人数还要多,留洋法学博士成了法科留学生中具有代表性的群体。在近代德国的法律教育中,仅有法学博士一种学位,根本不存在法学士及法学硕士学位,于是留德法学博士群体也就成为唯一的留德法学学位获得者群体。对于美国那种同时存在法学士、法学硕士和法学博士学位的国家,从我目前接触到的有限资料来看,近代留美法学博士群体的人数似乎远远大于近代留美法学士或者法学硕士的人数,这一现象主要因为美国当时便捷的一年制 J.D.学位吸引了很多中国法科留学生。[52] 在一年就可以取得博士头衔的诱惑之下,同样一年制的 LL.M.学位显然相形见绌,而三年制的 LL.B.学位则属于费力不讨好。留学生多是常人,自然不能免俗。法国也有类似情况,中国近代留法法科学生偏爱法学博士学位(尤其是相对容易获取的"大学法学博士学位"),而较少有人费尽心力地从法国的法学本科学起。这就产生了一个奇特的现象:中国近代留洋法学博士群体既是中国近代法科留学生群体中学位最高的群体,也是各种法科学位中人数最多的群体。从这个角度看,研究近代留洋法学博士不是可有可无,而是必不可少。当然,从总体人数上看,近代留日法政学生的人数要远远多于近代留洋法学博士的人数,其中也不乏名人,已经有学者对此进行了深入研究。

第三,部分留洋法学博士在取得博士学位之前曾经获得过留洋法学士、法学硕士等学位,无法将他们的身份截然分开。例如,最早的留英法学博士郑天锡与刁敏谦,均先取得英国法学士学位,之后再攻读博士学位;留英博士王克勤先在牛津大学取得法学专业的文学士学位,后取得该校相当于硕士学位的民法学士学位(B.C.L.);梅华铨、黄宗法先取得美国法学士学位,之后再取得美国法律博士学位;张国辉更为奇特,其先取得芝加哥大学法律博士学位,再取得哥伦比亚大学法学士学位;章仁堪先后在哈佛大学取得法学硕士及法学博士学位。有些留洋法学博士的博士论文是在硕士论文的基础上扩充的,甚至连论文题目都一样,例如,黄廷英 1930 年伊利诺伊大学硕士论文与其 1932 年约翰斯·霍普金斯大学博士论文的题目一字不差——《国际公法上情势变迁原则论》(The doctrine of *rebus sic stantibus* in international law)。[53] 韦文起 1939 年芝加哥大学硕士论文与其1942年芝加哥大学博士论文题目完全相同——《中日敌对与国际法》(The Sino-Japanese hostilities and international law)。[54]总之,本书虽然以留洋法学博士为中心,但是也会涉及部分留洋法学士和法学硕士。

3. 法学专业博士与非法学专业的法学博士

本书不包括荣誉性质、名誉性质的法学博士,而只包括学术性质与职业性质的法学博士。本书范围涵盖多种类型的法学博士,既有J.D.,也有J.S.D./S.J.D.,还有D.C.L.等博士学位,既有美国的法学博士学位,也有法国、比利时、德国、瑞士等国的法学博士学位。值得注意的是,法国的法学博士既包括法学专业的法学博士,也包括政治学专业和经济学专业的法学博士,后者虽然名义上是法学博士,其实却是政治学、经济学博士,可谓"有名无实"的法学博士。这一现象的原因在于法国近代法学博士制度涵盖了法学、政治学、经济学三种专业的博士。也就是说,在法国取得法学博士头衔的人,并不一定就是法学专业的博士,很可能是非法学专业的"法学博士"。这是研究近代留洋法学博士中要特别注意的一个现象。

4. 法科哲学博士

除了各种以"法学"、"法律"为名称的专业法学博士之外,本书还收录了以法学为研究对象的哲学博士,笔者称之为法科哲学博士。法科哲学博士虽然名义上是哲学博士,其实与哲学无关,可以称之为"无名有实"的法学博士,这一现象主要发生在英国和美国。绝大多数近代留英法学博士获得的博士学位名称是哲学博士(Ph.D.)。而美国的法科哲学博士则主要来源于大学政治系的公法专业。公法主要包括宪法和国际法,这些学科与传统私法学科的关系比较复杂,有时合并在一起归入法学院,有时公法学科归入政治学院或者政治系之内,而美国各大学政治系的最高学位通常是"哲学博士"(Ph.D.),这就导致部分留美攻读公法博士学位的人最终取得的学位不是传统意义上的"法学博士"学位,而是"哲学博士"学位。为了反映中国近代留洋法学博士的全貌,本书收录了此类博士,为了与法学院提供的各类法学博士相区别,本书称之为法科哲学博士。

四、"中国人"的范围

本书研究的范围限于近代留洋并取得法学博士的中国人。本书的

“中国人”一词，并非一定是具有中国国籍的人，而主要以中国籍贯为准。可以说，籍贯是本书判断中国人的第一个标准。本书尽可能收录中国近代留洋法学博士的籍贯，主要列出省、县二级，并尽可能列出乡(镇)一级。民国时期的省市县乡(镇)的名称、隶属与现在的名称和隶属不尽相同。例如，民国时期的海南岛属于广东省，嘉定县属于江苏省(而不是上海)，天津属于河北(直隶)，对此，本书尽量予以说明，在统计上，一般归入旧的地理区域。察哈尔、绥远等民国时期省份由于没有输出任何留洋法学博士，本书不专门列出。另外，有些人的籍贯和出生地不一致，在收录时，也尽量一一注明。

第二个标准是，本书收录的人物必须与中国有实际、密切的联系。按照这两个标准(缺一不可)，个别生长在海外的华人但后来与中国有密切联系者也收录在内，个别祖籍中国但是本人与中国没有密切关系的人并不收录在内。[55]

总而言之，为了更加客观、清晰地研究中国近代法科留学生，本书将地理范围限定在美国、英国、法国、比利时、德国、瑞士等国，将时间范围限定在 1905 年至 1950 年，凡在这段时间内取得不同种类法学博士的中国留学生，均尽量收录在内。在收录过程中，本书坚持的一项原则是宁缺毋滥。对于把握不准的人物，或者只有孤证的人物，宁可空缺，留待今后考证。

本书主体结构包括十一章：第一章至第七章按照留学国别分别考证近代留美法学博士、近代留美法科哲学博士、近代留英法学博士、近代留法法学博士、近代留比法学博士、近代留德法学博士、近代留学其他国家的法学博士；第八章是对于近代留洋法学博士的各项统计分析；第九章是近代留洋法学博士的结局；第十章是对近代留洋法学博士的批评及辩护；第十一章是对近代留洋法学博士历史地位的总体评价；最后是结论。

考虑到篇幅及表达的便利性和一致性，对于单个近代留洋法学博士，本书直称其名，一律不用“先生”等尊称。在留洋法学博士的外文姓名顺序上，通常姓先名后，以便与其中文姓名一一对应，但对于个别采用外国通用名的情况，则名前姓后，以符合外文表达习惯。有些人的中文姓名或者外文姓名存在变动的情况，不同时期的姓名有所不同，本书优先选用该人在校期间使用的姓名，兼顾其他时期使用的姓名。

本书所选图片较为稀见，既有近代留洋法学博士的照片，也包括他们的手迹、教科书、试卷、成绩单、毕业证书、毕业论文等，以增加读者对近代留洋法学博士的感性认识。

本书共收录笔者编制的73张表格。此外，书末附有笔者编制的“中国近代留洋法学博士毕业年表”、“中国近代留洋法学博士中西姓名对照表”、“外国大学中外文名称对照表”。最后，除了注释和参考文献之外，本书还提供索引，以方便读者快速查找有关内容。

注释

1.《中国大百科全书(法学卷)》，中国大百科全书出版社1984年9月第1版。

2. 周仁:《王铁崖先生传略》，载周忠海主编:《和平、正义与法——王铁崖先生八十寿辰纪念论文集》，中国国际广播出版社1993年5月第1版，第513页;《王铁崖先生年表》及饶戈平《王铁崖先生的条约癖》，载饶戈平编:《山高水长——王铁崖先生纪念文集》，北京大学出版社2004年12月第1版，第369、385页;有人误以为王铁崖在英国取得了法学博士学位，见刘存孝、韩蓉:《王铁崖:国际法学界长青树》，清华校友网2004年4月17日发布，http://www.tsinghua.org.cn:8080/alumni/messageshtml/5901/1082170888347.htm。

3.《中国大百科全书——法学》，中国大百科全书出版社1984年9月第1版，第365—366页;凌岩:《前南战火中的中国法官》,《法律与生活》1998年第7期，第1页。

4. 龚祥瑞:《盲人奥利翁:龚祥瑞自传》，北京大学出版社2011年6月第1版，第87、102页。

5. 据记载，浦薛凤曾经多次劝说王宠惠撰写自传或者回忆录，但是王宠惠断然拒绝，理由是为了避免后人的怀疑和争论。参见段彩华著:《民国第一位法学家——王宠惠传》，台湾近代中国出版社1982年1月版，第275—276页。

6. 张群:《司法院院长王公宠惠墓表》，载《王宠惠先生文集》，中国国民党中央委员会党史委员会编辑，1981年，第679页。

7. 段彩华著:《民国第一位法学家——王宠惠传》，台湾近代中国出版社1982年1月版，第285页。

8. 夏晋麟著:《我五度参加外交工作的回顾》，夏廉任译，台湾传记文学出版社1978年1月初版，第10页。

9. *The German Civil code*. Tr. and annotated, with an historical introduction and appendices. by Chung Hui Wang, London, Stevens, 1907.

10. 东吴大学《历任董事/院校长》,http://ftp.scu.edu.tw/scu。

11. 例如,曾经在哈佛大学法学院留学的万兆芝在北京律师公会《会员名簿》中,将自己的身份填写为“哈佛大学法学博士”,见北京律师公会《会员名簿》,民国十二年一月,北京市档案馆,J065-003-00544A_P090.TIF。

12. 例如,取得法国巴黎大学法学士学位和瑞士日内瓦大学法学博士学位的吴昆吾,在北京律师公会《会员名簿》中,将自己的身份仅填写为“巴黎法科大学法学士”,见北京律师公会《会员名簿》,民国十二年一月,北京市档案馆,J065-003-00544A_P042.TIF。

13. 参见王铁崖主编:《中华法学大辞典——国际法学卷》,中国检察出版社 1996 年 5 月第 1 版,第 409、436 页。

14.《中国大百科全书——法学》,中国大百科全书出版社 1984 年 9 月第 1 版,第 441 页。

15. 王铁崖序,载《远东国际军事法庭》,法律出版社、人民法院出版社 2005 年 7 月第 1 版。

16. 梅小璈:《梅汝璈法学文集》,范忠信选编,中国政法大学出版社 2007 年 7 月第 1 版,第 461 页。

17. 何其生:《梅汝璈及其国际法思想评述》,《武大国际法评论》第 6 卷,武汉大学出版社 2007 年 7 月第 1 版,第 329 页。

18. 详见本书第一章有关倪征燠、梅汝璈的段落。

19. 复旦大学行政负责人员及教师名册,1957—1958 年度,1957 年 12 月 20 日,复旦大学档案馆藏。

20.《巴山夜雨——追忆卢作孚先生和魏文翰先生》,载《比邻天涯:张宗植怀旧文集》,清华大学出版社 1996 年版,第 118 页。

21. 2010 年 9 月 9 日美国芝加哥大学注册处给笔者的电子邮件。

22. 李淑琴:《忆我的父亲李圣五》,载政协佳木斯委员会文史资料委员会:《佳木斯文史资料》第 12 辑,1991 年 4 月,第 11 页。

23.《历届毕业生名录》,载《私立东吴大学法学院一览》,1936 年,第 72 页。

24. 参见本书第一章有关梁鋆立的部分。

25.《国立西南联合大学校史——1937 至 1946 年的北大、清华、南开》,北京大学出版社 2006 年第 1 版,第 307 页。

26. 袁同礼:《中国留欧大陆各国同学博士论文目录》,第 14 页;Tchang Kien, Le regime de ngan-tche, formule d'une variete de peine readaptative, avec notes historiques comparatives sur la France et la Chie, Lyon, Bosc freres M. et L.Riou, 1941, These-Lyon.

27. 刘真主编:《留学教育——中国留学教育史料》,第 630、639 页。

28. 详见本书第八章第一节“近代留瑞法学博士”编号 S001。

29.《中国法学家访谈录》第一卷的编者采访 1935 年之前出生的法学家之中,只有一位(即芮沐)是近代留洋法学博士。该书以附录形式收录王名扬、杨兆龙、燕树棠三位留洋法学博士。参见何勤华主编:《中国法学家访谈录》第一卷,北京大学出版社 2010 年 1 月第 1 版。

30. 详见本书第三章有关伍廷芳的部分。

31. 蒋梦麟词条,《中国名人录》1936 年第五版,第 46 页。

32. Mon-Ling Chiang, Degrees Conferred, 1912—1913, *in The Fiftieth Commencement*, May, 1913, University of California, at 10.

33. Tung-li Yuan, *A Guide to Doctoral Dissertations by Chinese Students in America, 1905—1960*, Washington, 1961.

34. Tung-li Yuan, Doctoral Dissertations by Chinese Students in Great Britain and Northern Ireland, 1916—1961, Taipei, Reprinted from *Chinese Culture*, Vol.IV, No.4, March 1963.

35. Tung-li Yuan, A Guide to Doctoral Dissertations by Chinese Students in Continental Europe, 1907—1962, reprinted from *China Culture Quarterly*, Vol. V, No.3—4, and Vol.VI, No.1.

36. 尽管如此,由于某种原因,袁同礼先生的目录中偶尔也收录了没有博士论文的留洋博士,例如在《中国留欧大陆各国同学博士论文目录》中收录了凌其翰,但是在凌其翰的词条下却没有博士论文。也许袁同礼对凌其翰的博士情况并不很清楚,所以先收录在内,留待以后补充。在袁同礼编撰的这本目录出版二十年之后,凌其翰出版了《我的外交官生涯》一书,其中有一段“留比时期的片断回忆”详细描述了他当年在比利时攻读博士学位的情况,间接回答了其法学博士的“论文”之谜:“按照比国大学学制,法学院分预科和正科,预科两年,正科三年,正科课程与巴黎大学法学院硕士班的课程相同,每学期终考试全凭听讲笔记口试,最后一年各科口试均及格后,即授予法学博士学位,不必劳民伤财地准备博士论文。”见凌其翰著:《我的外交官生涯:凌其翰回忆录》,中国文史出版社 1993 年 4 月第 1 版,第 1 页。

37. 参见本书第一章有关内容。

38. *The New York University Law Alumni Directory 1896—1969*, at 347.

39. *The New York University Law Alumni Directory 1896—1969*, at 347—348.

40. Robert Stevens, *Law School: Legal Education in America from the 1850s to the 1980s*, The University of North Carolina Press, 1983;该书已经被翻译为中文出版,《法学院:19 世纪 50 年代到 20 世纪 80 年代的美国法学教育》,闫亚林、李新成、付欣译,贺卫方校,中国政法大学出版社 2003 年 9 月版。

41. Gail J. Hupper, Rise of an Academic Doctorate in Law: Origins through

World War II, *The American Journal of Legal History*, Vol.49, No.1, January 2007, at 1—60.

42. 美国人包华德主编的《民国名人传记辞典》称陈锦涛(1870—1939,曾任民国财政总长,于1906年在美国耶鲁大学取得的经济学博士学位)"是第一个获得耶鲁大学博士学位的中国学生"。见[美]包华德主编:《民国名人传记辞典》第二分册(中华民国史资料丛稿译稿第八辑),沈自敏译,林东民校,中华书局1980年版,第57—58页。这一论断有误,王宠惠(耶鲁大学民法学博士)和严锦镕(哥伦比亚大学宪法专业哲学博士)均早陈锦涛一年取得博士学位。当然,陈锦涛是第一位获得耶鲁大学哲学博士(Ph.D.)学位的中国学生,也是中国最早获得经济学专业哲学博士学位的留学生。

43. 钟期荣(女)、胡鸿烈二人系夫妇(1945年结婚)。钟期荣曾任香港树仁学院校长;胡鸿烈(1942年毕业于中央政治大学外交系),香港律师,香港立法会议员,全国政协委员、第八届全国政协常委。参见孙伶伶、邢辉:《胡鸿烈:真义仁风香港大律师》,载孙国栋主编:《中国大律师》,西苑出版社2000年版,第23页。

44. 夏道泰,江苏泰县人,国民政府最高法院院长夏勤(1892—1950)次子,1945年国立政治大学外交系毕业,美国国会图书馆远东处法律组主任。《"政治大学"校友通讯录》,1967年5月20日,第113页。

45. 袁同礼将王名扬记载为"王明阳",见袁同礼:《中国留欧大陆各国同学博士论文目录》,第35页,编号336。

46. 详见本书第三章有关郑斌的考证。

47. Honorary President, Professor Bin Cheng, London Institute of Space Policy and Law, http://www.space-institute.org/app/uploads/1424455546_Honorary_President_of_London_Institute_of_Space_Policy_and_Law.pdf.

48. 参见王健:《中国近代的法律教育》,中国政法大学出版社2001年10月第1版,第126页。

49. "二十七年度之国外留学生统计",教育部统计室编:《最近全国教育统计》,1939年2月重庆油印,载杜元载主编:《革命文献》第60辑(抗战时期之高等教育),1972年9月出版,第97页。

50. 1910年清政府留俄学生监督章祖申深刻分析了留俄人数稀少的原因:"俄跨欧亚两洲,僻处西北,自背与欧洲中原隔绝,以故开化较迟。二百年来,更变法令,崇尚新学,至近今而学校制度蔚然可观,一切科学虽少发明之家,然自他国输入者亦颇完备。其各种专门学校教授科目,与英、法、德诸国无甚悬异,惟以政体久尚专制,国民言论思想不获自由,故其造就之程度遂较他国稍逊。以各种学问比较之,则法政不如工艺,文学不如武备,盖其政体使然也。"民国期间留俄学生人数依然稀少,除了上述原因之外,国民党政府对于留俄学生的怀疑态度和歧视待遇也是原因之一。1929

年《处理留俄归国学生暂行办法》第 3 条规定："留俄归国学生报到后由中央所设立之留俄归国学生临时招待所收容之。"该办法第 5 条规定："留俄归国学生入招待所后，非经中央详密考查认为确无共产嫌疑并给予证明书后，不得擅自离去。"该办法第 6 条规定："留俄归国学生得中央证明书后，得由本党党员 5 人以上之连坐保证，准其自由行动，但在 1 年以内仍须将住址行动随时报告中央，以备查询。"《处理留俄归国学生暂行办法》，1929 年 1 月 22 日，《外交部公报》第一卷第 9 号，1929 年 1 月，第 65—66 页。

51. 关于曹日新履历，参见李鸿儒主编：《江苏旅台、外人士史料汇编》(江苏文献丛书之五)，台湾复兴书局印行，1985 年 12 月初版，第 678 页。

52. 详见本书第一章。

53. 详见本书第二章第二节"黄廷英"。

54. 详见本书第二章第二节"韦文起"。

55. 曾经担任美国国会参议员的邝友良(Hiram Leong Fong, 1906—2004)，父母来自中国广东香山县，其生于夏威夷，于 1935 年取得哈佛大学法学士(LL.B.)学位。1969 年，哈佛法学院取消 LL.B.学位，取而代之以 J.D.学位，并允许此前的 LL.B.获得者换取 J.D.学位。邝友良显然应该换取了 J.D.学位，因此在美国有些网站上介绍其是哈佛的 Doctor of Jurisprudence(http://www.senatorfong.com/bio_chronology.html)。无论如何，由于其个人经历与中国缺少密切联系，即使他后来将 LL.B.换成了 J.D.学位，也不宜算作近代留洋法学博士。此外，本书涵盖的博士年份定位于 1905—1950 年之间，至于 20 世纪 70 年代左右发生的以 LL.B.换 J.D.的情况，本书一概不予考虑。

第一章 中国近代留美法学博士

法学博士概念在现代美国法律教育中存在多重含义。在《布莱克法律词典》这一较权威的美国法律词典中可以查到四种法学博士学位：J.D.、J. S. D.、S. J. D. 和 LL. D.。[1] J. D.（Juris Doctor，Doctor of Law，Doctor of Jurisprudence）是目前美国法学院授予的初级法学学位，[2] J. S. D.或 S.J.D.（Juris Scientiae Doctor，Doctor of the Science of Law，Doctor of Juridical Science）是美国法学院授予的最高级法学学位，[3] 而 LL. D.（Doctor of Laws）在美国通常专指名誉法学博士学位。[4] 在一般中文文献中，上述四种学位均被翻译为"法学博士"[5]。然而，上述几种法学博士学位是当代美国法学博士学位，与 20 世纪上半期的情况不尽相同。

第一节 美国法学学位制度的历史演变

18 世纪后期之前的美国法律教育，仿效当时英国流行的学徒式教育方式（Apprenticeship）。[6] 美国第二位总统约翰·亚当斯（John Adams，1735—1826）曾于 1756 至 1758 年跟随一位名为詹姆斯·帕特南（James Putnam，1725—1789）的律师学习法律。[7] 学徒式教育的核心内容是"读法"（reading law）。美国第一位财政部长亚历山大·汉密尔顿（Alexander Hamilton）就曾经在别人的指导下读法三个月，并于 1782 年 7 月取得律师资格。[8] 从 18 世纪末期开始，美国的学徒式法律教育逐渐被课堂式法律教育取代。

1779 年，威廉玛丽学院（The College of William and Mary）设立了美国第一个法学教授席位，[9]美国第三任总统托马斯·杰斐逊（Thomas Jefferson，1743—1826）的老师乔治·威思（George Wythe，1726—1806，《独立宣言》的签字者之一）被任命为美国历史上第一位法学教授，威思除了曾经带领杰斐逊“读法”之外，还培养了美国第五位总统詹姆斯·门罗（James Monroe，1758—1831）、最高法院首席大法官约翰·马歇尔（John Marshall，1755—1835）。

美国第一所真正以“法学院”冠名的学校是利奇菲尔德法学院（Litchfield Law School），它是一所位于康涅狄格州的私立学校，并不附属于任何大学，[10]存在时间是 1784—1833 年，顶峰时（1813 年）学生人数达 55 人。利奇菲尔德法学院存在时间虽短，但是桃李满天下，其毕业生有 28 位参议员，101 位众议员，3 位美国最高法院大法官，34 位州最高法院大法官，14 位州长，3 位美国副总统。[11]

美国第一所附属于大学的法学院是哈佛大学法学院，成立于 1817 年，开始时只有一名学生。[12] 1826 年，耶鲁大学法学院开始正式运作。1850 年，全美只有大约 15 所大学附属的法学院，1860 年增至 21 所，1870 年增至 31 所。[13]

早期美国法学院的录取标准非常低。在 1875 年以前，进入美国法学院的学生通常无须考试，也无须拥有多少学习经历，以至于“任何人都可以从大街上直接走入法学院”[14]。一般在法学院学习十八个月即可获得法学士学位。在 1859 年到 1877 年间，密歇根大学法学院的录取标准只有两条：年满 18 岁、品行良好。[15]

1875 年，哥伦比亚大学宣布，从 1876 年开始，申请进入哥伦比亚大学法学院学习的人必须已经接受过良好的学术教育，包括拉丁文、希腊历史、罗马历史、英美历史、语法、作文等。[16]几乎与此同时，耶鲁大学和哈佛大学也宣布了类似的法学院录取标准。[17] 1897 年，密歇根大学法学院将录取标准提高到高中毕业。[18] 1892 年，哈佛大学法学院宣布，从 1896 年开始，哈佛法学院的录取标准进一步提高到必须已经获得文学士学位，或者已经取得进入哈佛高级班的资格。[19]

考察美国早期法律学位制度，可以发现两个鲜明的特色。一是多样化，法律学位种类繁多，标准不一，各校有自己特殊的学位种类和要求；二是多变化，随着法律教育价值取向的变化，美国法律学位制度也在不断变化。美国法律学位制度的多样化和多变化在博士阶段的反映就是职业化博士学位和学术性博士学位的冲突与融合，最后发展成为二重法学博士制度。这一冲突与融合的过程在19世纪末期和20世纪初期就已经开始显现。

美国法律学位制度多变化和多样化的原因主要在于大学本身享有高度的自主权，在设立、变更、终止某一法律学位方面，早期美国的大学几乎没有任何限制。美国律师协会（ABA）、美国法学院协会（AALS）对于美国法律教育的影响在20世纪初期尚不显著，这就给了当时的美国大学在学位创设上很高的自由度。

正是由于美国近代法学博士学位制度外在形式上的千变万化，才导致中国近代留美法学博士的情况极为复杂。在研究中国近代留美法学博士时必须注意以下几种情况：

第一，不能用现在的观念和知识去理解20世纪初期美国的法学博士学位，必须在当时的法学教育背景之下进行研究。尤其应当注意的是，同一所大学且同一名称的法学博士可能在不同的历史阶段具有不同的内涵。

第二，具体到每一位留美法学博士，要尽量避免采用法学博士这一中文统称，即使为方便计而不得不采用“法学博士”这一称呼时，也应当用英文简称注明是何种类型的法学博士学位。

第三，不能将美国法学学位简单化，换言之，不能将美国法学院普遍化，必须注意各个法学院的特性。不同的历史阶段可能有不同的法律学位制度，即使在同一历史阶段，不同的法学院可能采用完全不同的法学教育制度，具有不同的法学学位制度。

第四，不能将美国当时的法学教育等同于法学院教育，有些学校的法学教育在某些方面由政治学院承担，例如在19世纪末期至20世纪初期，哥伦比亚大学的公法课程主要由政治学院开设，著名的国际法学家穆尔（John B.Moore）就是政治学院的教授。

第五，不能将美国的法学博士与法学博士论文画等号，不同的法学博士学位对于是否要求博士论文有不同的规定，即使同一种法学博士学位在不同的历史时期对于博士论文也可能有截然不同的要求。

第六，既不能将美国的法学博士学位仅限于三年制学术性博士学位，也不能将美国的法学博士学位仅限于三年制的职业性博士学位。

总之，20世纪初期的美国法律教育尚处于不断摸索过程之中。1905年，美国哥伦比亚大学法学院院长柯奇韦(George W. Kirchwey，1855—1942)指出："人们必须认识到，法律教育是这个国家的一件新鲜事物。"[20]当时的美国法律教育制度并不完备，没有全国统一的法学学位制度。当时美国各大学的法学学位制度千差万别，个性大于共性。这也是我对于美国早期法律教育研究之后得出的一个结论。

有人曾经这样评价各国博士学位：

> 得博士之难易，又无一定之标准，不但各国异其标准，同一国内之各大学，其标准亦各异。闻美国哈佛大学之硕士难于哥伦比亚大学之博士，在法国巴黎大学之博士难于其它大学，不宁唯是，即在同一校内，亦视各教授之认真与否而异其标准。凡一个大学内教授很多，性质各异，有极认真者，有甚宽厚而不严明者，有对于其本国人认真，而对于外国人放松者。故预备论文，视其所择之师，而取得学位之难易亦有天渊之别。总之，同一博士学位，其程度亦有优劣之不同，未可以一概论。[21]

这一评价对于哈佛硕士和哥伦比亚博士的难易比较有失偏颇，[22]但是对于博士多样性的分析很有道理，尤其适合美国的情况。

诚然，中国当代法学博士学位经常鱼目混珠，中国近代留洋法学博士也同样有身份不明的情况，其中尤以留美法学博士为甚。

第二节 中国近代留美法学博士身份的问题

在近代留美法学博士的博士身份上，常见的问题有以下几种：

一、混淆专业

其主要表现是将非法学专业的博士误以为是法学博士，尤其是将以政治学、政府学、国际关系、外交、社会学等为主要研究内容的哲学博士当作法学博士，以下是几个例子。

1. 钱端升

有人认为钱端升是哈佛大学"法学博士"[23]。实际上，钱端升 1924 年在哈佛大学取得政治学博士学位(Ph.D. in political science)，其博士论文是《议会委员会：以英美法德议会为参考的比较政府研究》(Parliamentary committees: a study in comparative government with special reference to the British House of Commons, American Congress, French Chamber of Deputies, and German Reichstag)，[24]哈佛大学官方出版的博士名录清清楚楚地将钱端升(Thomson S.Chien)归入政治学博士一类。[25]即使从广义法学博士论文的角度看，钱端升的博士论文也偏向于政治学或者政府学，与法学没有直接关系。

2. 余天休

《百年法学：北京大学法学院院史》一书称余天休是美国法学博士，[26]实际上并非如此。余天休(Yu Tinn-hugh 或者 Yee Tin Hugh)1887 年生于广东，1908 年赴美，1915 年取得瓦尔帕莱索大学(Valparaiso University)法学士学位(LL.B.)，1917 年取得缅因大学(University of Maine)哲学专业文学士学位(A.B.)，[27]1918 年取得克拉克大学(Clark University)文学硕士学位(M.A.)，1920 年取得克拉克大学社会学专业哲学博士学位(Ph.D.)，博士论文《中国的发展与社会控制》(Progress and social control in China)。[28]1920 年回国后任北京大学社会学讲师，1921—1924 年任北京师范大学社会学教授，同时任教于北京法政大学，1924 年任东方大学校长，同时兼任律师，中国社会学会主席，《社会学杂志》总编辑，1929—1931 年任西北大学校长。[29]1950 年迁往美国旧金山。[30]

3. 万兆芝

在 1923 年 1 月《北平律师公会会员名簿》中，万兆芝被记载为"美国哈佛大学法学博士”[31]。在 1936 年《中国名人录》中，万兆芝被记载为哈佛法学士。[32]事实上，万兆芝没有取得哈佛大学的任何学位。[33]

二、混淆学校

这一类错误很常见，典型的错误是“华盛顿大学”问题，笔者将这一错误现象称为“华盛顿大学的陷阱”。

1. 丘汉平

很多人认为丘汉平是“乔治·华盛顿大学”法学博士，[34]还有一些人认为丘汉平是“华盛顿大学”法学博士。[35]事实上，丘汉平 1929 年获得位于美国首都华盛顿的国家大学（The National University of the United States）法学博士学位（S.J.D.）。[36]

美国国家大学的历史可以追溯到 1867 年。[37] 1896 年，美国国会通过一项法律授予该校特许状（Charter），[38]允许其授予学位。[39]美国国家大学以法学教育著称，[40]与同城的乔治·华盛顿大学并驾齐驱。[41]这两所学校都有法学院，且都有中国留学生。远东国际军事法庭中国籍检察官向哲浚先在耶鲁大学法学院学习，后转学到乔治·华盛顿大学法学院，于 1925 年取得乔治·华盛顿大学法学士学位（LL.B.）。

乔治·华盛顿大学法学院直到 1936 年才设置 J.D.学位，[42] 1940 年设置 S.J.D.学位。[43]在丘汉平 1929 年获得国家大学法学博士学位（S.J.D.）时，乔治·华盛顿大学既没有 J.D.学位，也没有 S.J.D.学位，因此不能认为丘汉平“1929 年获乔治·华盛顿大学法学博士学位”。至于国家大学 1954 年被并入乔治·华盛顿大学，[44]此时距离丘汉平博士毕业已经过去二十五年，不宜称其取得了乔治·华盛顿大学的法学博士学位。

由于美国国家大学早已不复存在，现在很少有人知道美国历史上曾经有过这么一所大学，更不知道这所大学曾经以法律教育著称。侯利标在编写《私立时期厦门大学法学教师传略》一文时，查询了傅文楷（曾任厦门大学法律系主任）的各种履历，对其“京都国家大学法学博士”的记载心存疑惑，[45]这一疑惑情有可原。实际上这一问题不仅存在于当代，而且存在于民国早期，不仅存在于“民间”，而且存在于“官方”。东吴大学法学院 1936 年出版的《私立东吴大学法学院一览》，赫然记载丘汉平是“华盛顿大学法学博士”[46]。

认为丘汉平是乔治·华盛顿大学法学博士,这尚可理解,毕竟国家大学最后并入了乔治·华盛顿大学,而认为丘汉平是华盛顿大学法学博士则完全错误,因为乔治·华盛顿大学与华盛顿大学风马牛不相及,乔治·华盛顿大学无论如何也不能简称为华盛顿大学。[47]关于这个问题,详见下述关于“梁鋆立”及“端木恺”学位的分析。

2. 梁鋆立

台湾学者赵国材著有《梁鋆立博士对国际法发展与编纂之功绩》一文,称梁氏1930年获美国乔治·华盛顿大学法学博士学位。[48]其他一些名人录也多记载梁鋆立为乔治·华盛顿大学法学博士。[49]《民国人物大辞典》将梁鋆立留学美国的学校记载为华盛顿大学。[50]梁鋆立家乡编辑的《新昌县志》这样记载梁氏的留学履历:“1930年入华盛顿大学攻读,获法学博士。”[51]

如果将梁鋆立称为乔治·华盛顿大学的校友,梁博士想必不以为忤,[52]但是如果去掉“乔治”二字,则梁博士一定哭笑不得。《民国人物大辞典》的另外一个问题是将梁鋆立的博士学位称为“法理学博士学位”[53]。“法理学博士学位”一词应该是从“S.J.D.”直译而来,不伦不类。严格地说,S.J.D.还是翻译成法学博士为宜(最好同时附上S.J.D.这一英文简称),“法理学博士学位”的头衔会让外行误解梁鋆立的专业是法理学(或法哲学),而事实上,梁鋆立的博士专业是国际法学。

更为离奇的是,梁鋆立的国内母校——东吴大学法学院在1936年的官方出版物——《私立东吴大学法学院一览》中,居然将梁鋆立记载为“哈佛大学法学博士”[54],这更不符合事实,梁鋆立虽然曾经在哈佛读过书,但并未取得任何学位。

事实上,与丘汉平一样,梁鋆立取得的也是美国国家大学的法学博士学位。[55]关于梁鋆立的博士学位,这样记述比较妥当:“1930年获得美国国家大学(National University, 1954年并入乔治·华盛顿大学)法学博士学位(S.J.D.)”,这样可以避免误解、误导。

3. 端木恺

端木恺的法学博士学位也被人误以为是从华盛顿大学取得,[56]其实端木恺1926年9月入纽约大学,1927年6月获得纽约大学法学博士学位

(J.S.D.)。[57]端木恺在美国求学期间,既没有前往美国首都华盛顿的大学读书,也未曾去过密苏里州圣路易斯市的华盛顿大学(Washington University in St. Louis),更没有去过华盛顿州西雅图市的华盛顿大学(University of Washington)。

美国国家大学法学博士黄应荣也经常被人误记为毕业于"华盛顿大学"、"乔治·华盛顿大学"。[58]美国国家大学法学博士仇子同当年被《申报》报道为"在华盛顿大学获得法学博士学位"[59]。甚至在1948年填写的上海高等法院律师登记簿上,仇子同的学历仍然是"美国华盛顿大学法学博士"[60]。

除了在法学界有华盛顿大学的迷惑之外,在其他领域也有各式各样的华盛顿大学。例如1926年《光华年刊》介绍严恩椿(E.T.Yen)为"华盛顿大学"博士。实际上,他是乔治·华盛顿大学博士。对于这种容易混淆的情况,如不特别说明,读者如坠云雾。

三、混淆年代

由于种种原因,近代留洋法学博士的毕业年份经常被搞错。以下是两个比较明显的例子。

1. 梅华铨

有记载称梅华铨"1904年进纽约大学,得法律博士"[61]。其实梅华铨1888年才出生,[62]1904年的时候年仅16岁。梅华铨1907年进入纽约城市大学,1908年转学哥伦比亚大学,1911年取得理学士学位(B.S.)。在攻读B.S.的同时,梅华铨逐步开始学习法律课程,取得B.S.学位之后正式进入哥伦比亚大学法学院,1913年2月取得法学士学位。[63]1913年秋入纽约大学法学院,1914年6月取得法律博士学位(J.D.)。[64]

2. 倪征燠

宗道一在《新中国首任国际大法官倪征燠》一文中称倪征燠在1928年夏赴美,"三年后,倪征燠戴上法学博士帽"。[65]事实上,倪征燠在1928年出国留学,一年后(1929年)就已经从斯坦福大学法学院博士毕业。[66]

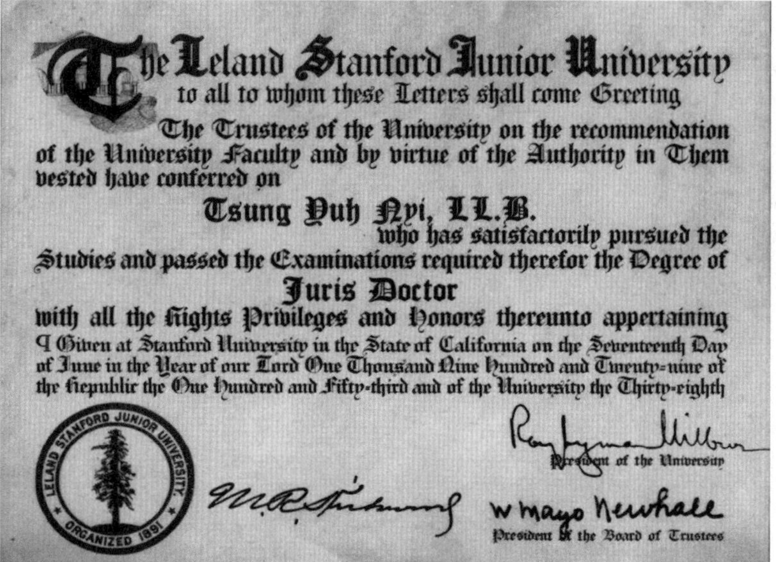

The Leland Stanford Junior University
to all to whom these Letters shall come Greeting
The Trustees of the University on the recommendation of the University Faculty and by virtue of the Authority in Them vested have conferred on
Tsung Yuh Nyi, LL.B.
who has satisfactorily pursued the Studies and passed the Examinations required therefor the Degree of
Juris Doctor
with all the Rights Privileges and Honors thereunto appertaining
¶ Given at Stanford University in the State of California on the Seventeenth Day of June in the Year of our Lord One Thousand Nine Hundred and Twenty-nine of the Republic the One Hundred and Fifty-third and of the University the Thirty-eighth

Leland Stanford Junior University · Organized 1891

President of the University

President of the Board of Trustees

图 1.1　倪征𣈶 1929 年斯坦福大学 J.D.学位证书

四、虚构法学博士头衔

有些人实际上没有取得法学博士，但因为某种原因被称为“法学博士”，典型的例子是赵天麟、郭云观等人。

1. 赵天麟

据《北洋大学——天津大学校史》记载，曾经担任北洋大学校长的赵天麟(1886—1938)于 1909 年获得哈佛大学法学博士。[67]赵天麟之子赵智铨也称其父亲在哈佛大学获得法学博士学位。[68]然而根据哈佛大学官方记载，赵天麟 1909 年在哈佛大学取得文学士学位，之后，赵天麟进入哈佛大学法学院攻读法律，1911 年毕业，取得法学士学位。[69]

2. 郭云观

有人称郭云观获得美国哥伦比亚大学 J.S.D.学位。[70]笔者查遍哥伦比亚大学各种官方出版目录，[71]并没有发现郭云观的博士记录和博士论文。事实上，郭云观没有取得哥伦比亚大学的博士学位。

在关于郭云观的资料中，较权威的无疑是郭云观之子郭思永编写的

《郭云观先生年谱》。[72] 该年谱是郭思永根据郭云观手稿及有关资料编写。[73] 根据该年谱记载，郭云观(1889—1961)，字闵畴，号文田，浙江玉环人，1906 年入复旦公学，1910 年从复旦毕业。1911 年考入北洋大学法科，1915 年北洋大学法科毕业。1916 年参加第一届外交官领事馆考试，考取最优等，入外交部秘书处实习。1917 年任职驻美使馆，并在哥伦比亚大学攻读国际法及外交学。1919 年任中国驻巴黎和会代表团秘书。从郭云观的上述经历分析，郭云观于 1917—1919 年间在哥伦比亚大学学习法律，但是他不可能取得哥伦比亚大学 J.S.D.学位，因为哥伦比亚大学 1922 年才设立研究性质的法学博士学位，名称是 Doctor Juris，亦称为 Doctor of Law，[74] 不是 J.S.D.。[75] 哥伦比亚大学直到 1934 年才将 Doctor Juris 改为 Juris Scientiae Doctor(又称 Doctor of the Science of Law，早期简称 Jur. Sc. D.)，即 J.S.D.学位。[76]

笔者在上海市档案馆查到郭云观 1951 年亲笔填写的《上海学院教职员登记表》，上面清楚地记载，郭云观 1915 年毕业于北洋大学(法律系)(四年)，在美国哥伦比亚大学"法律研究院"攻读"一年半"。[77] 笔者又详查哥伦比亚大学法学院档案，发现郭云观与金问泗在 1918 年注册为哥伦比亚大学法学院 LL.M.学生，[78] 但在 1919 年的哥大法学院学生名录中，郭云观已经转为一年级 LL.B.学生，预计于 1921 年毕业，而金问泗仍然注册为 LL.M.学生。[79] 显然，郭云观并没有坚持到 1921 年，在 1920 年的哥大法学院学生名录中已经没有了郭云观的名字。[80]

根据外交家金问泗的回忆，郭云观和金问泗在复旦大学和北洋大学均是同班同学，且同时(1916 年)考进外交部。1917 年外交部派两人为驻美使馆学习员，并要求他们入哥伦比亚大学攻读国际公法及外交学。1917 年 11 月二人一同赴美。[81] 1919 年 2 月金问泗通过考试，取得哥伦比亚大学法学硕士学位，[82] 但是郭云观因为"先期赴欧，遂未及同应此项特试云"[83]。由此可见，郭云观虽然曾经在哥伦比亚大学攻读国际法，但是由于工作繁忙，没有毕业，没有取得哥大任何学位。在哥大 1932 年正式出版的校友注册名录中，郭云观(Kuo Yun-Kuan)被记载为"未毕业"(non-graduates)。[84]

值得一提的是，1935 年 10 月，郭云观的母校复旦大学授予郭云观名誉法学博士学位(LL.D.)，[85] 所以称郭云观为博士也不为过，但是这一学位与哥伦比亚大学无关，与学术无关，与J.S.D.无关。

3. 冀朝鼎

冀朝鼎(1903—1963)曾经取得哥伦比亚大学经济学专业哲学博士学位，这并无异议。有资料称冀朝鼎还曾于1927年取得芝加哥大学法律博士学位。[86]经查证，冀朝鼎并未取得芝加哥大学法律博士学位。[87]

第三节　近代留美法学博士名录

本节名录涵盖了从1905年至1950年间在美国取得各种法学专业博士学位的中国留学生。与袁同礼《中国留美同学博士论文目录》明显不同的是，笔者收录了大量没有博士论文的法律博士(J.D.)，还收录了没有博士论文的法学博士(如纽约大学J.S.D.端木恺)，也收录了袁氏目录遗漏的有博士论文的法律博士(如斯坦福大学J.D.倪征燠)。与目前各种辞典、名录不同的是，本名录重点在于近代留美法学博士的留学教育经历，对其生平仅择要简述，资料来源统一置于注释之中。

A001：王宠惠(1881—1958)，字亮畴，英文姓名Wang Chung-Hui，广东东莞人。1899年北洋大学法科毕业。官派出国留学。1903年取得耶鲁大学法学硕士学位(Master of Laws, M.L.)，获得Summa Cum Laude荣誉，硕士论文《中国与美国：两国商业与政治关系发展史》(China and the United States: being a history of the development of the commercial and political relations between the two countries)。1905年6月28日取得耶鲁大学民法学博士学位(D.C.L.)，获Magna Cum Laude荣誉，博士论文《住所：一个比较法的研究》(Domicil: a study in comparative law)。1909年取得英国大律师资格(Middle Temple)。民国第一位外交总长，曾任复旦公学副校长，兼法学、名学及政治学教授。海牙常设国际法院法官，南京国民政府外交部长，司法院院长。1948年将个人藏书一千九百余册捐赠上海法政学院，德文书捐赠同济大学。1949年去台湾。[88]

A002：罗泮辉(1880—1936)，字芹三，英文姓名Lo Pan Hui，广东南海人。幼年在旧金山华人浸会学校(Chinese Baptist Mission School)学

习，后入香港皇仁书院（Queen's College），之后在天津北洋大学担任教习，赴美留学后取得北洋官费。1906 年入哈佛大学，1909 年取得哈佛大学文学士学位（A.B.）；1908 年入芝加哥大学法学院，同时在芝加哥大学政治系学习，1911 年 6 月取得芝加哥大学政治学专业文学硕士学位（M.A.），硕士论文《中国法理学研究》（A study of Chinese jurisprudence），同时（1911 年 6 月）又取得芝加哥大学法律博士学位（J.D.），无博士论文。1911 年秋回国，参加广东地区的辛亥革命活动。后任东吴大学法科证据法和商法讲师，上海广东商会董事会主席，沪宁铁路、沪杭甬铁路法律顾问。[89]

A003：周宗华（1884—?），字三农，英文姓名 Chow Tsung Hua（William T.H.Chow），浙江湖州人。光绪三十二年（1906 年）由北洋大学选送出国留学（头年自费，次年改为官费）。先入布朗大学（Brown University，一译白朗大学）学习土木工程，1907 年改入耶鲁大学，1908 年取得哲学士学位（Ph.B.）。1908—1909 年在哥伦比亚大学求学，1909 年入芝加哥大学，1912 年 3 月取得芝加哥大学法律博士学位（J.D.），无博士论文。1912 年回国，任河南高等学堂教务长，1913 年任两浙盐税稽核分所总交案，1916 年任绍兴盐税征收局局长。[90]

A004：冯熙运（1885—1951），字仲文，英文姓名 Feng Hsi-Yun，河北天津人。1901 年入天津官立中学，1904 年毕业，1906 年考入北洋大学法科，1907 年被北洋大学官费送往美国留学（与王恩泽、马寅初同批），1910 年取得哈佛大学文学士学位，1910 年 7 月入芝加哥大学法学院，1912 年 8 月取得芝加哥大学法律博士学位（J.D.），无博士论文。同年回国，1913 年任直隶高等审判厅陪审推事。1914—1919 年任北洋大学法科教授，1920 年任北洋大学校长。后辞去校长职务，任滦州矿务公司法律顾问。1951 年因病去世。[91]

A005：王恩泽（1882—?），字云亭，英文姓名 Wang En Tse，河北天津人。1907 年被北洋大学官费送往美国留学（与冯熙运、马寅初同批），1910 年取得美国哈佛大学文学士学位，1910 年 7 月入芝加哥大学法学院，1913 年取得芝加哥大学法律博士学位（J.D.），无博士论文。1914 年回国后曾在北洋政府财政部、天津长芦盐务局工作。[92]

A006：梅华铨（1888—1953），英文姓名 Mei Hua-Chuen，广东台山

人，出生于美国旧金山。1907年进入纽约城市大学，1908年转学哥伦比亚大学，1911年获得哥大理学士学位(B.S.)；1911—1913年在哥伦比亚大学法学院学习，1913年6月获得法学士学位(LL.B.)。1913年9月入纽约大学法学院，1914年6月获得纽约大学法律博士学位(J.D.)，无博士论文。1910—1915年任纽约法院中文翻译。1915—1925年任东吴法科法学教授，讲授契约法。1917年开始在上海从事律师业务。1947年去美国，1953年去世。[93]

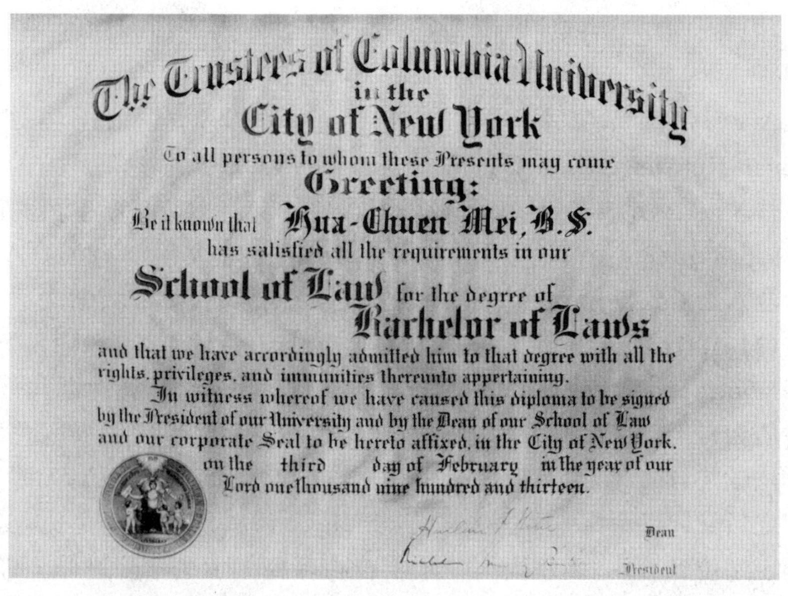

The Trustees of Columbia University
in the
City of New York
To all persons to whom these Presents may come
Greeting:
Be it known that Hua-Chuen Mei, B.S.
has satisfied all the requirements in our
School of Law for the degree of
Bachelor of Laws
and that we have accordingly admitted him to that degree with all the rights, privileges, and immunities thereunto appertaining.
In witness whereof we have caused this diploma to be signed by the President of our University and by the Dean of our School of Law and our corporate Seal to be hereto affixed, in the City of New York, on the third day of February in the year of our Lord one thousand nine hundred and thirteen.
Dean
President

图1.2　梅华铨1913年哥伦比亚大学LL.B.学位证书

A007：钱树芬(1877—20世纪50年代)，英文姓名Chien Shu Fen，广东东莞人。早年入岭南学堂，1900年毕业于北洋大学。1908年随伍廷芳出使美国。1911年取得乔治·华盛顿大学文学士学位(A.B.)，1916年6月取得芝加哥大学法律博士学位(J.D.)，无博士论文。辛亥革命后曾任临时参议院广东代表，广东民政司司长，广东实业公司董事长。曾在广东从事律师业务。1949年移居香港，50年代后期去世。[94]

A008：陈长乐(1886—1961)，英文姓名Tan Chang Lok(Chen Chang-Lok，早年曾用名Tan Ah Lok)，广东台山人，出生于新加坡。

1903年毕业于新加坡的英华中学(Anglo-Chinese School)。1907年赴美留学,在西北大学、耶鲁大学和芝加哥大学学习,1913年取得芝加哥大学哲学士学位(Ph.B.),1913年9月入芝加哥大学法学院,1916年取得芝加哥大学法律博士学位(J.D.),无博士论文。返回新加坡后,在贸易公司工作。后到北京大学任英语教授,兼任法律门研究所教员。曾任广东大学英文系主任及教授。1925年任广东革命政府外交部第二局局长,1926年任琼州交涉员,1929年任广州海关监督,1930—1932年任驻新加坡总领事,1932—1934年任驻旧金山总领事。1935—1938年任驻加尔各答总领事。1941—1948年任驻芝加哥总领事。1948年底返回新加坡,任银行经理。[95]

A009:张国辉(1893—1968),字光甫,号传薪,英文姓名 Chang Chuncin Kuhwei(Cavour Chuancin Kuohwei Chang),福建邵武人。早年在基督教汉美书院、福州格致书院学习。1911年考取清华学堂留美预备班,1913年公费赴美留学。1914年取得密歇根大学文学士学位(B.A.,文学专业),之后入哥伦比亚大学,1916年6月取得哥伦比亚大学文学硕士学位(M.A.),硕士学位论文《门户开放政策与美国远东外交》(The open door policy and American diplomacy in the Far East)。在此期间,他同时注册为哥伦比亚大学法学院学生,两年后,于1916年10月转入芝加哥大学法学院,1917年6月取得芝加哥大学法律博士学位(J.D.),无博士论文。之后又回哥伦比亚大学法学院,于1918年10月取得哥伦比亚大学法学士学位(LL.B.)。1917—1918年曾在耶鲁大学法学院进修。有"闽北第一博士"、"闽北第一留学生"之称。1922—1927年在北洋政府外交部任职,兼任北京师范大学、民国大学、中国大学教授。1927年任外交部福建交涉员,兼任厦门海关监督。1927年底任厦门大学法科教授。1928年后任司法院参事。1934年到越南从事教育工作。曾任国民政府中央特种刑事临时法庭法官,兼任中央大学法学院行政法副教授。后被汪伪政府列为宪政实施委员会委员。1947年任广州岭南大学历史系教授。1950年后任松江省人民法院审判员、东北人民政府司法部宣传调查员、福建省高级人民法院审判员。1952年任福州大学历史系教授。1961年任福建邵武县政协委员。"文化大革命"开始后,张国辉被打成"资产阶级反动学术权威",1968年去世。[96]

A010：黄宗法（1889—?），字约三（一说甲三、纳三），英文姓名 Hwang Tzon Fah（Huang Tzon-Fah），安徽无为县人。第三届（1911 年）清华庚款公费赴美留学。1914 年取得密歇根大学法学士学位（LL.B.）。1916 年 10 月取得哥伦比亚大学法学硕士学位（LL.M.），1916 年 9 月入纽约大学法学院，1917 年 6 月取得纽约大学法学博士学位（J.S.D.），无博士论文。1917 年 11 月入北洋政府外交部秘书处。曾在天津从事律师业务，任天津私立新学中学校长，招商局天津分局经理。1949 年前后定居香港。[97]

图 1.3　纽约大学法学博士黄宗法

A011：黄开宗（1893—1929），英文姓名 Lius Patricio Uychutin（Huang Khaichung L.），福建思明人，出生于菲律宾马尼拉。早年毕业于菲律宾马尼拉法政学校，获法学士学位，又考取菲律宾大学，1916 年取得文学士学位。1916 年赴美留学，1916 年 10 月入芝加哥大学法学院，1917 年取得芝加哥大学哲学士学位（Ph.B.），1918 年 6 月取得芝加哥大学法律博士学位（J.D.），无博士论文。后回菲律宾从事公证和律师业务，在菲律宾大学讲授中国历史与政治（Professorial Lecturer on Chinese History and Politics, University of the Philippines）。1923 年厦门大学法科教授，先后担任文法科主任、代理大学秘书，讲授国际公法、宪法等。1929 年因病去世。[98]

A012：张肇元（1892—?），号晟，英文姓名 Chang Chaoyan Cheng（Chang Chao-Yuen C.），浙江鄞县（镇海）人。1914 年取得圣约翰大学文学士学位。1917 年 6 月取得哥伦比亚大学文学硕士学位（A.M.），硕士论文《中国晚近宪法改革》（Recent constitutional reform in China）。1917 年夏在密歇根大学学习。1917 年 9 月入芝加哥大学，1919 年 3 月取得芝加哥大学法律博士学位（J.D.），无博士论文。1932 年 11 月加入上海律师公会，曾任江汉关监督，税务总处处长，1926—1927 年任武汉国民政府财政部次长。1927—1937 年任南京国民政府财政部参事。1938 年任立法委员、立法院外交委员会委员。1946 年当选国大代表。1948 年 5 月至 12 月任立法院秘书长。1949 年后去台湾。[99]

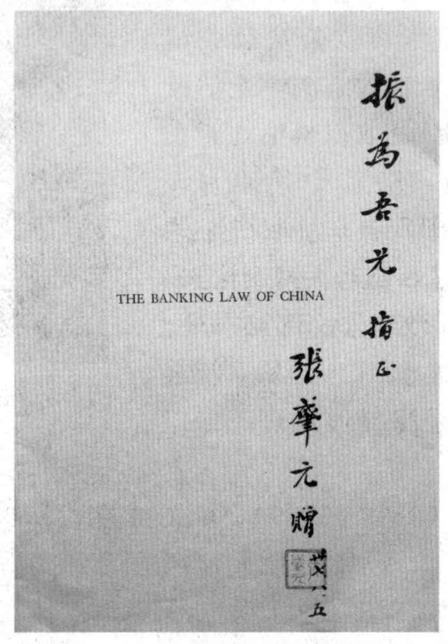

图 1.4　张肇元签赠盛振为

A013:何孝元(1896—1976),一作何孝沅,字达峰,英文姓名 Ho Hsiau Yuen,福建闽侯人。1915 年清华预备生,1916 年赴美留学,1917 年 6 月取得哥伦比亚大学经济学专业文学士学位(B.A.),1917 年 9 月入芝加哥大学法学院,1919 年 8 月取得芝加哥大学法律博士学位(J.D.),无博士论文。1920 年回国后任交通部英文秘书,1923 年任中东铁路地亩处副处长、处长,1931 年 6 月加入上海律师公会,兼任上海法政大学、持志大学、大夏大学教授。1946 年任国防部法规司司长,后任华中军政长官公署副秘书长,1949 年去台湾,任台湾省立地方行政专科学校教授、法商学院系主任,中兴大学系主任。[100]

A014:燕树棠(1891—1984),字召亭,英文姓名 Yen Shu-Tang,河北定县人。1912 年春季入北洋大学法科,1915 年取得北洋大学法学士,考取清华公费留学生,1916 年到达美国,先入哈佛大学,后于 1918 年取得哥伦比亚大学法学硕士学位(LL.M.),硕士论文《中国的治外法权制度》

(The system of extraterritoriality in China)。1918年9月入耶鲁大学法学院,1920年取得耶鲁大学法学博士学位(简称Jur.Dr.或者Jur. D.、J. D.,研究民法与国际法),无博士论文。1921年回国,应蔡元培聘请,担任北京大学法律系主任、教授。后任南京国民政府法制局编审。1935年再次担任北京大学法律系主任,1938年西南联大法律系主任。1948年任国民政府司法院大法官。1949年后任武汉大学法律系教授,湖北省政协委员,中国对外文化协会武汉分会理事,中国政治学会理事。[101]

A015:康时敏(1895—1924),英文姓名Kang Shih Min,江苏上海人。早年就读于上海南洋公学,1914年春季入北洋大学,1917年毕业于北洋大学法科。1918年清华留学考试第一名。同年赴美留学,1919年取得哥伦比亚大学法学硕士学位(LL.M.),硕士论文《1911年辛亥革命之后中华民国的国际关系》(The international relations of the republic of China subsequent to the revolution of 1911)。1919年9月入耶鲁大学法学院,1921年取得耶鲁大学法学博士学位(简称Jur.Dr.或者Jur. D.、J.D.,比较法学专业)。无博士论文。曾在天津从事律师业务。[102]

A016:陈霆锐(1891—1976),英文姓名Chen Ding-Sai(Ch'en T'ing-Jui),江苏吴县人。1909年从苏州到上海,曾任中华书局编辑。1917年入东吴大学法科,1920年毕业(东吴大学法学院第三届毕业生),获法学士学位。1920年夏季自费赴美留学(与东吴法学院同学吴经熊、陆鼎揆同船到美),同年10月入密歇根大学法学院,1921年6月取得密歇根大学法律博士学位(J.D.),无博士论文。1922年取得密歇根大学政治学硕士学位(M.A. in political science),由于成绩优秀,荣获密歇根大学奖学金。1922年秋回国成为上海名律师。1925年,上海"五卅惨案"发生后,陈霆锐担任遇难学生的代表,控诉上海工部局巡捕房。后任纳税华人会秘书,上海公共租界工部局华人董事。曾任东吴大学法律学院英美法教授,暨南大学教授。"八·一三事变"之后离开上海,到达重庆,从事律师业务,并任国民参政员。1944年,赴美考察司法。1945年当选为制宪国民大会代表。1948年3月去台湾,从事律师业务。1954年任台湾东吴法学院院长。1956年退休后去美国,定居于新泽西州普林斯顿,曾在新泽西州的Seton Hall大学任教。1974年8月回台湾定居,1976年8月15日去世。[103]

Name and Address of Parent or Guardian: Ling Shu Chen, 54 Cumine Road, Shanghai, China

Enrolled in School: From 10-5-1920 To JUN 30 1921

Ding Sai Chen

Date of Birth: Jan. 29, 1891

Entered on: LL.B. In Comparative Law School of China 1920

FIRST YEAR (Hours / 1st SEM. / 2nd SEM. / Sum. Ses.)

Common Law Pleading
Contracts
Criminal Law & Procedure
Property I
Property II
Torts

A.—Excellent
B.—Good
C.—Satisfactory
D.—Conditionally Passed
E.—Not Passed
Not more than 18 hours of D work is counted toward a degree; not more than 8 hours in one year, nor more than 5 hours in a semester and a summer session.

(Total hours credit)

REMARKS

Petition to be candidate for JD laid on table. See faculty min. p.31

J.D. JUN 30 1921 See faculty min. p. 44

SECOND AND THIRD YEARS	Hours	Sum. Ses.	3rd SEM.	4th SEM.	5th SEM.	6th SEM.
Equity						
Evidence						
Agency						
Bailments and Carriers						
Bankruptcy						
Bills and Notes						
Code Pleading						
Conflict of Laws						
Constitutional Law	6				B	B
Corporations, Municipal						
Corporations, Private						
Damages						
Domestic Relations						
Equity Pleading & Procedure						
Insurance Law						
International Law	4				A	A
Irrigation Law						
Roman Law	3				B	
Mortgages Science of	3					A
Partnership						
Practice Court						
Procedural Reform						
Property III						
Property IV						
Public International Law						
Public Officers & Ext. Legal Rem.						
Public Service Law						
Quasi-Contracts						
Sociology 19a	3				B	
Suretyship						
Theory & Prac. of Legislat.						
Trial Practice						
Trusts						
Wills and Administration						
Political Science 30	2					B
First Year, forward						
Total hours credit Roman Law (1921-22)	26				11 B3	10 B3

图 1.5 陈霆锐密歇根大学 J.D.成绩单

A017:吴经熊(1899—1986),英文姓名 John Chin Hsiung Wu(John Wu),浙江鄞县人。1917 年从北洋大学法科转学到东吴法科,1920 年毕业,法学士。同年赴美留学,1921 年 6 月取得密歇根大学法律博士学位

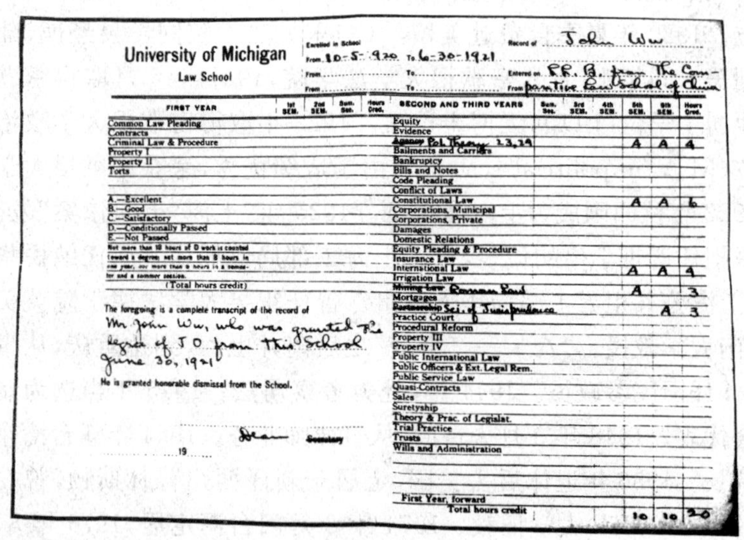

University of Michigan
Law School

Enrolled in School: From 10-5-1920 To 6-30-1921

Record of John Wu

Entered on LL.B. from The Comparative Law School of China

FIRST YEAR (1st SEM. / 2nd SEM. / Sum. Ses. / Hours Cred.)

Common Law Pleading
Contracts
Criminal Law & Procedure
Property I
Property II
Torts

A.—Excellent
B.—Good
C.—Satisfactory
D.—Conditionally Passed
E.—Not Passed
Not more than 18 hours of D work is counted toward a degree; not more than 8 hours in one year, nor more than 5 hours in a semester and a summer session.

(Total hours credit)

The foregoing is a complete transcript of the record of Mr John Wu, who was granted the degree of JD from this School June 30, 1921

He is granted honorable dismissal from the School.

Dean Secretary

19

SECOND AND THIRD YEARS	Sum. Ses.	3rd SEM.	4th SEM.	5th SEM.	6th SEM.	Hours Cred.
Equity						
Evidence						
Pol. Theory 23,24				A	A	4
Bailments and Carriers						
Bankruptcy						
Bills and Notes						
Code Pleading						
Conflict of Laws						
Constitutional Law				A	A	6
Corporations, Municipal						
Corporations, Private						
Damages						
Domestic Relations						
Equity Pleading & Procedure						
Insurance Law						
International Law				A	A	4
Irrigation Law						
Roman Law				A		3
Mortgages						
Sci. of Jurisprudence					A	3
Practice Court						
Procedural Reform						
Property III						
Property IV						
Public International Law						
Public Officers & Ext. Legal Rem.						
Public Service Law						
Quasi-Contracts						
Sales						
Suretyship						
Theory & Prac. of Legislat.						
Trial Practice						
Trusts						
Wills and Administration						
First Year, forward						
Total hours credit				10	10	20

图 1.6 吴经熊密歇根大学 J.D.成绩单

(J.D.),所修五门课成绩全 A(Excellence)。无博士论文。经 Dickinson、Drake、Crane 三位教授推荐获得卡内基国际和平奖学金,1921 年至 1923 年分别在巴黎大学、柏林大学、哈佛大学进行研究学习。1927—1938 年任东吴法学院院长。1931 年任国民党政府立法院委员,1942 年任立法院外交委员会委员长,1946 年任驻罗马教廷公使。1949 年后历任美国夏威夷大学、台湾中国文化学院等校教授。[104]

A018:陆鼎揆(1897—约 1940 年代),字叙白,英文姓名 Loh Ting-Kwei(Lok Ting-Kwei),江苏无锡人。1920 年取得东吴法科法学士学位。1920 年 10 月入美国密歇根大学法学院,1921 年 6 月取得密歇根大学法律博士学位(J.D.),与东吴法学院同学吴经熊、陈霆锐同时毕业于密歇根大学,无博士论文。回国后在上海从事律师业务。国立自治学院教授。抗战时期以国家社会党人身份加入汪伪政权,不久病故。[105]

A019:李范(约 1890—?),英文姓名 Li Fan,江苏南通人,生于南京。1911 年南京高等商业学堂毕业。1912 年春季入北洋大学法科(丙班),与郭云观、燕树棠、金问泗同学。1915 年毕业。1920 年 6 月取得哥伦比亚大学理学硕士学位(M.S.,商学院)及文学硕士学位(M.A.),文学硕士论文《中国早期外交史》(The early history of Chinese diplomacy)。1920 年 9 月入纽约大学法学院,1921 年 6 月 8 日取得纽约大学法学博士学位(J.S.D.),无博士论文。其余事迹不详。[106]

A020:徐恭典(1892—1970),字敬五,英文姓名 Hsu Kon Tien,江西玉山县(冰溪镇)人。早年考入北京大学预科,1916 年升入法律系本科,1919 年毕业。1919 年 7 月教育部考验留学生及格,1920 年获得江西省官费赴美留学,1921 年 6 月同时取得西北大学法律科学学士学位(Bachelor of Science of Law)及西北大学法律博士学位(J.D.),无博士论文。之后转赴英国、德国(柏林大学)攻读民法,1924 年回国。先后任教于国立北京法政大学、山西大学、河北大学,除讲授法律之外,还在中央陆军大学、中央军官学校兼授英文和德文。1933 年秋任司法行政部编纂室编纂。1936 年任上海公共租界特区法院推事。抗战期间在重庆担任司法行政部编纂室主任、四川高等法院民庭推事。1945 年署最高法院推事,1946 年任最高法院推事。1955 年后举家回浙江常山天马镇旧居,潜心民法学著作,文稿于“文化大革命”中被毁。[107]

A021:李长全(1894—?),英文姓名 Lei Cheung Chuen,广东新宁人。早年求学于岭南学院,后赴美留学。1917 年取得卫斯理安大学(Wesleyan University)理学士学位(B.S.),1917 年至 1919 年在哈佛大学法学院学习(unclassifited student),后转学芝加哥大学,1922 年取得芝加哥大学法律博士学位(J.D.),无博士论文。曾任国立中山大学教授,岭南大学注册处处长。[108]

A022:何世桢(1895—1972),字毅之、思毅,号干臣,英文姓名 Ho Shih Chen,安徽望江县人。早年就读于复旦公学及北京大学预科,1921 年取得东吴大学法学士学位。1921 年 9 月入密歇根大学法学院,1922 年 6 月取得密歇根大学法律博士学位(J.D.),无博士论文。1923—1926 年任东吴法科教授(讲授刑法);1924 年创办持志大学,任校长。期间还在上海从事律师业务。1928 年任安徽省政府委员兼教育厅长。1929 年任上海公共租界临时法院院长,后任司法行政部政务次长,持志学院院长。1968 年在"文化大革命"中被拘留审查,1972 年因病被假释,不久去世。1979 年平反,上海市公安局《关于对何世桢问题的复查决定》称:"他历史上与我党组织有过关系,曾做过有益人民的事,是有贡献的。"[109]

图 1.7 密歇根大学 J.D.何世桢

图 1.8 密歇根大学 J.D.何世枚

A023:何世枚(1896—1975),字朴枕,号澹园,英文姓名 Ho Shih Mai,安徽望江县人,生于扬州。早年就读于复旦公学及北京大学预科,

1921年取得东吴大学法学士学位。1921年9月入密歇根大学法学院，1922年6月与兄何世桢同获密歇根大学法律博士学位(J.D.)，无博士论文。1923年回国，任上海大学法学教授，东吴大学刑法教授，持志大学教务长。1950年迁居苏州，1951年被捕判刑，1954年释放，后居扬州，1975年去世。[110]

A024：马景行(1889—1930年代)，字中原，英文姓名George Ging Hsing Ma，安徽泗州人。1915年沪江大学毕业。1920年东吴大学法科第三届毕业生，1921年8月由南洋兄弟烟草公司资送留美。1922年6月19日取得美国西北大学法律博士学位(J.D.)，无博士论文。同时又取得西北大学文学硕士学位(M.A.)，硕士论文《孔子与儒家对中国古代和现代法律作出了什么贡献?》(What did Confucius and the Confucian School contribute to the formation of the ancient and modern Chinese law?)。回国后在上海从事律师业务，曾开办上海春申大学(英文名Chartered University of Shanghai，在美国注册)。20世纪30年代去世。[111]

A025：冯济(1888—1972)，字亚经，号雅勤，英文姓名Feng Chi，陕西隰阳(城关)人。早年考入山西省优级师范学校，后入山西大学法律学门，1917年毕业，先后在临汾中学、山西法政学校等校任教。1920年考取山西省公费留美学生，1923年6月18日取得西北大学法律博士学位(J.D.)，无博士论文。1925年夏回国。担任北京京兆尹公署外文秘书，甘肃省公署及宣慰使署外文秘书，永昌县知事，清水县县长，兰州中山大学法律系主任，甘肃高等法院推事、院长。1949年后，被聘为甘肃省文史馆馆员，天水市政协委员，民革天水市委员。[112]

A026：孙浩煊(1898—?)，字宇刚，英文姓名Sun Hao Hsuan，江苏崇明人。1917—1919年求学于清华学堂留美预备部，1922年取得芝加哥大学哲学士学位(Ph.B.)，1921年1月入芝加哥大学法学院，1923年8月取得芝加哥大学法律博士学位(J.D.)，无博士论文。1923年至1924年在哥伦比亚大学求学，1924年回国。历任江苏法政大学教授、兼任国立东南大学政治经济系教授，1927年任沪江大学教授。1928年10月在上海律师公会注册为律师。1929年春至夏任上海大夏大学文科主任，1929年秋—1938年夏大夏大学法学院院长。1947年春又任大夏法律系主任。1949年后任北京外贸学院(现对外经济贸易大学)教授。[113]

A027:王毓英(1898—?),字乐三,英文姓名 Wang Yu Ing,河南修武人。中华大学预科肄业,1918 年北京大学法预科毕业,英文班,1918—1919 年在北京大学政治系学习。后留学美国西北大学法学院,1921 年取得法律科学学士学位(Bachelor of Science in Law),1920 年 3 月又入芝加哥大学法学院,1923 年 8 月取得芝加哥大学法律博士学位(J.D.),无博士论文。1925 年在国立北京法政大学、民国大学任教,讲授国际私法;后在朝阳大学讲授法理学。[114]

A028:蒋保厘(1898—?),字屏周,英文姓名 Tsiang Pao Li(或者 Tsiang Paoli),江苏上海人。1922 年取得东吴大学法学士学位(东吴大学法学院第五届毕业生),同年 8 月自费留美,1923 年取得密歇根大学法律博士学位(J.D.),无博士论文。1925 年 3 月起在上海从事律师业务。曾任司法院参事。1949 年后去往台湾和香港,后移民澳大利亚。2016 年,蒋氏后人在密歇根大学捐资设立蒋保厘教席(Tsiang Pao Li professorship)。[115]

A029:张元枚(1895—?),字亮吉,英文姓名 Chang Yuan Mei,江苏江阴人。1922 年取得东吴大学法学士学位(东吴大学法学院第五届毕业生),同年 8 月自费留美,1923 年取得密歇根大学法学硕士学位(LL.M.)。1925 年 9 月入底特律(又译地脱劳、狄屈沃)法学院(Detroit College of Law),1926 年 6 月取得法律博士学位(J.D.),无博士论文。同年回国,1927 年 10 月加入上海律师公会。曾在东吴大学法学院任教,讲授“犯罪研究”和“监狱学”。[116]

A030:石颎(1899—1968),字超庸(以字行),英文姓名 Shih Kung(Stone, C.Y.),广西藤县人。石超庸 1923 年取得东吴大学法学士学位(东吴大学法学院第六届毕业生)。以法科第一名的身份考取清华公费留美,1923 年赴美留学,同船赴美留学的还有李书田、顾毓琇等人。1924 年取得密歇根大学法学硕士学位(LL.M.)。1924 年 9 月入耶鲁大学法学院,1925 年 6 月取得耶鲁大学法学博士学位(J.S.D.),据称博士论文是《平时公海之捕获》(Seizure on the high seas in time of peace)。后入法国巴黎大学研究国际公法。1926 年回国后任东吴大学教授,1927 年转任暨南大学法律系主任。同时在上海从事律师业务。抗战期间任李宗仁顾问。1949 年后去香港,任中国知识分子救助会主任。1954 年任香港崇基学院教授。1957 年去台湾,任台湾东吴大学法学院院长、东吴大学校长,1968 年病逝。[117]

A031：伍守恭（1900—?），英文姓名 Sarkon Kingsu Ou（Wu Shou-Kung 或者 Woo Z.K.），江苏武进人，生于湖北武昌。早年在苏州东吴大学学习，后于 1920 年转到菲律宾法学院和菲律宾大学，1921 年赴美，入芝加哥大学，1924 年取得芝加哥大学哲学士学位（Ph.B.，政治学专业），1922 年 10 月注册为芝加哥大学法学院学生，1925 年 6 月取得芝加哥大学法律博士学位（J.D.），无博士论文。曾任外交部特派江苏交涉公署秘书，上海临时法院推事，后辞职，1927 年 9 月加入上海律师公会，曾任东吴大学法学院兼职教师，持志学院法律系主任。1945 年任战时生产局参事。后去台湾。[118]

A032：黄俊杰（1895—约 1937），英文姓名 Wong Tsun K.，广东台山（白沙西村）人。1924 年 6 月毕业于美国俄亥俄州的鲍德温·华莱士学院（Baldwin Wallace College，该校 2012 年改为 Baldwin Wallace University），之后转学美国芝加哥的德宝大学，1926 年取得德宝大学法律博士学位（J.D.），无博士论文。回国后在广东从事律师业务，1937 年左右去世。[119]

图 1.9　黄俊杰 1926 年德宝大学 J.D.毕业照

A033：区兆荣（1898—?），字沛玖，英文姓名 Chu Pei Chiu（Silwing Pei-Chiu Au），广东番禺人。1921 年从清华毕业，庚款留美，1921—1922 年在密歇根大学求学，后转芝加哥大学，1924 年取得芝加哥大学哲学士（Ph.B.），1926 年取得芝加哥大学法律博士学位（J.D.），无博士论文。之后在芝加哥大学政治系攻读博士学位，但仅两个学期，未完成即回国。美国政治学会会员。1926 年任厦门大学法学院教授，讲授"法律哲学"和"比较宪法"。1930 年任厦门大学法学院院长兼政治学系主任，1932 年离开厦门大学。曾任教于交通大学管理学院，担任国民政府财政部科长，中央信托局专员，财政部广东所得税局局长，40 年代任驻美国波特兰领事馆领事。[120]

A034：乔万选（1896—?），又名乔德符，字子清，英文姓名 Chiao Wan-Hsuan，山西清源县（徐沟）西关人。1911 年入清华学堂，1919 年清华毕业后赴美留学，入威斯康星大学本科三年级，攻读政治经济学，1921 年取得文学士学位（B.A.）；1922 年取得文学硕士学位（M.A.）。1922 年秋入哥伦比亚大学政治学院公法系（Department of Public Law and Jurisprudence），1926 年取得哥伦比亚大学法科哲学博士学位，博士论文《英国有关中央与地方政府的分权》（Devolution in Great Britain）。在哥伦比亚大学攻读博士学位期间，还曾经在耶鲁大学法学院学习罗马法、现代民法和冲突法。1926 年 6 月又在芝加哥大学取得法律博士学位（J.D.），无博士论文。1928 年 12 月任山西省立法学院教授。曾任中央大学法学院副教授，山西党政学院主任。1930 年被任命为清华大学校长，旋去职。1936 年任代理江苏高等法院第三分院首席检察官，东吴大学法学院兼职宪法学教授。1942 年 3 月任汪伪政府司法行政部常务次长，5 月任汪伪中央法制专门委员会副主任委员，1943 年 1 月任汪伪政府政务参赞，1944 年 3 月任汪伪司法行政部撤废治外法权事务局局长，7 月改任汪伪政府特别法庭庭长。曾任重庆南泉新闻专科学校教授。据称后被判刑，病死狱中。[121]

A035：姚永励（1900—?），字叔高，英文姓名 Yao Yung-Li，浙江绍兴人。1921 年毕业于清华学校（与区兆荣同班同学），同年庚款赴美留学。1924 年取得耶鲁大学文学士学位（A.B.，政治经济学专业），1924 年 9 月入芝加哥大学法学院，1926 年 3 月取得芝加哥大学法律博士学位（J.D.），无博士论文。回国后任东吴法学院教授，复旦大学商法教授，上海法学院教授。1927 年 3 月在上海注册为律师。中国 1929 年票据法起草者之一。1949 年后调到北京，在外交学院教英文，1962 年左右因病辞职回上海，在华东师范大学外语系兼课。[122]

A036：富刚侯(1899—?)，英文姓名 Kenneth Kang-Hou Fu，浙江海宁人。1922 年取得东吴大学理学士学位，1925 年取得东吴大学法学士学位(东吴大学法学院第八届毕业生)，1926 年 6 月 14 日取得美国西北大学法律博士学位(J.D.)，无博士论文。曾任国民政府工商部劳工司科长，1932 年 5 月加入上海律师公会，1949 年前后去台湾。[123]

A037：张金润(1900—?)，英文姓名 Chang Ching Rwen，广东东莞人。早年肄业于复旦大学。1924 年取得东吴大学法学士学位(东吴大学法学院第七届毕业生)，1925 年取得纽约大学法学硕士学位，1926 年 6 月 14 日取得西北大学法律博士学位(J.D.)，无博士论文。在广东从事律师业务。[124]

A038：盛振为(1900—1997)，英文姓名 Robert Chen Wei Sheng，江苏上海人。1921 年取得东吴大学(苏州)文学士学位(BA)，1924 年取得东吴大学法学士学位(东吴大学法学院第七届毕业生)。1925 年 9 月留学美国西北大学，1926 年 6 月 14 日取得西北大学法律博士学位(J.D.)，无博士论文。1926 年回国，加入上海律师公会。1927 年成为东吴法学院第一位华人教务长，曾任上海法学院教授。江苏省交涉公署华洋案件上诉处审判员，暨南大学、中央大学法科教授。从 1933 年开始任国民政府立法委员。1942—1950 年任东吴大学法学院院长，证据法学专家。50 年代初在东吴大学教英语。"镇反"运动中被捕，打成"反革命"，在江苏劳改，后被释放。1980 年平反。1982 年被聘为华东政法学院顾问。[125]

A039：高君湘(1901—?)，又名高筠，英文姓名 Kao Chun Kiang(Kao Chun Hsiang)，江苏金山县人。高吹万第三子。1920 年毕业于复旦大学，1924 年毕业于东吴大学法学院(东吴大学法学院第七届毕业生)，1925 年获得密歇根大学法学硕士学位(LL.M.)学位。1926 年获得美国底特律法学院(Detroit College of Law)法律博士学位(J.D.)，无博士论文。曾任上海法学院教授。1932 年在上海注册为律师。曾任沪江大学商法教授，中国银行香港分行经理。1947 年左右去往香港定居。长子高锟，被誉为"光纤之父"，诺贝尔物理学奖得主。[126]

A040：李中道（1900—1986），字仲道，英文姓名 Herbert Chung-tao Lee(Li Chung-tao)，江苏吴县人。1918 年毕业于南洋公学（Nanyang College)，后在日本学习语言和文学一年；1920—1924 年在东吴法科学习，获法学士学位（东吴大学法学院第七届毕业生）。1924 年赴美留学，入密歇根大学法学院，1925 年获法学硕士学位（LL.M.），后在密歇根大学研究政治经济学。1926 年 2 月入西北大学法学院，1927 年 6 月取得西北大学法律博士学位（J.D.），无博士论文。同年回国。先在浙江省立第四中学任教，后在上海从事律师业务，曾在大同大学、沪江大学、之江大学授课，担任《大陆报》编辑。1949 年之后担任中华基督教卫理公会会计及房地产管理工作，上海文史馆馆员。[127]

A041：胡咏德（1903—?），字凌霄，又字悟道，一说字咏道，英文姓名 Hu Yung-teh(David Y.T.Hu)，浙江宁波（鄞县）人。1922 年入复旦大学政治学系，1924 年取得复旦大学文学士学位（复旦大学第六次大学正科文科毕业）。1926 年取得东吴大学法学士学位，1927 年 6 月 20 日取得美国西北大学法律博士学位（J.D.），无博士论文。1927 年回国后在上海从事律师业务。[128]

A042：黄扆言（1898—?），英文 Wong Yi Yien(或者 Wang Yi Yien)，江苏吴县人。1922 年取得东吴大学文学士学位，1926 年取得东吴大学法学士学位（东吴大学法学院第九届毕业生）。1927 年 6 月 20 日取得美国西北大学法律博士学位（J.D.），无博士论文。1927 年 9 月加入上海律师公会。[129]

A043：续克昌（1897—?），英文名 Hsu Ke Chang，吉林德惠人。早年在南开学校读书。1923 年毕业于格林奈尔学院（Grinnell College)，后去威斯康星大学，一年后转学西北大学，1927 年 6 月 20 日取得美国西北大学法律博士学位（J.D.），无博士论文。回国后曾担任东北大学英文讲师。[130]

A044：端木恺（1903—1987），英文姓名 Joseph K. Twanmoh，安徽当涂人。1920 年 6 月入复旦大学，1925 年 7 月取得复旦大学文学士学位（B.A.，社会科政治学门，复旦大学第一次大学正科社会科学科毕业，胡汉瑞、陈序经同学）。1922 年 6 月入东吴大学法学院，1925 年 7 月获东吴大学法学士学位。1926 年入纽约大学法学院，1927 年 6 月获得纽约大学法学博士学位（J.S.D.，Juridicae Scientiae Doctor)，无博士论文。1928 年回国,应程天放邀请担任国民革命军军官团政治教员,后担任安徽省教育厅秘书兼科长,安徽大学法学院院长,同时任中央政治学校、中央大学、复旦大学、东吴大学教授,讲授公法。1933 年任行政院参事。1945 年端木恺辞去公职,成为职业律师,曾为陈璧君、周佛海叛国案辩护,1947 年,陈璧君手抄汪精卫《双照楼诗词稿》以示感谢。1948 年当选行宪第一届立法委员,后任司法院秘书长、行政院秘书长(1949 年)。1949 年去台湾,执业律师,1950—1953 年协助处理两航飞机案件。1967 年任台湾东吴大学董事会副董事长(孙科任董事长),1969—1983 年任东吴大学校长,其间不取任何工资,反而多次捐资东吴大学。从 1968—1987 年,捐赠东吴大学中西文图书一万三千余册。1985 年与程沧波共同担任台湾复旦同学会名誉理事长。[131]

A045:叶芾康(1904—1975),英文姓名 Frank Foo-Kung Yih,江苏吴江(同里)人。1925 年赴美留学,1926 年取得美国西北学院(North-Western College, Naperville, IL)政治学专业文学士学位,1927 年 6 月取得纽约大学法学博士学位(J.S.D.),无博士论文。曾在上海法政大学讲授海商法。1928 年 5 月加入上海律师公会。后弃法从商,是上海"小吕宋"鞋帽店的创始人,开办振丰棉织厂、振丰毛纺厂。1949 年后当选为上海市第一届政协委员。[132]

A046:魏文翰(1896—1989),英文姓名 Wei Wen Han,河北天津人。早年在天津南开中学读书,与周恩来同学。1916 年从南开中学毕业。1918 年入金陵大学,1921 年春毕业,取得金陵大学文学士学位。之后在上海工作以积攒留美费用。1922 年 8 月自费留美,先入哈佛大学攻读研究生课程一年,1923 年 9 月入芝加哥大学法学院,1927 年 6 月取得法律博士学位(J.D.),无博士论文。1927 年 12 月回国,在上海从事律师业务。曾任海鹰轮船公司董事长,民生实业公司副经理。1949 年后曾在上海讲授海商法,1972 年携家属去往香港,1974 年后定居美国。[133]

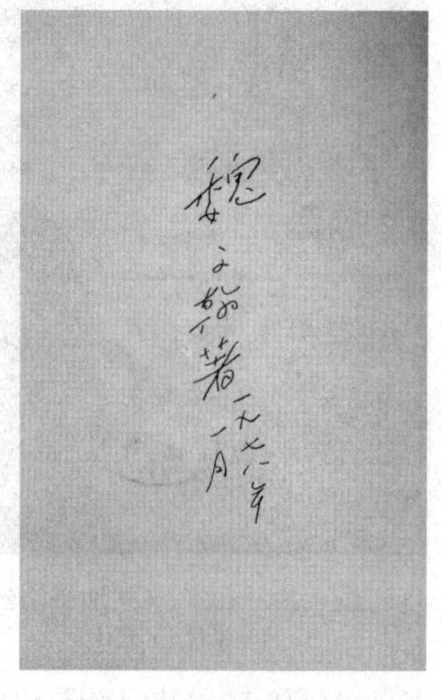

图 1.10　芝加哥大学 J.D.
魏文翰手迹

A047：萧祖用（1897—1992），英文姓名 Joseph Young Sieux，广东台山人。1908 年赴美留学，曾入森林湖学院（Lake Forest College），后入明尼苏达大学，1921 年 12 月取得明尼苏达大学文学士学位（A.B.，经济学）。1927 年取得芝加哥大学法律博士学位（J.D.），无博士论文。曾在岭南大学及中山大学任教。抗战期间短暂入伍，胜利后继续到岭南大学任教。1948 年去香港，担任协和中学英文系主任。1957 年赴美经商，1992 年病逝于加州。[134]

A048：徐湛星（1902—1990），英文姓名 Su Tsan-Sing，广东番禺人。早年曾在香港圣保罗书院及上海沪江大学中学部学习，1923 年取得芝加哥大学哲学士学位（Ph. B.），1927 年取得芝加哥大学法律博士学位（J.D.），无博士论文。返国后任教于广州岭南大学。1929—1935 年任国民银行香港总行会计主任，上海分行副经理，香港分行副经理，上海魏文翰律师事务所律师，1937 年任职新华银行，1947 年任该行常务董事兼香港分行总经理，长期在香港银行界工作。[135]

A049：缪中一（1900—1928），英文姓名 Miao Chung Yi，江苏江阴（申港）人。1921 年复旦大学商预科毕业（与端木恺预科同届），之后在复旦大学商科（本科）学习。1924 年 8 月自费赴美留学，1927 年取得芝加哥洛约拉大学（Loyola University Chicago）法律博士学位（J.D.）。1928 年 6 月，缪中一在英国湖区杀害妻子萧蕙裳（一作萧婉盛，英文名 Sui Wai Sheung），于 1928 年 12 月 6 日在英国曼彻斯特被执行绞刑。缪中一是中国近代留洋法学博士群体中唯一一位在外国犯杀人罪被处死的人。[136]

图 1.11 1927 年芝加哥洛约拉大学 J.D.缪中一

A050：杜元载（1893—1975），字赓之，英文姓名 Tu Yuan-Tsai，湖南溆浦人。1922 年 8 月考取国立北京师范大学，1924 年获教育学学士学位。1926 年自费赴美留学，获得明尼苏达州立大学教育学硕士学位，1927 年秋入美国西北大学法学院，1928 年 6 月取得西北大学法律博士学位(J.D.)，无博士论文。1928 年 6 月回国。任国立开封中山大学法科(1930 年改为河南大学法学院)主任、教授。1930 年 8 月离开河南大学，历任北京师范大学、北京大学、湖南大学、四川省立教育学院、中央大学、西南联大、西北大学等校教授。1949 年去台湾，任考试、司法行政部门官员，1958 年任台湾师范大学校长，1966 年卸任校长职务，1968 年任国民党中央党史委员会副主任委员，1971 年任主任委员。[137]

A051：郭怀璞(1898—?)，别号纯如，英文姓名 Kuo Huai-pu，广东人。1924 年北京大学法学院经济系毕业，取得法学士学位。1926 年被国民党送往欧洲及美国留学，1928 年 6 月取得美国西北大学法律博士学位(J.D.)，无博士论文。1928 年 6 月回国。1930 年任江苏上海特区地方法院候补检察官，后曾担任江苏高等法院第二分院推事，广州地方法院首席检察官(代理)，广东潮安地方法院院长，汪伪无锡地方法院院长。[138]

A052：赖锟(1901—?)，字镇勋，英文姓名 Lai Kwen，福建永定人。1924 年上海圣约翰大学毕业，文学士。后赴美留学，先入爱荷华大学，1927 年取得文学硕士学位(M.A.)，硕士论文《中国劳工运动》(The labor movement in China)。之后转西北大学，1928 年 6 月取得西北大学法律博士学位(J.D.)，无博士论文。回国后于 1929 年取得律师资格。1930 年任安徽高等法院书记官长(暂代)，安徽怀宁地方法院候补推事。[139]

A053：田鹤鸣(1904—?)，英文姓名 Dien Ho Ming(Tien Hoh-ming)，浙江崇德人。1927 年东吴大学法学士(东吴大学法学院第十届毕业生)，持志大学文学士。1928 年 6 月取得美国西北大学法律博士学位(J.D.)，无博士论文。曾任中央大学教授，1929 年 5 月加入上海律师公会。40 年代后期任首都高等法院推事。[140]

A054：梅汝璈(1904—1973)，英文姓名 Mei Ju-Ao，江西南昌人。清华学校 1924 年毕业。1926 年获得斯坦福大学文学士学位(B.A.，经济学专业)。1926 年夏至 1928 年夏在芝加哥大学法学院求学，1928 年取得芝加哥大学法律博士学位(J.D.)，无博士论文。1929 年回国，先后在山西大学、南开大学、武汉大学等校任教。1935 年起任立法委员。1945 年秋任复旦大学法学院政治系专任教授。1946 年任远东国际军事法庭法官。

1950年起任外交部法律顾问。1954年当选全国人大代表,人大常委会法案委员会委员,第三、四届全国政协委员。[141]

A055:郭威白(1899—1968),字远湘,号星叔,原名开瑜,英文姓名Kuo Wei-pai,江西黎川县人。1922年取得国立北京师范大学文学士学位(B.A.);1922—1924年在国立广东大学任讲师;1924—1926年在国民党中央执行委员会青年部任职;1926年赴美留学,1927年取得哥伦比亚大学政治学专业文学硕士学位(M.A.);1929年6月年取得纽约大学法学博士学位(J.S.D.),无博士论文;1930—1931年任北平师范大学讲师;1931—1932年任广东中山大学法学院政治系教授。后从政,任国民政府实业部国际贸易局总务处主任、副局长、海外部主任秘书、侨务委员会秘书处处长,国民大会江西省代表。1949年从香港返回大陆,任广州华侨大学法学院院长、法商学院教授,中山大学教授,"文化大革命"中受到冲击,1968年去世。[142]

A056:黄公觉(约1902—?),字哲公,英文姓名Huang Kungchoh(James Kungchoh Huang),广西桂林人。1922年国立北平师范大学(北京高等师范教育研究科第二届毕业生)文学士,1923年中华大学法学士。1924年自费赴美留学,先入美国哥伦比亚大学攻读政治学,后转学,1926年取得明尼苏达大学文学硕士学位(M.A.),硕士论文《中国地方政府的发展》(The development of local government in China)。1929年取得纽约大学法学博士学位(J.S.D.),无博士论文。1931年回国。曾任教于北平民国大学、国立中山大学。曾任编译处专员,广西大学政治系主任。1949年后去往香港,曾经担任香港广侨书院教授。[143]

A057:宋允惠(约1899—1953),英文姓名Soong Yuin Wei(Sung Wen-Wei),浙江鄞县人。1924年取得圣约翰大学文学士学位。1929年取得美国底特律法学院(Detroit College of Law)法律博士学位(J.D.)。1930年加入上海律师公会,曾任交通大学、上海法政大学、上海法学院教授。[144]

A058:倪征燠(1906—2003),英文姓名Nyi Tsung Yuh,江苏吴江人。1925年由沪江大学(两年)转学东吴法学院,1928年6月25日获得法学士学位(东吴大学法学院第十一届),同年6月23日获得持志大学文学士学位。在持志大学的英文论文《我眼中的男女混合教育》(Co-education as I see it)入选《全国大学学生英文成绩》一书。1928年9月自费入美国斯坦福大学法学院(获减免学杂费的奖学金),1929 年 6 月获得法律博士学位(J.D.),博士论文《法律的进化:从偶然性到选择性》(The Progress of Law: from Chance to Choice)。1929—1930 年任美国约翰斯·霍普金斯大学法学研究所荣誉研究员。回国后先在上海和同学鄂森合作从事律师业务,同时在东吴法学院、持志大学、大夏大学、中国公学兼课。1932 年到司法行政部编纂室工作。1933 年任上海特区法院推事。1942 年从上海撤退到重庆,任江津法院首席检察官,1943—1944 年任重庆地方法院院长。后回司法行政部任参事。1945—1946 年在美国考察司法,回国后参与远东国际军事法庭审判,任中国检察官首席顾问。1948 年底回国,任东吴法学院教授兼法律系主任、教务长。1952 年院系调整后任同济大学图书馆主任。1956 年调北京外交部条约委员会(后改为条法司)。1981 年当选联合国国际法委员会委员。1982 年起任外交部法律顾问。1984 年当选联合国国际法院法官。[145]

A059:顾宪章(1901—?),英文姓名 Ku Hsien-Chang,江苏川沙人。1925 年东吴大学法学士(东吴大学法学院第八届毕业生)。1929 年 6 月 17 日取得美国西北大学法律博士学位(J.D.),无博士论文。曾任教于东吴法学院、持志学院、中国公学等,在上海从事律师业务。[146]

A060:黄淼(1900—?),别号容百,英文姓名 Hwang Miao,江苏崇明外沙人。东吴大学法科肄业,1925 年春转入持志大学英文系,1926 年获得持志大学文学士学位(英文系,与黄应荣、马君硕同届)。1926 年 9 月自费留美。1927 冬获得美国哥伦比亚大学政治学院公法专业硕士学位,硕士学位论文《广州与上海租界章程的批判研究》(A critical study of the charters of Canton and Shanghai)。1929 年 6 月 17 日取得美国西北大学法律博士学位(J.D.),无博士论文。曾任大夏大学、建设大学、光华大学等校教授,正

图 1.12 西北大学 J.D.黄淼

风中学校长,国立中央大学商学院讲师。江苏监察使署科长,广西省府参议。上海大亚银行经理,国民大会代表,启东士绅。[147]

A061:林我将(1896—?),字时彦,英文姓名 Lin Ngo-Chiang,福建漳州人,华侨。1915 年毕业于天津新学书院。1924 年任缅甸肯门郸中学校长,1925 年在印度国际大学教中文。1926 年 9 月自费留美。1929 年 6 月 17 日取得西北大学法律博士学位(J.D.),无博士论文。1930 年取得芝加哥大学文学硕士学位(M.A.),硕士论文《西藏的国际地位》(The international status of Tibet)。1932 年担任航空署军法科科长。著有《国际空战法规论要》(商务印书馆 1940 年版)。1957 年出任南洋大学经济政治学系教授兼系主任。[148]

A062:赵之远(1894—1964),又名赵任,英文姓名 Chao Zen,浙江绍兴人。1917 年考入北京大学法律系,1921 年获得法学士学位。1922 年通过浙江省欧美留学考试,1923 年官费赴美留学。先入哥伦比亚大学法学院,后入哈佛大学法学院,再转西北大学法学院,1929 年 6 月 17 日取得美国西北大学法律博士学位(J.D.,与顾宪章、黄淼、林我将同期毕业),无博士论文。同年回国,任北京大学法学院法律系教授。1931 年任中央大学法学院法律系主任。1950 年任南京大学法律系主任。1952 年调任南京师范学院图书馆馆长。[149]

A063:丘汉平(1904—1990),字知行,英文姓名 Chiu Han-Ping,福建海澄人,生于缅甸仰光。幼年从缅甸回国,入厦门集美学校,后入鼓浪屿英华书院,1921 年入上海暨南大学商科,1924 年毕业。1925 年获上海吴淞中国公学商科学士学位。1927 年东吴大学法学院法学士(东吴大学法学院第十届毕业生)。1929 年 6 月取得美国国家大学(National University)法学博士(S.J.D.),博士论文《罗马、印度及中国收养法的比较研究》(A comparative study of the Roman, Hindu and Chinese law of adoption)。1930 年 4 月加入上海律师公会,任东吴大学、暨南大学、交通大学、中国公学教授,并在上海从事律师业务。创办侨光中学和中国经济信用合作社,兼任上海社会局顾问。抗战期间,先后担任福建省政府委员,福建省银行总经理,福建省财政厅长,交通部直辖驿运管理处长,创办省立福建大学,兼任校长。1947 年回上海从事律师业务,1948 年当选为行宪第一届立法委员。后去台湾。子丘宏义(1959 年康奈尔大学物理学专业哲学博士)、丘宏达(1965年哈佛大学法学博士)。[150]

A064:傅文楷(1902—1977)字子模,英文姓名Semon Voon-Kai Foo,广东梅县人。早年就读于暨南学校商科大学部,获商学士学位(B.C.S.)。后入东吴大学法学院攻读法律,1927年获得法学士学位(东吴大学法学院第十届毕业生)。留学美国国家大学,1929年6月取得美国国家大学法学博士学位(S.J.D.),博士论文《中国家庭法研究:与罗马法的比较》(Studies in Chinese family law: with comparative study of Roman law)。回国后先后担任暨南大学法学院、东吴大学法学院、交通大学管理学院教授,同时与丘汉平等人在上海创办民权律师团,从事律师职业。1932年8月,傅文楷任厦门大学法学院法律教授,讲授刑法总则、刑法分则、刑事诉讼法、国际私法、宪法、罗马法、民法总则、公司法等课程。1933年9月起兼任法律学系主任。后赴马来西亚,1960年1月出任新加坡南洋大学商学院院长。[151]

A065:黄应荣(1905—1978),英文姓名Huang Ying-Jung,广东梅县人,出生于新加坡。早年在新加坡莱佛士学院学习,1926年取得持志大学文学士学位(英文专业,与黄淼同届)。1927年取得东吴大学法学士学位(东吴大学法学院第十届)。1929年6月获得美国国家大学法学博士学位(S.J.D.),博士论文《罗马法中的销售合同》(The contract of sale in Roman law),由于其在研究生期间的成绩名列第一,获得国家大学授予的大学金质奖章(University gold medal)。曾在上海从事律师业务,任东吴大学法学院、中央大学、暨南大学、光华大学教授。1949年后回新加坡。1955年任新加坡南洋大学经政系教授兼系主任。1965—1969年任南洋大学副校长,兼代理校长职务。[152]

A066:张葆恒(1905—?),英文姓名Chang Pao Heng,广东东莞人。1926年清华大学留美预备部放洋同学。1928年取得斯坦福大学经济学专业文学士学位(B.A.),1930年取得芝加哥大学法律博士学位(J.D.),无博士论文。后去伦敦大学做研究生。曾任中山大学英文系教授,并在广东省银行工作,后任香港新亚研究所教务长。[153]

A067:姚启胤(1906—2004),字君直,英文姓名Arthur Yao(Arthur C.Y.Yao),江苏苏州人。早年入沪江大学,后转学东吴法学院,1928年取得法学士学位(东吴大学法学院第十一届)。1928年8月与倪征燠、章任堪、鄂森等同船赴美留学(自费),1929 年取得密歇根大学法学硕士学位(LL.M.),1930 年取得密歇根大学法学博士学位(S.J.D.),博士论文《国家在与非本国的私人订立合同中的国际责任》(International responsibility of the state for contracts concluded with private persons not its own subjects)。回国后在东吴法学院任教,讲授英美契约法等。1931 年 10 月注册为上海律师。1949 年去台湾,从事律师工作,并在东吴大学讲授英美法。后转往美国德州圣安东尼市的圣玛丽大学(St. Mary's University)任教,讲授英美契约法,被倪征燠称为中国人在英美教授契约法的第一人。[154]

A068:卢鸿堉(约 1892—1948),字心畬,广东番禺(一说福建永定县)人。英文姓名 Lu Hung-Yu。1917 年 6 月毕业于北平法政专门学校法律本科丁班。1918 年 2 月被该校资送到日本留学。1919 年毕业于日本明治大学。1929 年 2 月取得哥伦比亚大学商业与经济学专业文学硕士学位(M.A.),硕士论文《中国当代税制及改革建议》(The present tax system in China, with suggestions for reform)。1930 年 6 月 11 日取得纽约大学法学博士学位(J.S.D.),无博士论文。曾任驻美国纽约总领馆领事。1948 年 3 月 1 日在纽约去世。[155]

A069:梁鋆立(1904—1979),英文姓名 Liang Yun-li(Liang Yuen-li),浙江新昌(新天乡樟花村)人。1920 年上海南洋(交通大学前身)毕业。曾任中华书局英文编辑。1926 年取得东吴大学法学士学位(东吴大学法学院第九届毕业生)。在东吴期间,同时在震旦大学学习法文、拉丁文。1926—1927 年任商务印书馆法律出版部主编。1929 年任驻华盛顿公使馆秘书。1930 年 6 月取得美国国家大学(National University)法学博士学位(S.J.D.),无博士论文(以额外课程替代论文)。曾任海牙国际法编纂会议中国代表团专门委员,1932 年任国联特别大会中国代表团专门委员。1933 年 7 月回国,任国民政府行政院参事。1933 年 9 月任外交部秘书兼东吴大学法学院教授。1937 年至 1946 年,任驻英大使馆参事、国际联盟中国代表团顾问。联合国法律事务厅编纂司(The Codification Division of the Office of Legal Affairs of the United Nations)司长(1946—1964),台湾东吴大学法律学研究所教授兼所长、《东吴法律学报》总编辑。[156]

A070：李德新（1904—?），别号瑙章，英文姓名 Joseph Teh Hsin Lee，河北献县人。1925 年 6 月毕业于朝阳学院专门部法律科第十班。1926 年 9 月自费留美。1929 年 6 月获美国国家大学法学硕士学位（LL.M.），1930 年 6 月取得美国国家大学法学博士学位（S.J.D.），无博士论文（以额外课程替代论文）。其余生平不详。[157]

A071：孙晓楼（1902—1958），英文姓名 Shelley Sun，江苏无锡人。1927 年毕业于东吴大学法科（东吴大学法学院第十届毕业生）。自费留学美国，1929 年秋入西北大学法学院，1930 年 6 月 16 日取得西北大学法律博士学位（J.D.），无博士论文。回国后曾任上海地方法院推事，东吴大学法学院教务长，行政院参事，朝阳学院院长。50 年代初调至复旦大学，曾任法律系教授。[158]

A072：谢景山（1904—?），字子高，英文姓名 Zia King-san，江苏常熟人。1928 年复旦大学文学士（复旦大学第四次正科社会科学科毕业，与董霖、徐汉豪同学），1929 年东吴大学法学士（东吴大学法学院第十二届毕业生），自费赴美留学，1930 年 6 月 16 日取得西北大学法律博士学位（J.D.），无博士论文。1930 年 8 月在上海注册为律师。曾任上海法学院教授。1935 年任厦门大学法学教授，讲授债法总论、债法各论等。1936 年离开厦门大学。[159]

A073：董凤鸣（1905—1994），英文姓名 Tung Feng Ming，江西玉山（冰溪镇）人。1926 年清华留美预备部放洋学生（与张葆恒同届）。1927 年取得美国达特茅斯大学文学士学位，1928 年取得哥伦比亚大学公法专业文学硕士学位，硕士论文《与移民归化和驱逐出境有关的国内法中的效忠问题》（The Question of Allegiance in national laws relating to naturalization and expatriation）。1930 年 6 月 16 日取得西北大学法律博士学位（J.D.），无博士论文。1949 年去往台湾，后定居美国，病逝于洛杉矶。[160]

A074：何炳樑（1903—?），英文姓名 Ho Ping-liang，广东番禺人。1927 年取得复旦大学文学士学位（正科社会科学科，与 1934 年南锡大学经济学专业法学博士邵遂初是复旦社会科学科的同学），持志大学文学士，1929 年取得东吴大学法学士学位（东吴大学法学院第十二届毕业生）。后留学美国西北大学和密歇根大学，1930 年 6 月 16 日取得西北大学法律博士学位（J.D.），无博士论文。任中山大学、国立广东法科学院以及私立广州大学教授。1940年初任福建大学法学院教授兼法律系主任，年底转任厦门大学法律系教授兼系主任。并曾先后在广州、上海等地执行律师职务。1943—1945年任厦门大学法学院院长。1953年调入中南政法学院民法教研室。[161]

A075：陶慕侠（1898—?），字公谋，英文姓名Dao Mao Hsieh，浙江宁波人（一作江苏上海）。1928年毕业于上海法学院（大学部法律系第一届毕业生），取得法学士学位，曾在中国公学大学部学习。1930年6月16日取得美国西北大学法律博士学位（J.D.），无博士论文。1931年7月加入上海律师公会。其余生平不详。[162]

A076：张嘉惠（1895—1937），英文姓名Chang Kya-wei（Philip Kya-wei Chang），浙江鄞县人。上海春申大学毕业，亦取得汉密尔顿学院（函授学校）法律文凭，从事律师业务，后律师证书因文凭一事被撤销。1929年5月与同事杨凛知等自费赴美留学，1930年6月16日取得美国西北大学法律博士学位（J.D.），无博士论文，同时取得法律专业理学士学位（Bachelor of Science of Law）。1930年底回国，重新在上海从事律师业务。1937年去世。[163]

A077：钱剑秋（1904—1996），字啸辰，英文姓名Titania Jien Tsieu Chien，女，江苏镇江（丹徒）人。1928年毕业于上海法学院（大学部法律系第一届毕业生），法学士。自费赴美留学，1930年6月16日取得西北大学法律博士学位（J.D.），无博士论文。上海法学院教授（讲授亲属法），律师，国民党上海市党部委员兼三青团上海支团部组长，上海市政府参事（1945年），国民大会代表（1946年）、立法委员（1948年候补，1949年补正），1949年去台湾。[164]

A078：张庆桢（1904—2005），字济周，英文姓名Chang Chin Tsen，安徽滁县人。中国公学大学部毕业，文学士，1929年取得东吴大学法学士学位（东吴大学法学院第十二届毕业生）。自费赴美留学，1930年6月16日取得西北大学法律博士学位（J.D.），无博士论文。历任安徽高等法院推事，安徽大学教授，中央大学训导长、法学教授。1933年任厦门大学法学院法学教授，讲授海商法、劳工法、亲属法、保险法、刑法总则、物权法、民事诉讼法等。1939年曾任监察院秘书，1940年辞职。中央大学内迁重庆期间，再次担任中央大学训导长、法学院教授兼司法组主任。曾任中国公学大学部董事会董事兼执行秘书，外交部条约委员会委员，司法院法规整理委员会委员，监察院监察委员、监察院法规整理委员会主任委员等职。1945年任监察院参事，不久出任敌伪产业清查团沪浙组委员。1948年当选为行宪第一届立法委员。1949年去台湾，曾任中国国民党中央执行委员会设计考核委员会委员兼召集人，政治大学教授，东吴大学法学院教授，台湾大学兼任教授，中国文化学院法律学门主任，中国国民党中央执行委员会政策委员会兼任委员等。[165]

A079：洪士豪(1900—?)，字豪庐、思浩，英文姓名William S.H.Hung (Hung Shih How)，浙江慈溪人，生于上海。曾入上海春申大学，并得美国函授学校汉密尔顿大学毕业证书，在上海从事律师业务，律师证书被撤销后自费留学美国，1929年夏入德宝大学(DePaul University)，1930年1月取得德宝大学法律博士学位(J.D.)，无博士论文。1930年5月在上海重新注册为律师。后经营地产事业。1947年兼任复旦大学法学教授。1950年任东吴大学校董，后去香港，仍从事律师业务。[166]

图1.13　洪士豪1930年德宝大学J.D.毕业照

图1.14　戴继恩1930年德宝大学J.D.毕业照

A080：戴继恩(1889—?)，英文姓名Tai Chi En，江苏上海人。1910年毕业于上海圣约翰大学(神学院)，取得文学士学位，后入上海春申大学,并曾得美国函授学校汉密尔顿大学毕业证书,在上海从事律师业务,后律师证书被撤销。1929 年夏自费入美国德宝大学法学院,1930 年 1 月取得德宝大学法律博士学位(J.D.),无博士论文。1930 年 7 月重新加入上海律师公会。[167]

A081:杨凛知(1891—?),英文姓名 Yang Linchih,浙江诸暨人。曾入上海春申大学,并得美国函授学校汉密尔顿大学毕业证书,在上海从事律师业务,后律师证书被撤销。1929 年 5 月与同事张嘉惠及洪士豪、戴继恩等一同自费赴美留学,入德宝大学法学院,1930 年 1 月取得德宝大学法律博士学位(J.D.),无博士论文。1930 年 8 月重新加入上海律师公会。后定居美国。[168]

图 1.15 杨凛知 1930 年德宝大学 J.D.毕业照

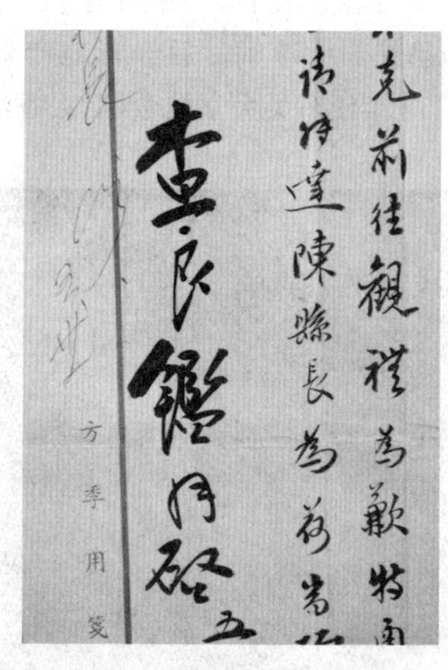

图 1.16 密歇根大学法学博士查良鉴手迹

A082:查良鉴(1905—1994),字方季,英文姓名 Cha Liang-chien (Lloyd L.C.Cha),浙江海宁人,出生于河北天津。早年就读于南开中学,毕业后入南开大学政治系,1926 年 6 月毕业。1929 年取得东吴大学法学士学位(东吴大学法学院第十二届毕业生)。1929 年 9 月入密歇根大学法学院(自费),1930 年 6 月取得密歇根大学法律博士学位(J.D.),无博士论文。1931 年 6 月取得密歇根大学法学博士学位(S.J.D.),博士论文《现代中国法律有关管辖权的若干国际问题》(International aspects of jurisdiction in relation to modern Chinese Law)。同年回国,曾任安徽大学法学教授,一年后转往国立中央大学任国际私法教授,东吴法学院海商法教授。不久被司法行政部长兼外交部长罗文干调到司法行政部任职,一年后调往上海法租界任法官,不久即调往上海公共租界第一特区地方法院任法官。1941 年日军进入上海租界后,撤回重庆,任四川高等法院检察官,司法行政部参事,重庆地方法院院长。抗战胜利后任上海地方法院院长。1949 年去台湾,任台湾大学教授,之后还曾任中国文化大学法学院院长、东吴大学法律系主任,创办东海大学法律系。[169]

A083:李春明(1900—?),英文姓名 Lee Chun Min,广东人。1921 年 6 月交通大学电机科毕业。1927 年取得美国普渡大学电子工程专业理学硕士学位(M.S.)。1930 年取得底特律法学院(Detroit College of Law)法律博士学位(J.D.),无博士论文。其余生平不详。[170]

A084:章任堪(1904—?),又名章寿昌,英文姓名 Sherman Jen-Kan Chang,浙江上虞人。1927 年毕业于复旦大学(正科文科),1928 年取得东吴大学法学士学位(东吴大学法学院第十一届毕业生)。同年赴美国密歇根大学法学院留学,1929 年 9 月 23 日自费入哈佛大学法学院,1930 年 6 月 19 日取得法学硕士学位(LL.M.),硕士论文《中国政治理论研究:以人民与政府的关系为中心》(Studies in Chinese political theories especially in regard to the relation between people and government);1930 年 9 月 22 日开始在哈佛大学法学院攻读博士学位,1931 年 6 月 18 日取得哈佛大学法学博士学位(S.J.D.),博士论文《英美冲突法规则的基本原则》(Fundamental principles of the Anglo-American rules of conflict of laws)。章任堪是第一个在哈佛法学院取得 S.J.D.学位的中国人。历任北平、南京、上海地方法院及高等法院检察官、推事,1939 年署最高法院推事,1942 年任最高法院推事。抗战期间任朝阳学院(重庆)教授,讲授国际私法和民法。1949 年后去台湾,1957 年从事律师业务。[171]

A085:黄比瀛(1899—1984),字焕中,英文姓名 Peter Susie Pakander Wong(Peter Pukwan Wong),广东台山人。生于香港,自幼在美国接受教育。留美法学博士钱剑秋之夫。1927 年取得美国伊利诺伊州刘易斯学院(Lewis Institute)文学士学位,1931 年 6 月 15 日取得美国西北大学法律博士学位(J.D.),无博士论文。曾从事律师职业。南京市政府秘书处秘书。1949 年后去台湾,曾任台湾省物调会副主任委员。[172]

A086:凌士芬(1905—?),英文姓名 Lin Shih Fun,广东宝安人。1927 年 6 月毕业于朝阳大学大学部法律班第四班,法学士。1928 年 8 月赴美留学。1930 年取得美国哥伦比亚大学公法专业文学硕士学位(M.A.),硕士论文《英国对华政策 1895—1905》(British policy in China 1895—1905)。1931 年 6 月 15 日取得美国西北大学法律博士学位(J.D.),无博士论文。曾担任金陵大学政治学系教授。1943 年担任外交部两广特派员,交通部顾问。[173]

A087:卢峻(1909—2000),又名卢于昉,英文姓名 Joffre Y. Lu(Lu Yu-fon、Liu C.或者 Lou Tsing),浙江宁波人。1929 年复旦大学(正科文科毕业文学士),1930 年复旦大学文学硕士;1930 年东吴大学法学士(东吴大学法学院第十三届毕业生)。1931 年 9 月赴美留学,9 月 28 日入哈佛大学法学院,1932 年 6 月 23 日取得哈佛大学法学博士学位(S.J.D.),博士论文《中国法律适用规则评论》(Commentaries on Chinese rules for the application of laws)。此外,还在哈佛大学撰写了若干篇英文国际法论文:1932 年撰写《国际联盟盟约第 18 条之下的条约登记》(Registration of Treaties under Article 18 of the Covenant),1932 年还撰写《中国有关财产的规则》(Chinese rules relating to property)。回国后曾任暨南大学、光华大学、东吴大学等校教授,西北法商学院院长,中央大学法学院院长。1949 年后历任复旦大学、东吴大学、华东政法学院、上海社会科学院法学研究所教授。1957 年加入九三学社。著有《国际私法之理论与实际》等。[174]

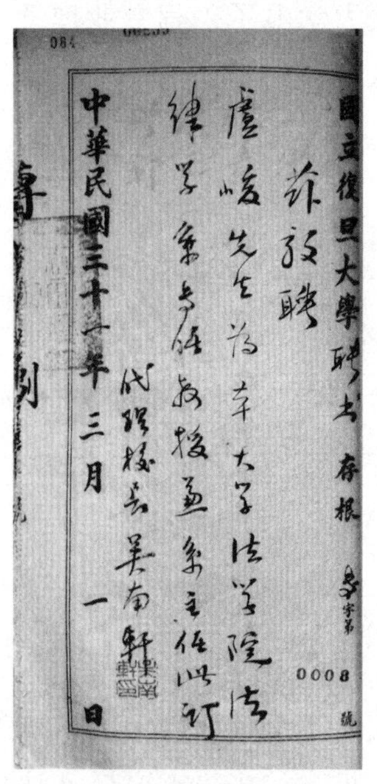

國立復旦大學聘書存根　字第 0008 號
茲敦聘
盧峻先生為本大學法學院法律學系專任教授兼系主任此訂
代理校長 吳南軒
中華民國三十一年三月 一 日

图 1.17　卢峻的复旦大学法学院教授聘书存根

A088:吕光(1908—1993),又名吕光宇,字全恩、晓光,英文姓名 Andrew Lee(Lu Kuang),浙江鄞县人。曾在之江大学(杭州)、东吴大学法学院、复旦大学研究生院学习,1930年赴美。1931年入德宝大学,1932年6月取得德宝大学法律博士学位(J.D.),无博士论文。1934年任立法院秘书。1940—1945年任中央社执行秘书,1945—1949年任上海《新闻报》经理。1949年去台湾,从政。兼任东吴大学教务长,东吴大学法学院院长,台湾大学法律系教授,美国南美以美大学法律教授,美国西北大学法律客座教授。[175]

图1.18　吕光1932年德宝大学J.D.毕业照

A089:翟楚(1906—?),英文姓名Chai Chu(Charles Chu Chai),安徽泾县人。1927年毕业于清华大学,1929年取得斯坦福大学文学士学位,1932年取得西北大学法律博士学位(J.D.),无博士论文。曾任立法院编译处专员,1937—1939年任陆军少将。1939—1942年任国立湖南大学政治学教授,1942—1945年任国立重庆大学法学院教授,1945—1949年任国立中央大学教授,1952—1955年任台湾大学法学、哲学教授,1966年起任纽约社会研究新学院(New School for Social Science)亚洲研究教授。[176]

A090:钱乃信(1908—?),字仲孚,英文姓名Chien Nai Hsin(Nelson Chien),广东东莞人。钱树芬之子,钱乃文之弟。1926年广州岭南中学毕业。1930年燕京大学政治学专业毕业,赴美留学,先入哈佛大学法学院,1932年转学爱荷华大学,1933年取得爱荷华大学法律博士学位(J.D.),无博士论文。曾任上海市政府主任参事。1949年后去香港,任香港岭南中学校长。[177]

A091:苏秋宝(1902—?),别号穑夫,英文姓名Su Chiu Pao,河北满城人。1919年至1922年在北京大学理预科学习,1926年取得香港大学文学士学位(河北省公费生),1933年取得爱荷华大学法律博士学位

(J.D.)，无博士论文。曾任法官训练所教务主任。1941 年任司法院行政法院评事。[178]

A092：张大同（1905—1955），英文姓名 Chang Da-Tung，浙江平湖人。1928 年毕业于沪江大学，官费赴美留学。1931 年取得加利福尼亚州大学经济学硕士学位，之后入美国西北大学法学院，1933 年 10 月 3 日取得西北大学法律博士学位(J.D.)，无博士论文。曾任西安交通银行副经理，江苏医学院、陕西商业专科学校教授，商务印书馆编辑。1949 年后任山东会计专科学校、山东财经学院、复旦大学经济学教授。[179]

A093：龚振祺（1905—?），英文姓名 Kung Chen-kae，广东恩平人。1929 年取得美国理士满大学（又名律治文大学）理学士学位，当选为 Phi Beta Kappa 学社社员。1934 年 6 月取得纽约大学法律博士学位(J.D.)，无博士论文。同年回国。任中山大学教授，在广州从事律师业务。[180]

A094：李子欣（1902—?），又名李芷馨，英文姓名 Li Tze-Hsing（或者 Li Ts-hyung），湖南永兴县人。早年在长沙雅礼中学读书，1927 年毕业于圣约翰大学政治系，取得文学士学位(B.A.)。1930 年通过中央党部留学考试公费赴美留学，1931 年曾在密歇根大学法学院学习，1934 年 6 月取得纽约大学法律博士学位(J.D.)，无博士论文。回国后任天津河北法商学院教授，中央政治学校研究部专任研究员，财政部税务专门学校代校长。1947 年甘肃省政府委员兼财政厅长。1949 年去台湾，任台湾东吴大学法学教授，1960 年任政治大学教授，1964 年任政治大学西语系主任。[181]

A095：王震生（约 1905—?），又名金申，字静如，英文姓名 Wilson Wang，安徽寿县人。1930 年 9 月入东吴大学法学院法律系，1933 年取得东吴大学法学士学位（东吴大学法学院第十六届毕业生），同年自费留美。1934 年 6 月取得纽约大学法学博士学位(J.S.D.)，无博士论文。回国后在上海从事律师业务。曾任复旦大学、中国公学教授，持志学院法律系教授。后投靠汪伪政权，任汪伪政权立法委员、法官等职。抗战胜利后被国民政府逮捕，其后不详。[182]

A096：郑国楠（约 1909—?），字国柟，英文姓名 Cheng Kuonan，广东潮阳人。1931 年 1 月取得复旦大学商学士学位（商学院银行学系），1930 年 9 月入东吴大学法学院法律系，1933 年取得东吴大学法学士学位（东吴大学法学院第十六届毕业生)，同年8月自费留美，1934年6月取得纽约大学法学博士学位(J.S.D.)，无博士论文。1935年4月加入上海律师公会。1939年秋到1949年夏任复旦大学法律系教授，兼任大夏大学、东吴大学法学院教授。[183]

A097：陈恩成(1903—1964)，字威立，英文姓名 Chen En-Cheng (Elbert N.C.Chen)，广东梅县(白土村)人。1930年6月复旦大学法学院政治学专业毕业，1930年取得东吴大学法学士学位(东吴大学法学院第十三届毕业生)。1930年夏赴美留学，先入斯坦福大学，1933年1月取得该校政治学专业文学硕士学位(M.A.)，硕士论文《中国监督控制的发展》(The development of supervisory control in China)。1933年9月入美国西南大学法学院，1934年6月取得西南大学(Southwestern Law School)法律博士学位(J.D.)，无博士论文。1934年回国，任国立广东法科学院教授，广东《中山日报》撰述主任。1940年到重庆担任《扫荡报》副总编辑兼中央大学教授。1943年任财政部桂林区银行监理官，兼任广西大学教授。1945年抗战胜利后，任广东省政府编译室主任兼《中山日报》总主笔。1946年筹办梅县《中山日报》并任社长，同时筹划设立嘉应大学，兼任法学院院长。1949年去台湾，任广播公司外语组组长，主编英文《中美月刊》、《今日中国月刊》。1959年任中国文化学院教授。[184]

A098：仇子同(1899—?)，字烈卿，英文姓名 Richard Ts Tong Chiu，浙江奉化人。1924年取得沪江大学文学士学位(宗教科)，1932年取得东吴大学法学士学位(东吴大学法学院第十五届毕业生)，1932年自费留美，1933年取得宾夕法尼亚大学政治学专业文学硕士学位(M.A.)，之后入位于华盛顿特区的美国国家大学(National University)，1934年3月取得国家大学法学博士学位(S.J.D.)，无博士论文。任沪东公社社长兼沪江大学教师(社会学)。在上海、广州从事律师业务。[185]

A099：胡毓杰(约1908—?)，字美成，英文姓名 Hu Yu-Chie Hu(或者 Henry Yu-Chieh Hu)，浙江萧山人。1931年取得光华大学文学士学位(政治学专业)，1934年取得东吴大学法学士学位(东吴大学法学院第十七届毕业生)，同年8月14日乘哈佛总统号自费赴美留学，1935年6月取得纽约大学法学博士学位(J.S.D.)，据报道其博士论文是《中华民国宪法的解释及其历史的进展》。曾任江苏上海地方法院候补推事，燕京大学

(政治学系)讲师、教授,光华大学、东吴大学、国立西北大学法学教授。1949 年后去台湾,历任台湾高等法院民事庭推事,台湾高等法院台南分院民事庭暨台南地方法院刑事庭推事兼庭长。后辞职从事律师业务。[186]

A100:李彩霞(1908—?),女,又名周李彩霞,英文姓名 Li Tsai-Ya (Annie T.Y.Li Chow 或者 C.H.Lee),浙江绍兴人。1923 年毕业于浙江行素女子中学。1931 年取得持志学院文学士学位(英文专业)。1931 年又取得东吴大学法学士学位(东吴大学法学院第十四届毕业生),1935 年 6 月取得纽约大学法学博士学位(J.S.D.),据报道其博士论文是《中国妇女在法律地位上之发展总推测》。1936 年在纽约的新社会研究院(New School for Social Research)学习。曾在上海从事律师业务。[187]

A101:林振镛(1906—?),英文姓名 Lin Chen-Yung,福建闽侯人。1926 年中国公学商科毕业,1927 年取得持志大学文学士学位,1927 年取得东吴大学法学士学位(东吴大学法学院第十届毕业生),1935 年 6 月取得纽约大学法学博士学位(J. S. D.),博士论文《中国司法机构》(The judicial organization of China)。曾在民国政府中央政治会议行政法规委员会、美国纽约领事馆任职,抗战期间任中央大学(重庆)法学院教授。[188]

A102:凌兆麟(1905—?),字绣绂,英文姓名 Ling Chao-lin,河北天津人。1924 年入天津南开大学,1929 年取得文学士学位。1934 年取得东吴大学法学士学位(东吴大学法学院第十七届毕业生),同年 8 月 14 日乘哈佛总统号赴美留学,1935 年 6 月取得纽约大学法学博士学位(J.S.D.),据报道其博士论文是《中国之结婚与离婚法》。1935 年 10 月在上海注册为律师。后在天津从事律师业务。[189]

A103:杨德恩(1908—1980),英文姓名 Daniel Teh-en Yang,江苏宝山人。曾在光华大学学习,1930 年取得持志大学文学士学位(英文专业)。1934 年取得东吴大学法学士学位(东吴大学法学院第十七届毕业生),同年 8 月 14 日乘哈佛总统号自费赴美留学,1935 年 6 月取得纽约大学法学博士学位(J.S.D.),博士论文《中国民法典中父母与子女的关系及其历史演变》(The relation of parent and child in the Chinese civil code and its historical evolution)。1935 年 8 月加入上海律师公会。后定居美国,在美国肯塔基州的伯利尔学院(Berea College)任经济学和商业学教授,1980 年去世。[190]

A104:梁敬钊(1906—1977),字康丞,英文姓名 Liang Ching-Chao,福建闽侯人,生于江苏海门。梁敬錞之弟。早年考入南开大学,休学一年,之后考入清华大学(外文系英国文学专业),1929 年毕业,取得文学士学位。任中国航空公司英文秘书。后入东吴大学法学院,1933 年取得法学士学位(东吴大学法学院第十六届毕业生)。同年赴美留学,在纽约大学攻读法律,1935 年 10 月取得法学博士学位(J.S.D.),博士论文《航空承运人对乘客和公众的责任》(Liability of air carriers toward passengers and the general public)。1936 年回国,任中国航空公司主任秘书。1949 年后赴香港,先是经商,后在中文大学(及其前身香港崇基书院)任教,之后到美国圣约翰大学亚洲研究中心任教,讲授东南亚各国经济与资源。在美国长岛病逝。[191]

A105:杨兆龙(1904—1979),字一飞,英文姓名 Yang Chao-Lung,江苏金坛人。早年就读于镇江润州中学,曾在燕京大学学习两年,1924 年入东吴大学法科,在校期间担任法律科学生会会长。1927 年取得东吴大学法学士学位。1928 年 1 月至 1930 年 5 月,任上海地方法院推事,上海公共租界临时法院书记官和推事。1930 年 5 月至 1932 年 9 月,在上海和镇江从事律师业务,1931 年至 1932 年 1 月兼任东吴法学院教授。1932 年 9 月至 1934 年 8 月,任司法行政部秘书处科长,其间曾兼任立法院宪法起草委员会专员。1934 年 9 月 4 日乘杰弗逊总统号轮船自费赴美留学,在哈佛法学院注册,1935 年 6 月取得哈佛大学法学博士学位(S.J.D.),是第三位取得哈佛大学法学博士学位的中国人(前两位是章任堪和卢峻),博士论文《中国司法制度之现状与问题研究——参考外国主要国家之制度》(The judicial organization of China: a study of its present conditions and problems with reference to leading foreign system)。同年赴德国柏林大学研究,1936 年夏回国。1936 年夏至 1940 年 9 月,任资源委员会专门委员。1940 年 9 月至 1941 年 7 月任西北联合大学法商学院院长。1941 年 8 月至 1945 年 9 月,任教育部参事,兼任朝阳学院等校教授。1945 年将《联合国宪章》翻译为中文。1945 年 9 月至 1949 年 1 月,任司法行政部刑事司司长。1946 年底至 1947 年 10 月到欧美考察司法。1949 年 1 月至 1949 年 5 月,任最高法院检察署代理检察长。1949 年 6 月至 1951 年 7 月,任南京大学法学院教授。1950 年至 1952 年 9 月,初为东吴大学法学院兼任教授，后任院长。1952 年 9 月随院系调整至复旦大学，先在外文系教俄语，1956 年转法律系，任刑法教研室教授，但没有实际开课。1957 年春参加九三学社，同年被划为“右派”。1958 年 9 月调至上海社会科学院。1963 年以“现行反革命”被捕入狱，关押八年后以“历史反革命及叛国投敌罪”被判处无期徒刑。1975 年特赦出狱。1979 年在浙江海宁去世，后平反。[192]

A106：张鑫长（1907—1962），英文姓名 Lloyd Chang，江苏吴江人。早年曾就读于江苏省立第一师范（中学），1928 年取得大夏大学文学士学位。1931 年取得东吴大学法学士学位（东吴大学法学院第十四届毕业生），担任上海民立中学注册部主任。1934 年自费赴美留学，入印第安纳大学法学院，1936 年 6 月取得印第安纳大学法律博士学位（J.D.），无博士论文。回国后在上海从事律师业务。后加入汪伪政权，任汪伪萧山县、富阳县、吴江县县长，汪伪江苏高等法院推事。[193]

A107：郑涛（约 1910—?），字天我，英文姓名 Cheng Tao，江苏宜兴人。1930 年 9 月入东吴大学法学院法律系，1933 年取得东吴大学法学院法学士学位，1934 年 7 月加入上海律师公会。1935 年自费入美国印第安纳大学法学院，1936 年 6 月取得印第安纳大学法律博士学位（J.D.），无博士论文。1936 年 11 月回国后继续在上海从事律师业务，曾任上海中国中学外国语教员，后在重庆从事律师业务，并在东吴大学法学院（重庆）任教。[194]

A108：孙亮（1908—1990），字君亮，英文姓名 Sun Liang（Burke Liang Sun），浙江吴兴人。1928 年入东吴大学法学院，1931 年取得东吴大学法学士学位，任职于上海盐务稽核所。后自费赴美留学，1936 年 6 月取得印第安纳大学法律博士学位（J.D.），无博士论文。回国后曾在东吴大学法学院任教，1934 年 8 月加入上海市律师公会。1949 年后去往美国，1990 年在加州去世。[195]

A109：何海晏（1911—2012），英文姓名 Ho Ha-Yen，浙江余姚人，生于上海。幼年在上海市立万竹国民学校读书，老师评语“天资高超，性情温柔，为学勤奋，作事不苟，三育均冠全级，殊堪嘉许”。后入上海大同大学，1932 年毕业于大同大学文学院（政治系），文学士。1932 年 9 月入东吴大学法学院，1935 年毕业（东吴大学法学院第十八届），同年自费留学美国,1936 年 6 月取得纽约大学法学博士学位(J.S.D.),博士论文《中美法律中本票当事人权利和责任的比较研究》(A comparative study of the rights and liabilities of parties to promissory notes under Chinese and American law)。之后到日本东京帝国大学进行研究。1937 年 1 月在上海注册为律师。1937—1952 年任教于大同大学。1952 年后任上海财经学院、华东政法学院、上海社会科学院教授。[196]

A110:林钦辰(1905—1988),英文姓名 Lin Ching-Chen,福建闽侯人。早年毕业于福州英华书院,之后在福建协和大学修业两年。1930 年取得复旦大学文学院史学系文学士学位,1931 年取得东吴大学法学士学位(东吴大学法学院第十四届毕业生)。1933 年冬毕业于中央政治学校地政学院(南京)第一期,到国防设计委员会田赋组工作。1935 年自费留学美国,1936 年 6 月取得纽约大学法学博士学位(J.S.D.),博士论文《房东与房客的关系》(The landlord-tenant relation)。曾任镇江土地局局长,地政学院教授,1941 年调任福建省地政局局长。后到财政部工作。1945 年 11 月—1947 年 8 月任青岛特别市地政局局长。1949 年后留福建。[197]

A111:马君硕(1902—1993),字磐石,英文姓名 William C.S.Ma,江苏南通人。东吴大学预科毕业。后入东吴大学法科,1925 年春在持志大学注册,1926 年取得持志大学文学士学位(英文系,与黄淼、黄应荣同届),1927 年取得东吴大学法学士学位(东吴大学法学院第十届毕业生)。1928 年 6 月在上海注册为律师。1935 年由国民政府司法院特派考察欧美各国司法事宜。1936 年 6 月取得纽约大学法学博士学位(J.S.D.),博士论文《作为比较研究来源之一的中国继承法》(The Chinese law of succession as a source of comparative study)。曾任江苏交涉公署秘书,在上海和南通从事律师业务。任东吴大学法学院、复旦大学等校教授,上海市参议会参议员。1946 年担任之江大学商学院兼任教授。1949 年后去台湾,从事律师业务。[198]

A112:吴清葵(1911—约 1980 年代),英文姓名 James C.K.Wu(Wu Chin-Kwei),广东梅县人。1933 年取得暨南大学政治经济学系文学士学位。东吴大学文理学院毕业,1932 年 9 月入东吴大学法学院法律系,1935 年取得东吴法学士学位(东吴大学法学院第十八届毕业生),随即自费留美,1936 年 6 月取得纽约大学法学博士学位(J.S.D.),博士论文《对中国法律和纽约法律调整股份有限公司股东会议的比较研究》(A comparative study of Chinese and New York law governing meeting of shareholders of a limited share company)。1936年7月回国。之后历任中山大学、西北大学、朝阳学院、中央大学等校教授,1946年曾任行政院善后救济总署浙江分署视察室主任。后在上海定居,20世纪80年代去世。[199]

A113:余茂功(1908—?),英文姓名Yu Mo-Gung,浙江鄞县人。1930年取得沪江大学文学士学位(政治系),1930年9月入东吴大学法学院法律系,1933年取得东吴大学法学士学位(东吴大学法学院第十六届毕业生)。1933年8月赴美留学,取得芝加哥大学经济学研究院硕士学位。1936年6月取得纽约大学法学博士学位(J.S.D.),博士论文《战国时期的国际法》(International law at the time of Chan-kuo)。回国后曾经从事律师业务。任国民政府经济部科长,1941年入交通银行总管理处,任襄理。1952年调湖北筹办交通银行分行,后任分行副理。1954年离开交通银行,1954—1962年任中国人民建设银行湖北省分行副行长。[200]

A114:张为资(1910—2003),英文姓名Tsang Wei-Tse,江苏吴县人,张一麐(1867—1943)次子。1929年至1931年在东吴大学文理学院法预科学习,1934年取得东吴大学文学士学位。1935年取得东吴大学法学士学位(东吴大学法学院第十八届毕业生)。自费留学,1936年6月取得纽约大学法学博士学位(J.S.D.),博士论文《股票法:一个比较法上的研究》(Law of shares: a comparative jurisprudence)。1936年7月与吴清葵同船回国。回国后任职于外交部,1943—1946年任驻加拿大温哥华总领事馆副领事。1949年去台湾,1991年回大陆定居,2003年在广州去世。[201]

A115:冯国桢(1906—1950),英文姓名Paul Kuo-Jin Feng,广东中山县人。1932年取得美国密歇根大学文学士学位,1937年6月取得纽约大学法律博士学位(J. D.),无博士论文。1950年于新加坡因飞机失事去世。[202]

A116:李潮年(1909—1973),英文姓名Li Chao-Nien,江苏武进人。1934年1月取得复旦大学(法学院政治学系)法学士学位;持志学院、中国公学肄业。1936年又取得东吴大学(法学院法律学系)法学士学位(东吴大学法学院第十九届毕业生)。1936年自费留学美国,1937年6月取得纽约大学法学博士学位(J.S.D.),博士论文《国会修改、修正和补充海商法的权力》(The power of Congress to alter, amend, and supplement the admiralty law)。1938年在上海从事律师业务。1949年后去台湾。1958年在台北与李泽民合伙从事律师业务,后将律师事务所改名为理律律师事务所。[203]

A117:刘亮畴(1910—?),英文姓名 Liu Liang-Zen,浙江吴兴(南浔)人,刘锦藻(1862—1934)之子。1929年至1931年就读于持志学院法科政治系。1935年取得持志学院文学士学位。1935年取得东吴大学法学士学位(东吴大学法学院第十八届毕业生)。1937年6月取得纽约大学法学博士学位(J. S. D.),博士论文《包括海员在内的海运工人的权利》(Rights of maritime workers including seamen)。[204]

A118:沈琪(1905—?),英文姓名 Shen Chi(Thomas C.Shen),江苏松江人。1929年北平税务专门学校毕业。1936年取得东吴大学法学士学位(东吴大学法学院第十九届毕业生),同年留学美国,自费,1937年6月取得纽约大学法学博士学位(J.S.D.),博士论文《领水内外海关法的执行》(The enforcement of customs laws within and without territorial waters)。曾在江西赣州海关工作。[205]

A119:刘涧乐(1909—?),英文姓名 Liu Chien-Loh,浙江吴兴人。1934年取得持志学院文学士学位。1934年取得东吴大学法学士学位(东吴大学法学院第十七届毕业生)。1937年10月取得纽约大学法学博士学位(J.S.D.),博士论文《州议会修改、修正和补充海商法的权力》(The right of the state legislatures to alter, amend, and supplement the admiralty law)。[206]

A120:钱乃文(1906—?),英文姓名 Chien Nai-wen,广东东莞人,生于天津,钱树芬(1916年芝加哥大学法律博士)之子,钱乃信之兄。1929年取得上海圣约翰大学文学士学位(政治学专业)。1932年入爱荷华大学法学院,1933年9月退学,于1937年获得芝加哥大学法律博士学位(J.D.),无博士论文。1930年至1932年任驻古巴哈瓦那副领事,1937—1938年任中国驻华盛顿大使馆秘书,回国后任圣约翰大学、沪江大学、东吴大学等校的政治科和法律科教授。1938—1941年在上海从事律师业务。1943年任新华信托储蓄银行泰山路支行经理。后移居美国。[207]

A121:徐亚辉(1906—?),女,英文姓名 Hsu Ya Hui(一作 Zee Y. W.),江苏无锡人。持志学院肄业,1930 年 9 月入东吴大学法学院法律系,1935 年东吴大学法学院毕业,同年入美国印第安纳大学法学院,1937 年 6 月取得印第安纳大学法律博士学位(J.D.),无博士论文。[208]

A122:梁传愈(1909—2005),英文姓名 Liang Chuan Yu,江苏江宁人。1934 年 6 月毕业于复旦大学法学院法律学系,获得法学士学位。1934 年 8 月赴美留学,1938 年取得美国西北大学法律博士学位(J.D.),无博士论文。曾任复旦大学、中央大学教授,1944 年 2 月任中央政治学校教授。在重庆(抗战期间)和南京(抗战胜利后)从事律师业务。1949 年以后在上海财经学院任教。1960 年调往江西大学(南昌),改教英语。70 年代退休后回上海。[209]

A123:彭启炘(1911—?),一作彭启圻,英文姓名 Bang Chi Shing,广东人,生于澳门。1933 年 6 月取得复旦大学政治学学士学位(法学院政治学系),后赴美留学。1935 年取得美国密歇根大学文学硕士学位(M.A.,政治学),硕士论文《国际联盟盟约第 16 条研究》(A study of the Article 16 of the Covenant of the League)。1935—1936 年在密歇根大学法学院学习,后转学爱荷华大学,1938 年取得爱荷华大学法律博士学位(J.D.),无博士论文。回国后曾任律师。[210]

A124:丘日庆(1913—2005),原名丘日兴,英文姓名 Stimson Y.K. Chiu,广东梅县人。1931 年入东吴大学文理学院,1933 年取得持志大学文学士学位。1933 年 9 月入东吴大学法学院法律系,1937 年春获东吴大学法学院法学士学位(东吴大学法学院第二十届毕业生),同年秋赴美国印第安纳大学(旧称美国茵州大学)法学院学习,1938 年 6 月取得法律博士学位(J.D.),无博士论文。1938 年秋至 1939 年冬在英国伦敦大学政治经济学院研究国际法和国际私法。1940 年回国,先到香港,1942 年任中山大学法律系教授,同年秋任湖南大学法律系主任,讲授公司法、票据法等。1946—1949 年 5 月任上海暨南大学法律系教授,在东吴大学法学院、复旦大学法学院、同济大学兼课。1949 年 6 月任复旦大学法律系教授,兼任国际法教学小组组长。1956 年加入九三学社。1958 年调上海社会科学院国际问题研究所,1979 年转上海社会科学院法学研究所国际法研究室。[211]

A125:洪应灶(1913—1976),字力生,英文姓名 Hong Eng-Chao(一

作 Lexington E.C.Hong，或者 Lextington E.C.Hung)，福建南安人。1932 年厦门大学法学院肄业。1933 年 9 月入东吴大学法学院法律系，1937 年取得东吴大学法学士学位(东吴大学法学院第二十届毕业生)，同年进入美国印第安纳大学法学院，1938 年 6 月取得印第安纳大学法律博士学位(J.D.)，无博士论文，与丘日庆同学。之后到英国伦敦大学、美国纽约大学研究。回国后任私立大夏大学及国立广西大学法律系教授，国立交通大学管理系教授。1949 年后去台湾，曾任台湾大学法学教授兼法律系主任。[212]

A126：谭汉铨(1914—?)，英文姓名 Tam Hon-Chen，广东新会人。中山大学肄业。1933 年取得持志大学文学士学位。1933 年 9 月入东吴大学法学院法律系，1937 年取得东吴大学法学士学位(东吴大学法学院第二十届毕业生，与谭明德同届)，同年入美国印第安纳大学法学院，1938 年 6 月取得印第安纳大学法律博士学位(J.D.)，无博士论文。曾在太平洋通讯社任职。[213]

A127：杨伯鹏(1913—?)，英文姓名 Young Bak-Pang，广东新会人。1936 年 6 月取得复旦大学法学院法律学系法学士学位。1938 年取得伊利诺伊大学政治学专业文学硕士学位。1939 年 6 月取得印第安纳大学法律博士学位(J.D.)，无博士论文。曾任安徽省政府参议，安徽政治法学院教授，1945 年 10 月加入上海律师公会。[214]

A128：陆承泰(1911—?)，英文姓名 Lu Cheng-Tai，江苏吴县人，陆鸿吉之子。东吴大学文理学院毕业，1932 年 3 月入东吴大学法学院法律系，1935 年取得法学士学位(东吴大学法学院第十八届毕业生)。同年 8 月赴美留学。1936 年 6 月取得纽约大学法学硕士学位(LL.M.)。1938 年取得哥伦比亚大学文学硕士学位(政治学院公法专业)，硕士论文《美国与加拿大的太平洋大比目鱼条约》(The Pacific halibut convention between the United States and Canada)。1939 年 6 月取得纽约大学法学博士学位(J.S.D.)，博士论文《国际劳工公约的准备、解释和实施》(The preparation, interpretation, and enforcement of international labor conventions)。[215]

A129：谭明德(1915—1987)，英文姓名 Grace M.T.Tan(或者 Tan Min-Tuk)，女，四川开县人，胡世勋之妻。早年入复旦大学高中部，1932 年 9 月入复旦大学法学院法律学系，1933 年 9 月入东吴大学法学院法律学系，1937 年取得东吴大学法学士学位(东吴大学法学院第二十届毕业生)。1936年曾取得中国公学文学士学位。1939年6月取得纽约大学法学博士学位(J.S.D.),博士论文《国家管辖权的性质和范围——基于属地管辖和属人管辖之外的其他原则》(Nature and Scope of Jurisdiction of States Based on Principles Other than Territorial Supremacy or Personal Allegiance)。1939年10月在上海注册为律师。曾在圣约翰大学教授英国文学。1946年任教于东吴大学法学院。1949年去台湾。[216]

A130:王世熊(1914—?),英文姓名 Wang Shih-yung,女,江苏无锡人。东吴大学法学院第二届毕业生王传璧(王传璧,字群振,律师,曾于1925年获得密歇根大学法学硕士学位)之女。1930年沪江大学预科学习一年,1930年至1932年东吴大学法预科学习,1932年3月入东吴大学法学院。1935年获得东吴大学法学士学位(东吴大学法学院第十八届毕业生)。1935年8月赴美留学,1936年取得纽约大学法学硕士学位(LL.M.),成绩优秀,获得"纽约沛赖得氏之欧游奖学金,漫游英德法丹麦芬兰等国,考察各国之法院"。1938年取得哥伦比亚大学理学硕士学位(M.S.),硕士论文《上海国际租界的中立地位》(The neutral status of the International Settlement of Shanghai)。1939年6月取得纽约大学法学博士学位(J.S.D.),博士论文《上海的国际租界》(The International Settlement of Shanghai)。后在美国战时情报局(Office of War Information)及纽约福特姆大学(Fordham University)工作,1949年后定居新加坡。[217]

A131:钱锦章(1909—?),英文姓名 Chien Chin Chang,浙江嘉兴人。1933年暨南大学政治经济学系毕业,1940年6月3日取得美国新奥尔良洛约拉大学(Loyola University, New Orleans)法律博士学位(J.D.),是该校当届唯一一名法律博士,无博士论文。民国政府外交部科员,驻美国新奥尔良副领事馆随习领事。1949年后定居美国。[218]

A132:陈嘉祐(1911—1999),英文姓名 Chen Chia You,浙江杭州人。1933年取得暨南大学政治经济学系文学士学位(与吴清葵同学),1936年取得持志学院法学士学位。1937年赴美留学。1939年入美国印第安纳大学法学院,1940年6月取得印第安纳大学法律博士学位(J.D.),无博士论文。留居美国,曾任美国国防部研究员。[219]

A133:陈葆灵(1914—?),英文姓名 Chan Po-Ling,广东中山人。1933年取得持志大学文学士学位。1933年9月入东吴大学法学院法律系，1937 年取得东吴大学法学士学位（东吴大学法学院第二十届毕业生，与丘日庆、洪应灶同届）。1940 年 6 月取得印第安纳大学法律博士学位(J.D.)，无博士论文。曾在广东银行工作，后任教于香港新亚书院。[220]

A134：伍汉民（1913—1969），英文姓名 Horatius Eng，广东人。1933 年取得持志学院文学士学位，1938 年取得东吴大学法学士学位。1940 年 6 月取得美国印第安纳大学大学法律博士学位（J.D.），无博士论文。[221]

A135：宋闪宝（1917—?），Sally Sai-bao Soong，女，江苏上海县人。沪江大学肄业，1937 年 9 月入东吴大学法学院法律系，1940 年 6 月取得东吴大学法学士学位（与张馨珠、华璿光同届，东吴大学法学院第二十三届毕业生），1941 年 6 月取得印第安纳大学法律博士学位（J.D.），无博士论文。之后入波士顿雷德克利夫学院（Radcliff College）学习法律。[222]

A136：张馨珠（1917—?），英文姓名 Elsie Shung Chu Chang，女，云南大理人。1936 年 2 月入东吴大学法学院法律系，1940 年 6 月取得东吴大学法学士学位（与宋闪宝、华璿光同届，东吴大学法学院第二十三届毕业生）。1940 年入美国印第安纳大学法学院，1941 年 6 月取得印第安纳大学法律博士学位(J.D.)，无博士论文。[223]

图 1.19　印第安纳大学 J.D.张馨珠

A137：程修龄（1903—约 1992），英文姓名 Cecilia Sieu-Ling Zung，女，安徽安庆人。上海中西女塾毕业。1934 年东吴大学法学士（东吴大学法学院第十七届毕业生）。1937 年取得东吴大学法学硕士学位。1938 年取得美国哥伦比亚大学文学士学位（B.A.），1939 年取得哥伦比亚大学文学硕士学位（M.A.），1942 年取得纽约大学法学博士学位（J.S.D.），博士论文《对中立船舶与航空器上邮件的战时干涉》（Belligerent interference with mails on neutral ships and aircraft）。被称为东吴法学院最著名的女性毕业生。1946 年 4 月回国。在上海从事律师业务，并任教于东吴法学院。曾任无锡江南大学文学院外文系主任。1949 年后去美国，1992 年左右在纽约去世。[224]

A138：黄宗勋(1902—?)，英文姓名 Robert Tsonhyuin Huang，安徽无为人，黄宗法之弟。1927 年取得伊利诺伊大学法律专业理学士学位(B.S. in law)，1928 年取得该校法学士学位。工商部上海商品检验局秘书，1930 年任教于私立大夏大学商学院商务行政系。1939 年任国民政府经济部商标局局长。1942 年 6 月取得美国西北大学法律博士学位(J.D.)，无博士论文。[225]

A139：华璿光(1917—?)，Dora Hwa(Hwa Zoen-Kwang)，女，浙江镇海人。1935 年 9 月入东吴大学法学院法律系，1940 年 6 月取得东吴大学法学士学位(东吴大学法学院第二十三届毕业生)，1942 年取得密尔萨普斯学院(Millsaps College)文学士学位，1943 年 4 月取得印第安纳大学法律博士学位(J.D.)，无博士论文。曾在美国巴尔的摩 J. Perdon Wright Law Office 担任律师。[226]

图 1.20　印第安纳大学 J.D.苏汝松

A140：苏汝松(1913—?)，英文姓名 Su Ju Sung(Su Ju Song)，广西藤县人。1933 年 9 月入东吴大学法学院法律系，1937 年取得东吴大学法学士学位(东吴大学法学院第二十届毕业生)。1944 年 4 月取得印第安纳大学法律博士学位(J.D.)，无博士论文。曾任广西大学教授。1950 年代去香港任教。[227]

A141：张以藩(1906—1957)，字次鄂，英文姓名 Chang I-Fan(Chang Ifan)，湖南长沙县(大苦竹坳)人。早年在长沙基督教青年会主办的私立青年中学读书，后青岛大学商业系肄业，1927—1933 年在世界协会工作，1930 年 9 月入东吴大学法学院法律系，1933 年取得法学士学位(东吴大学法学院第十六届毕业生)。1934 年在上海章士钊律师事务所工作，曾任麦伦中学训导主任。1937 年任长沙基督教青年会总干事、湖南省难民救济处总干事。1939 年任湖南省第一届临时参议员。1946 年任湖南救济分署副署长。后赴美国耶鲁大学法学院留学，耶鲁大学中国学生联谊会主席，1948 年耶鲁大学法学博士(J.S.D.)，博士论文《外人在华法律地位：从世界社会角度进行的批判与比较研究》(The legal status of aliens in China: a critical and comparative study with an evaluation from the perspective of world community)，导师麦克杜格尔教授(Professor Myres S. McDougal, 1906—1998)。1949 年 2—6 月在长沙湘雅医学院讲授法医学。后任湖南省基督教三自爱国会副主席，长沙市政协委员，湖南省政协委员，省人民代表，1957 年 6 月初在会议上做了《要法治不要人治》的发言，反右运动开始后受到批判，同年 7 月投水自尽。[228]

A142：沈夔孙(约 1914—?)，英文姓名 Shen Kwei-Sun，江苏吴县人。早期曾就读于光华大学文科。1937 年取得东吴大学文学士学位。1944 年取得东吴大学法学士学位。1946 年考取教育部自费留学生资格。1947 年 9 月入印第安纳大学法学院，1948 年 10 月取得法律博士学位(J.D.)，无博士论文。[229]

A143：奚敏(约 1921—?)，Beatrice Hsi Yen，女，江苏上海人，会计学家奚玉书(1902—1982)之女。1944 年取得东吴大学法学士学位。1946 年考取教育部自费留学生资格。1947 年入美国印第安纳大学法学院，1948 年 10 月取得印第安纳大学法律博士学位(J.D.)，无博士论文。[230]

A144：严道(1921—?)，英文姓名 David Dao Yen，江苏上海人，大工业家严裕棠(1880—1958)之孙，严庆祥次子。1944 年取得东吴大学法学士学位，1942 年与奚敏结婚。1947 年 6 月入印第安纳大学法学院，1948 年 10 月取得法律博士学位(J.D.)，无博士论文。后在台湾经商，任财团法人董氏基金会董事长，尚华工业公司董事长。[231]

A145：王以德(1922—?)，英文姓名 Alfred I-Te Wang，浙江定海人。1943 年取得上海圣约翰大学文学士学位，1943 年 9 月入东吴大学法学院法律系，1946 年 6 月取得东吴大学法学士学位(东吴大学法学院第二十九届毕业生)。毕业后在上海德古士中国总公司法律部工作。1946 年通过教育部自费留学生考试，1947 年取得哈佛大学法学硕士学位。1949 年取得耶鲁大学法学博士学位(J.S.D.)，博士论文《对于调整公司内部权利分配原则的批判性研究》(A critical survey of the doctrines governing the intracorporate distribution of powers)。回国后从上海去香港，后去加拿大工作，20 世纪 80 年代任台湾东吴大学法律学研究所所长。病逝于加拿大。[232]

A146：张国和(1922—2013)，英文姓名 Chang Kuo Ho(Chang Kuo Howe)，浙江杭县人。1941 年 9 月入东吴大学法学院法律系，1946 年 6 月取得东吴大学法学士学位(东吴大学法学院第二十九届毕业生)。1946 年考取教育部自费留学生资格。1949 年取得芝加哥大学法律博士学位(J.D.)，无博士论文。1949—1982 年在联合国工作。[233]

图 1.21 芝加哥大学 J.D.张国和

图 1.22 印第安纳大学 J.D.居同匮

A147：李唯善(1917—?)，英文姓名 Li Veh-Shan(Li Wei Shan)，浙江鄞县。1936 年 9 月入东吴大学法学院法律系，1940 年 6 月取得东吴大学法学士学位(东吴大学法学院第二十三届毕业生)，入中央银行工作。1944—1945 年在哈佛大学法学院进修。后入纽约大学，1949 年获得纽约大学法学博士学位(J.S.D.)，博士论文《联邦政府公司的法律地位》(Legal status of the federal government corporation)。[234]

A148：居同匮(1924—)，英文姓名 Chu Dong Kuan(Chu Dong Hwa)，江苏吴县人。1942 年 9 月入东吴大学法学院法律系，1946 年 6 月取得东吴大学法学士学位(东吴大学法学院第二十九届毕业生)。曾从事警察工作。1946 年考取教育部自费留学生资格。1948 年留学美国,1949 年 6 月获得印第安纳大学法律博士学位(J.D.),无博士论文。1949 年回国,担任人民法院审判员,后到中学任教,1958 年下放到宁夏,1962 年回上海,“文化大革命”期间在街道劳动服务队工作,“文化大革命”后在上海从事律师业务。[235]

A149:王毓骅(1923—　),英文姓名 Wang Yu-Hwa,江苏崇明(城桥镇)人。1938 年入上海市麦伦中学,1941 年中学毕业。在中学期间,曾经担任上海市学生协会执行委员,麦伦中学学生会会长。1941 年秋入沪江大学政治系,1945 年毕业,取得文学士学位。在沪江大学读书期间,于 1943 年 2 月在东吴大学法学院法律系注册,曾担任东吴法学院学生会会长。1946 年 6 月取得东吴大学法学士学位(东吴大学法学院第二十九届毕业生)。同届毕业生有王以德、居同匮、郁去非、张国和等。后入国立政治大学高等科 13 期学习,取得司法官资格和律师资格。1948 年 6 月入美国印第安纳大学法学院,自费留学,1949 年 6 月毕业,获得法律博士学位(J.D.),无博士论文。回国后曾任沪江大学政治系讲师,后调到南京市第四中学任教,“文化大革命”期间在街道副食门市部工作。1981 年到南京大学法律系任教,曾任江苏省法学会副会长。[236]

A150:李德仁(1915—?),英文姓名 Lee Teh-Jen,山东峄山人。1943 年 6 月取得东吴大学法学士学位。1948 年 9 月入美国印第安纳大学法学院,1949 年 10 月取得法律博士学位(J.D.),无博士论文。[237]

图 1.23　印第安纳大学 J.D.李名山

A151:李名山(1920—?),英文姓名 Lee Ming Shang,浙江镇海人。1943 年 6 月取得东吴大学法学士学位。曾任司法行政部科员及上海地方法院监察处法官。1946 年考取教育部自费留学生资格。1948 年 9 月入美国印第安纳大学法学院,1949 年 10 月取得法律博士学位(J.D.),无博士论文。1949 年后回国,任泰昌公司经理,1956 年随公司迁往兰州,“文化大革命”中受到迫害,1978 年平反,后任兰州市侨联主席,兰州市人大常委会副主任。[238]

A152:李祖燕(1919—?),英文姓名 Lee Tsu-Yen,浙江人。1942 年取得东吴大学法学士学位。1948 年 9 月入美国印第安纳大学法学院,1949 年 10 月取得法律博士学位(J.D.),无博士论文。从上海市印刷二厂退休。[239]

A153:吴茂松(1914—?),英文姓名 Wu Muo-Song,安徽合肥人。1942 年取得东吴大学法学士学位,之后在上海从事律师业务。1946 年取得光华大学文学士学位。1948 年自费留美,入印第安纳大学法学院,1949 年 10 月取得印第安纳大学法律博士学位(J.D.),无博士论文。其后不详。[240]

图 1.24 印第安纳大学 J.D.郁去非

A154:郁去非(1914—约 1990),英文姓名 Iok Chu-Fei,江苏上海人。1941 年 9 月入东吴大学法学院法律系,1946 年 6 月取得东吴大学法学士学位(东吴大学法学院第二十九届毕业生),1948 年东吴大学法学院研究生毕业,同年 9 月自费留学,入美国印第安纳大学法学院,1949 年 10 月获得法律博士学位(J.D.),无博士论文。曾任安徽财贸学院英语语言文学副教授。约 90 年代去世。[241]

A155:姚淇清(1919—1988),字祖泽,英文姓名 Franklin Chi-ch'ing Yao,浙江吴兴人。1943 年 6 月取得东吴大学法学士学位(东吴大学法学院第二十六届毕业生)。1946 年考取自费留美资格,1949 年取得美国纽约大学法学硕士学位(LL.M.),1950 年取得耶鲁大学法学博士学位(J.S.D.),博士论文《当代国际法与社会中个人的角色》(The role of the individual in contemporary international law and society)。曾任驻瑞士总领事馆秘书，考试院法规委员，英文《自由中国评论月刊》编辑。1950 年去台，1972 年回台湾，任台湾大学法学院教授，1975 年任台湾大学法学院院长。1983 年任台湾大学法学院院长兼三民主义研究所所长。[242]

A156：徐国基（1921—?），英文姓名 Hsu Kuo Chi（Anthony K. C. Hsu），浙江鄞县人。1945 年取得上海圣约翰大学文学士学位。1942 年 9 月在东吴大学法学院注册入学，1946 年 6 月取得东吴大学法学士学位。1949 年 2 月入美国印第安纳大学法学院，1950 年 2 月取得法律博士学位（J.D.），无博士论文。[243]

A157：杨泉德（1921—?），英文姓名 Yang Chen Tek，江苏吴县。1942 年取得东吴大学法学士学位（东吴大学法学院第二十五届毕业生）。曾在上海地方法院担任法官。1946 年考取教育部自费留学生资格。1949 年 6 月入印第安纳大学法学院，1950 年 6 月取得印第安纳大学法律博士学位（J.D.），无博士论文。[244]

图 1.25 印第安纳大学 J.D.杨泉德

A158：夏晋惠（1910—?），英文姓名 Frances Ching Hwei Hsia，女，浙江鄞县人。1935 年取得东吴大学法学士学位。1948 年入美国印第安纳大学法学院，1950 年 6 月取得法律博士学位（J.D.），无博士论文。[245]

除了本节收录的 158 名近代留美法学博士之外，笔者在研究过程中还遇到一些情况不明的“法学博士”，附此存疑，留待今后考证。

1. 丘昭文（1885—1975），字少海，英文姓名不详，广东清远人。早年毕业于广东公立法政专门学校（政治正科），1919 年取得北京大学（法本科法律学门）法学士学位。据说公费赴美国德宝大学（DePaul University）并于 1920 年取得法律博士学位（J.D.）。1925 年回国，历任英德、东莞、广州地方法院推事，广州律师公会副会长等。1934 年 9 月任国立广东法科学院讲师。主编广东《法学月报》，任中华法律学会副会长、广东法律学会理事长。第一届制宪国大自由职业团体律师代表。1949 年后去香港和台湾。[246]

2. 鄂森(1902—1970)，字吕弓，英文姓名 Ao Sen(Daniel Sen Ao)，江苏邗江县人。曾在沪江大学学习两年。1928 年东吴大学法学士(东吴大学法学院第十一届毕业生，与倪征㬊、李浩培同届)。1928 年 8 月赴美，与倪征㬊一同就读于斯坦福大学法学院，未毕业。据说在 1929 年春转学旧金山林肯大学并于 1929 年 10 月获得法学博士学位(J.D.)，有资料记载其博士论文是《中国法理之沿革及今后之发展》。1929 年冬回国，在上海从事律师业务，兼任东吴大学法学院教授。1945 年 8 月，任上海社会局第一处处长，半年后辞职。1947—1948 年任远东国际军事法庭中国检察官顾问。1948 年 2 月，任南京国民政府行政院参事，后返沪任教，任东吴大学法学院教务长、院务委员。1953 年 12 月，因历史问题受管制三年。1956 年 12 月撤销管制后，后任上海市工商联史料科科员、地方国营外冈农场建筑工程队干部，上海市文史馆馆员。[247]

3. 凌启鸿(1896—?)，别号楫民，英文姓名不详，浙江吴兴人。日本大学法学士(一作商学士)，自称"余在华盛顿大学，授法律博士学位"，曾任北平大学法学院、国立师范大学、私立朝阳大学等校教授，江西高等法院检察官。在上海从事律师业务，1939 年任武汉市伪政府高等法院院长，1940 年任汪伪政府立法院立法委员。[248]

4. 陈应荣，英文名 Chan Ying Wing。陈香梅之父。广东南海人，伦敦大学文学士，美国汉密尔顿法学院法学士，据称取得美国国家大学法学硕士、LL.D.，博士论文不详。[249]

第四节 近代留美法学博士统计分析

一、近代留美法学博士的学位类别统计

中国近代留美取得法学博士者，回国后一律被统称为"法学博士"，至

于属于哪一种法学博士，往往语焉不详。鉴于美国法学博士学位制度的复杂多变性，在没有专门说明的情况下，很难根据中文"法学博士"的表述辨别谁是 J.D.，谁是 S.J.D.，谁是 J.S.D.，谁是 D.C.L.。所以，确定近代留美法学博士的种类，是研究近代留美法学博士这一群体的先决问题。

本章收集到 158 名近代留美法学博士，由于查良鉴同时取得两个法学博士学位，所以共计 159 个留美法学博士学位(不包括作为名誉博士学位的 LL.D.)。详见表 1.1：

表 1.1　近代留美法学博士学位类别

博士学位	姓　　名	人数
J.D.	罗泮辉、周宗华、冯熙运、王恩泽、梅华铨、钱树芬、陈长乐、张国辉、黄开宗、张肇元、何孝元、燕树棠、康时敏、陈霆锐、吴经熊、陆鼎揆、徐恭典、李长全、何世桢、何世枚、马景行、冯济、孙浩煊、王毓英、蒋保厘、张元枚、伍守恭、黄俊杰、区兆荣、乔万选、姚永励、富刚侯、张金润、盛振为、高君湘、李中道、胡咏德、黄宬言、续克昌、魏文翰、萧祖用、徐湛星、缪中一、杜元载、郭怀璞、赖锟、田鹤鸣、梅汝璈、宋允惠、倪征日奥、顾宪章、黄森、林我将、赵之远、张葆恒、孙晓楼、谢景山、董凤鸣、何炳棣、陶慕侠、张嘉惠、钱剑秋、张庆桢、洪士豪、戴继恩、杨凛知、查良鉴、李春明、黄比瀛、凌士芬、吕光、翟楚、钱乃信、苏秋宝、张大同、龚振祺、李子欣、陈恩成、张鑫长、郑涛、孙亮、冯国桢、钱乃文、徐亚辉、梁传愈、潘志漪、丘日庆、洪应灶、谭汉铨、杨伯鹏、钱锦章、陈嘉祐、陈葆灵、伍汉民、宋闪宝、张馨珠、黄宗勋、华璿光、苏汝松、沈夔孙、奚敏、严道、张国和、居同匮、王毓骅、李德仁、李名山、李祖燕、吴茂松、郁去非、徐国基、杨泉德、夏晋惠	113
J.S.D.	黄宗法、李范、石颎、端木恺、叶苇康、郭威白、黄公觉、卢鸿堉、王震生、郑国楠、胡毓杰、李彩霞、林振镛、凌兆麟、杨德恩、梁敬钊、何海晏、林钦辰、马君硕、吴清葵、余茂功、张为资、李潮年、刘亮畴、沈琪、刘涧乐、陆承泰、谭明德、王世熊、程修龄、张以藩、王以德、李唯善、姚淇清	34
S.J.D.	丘汉平、傅文楷、黄应荣、姚启胤、梁鋆立、李德新、查良鉴、章任堪、卢峻、仇子同、杨兆龙	11
D.C.L.	王宠惠	1
总人数		159

资料来源：本章第三节。由于查良鉴同时有 J.D.和 S.J.D 两个学位，所以本章近代留美法学博士实际共 158 人。

分析近代留美法学博士的学位类别情况，可以得出如下统计结论：

中国近代留美法学博士学位种类共计 4 种(当然，J.S.D.与 S.J.D.可以视为同一种类)，涵盖了近代美国法学博士学位的多数种类。

中国近代留美法学博士取得的博士学位数量最多的是 J.D.学位，有 113 个，占本章留美法学博士学位总数(159 个)的 71%。其次是 J.S.D.学位，有 34 个，占本章近代留美法学博士学位总数的 21%。与 J.S.D.性质基本相同的 S.J.D.学位数量有 11 个，占本章近代留美法学博士学位总数的 7%。J.S.D.与 S.J.D.之和为 45 个，占总数的 28%。D.C.L.学位获得者只有 1 个，不足总数的 1%。

从以上统计可以得出一个结论，中国近代留美法学博士群体中，绝大多数是职业性法律博士(J.D.)，不需要博士论文，少数是学术性法学博士，需要博士论文。换句话说，大多数人是为了今后从事律师业务而留美习法，少数人是为了追求法学学术而留美深造。本章收录的所有 S.J.D.均属于学术性博士学位，需要提供博士论文，但每所学校对于 S.J.D.的学习期限及论文要求有所不同，例如，一些留学美国国家大学的中国学生只花费了一两年就取得了 S.J.D.学位，只有一篇不长的毕业论文。而有些学校的 J.S.D./S.J.D.的情况更复杂。

例如，纽约大学早期的 J.S.D.不要求毕业论文，纽约大学这种无须博士论文的一年制 J.S.D.学位与西北大学当年的一年制 J.D.学位几乎完全一样，虽然两种学位名称有所不同。约从 20 世纪 30 年代开始，纽约大学允许其 J.S.D.学生撰写毕业论文以抵做学分，然而当时纽约大学 J.S.D.毕业论文的学术标准较低，对于在中国已经取得法学士学位的中国留学生，一年就可以取得 J.S.D.学位，所谓的博士论文实际很短：张为资 1936 年纽约大学 J.S.D.博士论文《股票法：一个比较法上的研究》正文仅 70 余页(打字版)，每页仅 200 字左右，附件占据了另外 70 多页(主要是《中华民国民法典》英文版条文)；吴清葵 1936 年纽约大学 J.S.D.博士论文《对中国法律和纽约法律调整股份有限公司股东会议的比较研究》正文 68 页，每页字数也很少，其余 20 多页附件全部是《中华民国公司法》英文版条文。从内容上看，这两篇毕业论文也很简单，基本上是中外有关法律法条、概念的介绍和简单比较，脚注基本上是法条或案例的罗列，个别引用法学教科书和司法解释，全文没有一个提纲挈领的结论，即比较中外法律之后得出什么结论？解决了什么问题？比较的目的是什么？看完这些毕业论文之后，读者找不到明确的答案。总之，对于近代留美法学博士，即使是对于那些有博士论文的博士，也不能以一概之。除非留学前已经对某一问题有了长期的思考和深厚的积累，否则不大可能在短短的一年之内既完成若干门功课，又撰写出一篇高质量的博士论文。

二、近代留美法学博士的年代分布

中国近代留美法学博士始于1905年，终于1950年，在此期间，留美法学博士的数量有何变化？变化的原因是什么？这是很值得研究的问题。根据留美法学博士的毕业年代，笔者统计了近代留美法学博士数量随年代变化的特征和趋势。

表1.2　近代留美法学博士年代分布

年　代	姓　名	人数	百分比
1900—1909	王宠惠	1	0
1910—1919	罗泮辉、周宗华、冯熙运、王恩泽、梅华铨、钱树芬、陈长乐、张国辉、黄宗法、黄开宗、张肇元、何孝元	12	8%
1920—1929	燕树棠、康时敏、陈霆锐、吴经熊、陆鼎揆、李范、徐恭典、李长全、何世桢、何世枚、马景行、冯济、孙浩煊、王毓英、蒋保厘、张元枚、石颎、伍守恭、黄俊杰、区兆荣、乔万选、姚永励、富刚侯、张金润、盛振为、高君湘、李中道、胡咏德、黄宬言、续克昌、端木恺、叶苇康、魏文翰、萧祖用、徐湛星、缪中一、杜元载、郭怀璞、赖锟、田鹤鸣、梅汝璈、郭威白、黄公觉、宋允惠、倪征燠、顾宪章、黄森、林我将、赵之远、丘汉平、傅文楷、黄应荣	52	33%
1930—1939	张葆恒、姚启胤、卢鸿堉、梁鋆立、李德新、孙晓楼、谢景山、董凤鸣、何炳棣、陶慕侠、张嘉惠、钱剑秋、张庆桢、洪士豪、戴继恩、杨凛知、查良鉴、李春明、章任堪、黄比瀛、凌士芬、卢峻、吕光、翟楚、钱乃信、苏秋宝、张大同、龚振祺、李子欣、王震生、郑国楠、陈恩成、仇子同、胡毓杰、李彩霞、林振镛、凌兆麟、杨德恩、梁敬钊、杨兆龙、张鑫长、郑涛、孙亮、何海晏、林钦辰、马君硕、吴清葵、余茂功、张为资、冯国桢、李潮年、刘亮畴、沈琪、刘涧乐、钱乃文、徐亚辉、梁传愈、彭启炘、丘日庆、洪应灶、谭汉铨、杨伯鹏、陆承泰、谭明德、王世杰	65	41%
1940—1950	钱锦章、陈嘉祐、陈葆灵、伍汉民、宋闪宝、张馨珠、程修龄、黄宗勋、华璿光、苏汝松、张以藩、沈夔孙、奚敏、严道、王以德、张国和、李唯善、居同匮、王毓骅、李德仁、李名山、李祖燕、吴茂松、郁去非、姚淇清、徐国基、杨泉德、夏晋惠	28	18%
总人数		158	

资料来源：本章第三节。

分析近代留美法学博士年代分布情况，可以得出如下统计结论：

(1) 从时间段上看，如果将20世纪上半叶按照每10年分为一段，则统计结果如下：在1900—1909年间，只有1人取得留美法学博士学位；在

1910—1919年间，12人取得留美法学博士；在1920—1929年间，52人取得留美法学博士学位；1930—1939年间，65人取得留美法学博士学位；1940—1950年间，28人取得留美法学博士学位。

（2）从单个年份上看，1930年取得留美法学博士学位的学生最多，高达18名（其中8位是美国西北大学的J.D.）；其次是1927年和1949年，均为10位；再次是1936年（9位）；之后是1926年（8位）；1935年和1927年均为7位；1934年6位；1921年、1923年、1928年、1938年均为5位；1931年、1939年、1940年、1948年、1950年均为4位；仅有1位留美法学博士的年份是1905年、1911年、1913年、1914年、1918年、1920年、1943年、1944年。没有留美法学博士毕业的年份是1906—1910年、1915年、1924年、1945—1947年。

（3）整个近代留美法学博士的趋势呈现出两头低中间高的现象，在20世纪上半叶，前期（1900—1919）只有13名，后期（1940—1950）只有28名，中期（1920—1939）有117名。这一现象与美国法学博士制度的演变有关，与中国状况有关，也与国际国内战争有关。美国大学普遍设立研究性质的法学博士学位，是在20世纪20年代之后。20世纪40年代，由于第二次世界大战的影响，中国留学人数锐减，美国大学的入学人数锐减，取得留美法学博士学位的人数也大幅下降。在1941年至1944年期间，每年只有一两位留美法学博士毕业，1945年至1947年期间，留美法学博士为空白，可见战争对于留美法学博士人数的影响。战争结束后，取得留美法学博士的人数迅猛增长，1948年有4位，1949年高达10位。

（4）从学校分布上看，中国近代留美法学博士在不同的时间段呈现出不同的分布特点。

芝加哥大学培养的中国法学博士（全部是J.D.）主要集中于20世纪第一个十年和第二个十年；

西北大学培养的中国法学博士（全部是J.D.）集中于20世纪20年代和30年代初期；

纽约大学培养的中国法学博士（主要是J.S.D.）集中于20世纪30年代；

印第安纳大学大学培养的中国法学博士（全部是J.D.）主要集中于

30 年代后期和 40 年代。

这四所大学是培养中国近代留美法学博士人数最多的高校。

三、近代留美法学博士的籍贯分布

从整体上看，近代留美法学博士的籍贯基本查清，这使得近代留美法学博士籍贯分布的统计结论较为可靠。值得一提的是，有些东吴法学院毕业生在美国的大学注册时往往填写为来自中国上海或者香港，其实他们的籍贯往往是江苏、浙江或者广东。本节籍贯信息，主要取自国内档案史料。

表 1.3　近代留美法学博士籍贯分布

序列	省籍	人　　名	人数	百分比	备　注
1	江苏	康时敏、陈霆锐、陆鼎揆、李范、孙浩煊、蒋保厘、张元枚、伍守恭、盛振为、高君湘、李中道、黄宸言、叶茀康、缪中一、倪征䀹、顾宪章、黄淼、姚启胤、孙晓楼、谢景山、钱剑秋、戴继恩、杨德恩、杨兆龙、张鑫长、郑涛、马君硕、张为资、李潮年、沈琪、徐亚辉、梁传愈、陆承泰、王世熊、宋闪宝、沈夔孙、奚敏、严道、居同匮、王毓骅、郁去非、杨泉德	42	27%	伍守恭生于湖北
2	浙江	周宗华、张肇元、吴经熊、姚永励、富刚侯、胡咏德、田鹤鸣、宋允惠、赵之远、梁鋆立、陶慕侠、张嘉惠、洪士豪、杨凛知、查良鉴、章任堪、卢峻、吕光、孙亮、张大同、仇子同、胡毓杰、李彩霞、何海晏、余茂功、刘亮畴、刘涧乐、钱锦章、陈嘉祐、华璿光、王以德、张国和、李唯善、李祖燕、姚淇清、李名山、徐国基、夏晋惠	38	24%	洪士豪生于上海，查良鉴生于河北天津
3	广东	王宠惠、罗泮辉、梅华铨、钱树芬、陈长乐、李长全、黄俊杰、区兆荣、张金润、萧祖用、徐湛星、郭怀璞、傅文楷、黄应荣、张葆恒、卢鸿堉、何炳棣、李春明、黄比瀛、凌士芬、钱乃信、龚振祺、郑国楠、陈恩成、吴清葵、杨伯鹏、冯国桢、钱乃文、彭启炘、丘日庆、谭汉铨、陈葆灵、伍汉民	33	21%	梅华铨生于美国，黄应荣生于新加坡，钱乃文生于天津、潘志漪生于澳门
4	安徽	黄宗法、何世桢、何世枚、马景行、端木恺、张庆桢、翟楚、王震生、程修龄、黄宗勋、吴茂松	11	7%	
5	福建	张国辉、黄开宗、何孝元、赖锟、林我将、丘汉平、林振镛、梁敬钊、林钦辰、洪应灶	10	6%	梁敬钊生于江苏海门

（续表）

序列	省籍	人　名	人数	百分比	备　注
6	河北	冯熙运、王恩泽、燕树棠、魏文翰、李德新、苏秋宝、凌兆麟	7	4%	冯、王、魏、凌为天津人
7	江西	徐恭典、梅汝璈、郭威白、董凤鸣	4	3%	
8	湖南	杜元载、李子欣、张以藩	3	2%	
9	广西	黄公觉、石超庸、苏汝松	3	2%	
10	吉林	续克昌	1	1%	
11	云南	张馨珠	1	1%	
12	河南	王毓英	1	1%	
13	四川	谭明德	1	1%	
14	山东	李德仁	1	1%	
15	山西	乔万选	1	1%	
16	陕西	冯济	1	1%	
总人数			158		

资料来源：本章第三节。

分析近代留美法学博士籍贯分布表，可以得出如下统计结论：

近代留美法学博士来自全国16个省份，分布较为广泛，但并不均衡。从人数上看，江苏第一，浙江第二，广东第三，这三甲（共计113人）占据了近代留美法学博士总人数的71%。值得注意的是，湖北、黑龙江、辽宁、贵州、甘宁青、新疆、西藏、内蒙均没有输出留美法学博士。

四、近代留美法学博士在美高校分布统计

中国早期留美学生，多集中于美国东北部地区，既包括新英格兰地区的波士顿（哈佛、耶鲁大学等），也包括邻近地区的纽约、芝加哥等地，那里也是美国教育较早发达的地区。从容闳到120名大清留美幼童，无不首选美国东北部地区的学校。这一倾向性也影响到之后的留美法学博士。根据笔者的统计，近代留美法学博士也多集中在这一区域。这一区域也是当时美国的政治法律经济文化中心。

表 1.4　近代留美法学博士在美高校分布

序号	美国高校	法学博士姓名	人数	百分比(约)	博士类型
1	纽约大学	梅华铨、黄宗法、李范、端木恺、叶弗康、郭威白、黄公觉、卢鸿堉、龚振祺、李子欣、王震生、郑国楠、胡毓杰、李彩霞、林振镛、凌兆麟、杨德恩、梁敬钊、何海晏、林钦辰、马君硕、吴清葵、余茂功、张为资、冯国桢、李潮年、刘亮畴、沈琪、刘涧乐、陆承泰、谭明德、王世熊、程修龄、李唯善	34	22%	梅华铨、黄宗法、龚振祺、李子欣、冯国桢是 J.D.学位，其余均是 J.S.D.学位(1 年制)。
2	西北大学	徐恭典、马景行、冯济、富刚侯、张金润、盛振为、李中道、胡咏德、黄宬言、续克昌、杜元载、郭怀璞、赖锟、田鹤鸣、顾宪章、黄森、林我将、赵之远、孙晓楼、谢景山、董凤鸣、何炳樂、陶慕侠、张嘉惠、钱剑秋、张庆桢、黄比瀛、凌士芬、翟楚、张大同、梁传愈、黄宗勋	32	20%	全部是 J.D.(1 年左右短期学制)
3	印第安纳大学	张鑫长、郑涛、孙亮、徐亚辉、丘日庆、洪应灶、谭汉铨、杨伯鹏、陈嘉祐、陈葆灵、伍汉民、宋闪宝、张馨珠、华璿光、苏汝松、沈夔孙、奚敏、严道、居同匮、王毓骅、李德仁、李名山、李祖燕、吴茂松、郁去非、徐国基、杨泉德、夏晋惠	28	18%	全部是 J.D.(1 年左右短期学制)
4	芝加哥大学	罗泮辉、周宗华、冯熙运、王恩泽、钱树芬、陈长乐、张国辉、黄开宗、张肇元、何孝元、李长全、孙浩煊、王毓英、伍守恭、区兆荣、乔万选、姚永励、魏文翰、萧祖用、徐湛星、梅汝璈、张葆恒、钱乃文、张国和	24	15%	全部是 J.D.(3 年左右长期学制)
5	密歇根大学	陈霆锐、吴经熊、陆鼎揆、何世桢、何世枚、蒋保厘、姚启胤(S.J.D.)、查良鉴(J.D.+S.J.D.)	8	5%	除姚启胤、查良鉴外，其余均只是 J.D.(1 年制)
6	耶鲁大学	王宠惠、燕树棠、康时敏、石超庸、张以藩、王以德、姚淇清	7	4%	王宠惠是 D.C.L.，康时敏和燕树棠是 J.D.，其余均是 J.S.D.
7	国家大学	丘汉平、傅文楷、黄应荣、梁鋆立、李德新、仇子同	6	4%	全部是 S.J.D.(1 年制)
8	德宝大学	黄俊杰、洪士豪、戴继恩、杨凛知、吕光	5	4%	全部是 J.D.(1 年制)

(续表)

序号	美国高校	法学博士姓名	人数	百分比(约)	博士类型
9	底特律法学院	张元枚、高君湘、宋允惠、李春明	4	3%	J.D.
10	爱荷华大学	钱乃信、苏秋宝、彭启炘	3	2%	J.D.
11	哈佛大学	章任堪、卢峻、杨兆龙	3	2%	S.J.D.
12	斯坦福大学	倪征日奥	1	1%	J.D.(1年制)
13	西南大学	陈恩成	1	1%	J.D.
14	Loyola 大学(新奥尔良)	钱锦章	1	1%	J.D.
15	Loyola 大学(芝加哥)	缪中一	1	1%	J.D.
	总人数		158		

资料来源:本章第三节。

纵观整个留美学校分布表,可以发现,本章中国近代留美法学博士分布于美国的15所高校,其中培养中国近代留美法学博士人数较多的高校依次是纽约大学、西北大学、印第安纳大学、芝加哥大学,这四甲占总数的75%。有西方学者撰文称,芝加哥大学法学院在20世纪早期培养的中国J.D.留学生人数超过美国其他法学院,这一结论并不准确。[250]上表显示,取得西北大学及印第安纳大学J.D.学位的中国近代留学生人数均超过取得芝加哥大学J.D.学位的中国近代留学生人数。

值得注意的,获得密歇根大学J.D.学位的中国近代法科留学生人数相对少于西北大学、印第安纳大学,而且主要在1925年之前。1925年密歇根大学法学院将LL.M.与J.D.完全独立开来之后,中国学生留学密歇根攻读J.D.的人数大减,1925年之前共计有7位中国留学生取得密歇根大学J.D.学位,1925年以后只有1位。[251]这一巨大反差很可能与密歇根大学1925年的新学位政策有关。1925年以前注册为LL.M.的学生,如果成绩良好,则可申请转为J.D.学生,如果成绩中等,则依旧是LL.M.学位;1925年以后,要么注册为LL.M.学生,要么注册为课程成绩要求相对较高的J.D.学生(平均成绩至少是“良”),不能再像以前那样可以见机行事。1925年以后,虽然在制度上仍然有一年就可以取得密歇根大学J.D.学位的空间,但失败的风险也较大,很可能因为此种原因,东吴的法科毕业生们开始转向西北大学的 1 年制 J.D.学位。

查看西北大学的中国籍 J.D.名单，可以发现，生源以东吴大学法学院的毕业生为主，但西北大学培养的中国籍 J.D.数量趋势与密歇根大学培养的中国籍 J.D.数量趋势正好相反。1925 年以前，西北大学只培养了 3 位中国籍 J.D.，[252] 1925 年以后，西北大学培养了 27 位中国籍 J.D.，其中绝大多数是 1 年制 J.D.，绝大多数是来自东吴大学法学院的毕业生。[253]

中国近代法科留学生对于密歇根大学 1925 年设立的纯粹学术性质的 S.J.D.学位似乎也不感兴趣。从 1925 年到 1950 年之间，仅一位中国人取得密歇根大学的 S.J.D.学位，即查良鉴。中国留学生冷落密歇根大学 S.J.D.学位的情况与热衷纽约大学 J.S.D.学位的情况形成鲜明的对照。1950 年之前，共计 29 位中国人取得纽约大学的 J.S.D.学位。[254] 造成这一冷一热的主因不见得是密歇根大学法学院与纽约大学法学院的声誉差异，很可能是这两所法学院法学博士学位制度的差异。密歇根大学的 S.J.D.学位是两年制的研究性学位，鼓励"原创性的思考和调查"(original thinking and investigation)，[255] 博士论文必须达到"对法学研究具有原创性贡献"(an original contribution to legal research)这一标准。纽约大学当年的 J.S.D.学位制度则有所不同，不但可以在短短的 1 年内毕业，而且一度不需要提供博士论文。1932 年以后，纽约大学法学院对于 J.S.D.虽然加入了毕业论文，但仅作为抵扣部分课程学分之用，对毕业论文也没有严格的学术要求，且学制仍为一年，其 J.S.D.可谓短平快。两相对照，留学生选择求取纽约大学法学博士学位而非密歇根大学法学博士学位自然不难理解，避难趋易，避长求短，本是人之常情，一年制的法学博士学位，相比两年制或者三年制的法学博士学位，既可节省留学费用，也可降低失败的风险，再加上纽约大学的声誉并不在密歇根大学之下，近代法科留学生热衷纽约大学的原因恐怕正在于此。同样，中国近代法科留学生热衷选择西北大学一年制 J.D.而非密歇根大学一年制 J.D.，与西北大学法学院相对宽松的毕业条件也不无关系。密歇根大学法学院虽然也是一年制 J.D.，但要求平均成绩不低于"良"，西北大学法学院显然无此高标准严要求。

哈佛大学、耶鲁大学在培养中国法学博士的数量上，要远远落后于纽约大学、西北大学、印第安纳大学、芝加哥大学。近代留美法科学生热衷于选择纽约大学、西北大学、印第安纳大学、芝加哥大学的根本原因在于这四所高校当年提供一年制的法律博士/法学博士课程(J.D.或者J.S.D.),毕业相对较为容易(多数不需要博士论文),学习成本(学费、生活费等)也相对较低。可见美国法学院学位制度直接影响到留美法学博士的分布。

值得注意的是,中国近代留美法学博士(狭义)没有任何一位来自哥伦比亚大学。也没有人来自宾夕法尼亚大学、康奈尔大学、加州大学等校。这里的原因比较复杂,各种因素在不同程度上起作用。例如,王宠惠、严锦镕、张煜全三人最初留学加州大学柏克莱,但一年之后全部转学到美国东北部的大学,王宠惠与张煜全进入耶鲁大学法学院,严锦镕转学哥伦比亚大学政治学院。王宠惠等人转学的主要原因是不满意当年加州大学柏克莱法学院教学质量,不满意当年加州的人文地理环境,他们甚至认为加州在美国的位置相当于甘肃和陕西在中国的位置:

> 卜忌利大学堂创办伊始,学科多未完备,与美国东方各省所设诸学堂其程度相去甚远。盖卜忌利为美国西鄙,僻处一隅,诚如甘陕之于中国,不问而知其非求学之地矣。且美国东方为文学士夫执政权要萃聚之所,美国学生非万不得已无在卜忌利肄业者,即傅兰雅先生之子、家立君亦在东方学堂肄业。现卜忌利学堂各教习均在东方聘来,所用教科讲义,尽是东方各学堂教师所著录。古人所谓,立法夫上,仅得其中。今肄业于下等之学级而欲学问之上进也,盖亦难矣。生等顷在学堂中已居毕业之列,学堂所教授之书,类多在北洋大学堂时经已习闻,欲求新学,实无几矣。若久居于此,亦徒糜国帑而负雅意耳。[256]

在王宠惠等人留学美国之时,不仅美国西部的大学法律教育薄弱,即使东部名校如康奈尔大学、宾夕法尼亚大学的法学院也没有设立法学博士学位,哥伦比亚大学法学院的法学博士学位直到1922年才设立。

将表1.4与表1.2“近代留美法学博士年代分布表”结合起来分析,可以发现,早期(1900—1919)留美法学博士主要毕业于芝加哥大学;中期(1920—1939)留美法学博士主要毕业于纽约大学、西北大学、国家大学、密歇根大学；后期(1940—1949)留美法学博士主要毕业于印第安纳大学。除哈佛、耶鲁外，留美法学博士人数集中的几所学校大多为已经取得法学士学位的学生提供短期速成的J.D.(或者J.S.D.)课程。

从大学性质上看，多数中国近代留美法学博士毕业学校属于私立大学(纽约大学、芝加哥大学、西北大学、哈佛大学、耶鲁大学等)，少数属于公立大学(密歇根大学、印第安纳大学等)。

从数据上分析，可以得出中国近代留美法学博士地域分布与美国高校学制设置的关系。与国家大学处于同城的乔治敦大学，虽然具有同样悠久历史的法学教育，质量也很高，但在近代很少吸引到中国留学生，其原因就在于乔治敦大学当时坚持采用传统的三年制法学士学位，而没有改成更加吸引人的法律博士学位，更没有设置速成式的一年制法律博士学位，在制度上排斥了希望以最短时间获取"最高学位"的中国留学生。反之，同时期位于芝加哥的三所大学(芝加哥大学、西北大学、德宝大学)均提供职业性法律博士学位，也都吸引到一定数量的中国留学生。

同样位于纽约市的哥伦比亚大学与纽约大学也存在此冷彼热的情况。近代没有中国留学生从哥伦比亚大学法学院取得法学博士学位，但是却有大量中国留学生取得了纽约大学法学院的法学博士学位，其重要原因在于：当时哥伦比亚大学法学院法学博士学位项目的录取条件较为严格，申请人必须已经接受过三年法学本科教育并且取得法学士学位；非美国法学院或者非英国法学院培养的毕业生，如果申请哥伦比亚大学法学院的法学博士学位项目，通常不予录取，除非他们另行在一所美国法学院学习至少一年，并且成绩优秀。[257]同时，哥伦比亚大学法学院对于法学博士的毕业要求也较高，不仅要求住校学习至少一年，而且要求提供博士论文，博士论文必须采用印刷形式。[258]与纽约大学法学院无须博士论文的一年制法学博士学位项目相比，哥伦比亚大学法学院的法学博士项目可谓严苛，并不适合那些已经在中国取得法学士学位、希望留美一年即取得法学博士学位的留学生。

前文提到，早期(1900—1919)中国留美法学博士主要毕业于芝加哥大学，但在1920年之后，极少有中国留美法学博士毕业于芝加哥大学，这并非因为1920年以后芝加哥大学本身提高了博士的录取标准或者毕业标准，而是因为中美两种因素发生了变化：第一，中国的大学(如东吴大学)已经逐渐培养出一大批通晓英文的法律毕业生,由于他们已经取得了中国的法学士学位,所以多数不愿意再花费三年的时间、精力和财力攻读一个法律学位;第二,芝加哥大学的法律博士学位主要为非法律专业的本科毕业生设计,取得芝加哥大学法律博士学位的中国留学生,其本科教育背景几乎全部是非法律专业,也就是说,芝加哥大学的法律博士项目不适合滚滚而来的中国法律毕业生;第三,与芝加哥大学同城的西北大学设计出迎合中国法律毕业生的一年制法律博士学位,而纽约大学也推出适合中国法律毕业生的一年制法学博士学位,密歇根大学也推出了适合中国法律毕业生的四年制法律研究生学位项目(成绩优秀者可以直接获得法律博士学位),印第安纳大学大学也针对中国法律毕业生设计了学制灵活的法律博士项目。这种速成式的法律博士项目,吸引了大批已经在中国取得法律学位的留学生,尤其是东吴大学法学院的毕业生。将近代时期芝加哥大学培养的中国法律博士与西北大学、纽约大学、密歇根大学、印第安纳大学大学培养的中国法律博士(法学博士)对比,可以发现一个明显的区别:芝加哥大学培养的中国法律博士几乎无人来自东吴法学院,而西北大学、纽约大学、密西根大学、印第安纳大学培养的中国法律博士(法学博士)多数来自东吴法学院。在东吴法科留学兴盛的年代(20 世纪 20 年代至 40 年代),在部分美国大学一年制法律博士盛行的年代(20 世纪 20 年代至 40 年代),中国法科留学生冷落芝加哥大学法学院的现象在所难免。至于不提供法律博士学位而仅提供法学士学位和研究性质法学博士学位的哥伦比亚大学法学院,更是少有中国法科留学生的身影。

总之,中国近代留美法学博士在美国的地域分布、高校分布与该地域高校是否提供职业性的法律博士学位有密切关系。有职业法律博士学位课程的高校,尤其是有短平快的职业法律博士学位的著名高校,最吸引中国留学生。

五、近代留美法学博士在华高校分布统计

多数留美法学博士出国前已在国内大学就读,其国内学习经历往往为出国留学打下了外语、法律以及其他知识的基础。研究近代留美法学博士在华高校分布,既可彰显留美法学博士与国内教育的联系,也可在一

个侧面显示中国近代教育与西方近代教育之间的关系。值得注意的是，有些留美法学博士曾经在国内就读于两所或者两所以上的高校，例如卢峻先是毕业于复旦大学，获得文学士和硕士学位，后又在东吴学习法律，取得法学士学位。对于这种情况，在表格的备注栏予以说明。

表 1.5　近代留美法学博士在华高校分布

序号	在华高校	学　　　生	人数	备　　注
1	东吴大学	陈霆锐、吴经熊、陆鼎揆、何世桢、何世枚、马景行、蒋保厘、张元枚、石颎、伍守恭、富刚侯、张金润、盛振为、高君湘、李中道、胡咏德、黄扆言、端木恺、田鹤鸣、倪征旟、顾宪章、黄森、丘汉平、傅文楷、黄应荣、姚启胤、梁鋆立、孙晓楼、谢景山、何炳棅、张庆桢、查良鉴、章任堪、卢峻、吕光、王震生、郑国楠、陈恩成、仇子同、胡毓杰、李彩霞、林振镛、凌兆麟、杨德恩、梁敬钊、杨兆龙、张鑫长、郑涛、孙亮、何海晏、林钦辰、马君硕、吴清葵、余茂功、张为资、李潮年、刘亮畴、沈琪、刘涧乐、徐亚辉、丘日庆、洪应灶、谭汉铨、陆承泰、谭明德、王世熊、陈葆灵、伍汉民、宋闪宝、张馨珠、程修龄、华璿光、苏汝松、张以藩、沈夔孙、奚敏、严道、王以德、张国和、李唯善、居同匮、王毓骅、李德仁、李名山、李祖燕、吴茂松、郁去非、姚淇清、徐国基、杨泉德、夏晋惠	91	其中 59 人曾就读于国内其他高校。田鹤鸣等 17 人又就读于持志大学；何世桢等 16 人又就读于复旦大学；马景行等 8 人又就读于沪江大学；丘汉平等 5 人又就读于中国公学；胡毓杰等 4 人又毕业于光华大学；丘汉平等 3 人又就读于暨南大学；查良鉴等 3 人又就读于南开大学。
2	复旦大学	何世桢、何世枚、张金润、高君湘、胡咏德、端木恺、缪中一、谢景山、何炳棅、章任堪、卢峻、吕光、郑国楠、陈恩成、林钦辰、李潮年、梁传愈、彭启炘、杨伯鹏、谭明德	20	几乎均又毕业于东吴大学法学院
3	持志大学	田鹤鸣、倪征旟、黄森、黄应荣、何炳棅、李彩霞、林振镛、杨德恩、马君硕、李潮年、刘亮畴、刘涧乐、徐亚辉、丘日庆、谭汉铨、陈嘉祐、陈葆灵、伍汉民	18	几乎均又毕业于东吴大学法学院
4	清华大学	张国辉、黄宗法、何孝元、孙浩煊、区兆荣、乔万选、姚永励、梅汝璈、张葆恒、董凤鸣、翟楚、梁敬钊	12	梁敬钊由南开转入，后又毕业于东吴大学
5	北洋大学	王宠惠、周宗华、冯熙运、王恩泽、钱树芬、燕树棠、康时敏、吴经熊、李范	9	钱树芬曾就读于岭南学堂；康时敏由南洋转入；吴经熊后转学东吴
6	沪江大学	马景行、倪征旟、姚启胤、张大同、仇子同、余茂功、王世熊、宋闪宝、王毓骅	9	几乎均又毕业于东吴大学法学院

（续表）

序号	在华高校	学　　生	人数	备注
7	上海圣约翰大学	张肇元、赖锟、宋允惠、戴继恩、李子欣、钱乃文、王以德、徐国基	8	王以德、徐国基后又毕业于东吴大学法学院
8	北京大学	徐恭典、何世桢、何世枚、王毓英、郭怀璞、赵之远、苏秋宝	7	何氏兄弟曾就读于复旦及东吴；王毓英曾就读于中华大学；苏秋宝又就读于香港大学
9	中国公学	丘汉平、陶慕侠、张庆桢、林振镛、李潮年、谭明德	6	几乎均又毕业于东吴大学法学院
10	暨南大学	丘汉平、傅文楷、吴清葵、钱锦章、陈嘉祐	5	丘、傅、吴三人后又毕业于东吴大学法学院；丘还曾毕业于吴淞中国公学；陈嘉祐后又毕业于持志学院
11	南洋大学	康时敏、李中道、梁鋆立、李春明	4	李中道、梁鋆立又毕业于东吴大学；梁鋆立还就读于震旦大学；康后转北洋大学
12	南开大学	续克昌、查良鉴、凌兆麟、梁敬钊	4	查、凌、梁三人后于东吴大学法学院毕业，梁还曾就读于清华
13	光华大学	胡毓杰、杨德恩、沈夔孙、吴茂松	4	均又毕业于东吴大学法学院
14	上海春申大学	张嘉惠、洪士豪、戴继恩、杨凛知	4	戴继恩又毕业于上海圣约翰大学
15	北京师范大学	杜元载、郭威白、黄公觉	3	黄又就读于中华大学
16	上海法学院	陶慕侠、钱剑秋	2	陶慕侠曾就读于中国公学
17	朝阳学院	李德新、凌士芬	2	
18	燕京大学	钱乃信、杨兆龙	2	杨兆龙后又毕业于东吴大学法学院
19	中华大学（北京）	王毓英、黄公觉	2	王毓英又就读于北京大学；黄公觉又毕业于国立北平师范大学
20	岭南大学	钱树芬、李长全	2	钱树芬又毕业于北洋大学
21	金陵大学	魏文翰	1	
22	大同大学	何海晏	1	又毕业于东吴大学法学院

（续表）

序号	在华高校	学　　生	人数	备注
23	大夏大学	张鑫长	1	又毕业于东吴大学法学院
24	厦门大学	洪应灶	1	肄业，后毕业于东吴大学法学院
25	北平税务专门学校	沈琪	1	沈又毕业于东吴大学法学院
26	之江大学	吕光	1	曾就读于东吴大学、复旦大学
27	中央政治学校	林钦辰	1	曾就读于福建协和大学、复旦大学、东吴大学
28	山西大学	冯济	1	
29	北平法政专门学校	卢鸿堉	1	
30	中山大学	谭汉铨	1	肄业，后毕业于持志大学、东吴大学
31	青岛大学	张以藩	1	肄业，后毕业于东吴大学
32	福建协和大学	林钦辰	1	又就读于复旦大学、东吴大学、中央政治学校
33	香港大学	苏秋宝	1	又就读于北京大学
34	震旦大学	梁鋆立	1	梁鋆立又就读于东吴大学、南洋大学
	总人数		228	

资料来源：本章第三节。一人身兼多校者重复计入。

分析上述留美法学博士在华高校分布的统计，可以得出如下结论：

(1) 分布广泛，重点突出、差距明显

输出留美法学博士的中国各类高校共计 36 所，具有相当大的广泛性。如果将在两所以上国内高校就读过的人重复计算，则共有 228 人。输出近代留美法学博士人数最多的高校是东吴大学法学院，高达 91 人，占近代留美法学博士总人数（158 人）的 58%。遥遥领先于第二名复旦大学（20 人）。东吴大学法学院与复旦大学这两所高校均位于上海。第三名是持志学院（18 人），第四名是清华大学（12 人），再下面是北洋大学和沪江大学（各 9 人），之后是圣约翰大学（8 人）。在这方面，北京大学的表现并不突出，只有 7 人。本章中，中央大学的留美法学博士人数为零。

(2) 教会大学输出的留美法学博士远远超过本土大学输出的留美法学博士

从人数上比较，虽然中国本土大学毕业生的总量要远远超过教会大学毕业生的总量，但是教会大学输出的留美法学博士，却大大超过了中国本土大学输出的留美法学博士。这是一个很值得注意的现象。相应地，包括教会大学在内的私立大学输出留美法学博士的人数也远远超过公立大学输出留美法学博士的人数。在学校数量上，输出留美法学博士的 37 所学校当中，除去在美国注册的春申大学及当时位于英国殖民统治之下的香港大学，中国本土大学占据 26 所，而教会大学只有 9 所(东吴、沪江、圣约翰、燕京、金陵、岭南、之江、福建协和、震旦)，教会大学的数量只有本土大学数量的三分之一，但教会大学输出的留美法学博士数量却超过了半数。显然，这与教会大学毕业生外语程度较高有一定关系。

(3) 上海的高校输出留美法学博士生的数量远远超过其他城市的高校

本章中，上海地区输出留美法学博士生的学校共有 14 所：东吴大学法学院、复旦大学、持志学院、沪江大学、圣约翰大学、中国公学、暨南大学、南洋大学、光华大学、上海法学院、大同大学、大夏大学、震旦大学、春申大学，总人次 174。

本章中，北京地区输出留美法学博士生的学校共有 8 所(清华大学、北京大学、北京师范大学、朝阳学院、燕京大学、中华大学、北平税务专门学校[259]、北平法政专门学校)，总人次 28。

在教会大学之中，上海地区教会大学输出留美法学博士的数量要远远超过其他地区教会大学输出的留美法学博士数量。

六、近代留美法学博士的博士论文统计

在本章收集的 158 名近代留美法学博士中，没有博士论文的大约为 123 人，占总数的 78%，这部分均未被收录到袁同礼《中国留美同学博士论文目录》；有博士论文的大约 35 人，约占 22%，少部分博士论文未被收

录到袁同礼《中国留美同学博士论文目录》。

下面 4 张表格是本节收录的法学博士论文分类表，分别按照宪法学、国际法学、民法学、商法学进行划分，从中可以看出近代留美法学博士论文的梗概。法理学博士论文仅有倪征日奥一篇，即《法律的进化：从偶然性到选择性》(1929 年斯坦福大学 J.D.论文)，不再单独制作表格。

表 1.6　近代留美法学博士之宪法学博士论文一览

序号	宪法学论文题目	作　者	学　校	学位种类	年代
1	《中华民国宪法的解释及其历史的进展》	胡毓杰	纽约大学	J.S.D.	1935
2	《中国妇女在法律地位上之发展总推测》	李彩霞	纽约大学	J.S.D.	1935
3	《中国司法机构》	林振镛	纽约大学	J.S.D.	1935
4	《中国司法制度之现状与问题研究——参考外国主要国家之制度》	杨兆龙	哈佛大学	S.J.D.	1935

资料来源：本章第三节。

表 1.7　近代留美法学博士之国际法学毕业论文一览(含国际公法与国际私法)

序号	国际法论文题目	作　者	学　校	学位种类	年代
1	《平时公海之捕获》	石超庸	耶鲁大学	J.S.D.	1925
2	《国家在与非本国的私人订立合同中的国际责任》	姚启胤	密歇根大学	S.J.D.	1930
3	《现代中国法律有关管辖权的若干国际问题》	查良鉴	密歇根大学	S.J.D.	1931
4	《英美冲突法规则的基本原则》	章任堪	哈佛大学	S.J.D.	1931
5	《中国法律适用规则评论》	卢　峻	哈佛大学	S.J.D.	1932
6	《战国时期的国际法》	余茂功	纽约大学	J.S.D.	1936
7	《领水内外海关法的执行》	沈　琪	纽约大学	J.S.D.	1937
8	《国际劳工公约的准备、解释和实施》	陆承泰	纽约大学	J.S.D.	1939
9	《国家管辖权的性质与范围——基于属地管辖和属人管辖之外的其他原则》	谭明德	纽约大学	J.S.D.	1939
10	《上海的国际租界》	王世熊	纽约大学	J.S.D.	1939
11	《对中立船舶与航空器上邮件的战时干涉》	程修龄	纽约大学	J.S.D.	1942
12	《外人在华法律地位：从世界社会角度进行的批判与比较研究》	张以藩	耶鲁大学	J.S.D.	1948
13	《当代国际法与社会中个人的角色》	姚淇清	耶鲁大学	J.S.D.	1950

资料来源：本章第三节。

表 1.8　近代留美法学博士之民法学毕业论文一览

序号	民法论文题目	作　者	学　校	学位种类	年代
1	《住所:一个比较法的研究》	王宠惠	耶鲁大学	D.C.L.	1905
2	《罗马、印度及中国收养法的比较研究》	丘汉平	国家大学	S.J.D.	1929
3	《中国家庭法研究:与罗马法的比较》	傅文楷	国家大学	S.J.D.	1929
4	《罗马法中的销售合同》	黄应荣	国家大学	S.J.D.	1929
5	《中国之结婚与离婚法》	凌兆麟	纽约大学	J.S.D.	1935
6	《中国民法典中父母与子女的关系及其历史演变》	杨德恩	纽约大学	J.S.D.	1935
7	《房东与房客的关系》	林钦辰	纽约大学	J.S.D.	1936
8	《作为比较研究来源之一的中国继承法》	马君硕	纽约大学	J.S.D.	1936

资料来源:本章第三节。

表 1.9　近代留美法学博士商法学毕业论文一览

序号	商法论文题目	作　者	学　校	学位种类	年代
1	《航空承运人对乘客和公众的责任》	梁敬钊	纽约大学	J.S.D.	1935
2	《中美法律中本票当事人权利和责任的比较研究》	何海晏	纽约大学	J.S.D.	1936
3	《对中国法律和纽约法律调整股份有限公司股东会议的比较研究》	吴清葵	纽约大学	J.S.D.	1936
4	《股票法:一个比较法上的研究》	张为资	纽约大学	J.S.D.	1936
5	《国会修改、修正和补充海商法的权力》	李潮年	纽约大学	J.S.D.	1937
6	《包括海员在内的海运工人的权利》	刘亮畴	纽约大学	J.S.D.	1937
7	《州议会修改、修正和补充海商法的权力》	刘涧乐	纽约大学	J.S.D.	1937
8	《对于调整公司内部权利分配原则的批判性研究》	王以德	耶鲁大学	J.S.D.	1949
9	《联邦政府公司的法律地位》	李唯善	纽约大学	J.S.D.	1949

资料来源:本章第三节。

分析上述留美法学博士毕业论文统计,可以得出如下结论:

第一,从人数上看,无毕业论文的法学博士人数远远超过了有毕业论文的法学博士人数,J.D.人数大大超过 J.S.D./S.J.D.的人数。

第二,从法学门类上看,留美法学博士论文的种类集中在国际法(13 篇)、民法(8 篇)、商法(9 篇)。法理学博士论文仅 1 篇,宪法学 4 篇。行政法、刑法、诉讼法学科的博士论文数量均为零。在 13 篇国际法博士论文中，国际公法的论文数量（11 篇）远远超过国际私法的论文数量（2 篇）。仅有的 2 篇国际私法博士论文全部来自哈佛大学。在 9 篇商法博士论文中，8 篇来自纽约大学。这反映了近代留美法学博士的选题热点、重点和冷门。

第三，从形式上看，近代留美法学博士论文中以 J.S.D./S.J.D.论文数量最多，共计 33 篇，其中纽约大学 J.S.D.论文 21 篇，耶鲁大学 J.S.D.论文 4 篇，密歇根大学 S.J.D.论文 2 篇；哈佛大学 S.J.D.论文 3 篇，国家大学 S.J.D.论文 3 篇。论文数量最少的是 D.C.L.及 J.D.论文，分别只有 1 篇。

第四，从学校上看，来自纽约大学的法学博士论文数量最多（21 篇），遥遥领先于其他大学，占据近代留美法学博士论文总数的 60%。来自耶鲁大学的法学博士论文数量位居其次（5 篇），下面依次是国家大学（3 篇）、哈佛大学（3 篇）、密歇根大学（2 篇）、斯坦福大学（1 篇）。本章所涉近代留美法学博士来自 15 所美国高校，而有论文的留美法学博士来自其中的 6 所，也就是说，近代留美法学博士的主体来自那些不需要博士论文的高校。

第五，从年代上看，1900—1909 年期间的法学博士论文只有 1 篇；1910—1919 年期间的法学博士论文 0 篇；1920—1929 年期间的法学博士论文 5 篇；1930—1939 年期间的法学博士论文 24 篇；1940—1950 年期间的博士论文 5 篇。这一论文数量的年代变化与留美法学博士整体人数的年代变化基本一致。

第六，从内容上看，近代留美法学博士论文选择中国问题作为研究主题的有 13 篇，占本章法学博士论文总数的 38%。

本章小结

本章收录并分析了 158 名近代留美法学博士，这批法学博士的共同点是从美国法学院取得博士学位，他们可谓法学院培养的法学博士，属于狭义的法学博士。中国近代留美法学博士还有另外一部分，他们并不在法学院接受法学教育，而是在政治学院或者政治学系或者更广泛意义的社会科学学院攻读法律，属于广义的法学博士，详见本书下一章。

注释

1. *Black's Law Dictionary*, 7th ed., 1999, at 858, 496, 946.

2. *The Law Dictionary*, Anderson Publishing Co., 7th ed., 1997, at 229; Random House Webster's Dictionary of the Law, James E.Clapp, *Random House*, New York, 2000, at 251.

3. *Black's Law Dictionary*, 7th ed., 1999, at 496.

4. *Id.*, at 946.哈佛大学于1773年授予第一个名誉法学博士学位LL.D.,获得者名为John Winthrop, http://www.thecrimson.com/article/1931/3/17/no-harvard-charter-ever-gave-college/?page=1。

5. 参见陈忠诚著:《英汉法律用语正误辨析》,法律出版社1998年4月第1版,第371页。

6. Erwin N.Griswold, *Law and Lawyers in the United States*, *The Common Law under Stress*, at 36(Steven & Sons, 1964).

7. Gerard W.Gawalt, Massachusetts Legal Education in Transition, 1766—1860, *The American Journal of Legal Education*, Vol.17, No.1(Jan., 1973), at 31.

8. *Id*, at 37.

9. 在当时所有的英语国家中,只有英国牛津大学有类似的席位。Esther Lucile Brown, Lawyers and The Promotion of Justice 24(Russell Sage Foundation, 1938).

10. 迄今为止,美国仍然有一些不附属于大学的法学院,如阿尔伯尼法学院、约翰·马歇尔法学院、麦克乔治法学院、新英格兰法学院、弗蒙特法学院、惠蒂尔法学院等。

11. 关于利奇非尔德法学院的历史,参见Andrew M.Siegel,"To Learn and Make Respectable hereafter": The Litchfield Law School in Cultural Context, *New York University Law Review*, Vol.73, at 1978—2028(December 1998)。

12. *Id*.

13. Albert P. Blaustein & Charles O. Porter, *The American Lawyer*, *A Summary of The Legal Profession*, at 165(Greenwood Press, 1954).

14. H.L.Wilgus, Legal Education in the United States, *Michigan Law Review*, Vol.6, No.8(Jun., 1908), at 651.

15. H.L.Wilgus, Legal Education in the United States, *Michigan Law Review*, Vol.6, No.8(Jun., 1908), at 652.

16. Id.

17. Id.

18. Id.

19. H.L.Wilgus, Legal Education in the United States, *Michigan Law Review*, Vol.6, No.8(Jun., 1908), at 653.

20. Replies of the Professors of Private Law, October 11, 1905, in Documents relating to the Program of Studies in the Columbia University School of Law, printed for the Trustees, October 16, 1905, at 9.

21. 秦国献:《说博士》,《生活周刊》1932 年第 5 卷第 1—52 期,第 102 页。

22. 中国近代留学生不乏哈佛大学、耶鲁大学的法学硕士以及法学博士,但是没有任何一人取得哥伦比亚大学法学院的博士学位。

23. 何勤华:《导读:梅汝璈与〈远东国际军事法庭〉》,载梅汝璈著:《远东国际军事法庭》,法律出版社、人民法院出版社 2005 年 7 月第 1 版,第 27 页。

24. Http://id.lib.harvard.edu/aleph/003777223/catalog.

25. Doctors of Philosophy and Doctors of Science of Harvard University 1873—1926, Official Register of Harvard University, Vol. XXIII, Nov. 20, 1926, No. 39, Cambridge, published by Harvard University, 1926, at 94.

26. 李贵连等编:《百年法学:北京大学法学院院史》(1904—2004),北京大学出版社 2004 年 4 月第 1 版,第 187 页(该书称"余天修",实应为"余天休")。

27. Catalogue of the University of Maine 1917—1918, at 221.

28. Http://voyager. clarku. edu/cgi-bin/Pwebrecon. cgi? BBID=243450;袁同礼《中国留美同学博士论文目录》,编号第 862 号,第 69 页。

29.《中国名人录》1936 年第五版,第 283 页。

30. Http://news. sina. com. cn/c/p/2011-05-16/091222472103. shtml; Http://www.bnu.edu.cn/alumni/xiaoqing/bnlc/lsrw2.htm.

31. 民国十二年一月《北平律师公会会员名簿》,北京市档案馆,J065-003-00544A_P090.TIF。

32. 万兆芝词条,《中国名人录》第五版,1936 年,第 240 页。

33. 参见哈佛大学法学院历年官方手册(Annual Announcement)中的学生及学位名录。

34.《丘汉平先生事略》,《"国史馆"现藏民国人物传记史料汇编》(第八辑),台湾"国史馆"编印,1993 年,第 57 页;何勤华:《丘汉平其人其书》,《东吴法学》,黑龙江人民出版社 2004 年第 1 版,第 42 页;苏州大学档案馆网站,邱汉平简介,http://dag.suda.edu.cn/ShowPeople.asp?id=301。

35. 杨大春:《中国英美法学的摇篮——东吴法学院院史研究》,载《东吴法学》,黑龙江人民出版社 2004 年第 1 版,第 14 页;王健著:《中国近代的法律教育》,中国政法大学出版社 2001 年第 1 版,第 324 页;裴艳著:《留学生与中国法学》,南开大学出版社 2009 年 5 月第 1 版,第 110、204 页。

36. 详见本章第三节丘汉平。

37. Robert Stevens, *Law School: Legal Education in America from the 1850s to the 1980s*, at 85, footnote 15(The University of North Carolina Press 1983).

38. 见《纽约时报》1896 年 3 月 11 日第 3 页报道，The National University, http://query.nytimes.com/mem/archive-free/pdf?res=9906E7DC123EE333A25752C1A9659C94679ED7CF。

39. Http://encyclopedia. gwu. edu/gwencyclopedia/index. php? title = National_University.

40. Id.

41. 关于乔治·华盛顿大学法学院的历史，参见 A Brief History about GW Law, http://www.law.gwu.edu/About/A+Brief+History.htm。

42. A Brief History about GW Law, http://www.law.gwu.edu/About/A+Brief+History.htm.

43. Id.

44. Robert Stevens, *Law School: Legal Education in America from the 1850s to the 1980s*, at 85, footnote 15(The University of North Carolina Press 1983).

45. 侯利标编写:《私立时期厦门大学法学教师传略》(之十三)，http://law.xmu.edu.cn/xyw/LTIntro.asp?PID=210。

46.《私立东吴大学法学院一览》，1936 年，第 7 页。

47. 美国有两所单独以美国国父华盛顿命名的大学，且都历史悠久：一所是位于密苏里州圣路易斯市的私立大学——Washington University in St. Louis，另一所是位于华盛顿州西雅图市的公立大学——The University of Washington。此外，弗吉尼亚州莱克星顿有一所华盛顿和李大学(Washington and Lee University)，该校原名 Augusta Academy，后改名为 Liberty Hall Adademy；为纪念乔治·华盛顿的慷慨捐助，又改名为 Washington Academy；1813 年改名为 Washington College；为纪念曾经担任校长的著名将领李将军(General Robert E. Lee)而改名为 Washington and Lee University, https://www.wlu.edu/about-wandl/history-and-traditions/a-brief-history。

48. 赵国材:《梁鋆立博士对国际法发展与编纂之功绩》，http://www.csil.org.tw/files/%E6%A2%81%E9%8B%86%E7%AB%8B.doc。

49.《中华文化名人录》，中国青年出版社 1993 年 12 月版，第 1093 页；李铁城主编:《联合国里的中国人 1945—2003》上册，人民出版社 2004 年 3 月版，第 562—563 页。

50. 徐友春主编:《民国人物大辞典》增订版(下)，河北人民出版社 2007 年 1 月第 2 版，第 1733 页。

51.《新昌县志》，上海书店出版社 1994 年 5 月第 1 版，第 660 页。

52. 梁鋆立曾经自称其博士学位是从乔治·华盛顿大学取得，想必在梁氏心目中，国家大学已经与乔治·华盛顿大学融为一体。Yuen-li Liang, *The Harvard Law School, Some of Its Chinese Alumni, and Some Chinese Law Schools in Relation to*

It,(台湾)《东吴法律学报》第二卷第一期,1977 年 11 月,第 82、84 页。

53. 徐友春主编:《民国人物大辞典》增订版(下),河北人民出版社 2007 年 1 月第 2 版,第 1733 页。

54.《私立东吴大学法学院一览》,1936 年,第 72 页;这一错误记载导致一些后世研究者将梁鋆立的教育经历也记录为“美国哈佛大学”,见裴艳著:《留学生与中国法学》(中国学科现代化转型丛书),南开大学出版社 2009 年 5 月第 1 版,第 247 页。

55. 详见本章第三节梁鋆立部分。

56. 杨大春:《中国英美法学的摇篮——东吴法学院院史研究》,载《东吴法学》,黑龙江人民出版社 2004 年第 1 版,第 1—14 页。第 39 页,注释 50。

57.《端木恺(铸秋)先生年谱简编》,载东吴大学发展处主编:《端木恺校长纪念集——纪念先生一百晋一岁冥诞》,2004 年初版,第 368、369 页。端木恺纽约大学法学博士学位证书影印件,见东吴大学发展处主编:《端木恺校长纪念集——纪念先生一百晋一岁冥诞》,2004 年初版,第 32 页。

58. 见胡兴荣著:《记忆南洋大学》,广西师范大学出版社 2006 年 6 月第 1 版,第 75 页(记载黄应荣“获华盛顿大学法理学博士”);Http://www.lib.nus.edu.sg/chz/chineseoverseas/oc_education.html#cys(记载黄应荣是乔治·华盛顿大学法理学博士)。

59.《仇子同执行律师》,载《申报》1936 年 7 月 26 日第 14 版。

60. 上海高等法院律师登记簿,上海市档案馆档案号 Q187-1-185,SC0321;此外,在 1948 年 9 月仇子同亲笔填写的另外一份表格中,仇子同也自称“华盛顿大学法学博士”,呈上海高等特种刑事法庭,附呈律师证书一件、相片二张、表格一份,上海高等特种刑事法庭关于律师登录名单,上海市档案馆档案号 Q189-1-29,SC0323。

61. 程燎原著:《清末法政人的世界》,法律出版社 2003 年第 1 版,第 35 页。

62. 关于梅华铨的早期学习经历,参见 Li Chen, The Legal Education of the First Chinese American Admitted to the New York Bar in the Twentieth Century and his Crusade to End Discrimination Against Ethnic Chinese in America, *International Journal of Legal Information*, Vol.45(3), 2017, at 219—229.

63. *The New York Times*, June 11, 1914, N.Y.U. sends forth its biggest class; New York University Catalogue 1914—1915, at 512.

64.《中国名人录》1936 年第五版,第 187 页。

65. 宗道一:《新中国首任国际大法官倪征the》,《人物》2003 年第 4 期。

66. 倪征the:《淡泊从容莅海牙》,法律出版社 2003 年 5 月第 2 版,第 33 页。

67.《北洋大学——天津大学校史(一)》,天津大学出版社 1990 年第 1 版,第 83 页。

68. 赵智铨:《日特暗杀教育家赵天麟真相》,载中国人民政治协商会议天津市委员会文史资料研究委员会:《沦陷时期的天津》,1992 年 10 月,第 198 页。其他认为赵天麟是哈佛大学法学博士的还有:张宝运、贾晓慧:《北洋大学及其留学人才论》,《高等教育研究》2005 年第 2 期,第 97 页。

69. Harvard University, Quinquennial catalogue of the officers and graduates 1636—1930, Cambridge: The University, 1930, at 1042; Harvard Law School Alumni Directory 1958, Quinquennial Catalogue, published by the Law School, 1958, Chronological Section, at 16.

70. 黄静嘉:《中国法制史论述丛稿》,清华大学出版社 2006 年版,第 316 页注(1)、第 394 页。

71. 例如哥伦比亚大学历年 Catalogue;哥伦比亚大学历年教职员及学生名录(Directory of Officers and Students);哥伦比亚大学历年 School of Law Announcement;哥伦比亚大学历年信息手册(Columbia University Bulletin of Information);哥伦比亚大学硕士论文和博士论文目录(Columbia University Masters' Essays and Doctoral Dissertations on Asia 1875—1956, compiled by The East Asiatic Library, Columbia University Libraries, New York, 1957)。

72. 郭思永编写:《郭云观先生年谱》,载《玉环文史资料》第二辑,1986 年 11 月,第 17—22 页。

73. 郭思永编写:《郭云观先生年谱》,载《玉环文史资料》第二辑,1986 年 11 月,第 22 页。

74. Columbia University Catalogue 1922—1923, at 83.

75. 第一位取得哥伦比亚大学法学博士学位(Doctor Juris 或者 Doctor of Law)的人是 Frank Isaac Schechter,时间在 1924 年 10 月,见 Columbia University Catalogue 1925—1926, at 374。

76. 第一位取得哥伦比亚大学修改后的法学博士学位(即 Juris Scientiae Doctor 或者 Doctor of the Science of Law)的学生有两位:Edward Graham Baird(1922 年俄亥俄州立大学 B.S.、1927 年俄亥俄州立大学 LL.B.、1934 年 6 月哥伦比亚大学 J.S.D.);James R.Wilson(1928 年爱荷华大学 B.A.、1930 年爱荷华大学 J.D.、1934 年 6 月哥伦比亚大学 J.S.D.)。见 Columbia University Catalogue 1934—1935, at 251。

77. 郭云观自填《上海学院教职员登记表》,1951 年,上海市档案馆卷宗号 Q248-1-126。

78. School of Law Announcement 1918—1919, Columbia University Bulletin of Information, Eighteenth Series, No.11, February 2, 1918, at 25.郭云观在哥大法学院使用的英文名字是 Kuo Yun-kuan,金问泗的英文名字是 King Wunsz。

79. Register of Students, *in* School of Law Announcement 1919—1920, Columbia University Bulletin of Information, Nineteenth Series, No.10, January 27,

1919, at 32.

80. Register of Students, *in* School of Law Announcement 1920—1921, Columbia University Bulletin of Information, Twentieth Series, No.17, March 27, 1920, at 30—39.

81. 金问泗:《我与谟亚教授的师生关系》,载金问泗著:《从巴黎和会到国联》,台湾传记文学出版社1983年12月再版,第1页。

82. 金问泗1919年哥大法学硕士毕业论文是《日本恢复关税自主权的外交史摘要》(digest of the diplomatic history of the recovery by Japan of her tariff autonomy), https://clio.columbia.edu/catalog/4301807。

83. 金问泗:《我与谟亚教授的师生关系》,载金问泗著:《从巴黎和会到国联》,台湾传记文学出版社1983年12月再版,第3页。

84. *Columbia University Alumni Register 1754—1931*, compiled by the Committee on General Catalogue, Columbia University Press, 1932, at 494.

85.《中国名人录》1936年第五版,第188页。

86. 廖训振:《富有传奇色彩的一生——记冀朝鼎》,载《中共党史资料》第67辑,中共党史出版社1998年9月版,第118页。

87. 见芝加哥大学1927年、1928年、1929年等年度注册集(Annual Register of the University of Chicago);另见2010年9月4日芝加哥大学注册处给本书作者的电子邮件。

88. Bulletin of Yale University, Law School Catalogue, 1903—1904, at 50; Li Chen, A History of Chinese Law Students in the United States in the late Qing Dynasty(1878—1911), J.S.D. dissertation of Washington University School of Law, May, 2015, at 174—178; Bulletin of Yale University, Law School Catalogue, 1905—1906, at 76;《王宠惠博士捐赠法政学院大批图书》,载《中华图书馆协会会报》,第21卷,第3、4期,第12页;王宠惠毕业论文中文翻译本见王宠惠著、张仁善编:《王宠惠法学文集》,法律出版社2008年第1版。

89. The University of Chicago Doctoral Dissertations and Master's Theses on Asia 1894—1962, compiled by the Far Eastern Library, University of Chicago Library, composed and printed by the University of Chicago, 1962, at 4; http://pi.lib.uchicago.edu/1001/cat/bib/2943221; Alumni Directory, The University of Chicago, 1919, at 208;《中国名人录》1936年第五版,第175页;《市府参事罗泮辉昨在寓邸暴卒》,载《申报》1936年1月31日。

90.《游美同学录》,北京清华学校编,1917年,第57—58页;《北洋大学—天津大学校史资料选编一》,天津大学出版社1991年11月第1版,第118页;《派遣留学生名单》,载《中国近代学制史料》第二辑(上册),华东师范大学出版社1987年第1版,第 990 页；*Alumni Directory*，*The University of Chicago*，*1913*，The University of Chicago Press，December 1913，at 42；《〈清光绪间（1881—1908）留美学生史略〉补遗》，载林子勋主编：《教育学论集》，第 308 页；《竺可桢全集》第 6 卷，上海科技教育出版社 2005 年 12 月第 1 版，第 78 页。

91. *Alumni Directory*，*The University of Chicago*，*1913*，at 43. *Who's Who in China*（1925，at 257）记载其 1912 年取得法律博士学位。根据芝加哥大学校友办公室发给本书作者的电子邮件（2010 年 9 月 3 日），冯熙运从芝加哥大学法学院毕业的准确日期是 1912 年 8 月 30 日；《中国名人录》1936 年第五版，第 73 页；左森、胡如光编：《北洋大学人物志》，天津教育出版社 1990 年 5 月第 1 版，第 124 页；王健著：《中国近代的法律教育》，中国政法大学出版社 2001 年第 1 版，第 155 页。

92. *Alumni Directory*，*The University of Chicago*，*1919*，compiled by the Alumni Council，The University of Chicago Press，at 360；北洋创建初期留学活动点滴（二），http://202.113.13.67/moved/orgs/xuebao/s_showcontent.php?autoid=461。

93. Columbia University，One Hundred and Fifty-ninth Annual Commencement，June 4，1913，at 7；*The New York Times*，June 11，1914，N.Y.U. sends forth its biggest class；New York University Catalogue 1914—1915，at 512；*Who's Who in China*，fifth edition，1936，p.188；倪征燠著：《淡泊从容莅海牙》，法律出版社 2003 年 5 月第 2 版，第 21 页，*Who's Who in China*，fifth edition，1936，at 188；贝德士辑：《中国基督徒名录》，载章开沅主编：《社会转型与教会大学》，湖北教育出版社 1998 年 9 月第 1 版，第 389 页。

94.《广州律师公会会员名录》，1949 年 4 月编印，第 43 页；*Annual Register of the University of Chicago 1916—1917*，The University of Chicago Press，September 1917，at 694；*Alumni Directory*，*The University of Chicago*，1919，compiled by the Alumni Council，The University of Chicago Press，at 64；东莞市地方志编纂办公室编：《东莞人物录》第一辑，1988 年 9 月，第 83—84 页。

95. Fortunes of Chinese Students in the US，http://www.methodistmessage.com/sep2008/elaupg.html；*Annual Register of the University of Chicago 1916—1917*，The University of Chicago Press，September 1917，at 696；*Alumni Directory*，*The University of Chicago*，*1919*，compiled by the Alumni Council，The University of Chicago Press，at 340；《中国名人录》1936 年第五版，第 23 页；《历届政府外交部职官年表（1912—1949）》，载石源华主编：《中华民国外交史辞典》，上海古籍出版社 1996 年 6 月第 1 版，第 761 页；李贵连、孙家红、李启成、俞江编：《百年法学：北京大学法学院院史（1904—2004）》，北京大学出版社 2004 年 4 月第 1 版，第 63 页；刘国铭主编：《中国国民党百年人物全书》（下册），团结出版社 2005 年 12 月第 1 版，第 1325 页；Colony Boy's High Post，*The Straits Times*（新加坡海峡时报），1 December 1948，

at 7;《新加坡宗乡会馆联合总会》,新加坡,教育出版私营有限公司 1995 年 11 月版,第 68 页。

96. Michiganensian, 1914, at 53; Columbia University, One Hundred and Sixty-second Annual Commencement, June 7, 1916, at 34; https://clio.columbia.edu/catalog/4306237; *Alumni Directory*, *The University of Chicago*, *1919*, at 63; The University of Michigan Law School Alumni Directory Centennial Edition, 1859—1959, Ann Arbor, published by the University of Michigan Law School, 1959, at 290; Columbia University Catalogue 1917—1918, at 293; Yale Law School, Sesquicentennial Alumni Directory, 1824—1974, at 44;《国立中央大学法学院教职员表》,载《国立中央大学一览》第四种"法学院概况",1930 年;《宪政月刊》1940 年第 1 期,第 112 页;侯利标编写:《私立时期厦门大学法学教师传略》(一),http://www.yadian.cc/blog/33858/。

97. Michiganensian, 1914, at 145; The University of Michigan Law School Alumni Directory Centennial Edition, 1859—1959, Ann Arbor, published by the University of Michigan Law School, 1959, at 290; Columbia University Catalogue 1917—1918, at 293; Annual Catalogue New York University 1917—1918, at 317;黄宗法取得纽约大学 J.S.D.学位的准确日期是 1917 年 6 月 6 日,NYU Graduation Free From Display, *New York Times*, June 7, 1917;《外交部职员录》,1918 年 12 月,第 3 页;刘寿林、万仁元、王玉文、孔庆泰编:《民国职官年表》,中华书局 1995 年 8 月第 1 版,第 1414 页;有资料认为其取得硕士学位,这并不准确,见林学忠著:《从万国公法到公法外交:晚清国际法的传入、诠释与应用》,上海古籍出版社 2009 年 12 月第 1 版,第 171 页。

98. *Alumni Directory*, *The University of Chicago*, *1919*, compiled by the Alumni Council, The University of Chicago Press, at 352;《黄开宗博士传略》,载《厦大周刊》1929 年,第 207 期,第 23—24 页;侯利标编写:《私立时期厦门大学法学教师传略》(一),http://www.yadian.cc/blog/33858/。

99. Catalogue of St. John's University 1914—19156, Shanghai, 1914, at 86; Columbia University, One Hundred and Sixty-third Annual Commencement, June 6, 1917, at 2, 30; Https://clio.columbia.edu/catalog/4306233; *Alumni Directory*, *The University of Chicago*, *1919*, compiled by the Alumni Council, The University of Chicago Press, at 63, 159;根据芝加哥大学注册处 2010 年 9 月 4 日发给笔者的电子邮件,张肇元于 1919 年 3 月 18 日取得 J.D.学位;《上海律师公会会员录》1936 年,第 57 页,上海市档案馆,档案号 Q130-70-3;熊月之、周武主编:《圣约翰大学史》,上海人民出版社 2007 年 5 月第 1 版,第 457 页;刘国铭主编:《中国国民党百年人物全书》(下册),团结出版社 2005 年 12 月第 1 版,第 1274 页;《张肇元回忆录》,正中书局

1976 年版。

100. Columbia University, One Hundred and Sixty-third Annual Commencement, June 6, 1917, at 2; *Alumni Directory, The University of Chicago, 1919*, compiled by the Alumni Council, The University of Chicago Press, at 159;《上海律师公会会员录》1936 年,第 16 页,上海市档案馆,档案号 Q130-70-3;《上海律师公会会员录》,1941 年 10 月 31 日编印,第 14 页,上海市档案馆档号 Y4-1-330;唐荣智主编:《世界法学名人词典》,立信会计出版社 2002 年版,第 757 页;《中国国民党全书》下册,陕西人民出版社 2001 年版,第 904 页。

101. 燕树棠著:《公民、自由与法》,清华大学出版社 2006 年第 1 版,封面作者介绍;刘双平编著:《漫话武大》,武汉大学出版社 1993 年 10 月第 1 版,第 69 页;李贵连等编:《百年法学:北京大学法学院院史》(1904—2004),北京大学出版社 2004 年第 1 版,第 290—291 页;苏云峰编撰:《清华大学师生名录资料汇编 1927—1949》,"中央研究院近代史研究所"2004 年版,第 99 页;戴克中:《法学泰斗燕树棠教授》,《珞珈》第 139 期,1999 年 4 月 1 日,"台北市国立武汉大学校友会"编印,第 35 页;《国立武汉大学一览》,1930 年,第 229 页;《各科系教员姓名略历一览表》,载《朝阳大学概览》,1929 年 9 月,第 51 页;*Who's Who of the Chinese Students in America*, edited by Chinese Students' *Alliance in the United States of America*, published by Lederer, Street & Zeus company, Berkley, California, 1921, at 80; Https://clio.columbia.edu/catalog/4288652;《司法院十二大法官略历》(载《震旦法律经济杂志》第四卷第 7 期,1948 年 7 月,第 237 页)一文称燕树棠"美耶鲁大学荣誉法学博士",显然有误。

102. Https://clio. columbia. edu/catalog/2677073; *Who's Who of the Chinese Students in America*, edited by Chinese Students' Alliance in the United States of America, published by Lederer, Street & Zeus company, Berkley, California, 1921, at 47; Bulletin of Yale University, School of Law, 1922—1923, at 48.

103. *University of Michigan Law School, Annual Announcement 1922—1923 and Catalogue of Student 1921—1922*, Ann Arbor, published by the University, 1922, at 46;《中国名人录》1936 年第五版,第 35 页; *The University of Michigan, Law School Alumni Directory Centennial Edition, 1859—1959*, Ann Arbor, published by the University of Michigan Law School, 1959, at 129;唐荣智主编:《世界法学名人词典》,第 749 页;李鸿儒主编:《江苏旅台、外人士史料汇编》(江苏文献丛书之五),台湾复兴书局 1985 年 12 月初版,第 112—113 页; http://dag. suda. edu. cn/ShowPeople.asp?id=111。唐荣智主编:《世界法学名人词典》,第 749 页;李鸿儒主编:《江苏旅台、外人士史料汇编》(江苏文献丛书之五),台湾复兴书局 1985 年 12 月初版,第 112—113 页;http://dag.suda.edu.cn/ShowPeople.asp?id=111.

104. *University of Michigan Law School, Annual Announcement 1922—1923*

and Catalogue of Student 1921—1922, Ann Arbor, published by the University, 1922, at 46;陈如一:《吴经熊公使》,《申报》1946年12月19日第9版;John C.H.Wu, *Beyond East and West*, Sheed and Ward, Inc., New York, & Mei Ya Publications, Inc., Taipei, Taiwan, 1969.

105. *University of Michigan Law School*, *Annual Announcement 1922—1923 and Catalogue of Student 1921—1922*, Ann Arbor, published by the University, 1922, at 46;"本校同学录",载《东吴大学法律科章程》,1926年;王国平编著:《博习天赐庄——东吴大学》,河北教育出版社2003年第1版,第57页。

106. Columbia University Catalogue 1920—1921, at 304; Columbia University Catalogue 1920—1921, at 296; Https://clio.columbia.edu/catalog/4301669; New York University Catalogue 1921—1922, at 396; *The New York Times*, June 8, 1921, "N.Y.U. will confer 966 degrees today";《申报》1924年7月16日,报道"各省教育界杂讯"。

107.《国立北京大学历届同学录》,1948年12月,国立北京大学出版部,第200页;刘真:《留学教育——中国留学教育史料》,第1562页;Northwestern University Bulletin, Annual Catalogue 1921—1922, Vol. XXII, No. 41, January 28, 1922, at 483;Northwestern University Bulletin, Annual Catalogue 1921—1922, Vol. XXII, No.41, January 28, 1922, at 482;刘寿林等编:《民国职官年表》,中华书局1995年8月第1版,第651页;《各科系教员姓名略历一览表》,载《朝阳大学概览》,1929年9月,第56页;《国立北京法政大学毕业同学录》,1925年6月,第22页。

108. The Law School of Harvard University, Annual Announcement, 1919—1920, Official Register of Harvard University, Vol. XVI, No.11, March 24, 1919, at 36; *Annual Register of the University of Chicago 1921—1922*, the University of Chicago Press, September 1922, at 551.

109. *University of Michigan Law School*, *Annual Announcement 1923—1924 and Catalogue of Students 1922—1923*, Ann Arbor, Published by the University, 1923, at 48;《安徽省志——人物志》,方志出版社1999年8月第1版,第155—157页;陈正卿:《抗战时期何世桢的真实面目》,载姜义华、黄克武主编:《20世纪中国人物传记与数据库建设研究》第三辑,上海书店出版社2016年1月第1版,第73—87页;刘同葆:《何世桢先生二三事——为纪念何先生逝世十五周年而作》,载《望江文史资料》第二辑,1988年7月,第15—18页;刘同葆:《何世桢二三事》,载顾国华编:《文坛杂忆》全编二,上海书店出版社2015年5月版,第18—19页。

110. University of Michigan Law School, Annual Announcement 1923—1924 and Catalogue of Students 1922—1923, Ann Arbor, Published by the University, 1923, at 48."我的姨夫(三爸)——何世枚",载新浪博客,http://blog.sina.com.cn/s/blog_

148de37bf0102wa38.html(2013 年 4 月 30 日)。

111.《南洋公司宴送出洋学生纪》,载《申报》1921 年 8 月 19 日报道;Northwestern University, Sixty-fourth Annual Commencement, Monday, June 19, 1922, at 6, 11;《上海律师公会会员录》1936 年,第 45 页,上海市档案馆,档案号 Q130-70-3;马景行硕士论文现藏于西北大学法律图书馆珍本室,Rare Book Room(X, THE KNN456. M32 1922),打印本,第 51 页;王国平编著:《博习天赐庄——东吴大学》,河北教育出版社 2003 年 12 月第 1 版,第 57 页。

112. Northwestern University, Sixty-fifth Annual Commencement, Monday, June 18, 1923, at 11;《新入社员名录》,载《学艺》1924 年第 6 卷第 5 号;《1929 年兰州中山大学教员名单》,载《兰州大学校史》上编,兰州大学出版社 2009 年 9 月第 1 版,第 62 页。秦建基整理:《冯济》,载《山西人物志资料》第 8 辑,1988 年 12 月,第 71—72 页;丁天顺、徐冰编著:《山西近现代人物辞典》,山西古籍出版社 1999 年 11 月第 1 版,第 96 页(称冯济取得哥伦比亚大学法学硕士学位);秦建基:《冯济先生传略》称冯济:"考入美国哥伦比亚大学研究系,潜心研究法学,探索东西方法制,后抵旧金山撰写学术论文,毕业后获法学博士学位,1925 年夏回国。"(载政协隰县委员会文史研究会编:《隰县文史资料》第 1 辑,1985 年,第 76 页);《隰县志》称其"民国 8 年获选公费留美,考入美国哥伦比亚大学研究系,两年后获法学博士学位回国"(载《隰县志》,方志出版社 2007 年 12 月第 1 版,第 698 页)。

113.《上海律师公会会员录》1936 年,第 51 页,上海市档案馆,档案号 Q130-70-3;刘真主编:《留学教育——中国留学教育史料》,第 1135 页;Annual Register of the University of Chicago 1923—1924, at 601;孙浩煊取得芝加哥大学法律博士学位的准确日期是 1923 年 8 月 21 日,见芝加哥大学注册处给本书作者的电子邮件(2010 年 9 月 4 日);《国立东南大学第六届暑期学校一览》;《私立大夏大学一览》,1931 年,职员名录;郭景仪编撰:《大夏大学人物志》,上海财经大学科技发展有限公司 2004 年 5 月,第 222 页。

114.《国立北京大学历届同学录》,1948 年,第 28 页;《国立北京大学廿周年纪念册》,载《民国史料丛刊》,第 1062 册,文教、高等教育,大象出版社 2009 年 8 月第 1 版,第 509 页;Northwestern University Bulletin, Annual Catalogue 1921—1922, Vol.XXII, No.41, January 28, 1922, at 483; Annual Register of the University of Chicago 1923—1924, at 601;王毓英取得芝加哥大学法律博士学位的准确日期是 1923 年 8 月 31 日,见 2010 年 9 月 4 日芝加哥大学注册处给笔者的电子邮件;《前任教员姓名略历》,载《朝阳学院概览》,1933 年;王健著:《中国近代的法律教育》,中国政法大学出版社 2001 年第 1 版,第 251 页。

115. *University of Michigan Law School*, *Annual Announcement 1924—1925 and Catalogue of Students 1923—1924*, Ann Arbor, Published by the University,

1924, at 46;《私立东吴大学法学院一览》,1936 年,第 66 页;徐廷扬:《解放前上海的律师》,载《上海文史资料选辑》第 74 辑,1993 年,第 197 页;Tsiang,'23, and Chiang, A Grandfather's Legacy, A Grandson's Gratitude, http://quadrangle.law.umich.edu/fall2016/impact/tsiang-23-and-chiang-a-grandfathers-legacy-a-grandsons-gratitude/.

116. *University of Michigan Law School*, *Annual Announcement 1924—1925 and Catalogue of Students 1923—1924*, Ann Arbor, Published by the University, 1924, at 46;《上海律师公会会员录》1936 年,第 54 页,上海市档案馆,档案号 Q130-70-3;《私立东吴大学法学院一览》,1936 年,第 66 页;《东吴年刊》(1929),第 47 页。

117. *University of Michigan Law School*, *Annual Announcement 1925—1926 and Catalogue of Students 1924—1925*, Ann Arbor, Published by the University, 1925, at 45;黄仁霖在其回忆录中误以为石超庸在密歇根大学获得法学博士学位,见《黄仁霖回忆录》,台湾传记文学出版社 1984 年 11 月 15 日初版,第 194 页;石超庸博士论文题目仅见于袁同礼《中国留美同学博士论文目录》,笔者在耶鲁大学图书馆目录中没有查到石超庸的博士论文;《石超庸先生事略》,载《"国史馆"现藏民国人物传记史料汇编》第 15 辑,"国史馆"编印,台北,1996 年,第 54—55 页;《革命人物志》第 12 集,《石超庸》,附录:《东吴大学校长石超庸博士行状》,第 24—26 页;Http://library.mgst.org.tw/50years/10/111.htm; Http://dag.suda.edu.cn/ShowPeople.asp?id=440; 石俊生:《我的父亲石超庸》,2011 年 4 月 27 日世界新闻网(北美华文新闻), www.worldjournal.com/view/full_lit/.../article-我的父亲石超庸;顾毓秀著:《百龄自述》,江苏文艺出版社 2000 年 4 月第 1 版,第 22 页。

118. Annual Register of the University of Chicago 1924—1925, at 467;《中国名人录》,1936 年,第 264—265 页;《上海律师公会会员录》1936 年,第 10 页,上海市档案馆,档案号 Q130-70-3;《职员一览表》,载《持志学院一览》;《东吴年刊》1930 年,第 73 页;《中华民国史大辞典》,第 694 页。

119. DePaulian 1926, at 65.

120.《留美同学统计》(民国十一年至十二年),载《清华周刊》1923 年第 9 次增刊,第 131 页;《留美同学统计》(民国十一年至十二年),载《清华周刊》1923 年第 9 次增刊,第 131 页;Annual Register of the University of Chicago 1925—1926, at 459;《旅美中国同人录》,1944 年版,第 67 页;《厦门大学校史》第一卷,1921—1949,厦门大学出版社 1990 年 10 月第 1 版,第 68、70、97 页;《厦门大学一览》,中华民国二十年至二十一年,第 119 页;侯利标编写:《私立时期厦门大学教师传略》(一),http://www.yadian.cc/blog/33858/。

121. Annual Register of the University of Chicago 1925—1926, at 459;乔万选在芝加哥大学取得法律博士学位的准确日期是 1926 年 6 月 15 日,见芝加哥大学注册处 2010 年 9 月 4 日给本书作者的电子邮件;Https://clio.columbia.edu/catalog/

1893441;《山西省立法学院历任职教员一览表》,载《山西省立法学院一览》,1932年12月,第150页;《司法行政部职员录》,二十七年二月第13次编印,第27叶;《山西近现代人物辞典》,山西古籍出版社1999年11月版,第131—132页;《中国国民党百年人物全书》上册,第646页;《吴宓日记(1930—1933)》第5册,生活·读书·新知三联书店1998年版,第78页,注释3;张卯春:《乔万选其人其事》,酷都网,http://www.cuduwang.com/wapNews.asp?dataID=44396。

122. Annual Register of the University of Chicago 1925—1926, at 459;姚永励取得芝加哥大学法学博士学位的准确日期是1926年3月16日,见芝加哥大学注册处给本书作者的电子邮件(2010年9月4日);《上海法学院一览》,1933年12月,第76页;《上海律师公会会员录》,1940年,第32页;《上海律师公会会员录》,1941年10月31日编印,第34页,上海市档案馆档号Y4-1-330;《中国名人录》,1936年,第274页。

123. Northwestern University, Sixty-eighth Annual Commencement, Monday, June 14, 1926, at 15;《私立东吴大学法学院一览》,1936年,第70页;《上海律师公会会员录》1936年,第81页,上海市档案馆,档案号Q130-70-3。

124. Northwestern University, Sixty-eighth Annual Commencement, Monday, June 14, 1926, at 15;《私立东吴大学法学院一览》,1936年,第68页。一说张金润1926年取得美国纽约大学法学博士学位,见大白:《介绍"殊为难得"的"大批法学博士"》,载《黎明》1926年7月18日,第128页。

125.《私立东吴大学法学院一览》,1936年,第68页;Northwestern University, Sixty-eighth Annual Commencement, Monday, June 14, 1926, at 15;《前任教授名录》,载《上海法学院十周年纪念刊》;Http://dag.suda.edu.cn/ShowPeople.asp?id=333;陈盛清:《在反右的狂风暴雨下》,载安徽大学法学院编:《安徽大学知名法学教授论文选》,安徽大学出版社1999年9月第1版,第30—31页;高积顺:《盛振为——培养法律精英的教育家》,http://www.fatianxia.com/blog/31650/;盛芸:《盛振为先生之办学理念——纪念先父诞辰一百一十周年》,载《东吴上海会讯》,2010年11月第2期,总第46期,第13—17页。

126. University of Michigan Law School, Annual Announcement 1926—1927 and Catalogue of Students 1925—1926, Ann Arbor, Published by the University, 1926, at 46;《私立东吴大学法学院一览》,1936年,第67页;《上海律师公会会员录》1936年,第50页,上海市档案馆,档案号Q130-70-3;《前任教授名录》,载《上海法学院十周年纪念刊》;Http://www.grassy.org/art-cn/names/name/gao.htm;高汐汐:《叔叔高锟的人格魅力》,载《留学生》2010年第2期,第30—31页;有人误称高君湘在密歇根大学取得法学博士学位(见杨大春:《中国英美法学的摇篮——东吴法学院院史研究》,载《东吴法学》,黑龙江人民出版社2004年第1版,第14页);高君湘自己也在亲笔填写给法院的文件中自称"美国密歇根大学法学博士",见高君湘给上海高等特种刑事法庭的表格“附呈律师证书乙件、相片二张、表格乙份”(1948 年 9 月 9 日),上海高等特种刑事法庭关于律师登录名单,上海市档案馆档案号 Q189-1-29,SC0145;然而在 1943 年高君湘亲笔填写的另外一张表格中,高君湘自称“美国密西根大学法学硕士”(并未提及法学博士事宜),见高君湘“入会愿书”,1943 年 7 月 14 日,日伪上海地方法院检察署关于已加入上海律师公会名册,上海市档案馆档案号 R44-1-77,第 77 页。

127. *University of Michigan Law School, Annual Announcement 1926—1927 and Catalogue of Students 1925—1926*, Ann Arbor, Published by the University, 1926, at 46;《中国名人录》1936 年第五版,第 138 页;东吴大学上海校友会联络组编:《东吴大学上海校友会通讯录》,1987 年 8 月,第 109 页;《上海律师公会会员录》,1941 年 10 月 31 日编印,第 19 页,上海市档案馆档号 Y4-1-330;上海高等法院律师登记簿,上海市档案馆档案号 Q187-1-185, SC0397;《上海市欧美同学会会员录》(二),1985 年 12 月编印,第 12 页;李中道:《上海市文史研究馆馆员名录》,http:/www.sh-wsg.net/d/71/1953.html(2016 年 2 月 4 日访问)。

128. 复旦大学档案号“历史 2544”;Northwestern University, Sixty-ninth Annual Commencement, Monday, June 20, 1927, at 15;《上海律师公会会员录》,1940 年,第 31 页;《中国名人录》,1936 年,第 109 页。

129.《东吴年刊》1922 年,at 93;《私立东吴大学法学院一览》,1936 年,第 73 页;Northwestern University, Sixty-ninth Annual Commencement, Monday, June 20, 1927, at 15;《图画时报》,1927 年,第 381 期,第 2 页;《上海律师公会会员录》1936 年,第 74 页,上海市档案馆,档案号 Q130-70-3;《上海律师公会会员录》,1940 年,第 59 页。

130. Northwestern University, Sixty-ninth Annual Commencement, Monday, June 20, 1927, at 15;《东北大学校志》第一卷上册,东北大学出版社 2008 年 4 月第 1 版,第 219 页。

131.《端木恺校长纪念集——纪念先生一百晋一岁冥诞》,东吴大学发展处主编,东吴大学,2004 年,第 32 页;“历届毕业生”,载《复旦大学同学录》,民国二十一年秋季;余惠芬主编、黄淑暖编辑:《端木恺先生年谱简编》,载《端木恺校长纪念集——纪念先生一百晋一岁冥诞》,东吴大学,2004 年。

132. 叶弗康取得纽约大学 J.S.D.学位的准确日期是 1927 年 6 月 8 日,see New York University Ninety-Fifth to One Hundred and Fourth Commencements 1927—1936, at 13;《上海法政大学前任教授一览表》,载《上海法政大学五周年纪念刊》,1929 年;《上海律师公会会员录》1936 年,第 85 页;上海市档案馆,档案号 Q130-70-3;《上海律师公会会员录》,1939 年 9 月 10 日编印,第 82 页;政协吴江市委员会文史资料委员会编:《吴江近现代人物录》(吴江文史资料第 13 辑),1994 年 5 月,第 21—22

页(称叶弗康毕业于康奈尔大学法学院)。

133. Wen-han Wei, My Life in China: Including Twenty-three Years Residing in Communist China, Englewood, New Jersey, 1978;魏友宏口述:《我的二伯父魏文翰》,北京大学海商法研究中心口述海商法史项目,访谈人:杜彬彬、张永坚,2017 年 11 月 26 日、27 日访谈;The University of Chicago, Annual Register, covering the academic year ending June 30, 1927, with announcements for the year 1927—1928, The University of Chicago Press, Chicago, Illinois, at 491;根据 2010 年 9 月 9 日美国芝加哥大学注册处给本书作者的电子邮件,魏文翰在芝加哥大学法学院入学的具体日期是 1923 年 9 月 26 日,取得 J.D.学位的具体日期是 1927 年 6 月 14 日。

134. The University of Minnesota, Commencement Convocation Fall Quarter 1921, the University Amory, Decemeber 15, 1921, at 3;The University of Chicago, Annual Register, covering the academic year ending June 30, 1927, with announcements for the year 1927—1928, The University of Chicago Press, Chicago, Illinois, at 491;《专科以上学校教员名册》,第 183 页,中国第二历史档案馆,档号五(2)-699;《导师导生分组姓名表》,载《岭南大学校报》,1940 年,第 78 期第二版,总第 570 页。《任教商学院二十四年,萧祖用教授主怀安息》,载《岭南通讯》第 120 期,第 3 页,1992 年 10 月 15 日。

135. *The University of Chicago*, *Annual Register*, *covering the academic year ending June 30*, *1927*, *with announcements for the year 1927—1928*, The University of Chicago Press, Chicago, Illinois, at 491;《旅港同胞徐湛星先生史略》,载《穗郊侨讯》1994 年第 1 期,第 44 页;邱庆镛:《金融管理局与广州金融》,载《文史资料存稿选编(经济上)》,中国文史出版社 2002 年 8 月第 1 版,第 802 页。

136.《复旦大学毕业式》,《申报》1921 年 7 月 2 日第 15 版;《赴美留学生已到神户消息》,《申报》1924 年 8 月 30 日第 15 版;《英伦艳尸案尾声》,《申报》1928 年 12 月 12 日第 15 版。

137. 萧继宗主编:《革命人物志》第十四集,中国国民党中央委员会党史委员会,1975 年,第 175 页;张振江主编:《薪火集——河南大学学人传》(上册),河南大学出版社 2002 年版,第 15—16 页;唐荣智主编:《世界法学名人词典》,立信会计出版社 2002 年版;崔之清主编:《当代台湾人物辞典》,河南人民出版社 1994 年 7 月第 1 版,第 122 页;《中国国民党百年人物全书》,第 646 页;Http://www.mrzl.com/mingrendangan/mingrendangan_6838.html.

138.《郭怀璞博士返国》,载《申报》1928 年 6 月 12 日;《良友》第 28 期;*The North-China Daily News*, June 13, 1928,第 12 版;《申报》1932 年 12 月 6 日;《申报》1939 年 6 月 21 日;《苏高检通缉在逃汉奸一批》,载《申报》1947 年 12 月 31 日。

139.《派赖锟暂代安徽高等法院书记官长》,载《司法公报》,1930 年,第 101 号,部令，第 15、38 页；赖锟硕士论文现藏于爱荷华大学图书馆，索书号 T1927.L18，第 109 页。

140.《田鹤鸣法学博士返国》，载《申报》1928 年 10 月 14 日；《上海律师公会会员录》，1939 年 9 月 10 日编印，第 9 页；Notes on Chinese Personalities, *The North-China Daily News*, October 3, 1929，第 14 页；《田鹤鸣法学博士返国》，载《申报》1928 年 10 月 14 日；《私立东吴大学法学院一览》，1936 年，第 74 页；《上海律师公会会员录》1936 年，第 9 页，上海市档案馆，档案号 Q130-70-3；《首都高等法院审判笔录》(1946 年 10 月 28 日)，载南京市档案馆编：《审讯汪伪汉奸笔录》(下册)，凤凰出版社 2004 年 4 月第 1 版，第 1323 页。

141. Annual Register of the University of Chicago 1928—1929, at 495；《国立复旦大学一览》，1947 年，第 34 页；《中国名人录》1936 年第五版，第 188 页；梅汝璈著：《远东国际军事法庭》，法律出版社、人民法院出版社 2005 年 7 月第 1 版。

142.《申报》1932 年 1 月 13 日报道"国际贸易局新局长接事"；《中国名人录》，1936 年，第 133 页；《黎川文史资料》第 2 辑，1991 年 7 月，第 101—103 页。

143. University of Minnesota, Summer Session Commencement Exercises 1926, July Twenty-Ninth；黄公觉硕士论文现藏于明尼苏达大学图书馆，索书号：TC Wilson Library Annex Sub-Basement Quarto 378.7M66 OH8606；《广西文献名录》，广西人民出版社 2009 年 7 月第 1 版，第 15、594 页；广西大学学报编辑部：《广西大学校史》，1988 年 11 月，第 127 页。

144. *The North-China Daily News*, March 28, 1929，第 14 版；《法学博士宋允惠返国》，载《申报》1929 年 3 月 24 日；《上海律师公会会员录》，1939 年 9 月 10 日编印，第 21 页；《前任教授名录》，载《上海法学院十周年纪念刊》；熊月之、周武主编：《圣约翰大学史》，上海人民出版社 2007 年 5 月第 1 版，第 466 页。

145. 倪征日奥著：《淡泊从容莅海牙》，法律出版社 2003 年 5 月第 2 版。该书收录倪征日奥 1928 年东吴大学法学院的学位证书照片，在该学位证书照片下注明："1928 年 2 月(农历)，作者获东吴大学法学士学位证书。"这一注解明显有误。该学位证书系中英文双语，签发日期部分，英文是"ON THE TWENTY-FIFTH DAY OF JUNE IN THE YEAR OF OUR LORD NINETEEN HUNDRED AND TWENTY-EIGHT"，即 1928 年 6 月 25 日；中文是"中华民国十七年六月二十五日"。经笔者辨认，该学位证书上中文日期"六月"中的"六"字，系篆书体，与"卯"字有几分相似，后人可能误将"六"字认做"卯"字，而"卯月"又系农历 2 月，遂产生倪征日奥 1928 年 2 月(农历)取得东吴大学学位证书这一误解；《全国大学学生英文成绩》，世界书局 1928 年 9 月初版，第 143 页；倪征日奥博士论文现藏于斯坦福大学图书馆，索书号 K230.N95 1929 及 3781 1929 N；该博士论文已被翻译成中文出版，见施觉怀、倪乃先、高积顺编：《倪征日奥法学文集》，法律出版社 2006 年 10 月第 1 版，第 3—67 页。

146. Northwestern University, Seventy-first Annual Commencement, Monday, June 17, 1929, at 15;《私立东吴大学法学院一览》,1936 年,第 71 页。

147.《持志年刊》1926,上海持志大学学生印行,卷一,Graduates,第 51 页;《申报》1926 年 9 月 6 日报道,《昨日放洋之赴美学生》;Https://clio.columbia.edu/catalog/4282688; Northwestern University, Seventy-first Annual Commencement, Monday, June 17, 1929, at 15;《法学博士黄森行将返国》,载《申报》1929 年 3 月 20 日;《国立中央大学一览》,第八种,商学院概况,民国十九年,第 6 页;《1946 年江苏省人才调查表》(启东部分),《启东文史选辑》第 2 辑,1985 年 4 月,第 54 页。

148. Northwestern University, Seventy-first Annual Commencement, Monday, June 17, 1929, at 15; The University of Chicago Doctoral Dissertations and Master's Theses on Asia 1894—1962, compiled by the Far Eastern Library, University of Chicago Library, composed and printed by the University of Chicago, 1962, at 6;《昨日放洋之赴美学生》,《申报》1926 年 9 月 6 日报道;马毓福编著:《1908—1949 中国军事航空》,航空工业出版社 1994 年 6 月第 1 版,第 403 页;《南洋大学史料汇编》,马来亚南洋大学校友会,1990 年 11 月,第 180 页;林我将硕士论文现藏于芝加哥大学图书馆,索书号 DS999 Lin, http://pi.lib.uchicago.edu/1001/cat/bib/4408684。

149. Northwestern University, Seventy-first Annual Commencement, Monday, June 17, 1929, at 15; Seventy-First Annual Commencement, Northwestern University, Monday, June 17, 1929;北京大学注册部编志课编:《国立北京大学毕业学生一览》,1930 年,第 237 页;国立南京大学秘书处编:《国立南京大学员工录》,1950 年 6 月,第 41 页;Http://seuaa.seu.edu.cn/book/detail.asp?id=76.

150. National University, Sixtieth Annual Convocation of National University for the Conferring of Degrees in the Schools of Law, Economics and Government, June 13, 1929; National University Law School, Sixty-second Annual Register, Washington, National University, June 1930, at 43;《上海律师公会会员录》1936 年,第 9 页,上海市档案馆,档案号 Q130-70-3;《丘汉平先生事略》,《"国史馆"现藏民国人物传记史料汇编》(第八辑),1993 年,第 57—59 页。

151. National University, Sixtieth Annual Convocation of National University for the Conferring of Degrees in the Schools of Law, Economics and Government, June 13, 1929; National University Law School, Sixty-second Annual Register, Washington, National University, June 1930, at 44;《暨南校刊》第 213 期,1937 年,第 37 页。

152. National University, Sixtieth Annual Convocation of National University for the Conferring of Degrees in the Schools of Law, Economics and Government, June 13, 1929; National University law School, Sixty-second Annual Register, Washington, National University, June 1930, at 44;《持志年刊》1926,上海持志大学学生印

行,卷一,Graduates,第 53 页;《上海律师公会会员录》,1939 年 9 月 10 日编印,第 72 页;《私立东吴大学法学院一览》1936,第 75 页;《上海律师公会会员录》,1940 年,第 59 页;胡兴荣著:《记忆南洋大学》,广西师范大学出版社 2006 年 6 月第 1 版,第 75 页;马仑:《新马华人作者风采》,马来西亚彩虹出版有限公司 2000 年 5 月版,第 450 页。

153. Graduates of N.U. told paternalism is menace in U.S., Gold medels awarded to several students, The Washington Post, June 14, 1929, at 20;吴定宇主编:《中山大学校史(1924—2004)》,中山大学出版社 2006 年 5 月第 1 版,第 83—84 页。

154. University of Michigan, Law School Announcement 1930—1931 and Catalogue of Students 1929—1930, June 4, 1930, at 47;The University of Michigan, Law School Alumni Directory Centennial Edition 1859—1959, Ann Arbor, published by the University of Michigan Law School, at 343;《私立东吴大学法学院一览》(1936 年,第 7 页)记载其为"江苏上海"人;《上海律师公会会员录》(1940 年,第 32 页)也记录其是江苏上海人;《私立东吴大学法学院一览》,1936 年,第 7、77 页;《上海律师公会会员录》1936 年,第 40 页;上海市档案馆,档案号 Q130-70-3;《上海律师公会会员录》,1941 年 10 月 31 日编印,第 35 页,上海市档案馆档号 Y4-1-330;倪征日奥著:《淡泊从容莅海牙》,法律出版社 2003 年 5 月第 2 版,第 22 页;姚启胤博士论文现藏于密歇根大学法学院图书馆(Smith),索书号 K840. Y36 1930x, http://catalogumil.iii.com/iii/encore/record/C_Rb1233756?lang=eng。

155.《本校纪事:留学生之派遣》,载《法政学报》1918 年第 1 期,第 7 页;《北京市志稿(四)文教志(上)》,北京燕山出版社 1998 年 6 月第 1 版,第 385 页;《永定县志》,中国科学技术出版社 1994 年 9 月第 1 版,第 1041 页;Https://clio.columbia.edu/catalog/4280948.

156. 群之:《梁鋆立博士》,载中国人民政治协商会议新昌县委员会文史资料工作委员会:《新昌文史资料》第四辑,第 108—109 页;《新昌县志》,上海书店出版社 1994 年 5 月第 1 版,第 660 页;Http://dag. suda. edu. cn/ShowPeople. asp?id=59;赵国材:《我国国际法学者梁鋆立从事国际法之编纂与发展》,www. csil. org. tw/files/梁鋆立.doc。

157. National University, Sixty-first Annual Convocation of National University for the Conferring of Degrees in the Schools of Law, Economics and Government, June 13, 1930.《已毕业同学姓名通讯出一览表》,载《朝阳学院大学部毕业同学录》,1931 年 5 月;《昨日放洋之赴美学生》,《申报》1926 年 9 月 6 日报道。

158. Northwestern University, Seventy-second Annual Commencement, June 16, 1930, at 17;《私立东吴大学法学院一览》,1936 年,第 4 页;《复旦大学行政负责人员及教师名册》(1957—1958 年度),复旦大学档案馆,档号:人事处 1957—1969;

《民国十八年核准自费留学生》，载刘真主编：《留学教育——中国留学教育史料》，“国立编译馆”1980 年，第 1854 页。

159.《民国十八年核准自费留学生》，载刘真主编：《留学教育——中国留学教育史料》，“国立编译馆”1980 年，第 1855 页；Northwestern University, Seventy-second Annual Commencement, June 16, 1930, at 17；《上海律师公会会员录》，1940 年，第 78 页；《上海法学院一览》，1933 年 12 月，第 52 页；《前任教授名录》，载《上海法学院十周年纪念刊》，1936 年；《法商学院教职员一览》，载《厦门大学一览》，中华民国二十四年至二十五年；《私立东吴大学法学院一览》，1936 年，第 82 页；侯利标编写：《私立时期厦门大学法学教师传略》（之三），http://www.fatianxia.com/blog_list.asp?id=34555。

160. Northwestern University, Seventy-second Annual Commencement, June 16, 1930, at 17；董凤鸣硕士论文藏于哥伦比亚大学图书馆，索书号 COA F28 v.50, https://clio.columbia.edu/catalog/4289546；玉山政府门户网：《中国博士县——博士名录——董凤鸣》，http://www.zgys.gov.cn/public/news.asp?articleid=7662（2011 年 9 月 21 日发布）。该网站信息记载董凤鸣是巴黎大学法学博士，有误。

161. Northwestern University, Seventy-second Annual Commencement, June 16, 1930, at 17；《复旦大学同学录》，民国二十一年秋；《私立东吴大学法学院一览》，1936 年，第 79 页；《厦门大学校史》第一卷，厦门大学出版社 1990 年第 1 版，第 197 页；《广州律师公会会员名录》，1949 年编印，第 8 页；侯利标编写：《厦门大学法学教师传略》，http://www.law.xmu.cn/xyw/LTIntro.asp?PID=226；《“文革”以前我校的海归教授》，中南财经政法大学网站，http://dag.zuel.edu.cn/2015/0507/c634a45988/page.htm; http://law.xmu.edu.cn/xyw/LTIntro.asp?PID=226。

162. Northwestern University, Seventy-second Annual Commencement, June 16, 1930, at 17；《上海律师公会会员录》1936 年，第 63 页，上海市档案馆，档案号 Q130-70-3；“各省律师声请登录或撤销登录一览表”，二十年九月份，载《司法公报》，第 149 号，1931 年，杂录。

163. Northwestern University, Seventy-second Annual Commencement, June 16, 1930, at 17；Northwestern University, Seventy-second Annual Commencement, June 16, 1930, at 17; Notes on Chinese Personalities, *The North-China Daily News*, July 11, 1930，第 12 版；*The North-China Herald and Supreme Court & Consular Gazette (1870—1941)*; Dec 8, 1937, ProQuest Historical Newspapers: Chinese Newspapers Collection, pg.380；《上海工商人名录》，中国征信所，1936 年 5 月初版，同年 10 月再版；司法部通告（第三号），民国十七年五月九日，载《政府公报》第 4321 号。

164. Northwestern University, Seventy-second Annual Commencement, June

16, 1930, at 17;《上海法学院一览》,1933年12月,第50、89页;《现任教授名录》,载《上海法学院十周年纪念刊》;《钱剑秋女士谈被捕经过》,载《女声》1945年第23期,第7页;《民国十八年核准自费留学生》,载刘真主编:《留学教育——中国留学教育史料》,"国立编译馆"1980年,第1855页;李鸿儒主编:《江苏旅台、外人士史料汇编》(江苏文献丛书之五),台湾复兴书局印行1985年12月初版,第459页;崔之清主编:《当代台湾人物辞典》,河南人民出版社1994年第1版,第48—49页;高燮初主编:《吴地文化通史》上,中国文史出版社2006年1月第1版,第697页;《"中华民国"当代名人录》(一),台湾中华书局印行,台北,1978年版,第186页。

165. Northwestern University, Seventy-second Annual Commencement, June 16, 1930, at 17;《厦门大学一览》,中华民国二十四年至二十五年;《民国十八年核准自费留学生》,载刘真主编:《留学教育——中国留学教育史料》,"国立编译馆"1980年,第1854页;《"中华民国"当代名人录》,台湾中华书局1978年版,第369页;《厦门大学校史》第一卷,厦门大学出版社1990年版,第125页;高增德主编:《中国现代社会科学家大辞典》,书海出版社1994年第1版,第401页;侯利标编写:《私立时期厦门大学法学教师传略》(之三),http://www.fatianxia.com/blog_list.asp?id=34555;《安徽省志 人物志》,方志出版社1999年版,第971页。

166. DePaulian, 1930, at 46;《上海律师公会会员录》1936年,第42页,上海市档案馆,档案号Q130-70-3;《上海律师公会会员录》,1940年,第34页;《上海律师公会会员录》,1941年10月31日编印,第47页,上海市档案馆档号Y4-1-330;李元信编撰:《环球中国名人传略 上海工商各界之部》,环球出版社1944年6月版,第103—104页;《国立复旦大学一览》,1947年,第33页;徐国懋:《八五自述》(上海文史资料选辑第72辑),上海市政协文史资料编辑部,1992年12月,第198页。

167. Catalogue of St. John's University 1915—1916, Shanghai, September 1915, at 93;DePaulian, 1930, at 53;《上海律师公会会员录》,1939年9月10日编印,第96页。

168. DePaulian, 1930, at 54;《上海律师公会会员录》1936年,第82页,上海市档案馆,档案号Q130-70-3;《上海律师公会会员录》,1939年9月10日编印,第79页;胡汉杰:《回顾与前瞻》,https://sites.google.com/site/wwwbacgc/churchhistory。

169. University of Michigan, Law School Announcement 1931—1932 and Catalogue of 1930—1931, January 3, 1931, at 45; The University of Michigan, Law School Alumni Directory Centennial Edition 1859—1959, Ann Arbor, published by the University of Michigan Law School, at 343;《一生为中国法治而奋斗的人——专访中国人权协会理事长查良鉴先生》,载《"中华民国"褒扬令集》(续编五),1993年,"国史馆"编,第480—489页;查良鉴博士论文现藏于密歇根大学法学院图书馆(Annex),索书号KNQ1580.Z43 1931x, http://catalogumil.iii.com/iii/encore/record/C_

Rb1233651?lang=eng。

170.《上海交通大学电气工程系志:1908—2008》,上海交通大学出版社 2008 年 10 月第 1 版,第 217 页。

171. Official Register of Harvard University, The Law School 1931—1932, at 28;Http://id.lib.harvard.edu/aleph/004170272/catalog; Http://id.lib.harvard.edu/aleph/004170268/catalog;《私立东吴大学法学院一览》,1936 年,第 78 页;刘寿林等编:《民国职官年表》,中华书局 1995 年 8 月第 1 版,第 649—650 页;《中国国民党百年人物全书》(下册),第 2018 页。

172. Northwestern University, Severty-third Annual Commencement, Monday, June 15, 1931, at 17;《钱剑秋齐家报国》,载卢申芳著:《向时代挑战的女性》,台湾学生书局,1977 年 2 月初版,第 95—101 页;胡健国编著:《近代华人生卒简历表》,"国史馆"印行,2004 年,第 355 页。

173. Northwestern University, Severty-third Annual Commencement, Monday, June 15, 1931, at 17;"私立金陵大学教职员履历册",中国第二历史档案馆,档号六四九-171,第 65 页;《私立金陵大学一览》,"本校教职员一览",民国二十一年,第 387 页;"已毕业同学姓名通讯出一览表",载《朝阳学院大学部毕业同学录》,1931 年 5 月;《寰球中国学生会周刊》,1928 年 8 月 24 日,第 319 期第 1 版;《中国留美同学会会章及会员名册》,浙江省档案馆,档案 L053-001-0586,第 18 页;民航总局史志编辑部:《中国航空公司、欧亚——中央航空公司史料汇编》,1997 年,第 199 页;Https://clio.columbia.edu/catalog/4300027.

174.《东吴年刊》1930 年,东吴大学学生出版,第 148 页;《私立东吴大学法学院一览》,1936 年,第 9 页;王玉明主编:《中国法学家辞典》,中国劳动出版社 1991 年 10 月第 1 版,第 97 页;王铁崖主编:《中华法学大辞典 国际法学卷》,中国检察出版社 1996 年版,第 357 页;留美博士刘师舜评价卢峻《国际私法之理论与实际》一书:"卢峻材料甚多,排比亦颇清楚,惟述而不断,不易得明了印象。"见刘师舜《答研究国际法参考书》,第 13 页;Http://id.lib.harvard.edu/aleph/004176428/catalog; Http://id.lib.harvard.edu/aleph/004176430/catalog; Http://id.lib.harvard.edu/aleph/004176426/catalog.

175.《中国名人录》1936 年版,第 180 页;陈玉堂编著:《中国近现代人物名号大辞典》,浙江古籍出版社 2005 年 1 月第 1 版,第 202 页;Professor Joseph J. Norton, Touch of History: SMU School of Law and Its International Dimension;王绍堉:《东吴与我》,载《坎坷与荣耀——东吴大学建校百年纪念文集》,书林出版有限公司,台北,2000 年 2 月第 1 版,第 341 页;浙江省地方志编纂室:《浙江在台人物录》,1986 年,第 38—39 页;陈荣富、洪永珊主编:《当代中国社会科学学者大辞典》,浙江大学出版社 1990 年 3 月第 1 版,第 34 页;中国人民政治协商会议浙江省鄞县委员会文史资料研究委员会编:《鄞县文史资料》第5辑,1992年10月,第73页;Http://www.law.smu.edu/lia/html/History/a_touch_of_history.htm.

176. 孙越生、陈书梅主编:《美国中国学手册》(增订本),中国社会科学出版社1993年9月版,第49—50页;《中国国民党百年人物全书》(下册),第2392页。

177.《上海市政府各局处室主管人员表》,载《上海市年鉴》,民国三十五年,E21;《香港年鉴》第20回,1967年,第104页。

178.《国立北京大学历届同学录》,国立北京大学出版社,1948年12月,第442页;赵今声:《回忆香港大学》,载刘蜀永主编:《一枝一叶总关情》,香港大学出版社1993年初版,第183页;参见国民政府训令渝字第485号,二十八年八月三十日;《"中华民国"百年人物全书》上,2005年,第785页。

179. Northwestern University, Seventy-sixth Annual Commencement, Monday, June 16, 1934, at 35.

180. 4093 get degrees from N.Y.U. today, *New York Times*, June 13, 1934, at 16;《民国史料丛刊》1033,史地人物,大象出版社2009年2月第1版,第15页。

181.《约翰年刊》(*The Johannean*)1927,第41页(该年刊在李芷馨的英文部分的籍贯记载为Hunan,而中文记载为"河南",应为湖南);《民国十九年一月——十二月公费留学生》,载刘真主编:《留学教育——中国留学教育史料》,台北"国立编译馆",1980年,第1860页;李子欣取得纽约大学J.D.学位的准确日期是1934年6月13日,New York University Ninety-Fifth to One Hundred and Fourth Commencements 1927—1936, at 20;《中央政治学校研究部概况》,民国二十六年四月,第38页;《上海圣约翰大学人物志》,http://www.lib.sju.edu.tw/school_history/stjohn5-1-5.asp;高增德主编:《中国现代社会科学家大辞典》,书海出版社1994年5月第1版,第390页;徐友春主编:《民国人物大辞典》,河北人民出版社1991年5月版,第255页;http://www.sjuaa.org/index.htm。

182. 私立东吴大学法学院法律系各届毕业生历年成绩表,上海市档案馆,档案号245-329-0701;"二十年度自费留学生",中国第二历史档案馆,档号五-15345,第13页;王震生取得J.S.D.学位的准确日期是1934年6月13日,New York University Ninety-Fifth to One Hundred and Fourth Commencements 1927—1936, at 17;《私立东吴大学法学院一览》,1936年,第102页;《教授一览表》,载《持志学院一览》;中国第二历史档案馆《中国抗日战争大辞典》编写组:《中国抗日战争大辞典》,湖北教育出版社1995年5月第1版,第62页。

183. 私立东吴大学法学院法律系各届毕业生历年成绩表,上海市档案馆,档案号245-329-0703。《赴美学生今日放洋》,载《申报》1933年8月29日;郑国楠取得纽约大学J.S.D.学位的准确日期是1934年6月13日,New York University Ninety-Fifth to One Hundred and Fourth Commencements 1927—1936, at 17;《上海律师公会会员录》,1940年,第70页;《私立东吴大学法学院一览》,1936年,第108页;《国立复旦大学一览》,1947年,第33页;郭景仪编撰:《大夏大学人物志》,上海财经大学科技发展有限公司,2004年,第562页。

184.《东吴年刊》,1930年,东吴大学学生出版,第138页;陈恩成硕士论文藏于斯坦福大学图书馆,索书号3.2 C, h;《私立东吴大学法学院一览》,1936年,第84页;邵慕平:《陈恩成》,载黄伟经主编:《客家名人录》(第二卷),花城出版社1996年版,第114—116页;《梅州文史》第1辑,1989年,第44页;厥本旭整理:《粤东近现代报人资料》,http://cstc.lib.stu.edu.cn/zyzl/journalist.htm。

185.《上海律师公会会员录》,1939年9月10日编印,第9页;National University Law School, Sixty-sixth Annual Register, Washington, National University, June, 1934, at 71;《东吴年刊》,1930年,第41页;《私立东吴大学法学院一览》,1936年,第94页(记载为"华盛顿大学法学博士");《私立沪江大学一览》,民国二十五年度,第24页。

186.《哈佛总统号船上之本校同学》,载《老少年》1934年10月,第11卷第5期,第11—12页;《华生五人得法学博士》,载《大汉公报》,民国二十四年六月二十一日,第3页。《私立东吴大学法学院一览》,1936年,第112页;《胡毓杰律师执行业务启示》,载胡毓杰著:《惩治贪污条例实用》,教育图书文具社,台南,1952年11月初版;胡毓杰博士论文题目仅见报载,笔者在纽约大学图书馆目录中没有查到胡毓杰的博士论文,此事有待继续考证。

187. New York University to graduate 4104 at its 103rd commencement today, *New York Times*, June 12, 1935, at 14;《东吴大学法学院1931年6月法律系毕业生学籍材料卷》,上海市档案馆档案号Q245-1-277;《上海律师公会会员录》1936年,第24页,上海市档案馆档案号Q130-70-3;《持志年刊》,民国二十年,上海持志学院学生印行,卷六,Graduates;《私立东吴大学法学院一览》,1936年,第87页;《法律学系历届毕业生同学录》,载《东吴法声》,复刊号,1945年,第26页;《旅美中国同人录》,1944年,第28页;《华生五人得法学博士》,载《大汉公报》,民国二十四年六月二十一日,第3页;李彩霞博士论文题目仅见报载,笔者在纽约大学图书馆目录中没有查到李彩霞的博士论文,有待继续考证。

188. New York University to graduate 4104 at its 103rd commencement today, *New York Times*, June 12, 1935, at 14;《私立东吴大学法学院一览》,1936年,第74页;林振镛博士论文现藏于纽约大学法学院图书馆,索书号KF275.A75 H54x。

189.《哈佛总统号船上之本校同学》,载《老少年》1934年10月,第11年第5期,第11—12页;《私立东吴大学法学院一览》,1936年,第112页。《上海律师公会会员录》1936年,第53页,上海市档案馆,档案号Q130-70-3;凌兆麟取得纽约大学J.S.D.学位的准确日期是1935年6月12日,New York University Ninety-Fifth to One

Hundred and Fourth Commencements 1927—1936, at 16;《华生五人得法学博士》,载《大汉公报》,民国二十四年六月二十一日,第 3 页;《上海律师公会会员录》,1940 年,第 43 页;律师名簿,天津市档案馆档号 J0045-1-001049;凌兆麟博士论文题目仅见于报载,笔者在纽约大学图书馆没有查到凌兆麟的博士论文,此事有待继续考证。

190. New York University to graduate 4104 at its 103rd commencement today, *New York Times*, June 12, 1935, at 14;《东吴大学法学院 1934 年 6 月法律系毕业生学籍材料卷》,上海市档案馆档案号 Q245-1-280;《上海律师公会会员录》1936 年,第 84 页,上海市档案馆,档案号 Q130-70-3;《上海律师公会会员录》,1939 年 9 月 10 日编印,第 9 页;《私立东吴大学法学院一览》,1936 年,第 115 页;《哈佛总统号船上之本校同学》,载《老少年》1934 年 10 月,第 11 年第 5 期,第 11—12 页;《持志年刊》,民国十九年,上海持志大学学生印行,卷五,"学士";杨德恩博士论文题目仅见于袁同礼目录,笔者在纽约大学图书馆并未查到杨德恩博士论文;Http://www.berea.edu/publications/bereacollegemagazine/documents/BereaCollegeMagazine-Summer2003.pdf;Https://billiongraves.com/grave/Daniel-Teh-En-Yang/5804267#/.

191.《私立东吴大学法学院一览》,1936 年,第 105 页;New York University to graduate 4206 at its 104th commencement today, New York Times, June 10, 1936, at 26;梁敬钊博士论文现藏于纽约大学法学院图书馆,索书号 NYUL LD3907 L4 1936 L5;梁敬錞:《梁敬钊先生行述》,载台湾《传记文学》1978 年 2 月第 32 卷第 2 期。

192. 二十三年度自费留学生名单,中国第二历史档案馆,档号五-15345,第 26 页;《杨兆龙君赴欧美考察司法》,载《老少年》1934 年 10 月,第 11 年第 5 期,第 11 页;复旦大学人事处:《我校遵报一九五四——五五学年度行政人员及教师名册》,复旦大学档案馆,案卷号 54-21;《杨兆龙简历》,见复旦大学档案馆藏杨兆龙材料;国立南京大学秘书处编:《国立南京大学员工录》,1950 年 6 月,第 41 页;《杨兆龙教授年谱》,载郝铁川、陆锦碧编:《杨兆龙法学文选》,中国政法大学出版社 2000 年 2 月第 1 版,第 492—502 页;《杨兆龙文集》,复旦大学出版社 2018 年 7 月第 1 版;胡继定、刘纬:《享誉中外的法学权威杨兆龙先生》,载《南雍骊珠:中央大学名师传略续篇》,南京大学出版社 2006 年 12 月第 1 版,第 157—162 页;何勤华主编:《中国法学家访谈录》第 1 卷,北京大学出版社 2010 年 1 月第 1 版,第 436 页;http://id.lib.harvard.edu/aleph/004180702/catalog;杨兆龙博士论文的中文译本见艾永明、陆锦璧编:《杨兆龙法学文集》,法律出版社 2005 年 4 月第 1 版,第 3—105 页。

193. One Hundred Seventh Annual Commencement, Monday, June Fifteenth, Nineteen Hundred Thirty-Six, at 19;《东吴大学法学院 1931 年 6 月法律系毕业生学籍材料卷》,上海市档案馆档案号 Q245-1-277;《上海律师公会会员录》1936 年,第 56 页,上海市档案馆,档案号 Q130-70-3;《私立东吴大学法学院一览》,1936 年,第 91 页;《法学院毕业同学之现状》,载《老少年》1931 年 11 月,第 8 年第 5 期,第 11 页;《日

汪政权江苏省 27 个县长简历》,载潘敏著:《江苏日伪基层政权研究:1937—1945》,上海人民出版社 2006 年 7 月第 1 版,第 177 页;姚永新集辑:《苏州留学生名录》(初稿),载《苏州文史资料》第 15 辑,1986 年,第 197 页;张君燕:《哥哥许君鲸》,载《苏州史志资料选辑》,2001 年刊,总第 26 辑,第 161—173 页(按:张君燕系张鑫长之女)。

194. 私立东吴大学法学院法律系各届毕业生历年成绩表,上海市档案馆,档案号 245-329-0703; One Hundred Seventh Annual Commencement, Monday, June Fifteenth, Nineteen Hundred Thirty-Six, at 19;《上海律师公会会员录》1936 年,第 89 页,上海市档案馆,档案号 Q130-70-3;《郑涛律师继续执行律务》,载《申报》1936 年 12 月 13 日第 14 版;《中国中学聘教职员》,载《申报》1937 年 2 月 7 日第 6 版;《留美同学录》,载《留美学生月刊》1935 年第 1 卷第 1 期,第 12 页;《在渝复校后教授名录》, Woolsack, 1946。

195. One Hundred Seventh Annual Commencement, Monday, June Fifteenth, Nineteen Hundred Thirty-Six, at 19;《法学院毕业同学之现状》,载《老少年》1931 年 11 月,第 8 年第 5 期,第 11 页;二十三年度自费留学生名单,中国第二历史档案馆,档号五-15345,第 30 页;《上海律师公会会员录》1936 年,第 52 页,上海市档案馆,档案号 Q130-70-3;《留美同学录》,载《留美学生月刊》1935 年第 1 卷第 1 期,第 12 页;《抗战胜利以来教授名录》, Woolsack, 1946; Http://death-records.mooseroots.com/l/214756808/Burke-Liang-Sun.

196. 上海市立万竹国民学校中华民国十一年寒假报告(何海晏);《私立东吴大学法学院一览》,1936 年,第 121 页;《上海律师公会会员录》,1941 年 10 月 31 日编印,第 14 页,上海市档案馆档号 Y4-1-330;东吴大学法学院法律系毕业生名册,上海市档案馆档号 245-319-2870; New York University to graduate 4206 at its 104th commencement today, *New York Times*, June 10, 1936, at 26;何海晏博士论文现藏于纽约大学法学院图书馆,索书号 KF275.A75 H54x;笔者 2011 年 5 月 5 日下午对何海晏长子何正平先生的访谈;《上海律师公会会员名录》,1939 年 9 月,第 16 页;王玉明主编:《中国法学家辞典》,中国劳动出版社 1991 年第 1 版,第 321 页;《上海社会科学界人名辞典》,上海人民出版社 1992 年 12 月第 1 版,第 155 页。

197. New York University to graduate 4206 at its 104th commencement today, *New York Times*, June 10, 1936, at 26;《东吴大学法学院 1931 年 6 月法律系毕业生学籍材料卷》,上海市档案馆档案号 Q245-1-277;《私立东吴大学法学院一览》,1936 年,第 88 页;林钦辰:《福建省地政概况》,载中国人民政治协商会议福建省委员会文史资料研究委员会:《福建文史资料》第 13 辑,1986 年 8 月,第 105 页;刘国铭主编:《中华民国国民政府军政职官人物志》,春秋出版社 1989 年 3 月,第 1 版,第 363、1156 页;林钦辰博士论文现藏于纽约大学法学院图书馆,索书号 KF275.A75 H54x。

198. New York University to graduate 4206 at its 104th commencement today,

New York Times, June 10, 1936, at 26;《1918年至1927年6月法律系毕业生学籍材料》,上海市档案馆档案号Q245-1-273;《持志年刊》1926,上海持志大学学生印行,卷一,Graduates,第57页;《上海律师公会会员录》,1940年,第36页;之江大学教职员履历调查表,浙江省档案馆,档案号L052-001-0122.2;马君硕博士论文现藏于纽约大学法学院图书馆,索书号KF275.A75 H54x;《私立东吴大学法学院一览》,1936年,第75页;《上海律师公会会员录》,1941年10月31日编印,第39页,上海市档案馆档号Y4-1-330;之江大学教职员履历调查表,浙江省档案馆,档案号L052-001-0122.2;胡健国编著:《近代华人生卒简历表》,台北"国史馆"印行,2004年,第231页。

199. New York University to graduate 4206 at its 104th commencement today, *New York Times*, June 10, 1936, at 26;《私立东吴大学法学院一览》,1936年,第122页;私立东吴大学法学院法律系各届毕业生历年成绩表,上海市档案馆,档案号245-329-0710;二十三年度自费留学生名单,中国第二历史档案馆,档号五-15345,第31页;《张为资吴清葵由美学成归国》,载《申报》1936年7月14日第四张;汪赞源:《记善后救济总署驻杭州机构》,载《杭州文史资料》第10辑,浙江人民出版社1988年4月版,第55页;《东吴大学上海校友会通讯录》,东吴大学上海校友会联络组编,1987年8月,第31页;吴清葵博士论文现藏于纽约大学法学院图书馆,索书号KF275.A75 H54x。

200. New York University to graduate 4206 at its 104th commencement today, *New York Times*, June 10, 1936, at 26;《东吴大学法学院1933年6月法律系毕业生学籍材料卷》,上海市档案馆档案号Q245-1-279;余茂功"入会声请书"(1947年4月),上海地方法院律师入会志愿书,上海市档案馆档案号Q185-1-224, SC0034;《私立东吴大学法学院一览》,1936年,第102页;私立东吴大学法学院法律系各届毕业生历年成绩表,上海市档案馆,档案号245-329-07101;《赴美学生今日放洋》,载《申报》1933年8月29日;《法学博士余茂功执行律师业务》,载《申报》1936年10月10日第四张;《湖北省志·金融》,湖北人民出版社1993年3月第1版,第169页;余茂功:《我所知道的旧交通银行》,载《湖北文史资料》,1989年第3辑,第189—194页;余茂功博士论文现藏于纽约大学法学院图书馆,索书号KF275.A75 H54x。

201. New York University to graduate 4206 at its 104th commencement today, *New York Times*, June 10, 1936, at 26;《东吴大学法学院1935年6月法律系毕业生学籍材料卷》,上海市档案馆档案号Q245-1-281;《私立东吴大学法学院一览》,1936年,第117页;"发给留学证书登记",廿四年度,第18页,载《核发留学证书登记册》,1932—1948年,中国第二历史档案馆,档案号:五-15337;《张为资吴清葵由美学成归国》,载《申报》1936年7月14日第四张;《外交部职员录》,1946年,第9页;马力:《民国外交部机构及职员情况简述》,载《南京方志通讯》1990年第1期,第37页;"外交部"档案资讯处编:《"中国"驻外各使馆历任馆长衔名年表》增订本,台湾商务印书馆

1989年增订一版，第133页；《“中华民国”史事纪要初稿》，1973年10月，第899页；《我的父辈们——我的大伯张为资》，新浪博客(生余留草，2016年5月30日上传)，http://blog.sina.com.cn/s/blog_a40cbfd40102wej6.html；张为资博士论文现藏于纽约大学图书馆，索书号KF275.A75 H54x。

202. New York University to graduate 4098 at its 105th commencement today, *New York Times*, June 9, 1937；《“中央社”六十年》，“中央通讯社”编印，1984年4月1日，第39页；李嘉：《与肖先生交往的最初与最后》，载政协湖南省昌常宁县委文史委：《肖同兹和中央通讯社》，常宁文史资料第4辑，1988年9月，第38页。

203. New York University to graduate 4098 at its 105th commencement today, *New York Times*, June 9, 1937；《私立东吴大学法学院一览》1936年，第124页；“发给留学证书登记”，廿四年度，第27页，载《核发留学证书登记册》，1932—1948年，中国第二历史档案馆，档案号：五-15337；《上海律师公会会员名录》1940年，第20页；《上海律师公会会员录》1941年10月31日编印，第21页，上海市档案馆档号Y4-1-330；Http://www.leeandli.com/web/c/about_history.htm；李潮年博士论文现藏于纽约大学法学院图书馆，索书号KF275.A75 H54x。

204. New York University to graduate 4098 at its 105th commencement today, *New York Times*, June 9, 1937；《东吴大学法学院1935年6月法律系毕业生学籍材料卷》，Q245-1-281；《私立东吴大学法学院一览》，1936年，第118页；刘亮畴博士论文现藏于纽约大学法学院图书馆，索书号NYUL LD3907 L4 1937 L5。

205. New York University to graduate 4098 at its 105th commencement today, *New York Times*, June 9, 1937；“发给留学证书登记”，廿四年度，第27页，载《核发留学证书登记册》，1932—1948年，中国第二历史档案馆，档案号：五-15337；《私立东吴大学法学院一览》，1936年，第124页；《东吴通讯》1942年第2期，第101页；沈琪博士论文现藏于纽约大学法学院图书馆，索书号KF275.A75 H54x。

206.《私立东吴大学法学院一览》，1936年，第115页；刘润乐博士论文现藏于纽约大学图书馆，索书号KF275.A75 H54x。

207. 李元信编撰：《环球中国名人传略　上海工商各界之部》，环球出版社1944年6月版，第34页；陈香梅著：《陈香梅回忆录》，浙江文艺出版社1996年9月第1版，第16页。

208. One Hundred Eighth Annual Commencement, Monday, June Fourteenth, Nineteen Hundred Thirty-Seven, at 22；私立东吴大学法学院法律系各届毕业生历年成绩表，上海市档案馆，档案号245-329-0714；私立东吴大学法学院法律系各界毕业生通讯录，上海市档案馆，档案号245-326-0301；《留美同学录》，载《留美学生月刊》1935年第1卷第1期，第12页。

209. Northwestern University, Eighty-first Annual Commencement, Monday,

June 10，1939，at 41;《中央政治学校教职员录》,1944 年 8 月 1 日编,第 17 页;2010 年 6 月 14 日上午笔者对梁传愈之子梁培德先生的采访记录。

210. University of Michigan Law School Alumni Directory 1860—1941，Ann Arbor，1941，at 160;《复旦同学会会刊》,1934 年 12 月号,第 4 卷第 3 期,总第 88 页;《复旦同学会会刊》,1935 年 9 月号,第 4 卷第 12 期,总第 181 页;彭启炘硕士论文现藏于密歇根大学图书馆，索书号：DISS 34539，http://mirlyn. lib. umich. edu/Record/013122850/。

211. One Hundred Ninth Annual Commencement，Indiana University，Monday，June Thirteenth，Nineteen Hundred Thirty-Eight，at 23;私立东吴大学法学院法律系各届毕业生历年成绩表,上海市档案馆,档案号 245-329-0718;笔者 2011 年 5 月 20 日上午对丘日庆先生的夫人黄贞英女士的访谈;《复旦大学行政负责人员及教职师名册(1957—1958 年度)》,1957 年 12 月 20 日,复旦大学档案馆,档号:复旦大学人事处 1957—1969;《国立复旦大学一览》,1947 年,第 33 页;王玉明主编:《中国法学家辞典》,中国劳动出版社 1991 年第 1 版,第 108—109 页;高增德主编:《中国现代社会科学家大辞典》,书海出版社 1994 年 5 月第 1 版,第 375 页。

212. One Hundred Ninth Annual Commencement，Monday，June Thirteenth，Nineteen Hundred Thirty-Eight，at 23;私立东吴大学法学院法律系各届毕业生历年成绩表,上海市档案馆,档案号 245-329-0719;马汉宝:《我所认识的洪力生先生》,载《台大法学论丛》第 6 卷第 1 期,洪应灶(力生)先生纪念特刊,1976 年 12 月;《中国法学家辞典》,第 518 页;《中国国民党百年人物全书》(下册),第 1644 页。

213. One Hundred Ninth Annual Commencement，Monday，June Thirteenth，Nineteen Hundred Thirty-Eight，at 23;私立东吴大学法学院法律系各届毕业生历年成绩表,上海市档案馆,档案号 245-329-0717;私立东吴大学法学院法律系各届毕业生通讯录,上海市档案馆,档案号 245-326-0318;《东吴法声》1939 年夏季号,第 96 页。

214. One Hundred Tenth Annual Commencement，Indiana University，Monday，June Fifth，Nineteen Hundred Thirty-Nine，at 27;上海高等法院律师登记簿,上海市档案馆档案号 Q187-1-185，SC0351。

215. Local Chinese Graduated by N.Y.University，total of 4 000 students receive degrees，The China Press(1925—1938)；Jul. 1，1936，ProQuest Historical Newspapers：Chinese Newspapers Collection，pg.3；N.Y.U. to hold its 107th commencement exercises on campus in Bronx today，*New York Times*，June 7，1939，at 20;私立东吴大学法学院法律系各届毕业生历年成绩表,上海市档案馆,档案号 245-329-0715;《纽约中国同学录》,1938 年,上海市档案馆档案号 Q53-2-70,第 14 页;《私立东吴大学法学院一览》,1936 年,第 122 页;《申报》1935 年 8 月 18 日;陆承泰硕士论文现藏于哥伦比亚大学图书馆,索书号 MA 1938 Lu C，https://clio.columbias.edu/cat-

alog/4300457;陆承泰博士论文现藏于纽约大学法学院图书馆,索书号 KF275. A75 H54x。

216. N.Y.U. to hold its 107th commencement exercises on campus in Bronx today, *New York Times*, June 7, 1939, at 20;复旦大学档案号 5029;私立东吴大学法学院法律系各届毕业生历年成绩表,上海市档案馆,档案号 245-329-0717;谭明德博士论文现藏于纽约大学法学院图书馆,索书号 KF275. A75 H54x; Hein's Legal Theses and Dissertations, at 306。谭明德博士论文没有被收录到袁同礼的《中国留美同学博士论文目录》;《上海律师公会会员录》,1940 年,第 81 页;《私立东吴大学法学院一览》,1936 年,第 126 页;见 Alison W.Conner, Tranining China's Early Modern Lawyers: Soochow University Law School, *Journal of Chinese Law*, Spring, 1994, at 24;胡世勋是胡惟德第三子,胡世勋的大哥是留法法学博士胡世泽。

217. Local Chinese Graduated by N.Y.University, total of 4000 students receive degrees, The China Press(1925—1938); Jul. 1, 1936, ProQuest Historical Newspapers: Chinese Newspapers Collection, pg. 3;Columbia University Masters' Essays and Doctoral Dissertations on Asia 1875—1956, Compiled by The East Asiatic Library, Columbia University Libraries, New York, 1957; N. Y. U. to hold its 107th commencement exercises on campus in Bronx today, *New York Times*, June 7, 1939, at 20;《东吴大学法学院 1935 年 6 月法律系毕业生学籍材料卷》,Q245-1-281;私立东吴大学法学院法律系各届毕业生历年成绩表,上海市档案馆,档案号 245-329-0709;《王世熊女士赴美留学》,《妇女月报》第一卷(1935 年)第 9 期,第 24 页;《王世熊女士在美国纽大之荣誉》,《妇女月报》1936 年第 7 期,第 34 页;《旅美中国同人录》,1944,第 2 页;王世熊"入会声请书"(1947 年 6 月),上海地方法院律师入会志愿书,上海市档案馆档案号 Q185-1-224, SC0053;王世熊博士论文现藏于纽约大学法学院图书馆,索书号 KF275.A75 H54x。

218. Loyola University Bulletin, Vol. XXII, School of Law, Announcement 1940—1941, *New Orleans*, June, 1940, at 33;《暨南校刊》第 213 期,1937 年,第 44 页;《旅美中国同人录》,1944 年,第 88 页。

219. One Hundred Eleventh Annual Commencement, Indiana University, Monday, June Third, Nineteen Hundred Forty, at 28.《知名华人学者陈嘉祐逝世》,1999 年 11 月 18 日新浪网新闻。

220. One Hundred Eleventh Annual Commencement, Indiana University, Monday, June Third, Nineteen Hundred Forty, at 28;私立东吴大学法学院法律系各届毕业生历年成绩表,上海市档案馆,档案号 245-329-0719;私立东吴大学法学院法律系各届毕业生通讯录,上海市档案馆,档案号 245-326-0317。

221. One Hundred Eleventh Annual Commencement, Indiana University, Mon-

day, June Third, Nineteen Hundred Forty, at 28.

222. One Hundred Twelfth Annual Commencement, Indiana University, Monday, June Second, Nineteen Hundred Forty-One, at 28;《旅美中国同人录》,1944年,第50页;Indiana University Bulletin, Vol.XXXIX, No.2, February 14, 1941, at 26;东吴大学法学院1940年毕业生名册,上海市档案馆档案号245-323-0056;《旅美中国同人录》,1944年,第26页。

223. Indiana University Bulletin, Vol. XXXIX, No.2, February 14, 1941, at 24; One Hundred Twelfth Annual Commencement, Monday, June Second, Nineteen Hundred Forty-One, at 28;张馨珠东吴大学毕业证书,中国第二历史档案馆,档号五-6353,第40页;东吴大学法学院1940年毕业生名册,上海市档案馆档案号245-323-0048;《旅美中国同人录》,1944年,第50页。

224. Alison W.Conner, Training China's Early Modern Lawyers: Soochow University Law School, *Journal of Chinese Law*, Spring, 1994, at 24;《程修龄博士返国》,载《申报》1946年4月30日第四版;《私立东吴大学法学院一览》,1936年,第114页;程修龄博士论文现藏于纽约大学法学院图书馆,索书号KF275.A75 H54x。

225. Northwestern University, Eighty-Fourth Annual Commencement, June 13, 1942, at 21;《教员名录》,载《私立大夏大学一览》,约1931年,《民国史料丛刊》,第1092册,大象出版社2009年8月第1版,第156页。

226. One Hundred Fourteenth Commencement, Thursday, April Twenty-Second, Nineteen Hundred Forty-Three, at 14;华璿光东吴大学毕业证书,中国第二历史档案馆,档号五-6352,第51页;华璿光东吴大学法学院学业成绩表(平均81分,总学分181),中国第二历史档案馆,档号五-6350,第32页;东吴大学法学院1940年毕业生名册,上海市档案馆档案号245-323-0048;《旅美中国同人录》,1944年,第67页。

227. One Hundred Fifteenth Commencement, Sunday, April Twenty-Third, Nineteen Hundred Forty-Four, at 14;私立东吴大学法学院法律系各届毕业生历年成绩表,上海市档案馆,档案号245-329-0717;私立东吴大学法学院法律系各届毕业生通讯录,上海市档案馆,档案号245-326-0318;《旅美中国同人录》,1944年,第96页。古兆中:《一些大同年代的回忆》, http://www. hktaitung. com/newsite/extra/extra96.htm。

228. 私立东吴大学法学院法律系各届毕业生历年成绩表,上海市档案馆,档案号245-329-0703;《私立东吴大学法学院一览》,1936年,第106页;Yale Law School Sesquicentennial Alumni Directory 1974, at 45;朱铁蓉:《张以藩生平事略》,载《长沙县文史资料》第5辑,1987年12月,中国人民政治协商会议长沙县委员会文史资料研究委员会编,第95—105页(朱铁蓉是张以藩之妻);黄曾甫:《张以藩》,载中国人民政治协商会方长沙市委员会文史资料研究委员会编:《长沙文史资料》第 2 辑,1985 年 7 月,第 136—137 页;张以藩博士论文现藏于耶鲁大学法学院图书馆,索书号 T St94 1947 48 v.7;麦克杜格教授是美国著名国际法学家,曾任美国国际法学会会长;Http://en.wikipedia.org/wiki/Myres_S._McDougal.

229. One Hundred Twentieth Annual Commencement, Indiana University, Sunday, June Twelfth, Nineteen Hundred Forty-Nine, at 90;《光华年刊》1931 年;《东吴法学院通讯》1949 年第 2 期第 4 版;《自费留学生名册》,1946 年,中国第二历史档案馆,档号五-15324,第 16 页。

230. One Hundred Twentieth Annual Commencement, Indiana University, Sunday, June Twelfth, Nineteen Hundred Forty-Nine, at 90;《自费留学生名册》,1946 年,中国第二历史档案馆,档号五-15324,第 14 页。

231. One Hundred Twentieth Annual Commencement, Sunday, June Twelfth, Nineteen Hundred Forty-Nine, at 90;韦章尧、陆亚泉主编:《台湾著名企业大观》,团结出版社 1990 年 7 月第 1 版,第 6 页;镜水:《生命不息,勤奋不已,著名学者严庆禧博士》,载《长宁文史资料》第 9 辑,1993 年 12 月上海印刷,第 155—158 页。

232. Harvard Law School Alumni Directory 1958, Quinquennial Catalogue, published by the Law School, 1958, Alphabetical Section, at 529; Chronological Section, at 91; Yale Law School, Sesquicentennial Alumni Directory 1824—1974, at 328;《东吴大学 1946 年毕业生名册》,上海市档案馆档案号 245-323-0110;《自费留学生名册》,1946 年,中国第二历史档案馆,档号五-15324,第 14 页;刘真主编:《留学教育——中国留学教育史料》,第 2142 页;王以德博士论文现藏于耶鲁大学法学院图书馆,索书号 T St94 1950 v.4。

233. 东吴大学 1946 年毕业生名册,上海市档案馆档案号 245-323-0112;《自费留学生名册》,1946 年,中国第二历史档案馆,档号五-15324,第 16 页。

234. Harvard Law School Alumni Directory 1958, Quinquennial Catalogue, published by the Law School, 1958, Alphabetical Section, at 303;李唯善东吴大学毕业证书,中国第二历史档案馆,档号五-6352,第 74 页;李唯善东吴大学学业成绩表,中国第二历史档案馆,档号五-6350,第 78 页(李唯善成绩总平均 81 分,总学分 157);东吴大学法学院 1940 年毕业生名册,上海市档案馆档案号 245-323-0050;李唯善博士论文现藏于纽约大学法学院图书馆,索书号 KF275.A75 H54x。

235. One Hundred Twentieth Annual Commencement, Indiana University, Sunday, June Twelfth, Nineteen Hundred Forty-Nine, at 54;东吴大学 1946 年毕业生名册,上海市档案馆档案号 245-323-0110;《自费留学生名册》,1946 年,中国第二档案馆,档号五-15324,第 15 页;《东吴大学法学院年刊》,*The Woolsack*, Vol.V, 1946, Published by the Woolsack Board of the Student Body, Soochow University Law

School, Shanghai, China;王绍堉:《东吴与我》,载《坎坷与荣耀——东吴大学建校百年纪念文集》,书林出版有限公司,台北,2000 年 2 月 1 版,第 343 页。

236. One Hundred Twentieth Annual Commencement, Indiana University, Sunday, June Twelfth, Nineteen Hundred Forty-Nine, at 55;《沪江年刊》,1945 年,毕业生名录;东吴大学 1946 年毕业生名册,上海市档案馆档案号 245-323-0111; 2010 年 5 月 6 日笔者对王毓骅先生的采访记录;南京大学校庆办公室《校友通讯录》编制组:《南京大学校友通讯录》,1982 年,第 16 页;《中国法学家辞典》,中国劳动出版社 1991 年第 1 版,第 73—74 页。

237. One Hundred Twenty-First Annual Commencement, Indiana University, Monday, June Twelfth, Nineteen Hundred Fifty, at 115;李德仁东吴大学毕业证书现藏于中国第二历史档案馆,档号五-6354,第 23 页;《自费留学生名册》,1946 年,中国第二档案馆,档号五-15324,第 15 页。

238. One Hundred Twenty-First Annual Commencement, Indiana University, Monday, June Twelfth, Nineteen Hundred Fifty, at 115;上海地方法院检察处现有法官调查表(1947 年 9 月 6 日),上海高等法院关于司法人员复职证明信及履历表,上海市档案馆档案号 Q187-1-75,SC0027;罗康泰著:《甘肃人物辞典》,甘肃民族出版社 2006 年 12 月第 1 版,第 122 页。

239. One Hundred Twenty-First Annual Commencement, Indiana University, Monday, June Twelfth, Nineteen Hundred Fifty, at 115.《上海市欧美同学会会员录》(一),1984 年 12 月编,第 13 页。

240. One Hundred Twenty-First Annual Commencement, Monday, June Twelfth, Nineteen Hundred Fifty, at 115;吴茂松"入会愿书",1943 年 7 月 13 日,日伪上海地方法院检察署关于已加入上海律师公会律师名册,上海市档案馆档案号 R44-1-77,第 50 页;教育部核准出国人员登记片,吴茂松,中国第二历史档案馆,档号五-15339,第 37 页。

241. 东吴大学 1946 年毕业生名册,上海市档案馆档案号 245-323-0111;私立东吴大学法学院应届毕业生成绩表,上海市档案馆,档案号 245-337-1462; One Hundred Twenty-First Annual Commencement, Monday, June Twelfth, Nineteen Hundred Fifty, at 115;安徽省教育委员会编、朱仇美主编:《安徽省高等学校教授副教授人名录》,安徽人民出版社 1989 年 11 月第 1 版,第 179 页;笔者 2011 年 5 月 5 日对安徽财经大学老干部处电话咨询记录。

242. 崔之清主编:《当代台湾人物辞典》,河南人民出版社 1994 年 7 月第 1 版,第 127 页;《中国国民党百年人物全书》(下册),第 1793 页;姚淇清东吴大学毕业证书现藏于中国第二历史档案馆,档号五-6354,第 25 页。

243. One Hundred Twenty-First Annual Commencement, Indiana University,

Monday, June Twelfth, Nineteen Hundred Fifty, at 88; The Woolsack, Vol.V, 1946.

244. One Hundred Twenty-First Annual Commencement, Indiana University, Monday, June Twelfth, Nineteen Hundred Fifty, at 57;《东吴大学法学院历届毕业同学》,Woolsack, 1946(《东吴法学院年刊》第5卷);《自费留学生名册》,1946年,中国第二档案馆,档号五-15324,第14页。

245. One Hundred Twenty-First Annual Commencement, Indiana University, Monday, June Twelfth, Nineteen Hundred Fifty, at 57.

246.《北平律师公会会员录》,北京市档案馆,J065-003-00543-A_P039.TIF;北京大学注册部编志课编:《国立北京大学毕业学生一览》,1930年,第185页;《国立北京大学历届同学录》,国立北京大学出版社,1948年12月版,第137页;《国立广东法科学院概览》,1934年,第128页;《中国国民党百年人物全书》上册,第399页;《清新县志(1988—2005)》,广东人民出版社2012年2月第1版,第903页。

247.《法学博士鄂森定期返国》,《申报》1929年9月19日;《私立东吴大学法学院一览》,1936年,第78页;《上海律师公会会员录》,1940年,第57页。1929年11月9日The North-China Daily News第12版报道,鄂森博士(Dr. Yoh Sen)近期从斯坦福大学取得法学博士学位(Doctor of Jurisprudence),在上海从事律师业;《鄂森:参与东京大审判的扬州人》,http://www.yznews.com.cn/oblog4/user1/sfttz/archives/2006/11599.html; Http://dag.suda.edu.cn/ShowPeople.asp?id=377;上海市文史研究馆,馆员名录,鄂森,http://www.shwsg.net/d/71/1727.html(2016年2月4日访问)。

248.《上海法学院一览》,1933年12月,第84页;《国立北平大学法学院一览》,民国十八年,第101页;凌启鸿诗,《辽东诗坛》1930年,第59号,第7叶。经查,凌启鸿曾在位于华盛顿特区的美国大学(American University)的华盛顿法学院(Washington College of Law)学习。有称凌启鸿取得华盛顿大学法学士学位,见流水长著:《中国律师史话》,改革出版社1996年12月第1版,第207页;南京图书馆编:《中国近现代人物像传》,上海古籍出版社2011年12月第1版,第829页。

249. 陈香梅:《陈香梅全集》,河北人民出版社2000年第1版。

250. Robin I. Mordfin, Seeking the Past: Early Chinese Scholars at the Law School, http://www.law.uchicago.edu/alumni/magazine/fall12/chinesescholars.

251. 1925年以前取得密歇根大学J.D.学位的中国留学生有:陈霆锐、吴经熊、陆鼎揆、何世桢、何世枚、蒋保厘;1925年以后取得密歇根大学J.D.学位的中国留学生只有查良鉴。详见本章第三节。

252. 1925年以前取得西北大学J.D.学位的中国留学生是徐恭典、马景行、冯济。详见本章第三节。

253. 1925年以后至1950年以前取得西北大学J.D.学位的中国留学生包括:盛振为、张金润、富刚侯、李中道、胡咏德、黄宬言、续克昌、杜元载、田鹤鸣、黄森、郭怀璞、赖锟、赵之远、顾宪章、林我将、孙晓楼、谢景山、张嘉惠、陶慕侠、董凤鸣、何炳棨、张庆桢、钱剑秋、黄比瀛、凌士芬、翟楚、黄宗勋。详见本章第三节。

254. 1950 年以前取得纽约大学 J.S.D.学位的中国人包括：黄宗法、李范、端木恺、黄公觉、郭威白、卢鸿堉、王震生、郑国楠、林振镛、杨德恩、凌兆麟、李彩霞、胡毓杰、梁敬钊、马君硕、林钦辰、何海晏、张为资、吴清葵、余茂功、李潮年、刘涧乐、刘亮畴、沈琪、陆承泰、谭明德、王世熊、程修龄、李唯善。

255. Note and Comment, Graduate Study in Law and Michigan, *Michigan Law Review*, Vol.23, No.6, April, 1925, at 636.

256. 光绪二十八年正月十七日王宠惠、张煜全、严锦镕、薛颂瀛四人致盛宣怀的信函，载《上海图书馆藏盛宣怀档案萃编》（下），上海古籍出版社 2008 年 11 月第 1 版，第 403—404 页。上述文字，由本书作者标点。

257. Columbia University Catalogue 1933—1934, at 150.哥伦比亚大学法学院早期的法学博士学位全称是 Doctor Juris（或者 Doctor of Law），哥伦比亚大学的这一法学博士学位类似于哲学博士学位，属于研究性博士学位，与职业性法律博士（J.D.）有所不同，尽管二者名称相似。

258. Columbia University Catalogue 1933—1934, at 150.

259. 北平税务专门学校后迁上海。

第二章　中国近代留美法科哲学博士

哲学专业的博士被称之为哲学博士，这很符合普通人的逻辑，[1]而法学专业的博士如被称为哲学博士，往往不被公众理解。有人甚至极端地认为："'法学博士'绝非 Ph.D."。[2]事实上，"哲学博士"（Ph.D.，该缩写来源于拉丁文 *Philosophiae Doctor*）中的"哲学"与普通人心目中的哲学大不相同。根据学者考证，"哲学"一词的最初含义是"热爱智慧"，泛指人类的一切知识，任何专业的博士都可以被称为"哲学博士"[3]。近代留美法学博士中的一部分人取得的博士头衔表面上就是所谓的"哲学博士"，鉴于其特殊性，本书专章予以研究。

第一节　哲学博士与法学专业的关系

一、法科哲学博士

美国一些大学有专门的法学博士学位（S.J.D.等），这并不等于各国的大学都有（或者应该有）类似专门的法学博士学位，英国的大学至今没有设立 S.J.D.或者 J.S.D.学位，这并不等于英国的大学就没有法学博士学位或者不培养法学博士。目前，英国多数高校对于法学专业的博士毕业生仍然授予 Ph.D.学位，[4]这种形式上的 Ph.D.，实质上就是法学博士。这种哲学博士，我认为可以称为"法科哲学博士"（Ph.D. in law）。

同样，美国某些大学有专门的法学博士学位，这并不等于这些美国大学对于法学最高学位只能授予专门的法学博士学位，事实上，有些美国大学也可以同时授予法学专业哲学博士学位，只不过法科专业哲学博士学位在当时并非由法学院授予，而通常由政治学院、政治学系、国际关系学系等授予。1897 年 8 月，美国律师协会的法律教育部（Section on Legal Education）做出决议，不同意由法学院授予哲学博士学位，法学院授予的学位应该仅限于严格的法律学位。[5]但是这一规定在日后被废除。西雅图的华盛顿大学法学院设有法科哲学博士学位，[6]加利福尼亚大学柏克莱分校法学院既有 J.S.D.学位，又有法科哲学博士学位（Ph.D. in Jurisprudence and Social Policy）。[7]2012 年，在原有 J.S.D.学位的基础上，耶鲁大学法学院设立了一个新的博士学位，全称就是“法科哲学博士学位”（Ph.D. in law）。[8]

从历史上看，美国大学法学院设立专门的法学博士学位（S.J.D./J.S.D.）始于 20 世纪初期，这是美国法学院在博士学位上的创新。此前欲在美国攻读法学专业博士学位的学生往往选择到其他学院攻读哲学博士（Ph.D.）这类通用的博士学位。[9]这一历史传统延续了很长时间。中国近代留洋法学博士群体中的很多人，取得的并不是专门的法学博士学位，而是广义的哲学博士学位，即法科哲学博士学位。

二、公法科哲学博士

法科哲学博士这一现象较多出现在公法领域，主要是宪法和国际法。通过研究中国近代留美法学博士的教育背景，可以发现一个特殊现象：很多从事宪法和国际法学研究的博士获得的博士学位并不是狭义的法学博士（例如 SJD/JSD），而是广义的哲学博士。他们形式上的哲学博士论文在内容上属于法学博士论文。从法律性质上说，宪法是典型的公法，这毫无疑问。国际法也属于公法性质。[10]因此，近代留洋法科哲学博士也可以称之为公法科哲学博士（Ph.D. in public law）。

这一现象有其历史原因。20 世纪初期，美国很多大学的宪法、国际法研究生课程并不设在法学院，而是在政治学院、国际关系学院（系）里开设，授予的博士学位也一律冠之以传统的 Ph.D.头衔。这一现象的外在原因是当时的宪法及国际法主要由政治学家们研究，[11]而内在原因是宪法与政治、国际法、国际关系、外交等有密切的关系。“国际公法有其法律的一面，同时，也有非严格属于法律的一面，如关于外交的惯例和实务。”[12]当时美国的法学院主要是培养律师，所以其课程范围比较狭窄，以私法为主，很少包括公法类课程。[13]第二次世界大战后，美国的宪法、国际法研究逐渐与政治学院(系)分离，转到法学院。[14]

1. 哥伦比亚大学政治学院的公法专业哲学博士

中国近代著名外交家顾维钧曾经在哥伦比亚大学师从穆尔教授攻读国际法，[15]博士论文是《外人在华之地位》。[16]该博士论文属于典型的国际法论文。顾维钧在哥伦比亚大学获得的博士学位是 Ph.D.，而不是 S.J.D./J.S.D.。不能因为顾维钧获得的是 Ph.D.而不是 J.S.D./S.J.D.就否认他取得的是国际法专业博士学位，[17]笔者的这一认识有充分的事实依据。

《顾维钧回忆录》这样描述其在哥伦比亚大学攻读研究生的经历：

> 从 1909 年开始，我注册为法学院学生，同时是政治学系的研究生。我是按照穆尔教授的意见学习法律的。他是我主修专业课程即国际法和外交的教授。……我在法学院读了两年，学习了全部课程，也就是说，我学了除有关司法程序以外的所有学科。……我的主修科，国际外交，由穆尔教授指导。我还兼修两门副科，就是古德诺教授的宪法和行政法和比尔德教授的政治学。[18]

顾维钧的这一段回忆说明了几个问题。第一，顾维钧在哥伦比亚大学同时攻读政治和法律，主修专业是国际法和外交；第二，顾维钧是政治学院(或译为“政治学系”)的研究生；第三，顾维钧的导师是国际法学家穆尔教授。

如果采用狭义的法学博士学位标准，则无疑将否认顾维钧哲学博士学位的法学性质，并将顾维钧的博士论文——《外人在华之地位》视为一般外交学或者政治学专业博士论文。

根据哥伦比亚大学东亚图书馆编辑的《哥伦比亚大学有关亚洲的硕士论文和博士论文目录 1875—1956》，[19]顾维钧的《外人在华之地位》虽然列在“中国——历史和政治科学”子目录之下，但是却专门注明“国际法”[20]，这是对顾维钧 Ph.D.学位的法律性质的权威注脚。袁同礼《中国留美同学博士论文目录》也将顾维钧的博士论文列入“国际法和国际关系”一类。

在1913年出版的《外交部职官履历册》中，顾维钧的教育背景是“美国哥伦比亚大学毕业，国际法法学博士”[21]。这是有关顾维钧博士学位的早期官方记载。顾维钧1968年接受采访时说：“我在哥大领得文学士、政治学硕士、国际公法及外交博士学位。”[22]显然，顾维钧并没有将其博士学位视为政治学博士学位。其将“政治学”与“国际公法及外交”并列，这本身就显示出“政治学”并不等同于“国际公法及外交”。由此可见，顾维钧的Ph.D.学位，表面上是哲学博士，其性质却是国际法专业博士，或者说，是属于法学性质的哲学博士。这就如顾维钧的学士学位虽然是“文学士”，但是其本科专业却并非文学，而是政治学和国际外交学。[23]同样，顾维钧的硕士学位虽然是文学硕士（M.A.），但是其专业却非文学，而是政治学。[24]

顾维钧在哥伦比亚大学一共读了七年书，历经本科生、硕士研究生、博士研究生三个阶段。他主要在政治学院学习国际法与外交学，其获得的三种学位，从名称上看都不属于狭义的法学学位，但其实都与法律有关。顾维钧在接受采访时对其本科阶段的学习这样描述：“我在大学部是念的法政，大概程度还不错，三年内把学分都修满了。”[25]从字里行间可以看出，顾维钧将其政治学专业视为“法政”专业。顾维钧自称的“国际法及外交博士学位”可以视为一个整体，没有必要进一步区分究竟是国际法博士还是外交博士，虽然严格地说，国际法与外交各有侧重，相对独立，但是“在实际上又不可强分的，所以研究外交不可不明国际法，研究国际法更不可忽略外交”[26]。

同样情况的还有顾维钧的同门师弟戴恩赛。戴恩赛1896年生于广东省五华县，1913年毕业于上海圣约翰大学，考取清华庚款留学生，1914年入美国哥伦比亚大学政治学院公法系国际法专业学习，导师也是国际法学家穆尔教授，[27]当时顾维钧刚刚离开哥伦比亚两年。戴恩赛1915年取得哥伦比亚大学文学硕士学位（M.A.），1918年取得哥伦比亚大学博士学位（Ph.D.），博士论文《中国的条约口岸：外交研究》（Treaty Ports in China：A Study in Diplomacy）。戴恩赛后来成为孙中山的女婿（妻子是中山的次女孙琬）。[28]从表面上看，戴恩赛取得的虽然是Ph.D.学位，但是其专业却是法律，这一点还可以被较为权威的书籍《清末民初洋学生初辑》一书所证明。[29]与顾维钧一样，戴恩赛是地地道道的哥伦比亚大学法科博士，[30]或者说，是法学专业哲学博士，按照顾维钧的说法，是“国际法及外交博士”。

张彝鼎1933年毕业于哥伦比亚大学政治学院，取得Ph.D.学位，然而这一所谓的“哲学博士”不能反映其所学专业的实质。张彝鼎在其自传《鉴秋忆往录》中记载：“结束芝大学业后，我随即转往纽约。于哥伦比亚大学专攻国际公法。”[31]与顾维钧和戴恩赛一样，攻读国际法专业的张彝鼎在哥伦比亚就读的学院也不是(或者主要不是)法学院，而是政治学院。当张彝鼎前往哥伦比亚大学学习国际法时，顾维钧和戴恩赛的导师穆尔教授仍然在世，但是却已经去往海牙任国际常设法院(PCIJ)的法官，所以张彝鼎并没有听过穆尔的课。[32]张彝鼎称：“在纽约的第三年，全心致力于博士论文的撰作，题目是《条约的司法解释》，后由哥大出版社印行，并为多数学者所援引。”[33]“民国廿二年夏，我在美国哥伦比亚大学获得国际法学博士学位后，亟谋回国……”[34]从这些记载可以得出一个结论：虽然表面上张彝鼎获得Ph.D.学位，但是这一学位的性质是“国际法学博士学位”，换句话说，是法学专业性质的哲学博士学位。

尽管顾维钧、戴恩赛、张彝鼎等从院系归属上看，是政治学院(或者政治学系)的研究生，但是其从事的博士研究完全是法学博士研究，其博士论文也是地地道道的法学博士论文，这是我们在判断中国近代留洋法学博士时必须高度注意的一个奇特现象。笔者认为，不应该将这些人排除在中国近代留洋法学博士的范围之外，也不应该将他们仅仅视为政治学博士，或者名不副实的“哲学博士”。哥大官方手册明确显示，哥大政治学院的目的之一就是“以公法和比较法理学课程补充法学院私法课程的不足”、“培养历史学、政治学、公法学、法理学、经济学和社会学专业的教师”。[35]

因此，本章收录的法科哲学博士，通常包括那些在政治学院或者政治学系、国际关系学系、政府学系撰写法学性质博士论文的留学生。判断的标准不在于他们是否曾经在法学院留学，或者回国后是否从事法学工作，而在于他们撰写的博士论文是否是法学博士论文。有些近代留美学生在美国各高校政治学院、政治学系、政府学系、国际关系学系学习，但如果博士论文内容是宪法、国际法等，则本章予以收录；如果博士论文内容不是宪法、国际法等，则即使他们挂名在政治学院或者政治学系之下的公法专业，本章也不予收录。根据这一标准，本章没有收录国际法学者汪瑄，他在康奈尔大学撰写的博士论文是《中日战争与美国远东政策(1931—1941)》(The Sino-Japanese war and the American Far Eastern policy, 1931—1941)。[36]

本章也没有收录1928年哥伦比亚大学政治学院公法专业的邱昌渭，他的博士论文是《1896年以来美国众议院议长》(The speaker of the House of Representatives since 1896)。[37]

三、法科文学硕士

由此引申出另外一个问题：既然在博士层面上存在"法科哲学博士"(Ph.D. in law)，是否在硕士层面上也存在"法科文学硕士"(M.A. in law)？如果放宽法学博士的标准，是否也应该放宽法学硕士的认定标准？是否可以将那些在英、美取得文学硕士学位(Master of Arts, M.A.)但以法学为研究对象的人视为"法学硕士"？笔者的答案是肯定的。

所谓的M.A.学位和Ph.D.学位，不一定非要狭义地理解为文学专业硕士学位和哲学专业博士学位，而可以将其视为广义的硕士学位和博士学位。从这个角度上说，M.A和Ph.D.这两个学位，并非专业学位，而属于通用学位，与LL.M.、S.J.D./J.S.D.这种专业法学学位迥然不同。

相应地，也不宜将法学学位仅限于狭义的专业法学学位，尤其对于研究生阶段取得的学位，判断其是否属于法学学位的标准不是学位的表面名称，而是学位背后的专业。那种认为只有在法学院或者法律系取得的学位才能被称之为法学学位的观点，以及认为只有取得LL.M.或者S.J.D./J.S.D.的学生才能被称之为法学硕士或者法学博士的观点，是典型的门户之见。

四、中国第一位留洋法学博士

迄今为止，几乎所有的记载都显示，王宠惠是中国第一位留洋博士，也是中国第一位留洋法学博士。这一结论似乎铁板钉钉。然而，这一看似简单的"事实"却隐藏着一个中国近代留学教育之谜——即法学博士与政治学博士之间错综复杂的关系。笔者经过考证得出结论:王宠惠既非中国第一位留洋博士,也非中国第一位留洋法学博士。中国第一位取得留洋法学博士学位的是严锦镕。

王宠惠取得耶鲁大学法学博士学位(D.C.L.)的时间是 1905 年 6 月 28 日,[38]严锦镕取得哥伦比亚大学哲学博士(Ph.D.)的时间是 1905 年 6 月 14 日。[39]6 月 14 日是哥伦比亚大学 1905 年的学位授予仪式日(Commencement Ceremony),这一年的学位授予仪式是哥伦比亚大学历史上的第 151 个授予仪式,具体授予学位的时间是从上午 11 点开始,大约进行到下午 1 点半。[40]当天,哥伦比亚大学共授予学位 1 137 个,其中包括荣誉学位 8 个。[41]

从日期上看,严锦镕的博士学位授予时间比王宠惠早 14 天。严锦镕在哥伦比亚大学政治学院攻读宪法学专业博士学位。当时哥伦比亚大学的宪法学课程不在法学院,而是在政治学院,所以攻读宪法学专业的博士生必须到政治学院就读,最终取得的博士学位名称也不是"S.J.D."之类的法学专业博士学位,而是 Ph.D.。总之,中国近代第一位留洋法学博士是来自哥伦比亚大学的宪法学博士,中国第一篇留洋法学博士论文也是宪法学论文。

1932 年《华年》杂志上刊登了一篇文章《二百五十个美国博士》,里面提道:

> 在过去二十五年中,留美中国学生得哲学博士学位的,已不下二百五十人,而得过硕士学位者,其数又复倍之。中国学生中,第一个得博士学位的,是哥伦比亚大学 C.Y.Yen 君(一九〇五年),他的论题是《在美国宪法第十四项修正之下国民与个人应有的权利》。第一个得硕士学位的中国学生,是康奈尔大学施肇基(一九〇二年),他的论题是《欧洲列强和中国的关系史》。[42]

C.Y.Yen 就是严锦镕。这是笔者发现的唯一一篇认为严锦镕是第一个留美博士的文章,遗憾的是,这篇文章对于后世研究教育史的人几乎没有任何影响,以至于很少有人知道严锦镕这一名字。[43]

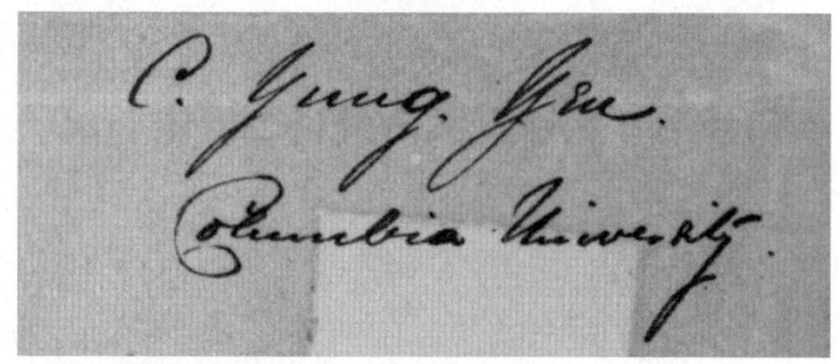

图 2.1 严锦镕留学哥伦比亚大学时期的签名

比严锦镕和王宠惠稍早几天取得留洋博士学位的有伍连德(Wu Lien Teh 或者 Ghon Lean Tuck, 1879—1960),他于 1905 年 5 月 25 日取得剑桥大学(意曼纽尔学院,Emmanuel College)医学博士学位(M.D.)。伍连德在民国时期出版的杂志《良友》上刊登的自述中称“在英伦首府二载有余,遂于 1902 年 4 月,在剑桥得医学博士学位”[44]:然而在《良友》第 104 期刊登的《三十年来和疫菌的抗战——伍连德自述》一文却修改为:“在伦敦差不多实习了二年半,我就在 1902 年 4 月间得了剑桥的医学士学位。”“1903 年的春天,我回往英国,就用我研究所得的结果去应剑桥医学博士考试,幸获及格。我的论文题目就是《破伤风之研究》”。[45]实际上,这些自述均有问题。伍连德后人 Yu-lin Wu 在考证伍连德博士学位时,取得了剑桥大学的官方档案文件,上面清楚地记载伍连德正式取得医学博士学位的时间是 1905 年 5 月 25 日。[46]伍连德取得博士学位的时间稍早于严锦镕和王宠惠。然而值得注意的是,从狭义的国籍意义上说,伍连德赴英留学时并非中国人,伍连德出生于马来半岛的槟城,赴英留学前一直在马来亚接受教育,其父亲早年从广东兴宁(台山)移民马来亚,其母亲亦祖籍中国,是第二代移民。当时的马来亚属于英国的海峡殖民地(Strait Settlement),伍连德在剑桥大学取得博士学位时的身份就是“英国海峡殖民地居民”[47],而非中国居民。当然,伍连德返回马来亚后,不久即前往中国工作,为中国近代医学和防疫事业做出重大贡献,抗日战争爆发后返回马来亚。从经历上看,伍连德可谓爱国华人,甚至可以属于广义的中国人,但并非严格意义上的中国近代留学生。

第二节 近代留美法科哲学博士名录

Ap001:严锦镕(1879—约 1922),名一,又名炳芬,字锦镕(一作锦荣、锦榕),以字行,英文姓名 Yen Chin-Yung,广东东莞人(一说广东南海人)。17 岁入天津北洋大学堂,1901 年夏,与王宠惠、张煜全、陈锦涛、胡栋朝等人作为北洋官费生一同被派往美国留学,先入加利福尼亚大学柏克莱分校,一年后转入哥伦比亚大学政治学院,1904—1905 年间任哥伦比亚大学宪法研究员(Fellow in Constitution Law in Columbia University),在哥大期间师从约翰·W.伯吉斯(John W.Burgess, 1844—1931)、穆尔、弗兰克·约翰逊·古德诺(Frank Johnson Goodnow, 1859—1939)、约翰·贝茨·克拉克(John Bates Clark, 1847—1928)等名师。1905 年6 月 14 日获得哥伦比亚大学哲学博士学位(Ph.D.,政治学院宪法学专业),其博士学位授予时间比王宠惠早 14 天。博士论文《美国宪法第十四条修正案中公民和私人的权利》(Rights of citizens and persons under the Fourteenth amendment)。毕业后又公费赴德国留学。后精神错乱,曾得张元济等救济医治,约 1922 年病逝。[48]

Ap002:严鹤龄(1879—1937),字九皋,号侣琴、又字履勤,英文姓名 Yen Hawkling Lugine(Yen Hawkling),浙江余姚人。1896—1903 年在上海圣约翰大学学习,1907—1908 年在复旦大学任英语讲师,1908 年与翁文灏等人一道考取浙江省官费留欧美学生,入美国哥伦比亚大学(政治学院),1909 年文学硕士(M.A.),硕士论文《自由 v.s.政府》(Liberty versus government)。1911 年取得哲学博士学位(Ph.D.,宪法学),导师是伯吉斯教授、查尔斯·A.比尔德(Charles A.Beard, 1874—1948)教授。博士论文《中国宪法发展调查》(A survey of constitutional development in China,又译《中国宪政展望概论》或《中国宪政发达略史》)。1911 年回国后任浙江都督府外交官,1913—1916 年任北京政府外交部秘书、1917 年任外交部参事。1918 年任北京大学法本科讲师。1920 年 2—8 月任清华学堂代理校长。后继续担任外交部参事,农商部次长,1925 年任北京关税会议秘书长,同年任驻美公使馆一等秘书,驻美公使代办。1937 年病逝。[49]

Ap003:顾维钧(1888—1986),字少川,英文姓名 Koo Vi Kyuin Wellington,江苏嘉定人。1901—1904 年就读于上海圣约翰大学,1904 年毕业,同年留学美国,1908 年哥伦比亚大学文学士(A.B.),1909 年哥伦比亚大学文学硕士学位(M.A.),硕士论文《喷火山口案的历史与法律》(History and law of the case of Caldera)。1912 年取得哥伦比亚大学哲学博士学位(Ph.D.,政治学院国际法专业博士),导师是著名国际法学家穆尔,博士论文《外人在华之地位》。1912 年回国,任中华民国总统袁世凯秘书及国务院秘书。1915 年任驻墨西哥公使,后任驻美国公使,1919 年中国参加巴黎和会全权代表之一。1920 年任驻英公使。1922 年回国任外交总长,1924 年代理国务总理兼财政总长,国务总理兼外交总长。1931 年任外交部部长,1932 年任驻法公使,1936 年任驻法大使,1941 年任驻英大使,1946 年任驻美大使。[50]

Ap004 司徒尧(1892—?),别号尚一,英文姓名 Sz-to Sit Iu,广东开平人。岭南学堂出身,1911 年考取第三批清华庚款留学生。1915 年取得康奈尔大学文学士学位,1917 年取得康奈尔大学公共管理专业哲学博士学位,博士论文《管理权与市区规划的关系——公法上的研究》(The relation of the police power to city planning, a study of public law)。1946 年任岭南大学经济学系主任。曾任财政部统计处处长。[51]

Ap005:戴恩赛(1894—1955),英文姓名 Tai En-sai,广东五华县人,孙中山先生之婿。1906 年进入圣约翰大学预备学校,1909 年毕业,同年进入圣约翰大学学习,1913 年圣约翰大学文学士(B.A.),后入清华留美预备学校,1914 年 9 月公费赴美留学,入哥伦比亚大学(政治学院)学习国际法,1915 年取得文学硕士学位(M.A.),硕士论文《中日战争期间对国际法的遵守》(The observance of international law in the China-Japan war)。1918 年取得法科哲学博士学位(Ph.D.),导师是穆尔和埃勒里·科里·斯托厄尔(Ellery Cory Stowell),博士论文《中国的条约口岸:外交研究》(Treaty ports in China: a study in diplomacy,一译《中国通商口岸:试论外交政策》)。攻读博士期间即成为美国国际法学会会员(member of Amercian Society of International Law)。1918 年回国,任广东军政府外交部秘书、政治组组长。1921 年任梧州市长,与孙中山次女孙琬在广州结婚。1923 年 10 月任陆海军大元帅大本营财政部梧州关监督兼外交部特派广西交涉员。1925 年孙中山病逝时是孙中山遗嘱证明人之一。此后曾任广东治河督办，1929—1931 年任驻巴西全权公使，后任厦门海关监督。1946 年任翠亨中山纪念中学校长。1955 年 1 月 16 日在澳门病逝。[52]

Ap006：董维键（1894—1942），英文姓名 Dunn Wie Tsain，湖南桃源人。湖南省立高等工业专门学校毕业。1920 年取得哥伦比亚大学政治学院哲学博士学位，博士论文《国际视角下的鸦片交易》（The Opium traffic in its International Aspects）。1926 年任湖南省教育厅长兼外交交涉员。1942 年病逝于香港。[53]

Ap007：马如荣（1893—1975），英文姓名 Mah Ngui Wing，广东台山人。1916 年取得美国伊利诺伊大学文学士学位（A.B.），1917 年取得加利福尼亚大学柏克莱分校文学硕士学位，硕士论文《中日关系，1871—1916》（Sino-Japanese Relations，1871—1916）。1921 年取得加利福尼亚大学柏克莱分校哲学博士学位（Ph.D.，政治学系，Department of Political Science），博士论文《外人在华管辖权》（Foreign jurisdiction in China）。1921 年毕业后留在加利福尼亚大学柏克莱分校政治学系任教，1948 年取得美国籍，1960 年退休，1975 年病逝于加州。[54]

Ap008：杨光泩（1900—1942），英文名 Young Clarence Kuangson，浙江吴兴人，生于上海。1920 年清华毕业。1921 年取得美国科罗拉多学院文学士学位（A.B.），之后入明尼苏达大学攻读政治学、国际法等课程，1922 年初转学普林斯顿大学，1924 年取得普林斯顿大学哲学博士学位（Ph.D.，政治学专业），博士论文《外人在美国的权利》（Rights of aliens in the United States）。1926—1927 年在美国乔治敦大学讲授中文。1927 年回清华任政治学、国际公法学教授；1928 年入外交部工作；1931 年驻伦敦总领事。1938 年起驻菲律宾马尼拉总领事，1942 年被日军杀害。[55]

Ap009：刘师舜（1900—1996），字琴五，英文姓名 Liu Shih-Shun，江西宜丰人，出生于湖南湘乡。1920 年清华学校毕业（与杨光泩、萧公权、施宗岳等同届）。1920 年赴美留学，1921 年 10 月 4 日取得美国约翰斯·霍普金斯大学文学士（A.B.）；1922—1923 年密歇根大学研究生，1923 年取得哈佛大学文学硕士学位（A.M.），无硕士论文。1925 年取得哥伦比亚大学国际法专业哲学博士学位(Ph.D.),博士论文《治外法权的兴衰》(Extraterritoriality: its rise and its decline),一译《领事裁判权制度行废论》。1925年回国,任国民会议筹备处秘书厅帮办,清华教授。1927年任外交部条约委员会委员,1930年任外交部参事,1932—1941年任外交部欧美司司长,1942年任驻加拿大公使,1944年任驻加拿大大使,1947年4月—1949年任外交部政务次长,驻联合国大使。在外交部工作期间,兼任中央大学国际法教授(1929年起)。1949年1月任联合国托管理事会代表,后定居美国,1996年病逝。[56]

Ap010:施宗岳(1900—?),英文姓名 Sze Tsung-Yu(Shih Tsung Yu),广东人。1913—1917年在岭南学校(Canton Christian College)学习,后入清华留美预备班,1920年公费赴美留学。1921年取得美国约翰斯·霍普金斯大学文学士学位(A.B.,国际公法),1922年取得哥伦比亚大学文学硕士学位(M.A.,政治学院),硕士论文《山东问题的法律方面》(The Legal Aspects of the Shantung question)。1925年取得哥伦比亚大学哲学博士学位(Ph.D.,政治学院国际法专业),博士论文《中国与最惠国条款》(China and the most-favored-nation clause)。1927年任湖南省邮政管理局邮务长,是第一位由中国政府任命的华籍邮务长。1931年任苏浙皖区统税局副局长。1936年调任代理财政部税务署视察。[57]

Ap011:何葆仁(1895—1978),英文姓名 Ho Pao Jin,福建厦门人。1916年毕业于复旦公学中学科,1920年毕业于复旦大学。曾任中华民国学生联合会总会副会长、上海学生联合会会长,复旦学生分会会长。之后赴美留学,先入西雅图华盛顿大学(University of Washington),1921年取得文学士学位(A.B.)。后入伊利诺伊大学政治学系,1922年取得文学硕士学位(Master of Arts in Political Science),硕士论文《国际法中的报复》(Reprisals in international law)。1925年取得伊利诺伊大学哲学博士学位,博士论文《作为一种报复措施的平时封锁》(Pacific blockade with special reference to its use as a measure of reprisal)。回国后到复旦大学政治学系任教。后到南洋经商,1978年病逝于新加坡。[58]

Ap012:乔万选(1896—?),英文姓名 Chiao Wan-Hsuan,山西清源县人。1919年清华毕业后赴美留学,1921年威斯康星大学政治学系毕业,取得文学士学位(B.A.),1922年取得文学硕士学位(M.A.)。1926年取得哥伦比亚大学法科哲学博士学位(Ph.D., Department of Public Law and Jurisprudence),博士论文《英国有关中央与地方政府的分权》(Devolution in Great Britain)。同年取得芝加哥大学法学院法律博士学位(J.D.)。[59]

Ap013:娄学熙(1894—约1943),字穆清,英文姓名 Lou(Herbert) Hsiohsi 或者 Lou Hsueh-Hsi,吉林宾县人。1921年毕业于北京大学政治学系,获得学士学位。同年7月由吉林省政府选派官费出国;1923年取得哈佛大学文学硕士学位(M.A.,政治学专业),无硕士论文。1927年取得哥伦比亚大学(政治学院宪法学系)哲学博士学位(Ph.D.),博士论文《美国青少年法庭》(Juvenile courts in the United States)。1927年回国后,己未年文官高等考试合格,内务部赴美考察市政委员,曾任陆军第三四方面军团部秘书,辽宁、通辽、宽甸等县县长。1930—1932年任北平社会局长。1937年任燕京大学教授。曾任东北大学法学院政治学系教授,1941年任东北大学法学院院长。[60]

Ap014:于焌吉(1899—1968),字谦六,英文姓名 Yu Tsune-Chi 或者 James Tsune Chi Yu,河北人。1918年毕业于南开中学;1918—1921年在美国俄亥俄州丹尼森大学(Denison University)学习,获得哲学士(Ph.B.)和理学士(B.S.)学位;1921—1923年在哥伦比亚大学攻读国际法和欧洲政府学,1922年获得公法专业文学硕士学位(M.A.),硕士论文《职业代表制》(Occupational representation)。1922—1923年在纽约大学攻读经济地理学专业,1923年6月取得纽约大学理学硕士学位(Sc.M.)。1924年6月取得纽约大学经济地理学专业理学博士学位(Sc.D.),博士论文《满洲的经济地理问题》(Economic geographic problems in Manchuria,一译《东三省的经济地理问题》);1925—1927年在哥伦比亚大学政治学院攻读博士学位,导师是国际公法学家穆尔,1927年取得哲学博士学位(Ph.D.),博士论文《条约的解释》(The interpretation of treaties)。1927—1928年在伦敦政治经济学院研究国际公法。1928年回国,曾任职于武汉国民政府外交部、南京国民政府外交部。1930年任驻哈瓦纳总领事,1931年任驻旧金山总领事,1935—1946年任驻纽约总领事,1946年任驻意大利全权大使(是民国历史上第一个直接由总领事升任大使的外交官)。1957年后任台湾当局出席“联合国大会代表团副代表”。1968年病逝于台湾。[61]

Ap015：王化成（1902—1965），英文姓名 Wang Hua-Cheng，江苏丹徒人。1923 年清华毕业（与顾毓琇、梁实秋、吴景超、吴文藻、孙立人、熊式一、张忠绂等同届），1924 年取得美国明尼苏达大学（明城大学）文学士学位，之后转入芝加哥大学政治学系，1927 年取得芝加哥大学政治学系哲学博士学位（Ph.D.），博士论文《国际不法行为的补偿措施》（Measures of reparation for international delinquencies）。后到哈佛大学研究。回国后任教于清华大学（政治学系，国际公法课程）、北京大学、燕京大学、中央政治学校。1933 年代理清华大学政治学系主任。王化成是国际法学家王铁崖在清华大学国际法专业研究生时期的导师。1942—1947 年任外交部条约司司长，1946 年代表中国与美国签署《中美友好通商航海条约》。1947 年担任驻葡萄牙公使。1965 年 2 月病逝于美国俄亥俄州哥伦布市。[62]

Ap016：涂允檀（1897—1976），英文姓名 Tu Yun-Tan，湖北黄陂（涂家大湾）人。1918 年北京大学英文系毕业，1922 年底通过考选留学生考试，公费留美。1924 年取得伊利诺伊大学政治系文学硕士学位（M.A.），硕士论文《骚乱、谋杀和绑架而引起的外国人伤害的中国责任》（Chinese liability for injuries to foreigners on account of riots, insurrections, murders and brigandage）。1927 年取得伊利诺伊大学国际法专业哲学博士学位，博士论文《暴乱、谋杀和绑架而引起外国人伤害的国家责任》（State responsibility for injuries for foreigners on account of mob violence, murder, and brigandage）。1927 年 9 月任武汉市政府教育局局长，1928 年初任武汉卫戍司令部秘书长，同年被国民党中央指派为汉口特别市党部党务指导委员会委员，兼宣传部长，民众训练委员会委员，武汉大学筹备委员会委员，《湖北民国日报》社副经理。1929 年任武汉市政府社会局局长。1930 年任河北省立法商学院政治学系系主任、教授。1933 年任北平大学讲师。1935 年任国民政府外交部秘书、外交部条约委员会专任委员。1937 年任驻菲律宾马尼拉总领事。1940—1942 年任外交部条约司司长。1942—1947 年任驻巴拿马公使，兼驻哥斯达黎加、洪都拉斯、萨尔瓦多全权公使。1947—1949 年任驻缅甸大使。1950 年回北京，任外交部顾问，第二、三届政协全国委员会委员。1964 年以“历史反革命罪行”被捕，1976 年去世。后外交部、公安部为其平反。[63]

Ap017：马润卿（1893—1932），英文姓名 Mo Zung-Chung，浙江鄞县人。1913 年从苏州东吴大学本科毕业，1918 年从上海东吴大学法学院毕业（东吴法科第一届毕业生，成绩第一）。任中华书局英文部编辑。1926 年 4 月赴美留学（中华书局资助），1928 年取得爱荷华大学（State University of Iowa，通称为 University of Iowa）政治学系哲学博士学位（Ph. D.），博士论文《美国的最低工资立法》（Minimum wage legislation in the United States）。[64]

Ap018：杨振先（1902—1961），英文姓名 Young Chan Sain，广东梅县人。1925 年毕业于东南大学。1927 年毕业于美国密苏里大学，获得硕士学位（政治学专业），硕士论文《中国财政管理的发展》（The Development of Financial Administration in China）。1929 年取得印第安纳大学哲学博士学位，博士论文《国际会议作为推动国际法法典化和发展的机构》（International Conference as an agency of codification and development of international law）。1930 年回国，先后担任暨南大学、厦门大学教授。[65]

Ap019：吴瀚涛（1894—1988），字涤愆，英文姓名 Wu Han-Tao，吉林永吉县人，祖籍河北乐亭。1912 年考入吉林省立一中。1913 年入天津南开中学，与周恩来相识。1916 年以吉林省费生的身份赴日留学，毕业于东京帝国大学法学研究所。1925 年官费留美，入伊利诺伊大学，1930 年取得国际法专业哲学博士学位（Ph. D.），博士论文《因叛乱而导致外国人伤害的国家责任》（Responsibility of states for injuries sustained by aliens on account of acts of insurgents）。曾任东北大学、北京大学、中央大学、中央政治学校教授，《外交月报》总编辑，国民政府监察院监察委员、秘书长。抗战胜利后，任合江省政府主席兼保安司令，东北政务委员会文化委员会主任，东北"剿总"秘书长。1949 年去台湾，任东吴大学教授，《道德季刊》总编辑，中华文化复兴推行委员会副主任。1988 年去世。[66]

Ap020：王镜澄（1904—1977），英文姓名 Wang King-Ching，广东东莞人。1926 年从复旦大学社会科学科毕业，文学士学位。1932 年 6 月取得美国约翰斯·霍普金斯大学政治学系哲学博士学位（Ph. D.），博士论文《美国法律和实践中的弹劾》（Impeachments in American law and practice）。1935 年任中山大学政治学系教授，讲授"行政学"、"政治史"。曾任湖南省立商业专科学校教务长，1943 年秋任校长，1945 年辞职。1949

年后定居美国。[67]

Ap021：胡汉瑞（1900—?），英文姓名 Hu Hoen Zoe，江西南昌人。1925 年取得复旦大学文学士（复旦大学第一次大学正科社会科学科毕业，端木恺同学）。1926 年取得东吴法学院法学士学位。1927 年取得哥伦比亚大学公法科文学硕士学位（M. A.），硕士论文《宽限期》（Days of Grace）。1932 年取得哥伦比亚大学政治学院哲学博士学位，博士论文《国际联盟第 19 条下的条约修改》（Treaty reveision under Article Nineteen of the Covenant）。回国后担任上海新中国学院、复旦大学、暨南大学教授，1934 年到中山大学政治学系任教。曾经讲授"地方自治"、"中国法制史"、"罗马法"、"英文"、"法学通论"等。[68]

Ap022：张彝鼎（1902—1992），号鉴秋，英文姓名 Chang Yi-Ting，山西灵石县人，张友渔（原名张象鼎）之弟（同父异母）。1922 年入清华学校，1928 年以优等第一名毕业于清华学校高等科，公费赴美留学，同年 10 月插班入芝加哥大学政治学系三年级，师从国际法学家昆西·赖特（Quincy Wright，1890—1970）、政治学家查尔斯·E.梅里亚姆（Charless E.Merriam，1874—1953）和经济学家雅各布·瓦伊纳（Jacob Viner，1892—1970）。1929 年取得芝加哥大学哲学学士学位（Ph.B.），1930 年取得芝加哥大学文学硕士学位（M. A.），硕士论文《常设国际法院所适用的证据规则》（Rules of Evidence in the Permanent Court of International Justice，一译《海牙国际法院所适用的证据法》）。后转往哥伦比亚大学政治学院攻读国际公法，1933 年取得哥伦比亚大学哲学博士学位（Ph.D.），博士论文《条约的司法解释》（The interpretation of treaties by judicial tribunals）。1933 年回国从政，任军事委员会委员长侍从室秘书，兼任中央政治学校国际法教授。1939 年任第八战区副司令长官部政治部主任，1948 年任国防部政工局副局长。1949 年去台湾（妻与二子均留在大陆），从政多年。1962 年开始专门从事法律教育和学术活动，任政治大学教授、法律系主任、法律研究所所长等职。[69]

Ap023：黄廷英（1907—1991），英文姓名 Huang Ting-Young，广西桂平人。1929 年毕业于东吴大学（苏州），获得文学士学位（政治学专业），后赴美留学，1929 年 9 月入伊利诺伊大学政治学系，1930 年 10 月毕业，取得文学硕士学位（M.A.），硕士论文《国际公法上情势变迁原则论》（The doctrine of *rebus sic stantibus* in international law)。1930 年 10 月入约翰斯·霍普金斯大学政治学系(Department of Political Science),1933 年 6 月取得哲学博士学位(Ph.D.),博士论文《国际公法上情势变迁原则论》(The doctrine of *rebus sic stantibus* in international law),与硕士论文题目相同。回国后曾任东吴大学法学院教授,广西大学教授兼系主任和总务长。1946 年任外交部专门委员兼欧洲司帮办。1947 年当选为第一届国民大会代表。1947 年任驻加拿大使馆参事。后任加拿大联邦政府图书馆主任,利比里亚大学政治学教授,加拿大卡技术利大学客座教授。1991 年病逝于加拿大。[70]

Ap024:查修(1901—1990),英文姓名 Lincoln Hsiu Cha,安徽黟县人。1922 年毕业于武昌文华大学(Boone University,后改名华中大学),任职于清华图书馆。1927 年到美国伊利诺伊大学留学,1929 年取得该校图书馆学学士学位(B.L.S.),1930 年从该校政治学系取得文学硕士学位,硕士论文《国家对上层领空的管辖权》(Jurisdiction of states over the superincumbent airspace);1933 年又从该校政治学系取得哲学博士学位,博士论文《航空法中的责任》(Liability in the law of aviation)。1933 年回国后任职于私立武昌文华图书馆学专科学校,1934 年曾任暨南大学图书馆主任。1937 年在上海担任交通大学图书馆主任。1944—1945 兼任沪江大学讲师。1946 年至美国,曾短期任职于联合国秘书处,后在美国纽约市图书馆工作,1972 年退休,1990 年于纽约去世。[71]

Ap025:尹葆宇(1908—1989),英文姓名 Yin Pao-Yu,山东莱州人。1930 年取得沪江大学政治学系文学士学位。1935 年取得约翰斯·霍普金斯大学政治系哲学博士学位(Ph.D.),博士论文《国际联盟盟约第 10 条解释》(Article X of the Covenant of the League of Nations: an interpretation)。回国后担任中央大学教授,抗战期间从军,后入外交界,1949 年后去台湾。[72]

Ap026:邵循恪(1911—1976),字恭甫,英文姓名 Shaw Shyun-Keq,福建闽侯人,邵循正之弟。1926 年入清华政治学系,1930 年取得学士学位,1933 年底毕业于清华大学法科研究所政治学部,获得硕士学位(国际法专业),硕士论文《论情势如恒原则》(The Doctrine of Ribus Sic Stantibus,一作 The Clausula of Ribus Sic Stantibus,一译《现状如恒条款》),导师为1927年取得芝加哥大学公法科哲学博士学位的王化成。1933年12月8日,清华大学评议会决定资送邵循恪等人赴美留学,1934年入芝加哥大学,1937年取得芝加哥大学社会科学学院哲学博士学位(Ph.D.,国际关系),博士论文《论条约的过时》(The obsolescence of treaties)。回国后曾任教于武汉大学、西南联大、清华大学政治学系。1952年后调入北京政法学院。后入社科院近代史所(国际关系帝国主义侵华史组)工作。[73]

Ap027:谢天锡(1900—?),英文姓名Tse Tin-Sik,广东开平人。1924年岭南大学毕业。1925年取得哥伦比亚大学文学硕士学位(M.A.),硕士论文《英国战时内阁的宪法问题》(Constitutional aspects of the British war cabinet)。后入哈佛大学政府学系,1937年取得哈佛大学哲学博士学位(Ph.D.),博士论文《国际法上的国家尊严》(The dignity of states in international law)。后定居香港。[74]

图2.2 哈佛大学博士谢天锡

Ap028:董霖(1907—1988),英文姓名William Ling Tung,江苏海门人。1925年浙江海门中学未毕业即考入东南大学,1926年初从东南大学休学,回海门中学完成中学学业。之后考取复旦大学,仅用两年多时间即完成复旦的学业,1928年6月从复旦大学毕业,获得文学士学位(社会科学科,与谢景山、徐汉豪同届)。之后曾任北平特别参议会议长,中央政治会议秘书,曾任教于西安中山大学、河南中山大学。1936年5月出国求学,自费,入伊利诺伊大学政治学系攻读国际法专业,1937年6月取得文学硕士学位(M.A.),之后留校攻读博士学位,1939年6月取得国际法专业哲学博士学位(Ph.D.),并被授予Phi Beta Kappa钥匙的荣誉,博士论文《中国与国际公法》(China and some phases of international law)。从伊利诺伊大学毕业后,去耶鲁大学从事博士后研究,1940年1月回国,曾任教于复旦大学上海补习部(政治学系)和上海基督教联合大学。"珍珠港事件"后离开上海赴重庆,历任国防最高委员会参事(参与修订全国行政法规),中央宣传部主任秘书,立法委员,外交部美洲司长,驻荷兰大使,外交部常务次长。1950 年辞去公职,先后担任美国圣若望大学(St. John's University)政治学系主任及纽约市立大学(City University of New York)国际法教授。[75]

Ap029:陈芳芝(1914—1995),女,英文姓名 Agnes Fang-Chih Chen,广东汕头人。早年就读于香港女子拔萃英文书院,1931 年秋入燕京大学政治学系,1935 年本科毕业,入燕京大学研究院。1936 年取得美国布林茅尔(Bryn Mawr College,一译拜扬麦尔学院)奖学金,赴美留学,1940 年取得国际法专业哲学博士学位(Ph.D.),博士论文《与中国有关的若干国际法问题》(Certain problems of international law with reference to China)。1940 年初回燕京大学任教,曾任政治学系主任及研究院导师,主讲国际法及中国外交史等课程。1952 年院系调整后入北京政法学院,后又调至北京大学历史系,晚年致力于边疆历史问题研究。[76]

Ap030:陈世材(1910—1996),英文姓名 Samuel Shih-Tsai Chen,江西万安县(窑头乡夏坪村)人。早年入江西省立第七师范学校(江西吉安),1928 年转入上海立达学园补习。1929 年考入中山大学预科(曾师从书法家沙孟海),1931 年考入国立中央大学,1935 年毕业,获得法学士学位,之后继续在校攻读公法课程。1936 年自费赴美留学,曾经申请并获得清华大学的津贴补助。1939 年取得哈佛大学政府学系文学硕士学位(A.M.),曾撰写课程论文《国家的自决与主权:少数民族问题的核心》(Self-determination and sovereignty of the state: the core of the problem of minorities)。1941 年取得哈佛大学政府学系哲学博士学位(Ph.D.),博士论文《国家平等的某些方面》(A fragment on the equality of states)。1941 年 11 月任中央政治学校专任教授。1946 年任外交部专门委员兼美洲司帮办。1949 年全家移居美国,1950 年在纽约创办中国美术品公司,任董事长。1965 年任美国康涅狄格州州立中央大学(Central Connecticut State University)国际法教授。1980 年获得该校杰出服务奖。退休后多次捐赠中国历代书画珍品给该校。1990 年,该校将新建的艺术中心命名为陈世材博士艺术中心。1982 年以后多次回国,曾在南京大学、外交学院讲学,并捐赠医疗器械给家乡万安县的医院。1996 年在美国哈特福德市去世。[77]

Ap031：韦文起（1909—1994），英文姓名 Henry Wei，广东中山人。1935 年岭南大学毕业，后留学美国。1939 年取得芝加哥大学社会科学部（Division of the Social Sciences）文学硕士学位（M.A.），硕士论文《中日敌对与国际法》（The Sino-Japanese hostilities and international law）。1942 年取得芝加哥大学社会科学部哲学博士学位（Ph.D.，国际关系），韦文起博士论文题目与硕士论文题目完全相同，也是《中日敌对与国际法》（The Sino-Japanese hostilities and international law）。后留居美国，著有《中国与苏俄》。1994 年在美国加州去世。[78]

Ap032：李荣锦（1912—?），英文名 Li Jung-Chin（Wing），广东台山人。1936 年燕京大学毕业，1938 年取得密歇根大学文学硕士学位（M.A.，政治学专业）。1942 年取得美国乔治敦大学哲学博士学位（Ph.D.），博士论文《华盛顿会议以来中国的条约修改》（China's treaty revision since the Washington Conference）。1949 年后曾任教于燕京大学政治系。曾撰写论文《联合国与国际公法》。[79]

Ap033：潘维东（1915—?），英文姓名 P'an Wei-Tung（早期曾用名 Francis Tseh-Jo Pan），广东顺德人。毕业于私立广东国民大学，1936 年留学日本明治大学。1938 年留学美国普罗维登斯学院（Providence College），攻读社会学，1939 年入波士顿学院（Boston College），1940 年取得波士顿学院文学硕士学位。1944 年取得美国天主教大学（The Catholic University of America）哲学博士学位（Ph.D.，社会科学院政治学系宪法学专业），博士论文《中国宪法：中国四十年立宪研究》（The Chinese constitution: a study of forty years of constitution-making in China），导师

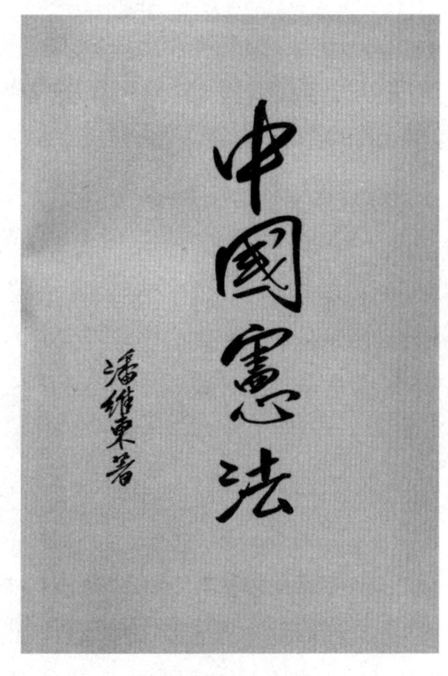

图 2.3 潘维东 1944 年美国天主教大学博士论文

是天主教大学社会科学学院政治学系主任赫伯特·弗朗西斯·赖特(Herbert Francis Wright,1892—1945)教授。1945年任美国乔治敦大学(Georgetown University)对外服务学院(School of Foreign Service)汉语和远东研究讲师。1955—1959年任美国马里伍德学院国际关系教师,后在纽约从事律师职业。[80]

Ap034:赵理海(1916—2000),英文姓名 Chao Li-Hai(Chao Lihai),山西闻喜县人。早年考入北京汇文中学,1935年进入燕京大学政治学系学习,1939年取得燕京大学文学士学位。1940—1941年就读于芝加哥大学,1942年获得文学硕士学位,硕士论文《中美商约研究》(A study of commercial treaties between China and the United States)。后入哈佛大学政府学系,1943年取得哈佛大学文学硕士学位(M.A.),1944年取得哈佛大学哲学博士学位(Ph.D.),博士论文《适用于中美条约中的国际法》(International law as applied to the Sino-American treaties)。之后进入哈佛法学院学习,1945年底回国,受聘于武汉大学。1945—1947年任武汉大学法学院教授。1947—1949年任中央大学法学院政治学系教授。1947—1957年任南京大学教授。1952年南京大学法学院停办后,入南京大学历史系,讲授"世界中世纪史"等。1957年调任北京大学法律学系教授,主讲国际法。"文化大革命"期间下放到江西五·七干校。1983年任美国纽约大学法学院客座教授。1996年当选为国际海洋法法庭法官。[81]

Ap035:史景成(1906—?),英文姓名 Shih Ching Cheng,山东人。1931年取得国立北平大学政治学士学位,1934年取得哈特福德神学院(Hartford Seminary)神学士学位(B.D.)。1946年3月取得芝加哥大学社会科学部(Division of Social Sciences)国际关系学系(Department of International Relations)哲学博士学位(Ph.D.),博士论文《春秋国际公法》(International law in the Ch'un Ch'iu period)。后留居加拿大,任多伦多大学教授。[82]

Ap036:顾裕昌(1922—1975),英文姓名 Wellington Koo, Jr.,江苏嘉定人,顾维钧之子。1947年取得哥伦比亚大学政治学院哲学博士学位(Ph.D.),博士论文《国际政治组织中的投票程序》(Voting procedures in international political organizations)。[83]

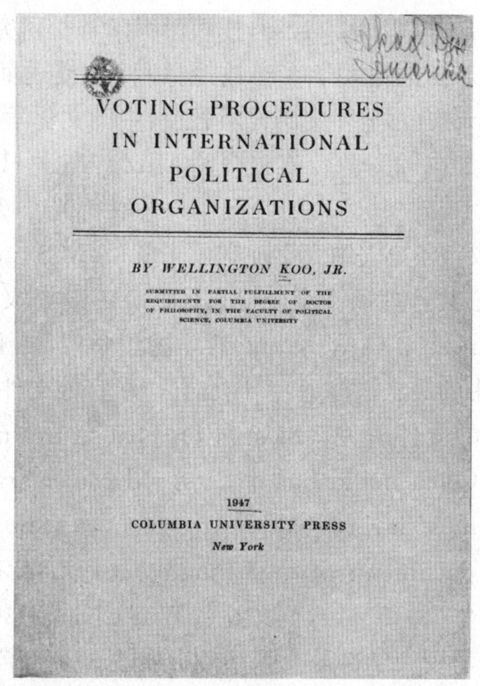
VOTING PROCEDURES IN INTERNATIONAL POLITICAL ORGANIZATIONS

BY WELLINGTON KOO, JR.

SUBMITTED IN PARTIAL FULFILLMENT OF THE REQUIREMENTS FOR THE DEGREE OF DOCTOR OF PHILOSOPHY, IN THE FACULTY OF POLITICAL SCIENCE, COLUMBIA UNIVERSITY

1947
COLUMBIA UNIVERSITY PRESS
New York

图 2.4　顾裕昌 1947 年哥伦比亚大学博士论文

Ap037:张乃维(1917—?),英文姓名 Chang Nai-Wei,江苏宜兴(杨巷)人。宜兴中学初中毕业,江苏省立上海中学高中毕业。1936 年考入中央政治学校大学部外交系,1940 年 6 月毕业,中央训练团第 27 期学员。高等考试外交官领事馆考试及格,入外交部。1943 年赴纽约领事馆,任荐任副领事。一年后辞职,入康奈尔大学学习,1945 年取得康奈尔大学政治学专业文学硕士学位(A.M.),硕士论文《外国人公平待遇的国际最低标准》(The international minimum standard of justice in the treatment of aliens)。后转学哈佛大学,1947 年取得哈佛大学国际政治与国际法专业文学硕士学位(M.A.),无硕士论文。1948 年取得哈佛大学政府学系哲学博士学位(Ph.D.),博士论文《国际法中个人待遇的公正标准》(The standard of justice for the treatment of the individual in international law)。毕业后重返政界。曾在海外任职,1951 年调回台湾,任淡江英语专科学校教授,台湾大学法学院教授。1954 年 1 月到 1955 年后出任台湾当局新闻局第二处处长,1955—1962 年任职教育部门。1963—

1971 年海外任职，1971 年返回台湾，任政治大学外交研究所教授兼所长。1973 年美国犹他州杨伯翰大学客座教授，1975 年夏返回台湾，任中兴大学教授兼训导长，政治大学外交研究所教授，中国文化学院华冈教授。[84]

Ap038：温粤熊（1920—?），英文姓名 Alfred Yueh-Hsiung Wen，广东兴宁人，温应星（1887—1968）之三子。1941 取得光华大学文学士学位（A.B.），1942 年取得印第安纳大学理学硕士学位（M.S. in Business），1944 年取得哈佛大学公共管理硕士学位（M.P.A.），1948 年取得印第安纳大学政府学系（Department of Government）哲学博士学位，博士论文《中国与外国列强早期关系中的最惠国待遇：清代官方与半官方文件中显示的中国对最惠国待遇态度的文件研究》（Most-favored-nation treatment in the early relations between China and foreign powers: a documentary study of China's Attitude toward most-favored-nation treatment, as shown in the official and semi-official documents of the Ching dynasty）。后留居美国。[85]

Ap039：吴强华（1915—?），英文姓名 Woo Chiang-Hwa，江苏吴县人。1937 年中央政治学校大学部外交系毕业。曾在外交部门工作，曾留学加拿大，后于 1949 年取得加利福尼亚大学柏克莱分校政治学系哲学博士学位，博士论文《安理会对国际争端的和平解决》（Pacific settlement of international disputes by the Security Council）。留居美国，在富勒顿学院（Fullerton College）任教。[86]

第三节 近代留美法科哲学博士统计分析

一、近代留美法科哲学博士的年代分布统计

表 2.1 近代留美法科哲学博士年代分布

年 代	姓 名	人数	百分比(约)
1900—1909	严锦镕	1	3%
1910—1919	严鹤龄、顾维钧、司徒尧、戴恩赛	4	10%
1920—1929	董维键、马如荣、杨光泩、刘师舜、施宗岳、何葆仁、乔万选、娄学熙、于焌吉、王化成、涂允檀、马润卿、杨振先	13	33%

（续表）

年　代	姓　　名	人数	百分比(约)
1930—1939	吴瀚涛、王镜澄、胡汉瑞、张彝鼎、黄廷英、查修、尹葆宇、邵循恪、谢天锡、董霖	10	26%
1940—1950	陈芳芝、陈世材、韦文起、李荣锦、潘维东、赵理海、史景成、顾裕昌、张乃维、温粤熊、吴强华	11	28%
总人数		**39**	

资料来源：本章第二节。

在1900—1909年段，留美法科哲学博士人数为1名。

在1910—1919年间，留美法科哲学博士人数为4名。

在1920—1929年间，留美法科哲学博士人数为13名。

在1930—1939年间，留美法科哲学博士人数为10名。

在1940—1950年间，留美法科哲学博士人数为11名。

总之，从数量上看，近代留美法科哲学博士主要出自20世纪20年代之后。

二、近代留美法科哲学博士的籍贯分布

表2.2　近代留美法科哲学博士籍贯分布

序列	省籍	人　　名	人数	百分比(约)
1	广东	严锦镕、司徒尧、戴恩赛、马如荣、施宗岳、杨振先、王镜澄、谢天锡、陈芳芝、韦文起、李荣锦、潘维东、温粤熊	13	33%
2	江苏	顾维钧、王化成、董霖、顾裕昌、张乃维、吴强华	6	15%
3	山西	乔万选、张彝鼎、赵理海	3	8%
4	江西	刘师舜、胡汉瑞、陈世材	3	8%
5	浙江	严鹤龄、杨光泩、马润卿	3	8%
6	福建	何葆仁、邵循恪	2	5%
7	山东	尹葆宇、史景成	2	5%
8	吉林	娄学熙、吴瀚涛	2	5%
9	湖北	涂允檀	1	3%
10	湖南	董维键	1	3%
11	广西	黄廷英	1	3%

（续表）

序列	省籍	人 名	人数	百分比(约)
12	河北	于焌吉	1	3%
13	安徽	查修	1	3%
	总人数		**39**	

资料来源：本章第二节。

39名留美法科哲学博士的籍贯者均已查清。输出近代留美法科哲学博士人数最多的省份是广东省（13人），其次是江苏省（6人），再次是山西、江西、浙江（各3人），之后是福建、山东、吉林（各2人），最后是湖北、湖南、广西、河北、安徽，均为1人。值得注意的是，近代留洋法学博士大省——浙江省在输出留美法科哲学博士的人数上相对较少。四川、河南、辽宁、云南、贵州、陕甘宁青、内蒙、新疆、西藏等省均为零。

三、近代留美法科哲学博士在美高校分布统计

表2.3 近代留美法科哲学博士在美高校分布

美国高校	人 名	人数	百分比(约)
哥伦比亚大学	严锦镕、严鹤龄、顾维钧、戴恩赛、董维健、刘师舜、施宗岳、乔万选、娄学熙、于焌吉、胡汉瑞、张彝鼎、顾裕昌	13	33%
伊利诺伊大学	何葆仁、涂允檀、吴瀚涛、查修、董霖	5	13%
哈佛大学	谢天锡、陈世材、赵理海、张乃维	4	10%
芝加哥大学	王化成、邵循恪、韦文起、史景成	4	10%
约翰斯·霍普金斯大学	王镜澄、黄廷英、尹葆宇	3	8%
加利福尼亚大学柏克莱	马如荣、吴强华	2	5%
印第安纳大学	杨振先、温粤熊	2	3%
普林斯顿大学	杨光泩	1	3%
美国天主教大学	潘维东	1	3%
布林茅尔学院	陈芳芝	1	3%
康奈尔大学	司徒尧	1	3%
乔治敦大学	李荣锦	1	3%
爱荷华大学	马润卿	1	3%
总人数		**39**	

资料来源：本章第二节。

毕业于哥伦比亚大学的近代留美法科哲学博士的人数最多，有13名，占总人数的34%；其次是伊利诺伊大学（5名）；再次是哈佛大学（4名）和芝加哥大学（4名）；之后是约翰斯·霍普金斯大学（3名）；然后是加利福尼亚大学柏克莱及印第安纳大学（各2名）；普林斯顿大学、美国天主教大学、布林茅尔学院、康奈尔大学、乔治敦大学、爱荷华大学各有1名。

哥伦比亚大学在培养中国近代狭义上的法学博士方面乏善可陈，但是在培养广义上的法科哲学博士方面却有着突出的表现，在一定程度上弥补了前者的不足，所以总体上说，哥伦比亚大学在培养中国近代广义法学博士方面并没有明显落后于哈佛大学、耶鲁大学。耶鲁大学的法学教育始终集中在法学院，没有类似于哥伦比亚大学那样的法科哲学博士。此外，中国近代留美法科哲学博士在美高校的分布也在一定程度上反映了美国当时宪法、国际法教育的分布。

四、近代留美法科哲学博士在华高校分布统计

表2.4　近代留美法科哲学博士在华高校分布

中国高校	人　名	人数
清华大学	戴恩赛、杨光泩、刘师舜、施宗岳、乔万选、王化成、张彝鼎、邵循恪	8
复旦大学	何葆仁、王镜澄、胡汉瑞、董霖	4
岭南大学	司徒尧、施宗岳、谢天锡、韦文起	4
圣约翰大学	严鹤龄、顾维钧、戴恩赛	3
东吴大学	马润卿、黄廷英、胡汉瑞	3
中央大学	杨振先（中央大学前身东南大学）、陈世材、董霖（中央大学前身东南大学）	3
燕京大学	陈芳芝、李荣锦、赵理海	3
北京大学	娄学熙、涂允檀	2
政治大学	张乃维、吴强华	2
北洋大学	严锦镕	1
国民大学	潘维东	1
文华大学	查修	1

（续表）

中国高校	人　　名	人数
湖南省立高等工业专门学校（后并入湖南大学）	董维键	1
沪江大学	尹葆宇	1
中山大学	陈世材	1
光华大学	温粤熊	1
总人数		**39**

资料来源：本章第二节。一人身兼多校者重复计入。本表统计不包括国内高校就读情况不详的史景成以及未曾在国内高校就读过的马如荣、于焌吉、吴瀚涛、顾裕昌。值得注意的是：戴恩赛从上海圣约翰大学毕业后又入清华留美预备学校；胡汉瑞在国内毕业于两所大学：复旦大学（B.A.）和东吴大学（LL.B.）；施宗岳曾就读于岭南大学和清华大学；陈世材曾就读于中山大学和中央大学；董霖曾就读于东南大学和复旦大学。

来自清华大学的留美法科哲学博士有 8 名，人数相对最多；其次是复旦大学和岭南大学（各 4 名），圣约翰大学、东吴大学、中央大学、燕京大学各有 3 名；北京大学、政治大学各有 2 名；北洋、国民、文华、光华等校各有 1 名。在留美法科哲学博士中，有 12 名来自教会大学，即圣约翰、岭南、燕京、东吴，此四校均为基督教教会大学，而天主教教会大学（震旦大学、辅仁大学、天津工商大学）均未输出留美法科哲学博士。东吴大学虽然在输出留美专业法学博士方面位居第一，在输出留美法科哲学博士方面却位居后位，只有马润卿、黄廷英、胡汉瑞三人。可见，东吴大学的毕业生更偏好于 J.D.之类职业性博士学位，尤其那种无需博士论文的一年制 J.D.或者 J.S.D.。事实上，留美法科哲学博士在华高校的本科专业很少是法律专业，不仅教会大学的法律毕业生不去攻读此类博士学位，国立大学、本土私立大学的法律毕业生也很少有人攻读此类博士学位，朝阳等法政类学校在这一方面更是乏善可陈，南开大学、武汉大学、中山大学、金陵大学、沪江大学、厦门大学等校在这方面均为零。

从另外一个角度看，大学本科教育背景往往决定了留美攻读博士学位的种类。本科取得非法学专业学士学位者，留美攻读广义的法科博士学位多选择 Ph.D.，而本科取得法学士学位者，留美攻读博士学位多选择 J.D.、S.J.D.或者 J.S.D.。这一博士途径的分歧与法科哲学博士和法学专业博士的不同录取条件有关。

五、近代留美法科哲学博士的博士论文统计分析

本书第一章中的近代留美法学博士情况复杂，既包括无博士论文的职业性博士，也包括有博士论文的学术性博士。而本章涵盖的留美法科哲学博士则较为单纯，全部属于有博士论文的学术性博士，且属于宪法或者国际法学内容。

表 2.5 近代留美法科哲学博士宪法学博士论文一览

序号	宪法博士论文题目	作 者	学 校	学位	年份
1	《美国宪法第十四条修正案中公民和私人的权利》	严锦镕	哥伦比亚大学	Ph.D.	1905
2	《中国宪法发展调查》(一译《中国宪政展望概论》)	严鹤龄	哥伦比亚大学	Ph.D.	1911
3	《管理权与市区规划的关系——公法上的研究》	司徒尧	康奈尔大学	Ph.D.	1917
4	《英国有关中央与地方政府的分权》	乔万选	哥伦比亚大学	Ph.D.	1926
5	《美国青少年法庭》	娄学熙	哥伦比亚大学	Ph.D.	1927
6	《美国的最低工资立法》	马润卿	爱荷华大学	Ph.D.	1928
7	《美国法律和实践中的弹劾》	王镜澄	约翰斯·霍普金斯大学	Ph.D.	1932
8	《中国宪法：中国四十年立宪研究》	潘维东	美国天主教大学	Ph.D.	1944
	总数 8 篇				

资料来源：本章第二节。

表 2.6 近代留美法科哲学博士国际法博士论文一览

序号	国际法学博士论文题目	作 者	学 校	学位	年份
1	《外人在华之地位》	顾维钧	哥伦比亚大学	Ph.D.	1912
2	《中国的条约口岸：外交研究》	戴恩赛	哥伦比亚大学	Ph.D.	1918
3	《国际视角下的鸦片交易》	董维键	哥伦比亚大学	Ph.D.	1920
4	《外人在华管辖权》	马如荣	加利福尼亚大学柏克莱	Ph.D.	1921
5	《外人在美国的权利》	杨光泩	普林斯顿大学	Ph.D.	1924
6	《治外法权的兴衰》	刘师舜	哥伦比亚大学	Ph.D.	1925
7	《中国与最惠国条款》	施宗岳	哥伦比亚大学	Ph.D.	1925
8	《作为一种报复措施的平时封锁》	何葆仁	伊利诺伊大学	Ph.D.	1925

（续表）

序号	国际法学博士论文题目	作　者	学　　校	学位	年份
9	《条约的解释》	于焌吉	哥伦比亚大学	Ph.D.	1927
10	《国际不法行为的补偿措施》	王化成	芝加哥大学	Ph.D.	1927
11	《暴乱、谋杀和绑架而引起外国人伤害的国家责任》	涂允檀	伊利诺伊大学	Ph.D.	1927
12	《国际会议作为推动国际法法典化和发展的机构》	杨振先	印第安纳大学大学	Ph.D.	1929
13	《因叛乱而导致外国人伤害的国家责任》	吴瀚涛	伊利诺伊大学	Ph.D.	1930
14	《国际联盟第19条下的条约修改》	胡汉瑞	哥伦比亚大学	Ph.D.	1932
15	《条约的司法解释》	张彝鼎	哥伦比亚大学	Ph.D.	1933
16	《国际公法上情势变迁原则论》	黄廷英	约翰斯·霍普金斯大学	Ph.D.	1933
17	《航空法中的责任》	查　修	伊利诺伊大学	Ph.D.	1933
18	《国际联盟盟约第10条解释》	尹葆宇	约翰斯·霍普金斯大学	Ph.D.	1935
19	《国际法上的国家尊严》	谢天锡	哈佛大学	Ph.D.	1937
20	《论条约的过时》	邵循恪	芝加哥大学	Ph.D.	1937
21	《中国与国际公法》	董　霖	伊利诺伊大学	Ph.D.	1939
22	《与中国有关的若干国际法问题》	陈芳芝	拜扬麦尔学院	Ph.D.	1939
23	《国家平等的某些方面》	陈世材	哈佛大学	Ph.D.	1941
24	《中日敌对与国际法》	韦文起	芝加哥大学	Ph.D.	1942
25	《华盛顿会议以来中国的条约修改》	李荣锦	乔治敦大学	Ph.D.	1942
26	《适用于中美条约中的国际法》	赵理海	哈佛大学	Ph.D.	1944
27	《春秋国际公法》	史景成	芝加哥大学	Ph.D.	1946
28	《国际政治组织中的投票程序》	顾裕昌	哥伦比亚大学	Ph.D.	1947
29	《国际法中个人待遇的公正标准》	张乃维	哈佛大学	Ph.D.	1948
30	《中国与外国列强早期关系中的最惠国待遇：清代官方与半官方文件中显示的中国对最惠国待遇态度的文件研究》	温粤熊	印第安纳大学	Ph.D.	1948
31	《安理会对国际争端的和平解决》	吴强华	加利福尼亚大学柏克莱	Ph.D.	1949
	总数31篇				

资料来源：本章第二节。

近代留美法科哲学博士的毕业论文集中在国际法和宪法两种专业，

而前者的数量又明显超过后者。在留美法科哲学博士的39篇论文中,国际法学博士论文数量(31篇)是宪法学博士论文数量(8篇)的4倍多。在国际法博士论文中,有关条约法的论文占据了绝大多数,有关中国问题的论文也占据一半的数量。在宪法博士论文中,有关美国和中国宪法的论文占据主导地位。此外,行政法虽然属于公法范畴,但近代留美法科哲学博士无人选择行政法作为博士论文主题。

本章小结

无论从形式上还是从质量上,近代留美法科哲学博士的毕业论文都达到了一个较高的程度,有些博士论文,即使拿到今天也毫不逊色。相比本书第一章中那些一年制的法学博士论文,很明显,法科哲学博士论文更加学术化和正规化,基本上属于名副其实的博士论文。从这批法科哲学博士的留学教育背景上看,他们很多人不仅花费了两三年时间撰写博士论文,在此之前往往还经历过硕士阶段的学术培训,有撰写硕士论文的经验,这也为法科哲学博士论文的撰写打下了良好的基础。反观从国内读完法律本科直接出国攻读一年或者一年半制的J.D.或者J.S.D./S.J.D.学位的学生,除个别情况外,要么没有撰写博士论文的必要,要么博士论文标准相对较低。在几个月内匆匆而就的博士论文,其质量通常不如花费一两年精心撰写的博士论文,这是不争的事实。自然科学也许天才的成分很重要,但对于法学来说,即使智力过人,如果没有深厚的学术积累,也很难写出一定分量的博士论文。更何况对于留学生来说,还有外语这一关,而语言(尤其是书面语言)更需要时间的积累。当然,这只是从博士论文整体质量上的评价,并不能想当然地得出本章近代留美法科哲学博士要比上一章近代留美法学博士更为优秀的结论。对于那些无需撰写博士论文的职业性法律博士,他们学业的目标并非学术论文,很多人回国后遂投身律师界、司法界或者其他实务部门,也有少部分留美职业性法律博士在实务与学术两方面均很出色。对于一个人未来的学术造诣,博士论文既非天然保障,也非前提条件。

注释

1. 商务印书馆2002年出版的《留美哲学博士文选——中西哲学比较研究》一书中收录的“留美哲学博士”全部是哲学专业哲学博士。

2. 陈忠诚著:《法苑译谭》,中国法制出版社2000年6月第1版,第157页。

3. 郭玉贵著:《美国和苏联学位制度比较研究——兼论中国学位制度》,复旦大学出版社1991年9月第1版,第7页,脚注2。

4. 详见本书第三章。

5. Report on State Supervison of the Degree-Conferring Institutions, *The School Review*, Vol 6, No.5, May, 1898, The University of Chicago Press, at 351.

6. Https://www.law.uw.edu/apply/phd/.

7. Https://www.law.berkeley.edu/academics/doctoral-programs/jsp/.

8. Https://www.law.yale.edu/studying-law-yale/degree-programs/graduate-programs/phd-program.

9. 耶鲁大学的D.C.L.学位是一个例外,但是只有少数人获得。

10. Georg Schwarzenberger, *International Law*, Vol. 1, London, Stevens & Sons, Ltd., 1945, at 8.

11. The History of International Law at Columbia, A History of Cosmopolitanism: Columbia's Unique Contribution, http://www.law.columbia.edu/center_program/intl_progs/History.

12、13. [美]庞德:《法律教育第一次报告书》(1946年9月),杨兆龙译,载《杨兆龙文集》,复旦大学出版社2018年7月第1版,第439页。

14. Robert Stevens, *Law School: Legal Education in America from the 1850s to the 1980s*, p.170, footnote 211, 222(footnote 42)(The University of North Carolina Press 1983).

15. 穆尔(John Bassett Moore, 1860—1947), 1880年毕业于弗吉尼亚大学,1885—1886年任美国国务院法律秘书,之后担任助理国务卿。1891年,穆尔离开美国国务院,接受哥伦比亚大学法学院聘请,担任国际法和外交学教授(Hamilton Fish Professorship of International Law and Diplomacy),该教席是美国设立的第一个国际法教席。见 The History of International Law at Columbia, http://www.law.columbia.edu/center_program/intl_progs/History。

16. 参见《顾维钧回忆录》第一分册,中华书局1983年第1版,第70—78页。此外,民国时期的另一位外交家金问泗也曾经师从穆尔教授攻读国际法,1919年取得哥伦比亚大学法学硕士学位(LL.M.)。参见金问泗著:《我与谟亚教授的师生关系》,载《从巴黎和会到国联》,台湾传记文学出版社1983年再版,第1—9页(谟亚教授即穆尔教授)。

17. 1941 年出版的《现代中国人物志》直接记载顾维钧“留学美国哥伦比亚大学，得法学博士学位”。刘葆著:《现代中国人物志》,上海博文书店 1941 年版,第 285 页。

18.《顾维钧回忆录》第一分册,中华书局 1983 年 5 月第 1 版,第 70 页。

19. Columbia University Masters' Essays and Doctoral Dissertations on Asia 1875—1956, compiled by The East Asiatic Library, Columbia University Libraries, New York, 1957.

20. Id., at 10.

21.《外交部职官履历册》,外交部文书科编印,1913 年 6 月 10 日,第 4 叶。

22. 袁道丰:《与顾少川大使谈外交——一段极珍贵的外交经验与资料》,载董霖译著:《顾维钧与中国战时外交》,台湾传记文学出版社 1984 年再版,第 163 页。

23.《顾维钧回忆录》第一分册,中华书局 1983 年 5 月第 1 版,第 31 页;参见《顾维钧的早年留美生活》,载袁道丰著:《顾维钧其人其事》,台湾商务印书馆 1988 年 6 月初版,第 61 页(原文如下:“第一学年终结时,我将主修何科的疑难已经冰释了。我已决定主修政治学和国际外交学。”)。

24.《顾维钧回忆录》第一分册,中华书局 1983 年 5 月第 1 版,第 70 页。顾维钧的这一硕士论文现藏于哥伦比亚大学图书馆。

25.《名重四海的外交家顾维钧博士》,载殷允芃:《中国人的光辉及其他——当代名人访问录》(新潮丛书之九),台北志文出版社 1971 年 6 月初版,第 49 页。该采访最初刊登在 1969 年 1 月《皇冠》杂志。

26. 刘达人著:《外交科学概论》,上海,中华书局,1937 年 7 月发行,1941 年 8 月再版,序言。

27.《中国名人录》,1936 年第五版,第 218 页。

28. 庄政:《孙中山家属与民国关系》,正中书局 1989 年初版,第 83 页。

29. 房兆楹辑:《清末民初留学学生题名录》初辑,“清华学校同学录”,台北“中央研究院近代史研究所”编印,1962 年初版,第 181 页。

30. 参见庄政:《孙中山家属与民国关系》,正中书局,1989 年初版,第 83 页。

31、32. 张彝鼎:《鉴秋忆往录》,台北,私印本,1981 年,第 11 页。

33. 同上书,第 12 页。

34. 同上书,第 16 页。

35. School of Law Announcement 1919—1920, Columbia University Bulletin of Information, Nineteenth Series, No.10, January 27, 1919, at 27.

36. 袁同礼:《中国留美同学博士论文目录》,编号 756。袁同礼将汪瑄的姓名误为“王瑄”。汪瑄 1947 年获得康奈尔大学哲学博士学位。

37. 袁同礼:《中国留美同学博士论文目录》,编号 185。

38. *Bulletin of Yale University*, *Law School Catalogue*, *1905—1906*, at 76.

39. 这一日期是王志强教授委托在哥伦比亚大学攻读法学硕士的陈聪同学于2010年5月初从哥伦比亚大学档案馆取得。

40. 见《纽约时报》1905年6月4日版第7页的新闻预告:Columbia University Commencement Plans。

41. 见《纽约时报》1905年6月15日第5页报道:Degrees from Columbia for 1 137 Recipients。

42. A.A.Yung著:《二百五十个美国博士》,馥波译,《华年》杂志第一卷第7期,1932年,第132页。

43.《顾维钧回忆录》的译者将严锦镕的英文姓名按照英文发音翻译成"叶庆云",见《顾维钧回忆录》第一册,中国社会科学院近代史研究所译,中华书局1983年5月第1版,第28页。"叶庆云"这一误译的名字后来又被人继续引用,见裴艳著:《留学生与中国法学》(中国学科现代化转型丛书),南开大学出版社2009年5月第1版,第138页。

44. 伍连德:《得之于人,用之于世——医学家伍连德自述》,《良友》杂志第58期,第16页。

45. 伍连德:《三十年来和疫菌的抗战——伍连德自述》,《良友人物1926—1945》,上海社会科学出版社2004年1月第1版,第134页,原载《良友》第104期。

46、47. Yu-lin Wu, Memories of Dr. Wu Lien-teh, plague fighter, at 21.

48. 参见严锦镕博士论文所附VITA页;Columbia University, One Hundred and Fifty-first Annual Commencement, June 14, 1905, at 26; Https://clio.columbia.edu/catalog/1934366;《严锦荣神经已乱》,载《申报》1910年7月28日第二张第二版,"本埠新闻"栏目;《张元济致杨士琦信札(1905年5月7日)》,载《张元济全集》第10卷,商务印书馆2010年11月第1版,第396页;《温宗尧、张元济"致严君锦荣同学之公启"(1922年10月)》,载《张元济全集》第5卷,商务印书馆2008年版,第453页("严君学成归国,旋入仕途,睹国事之日非,悲焉忧伤,遂成心疾,萍踪漂泊,孑然一身。")。

49.《国立北京大学职教员录》1936年,第36页;《外交部职员录》1918年12月,第1页;有记载称严鹤龄是"纽约大学政治学博士",石源华主编:《中华民国外交史辞典》,上海古籍出版社1996年第1版,第323页;Https://clio.columbia.edu/catalog/1934365;《周校长对于第五次高等科毕业生训辞》,载《清华周刊》1917年第3期,第11页;《外交部职员录》1918年12月,第1页;《中国名人录》1936年第五版,第277—278页;徐以骅、韩信昌著:《海上梵王渡——圣约翰大学》,河北教育出版社2003年9月第1版,第21页;李贵连、孙家红、李启成、俞江编:《百年法学:北京大学法学院院史(1904—2004)》,北京大学出版社2004年4月第1版,第63页;Http://www.sjuaa.

org/index.htm；方静飞：《严鹤龄》，载诸焕灿主编：《姚江名人》（近现代编），浙江古籍出版社 2009 年 1 月第 1 版，第 74—79 页。

50. 顾维钧硕士论文现藏于哥伦比亚大学图书馆，索书号：COA F09 v.16，https://clio.columbia.edu/catalog/4302174；《顾维钧回忆录》。

51. 司徒尧博士论文打印原稿现保存于康奈尔大学 Kroch Library Rare & Manuscripts，索书号 Thesis 1917 S998，https://newcatalog.library.cornell.edu/catalog/4081088。

52. Https://clio.columbia.edu/catalog/4290168; https://clio.columbia.edu/catalog/4733380; En-Sai Tai, Vita, in Treaty Ports in China (A Study in Diplomacy), New York City, 1918, University Printing Office, Columbia University, at 203；《"中华民国"驻国外使节名录暨外交官简历》；Http://www.sjuaa.org/index.htm.

53. A List of American Doctoral Dissertations Printed in 1920, Library of Congress, Washington, Government Printing Office, Library Branch, 1922, at 33；《湖南省志・人物志》（下册），湖南出版社 1995 年 12 月第 1 版，第 240—242 页；董维健博士论文现藏哥伦比亚大学法律图书馆，索书号 JX5470 D9，https://clio.columbia.edu/catalog/b330017。

54. 马如荣硕士论文现藏于加州大学伯克利分校图书馆 Main (Gardner) Stacks (NRLF)，索书号 308t.M214; Record of Theses submitted in partial fulfillment of the requirements for the degree of Doctor of Philosophy at the University of California 1885—1926, University of California, 1926, at 64; University of California: in Memeoriam, May, 1977, a publication of the University of California, at 158—160。

55. 杨光泩博士论文现藏于普林斯顿大学 Seeley G. Mudd Library (Mudd)，索书号 PRIN 685.1924.30；《中国名人录》1936 年第五版，第 270—271 页；杨立林：《驻菲总领事杨光泩殉难略记》，载中国人民政治协商会议江苏省委员会文史资料研究委员会编：《江苏文史资料选辑》第 17 辑，江苏古籍出版社 1986 年 3 月第 1 版，第 141—143 页。

56. The Johns Hopkins University Circular, University Register 1921—1922, Baltimore, Maryland, January, 1922, at 487; Https://clio.columbia.edu/catalog/2327091；《民国二十四年中国外交年鉴》（下编），世界书局 1935 年 3 月初版，第 172 页；《"中华民国"驻国外使节名录暨外交官简历》；《历届政府外交部职官年表（1912—1949）》，载石源华主编：《中华民国外交史辞典》，上海古籍出版社 1996 年 6 月第 1 版，第 764—770 页，第 283 页。

57. Https://clio.columbia.edu/catalog/4290155; Https://clio.columbia.edu/catalog/4740607；财政部《财政日刊》1931 年，第 949 号，第 4 页；财政部《财政日刊》1936 年，第 2553 号，第 1 页。

58. *The Fuh-Tan Banner*（《复旦年刊》），Vol.II, July, 1920, Shanghai, at 34；何

葆仁博士论文现存于伊利诺伊大学(University of Illinois at Urbana-Champaign)图书馆 Oak Street Facility,索书号 341.6 H651P; Http://vufind.carli.illinois.edu/vf-uiu/Record/uiu_2856763/Holdings;史姿:《何葆仁博士传略》,载《厦门文史资料》第 15 辑,1989 年 10 月,第 59—63 页;陈达著:《浪迹十年之行旅记闻》,商务印书馆 2013 年 10 月第 1 版,第 100 页。

59. Https://clio.columbia.edu/catalog/1893441;参见本书第一章第三节。

60. 北京大学注册部编志课编:《国立北京大学毕业学生一览》,1930 年,第 241 页;王振乾、丘琴、姜克夫编著:《东北大学史稿》,东北师范大学出版社 1988 年 1 月第 1 版,第 211 页;梅佳选编:《回国留学生就业状况调查表一组》,载《北京档案史料》1996 年第 4 期,第 15 页。据称学者金毓黻曾撰《国立东北大学教授政治学博士娄君(穆清)传》,但是未见公开发行。《金毓黻学术年谱》,载《学术研究丛刊》(增刊),1987 年 5 月,第 129 页;Https://clio.columbia.edu/catalog/1934605。

61. "外交部档案资讯处"编:《"中国"驻外各使馆历任馆长衔名年表》增订本,台湾商务印书馆 1989 年增订一版,第 120 页,第 137 页;《怀念于焌吉先生》,载《于润生先生访问纪录》("中央研究院近代史研究所"口述历史丛书),沈云龙访问,林泉纪录,台北,"中央研究院近代史研究所"编印发行,1986 年 4 月初版,第 149—151 页;Tsune-Chi YuVita, in The Interpretation of Treaties, by Tsune-chi Yu, Columbia University, New York, 1927, at 289; Https://clio.columbia.edu/catalog/4288721; https://clio.columbia.edu/catalog/1932914.

62.《民国外交机构及职员情况简述》,载《南京方志通讯》1990 年第 1 期,第 38 页;苏云峰编撰:《清华大学师生名录资料汇编 1927—1949》,台湾"中央研究院近代史研究所"2004 年 4 月出版,第 15 页;《历届政府外交部职官年表(1912—1949)》,载石源华主编:《中华民国外交史辞典》,上海古籍出版社第 768—769 页;"外交部档案资讯处"编:《"中国"驻外各使馆历任馆长衔名年表》增订本,台湾商务印书馆 1989 年增订一版,第 133 页;Http://pi.lib.uchicago.edu/1001/cat/bib/4110423;王化成:《清华政治学系之概况》,载《清华周刊》第 30 卷第 4 期,1934 年 6 月 1 日发行,第 29 页;[加]罗纳德·麦克唐纳:《坚忍求索,铸就丰碑》,载《中国国际法年刊》(2002—2003),法律出版社 2006 年第 1 版,第 10 页。

63. 刘真:《留学教育——中国留学教育史料》,第 1565 页;有资料称涂允檀取得美国哥伦比亚大学博士学位,见阚泽群、肖舟:《涂允檀:第一个起义的民国政府驻外大使》,载《文史春秋》2002 年第 7 期。这一记载显然有误。哥伦比亚大学图书馆藏有涂允檀博士论文的缩微胶片,哥大图书馆信息显示,涂允檀博士论文是 1927 年伊利诺伊大学博士论文,https://clio.columbia.edu/catalog/1991547。涂允檀博士论文原件藏于伊利诺伊大学(University of Illinois at Urbana-Champaign)图书馆 Archives Oak Street,索书号 1927 T79,http://vufind.carli.illinois.edu/vf-uiu/Record/uiu_

6529196；Http://www.whfz.gov.cn/Article_Show.asp?ArticleID＝7538；Http://www.cug.edu.cn/2003/zhuantiwang/dycz/12_2.htm.

64. 马润卿博士论文现藏于爱荷华大学图书馆及档案馆特藏部，索书号T1928.M687。

65. 袁同礼：《中国留美同学博士论文目录》将其姓名误作为杨善三；Department of Political Science, Master Degrees, 1902—2015; Http://web.missouri.edu/～endersbyj/MU-MAs.htm；杨振先博士论文现存于印第安纳大学 Blmgtn-Auxiliary Library Facility，索书号 JX7000.Y69，http://iucat.iu.edu/catalog/636689。

66.《民国七年吉林官自费生调查表》，载吉林省档案馆编：《王希天档案史料选编》，长春出版社 1996 年 8 月第 1 版，第 47 页；Http://vufind.carli.illinois.edu/vf-uiu/Record/uiu_2363744；有人称吴瀚涛是"当时我国仅有的一位哲学博士"（见郭德辉：《学者吴瀚涛》，载九台市政协文史资料委员会编：《九台文史资料》第 4 辑，1997 年 2 月，第 160 页），这显然不符合事实；《东北人物大辞典》第二卷上册，辽宁古籍出版社 1996 年 12 月第 1 版，第 818 页；邵延淼主编：《辛亥以来人物年里录》，江苏教育出版社 1994 年 6 月第 1 版，第 427 页；刘寿林、万仁元、王玉文、孔庆泰编：《民国职官年表》，中华书局 1995 年 8 月第 1 版，第 1302 页。

67. 杨慎初、唐筱春、谭绍山、李南山著：《湖南省立克强学院建院始末》，载《长沙文史》第 13 辑，1992 年 11 月，第 207—208 页；张紧跟编：《百年历程：1905—2005 中山大学的政治学与行政学》，中山大学出版社 2005 年 10 月第 1 版，第 60 页；The Johns Hopkins University, Conferring of Degrees at the Close of the Fifty-Sixth Academic Year, June 14, 1932, at 14; Https://catalyst.library.jhu.edu/catalog/bib_1627534.

68. 胡汉瑞博士论文藏于哥伦比亚大学图书馆，索书号：378.7CWO H864，https://clio.columbia.edu/catalog/1935114。值得注意的是，袁同礼《中国留美同学博士论文目录》遗漏胡汉瑞及其博士论文；胡汉瑞硕士论文藏于哥伦比亚大学图书馆，索书号：COA F27 v.22，https://clio.columbia.edu/catalog/4282446。胡汉瑞这篇硕士论文属于国际法学论文，所谓"宽限期"专指允许敌国商船驶离港口的期限。

69. 张彝鼎著：《鉴秋忆往录》，1981 年，台北，私印本；赵国材：《敬悼国际法学家张彝鼎先生》，载《"中华民国"褒扬令集》（续编四），1990 年，"国史馆"编，第 574—577 页；《张彝鼎先生事略》，载《"国史馆"现藏民国人物传记史料汇编》第 8 辑，台北，"国史馆"，1993 年，第 308—311 页；蒋巍：《双子星座——海峡两岸法学泰斗张友渔、张彝鼎的传奇故事》，《中国作家》1994 年第 1 期，第 81—98 页；Http://pi.lib.uchicago.edu/1001/cat/bib/4414492; Https://clio.columbia.edu/catalog/b220550.

70.《私立东吴大学法学院一览》，1936 年，第 8 页；《外交部职员录》，1946 年，第 21 页；《中国国民党百年人物全书》（下册），第 2058 页；广西壮族自治区图书馆编著：《广西民国人物》，广西人民出版社 2008 年 12 月第 1 版，第 227 页；黄廷英硕士论文藏于伊利诺伊大学图书馆，索书号：1930 H85，http://vufind.carli.illinois.edu/vf-uiu/Record/uiu_6516377；The Johns Hopkins University，Conferring of Degrees at the Close of the Fifty-Seventh Academic Year，June 13，1933，at 12；黄廷英博士论文打印稿(Typescript，carbon copy，1932)藏于约翰斯·霍普金斯大学图书馆特藏部，索书号：JHU THESIS Huang，Ting-young 1932 c. 1/C.2，https://catalyst.library.jhu.edu/catalog/bib_1521518。黄廷英博士论文 1935 年由上海 The Comacrib press 出版，约翰斯·霍普金斯大学图书馆也有藏，索书号：JX4171.C6 H8 1935a c. 1，https://catalyst.library.jhu.edu/catalog/bib_1239647。“黄廷英生平简述”，载《广西文献》第 55 期，1992 年。

71.《沪江年刊》1945 年；《中国图书馆名人录》，1930 年，第 15 页；苏云峰著：《从清华学堂到清华大学 1911～1929：近代中国高等教育研究》，第 113 页；郑锦怀：《查修的生平与图书馆学成就考察》，载《大学图书馆学报》，2011 年第 3 期，第 118—125 页；乔亚铭：《查修与图书馆的渊源及其重要成就》，载《情报探索》，2016 年第 8 期，第 62—66 页；查修硕士论文现藏于伊利诺伊大学图书馆，索书号：1930 C34，http://vufind.carli.illinois.edu/vf-uiu/Record/uiu_6516335；Http://vufind.carli.illinois.edu/vf-uiu/Record/uiu_2011824。

72. 孙家洲、杜金鹏主编：《莱州文史要览》，齐鲁书社 2013 年 5 月第 1 版，第 330—331 页；尹葆宇博士论文现藏于约翰斯·霍普金斯大学图书馆特藏部，索书号 JHU THESIS Yin，Pao-Yu 1935。

73. 张振鹍：《我们的组长邵先生——邵先生在近代史所》，“编者按”，载戴学稷、徐如编：《邵循正先生百年诞辰纪念文集(续编)》，福州，2010 年 11 月，第 109 页；邵循恪硕士论文考试委员包括王化成、浦逖生、张奚若、钱端升、萧公权、沈乃正、蒋廷黻、燕召亭，见《清华大学史料选编》第二卷(下)(1928—1937)，清华大学出版社 1991 年 3 月第 1 版，第 646 页；《清华研究院历届毕业生论文题目一览》(1933 年 6 月—1946 年 5 月)，载《清华大学史料选编》第三卷(上)，清华大学出版社 1994 年 4 月第 1 版，第 103 页；孙宏云著：《中国现代政治学的展开：清华政治学系的早期发展(一九二六至一九三七)》，生活·读书·新知三联书店 2005 年 5 月第 1 版，第 155 页；《清华大学一览》1937，转引自《清华大学史料选编》第二卷(下)(1928—1937)，清华大学出版社 1991 年 3 月第 1 版，第 597 页；Http://pi.lib.uchicago.edu/1001/cat/bib/4131563；苏云峰编撰：《清华大学师生名录资料汇编 1927—1949》，台北“中央研究院近代史研究所”2004 年出版，第 77、166 页；王铁崖总主编：《中华法学大辞典》(国际法卷)，中国检察出版社 1996 年 5 月第 1 版，第 496 页。

74. Https://clio.columbia.edu/catalog/4289502；Http://id.lib.harvard.edu/aleph/003992307/catalog.

75. William L.Tung，*Revolutionary China：A Personal Account，1926—1949*，

St. Martin's Press, New York, 1973;《复旦大学同学录》,民国二十一年秋;"发给留学证书登记",廿四年度,第 20 页,载《核发留学证书登记册 1932—1948 年》,中国第二历史档案馆,档案号:五-15337; Http://vufind.carli.illinois.edu/vf-uiu/Record/uiu_1346922/Description.

76.《燕京大学人物志》第一辑,北京大学出版社 2001 年 4 月第 1 版,第 366—367 页;Https://tripod.brynmawr.edu/find/Record/.b3536470。

77."发给留学证书登记",廿四年度,第 27 页,载《核发留学证书登记册 1932—1948 年》,中国第二历史档案馆,档案号:五-15337; Http://id.lib.harvard.edu/aleph/010157057/catalog; Http://id.lib.harvard.edu/aleph/003805774/catalog;《中央政治学校职员录》,1944 年 8 月 1 日编,第 12 页;《外交部职员录》,1946 年,第 27 页;《美国华人名人录》,广东科技出版社 1994 年 1 月第 1 版,第 149 页;《万安文史资料》第 7 辑,1991 年 12 月,第 59—61 页;陈世材:《敬忆吾师沙孟海先生》,载《翰墨春秋:沙孟海先生纪念集》,西泠印社,1995 年 6 月版,第 216—218 页;Http://articles.courant.com/1996-11-20/news/9611200343_1_mr-chen-two-han-dynasties-political-science。

78.《旅美中国同人录》,1944 年第二版,第 44 页;The University of Chicago Doctoral Dissertations and Master's Theses on Asia 1894—1962, compiled by the Far Eastern Library, University of Chicago Library, composed and printed by the University of Chicago, 1962, at 6;韦文起硕士论文现藏于芝加哥大学图书馆,索书号 DS999 Wei, http://pi.lib.uchicago.edu/1001/cat/bib/4309930。该电子目录将韦为起硕士论文记载为理学硕士(M.S.)论文;有资料称韦文起取得博士学位的年代为 1943 年,见 Curtis W.Stucki, American Doctoral Dissertations on Asia, 1933—1962, Data Paper: Number 50, Southeast Asia Program, Department of Asian Studies, Cornell University, Ithaca, New York, December, 1963, at 35.芝加哥大学图书馆记载韦文起博士论文为 1942 年,袁氏目录也记载为 1942 年;The University of Chicago Doctoral Dissertations and Master's Theses on Asia 1894—1962, compiled by the Far Eastern Library, University of Chicago Library, composed and printed by the University of Chicago, 1962, at 6;芝加哥大学图书馆藏韦文起博士论文索书号:JX9999 Wei, http://pi.lib.uchicago.edu/1001/cat/bib/4131643;China in Western Literature: a continuation of Cordier's Biblitheca Sinica, compiled by Tongli Yuan, New Haven, Far Eastern Publications, Yale University, 1958, at 178; Henry Wei, China and Soviet Russia, D.Van Nostrand Company, 1956; Https://www.sysoon.com/deceased/henry-wei-237; http://death-records.mooseroots.com/l/215674118/Henry-Wei.

79.《包令留教授来华教学四十周年纪念特刊》,1948 年,第 9—13 页;《燕京大学校长陆志韦》,2006 年,第 53 页;李荣锦博士论文现存于乔治敦大学图书馆,索书号:Thesis 8037,https://catalog.library.georgetown.edu/record=b2405048～S4。

80. 高增德主编:《中国现代社会科学家大辞典》,书海出版社 1994 年 5 月第 1 版,第 853 页;潘维东博士论文见美国天主教大学 Mullen 图书馆,索书号 WRLC Shared Collections Facility JA37.C36v.3。

81. 赵理海:《从北大教授到国际法庭法官》,http://www.gotopku.cn/data/detail.php?id=1678;潘抱存、沈守愚:《国际海洋法院法官赵理海先生》,载《南雍骊珠:中央大学名师传略续篇》,南京大学出版社 2006 年 12 月第 1 版,第 176—178 页;《燕京大学人物志》第二辑,北京大学出版社 2002 年第 1 版,第 67 页;赵理湖:《忆与理海弟相处的岁月》,载《沧桑》2001 年第 2 期,第 45—46 页;赵理湖:《怀念胞弟赵理海教授》,载《沧桑》2003 年第 5 期,第 34—37 页;The University of Chicago Doctoral Dissertations and Master's Theses on Asia 1894—1962, compiled by the Far Eastern Library, University of Chicago Library, composed and printed by the University of Chicago, 1962, at 7.赵理海硕士论文现藏于芝加哥大学图书馆,索书号 HF9999 Chao, http://pi.lib.uchicago.edu/1001/cat/bib/4408762; Http://id.lib.harvard.edu/aleph/003799599/catalog.

82. 史景成博士论文现存于芝加哥大学图书馆,索书号:JX9999 Shih, http://pi.lib.uchicago.edu/1001/cat/bib/4133282。

83.《顾维钧家族大事年表》,载上海市嘉定区政协:《嘉定文史资料》第 22 辑,2005 年 1 月,第 5—20 页;Https://clio.columbia.edu/catalog/b370845; Https://clio.columbia.edu/catalog/1656709.

84. 张乃维:《混混六十载》,载政大九期同学合著:《政九忆往》,台湾里仁书局 1994 年 6 月版,第 276—281 页;徐友春主编:《民国人物大辞典》增订版(下),河北人民出版社 2007 年 1 月第 2 版,第 1760 页。邵延淼主编:《辛亥以来人物年里录》,江苏教育出版社 1994 年 6 月第 1 版,第 534 页;宜兴市政协学习和文史委员会、宜兴市台湾事务办公室、宜兴市侨务办公室编:《宜兴海外乡贤,宜兴文史资料》第 29 辑,2003 年 11 月,第 93—94 页;张乃维硕士论文现藏于康奈尔大学 Uris 图书馆,索书号 Oversize Thesis JA36 1945 C455, https://newcatalog.library.cornell.edu/catalog/5929353; Http://id.lib.harvard.edu/aleph/003799523/catalog.

85.《旅美中国同人录》(*Directory of Chinese University Graduates & Students in America*), 1944, at 74。

86.《政治大学校友通讯录》,1967 年 5 月 20 日,第 94 页;吴强华博士论文现藏加州大学伯克利分校图书馆 Main(Gardner) Stacks(NRLF),索书号 308t W8732 p,及该馆 NRLF(UCB),索书号 JX1977.W58。

第三章　中国近代留英法学博士

中国近代留英法学博士的人数远远少于近代留美法学博士的人数，但是研究近代留英法学博士并不容易。英美法学教育制度迥然不同，尤其在法学博士阶段区别更大。美国的法学博士，大多由获得 S.J.D./J.S.D.以及 J.D.学位的人构成，法科哲学博士只占一小部分，一般而言，根据某人博士学位的名称，可以大致判断其是否属于法学博士。而英国则不同，英国在历史上从未出现 S.J.D./J.S.D.以及 J.D.学位，除了少数人由于取得 LL.D.、D.C.L.学位从而可以直接判断其属于法学博士外，多数留英攻读法学专业博士学位的人取得的学位依然是普通的哲学博士学位名称，仅从 Ph.D.这一头衔本身无法判断其专业属性，必须结合其他因素才能得出可靠结论。

第一节　英国法学学位制度的历史演变

一、英国早期法学教育史

英国的法学教育制度与欧洲大陆各国的法学教育制度有很大不同。欧洲大陆在中世纪甚至更早以前就将法学教育放到大学的法学院，但是英国曾经长期将法学教育放在伦敦的四所法学院（Inns of Courts）里。[1]尽管中国人习惯上将其翻译为伦敦四大法学院（或者四大律师学院），事实上这些所谓的法学院根本就不是大学，也不是严格意义的学院（College）。伦敦四大法学院并不提供任何法律学位，其毕业生考试合格，取得的只是出庭律师资格(barrister)。

英国大学提供的法学教育始于1149年牛津大学开设的罗马法课程,[2]在英国早期法学教育史上,牛津大学和剑桥大学法学教育的内容并非英国法,而是欧洲大陆以罗马法为核心的民法(civil law)。在很长一段时期内,牛津大学和剑桥大学授予的法律学位也只是民法学位和教会法学位,毕业生往往被授予民法学学士学位(Bachelor of Civil Law)或者更高级的民法学博士学位(Doctor of Civil Law, D.C.L.)。英国的民法学博士们甚至成立了一个专门组织——博士团(Doctors' Common)。[3]直到1753年,布莱克斯通(Blackstone)才开始在牛津大学讲授英国本土的普通法,到了1800年才设立了英国法的教授席位——"唐宁英国法教席"(Downing professorship of English law)。[4]

20世纪初期,英国法律学位的形式多种多样,各个学校的情况不尽相同,缺乏统一的学位名称和学位标准。在剑桥大学,法学士学位(LL.B.)只授予那些通过荣誉法律学位考试(Law Tripos)的人或者那些在文学士学位(B.A.)考试中取得优等成绩(Honor)的学生,在文学士学位考试中没有取得优等成绩的法律学生,只能获得文学士学位;在剑桥大学取得法学士学位(LL.B.)的学生,符合一定条件后,将被授予法学硕士学位(LL.M.)。当时剑桥大学、伦敦大学、曼彻斯特大学、谢菲尔德大学、利兹大学的最高法律学位都是法学博士学位(LL.D.),LL.D.学位通常要求进行五年研究,无须上课,但是必须撰写一篇高质量的博士论文。[5]

与剑桥大学不同的是,牛津大学根本就没有LL.B.学位,考试合格的法律本科学生将被授予文学士(A.B.)学位。在牛津大学攻读法律的学生,取得A.B.学位后,如果从事研究生学习满一年并考试合格,将被授予民法学士学位(Bachelor of Civil Law,简称B.C.L.)。考试科目包括法理学、罗马法、英国法、国际法(或者冲突法)。[6]虽然单从名称上看,B.C.L.似乎是法律本科学位,实际上其是牛津大学的法律研究生学位(postgraduate degree)。B.C.L.在牛津大学的地位有些类似于B.Litt.(Bachelor of Letters,字面译为文学士),表面上看起来是学士学位,实际上是研究生学位。[7]牛津大学也没有LL.M.学位,或者说,牛津大学的B.C.L.学位从某种意义上说相当于剑桥大学的 LL.M.学位。在牛津大学，取得 B.C.L.学位后，如果想获取 D.C.L.学位（Doctor of Civil Law，即民法学博士），则需要进行至少五年法律研究，[8]且需提交已出版的法学专著（或者已出版的法学专著及论文），该法学专著必须对法学有重要贡献。[9]

综上所述，英国早期法律学位有几个特点。

第一，英国剑桥大学、牛津大学的法律毕业生，如果仅仅取得学士学位，则有可能表面上是文学士学位。如果不加以特别说明，外人很难从学位名称上判断其专业。

第二，法学士学位的含义和学位层级必须具体问题具体分析，剑桥大学的 LL.B.不同于牛津大学的 B.C.L.，尽管两者的字面意义都属于法学士学位。

第三，在 20 世纪初期，要想在剑桥大学取得 LL.D.学位或者在牛津大学取得 D.C.L.学位，难度较高，年限较长，以至于很长时间内，中国留学生无人取得这两所大学的法学博士学位。这一情况直到“二战”结束之后才有所改变。

有资料记载中国近代法科留学生赵冰于 1923 年从牛津大学取得 D.C.L. 学位，博士论文《论英国土地法》。[10]然而，根据牛津大学档案馆的答复，赵冰于 1920 年 10 月 23 日被录取为牛津大学“非学院制学生”（non-collegiate student），1920 年 11 月 29 日赵冰被录取为攻读牛津大学民法学士学位（B.C.L.）的学生，不过牛津大学的档案中没有曾经授予赵冰 B.C.L.学位的记录。[11]根据牛津大学当时的要求，取得 B.C.L.学位是攻读 D.C.L.学位的前提条件。[12]

英国狭义法学博士学位（D.C.L.或者 LL.D.）的历史早于广义哲学博士（Ph.D.）的历史。20 世纪以前英国大学尚未引入哲学博士这一学位。1917 年，牛津大学决定设立哲学博士学位（D.Phil.）。1919 年，剑桥大学也开始设立哲学博士学位。1919 年，伦敦大学也决定在神学、文学、科学和经济学科方面设立哲学博士学位。[13]

在引进哲学博士学位之前和之后的很长一段时间内，英国一些大学在法学教育上所授予的最高学位仍然是 LL.D.学位。根据 1924 年出版的伦敦大学规章和课程手册，伦敦大学授予法学士（LL.B.）、法学硕士(LL.M.)和法学博士(LL.D.)三种学位。[14]伦敦大学法学士学位的课程持续三年,其法学硕士的课程由于刚刚设立,还没有制订具体的规章。伦敦大学法学博士课程的入学条件是:在法学士学位考试中取得了"优等"的成绩。伦敦大学法学博士学位的授予条件是:至少学习四年,且提交一篇博士论文(采用印刷、打印或者出版的形式)。论文考查人员(examiners)在阅读博士论文之后,可以要求学生进行口头答辩或者进行笔试,考试合格后,伦敦大学将授予 LL.D.学位。[15]当时的伦敦大学,有三所学院设有法律系,即大学学院(UCL)、国王学院(KCL)、伦敦政治经济学院(LSE),这三所学院法律系的课程可以共享。

通常情况下,学生欲攻读伦敦大学的 LL.D.学位,要么已经取得伦敦大学的 LL.B.学位,要么已经取得伦敦大学的 LL.M.学位。[16]这一规定显然不利于那些已经在中国取得法学士学位或者法学硕士学位的留学生,因为这意味着,他们如果想在伦敦大学攻读 LL.D.学位,必须从头开始,先取得伦敦大学法学士学位或者法学硕士学位之后才能取得博士入学资格,除非他们能够以优秀的成绩通过伦敦大学组织的法学士荣誉资格考试(LL.B. Honors Exam.)或者取得伦敦大学免试录取的资格。[17]要想取得伦敦大学免试录取为 LL.D.学生的资格非常困难,因为免试的理由是"已经通过相同标准的考试"(on the ground of having passed an examination of equal standard)。[18]这些相同标准的考试通常是在英国其他大学或者英国殖民地大学所举办的。[19]

20 世纪 20 年代之后,哲学博士学位逐渐占据英国博士学位的主流地位,到了 40 年代,剑桥大学授予的博士学位已经基本上以哲学博士(Ph.D.)为主,但是其法律系也仍然可以授予 LL.M.和 LL.D.这样的高级法律学位。[20]牛津大学也同样,其哲学博士学位(D.Phil.)与 B.C.L.、D.C.L.这类专门的高级法律学位同时并存,牛津大学的学生可以根据自身的情况和相应学位的条件选择攻读适合自己的博士学位。牛津大学的 D.Phil.学位属于高级学位,专门针对牛津大学的高级学生(Advanced Student),最低学习期限为六个学期(一般相当于 2 年),最长学习期限为 12 个学期(一般相当于四年)。伦敦大学之下的大学学院、国王学院、伦敦政治经济学院也在一些系科设立了 Ph.D.学位,为希望在伦敦大学攻读博士学位的外国留学生提供了一条新路。相比 LL.D.学位，伦敦大学的 Ph.D.学位的录取条件较为宽松，申请人无须向前者一样以优秀的成绩通过专门的入学资格考试。[21]更有意思的是，伦敦大学有些学院的经济系也开设宪法、国际公法、商法课程。[22]从伦敦大学下设学院的经济系取得 Ph.D.学位，对于中国法科留学生来说，成了一条取得英国博士学位的捷径，至少要比到专门的法学院(Faculty of Law)去攻读 LL.D.学位要容易得多。

显然，相比 20 世纪初期所要求的五年博士学习年限，20 世纪 40 年代的牛津大学和剑桥大学已经缩短了博士学习年限。当然，在博士论文要求上仍然一如既往，学生必须提交一篇博士论文，考试形式可以是口试，也可以是笔试，或者兼而有之，具体方式由考官确定。[23]中国近代法科留学生从牛津大学取得博士学位者有陈体强、朱奇武，他们两人研究的内容均为国际法，获得的学位均为哲学博士(D. Phil.)，时间均为 20 世纪中期。近代取得剑桥大学法科哲学博士学位者仅有一人，即黄金鸿。[24]从现有的资料看，在近代中国留英法科生中，无人取得 D.C.L. 学位。

二、英美法学教育制度的区别与留英法学博士人数稀少的原因

虽然同属普通法系，但是英国的法学教育制度与美国有很大区别，英国从来没有采用 J.D.这一学位。近代以来，英国法学的基础教育始终属于本科教育，而不像美国那样在 20 世纪初期开始经历了从本科教育到研究生教育的转变，英国法学教育的基础学位始终是法学士学位，而美国法学院的基础法律学位已经从法学士学位逐渐变化为 J.D.学位。即使在高级法学教育阶段，英美学校的学位制度也不尽相同。长期以来，对于攻读法学专业的博士生，英国高校并不提供类似 J.S.D.或者 S.J.D.这样的专业法学博士学位，很少授予 D.C.L.这样的民法博士学位，而主要提供 Ph.D.这一种通用的哲学博士学位。英美法学学位制度上的区别在一定程度上反映了两国法学教育制度的区别。[25]

在英国，LL.D.和 D.C.L.学位虽然曾经被视为学术性博士学位，但是也一度被当作名誉性法学博士学位。例如，牛津大学曾经在 19 世纪中期

颁发 D.C.L.学位给查尔斯·尼科尔森·巴特(Sir Charles Nicholson Bart),剑桥大学也曾经颁发给他 LL.D.学位,此两者在性质上都属于名誉法学博士学位。[26]与此不同的是,在美国,LL.D.一直被视为名誉法学博士学位。

对于已经取得法学士学位的中国留学生来说,如果选择去英国攻读法学博士学位,则通常需要攻读三年或者更长(例如前文所述牛津大学和剑桥大学的五年制法学博士),[27]还必须撰写博士论文,显然,想在短期内从英国混个博士头衔并不容易。[28]在当时,已经有中国法学教育背景的留学生如果选择去美国西北大学法学院、密歇根大学法学院、印第安纳大学法学院,则很可能在一年内就取得 J.D.学位,且无须撰写博士论文;假如选择去纽约大学法学院,则也有可能在一年内就取得 J.S.D.学位,亦无须撰写博士论文。两相对照,去英国攻读法学博士所花费的成本(精力、时间、费用等)要大得多,而失败的风险也要高很多——谁又能保证二、三年之内不出什么问题?谁又能保证博士论文的撰写和答辩不出任何问题?而最终的头衔似乎一样——都是所谓"法学博士",回国后找工作时的含金量也难分高下,试问当时有多少国人清楚英美法学博士教育的区别?这也许是中国近代留英法学博士人数明显少于留美法学博士的原因之一。

与庚款留美相比,庚款留英起步晚,人数少,法律类学生更少。根据笔者统计,在前后九届中英庚款留英学生之中,只有 13 位考取法律类留学名额,[29]而其中一些人到英国后转学政治、经济,继续攻读法律的不多,而在寥寥无几的中英庚款法律留学生中,成功取得法学专业博士学位的几乎一个都没有,其中包括后来学术成就很高的楼邦彦、李浩培,因为种种原因,他们都与英国的博士学位无缘。第一届中英庚款法律类留学生钱清廉,在伦敦大学(LSE)取得了博士学位(Ph.D.),但并不在 LSE 的法学院,而是在经济学院,然而其博士论文《现代国家司法的地位:以英国司法为例》却是一篇纯粹的法律内容博士论文,鉴于此,本章将钱清廉收录在内。而同为中英庚款法律类留学生的杨敬年,[30]虽然于 1948 年 6 月在牛津大学(圣体学院,Corpus Christi College)取得 Ph.D.学位,但其博士论文《英国中央政府各部职权的分配(兼与美国和英属自治领比较)》与法律没有直接关系。[31]

据杨敬年自称：

> 程镇球和我考的是法律（行政法），但中英两国的法律制度不同，中国属于大陆法系，即成文法，英国属于英美法系，即判例法。到牛津后我们都选定攻读哲学博士（D.Phil.）学位，为了适应牛津学制，他着重政治思想，我着重政治制度，同属社会科学（Social studies）的政治学哲学经济学（PPE）专业。[32]

对于杨敬年这种由法律专业转为政治学专业且博士论文与法律无直接关系的留英学生，本章不予收录。

部分考取中美庚款奖学金的学生选择到英国攻读法律，[33]例如龚祥瑞（1935年）、王铁崖（1936年），他们两位也因为种种原因在英国没有取得博士学位。龚祥瑞曾经从英国转到法国巴黎大学法学院，并注册为比较法研究所的博士生，但最终没有取得法国的博士学位。[34]

显然，上述现象与英国大学法学院系严苛的法学博士学位制度有关，这一严苛的法学博士学位制度主要体现在录取条件和毕业条件上。正是由于伦敦大学LL.D.录取条件较高，留学生很少能够直接攻读伦敦大学的LL.D.学位。国际法学家赫施·劳特派特（Hersch Lauterpacht）早年从维也纳大学取得法学博士学位和政治学博士学位之后，留学伦敦大学的伦敦政治经济学院，由于劳特派特没有英国的LL.B.学位，为了攻读伦敦政治经济学院的LL.D.学位，他不得不参加入学资格考试（LL.B. Honours Qualifying Examination for Internal Students），该入学资格考试包括四门：英国合同与侵权法、比较法理学、国际公法、法国民法典/英国动产不动产法（二选一）。不幸的是，劳特派特考试失败，后来在伦敦政治经济学院阿诺德·麦克奈尔教授（Arnold McNair）的大力帮助之下才获得免试录取攻读法学博士学位的资格。[35]中国近代留英法学博士群体之中很少有伦敦大学LL.D.，仅有两位中国留学生（郑天锡、刁敏谦）取得了伦敦大学LL.D.学位，他们两人都没有在中国接受过高等教育，都已经在伦敦大学先行取得了LL.B.学位，这才得以从容不迫地攻读伦敦大学的LL.D.学位。中国近代留学伦敦大学的其他几位学生，例如李浩培、王铁崖，他们虽然已经在中国取得了法学士或者法学硕士学位，但是到伦敦大学之后如果想攻读法学院的博士学位，还必须重起炉灶，要么踏踏实实重新取得一个伦敦大学法学士学位或者法学硕士学位，要么通过伦敦大学专门组织的博士资格考试，否则根本无法取得攻读法学博士学位的资格。

近代时期，不仅中国留学生很少取得英国法学博士学位，英国本土学生及其他国家留英学生也很少取得法学博士学位。以 1916 年伦敦大学为例，该年度伦敦大学仅授予 6 人法学博士学位，这已经是伦敦大学历年来颁发博士学位数量的最高峰，其中包括郑天锡和刁敏谦这两位中国留学生。在 1917 年和 1918 年，伦敦大学均只授予 1 人法学博士学位；1919 年仅为 2 人，1920 年仅为 1 人，1921 年和 1922 年人数均为零。[36]而具有职业性法律博士学位的美国大学则大不相同，取得法律博士学位的中国留学生多，取得法律博士学位的美国本土学生则更多。以密歇根大学为例，1921 年取得法律博士学位的中国留学生有 3 位（陈霆锐、吴经熊、陆鼎揆），但取得法律博士学位的美国学生有 17 位，总人数（20 名）远远超过伦敦大学法学博士学位高峰期的 1916 年（6 名）。

三、留英法科博士的范围与标准

从实际情况看，中国留英习法学生所攻读的博士学位包括 LL.D.、Ph.D.（及 D.Phil.）。中国第一个在英国取得法学博士学位的郑天锡就是伦敦大学（大学学院）的 LL.D.（1916 年），[37]刁敏谦取得的也是伦敦大学（大学学院）的 LL.D.（1916 年）。[38]除这两位取得 LL.D.学位者之外，在英国从事法学研究的中国留学生所取得的博士学位均为哲学博士（Ph.D.或者 D.Phil.）。

迄今为止，英国没有设置过类似美国那样的 S.J.D./J.S.D.以及 J.D.学位。这就从形式上增加了研究近代留英法学博士的困难，很难直接根据学位名称判断其是否属于法学博士。一般需要根据博士论文题目确定是否属于法学博士。值得注意的是，有些留英博士的博士论文是法学内容的博士内容，但是他们并不在法学院系学习，而是在经济学系或者政治学系学习，例如钱清廉、黄正铭这两人均毕业于伦敦大学伦敦政治经济学院的经济学系，而非法学院，但他们的论文是纯粹的法学论文。本章按照第二章确定的标准，将其视为广义的法科哲学博士，一并收录在内。在信息不足的情况下，笔者采用宁缺毋滥的原则，与其匆忙认定为法学博士，不如暂不收录，待将来有直接证据后再行确定，这也是贯穿本书的基本原则。

第二节　近代留英法学博士身份问题

由于种种原因，有些留英学生被后人误解为法学博士。其中就包括伍廷芳、刁作谦、周鲠生。

一、伍廷芳

长期以来，学界多称伍廷芳是留英法学博士，[39]更有记载称伍廷芳是牛津大学法学博士，[40]是近世中国留学西方获得法律学位之第一人。[41]实际上，伍廷芳并非留英博士。

1873 年前后，伍廷芳决定留英攻读法律。伍廷芳没有选择英国的大学法律教育，而是直接申请进入伦敦四大律师学院之一——林肯律师学院(Lincoln's Inn)。在伍廷芳留英时代，林肯律师学院录取新生的条件：第一，品行良好；第二，支付费用(包括保证金、定金及录取费)；第三，大学毕业。如果没有大学毕业，则必须通过律师学院举办的入学考试。这也是当时伦敦四大律师学院共同的录取标准。[42]

留英之前，伍廷芳并没有大学学历。按照正常程序，他要么首先花费几年时间在一所大学学习，要么参加林肯律师学院举办的入学考试。然而伍廷芳既没有进入英国大学，也没有参加林肯律师学院的入学考试，而是走了一条速成的捷径：他直接向林肯律师学院申请免试入学。下面是笔者收集到的伍廷芳免试进入林肯律师学院的申请书，这份申请书由伍廷芳 1874 年 4 月 24 日亲笔撰写，并记载于林肯律师学院的官方档案之中。[43]笔者全文翻译如下：

怀特·哈特街莫赛乐楼，
伦敦托特汉姆，
1874年4月24日

尊敬的先生们：

我很荣幸地请求你们批准我免于参加有关条例规定的入学考试，直接注册为贵院的一名学生。我提出如下理由支持本人这一申请：

(1) 我是一名中国人，我相信我是第一位来到这个国家学习法律的中国人。

(2) 我曾经是香港圣保罗书院的学生，承蒙现已去世的史密斯博士——维多利亚主教的关心，在那里学习了七年。如果需要，我可以提供有关证据。

(3) 在过去十二年中，我在英国政府香港法院担任了多种职务，本周我刚刚抵达伦敦，希望能够学习英国法律，成为一名出庭大律师之后，返回该殖民地。

(4) 当我还在中国的时候就已经听说贵院曾经给予一些日本人免试入学的待遇，怀抱着获得同样待遇的强烈希望，我来到了这个国家。

我相信先生们会乐意尽快给我一个肯定的答复，我的租房和定做英式服装事宜都需要在本次申请有了结果之后才能落实。

你们驯良与谦卑的仆人
伍阿才

伍廷芳的这一申请书提供了很多鲜为人知的重要信息。第一，伍廷芳抵达英国留学的时间是1874年4月下旬。第二，伍廷芳并非第一个留学英国攻读法律的亚洲学生。在他之前，已经有日本留学生到林肯律师学院求取出庭大律师资格。[44]除了伍廷芳申请书中提到的日本留学生之外，伦敦四大律师学院之一的内殿律师学院（Inner Temple）1864年录取了一名印度学生，该生1868年取得英国出庭大律师资格。[45]这些同样来自亚洲的留学生攻读法律的时间均早于伍廷芳。《伍廷芳评传》一书称伍廷芳是第一个获得英国律师资格的亚洲人，[46]显然这一说法并不正确。

第三，伍廷芳留英期间使用的姓名并非伍廷芳、伍秩庸，而是伍阿才（Ng Achoy）。[47]第四，伍廷芳留英目的不是取得法学学位，而是出庭大律师资格。第五，伍廷芳留英之前已经决定学成之后返回香港。第六，伍廷芳进入林肯律师学院没有经过正常的考试程序，而是通过免试途径。第七，伍廷芳提出的免试理由，隐含平等待遇及遵循先例的法律原则。第八，伍廷芳是以中国人的身份从香港到英国。伍廷芳在入学申请书中提出的第一条理由就是："我是一名中国人（a native of China），我相信我是第一位来到这个国家学习法律的中国人（a Chinese）。"

林肯律师学院决定接受伍廷芳的请求，免试录取其为学院的学生，录取时间是1874年4月27日。[48]值得一提的是，在伍廷芳赴英攻读出庭大律师资格之前两年，即1872年，清政府派遣了首批30名留美幼童赴美留学，当那批留美幼童还在美国的中学补习英语的时候，伍廷芳已经在英国伦敦林肯律师学院接受系统的律师培训。1876年，伍廷芳顺利通过了全部考试，成为54名考试及格的学生之一。[49]1877年1月26日，伍廷芳被授予出庭大律师资格。[50]

从1874年4月27日进入林肯律师学院到1877年1月26日取得大律师资格，伍廷芳在林肯律师学院学习了两年零九个月。1877年3月，在取得大律师资格两个月之后，伍廷芳履行了他在免试入学申请书中的承诺，返回香港，[51]开启了他长达四十多年丰富多彩的法律和外交生涯。

1900年2月22日，美国宾夕法尼亚大学授予伍廷芳名誉法学博士学位（LL.D.）。[52]后人称伍廷芳为伍博士，实出于此，与其留英法律教育无关，与学术性法学博士无关。

二、刁作谦

刁作谦（1880—1974），字成章，广东兴宁人，中国近代外交人物。民国以来，在许多资料中，刁作谦多次被记载为剑桥大学法学博士。例如，1937年出版的贾逸君编《中华民国名人传》称其"毕业于圣约翰大学。继复赴英，入剑桥大学，得文学士及法学博士学位，在英会充律师，1908年，复得剑桥大学文学硕士学位"[53]。1947年出版的《当代中国名人辞典》也称其为"剑桥大学博士"[54]。《中华民国外交史辞典》称刁作谦在"加拿大圣约翰大学毕业，后留学英国，获剑桥大学法学博士学位”[55]。《民国人物大辞典》也称其在剑桥大学取得法学博士学位。[56]《广东历史人物辞典》、《留学生与中国法学》《圣约翰大学史》等都有同样记载。[57]

事实上，刁作谦并非剑桥大学法学博士。刁作谦曾经在剑桥大学获得文学士和法学士学位，之后在伦敦大学注册为法学博士研究生，但是没有完成博士论文就返回中国，最终没有获得法学博士学位。

三、周鲠生

著名国际法学家周鲠生曾获得法国巴黎大学的法学博士学位，这一点毫无疑问，[58]问题是他是否也取得了英国爱丁堡大学的法学博士学位。周鲠生的长女周如松称，周鲠生除了获得巴黎大学法学博士学位之外，在爱丁堡大学“攻读政、法、经济等学科，获得博士学位”[59]。周鲠生的弟子李谋盛、武汉大学校史编研室等也作同样记载。[60]著名国际法学家王铁崖亦称周鲠生在爱丁堡大学取得博士学位。[61]事实上，周鲠生在爱丁堡大学取得的学位并非博士，而是硕士（M. A.）。[62]这一点虞崇胜撰写的《周鲠生》一文较为准确。[63]早在 1934 年出版的《国立武汉大学一览》中就将周鲠生的履历记载为“英国爱丁堡大学硕士、法国巴黎大学法学博士”[64]。这一武汉大学早期官方记载比后人的回忆或者转述更为可靠。

第三节 中国近代留英法学博士名录

以下是笔者收录的近代留英法学博士，共计 14 人。

E001：郑天锡（1884—1970），字茀庭，英文姓名 Cheng Fatting Tinsik (Cheng Tien-Hsi)，广东中山人。早年肄业于香港皇仁书院（Queen's College）。1907 年赴英国留学，入伦敦大学（大学学院 UCL）法律系，1912 年 10 月取得法学士学位（LL. B.），[65] 1913 年 4 月考取大律师资格（中殿，Middle Temple）。同年返国。1914 年再度赴英留学，1916 年 1 月获得伦敦大学（大学学院 UCL）法学博士学位（LL. D.），博士论文《确定缔约能力的国际私法规则》（The rules of private international law determining capacity to contract)。1917年到香港从事律师业务，1918年任北洋政府司法部法律翻译监督。1919年大理院推事。期间曾任教于北京大学、朝阳大学。1928年辞职到上海从事律师业务，兼东吴大学法学院教授。1932年1月任国民政府司法行政部政务次长。1936年10月当选为海牙常设国际法院(Permanent Court of International Justice)法官。二战结束后回国，再次担任司法行政部次长。1946年任驻英大使。1949年后留居英国。1970年病逝于伦敦。伦敦大学大学学院设有"郑天锡国际法奖学金"(Cheng Tien-Hsi Prize for Public International Law)。[66]

图3.1　伦敦大学法学博士郑天锡

E002：刁敏谦(1888—1970)，字德仁，英文姓名 Tyau Min-Chien (Tuk-Zung)，广东兴宁人。6岁时随父母往檀香山生活五年，1900年回国，入上海圣约翰书院，1907年春从圣约翰毕业(与顾维钧同班同学)，在上海竞成学校、复旦公学教书。1909年春赴英留学(半官费)，入伦敦大学(大学学院UCL)，1914年取得法学士学位(LL.B.)，1916年7月19日取得法学博士学位(LL.D.)，博士论文《中国国际条约义务论》(The legal obligations arising out of treaty relations between China and other states)，又译为《中国与各国条约上之义务》。1916年9月回国，在清华学校讲授国际法和英文，曾从事报刊编辑等业务。1920年秋由外交部派往日内瓦担任国际联盟中国代表团专门委员。1921年秋调任华盛顿会议中国代表团秘书。1922年春回国调任外交部通商司办事，1924年秋升为秘书。1927年秋任外交部政务司科长兼燕京大学国际关系教授。1929年任外交部参事，1930年任外交部情报司司长。抗战期间曾在香港避难，1942年秋任上海圣约翰大学政治系外交学教授。"文化大革命"期间被迫害致死。[67]

E003：赵冰(1892—1964)，字蔚文，英文姓名 Vermier Yantak Chiu，广东新会人，生于香港。14 岁入同盟会，1906 年入北京交通传习所，1910 年参与刺杀摄政王载沣。后赴美留学，先入加州大学伯克莱分校，1914 年转芝加哥大学，1915 年取得芝加哥大学哲学学士学位(Ph.B.)，同年秋入哥伦比亚大学攻读国际法，1916 年获得哥伦比亚大学外交专业硕士学位，1917—1919 年在哈佛大学法学院进修，未获得哈佛学位。之后赴英国，入伦敦大学(伦敦政治经济学院 LSE)，1921 年获得法学专业哲学博士学位(Ph.D.)，博士论文《中国宪法》(The Chinese Constitution)。1922 年在林肯律师学院(Lincoln's Inn)取得大律师资格。在英期间曾入牛津大学攻读民法学士学位，未果。1922 年回国，历任南昌、厦门、中山等地地方法院院长、湖北高等法院院长。1926 年任广州国民政府高级顾问兼外交部法律顾问，国民政府迁往武汉后，协助外交部推行革命外交，历任财政部机要秘书，铁道部顾问，外交部次长，代理部长。后在湖南大学、政治大学、广西大学、广东华侨大学任教。1949 年回香港从事律师业务，参与创办新亚书院，后任香港中文大学董事长。[68]

E004：夏晋麟(1896—?)，字天长，英文姓名 Hsia Chin-Lin，浙江鄞县人。妻牛惠珍，妻兄和妻弟是著名医生牛惠林和牛惠生，岳父牛尚周是清政府选派的第一批 30 名留美幼童之一。1919 年毕业于英国格拉斯哥大学(University of Glasgow)，获得科学学士学位(B.Sc.)；1919 年 9 月入爱丁堡大学，1920 年 4 月获得爱丁堡大学文学硕士学位(M.A.)，在爱丁堡大学的年度国际法论文比赛中获得第一名。之后获得爱丁堡大学批准到伦敦从事博士研究，以特殊学生的身份在伦敦大学政治经济学院注册就读(不修学分，自由听课)。于 1922 年 2 月完成博士论文，获得爱丁堡大学哲学博士学位(Ph.D.)，博士论文《中英条约关系：国际法和外交研究》(Treaty relations between China and Great Britain: a study of international law and diplomacy)。同年 4 月回国，任接收威海卫代表团秘书。1927 年任国民政府外交部政务司长。1927—1931 年任上海麦伦学院(Medhurst College)院长。曾在东吴大学法学院讲授市政学。1931—1933 年任中国驻英大使馆一等秘书。1934—1937 年任立法委员，主持中国民法和刑法的英文翻译。1938—1940 年任中央宣传部驻英代表。1940—1946 年任中央宣传部驻美代表，创立中国新闻社。1946—1956 年任职海外。[69]

E005：黄正铭（1903—1973），字君白，英文姓名 Huang Tsen-Ming，浙江台州（宁海）人。1921年考入浙江省立第四中学，1924年夏考入东南大学政治学系。1928年6月毕业于国立中央大学法学院政治学系（东南大学1928年春改名为中央大学），取得法学士学位（与留德法学博士陈育凤是本科时期同学）。之后参加浙江省选拔县长考试（第一名），任温岭县县长。之后担任杭州市民政科长。1933年入英国伦敦大学（伦敦政治经济学院 LSE）学习，1936年2月取得哲学博士学位（Ph.D.），博士论文《海外华人的法律地位》（The legal status of the Chinese abroad）。同年回国，任中央大学法学院政治学系教授，1943年兼政治学系主任，讲授国际法和西洋外交史。1946年出任外交部亚东司司长，仍兼中央大学政治系主任。1949年去台湾，任台湾大学法学院政治学系教授，兼任政治大学政治研究所教授。1973年在台北逝世。藏书捐赠中国文化学院图书馆（君白文库）。[70]

E006：钱清廉（1907—?），字守伯，英文姓名 Chien Ching-Lien，江苏昆山（大慈镇，后改名为大市镇）人。早年毕业于吴江初中及苏州省立第一师范学校，在同里镇担任小学教员。之后考取上海邮政总局邮务员，曾在上海远东大学学习二年。业余时间在东吴大学法学院攻读法律，1931年取得东吴大学法学士学位（东吴大学法学院第十四届毕业生），参加第一届高等文官考试（普通行政人员考试类别）合格，担任国民政府交通部荐任技士。1933年考取第一届中英庚款公费留学生（法律类），1936年7月伦敦大学（伦敦政治经济学院 LSE）哲学博士（Ph.D.），博士论文《现代国家司法的地位：以英国司法为例》（The place of judiciary in the modern state, with special reference to English judiciary）。回国后任浙江省政府秘书。1942年3月任中山大学法学院院长。曾任政治大学教务长，江南大学秘书长。1946年当选为国大代表。行宪后第一届立法委员（候补）。1949年去香港，任香港政府华人教育处副处长，退休后任香港三间大学教授。1980年定居加拿大。[71]

E007：王滌（1912—?），英文姓名 Wang Dih，女，江苏川沙人。1930年上海进德女子中学毕业。1930—1932年就读于金陵女子大学。1932年3月入东吴大学法学院，1935年取得法学士学位（东吴大学法学院第十八届毕业生)。1939 年取得伦敦大学(伦敦政治经济学院)哲学博士(Ph.D.),博士论文《意大利法西斯的司法制度》(The judicial system of Fascist Italy)。回国后曾任司法院法官训练所教员法规研究委员会委员,司法院编译处特约编译。[72]

E008:陈尧圣(1911—1990),英文姓名 Chen Yao-Sheng,,浙江杭县人。1933 年 6 月毕业于杭州之江大学(私立之江文理学院)政治系,进入燕京大学研究院,师从徐淑希,1935 年硕士毕业论文题目《上海租界问题》。在上海沪江大学任教一年。1936 年自费留学英国,入伦敦大学(伦敦政治经济学院,LSE),1940 年 1 月取得哲学博士学位(Ph.D.,国际关系专业),博士论文题目与其燕京大学硕士学位论文题目相似《上海的国际租界》(The International Settlement at Shanghai)。1940 年到重庆外交部任情报司科长。1944 年任驻英国大使馆一等秘书。后留居英国,1990 年在伦敦去世。[73]

E009:胡百全(1910—2008),英文姓名 Woo Pak Chuen,广东三水人,生于香港。早年就读于香港圣若瑟书院(St. Joseph's College),1928 年去英国留学,1937 年取得伦敦大学法学士学位(LL.B.),1940 年取得伦敦大学(国王学院 KCL)哲学博士学位(Ph.D.),博士论文《中国和英国法律体系中的家庭法比较》(A comparative study of the family law in the Chinese and English legal systems)。1940 年返港从事律师业务。1945 年创立胡百全律师事务所,1953 年当选举为香港市政局民选议员,1964 年担任香港立法局非官守议员,1972 年担任香港行政局非官守议员。1959—1960 年担任香港律师公会会长。香港中文大学和香港大学终身校董。[74]

E010:王克勤(1914—?),英文姓名 Howard Ke Chin Wang,河北滦县人,王景春(1882—1956)之子。1936 年美国科罗拉多大学文学士。1936 年进入牛津大学攻读法律,1938 年取得牛津大学法学专业文学士学位(B.A. in jurisprudence),1939 年取得牛津大学民法学士学位(B.C.L.,相当于硕士学位)。1941 年取得伦敦大学(大学学院 UCL)法科哲学博士(Ph.D.),博士论文《公司法人》(The incorporate person)。考取英国大律师资格(Middle Temple)。曾任驻美大使馆随员,后去加拿大从事律师业务。[75]

E011：黄金鸿（1919—?），英文姓名 Hwang King-Hung，广东人。1942 年 7 月中央政治学校（大学部外交系）毕业。1944 年考取英国文化教育协会的奖学金（British Council scholarship）赴英留学，1948 年取得英国剑桥大学（塞尔文学院）法科哲学博士学位（Ph.D.），博士论文《英国海外臣民外交保护的实践》（British practice of diplomatic protection of subjects abroad）。后取得英国大律师资格（Gray's Inn），在香港从事律师业务，曾任香港中文大学教授。著有《英国人权 60 案》。[76]

E012：陈体强（1917—1983），笔名陈健，英文姓名 Chen Ti-Chiang，福建闽侯人。早年入北京的美国学校，后入香港圣士提反书院（St. Stephen's College）、福州格致中学、北平志成中学读书。1935 年考入清华大学政治系，1939 年毕业于西南联大法商学院政治系。毕业后在西南联大行政研究所从事研究工作，1943 年考取外交官，曾在外交部条约司任职。1944 年考取教育部留英公费生，获得英国文化教育协会奖学金（British Council scholarship），1945 年赴英留学，入牛津大学，1949 年取得牛津大学（林肯学院）国际法专业哲学博士学位（D.Phil.），博士论文《国际法的承认问题：以英美实践为参考》（Recognition in international law: with special reference to practice in Great Britain and the United States）。同年回国，任教于清华大学政治系。1950 年任中国人民外交学会编译委员会副主任。1956 年起先后在中国科学院国际关系研究所、国际法研究所、国际问题研究所工作。1981 年任外交学院教授兼北京大学教授，外交部法律顾问，中国国际法学会副会长兼《中国国际法年刊》主编。1983 年当选为国际法学会联系会员。[77]

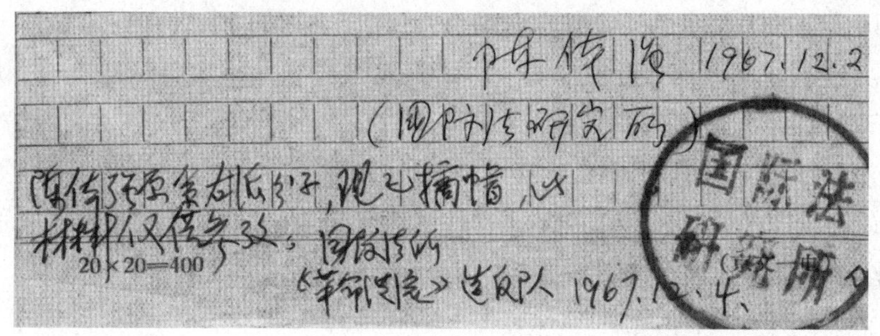

图 3.2　陈体强“文革”时期签名

E013：朱奇武（1917—1995），英文姓名 Cedric Chi-Wu Chu，安徽桐城人。1938 年考入燕京大学政治系，1941 年日本占领燕京大学后离校，1943 年赴成都复学，同年从燕京大学毕业，留校任教。1944 年考入重庆中央大学研究院（即研究生院），1946 年获得中央大学法学硕士学位。1947 年取得英国文化教育协会的奖学金（British Council scholarship）留学英国，入牛津大学耶稣学院（Jesus College，Oxford），导师是著名的国际法学家 Humphrey Waldock 教授。1949 年 10 月提交博士论文，同年 12 月通过博士论文答辩。由于奖学金早已终止，朱奇武在博士论文答辩通过之后并未留在牛津大学等待毕业典礼和学位证书，而是于 1950 年 1 月乘船回国。直到 80 年代后期，在牛津大学彼得·诺思（Peter North）教授的帮助下，朱奇武获得牛津大学补发的哲学博士学位证书（D.Phil.）。朱奇武牛津大学博士论文《国际法与国内法的关系》（The relation between international law and municipal law）。回国后到华北人民革命大学学习，1950 年底担任北京大学讲师。1952 年院系调整后到北京政法学院任讲师。"文革"期间下放干校劳动。1972 年调安徽农学院任副教授，讲授英语。1979 年返回北京政法学院，从事国际公法教学研究。1982 年担任北京政法学院副院长。[78]

E014：郑斌（1921—2019），英文姓名 Cheng Bin，广东中山（三乡镇）人，出生于北京，郑天锡之子，傅秉常之婿。早年随父赴英，后去瑞士，1944 年 10 月从日内瓦大学法学院毕业（Licencié en droit），1950 年 5 月取得伦敦大学（大学学院 UCL）法科哲学博士（Ph.D.），博士论文《论国际法院和国际法庭适用的一般法律原则》（General principles of law，as applied by international courts and tribunals）。其父郑天锡于三十四年前（1916 年）取得伦敦大学（大学学院）法学博士学位（LL.D.）。郑斌博士毕业后留校任教，历任伦敦大学大学学院法学助教（1950—1953）、讲师（1953—1962）、国际法高级讲师（1962—1967）、航空与空间法教授（1967—1986），兼任伦敦大学大学学院法律系副主任（1969—1971）、系主任（1971—1973）、法学院院长（1974—1978）。1966 年 12 月，郑斌又取得伦敦大学总部的法学博士学位（Doctor of Laws）。[79]

Nº 1391.

POST TENEBRAS LUX

UNIVERSITÉ DE GENÈVE

SCHOLA GENEVENSIS MDLIX

DIPLOME

DE

LICENCIÉ EN DROIT

AU NOM DU SÉNAT DE L'UNIVERSITÉ

NOUS, RECTEUR DE L'UNIVERSITÉ, vu le certificat de la

FACULTÉ DE DROIT constatant que

Monsieur Bin Cheng

a subi les épreuves exigées par les lois et règlements, lui conférons le grade de

LICENCIÉ EN DROIT

avec les droits et prérogatives qui y sont attachés.

Expédié à Genève, le 14 octobre 1944.

avec le sceau de l'Université

LE RECTEUR DE L'UNIVERSITÉ

Le Doyen de la Faculté　　Le Secrétaire du Sénat

图 3.3　郑斌 1944 年日内瓦大学法学本科文凭

第四节　近代留英法学博士统计分析

一、近代留英法学博士的年代分布统计

表 3.1　近代留英法学博士年代分布

年　代	姓　　名	人数	百分比
1900—1909	无	0	0
1910—1919	郑天锡、刁敏谦	2	17%
1920—1929	赵冰、夏晋麟	2	17%
1930—1939	黄正铭、钱清廉、王滁	3	25%
1940—1950	陈尧圣、胡百全、王克勤、黄金鸿、陈体强、朱奇武、郑斌	7	41%
总　数		14	

资料来源：本章第三节。

在年代分布上，1900—1909年段，留英法学博士人数为零。

1910—1919年间，留英博士论文人数为2名。

1920—1929年间，留英法学博士人数为2名。

1930—1939年间，留英法学博士人数为3名。

1940—1950年间，留英法学博士人数为7名。

二、近代留英法学博士的籍贯分布统计

近代留英法学博士人数较少，14位法学博士来自6个省份，具体情况见下表：

表3.2　近代留英法学博士籍贯分布

省籍	人　　名	人数	百分比(约)
广东	郑天锡、刁敏谦、赵冰、胡百全、黄金鸿、郑斌	6	43%
浙江	夏晋麟、黄正铭、陈尧圣	3	21%
江苏	钱清廉、王滌	2	14%
安徽	朱奇武	1	7%
福建	陈体强	1	7%
河北	王克勤	1	7%
总数	14人	14	7%

资料来源：本章第三节。

14名留英法学博士几乎全部来自东部沿海地区。输出近代留英法学博士人数最多的省份是广东(6名)；其次是浙江(3名)和江苏(2名)，安徽、福建、河北各1名。四川、湖北、湖南、江西、河南、山东、广西、贵州、云南、陕西、山西、辽宁、吉林等省均为零。

三、近代留英法学博士在英高校分布统计

近代留英法学博士在英国高校分布并不广泛，集中在伦敦大学、牛津大学、剑桥大学、爱丁堡大学这四所大学。如果将伦敦大学下属的大学学院、国王学院、政治经济学院分别计算，则近代留英法学博士也不过分布在六所高校。具体情况如表3.3：

表 3.3　近代留英法学博士在英高校分布

英国高校	留英法学博士姓名	人数	百分比(约)
伦敦大学	郑天锡(UCL)、刁敏谦(UCL)、赵冰(LSE)、黄正铭(LSE)、钱清廉(LSE)、王滌(LSE)、胡百全(KCL)、陈尧圣(LSE)、王克勤(UCL)、郑斌(UCL)	10	71%
牛津大学	陈体强(林肯学院)、朱奇武(耶稣学院)	2	14%
剑桥大学	黄金鸿(塞尔文学院)	1	7%
爱丁堡大学	夏晋麟	1	7%
总人数		14	

资料来源:本章第三节。

近代留英法学博士毕业于伦敦大学的人数最多,有 10 名,占总人数的 71%,属于绝对多数(其中 5 名来自伦敦政治学院,4 名来自大学学院,1 名来自国王学院)。毕业于牛津大学的有 2 名;毕业于剑桥大学的有 1 名;毕业于爱丁堡大学的有 1 名。

在地理上,14 名留英法学博士中,有 13 名毕业于英格兰的大学,只有 1 名毕业于苏格兰的大学。

四、近代留英法学博士在华高校分布

近代留英法学博士中的一部分人没有在国内接受高等教育,直接在欧美接受本科阶段的高等教育。在 14 位近代留英法学博士中,郑天锡、赵冰、夏晋麟、胡百全、王克勤、郑斌共计 6 位未曾在国内高校就读,其余 8 位留英之前均在国内高校就读。

表 3.4　近代留英法学博士在华高校分布

中国高校	学 生 姓 名	人数
东吴大学法学院	钱清廉、王滌(王滌又曾在金陵女子大学学习)	2
中央大学	黄正铭、朱奇武	2
燕京大学	陈尧圣(硕士燕京大学,本科之江大学) 朱奇武(本科燕京大学,硕士中央大学)	2
清华大学	陈体强	1
圣约翰大学	刁敏谦	1

（续表）

中国高校	学 生 姓 名	人数
之江大学	陈尧圣（本科之江，硕士燕京）	1
金陵女子大学	王潹（又东吴大学法学院）	1
中央政治学校	黄金鸿	1
总人数		11

资料来源：本章第三节。一人身兼多校者重复计入。11 人中，王潹、朱奇武、陈尧圣分别在 2 所国内高校就读，因此本表实际总人数是 8 人。

在留英法学博士中，来自东吴大学法学院、中央大学、燕京大学的分别有 2 名，来自清华大学、圣约翰大学、之江大学、金陵女子大学、政治学校的各 1 名。留英法学博士中有几位来自教会大学，即东吴大学法学院（2 名）、燕京大学（2 名）、圣约翰大学（1 名）、之江大学（1 名）、金陵女子大学（1 名）。值得一提的是，这五所教会大学均为基督教教会大学，而属于天主教教会大学的震旦大学、辅仁大学、天津工商大学输出留英法学博士的人数为零。

五、近代留英法学博士的博士论文

与美国不同的是，英国没有无须博士论文的职业法律博士，其法学博士均有博士论文。下面三份表格均是近代留英法学博士论文一览表，分为宪法学、国际法学、民商法学三类。

表 3.5 近代留英法学博士之宪法学博士论文一览

序号	论 文 题 目	人 名	大 学	年代
1	《中国宪法》	赵 冰	伦敦大学	1921
2	《现代国家司法的地位：以英国司法为例》	钱清廉	伦敦大学	1936
3	《意大利法西斯的司法制度》	王 潹	伦敦大学	1939

资料来源：本章第三节。

表 3.6 近代留英法学博士之国际法学博士论文一览

序号	论 文 题 目	人 名	大 学	年代
1	《确定缔约能力的国际私法规则》	郑天锡	伦敦大学	1916
2	《中国国际条约义务论》	刁敏谦	伦敦大学	1916

（续表）

序号	论　文　题　目	人　名	大　学	年代
3	《中英条约关系：国际法和外交研究》	夏晋麟	爱丁堡大学	1922
4	《海外华人的法律地位》	黄正铭	伦敦大学	1936
5	《上海的国际租界》	陈尧圣	伦敦大学	1940
6	《英国海外臣民外交保护的实践》	黄金鸿	剑桥大学	1948
7	《国际法的承认问题：以英美实践为参考》	陈体强	牛津大学	1949
8	《国际法与国内法的关系》	朱奇武	牛津大学	1950
9	《论国际法院和国际法庭适用的一般法律原则》	郑　斌	伦敦大学	1950

资料来源：本章第三节。

表 3.7　近代留英法学博士之民商法学博士论文一览

序号	论　文　题　目	人　名	大　学	年代
1	《中国和英国法律体系中的家庭法比较》	胡百全	伦敦大学	1940
2	《公司法人》	王克勤	伦敦大学	1941

资料来源：本章第三节。

中国近代留英法学博士的一大特点是：多数博士生选择国际公法作为研究对象。在本章收录的 14 位留英法学博士中，绝大多数选择公法题目的博士论文。其中 8 位留学生选择国际公法，包括刁敏谦、夏晋麟、黄正铭、黄金鸿、陈体强、朱奇武、郑斌。选择国际私法的只有 1 位，即最早取得英国法学博士学位的郑天锡。另外还有 3 位选择宪法，即赵冰、钱清廉、王滁。

选择私法（民商法）的仅有 2 位，即胡百全和王克勤。近代留英法学博士无人选择法理、法律史、刑法或者诉讼法。

在这 14 篇法学博士论文中，与中国有关的博士论文有 6 篇，即刁敏谦《中国国际条约义务论》、赵冰《中国宪法》、夏晋麟《中英条约关系：国际法和外交研究》、黄正铭《海外华人的法律地位》、陈尧圣《上海的国际租界》、胡白全《中国和英国法律体系中的家庭法比较》。除夏晋麟出身爱丁堡大学，其余 5 位撰写中国有关法学博士论文者全部出身伦敦大学。

本章小结

虽然英国培养了中国近代第一位大律师(伍廷芳),但在培养法学博士的时间和人数方面,英国却晚于、少于美国,亦后于法国、比利时、德国。英国法学博士教育的特点是长学制、学术化、博士论文正规化,在这一点上,英国培养的中国近代法学博士人数虽少,但质量并不低,有些博士论文(如陈体强的国际法学博士论文)至今仍在西方学术界具有很大影响力,堪称学术经典。

注释

1. Charles M.Hepburn, The Modern Law School in England and America, *Virginia Law Review*, Vol.2, No.2(Nov., 1914), pp.85—97, 86, 87, 90.

2. H.L.Wilgus, Legal Education in the United States, *Michigan Law Review*, Vol.6, No.8(Jun., 1908), at 648.

3. Http://en.wikipedia.org/wiki/College_of_Civilians.

4. H.L.Wilgus, Legal Education in the United States, *Michigan Law Review*, Vol.6, No.8(Jun., 1908), at 648.

5. Legal Education in Great Britain, by H.S. Richard, United States Bureau of Education, Bulletin, 1915, No.18, Washington, Government Printing Office, 1915, at 15.

6. *Handbook to the University of Oxford*, Oxford, at the Clarendon Press, first edition 1932, reissued 1939, at 385.

7. 钱锺书在牛津大学即攻读 B.Litt.这种特殊的研究生学位,不知情者望文生义,误以为是本科学位。

8. 根据牛津大学学制,每年 3 学期,5 年共计 15 个学期。

9. Legal Education in Great Britain, by H.S. Richard, United States Bureau of Education, Bulletin, 1915, No.18, Washington, Government Printing Office., 1915, at 15; *Handbook to the University of Oxford*, Oxford, at the Clarendon Press, first edition 1932, reissued 1939, at 386—387.

10. 参见唐君毅:《赵蔚文先生二三事》,载《中华人文与当今世界补编二》,广西师范大学出版社 2005 年 11 月第 1 版,第 948—952 页;戈枫:《赵冰传略》,载新会市政协学习文史社会法制工作委员会:《葵乡俊彦列传》(第二辑),近代杰出人物、当代俊彦合辑,1998年10月,第58—62页。

11. 见牛津大学档案馆 Simon Bailey 先生 2011 年 6 月 8 日给笔者的电子邮件。

12. EXCERPTA E STATUTIS, Universitatis Oxoniensis, TITULUS XIV, XV, XXIII, OXONII, E Prelo Clarendoniano, at 227.

13. 陈学飞等著:《西方怎样培养博士——法、英、德、美的模式与经验》,教育科学出版社 2002 年 4 月第 1 版,第 94 页。

14. *University of London, Regulations and Courses for Internal Students for the Session 1924—1925*, The University of London Press, Ltd., 1924, at 195.

15. Id., at 205—207.

16. University of London King's College and King's College Theological Department, Calendar for 1931—1932, at 144—145.

17. Calendar for Twenty-Ninth Session 1923—1924, *The London School of Economics and Political Science*, 1923, at 173.

18. Regulation for Internal Students of Faculty of Laws, *in* Regulations and Courses for Internal Students for the Session 1921—1922, University of London, 1921, at 229.

19. Id., at 1.

20. *The Student's Handbook to the University and Colleges of Cambridge: Supplement for 1947—1948*, Cambridge, at the University Press, 1947, at 165.

21. Calendar for Twenty-Ninth Session 1923—1924, *The London School of Economics and Political Science*, 1923, at 175.

22. Regulations and Courses for Internal Students for the Session 1921—1922, University of London, 1921, at 510.

23. *Handbook to the University of Oxford*, Oxford, at the Clarendon Press, first edition 1932, reissued 1939, at 384.

24. 参见本章第三节。

25. 关于英美法学教育制度上的区别,参见 Sandra R.Klein, *Legal Education in the United States and England: A Comparative Analysis*, *Loyola of Los Angeles International and Comparative Law Journal*, Vol.13, at 601—641(February 1991)。

26. See Obituary: The Hon. George Charles Brodrick, LL. B., D.C.L. in *The Geographical Journal*, Vol.22, No.6(Dec., 1903), at 705—706.

27. 根据中英庚款公费留学办法,中英庚款资助留学生的留学期限通常是3年。见"管理中英庚款董事会二十二年度考选留英公费生办法纲要草案"第7条、"本会二十二年度考选留英公费生办法纲要"第7条,载《中英庚款史料汇编》(中册),台北,

"国史馆"印行,1993年6月,第202页、224页。

28. 朱奇武在牛津大学(耶稣学院)在7个学期内(不足3年)即完成博士学业,这在牛津大学也不多见。See Peter North, The College's China Roots, https://www.jesus.ox.ac.uk/sites/default/files/2018-02/The%20Record%202017%20sm.pdf, at 83.

29. 民国期间九届留英庚款公费生法律类名单如下:第一届(1933年)钱清廉(Chien Chin-lien);第三届(1935年)朱宝贤(Chu Pao-hsien)(同届有英国文学专业的钱锺书);第四届(1936年)楼邦彦(Low Pon-yen,籍贯浙江鄞县,清华大学本科及研究生,)、李浩培(Li Hao-pei,籍贯江苏宝山,东吴大学法学院本科毕业);第五届(1937年)张天开(Jang Tien Kai,籍贯广东梅县,清华大学法学院本科及研究生,社会立法,保证人朱木祥);第六届(1938)王显湘(Wang Hsien-hsiang,籍贯浙江鄞县,东吴大学法学院毕业,注重国际法,保证人卢峻);第七届(1939年,这一届转送加拿大)靳文翰(Chin Wen-han,籍贯河南开封,清华大学政治系本科及研究生,行政法,保证人钱端升)、陈春沂(Chen Chun Chi,籍贯广东海丰,燕京大学本科及清华大学研究生,行政法,保证人陈嘉峰)、韩德培(Han Du Pei,籍贯江苏如皋,中央大学法律系本科,国际私法,保证人唐诚);第八届(1943)程振球(多作程镇球,Cheng Chen-chiu)、杨敬年(Yang Ching-nien)、刘家骥(Liu Chia-chi,广东南海人,1934—1935年曾在圣约翰大学学习,1936年转学到东吴大学法学院,1940年6月东吴大学法学士);第九届(1946年)汤宗舜(Tang Sung-shun籍贯浙江吴兴,中央大学法律系本科毕业)。参见《中英庚款史料汇编》(中册),台北,"国史馆"印行,1993年6月;刘家骥东吴大学毕业证书,中国第二历史档案馆,档号五—6352,第45页;刘家骥东吴大学成绩表(平均83分,178学分),中国第二历史档案馆,档号五—6350,第20页。

30. 杨敬年于1932年考入中央政治学校(大学部)行政系,1936年毕业。后考取南开大学经济研究所地方行政专业研究生。1944年考取第八届中英庚款留学生(法律类),1945年赴英留学。参见杨敬年:《期颐述怀》,南开大学出版社2007年第1版,第51页。

31. 杨敬年博士论文存于牛津大学图书馆,索书号(Aleph system number)015761867),论文题目是《英国中央政府间的职能分配:美国与英国属地的若干比较》(The distribution of functions among the central governments in the United Kingdom: with some comparison of the United States of America and British Dominions)。该论文信息注明杨敬年(Yang Ching-Nien)属于牛津大学社会学系(Faculty of Social Studies)。

32. 杨敬年:《期颐述怀》,南开大学出版社2007年第1版,第50页。经笔者查,程镇球(Cheng Chen-Chiu)1948年取得牛津大学B.Litt.学位(社会学系,Faculty of

Social Studies，Corpus Christi College)，学位论文是《英格兰社会思想从个人主义到社会主义的转变》(The transition from individualist to socialist political thinking in England)，该论文藏于牛津大学图书馆，索书号(Aleph system number 018970415)。程镇球，江苏宜兴人，1941年7月毕业于中央大学法学院政治学系，其本科课程中有“西洋政治思想史”、“比较政府”、“国际公法”、“国际私法”、“民法概论”、“政治学”、“经济学原理”、“西洋通史”、“西洋近世史”、“财政学总论”、“英国小说”、“基本英文”、“基本法文”、“莎士比亚”、“中国外交史”等。详见国立中央大学法学院政治系科毕业生历年成绩表(程镇球)，中国第二历史档案馆，档号五—6172，第304页。

33. 据龚祥瑞回忆，按照清华规定，只要得到指导员同意，评议会核定，就可以转赴英国学习。见龚祥瑞：《盲人奥利翁——龚祥瑞自传》，北京大学出版社2011年6月第1版，第60页。

34. 龚祥瑞：《盲人奥利翁——龚祥瑞自传》，北京大学出版社2011年6月第1版，第87页、102页。

35. Elihu Lauterpacht, *The Life of Hersch Lauterpacht*, Cambridge University Press, 2010, at 45.

36. *The Historical Record* (*1836—1926*), University of London, Second Issue, University of London Press, 1926, at 164.

37. Doctoral Dissertations by Chinese Students in Great Britain and Northern Ireland 1916—1961, Preface by Tung-li Yuan;《中国名人录》1936年第五版，第40页。F.T.Cheng, East and West: Episodes in a Sixty Years Journey, Hutchinson & Co. (Publishers) Ltd., 1951, London, at 123.

38.《中国名人录》1936年第五版第228页；The Legal Obligations Arising out of Treaty Relations between China and Other States, thesis approved for the degree of Doctor of Laws in the University of London, Ch'eng-wen Publishing Company, Taipei, 1966.

39.《伍廷芳博士传略》，载《兴华》，1922年，第19卷，第28期，第26页、25页；光英：《伍廷芳事略》，《广东文史资料》第53辑，广东人民出版社1987年版，第47页；郝铁川：《中国近代法学留学生与法制近代化》，《法学研究》1997年第6期，第24页；张礼恒：《从西方到东方——伍廷芳于中国近代社会的演进》，第56页；伍廷芳著：《一个东方外交官眼中的美国》，李欣译，学林出版社2006年版，译者序，第1页；张富强：《近代法制改革者——伍廷芳》(广东历史文化名人丛书)，广东人民出版社2008年版，第16页；熊秋良：《论伍廷芳的法律思想》，《四川师范大学学报》(社会科学版)1994年第4期，第134页；危兆盖：《伍廷芳：为中国文化申辩》，《江汉论坛》1999年第11期，第72页；黄淼章、邝广荣：《伍廷芳其人其墓》，《岭南文史》2002年第1期，第

34—35页;朱云平、龚春英:《浅析伍廷芳法制思想及其实践》,《思茅师范高等专科学校学报》2002年第4期,第10页;张本顺:《试论伍廷芳的法律思想及实践》,河南大学研究生硕士学位论文,2003年5月,第6页;邓学文:《论伍廷芳与刑讯制度的废除》,《广东史志》2003年第3期,第27页;田琳琳:《浅论伍廷芳的法治思想》,《法学》2004年第5期,第111页;于建胜:《试论伍廷芳与清末法制改革》,山东大学硕士学位论文,2005年4月,第1页;陈柳裕:《法制冰人——沈家本传》,浙江人民出版社2006年版,第63页;魏红专:《论伍廷芳的教育思想》,《黄河科技大学学报》2006年第3期,第101页;陈夏红:《政法往事——你可能不知道的人与事》,北京大学出版社2011年版,第5页。

40. 秦孝仪主编:《中国现代史辞典——人物部分》,台北,近代中国出版社1985年版,第82页[伍廷芳"赴英入牛津大学林肯法学院,三年得法学博士(L.L.D.)"]。

41. 许章润:《书生事业,无限江山——关于近世中国五代法学家及其志业的一个学术史研究》,《清华法学》第四辑专号。

42. *The Black Books*, Vol.4, preface, at ii.

43. 林肯法学院图书馆档案号:*The Black Book* A la33, ff.392—3.

44. 经陈立博士考证,那位日本留学生是Shunpow Teske Minami(1871年11月3日免试进入林肯法学院),见2013年9月15日陈立博士给笔者的电子邮件。

45. Clare Rider, *The admission of overseas students to the Inner Temple in the nineteenth century*, http://www.innertemple.org.uk/archive/overseas_students.html.

46. 丁贤俊、喻作凤著:《伍廷芳评传》,人民出版社2005年12月第1版,第491页,附录二:《伍廷芳大事纪要》。

47. 根据香港中文大学崇基学院讲师卡尔·T.史密斯(Carl T.Smith)撰写的《中国精英在香港的崛起》(The Emergence of a Chinese Elite in Hong Kong)一文,伍廷芳早期曾用名还有"伍才"(Ng Choy)。香港立法会官方资料也显示,伍廷芳在成为香港第一位华人立法委员时的名字是"Ng Choy(伍才)"。见Carl T. Smith, *The Emergence of a Chinese Elite in Hong Kong*, A lecture delivered to the Branch on 5 March 1971. Http://sunzi1. lib. hku. hk/hkjo/view/44/4401208. pdf。Fact Sheet, "The First" in Legislative Council History, by Legislative Council Secretariat, FS04/02-03, http://www.legco.gov.hk/yr02-03/english/sec/library/0203fs04e.pdf.余启兴认为,"叙"字的新会土音与广州音"在"的读法相似,所以伍叙当时的英文译为Ng Choy或者Ng Achoy。见余启兴:《伍廷芳与香港之关系》,载《寿罗香林教授论文集》,1970年,香港,第262页,注一。

48. Lincoln's Inn Admission Register, 1420—1893, at 365.

49. General Examination of Students of the Inns of Court, held at Lincoln's Inn Hall, on the 29th; 30th; and 31st May; and 1st and 2nd June, 1876.

50. The Records of the Honorable Society of Lincoln's Inn, *The Black Books*, Vol.5, 1845—1914, Lincoln's Inn, London, 1968, at 416.

51. Linda Pomerantz-Zhang, *Wu Tingfang* (*1842—1922*), *Reform and Modernization in Modern Chinese History*, Hong Kong University Press, 1992, at 34.

52. Chinese Minister's Address, delivered at the University of Pennsylvania, His discourse related to the proper relations of this country to the Orient—Law School of the Institution Dedicated—Degrees Conferred, Cleveland Leader, February 23, 1900; See also Wu Ting Fan, Chinese Minister, the Orator of the Day, *Times*, Tenn., February 23, 1900.

53. 贾逸君编:《中华民国名人传》,1937 年版,上海书店影印,卷四第 1 页。

54. 任嘉尧:《当代中国名人辞典》,1947 年,第 1 页。

55. 石源华主编:《中华民国外交史词典》,上海古籍出版社 1996 年 6 月第 1 版,第 9 页。持相同观点的还有程燎原:《清末法政人的世界》,法律出版社 2003 年第 1 版,第 33 页;刘国铭主编:《中国国民党百年人物全书》,团结出版社 2005 年 12 月第 1 版,第 14 页。

56. 徐友春:《民国人物大辞典》增订版(上),河北人民出版社 2007 年 1 月第 1 版,第 21 页。

57. 管林主编:《广东历史人物辞典》,广东高等教育出版社 2001 年 6 月第 1 版,第 3 页(称刁作谦"毕业于英国剑桥大学,获文学硕士、法律博士学位");熊月之、周武主编:《圣约翰大学史》,上海人民出版社 2007 年 5 月第 1 版,第 352 页;裴艳著:《留学生与中国法学》(中国学科现代化转型丛书),南开大学出版社 2009 年 5 月第 1 版,第 103 页。

58. 韩德培:《纪念、回顾和展望——在纪念周鲠生先生诞辰一百周年及国际法研究所成立十周年大会上的讲话》(1990 年 12 月 21 日),载《韩德培文选》,武汉大学出版社 1996 年第 1 版,第 486 页。

59. 参见周如松:《周鲠生先生传略》,载《中国当代社会科学家》第五辑,书目文献出版社 1983 年 7 月第 1 版,第 154 页;周如松:《记我的父亲周鲠生先生》,载《珞珈》第 125 期,1995 年 10 月 1 日,台北市"国立武汉大学"校友会编印,第 9 页。

60. 李谋盛:《周鲠生教授传略》,载武汉大学法学院国际法所编:《周鲠生文集》,武汉大学出版社 1993 年版,第 4 页;湖北省地方志编纂委员会:《湖北省志人物志稿》第二卷,光明日报出版社 1989 年第 1 版,第 1035 页;潘晓霞:《望重法林——国际法学家周鲠生》,载张宪文主编:《民国南京学术人物传》,南京大学出版社 2005 年 6 月第 1 版,第 290—291 页;裴艳著:《留学生与中国法学》,南开大学出版社 2009 年 5 月第 1 版,第 294 页。

61. 王铁崖、周忠海编:《周鲠生国际法论文选》,海天出版社 1999 年 1 月第 1 版,王铁崖序言。

62.《中国名人录》1936年第五版,第57页;王玉明主编:《中国法学家辞典》,中国劳动出版社1991年第1版,第475页;徐友春主编:《民国人物大辞典》增订版(上),河北人民出版社2007年1月第1版,第943页。

63. 虞崇胜:《周鲠生》,载严如平、宗志文主编:《民国人物传》(中华民国史资料丛稿),中华书局1997年3月第1版,第424页。

64.《国立武汉大学一览》,1934年,第248页。

65. "University Intelligence", *Times* (London England) 14 Oct. 1912: 10. *The Times Digital Archive*. Web.19 Dec.2015.

66. F. T. Cheng, *East and West: Episodes in a Sixty Years' Journey*, Hutchinson & Co. (Publishers) Ltd., 1951, London; "University Intelligence", *Times* (London England) 14 Oct. 1912: 10. The Times Digital Archive. Web.19 Dec. 2015; "Calls to the Bar." *Times* (London, England) 17 April 1913: 5. *The Times Digital Archive*. Web.19 Dec.2015;有人误称郑天锡是英国剑桥大学法学博士,见王贵勤:《民国时期国际法研究考》,载《华东政法大学学报》2007年第4期,第81页;郑天锡博士论文藏于伦敦大学Senate House图书馆,索书号0-1716, LLD 1916;《民国七年国立北京大学职员履历表》,载《京师译学馆校友录》,陈初辑,近代中国史料丛刊续编第50辑,台湾文海出版社,附录第70页;《各科系教员姓名略历一览表》,载《朝阳大学概览》,1929年9月,第51页;高增德主编:《中国现代社会科学家大辞典》,书海出版社1994年5月第1版,第416页;香港皇仁书院属于中学性质。有关香港皇仁书院,参见http://www.qc.edu.hk。

67. *The Historical Record (1836—1926)*, University of London, Second Issue, University of London Press, 1926, at 160; "Gifts to London University." *Times* (London England) 20 July 1916: 11. *The Times Digital Archive*. Web.19 Dec.2015;刁敏谦博士论文藏于伦敦大学Senate House图书馆,索书号0-10954, LLD 1916;《周校长对于第五次高等科毕业生训辞》,载《清华周刊》1917年第3期,第12页;《中国名人录》1920年第2版,第199—200页;《刁德仁自传》,载张伟群著:《四明别墅对照记:上海一条弄堂诸史》,中央编译出版社2013年1月第1版,第282—285页;沈鉴治英语口述、高俊翻译整理:《圣约翰大学的最后岁月(1948—1952年)》,载《史林》2006年增刊第92期,第11—15页;沈鉴治英语口述、高俊翻译整理:《圣约翰大学的最后岁月(1948—1952年)》,载《史林》2006年增刊第92期,第11—15页。

68. The Law School of Harvard University, Annual Announcement, 1919—1920, Official Register of Harvard University, Vol.XVI, No.11, March 24, 1919, at 36; Alumni Directory of the Harvard Law School, 1958, The Quinquennial Catalogue, at 84;赵斌博士论文现藏于伦敦政治经济学院图书馆(LSE Library Store

theses X20，579)；“Bar Examination.” *Times*(London，England) 27 April 1922:16，*The Times Digital Archives*，Web.19 Dec.2015；唐君毅:《赵蔚文先生二三事》，载《中华人文与当今世界补编二》，广西师范大学出版社 2005 年 11 月第 1 版，第 948—952 页；戈枫:《赵冰传略》，载新会市政协学习文史社会法制工作委员会:《葵乡俊彦列传》(第二辑)，近代杰出人物、当代俊彦合辑，1998 年 10 月，第 58—62 页；“赵冰(恩德)老师”，载苏庆彬著:《七十杂忆:从香港沦陷到新亚书院的岁月》，香港中华书局 2011 年 3 月初版，第 327—329 页。

69.《东吴年刊》1929，第 50 页；《中国名人录》1936 年第五版，第 85 页；夏晋麟著：《我五度参加外交工作的回顾》，夏廉任译，台湾传记文学出版社 1978 年元月 1 日初版，台北；Http://ethos.bl.uk/OrderDetails.do?uin＝uk.bl.ethos.652654.

70.《中大教职员名册 1949 年》，南京大学档案馆，档案号 01-1155，第 156 页。张其昀:《黄正铭先生行述》，载杜元载主编:《革命人物志》第 12 集，中国国民党中央委员会党史委员会编辑，1973 年 12 月初版，第 364—367 页；沈守愚、潘抱存:《志节高超学贯中西之黄正铭教授》，载《南雍骊珠:中央大学名师传略续篇》，南京大学出版社 2006 年 12 月第 1 版，第 171—175 页；《历届政府外交部职官年表(1912—1949)》，载石源华主编:《中华民国外交史辞典》，上海古籍出版社 1996 年版，第 770 页；黄正铭博士身份注册于伦敦政治经济学院经济学系之下，see “University News.” *Times* (London，England) 8 Feb.1936:14. *The Times Digital Archive*. Web.19 Dec.2015；黄正铭博士论文藏于伦敦政治经济学院图书馆，索书号 Theses X20，514。

71.《私立东吴大学法学院一览》，1936 年，第 93 页；朱雷章:《大比夺魁——南京政府第一届高等考试亲历记》，载中国人民政治协商会议江苏省昆山县委员会文史征集委员会编:《昆山文史》第 4 辑，1985 年 9 月，第 108 页；王道伟主编:《昆山县志》，上海人民出版社 1990 年 12 月第 1 版，第 34 页；《中山大学法学院历任负责人和著名教授介绍》(部分)，http://202.116.73.59/index/celebration/law03_01.asp. http://www.dfzb.suzhou.gov.cn/zsbl/1442027.htm(误以为钱清廉是牛津大学法科博士)；《香港年鉴》第 20 回，1967 年，第 104 页；《东吴大学法学院 1931 年 6 月法律系毕业生学籍材料卷》，上海市档案馆档案号 Q245-1-277；钱清廉 LSE 博士身份注册于该校经济学系之下，see “University News.” *Times*(London，England) 25 July 1936:8. *The Times Digital Archive*. Web.19 Dec.2015；钱清廉博士论文藏于 LSE 图书馆，索书号 Theses X 21，050。

72. 司法院编译处特约编译:《国内英美留学生特别登记第一批审查合格各员简历表》(1931 年 1 月)，载刘真主编:《留学教育——中国留学教育史科料(第 1—5 册)》，台湾“国立编译馆”，1980 年 7 月，第 2038 页；《私立东吴大学法学院一览》，1936 年，第 121 页；《东吴大学同学会会章》，载《东吴通讯》，1942 年第 2 期，第 34 页；《东吴大学法学院 1935 年 6 月法律系毕业生学籍材料卷》，Q245-1-281；私立东吴大学法学院法律系各届毕业生历年成绩表，上海市档案馆，档案号 245-329-0709；上海地方法院伪律师登记表，上海市档案馆档案号 Q185-1-239，SC0077；王滌博士论文藏于 LSE 图书馆，索书号 Theses X 2369。

73. “发给留学证书登记”，廿四年度，第 3 页，载《核发留学证书登记册》，1932—1948 年，中国第二历史档案馆，档案号：五—15337；陈尧圣博士论文现藏于伦敦政治经济学院图书馆，索书号 LSE Library Store theses X2413；陈尧圣：《燕京忆旧》，载《学府纪闻：私立燕京大学》，台北，南京出版有限公司 1982 年 2 月初版，第 257—263；林吕建主编：《浙江民国人物大辞典》，浙江大学出版社 2013 年 1 月第 1 版，第 322 页。

74.《台港澳大辞典》，中国广播电视出版社 1992 年 3 月第 1 版，第 623 页；Http://www.ndcnc.gov.cn/datalib/2004/Character/DL/DL-20040310110606；百度百科称胡百全 1939 年取得伦敦大学法科哲学博士学位（http://baike.baidu.com/view/2831040.htm#sub2831040），笔者根据伦敦大学图书馆记载，将其博士时间定为 1940 年；香港圣若瑟书院是一所以中学教育为主的学校，有关香港圣若瑟书院，参见 http://www.sjc.edu.hk/；胡百全博士论文藏于伦敦大学 Senate House 图书馆，索书号 Theses 0-8218。

75.《旅美中国同人录》，1944 年再版，第 2 页；王克勤博士论文藏于伦敦大学大学学院图书馆，索书号 001602715。

76.《政治大学校友通讯录》，1957 年 5 月 20 日，第 108 页；黄金鸿博士论文大英图书馆见藏，索书号 Shelfmark：Document Supply DRT 604907。

77. 王铁崖：《怀念陈体强同志》，载陈体强著：《国际法论文集》，法律出版社 1985 年第 1 版，第 319—323 页；《中国大百科全书——法学》，中国大百科全书出版社 1984 年 9 月第 1 版，第 45—46 页；香港圣士提反书院属于中学性质，有关该校历史，参见 http://www.ssc.edu.hk/index.php?option=com_content&task=view&id=29&Itemid=72；陈体强博士论文牛津大学图书馆有藏，索书号 Aleph system number 011022133。

78.《中国普通高等学校教授人名录》，高等教育出版社 1988 年 3 月第 1 版，第 851 页；燕京研究院编：《燕京大学人物志》第二辑，北京大学出版社 2002 年 4 月第 1 版，第 135 页；1946 年教育部留学考试，见刘真主编：《留学教育——中国留学教育史料》，第 2143 页；Peter North, The College's China Roots, https://www.jesus.ox.ac.uk/sites/default/files/2018-02/The%20Record%202017%20sm.pdf, at 76—85；朱奇武博士论文藏于牛津大学 Bodleian 法律图书馆，索书号 MS. D.Phil. d.809（locked G.F.）。

79. “Marriages.” *Times*（London, England）28 June 1950: 8. *The Times Digital Archive*. Web.19 Dec. 2015；郑斌 1950 年博士论文藏于伦敦大学大学学院图书馆（UCL THESES STORE）及伦敦大学 Senate House 图书馆（索书号 Theses 1—230）；

2017 年 5 月，郑斌将其自藏的 1950 年博士论文连同其他国际法图书资料 3 000 余种捐赠给西北政法大学，这批捐赠中也包含郑斌之父郑天锡所藏的国际法图书。见西北政法大学网站新闻《著名国际法学家、英国伦敦大学终身名誉教授郑斌先生向我校捐赠图书》，http://www.nwupl.edu.cn/html/2017/05/19/1745597932.html；刘伟民："校译说明"，载郑斌著：《国际航空运输法》，徐克继译，中国民航出版社 1996 年 1 月第 1 版。

第四章　中国近代留法法学博士

根据袁同礼《中国留欧大陆各国同学博士论文目录》(A Guide to Doctoral Dissertations by Chinese Students in Continental Europe, 1907—1962),[1]中国留法学生在法国取得的博士学位包括四种类型:第一,文学博士;第二,法学博士;第三,理学博士;第四,医学博士。从数量上看,取得第二种类型(即法学博士学位)的中国留学生人数最多。

表 4.1　1906—1962 年间中国留法博士学位类型和人数

中国留法博士学位类型	博士学位人数
文学博士	135 名
法学博士	232 名
理学博士	141 名
医学博士	73 名

资料来源:袁同礼:《中国留欧大陆各国同学博士论文目录》,第 151 页。

第一节　法国法学学位制度的历史演变

一、法国近代法学学位制度

法国的博士学位早在中世纪就已经出现。[2] 19 世纪上半叶,法国博士学位开始具有国家性质,并要求提供博士论文。[3] 20 世纪初期,法国大学法学院本科学习的通常期限是三年,每年年末举行一次考试,第三年年末举行毕业考试，合格者授予法学士学位（Licencié en droit，一译法学硕士学位）。这一法学士学位可以视为一种职业学位，取得这一学位者具有从事律师业务和法官业务的资格。[4]

取得法学士学位之后，如果希望进一步进行学术研究，则可以进入研究院攻读法学博士学位（doctent en droit，docteur en droit，doctorat en droit）。研究院分为四个系：(1)罗马法及法制史系；(2)私法系；(3)公法系；(4)政治经济系。要想取得法学博士学位，必须考取两个系的高等研究证书（Diplome d'Etudes superieures），之后才可以提交博士论文（Thèse pour le doctorat），最后进行博士论文答辩。答辩通过者将被授予法学博士学位。[5]

二、法国国家博士与大学博士的区别

美国学位制度与法国学位制度的一大区别是，美国博士学位均由各大学自行授予，而法国博士学位却分为国家博士（doctorat d'Etat）和大学博士（doctorat d'université）两种。

法国早期的博士学位只有一种，即国家博士学位。"国家博士"学位由教育部代表国家颁发，"同时授予文官职务上及专门职业上一定特权"。[6]虽然外国留学生也可以申请国家博士，但是相对而言，难度较大，而且国家博士学位带来的法国职业特权对于多数外国留学生似乎没有必要，这使得法国高等教育对于外国留学生缺乏吸引力。由于这一法国教育上的制度障碍，很多美国学生选择到德国留学，而不是法国。[7]为了增加对于外国留学生的吸引力，法国改革了单一的国家博士学位制度，在19世纪末期，引入大学博士学位，在保留原有国家博士学位的同时，允许法国各大学颁发大学博士学位，例如巴黎大学法学博士学位（Docteur en Droit de l'Universite de Paris）。大学博士学位一般颁发给外国留学生，没有职业上的特权。[8]

在考试标准上，两者是否有区别则取决于各个学校。例如，巴黎大学法学院对于国家法学博士和大学法学博士的标准大致相同；里昂大学、格勒诺布尔大学则将国家学位和大学学位的考试分开，对于大学法学博士学位，只需要通过四五种科目的考试（相当于一个系的高等研究文凭）以及论文答辩即可。有些希望在短时间内取得法学博士学位的人，往往不在巴黎大学攻读，而是转到其他大学。[9]一般认为，国家博士更难取得。无论是国家法学博士还是大学法学博士，都必须满足两项条件，第一是印好的毕业论文，该论文必须经考试委员会审查通过；第二是取得大学法科专门研究及格证(即高级研究证书)。[10]

中国近代留法学生，既有获得国家法学博士者(如沈达明、漆竹生、于振鹏)，[11]也有获得大学法学博士者，以后者居多，取得法国国家博士学位者极少。本章对于收录的留法法学博士通常表述为"某某大学法学博士"，对于确定取得国家博士学位者，专门在括号中说明。无论是国家法学博士还是大学法学博士，都要求提供博士论文。从这个角度上说，法国的国家法学博士与大学法学博士的区别，与美国的法学博士和法律博士的区别不宜相提并论。

三、法国大学承认中国有关大学授予的法学士学位

中国近代留法攻读法学博士学位者人数众多，其中一个重要原因是，法国大学承认中国有关大学授予的法学士学位具有相当于法国法学士学位(Licence en droit)的效力。已经在中国有关大学取得法学士学位的留学生，无须现行学习法国大学的法学本科课程，可以直接在法国的大学注册为法学博士班学生，所以博士入学并不困难，且学费很低。因此，当时法国各大学的法学博士班吸引了一大批中国留学生，尤其是巴黎大学。

四、近代留法法学博士有关博士课程的回忆和描述

漆竹生在国内中学毕业，1933 年赴法留学，先修化学，后转学法律，1938 年 10 月通过巴黎大学第三学年的考试，之后在博士班注册。"注册后，依照规定，须先考得两张高级研究证书，共八门专题课程，才能找导师，定题目，写博士论文。"[12]漆竹生于 1939 年 6 月考得公法高级研究证书，11 月考得私法高级研究证书。

高研证书的考试全部口试。每张证书的四门课程口试由四位教

授在四个考场分别主持，主持口试的教授一般就是课程的任课教授，但口试内容不限于他的讲授内容。例如，国际法讲的专题是国际条约，但可以要你回答有关国际会议、国际组织或海洋法等问题，考生从一个考场走向另一考场，不知道等待他的是什么问题，也不象笔试有比较从容的考虑时间，坐下来报过名，听完问题就要回答，而且问题一个接一个，有的是真正的问题，有的是故设圈套，看看考生有无分辨与判断的能力。[13]

取得两张高级研究证书后，接下来的事情就是找导师、定博士论文题目、写论文。漆竹生选择了中国宪法问题作为博士论文的主题。

考试一通过我就找导师，定下题目，开始把资料分析，消化，论证，发挥，整理成文。从这时起，除了吃饭、睡眠，其余时间全部用在写作上……就这样，我用足全身力气，不浪费一分钟，在半年的时间里，站着写完了242页博士论文。在这半年里，我没有星期天，不看电影，停止一切交际……[14]

漆竹生于1940年6月进行博士论文答辩，其导师国际法学家马赛尔·赛伯特教授(Marcel Sibert，1884—1957)是答辩评判委员会主席，评判委员是巴黎大学国际法学家儒勒·巴德旺教授(Jules Basdevant，1877—1968)和公法学家梅斯特(Achille Mestre，1874—1960)教授。“答辩历时二个半小时，论文通过了，评判委员给予了很高的评价。”[15]漆竹生顺利取得法国国家博士学位。

赵俊欣晚年自传记载：

我在巴黎对学业完成的速度，打破了历来纪录。按照巴大法科博士班规定，必须在公法、政治经济、私法和罗马法四张高级文凭中考取两张，然后才可择定论文题目从师写作，论文通过后，才能获得博士学位。每张高级文凭考试内容非常广泛，采用公开口试制，一次考完，随时揭榜。同学中累试累败者，不知凡几。我于1935年9月抵巴黎，11月入学，1936年春即考取第一张高级文凭(公法)；同年秋，又考取了第二张高级文凭（政治经济），随即跟着德拉勃拉戴教授撰写论文，题目是《修改条约问题之法理的分析》，1937 年 11 月，通过了论文。这样，我就顺利地在两年时间内完成了我的学业，取得了博士学位。[16]

由于法国要求博士生必须撰写并提交博士论文，所以博士论文是留法法学博士的头等大事。谢冠生 1924 年 1 月 30 日致信上海震旦大学校友宋国宾、顾守熙，详细记载了谢冠生当年撰写法学博士论文的整个心路历程，包括博士论文选题和写作的过程。由于该书信很少为后世所了解，今特载录如下：

近正在悉心从事论文。论文题目，一时颇费踌躇。弟平时读书，常觉中国历来，承周孔之教，诸凡皆有文胜于质之弊，遇事每每忽略方法，此实为中西文化不同之一要点。西洋惟其文质兼重（有时又不免质胜文则野），故于方法，特别讲究，求学亦然。于各种学问，皆有有统系之学术史。学者先得其史而读之，于此学之源流门径便可思过半矣。近来国内先决之士，亦颇知兹事之重要，于是有经学、哲学史等，次第出现……而于法制经济之学，尚付阙如。因此弟窃不自量，最初就想草一部中国经济学说史论，经一再考虑，又觉得中国自孔子罕言利，孟子屡称“何必曰利”以后，后世学者，于经济之事，多忌讳不敢道，以是经济学说，湮没无闻，较之西洋，殊多惭色，在外国为此，不足以发扬国光，遂而中止。嗣后想起草一种中国政治哲学史，已积得若干材料，后闻梁任公在国内，正从事此业，恐蹈雷同，因亦未果。最近乃决定着手中国法制史，已将目录送去校长鉴定，颇荷嘉许。政治经济法制三者，皆在弟所学范围以内，本无所轩轾，惟经济学说史、政治学说史，皆偏理论，可算得纯粹之学术史，而法制史则着眼在典章制度，较为具体，性质颇有不同耳。殆亦所谓不得已而求其次也。目录内容，分公法私法二卷，凡二十篇，材料已大体搜集就绪，所苦者篇幅繁重，又为初次试作，甚少凭藉，法文文字，亦须得处处留意整饬，不过于潦草，费时费力甚多，又印刷费亦颇贵，印后送人，无人要读，（相对的言）尤为冤枉。官样文章之下，往往难得产出好货，良有以也。[17]

关于法国的博士论文答辩，1950年巴黎大学法学博士芮正皋回忆如下：

> 首先由应考人以30—40分钟时间，不疾不徐地陈述并介绍论文内容，须做到有条有理、简单明了，使考官们能够充分地了解论文的概要。之后，三位考官轮流发问，考生再一一进行答辩。回答要不慌不忙，并要坚持自己的立场、论点，所以对口才的要求也很高。[18]

第二节　法国法学博士与政治学博士、经济学博士的融合

一、政治学专业法学博士与经济学专业法学博士

中国近代留洋学生中有一类人非常特别，他们虽然在名义上取得了“法学博士”学位，但其专业却不是法学专业，而是政治学专业或者经济学专业。这一现象主要发生在留法学生当中，法国学位体系将政治学、法学、经济学统统置于法学这一门类之下，这三种专业的博士均被冠以法学博士的头衔。

近代大陆法系的法学院，“都是以法律、政治、经济三门包括在一个学院内，统称法学院。所以他们的法学院，不是单一的法律学院，法学院毕业生，无论是研究法律、经济或政治的，都是给以法学士或法学博士的学位。”[19]

这一现象在法国由来已久。1819年，巴黎大学法学院分成两个专业，一为商业法，一为公法和行政法，所开设的课程有法学、政治经济学史、国际法、公法等。[20]1864年，巴黎大学法学院开办政治经济学讲座，“对法学院有较大冲击”。[21]1877年3月，法国颁布法令，将政治经济学列入法学院课程。[22]1895年5月，法国进一步规定，法学博士的培养分为两种，第一种是传统的法学（私法和法学史），第二种是新学科（公法和政治经济学）。[23]相应地，法学博士也分成两个门类，一为法律学，二

为政治及经济学。[24]

图 4.1　巴黎大学法学院门楣

根据这些规定，以巴黎大学法学院为首的法国高校法学院“集法学、政治学和经济学为一体”[25]。巴黎大学在 20 世纪 20 年代、30 年代，其法律系分为 Licence 和 Doctorat 两个级别。在 Licence 阶段，“法律与经济混合而不分系”。[26]取得 Licencie en Droit 学位的人可以申请进入研究院学习。研究院分设罗马法及法制史系、私法系、公法系（包括行政法、宪法、国际公法、公法史）和经济系。任何一个系的学生，在考试合格后，将被授予该系高等研究文凭（Diplome d'Etudes Superieures）一张；取得两张高等研究文凭的学生（即毕业于两个系的学生），可以提交博士论文，答辩合格者，可以授予法学博士学位。[27]

根据统计，在 1935—1938 年间，法国平均每年颁发 871 个法学博士学位，其中有将近 38％的学位属于政治与经济学（sciences politiques et économiques）学位，[28]换句话说，只有 62％的法学博士属于纯粹的法学专业博士。法国当时也在讨论是否有必要将经济学从法学院中分离出来。法学教授们自然希望他们的学生能够有良好的经济学背景，但是法国的许多经济学家认为，由于经济学被置于法学之下，而没有被作为一个单独的学科，导致经济学受到大众的冷遇和忽视，阻碍了经济学的发展。[29]

二、近代留法“法学博士”的标准

如前文所述，“法学博士”在法国是一个广义的概念，这就无形中增加了研究中国近代留法法学博士的困难。辨别法国大学毕业的哪些“法学博士”属于法律学专业博士，哪些属于政治学专业博士，哪些属于经济学专业博士，这是一件很难的事。袁同礼《中国留欧大陆各国同学博士论文目录》收录的 232 名留法法学博士，并不完全是法律学专业法学博士，还有很多政治学专业博士和经济学专业博士，袁同礼未做细分。

笔者根据“法学博士”的博士论文题目及内容来初步筛选法学专业博士论文，进而判断谁是法学专业博士。有些近代留法法学博士出版的博士论文封面显示其“法学博士”学位的具体专业，这有利于判断该博士是否真正属于法学专业博士。陈继善 1912 年 6 月获得巴黎大学法学博士学位，博士论文《中国门户开放政策》(La politique de porte ouverte en Chine)。单从博士论文题目本身判断不出其是否属于法学博士论文。根据陈继善博士论文封面信息，陈继善博士专业并非法律学，而是政治与经济学专业(Sciences Politiques et Economiques)。但是阅读陈继善博士论文之后可以发现，这完全可以算是一篇国际法学专业的博士论文。鉴于此，本书将陈继善收录在内。潘乃尉 1926 年取得里昂大学法学博士学位，博士论文《美国的亚洲侨民》(L'Immigration asiatique aux États-Unis d'Amérique)。根据潘乃尉博士论文封面信息，他的博士专业并非法律学，而是政治与经济法学，但其博士论文包含了很多移民法内容，因此本书将潘乃尉收录在内。张彰在 1925 年取得法国里尔大学法学博士，其博士论文题目是《中国关税问题》(Le problème douanier de la Chine)，笔者收集到张彰这一博士论文，在封面上印有其博士头衔的中文字样——“政学博士”[30]。也就是说，在张彰心目中，其在法国取得的博士学位是政治学专业博士学位。同时，张彰的博士论文也缺乏明确的法学内容。因此，本书不予收录。

法国国家图书馆和法国 CUJAS 图书馆藏有很多近代留法法学博士的毕业论文，在博士论文题目下面往往注明其属于何种类型的博士论文，例如文学博士、法学博士等，在法学博士之下，可能还加注“公法学”(droit public)、“私法学”(droit privé)、“政治与经济学”(sciences politiques et économiques)或者“经济学”(sciences économiques)等字样。这些都有助于判断博士论文性质及博士学位种类。

留法文学博士与法学博士(包括政治学博士、经济学博士)也存在混淆的情况,以下是几个显著的例子:

第一,卓还来的博士身份。

有资料记载抗日烈士卓还来[31]是留法法学博士[32],此记载有误。卓还来与杨光泩等 9 人均是被日军杀害的中国驻菲律宾外交官,是中华英烈,因此关于他们的博士身份,更应该准确无误。

卓还来曾经留学法国巴黎政治学院,1936 年取得巴黎大学博士学位,博士论文是《关于 1883 年中法越的争执》(Origines du conflit franco-chinois à propos du Tonkin jusqu'en 1883)。该博士论文 1935 年由巴黎 Jouve 出版社出版,1938 年在越南西贡出第 2 版。邵循正评价此书“著者屡声明此书多取材于拙著《中法越南关系始末》一书,然其所增引法方公私材料,如 Journal officiel 等,多甚可贵。叙述清晰,议论透彻,不失为法文远东史籍中佳构”[33]。

然而,卓还来虽然取得了巴黎大学博士学位,但并非法学博士学位,而是文学博士学位。他是向巴黎大学文学院(Faculté des lettres de l'Université de Paris)申请的博士学位,[34]而非向法学院申请。

第二,毛以亨的博士身份。

很多资料记载毛以亨[35]是巴黎大学政治学博士,[36]实际上毛以亨是巴黎大学文学博士。毛以亨于 1923 年取得巴黎大学文学博士学位,博士论文《1842 年至 1860 年间中国的政治经济关系》(Les Relations politiques et économiques entre la Chine et les puissances de 1842 à 1860)。该博士论文虽然与政治经济学有关,但毛以亨是巴黎大学文学院博士,并非广义法科范畴的政治学或者经济学博士。[37]

第三,伍纯武的博士身份。

很多资料记载伍纯武[38]是留法经济学博士[39],实际上是留法文学博士,于 1932 年取得巴黎大学(文学院)文学博士学位,博士论文 Le Conflit des tendances dans le syndicalisme français contemporain, 1918—1922。[40]

第三节　中国近代留法法学博士名录

F001:陈继善(约 1881—?),法文姓名 Tchen Ki Chan,浙江嵊县人。1907 年由北洋大学选送官费费出国(由津关道筹解学费),入法国巴黎大学,1912 年 6 月获得巴黎大学法学博士学位(政治与经济学专业,Sciences Politiques et Economiques),博士论文《中国门户开放政策》(La politique de porte ouverte en Chine)。回国后历任上海中国大学、复旦工学及北京大学法律、法文、英文教员,曾在北京、天津从事律师业务,并曾任职于交通部、平汉铁路驻平办事处通译处通译股主任。[41]

F002:钱泰(1890—1962),字阶平,法文姓名 Ts'ien T'ai(Tsien Tai),浙江嘉善人。1906 年丙午科优贡。1907 年京师地方审判厅主簿。曾入京师译学馆读书。1914 年取得巴黎大学法学博士学位,博士论文《中国之立法权》(Le pouvoir législatif en Chine)。1915 年任司法部秘书、参事,1918 年任外交部议和筹备处委员、巴黎和会专门委员。1920 年任外交部合约研究会委员。1921 年任外交部条约司司长、华盛顿会议专门委员。1922 年任国务院秘书厅帮办。1926 年任外交部代理次长。1928 年任国民政府司法院参事处参事。1931 年任外交部国际司司长。1932 年 5 月任司法行政部参事。1933 年任驻西班牙公使。1937 年任驻比利时大使。1941 年任外交部常务次长。1943 年任驻比利大使兼驻挪威大使。1944 年任驻法兰西临时政府大使。1949 年 10 月,在法国遭遇车祸,1950 年赴美定居,后到奥地利维也纳。1962 年病逝。[42]

F003:胡世泽(1894—1972),字子泽、寿曾,法文姓名 Hoo Chi-Tsai(Hou Chi-Tsai, Hu Shih-Tsi, Victor Chi-Thai Hoo),浙江吴兴人。外交官胡惟德之子。在俄国森堡小学堂、森堡中学堂读书,1912 年赴法国留学,1913 年入巴黎大学攻读法律,1918 年取得巴黎大学法学博士学位,博士论文《中俄现代关系的条约基础》(Les bases conventionnelles des relations modernes entre la Chine et la Russie)。曾任外交部条约司副司长、亚洲司司长(1930 年),驻瑞士公使(1933 年)。1943—1945 年任外交部常务次长,1946 年进入联合国工作。[43]

F004：梁仁杰（1888—1958），字云山，法文姓名 Liang J'en Kié，江西赣州（临川）人。1911 年京师译学馆毕业。1913 年 1 月到法国留学，江西省官费生。1920 年取得巴黎大学法学博士学位，博士论文《中国的行政管辖权》（Étude sur la jurisdiction administrative en Chine）。历任北京大学法律系教授，大理院推事，国立北京法政大学法文教员。1922 年北京民国大学法律门主任。上海公共租界临时法院刑庭庭长，1928 年 1 月国民政府最高法院推事，之后长期担任江西高等法院院长。1948 年 1 月任司法行政部人事处处长，12 月任江苏高等法院院长。1950 年任最高人民法院华东分院审判员。1957 年 12 月被上海市第一中级人民法院以反革命罪判处死刑，1958 年 2 月被处决。[44]

F005：王世杰（1891—1981），字雪艇，法文姓名 Wang Shih Chieh，湖北崇阳人。1910 年入北洋大学采矿冶金科，1913 年官费赴英留学（稽勋局第二期官费留学生），入伦敦大学伦敦政治经济学院，1917 年毕业，获政治经济学专业学士学位。1920 年取得巴黎大学法学博士学位（政治与经济学专业），博士论文《联邦宪法中权限之分配》（De la répartition des compétences dans les constitutions fédérales）。同年回国，任教于北京大学，1923 年 9 月至 1924 年 3 月代理北京大学法律系主任，1924 年 4 月至 1929 年 3 月，任北京大学法律系主任，主讲比较宪法等。1927 年任国民政府法制局局长。1928 年任海牙公断院（即国际常设仲裁法院）公断员（即仲裁员）。1929 年任武汉大学校长，1933 年任教育部部长，1938 年任军事委员会参事室主任，兼政治部指导委员。1945 年任外交部部长，1948 年当选中央研究院院士。1981 年病逝于台北。[45]

F006：周览（1889—1971），又名周鲠生，法文姓名 Chow S. R.，湖南长沙人。幼年父母去世。13 岁考取秀才。入湖南省立第一小学，1906 年官费留学日本，在早稻田大学攻读政治、法律和经济等学科，1911 年回国。1913 年获得湖南省官费，赴英国爱丁堡大学学习政治经济学，获硕士学位。之后赴法留学，1920 年取得巴黎大学法学博士学位，博士论文《英国、法国、美国对于外国政治的议会控制》（Le contrôle parlementaire de la politique étrangère en Angleterre, en France et aux États-Unis）。1921 年底回国，任上海商务印书馆法制经济部主任。1922 年起任北京大学教授，兼政治系主任。1926 年东南大学教授、政治系主任。1930 年任武汉大学教授、法学院政治系主任。1939 年赴美讲学。1945 年任武汉大学校长。1950 年任外交部顾问，中国人民外交学会副会长。曾任第一至第三届全国人大代表，第三届全国人大法案委员会副主任委员。1971 年在北京去世，藏书赠外交部图书馆。[46]

F007：耿泽（1888—?），法文姓名 Keun Tse（Keun Yen-Tsine），湖北江陵人。光绪三十年留学法国，湖北省留法官费生。1920 年取得巴黎大学法学博士学位，博士论文《到 1919 年巴黎和会为止的不平等条约制度与中国司法改革》（Le régime des capitulations jusqu'à la Conférence de la Paix 1919 et la Réforme judiciaire en Chine）。回国后曾任武昌中山大学教授。[47]

F008：陈和铣（1893—1988），字孟钊，法文姓名 Tchen Hoshien，江西九江（德兴县）人。早年在京师大学堂预科法文班学习，1912 年获得江西省官费，赴法留学，1921 年取得巴黎大学法学博士学位（政治与经济学专业），博士论文《1871 年以来中日外交关系：中日条约、协定、换文等》（Étude sur les relations diplomatiques entre la Chine et le Japon de 1871 à nos jours, traités, conventions, échange de lettres, etc., avec une carte de la Chine et du Japon）。回国后担任法权讨论会秘书，司法部法律馆编纂，国立北京法政大学法文教员。1927 年任江苏省政府司法厅长。1928 年任南京国民政府法官惩戒委员会委员。1929 年任江苏省教育厅厅长，江苏省政府委员。1949 年去台湾，1950 年定居美国。[48]

F009：戴修骏（1894—?），字毅夫，法文姓名 Tai Sieou Tsin，湖南常德人。1911 年毕业于京师译学馆，湖南省官费留法，1922 年取得巴黎大学法学博士学位（政治与经济学专业），博士论文《从海牙会议到国际联盟过程中中国的和平主义》（Le pacifisme de la Chine de la conférence de la Haye à la Société des Nations）。曾任国立北京法政大学法文教员。1927 年任中央法制委员会委员，1928 年任国民政府第一届立法委员，后连任立法委员。1946 年制宪国大代表，曾任中央大学法学院院长。1948 年当选为行宪第一届立法委员。1949 年后任民革南昌市第一届委员会委员，江西省人民委员会参事。[49]

F010：姜荣章（1894—1922），字倬云，法文姓名 Kiang Yong-Tchang，云南昆明人。1913 年考取云南省官费留学生，1922 年取得巴黎大学法学博士学位（政治与经济学专业），博士论文《在华领事裁判权》（De la jurisdiction consulaire en Chine)。1922 年 8 月担任云南公立法政专门学校校长,同年 11 月病故。[50]

F011:王治焘(1891—?),字聪彝,法文姓名 Ouang T.T.,湖北黄陂人。1909 年毕业于京师译学馆,1913 年毕业于北京大学(北大法科法律门首届毕业生)。公费留学法学,1923 年取得巴黎大学法学博士学位,博士论文《现代中国政府:公权力规制及中央政府与省级政府关系研究》(Le gouvernement de la Chine moderne, essai sur la réglementation des pouvoirs publics et sur les rapports entre le gouvernement central et le gouvernement des provinces)。回国后担任北平大学法学院教授、北平中国大学政治经济科主任,朝阳大学及外交部俄文法政专门学校教授,日内瓦国际联合会秘书、外交部秘书。1928 年任东北大学法学院法律系教授。曾担任西北大学行政法、宪法教授。[51]

F012:许念曾(1893—1965),法文姓名 Hsu Nientseng(Hiu Nientseng),江苏无锡人。1912 年毕业于上海震旦大学,获文学士学位。后赴法国留学,1923 年取得巴黎大学法学博士学位(法国国家博士),博士论文《国际法的拟制》(La fiction en droit international)。回国后历任北洋政府教育部学习员,驻法国公使馆主事、随员,驻丹麦公使馆随员,驻瑞典公使馆三等秘书,国际联合会中国代表办事处二等秘书,北洋政府外交部佥事兼副科长。1930 年任国民政府外交部亚洲司第四科科长,兼亚洲司帮办。兼任俄文专修馆、北京大学、中央大学教授。1934 年任驻苏联伯力总领事。1935 年任驻河内代总领事。1937 年任驻河内总领事。1943 年任外交部参事、驻埃及全权公使。1946 年任驻阿富汗全权公使,1949 年去台湾。[52]

F013:阎一士(?—1923),字达夫,法文姓名 Gnien His,四川渠县人。1908 年四川高等学堂毕业。1918 年赴法留学,1923 年取得巴黎大学法学博士学位,博士论文《中国行政制度:中央政府与省级政府的法律关系》(Le régime administrative de la Chine. Les rapports juridiques entre le gouvernement central et les gouvernements provinciaux)。1923 年 8 月病故。[53]

F014:谢瀛洲(1894—1972),字仙庭,法文姓名 Sié Ying-Chou(Hsieh Ying-Chou 或者 Sie Yin Tcheou),广东从化人。1916 年被选为半官费生赴法留学,1924 年 2 月取得巴黎大学法学博士学位,博士论文《中国之联省自治:某些省的宪法研究》(Le fédéralisme en Chine, étude sur quelques constitutions provinciales)。1924 年回国,任中山大学教授。1927 年初任李济深在肇庆开办的陆军军官学校政治部总教官。1927 年夏任中央大学法学教授,同年底,任北平大学法学院院长。1929 年任司法行政部常务次长,兼法官训练所所长。1932 年任广东省政府委员兼教育厅长。1934 年任广东高等法院院长。1936 年任国民政府审计部驻粤审计委员,兼任广东省政府审计处长。1945 年任司法行政部常务次长。1947 年夏去台湾,任台湾省政府秘书长。1948 年春任司法行政部副部长,当选为国大代表。1948 年 7 月任最高法院院长。1949 年去台湾,从政。兼任台湾大学、东吴大学、政治大学教授;1972 年逝世。[54]

F015:谢寿昌(1897—1971),字冠生,法文姓名 Sié Cheou-Tchang,浙江嵊县人。1914 年毕业于上海徐汇公学,入商务印书馆,后入震旦大学法科,1920 年毕业后赴法留学,先在巴黎大学法学院攻读本科学业,1922 年取得法学士学位,1924 年取得巴黎大学法学博士学位,博士论文《中国法律史大纲一:从起源到封建末期》(Esquisse d'une histoire du droit chinois. I. De l'origine jusqu'à la fin de l'époque féodale)。回国后历任震旦大学、复旦大学、中国公学等校教授。1930 年任司法院秘书长,1937 年任司法行政部部长。1948 年任公务员惩戒委员会委员长,兼司法院秘书长。1949 年去台湾。[55]

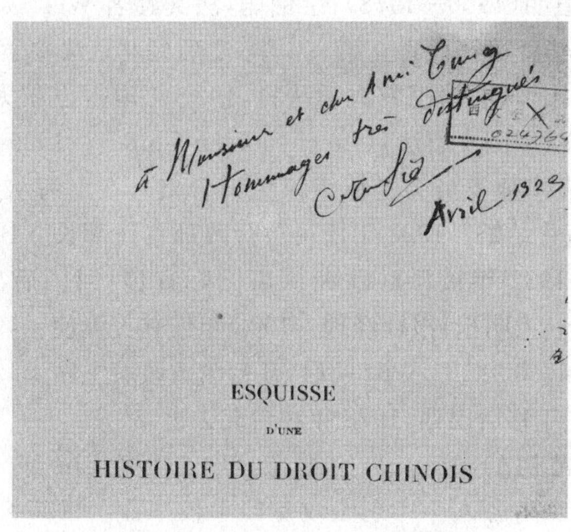

图 4.2　谢冠生博士论文及其签名

F016：陈宗城（1900—?），字伯屏，法文姓名 Chan Chung Sing（Chen Tsung-Chen，Tcheng Tchong tcheng），广东番禺人。1919 年毕业于广东法政专门学校。1920 年赴法留学，1925 年取得巴黎大学法学博士学位，博士论文《中国租界论》（Les concessions en Chine）。1925—1928 年任国际劳工局秘书。1928 年随同国际劳工局局长汤玛士（Albert Thomas，1878—1932）回到中国，1930 年任国际劳工局中国分局局长。1934 年调回日内瓦国际劳工局。[56]

F017：郑毓秀（1891—1959），法文姓名 Tcheng Soumme（Tcheng Soumé），女，广东宝安人。早年毕业于天津中西女学，后赴日留学，入同盟会，1911 年从日本回国，担任北平和天津革命党的联络工作。1914 年入巴黎大学，1925 年取得巴黎大学法学博士学位，博士论文《比较宪法：中国宪法之趋势》（Le movement constitutionnel en Chine：étude de droit comparé）。回国后在上海从事律师业务。1926 年被任命为上海地方审判厅厅长，后任上海公共租界临时法院院长。1927 年与留法法学博士魏道明结婚。1931—1937 年任上海法政学院院长。1937 年抗战爆发后去重庆，1941 年随魏道明出使美国。1948 年当选为行宪第一届立法委员。1947 年春，随魏道明去台湾（魏任台湾省主席）。1948 年到美国，1959 年 12 月在洛杉矶病逝。[57]

F018：魏道明（1900—1978），字伯聪，法文姓名 Wei Tao-Ming，江西九江人。早年毕业于江西省立第一中学，之后到北京法文学堂学习法文，后自费留学法国，入法国巴黎大学法科，1925 年取得巴黎大学法学博士学位，博士论文《中国支票法》（Le chèque en Chine）。1926 年 11 月取得律师资格（甄拔律师委员会会议审议免试合格），在上海从事律师业务。1927 年与郑毓秀结婚。1928 年任司法行政部首任部长。1930 年任南京特别市市长。1932 年被派驻欧洲从事国际宣传，回国后出任《时事新报》、《大陆报》、《大明报》报社经理。1942 年任驻美大使。1946 年任立法院副院长。1947 年“二二八事件”后，任台湾省政府主席。1949 年 1 月卸任赴美。1971 年移居巴西，1978 年在台北去世。[58]

F019：刘懋初（1895—?），字德余，法文姓名 Liu Mou-Cho（Lieou Mou-Cho），广东南海人。广东法政专门学校毕业。1925 年取得里昂大学法学博士学位，博士论文《1922 年英国宣言以来埃及的国际状况》（De la Condition internationale de l'Egypte depuis la déclaration anglaise de 1922)。1925年7月回国。任中山大学法科教授，国立北平大学法学院经济系主任，清华大学教授。1927年任广州市教育局局长。1931年任江苏上海地方法院检察处首席检察官。1943年任审计部审计，1947年任贵州省审计处处长。[59]

F020：吴凯声（1900—1997），号丹农，法文姓名 Woo James（Wou Khai-Cheng），江苏宜兴人。1918年入上海仓圣明智大学（哈同创办）读书，1920年毕业，为该校首届文科毕业生。同年夏自费赴法留学，1925年取得里昂大学法学博士学位，博士论文《中国宪法问题：1923年10月10日宪法》（Le problème constitutionnel chinoise; la constitution du 10 octobre 1923）。1926年回国，在上海从事律师业务。1928年任国民政府外交部秘书，1929年任国际联盟中国代表办事处秘书长，瑞士使馆代办，公使。回国后继续在上海从事律师业务。1933年至1937年在上海东亚大学任法文教授。1940年被任命为汪伪政府考选委员会副委员长，宪政实施委员会委员，1943年汪伪政府"外交部"次长，中央政治委员会最高国防会议副秘书长。1945年汪伪政府撤废各国在华治外法权委员会委员兼秘书长。抗战胜利后被铺入狱，1948年被释放出狱。1955年因历史问题被送上海郊区大丰农场。1957年保外就医。1961年期满释放。1964年任教于上海外国语职业学校，1979年被聘为上海社科院法学研究所特邀研究员，华东师范大学历史系外史室教授、顾问。1982年被聘为上海市文史馆馆员。[60]

F021：郑文礼（1892—1948），又名国本，字烈荪，法文姓名 Chen Wan Li，浙江东阳（塘西新下郑）人。1917年毕业于私立浙江法政专门学校。1919年留学法国，1926年取得巴黎大学法学博士学位（政治与经济学专业），博士论文《1912年民国建立至今（1925年）中国政治机构的发展：比较宪法史研究》（Les développements des institutions politiques de la Chine depuis l'établissement de la République（1912）jusqu'à nos jours（1925）：Étude d'histoire constitutionnelle et de droit comparé）。回国后，任广东大学政治系教授，1930年任浙江高等法院院长，1947年调任江苏高等法院院长。[61]

F022：何学骥（1900—？），法文姓名 Ho Hio Ky（Ho Shiao Yi），广东

番禺人。约1920年赴法留学，1926年取得巴黎大学法学博士学位（政治与经济学专业），博士论文《法国法律的宪法监督》（Le contrôle de la constitutionnalité des lois en France）。历任国立中山大学、私立广东国民大学教授，1932年任国立广东法科学院讲师。曾任岭南大学历史政治系讲师。1962年被聘为广州市文史研究馆馆员。[62]

F023：徐传保（1902—1983），字卫之、南寿，法文姓名 Siu Tchoan-Pao，江苏吴县人。1922年震旦大学法科毕业。同年自费赴法留学。先入巴黎政治学院，毕业后入巴黎大学，1926年取得巴黎大学法学博士学位，博士论文《国际公法与古代中国》（Le droit des gens et la Chine antique）。1928年左右在上海法科大学讲授“政治学”、“外交史”、“罗马法”。曾在上海从事律师业务，亦曾任复旦大学法律系教授，东吴大学外交史教授，持志大学法学教授，中央大学法律系副教授。1983年去世。[63]

F024：潘乃尉（1895—1959），又名潘冠英，法文姓名 Pan Nai-Wei，广东南海人。1926年取得里昂大学法学博士学位，博士论文《美国的亚洲侨民》（L'Immigration asiatique aux États-Unis d'Amérique）。1926年回国，任广东大学法学院教授，中央军事政治学校高级班政治主任教官，广东法官学校校长。曾任广东公立法政专门学校校长，广东私立华南大学校长。广东高等法院书记官长，国立北平大学法学院政治系主任。1946年回广州，任国立广东法科学院教务主任，广东省政府设计委员会委员，广东律师公会理事，广东省议会议员，1949年后移居香港。[64]

F025：翟俊千（1891—1990），字觉群，法文姓名 Tchai Henry Tsoun-Tchun，广东东莞（篁村周溪）人。1906年入东莞中学，1914年入北京大学预科，1921年北京大学政治学系毕业。在劳工教育指导委员会任委员兼“铁路劳工师资养成所”所长。1921年官费赴法国留学，入里昂大学攻读国际政治和经济理论，1927年取得里昂大学法学博士学位，博士论文《中国国际地位与中外不平等条约的历史分析》（Essai historique et analytique sur la situation internationale de la Chine, conséquences des traités sino-étrangers，一译《中国国际地位与不平等条约》）。1927年10月回国，任暨南大学第一任副校长兼政治经济系主任。1930年任广东军事政治学校政治部主任，1932年4月任汕头市长，同年秋任香港南华工商学校校长。曾任中山大学等校教授，在中山大学法学院法律系讲授行政法总论、劳工法、政治史等。1941 年由香港去重庆，任中央银行经济研究处专门委员。1949 年后在上海市人民银行任高级经济计划员，上海市人民银行训练班政治经济学教员。1955 年任苏州第二中学历史教员，1961 年退休。曾任苏州市政协委员，民革上海市委委员，上海市黄浦区政协委员。1986 年被上海市文史馆聘为名誉馆员。[65]

F026：徐砥平（1902—1979），又名徐之冰，法文姓名 Siu Tche Ping，江苏南通人。1925 年震旦大学法科毕业。后留学法国，1927 年取得格勒诺布尔大学法学博士学位，博士论文《中国司法机构》（L'Organisation judiciaire de la Chine）。1928 年回国。1929 年任厦门大学法学教授，1930 年 2 月起兼法律学系主任，讲授刑法、国际法等。1931 年秋离开厦门大学，历任国民政府立法院外交委员会秘书，上海法政学院教授，上海法商学院教授等职。抗战胜利后任上海高等法院筹备处专员，提篮桥监狱代理典狱长，1946 年 1 月离职，继任上海暨南大学教授，加入农工民主党，同时在上海从事律师业务。1949 年后任上海中华工商专科学校教师，上海外语学院教师。1957 年被划为右派，1958 年被判管制三年。1979 年 7 月病逝于上海。[66]

F027：伊光仪（1899—1930），一作伊光彝，字为则，法文姓名 Yei Kwang Yee（Y. Koang Y.），福建宁化县（翠江镇）人。1920 年赴法勤工俭学，1927 年取得巴黎大学法学博士学位，博士论文《中国公司制度》（Du régime des sociétés commerciales en Chine）。同年回国。国立中山大学训育主任，曾讲授“社会主义概念”。1929 年广东省兴宁县县长。1930 年病故于广州。[67]

F028：黎国材（1894—?），字授予，又字寿如，法文姓名 Li Koue-Ts'si，广东东莞人。1919 年北京大学法预科（英文班）毕业，1919—1920 年就读于北京大学政治学专业。1921 年赴法留学，1928 年取得里昂大学法学博士学位，博士论文《移民的国际管制》（Réglementation internationale de l'emigration）。1928 年 10 月回国。1931—1932 年任广东省东莞县县长。1934—1936 年任广州市土地局长，1935 年任广州市政法规编纂委员会委员兼主席。[68]

F029：李辛阳（1901—?），法文姓名 Li Sin-Yang，浙江杭县人。1926 年震旦大学法科毕业。1928 年取得巴黎大学法学博士学位，博士论文

《中国古代公法学说：以公元前八世纪到三世纪的法家为重点》(Doctrines du droit public en Chine antique. Spécialement dans l'école légiste du VIIIe siècle au IIIe siècle avant J.-C)。1929 年起在上海从事律师业务，曾任教于东吴大学法学院。1937 年任私立上海法政学院代院长。[69]

F030：张忠道(1894—1952)，字性斋，法文姓名 Chang Chung-Tao，安徽六安人。曾留学日本东京帝国大学，后留学法国，1929 年 4 月巴黎大学法学博士，博士论文《中国不平等条约及各国之态度》(Les traités inégaux de la Chine et l'attitude des Puissances)。1929 年回国，任国民政府考试委员会科长。1930 年任南京市社会局局长。曾任中央大学教授，上海法政学院院长，南京市教育局局长。1932 年任考试院参事，教育部参事。1937 年任考试院考选委员会委员。1940 年任中央政治学校教务处主任兼高等科主任。1946 年当选国大代表。1949 年去台湾。[70]

F031：徐辅德(1897—1972)，字佐良，法文姓名 Hsu Fu Teh，江苏昆山(玉山镇)人。1918 年北京大学法预科毕业，1922 年北京大学法学士(政治系)。1929 年取得巴黎大学法学博士学位，博士论文《国际联盟有关知识产权的活动》(L'Activité de la Société des Nations dans le domaine intellectuel)。1929 年回国。曾任外交部条约委员会委员，国立北平大学教授，中法大学教授。北京法政大学、私立民国大学、私立平民大学教授。1930 年任中央大学政治系讲师。曾任外交部条约委员会委员，北京大学法学院经济系教授，金城银行秘书长。1949 年后任上海公私合营银行联合董事会研究室研究员，中国人民银行上海市分行办公室研究组成员。[71]

F032：任振南(1908—?)，法文姓名 Jen Tchen-Nan(Jen Chen-nan)，广东人。早年入震旦大学预科。1929 年取得里昂大学法学博士学位，博士论文《国家体制的要点》(Les principales formes des Etats)。曾在上海从事律师业务。1931 年因诈骗罪被判刑。[72]

F033：宋国枢(1897—?)，字蔚卿，法文姓名 Song Kouo Tchou，浙江海宁人。1918 年震旦大学法学院本科毕业，后赴法勤工俭学，1929 年巴黎大学法学博士(法国国家博士)，博士论文《外国人在中国的司法管理》(L'Administration de la justice aux étrangers en Chine)。1933 年回国，在中央政治学校、中央大学任教授。1949 年后曾任北京外国语学院法语系教授。负责《毛泽东选集》(1—4 卷)法译本定稿工作。[73]

F034:黄仁(1903—?),法文姓名 Hwang Jen,江苏江阴人。1929 年巴黎大学法学博士,博士论文《苏俄的租让制度》(Le régime des concessions en Russie soviétique)。[74]

F035:吴骐(约 1904—?),字敏舒,法文姓名 Wu K'i(Wu Chi, Friedrich C.Wu),四川重庆人。国立东南大学文学士。1929 年取得巴黎大学法学博士学位,博士论文《新中国及国民政府:1928 年 10 月 10 日国民政府组织法及下设公权力机构研究》(La nouvelle Chine et le gouvernement national, étude de la loi organique du 10 octobre 1928 et ses organisations des pouvoirs publics établis dans le gouvernement national)。1929 年回国。任军政部秘书,总司令部行营参议,川藏电政管理局局长,省立四川重庆大学教授,国立上海商学院、暨南大学、中国公学、上海法学院教授。曾在上海从事律师业务。[75]

F036:杨柳风(1901—1968),又名公超,法文姓名 Yang Léon(Yang Lieou-fong),江苏奉贤(奉城)人。早年毕业于上海震旦大学,后留学法国,1929 年巴黎大学法学博士,博士论文《在华租借地:外交史与国际法研究》(Les territoires à bail en Chine, étude d'histoire diplomatique et de droit international)。回国后曾在上海从事律师业务,后任国民政府航空委员会军法处处长,航空委员会主任委员,中国航空公司和中央航空公司顾问。1949 年 5 月留在上海,并将两航公司遗留在上海的人员、器材档案移交给上海军事管制委员会航空部。1951 年参与上海图书馆筹建工作,1960 年调任上海图书馆徐家汇藏书楼主任。"文化大革命"中遭迫害自尽,1981 年平反。[76]

F037:张鼎昌(1902—1982),字求吾,法文姓名 Tchang Ting-Tchang,江苏扬州人。早年就读于私立扬州震旦中学,后从上海震旦大学毕业。1930 年取得巴黎大学法学博士学位,博士论文《二十世纪前 25 年间中国已婚妇女在婚姻中的地位》(Le mariage et la situation de la femme mariée en Chine, au premier quart du XXe siècle)。曾任教于朝阳大学、上海法学院。1948—1949 年任台湾省立花莲中学校长,后任高雄海事专校教授。[77]

F038:孙彭衔(1908—?),字署冰,法文姓名 Suen Peng-Hien,江苏无

锡人。早年在震旦大学预科学习，1928 年毕业于上海法学院（大学部法律系第一届毕业生，法学士学位）。同年赴法国巴黎留学，1929 年 1 月转入南锡大学，1929 年 12 月通过南锡大学（旧译朗西大学）法学博士论文答辩，博士论文《二十世纪前 25 年里中国继承法的一般原则》（Les Principes généraux du droit de succession en Chine, jusqu'à la fin du 1er quart du XXe siècle），1930 年 1 月毕业，取得南锡大学法学博士学位。曾任安徽大学法律系教授。1930 年秋任厦门大学法学院教授，一年后离校。担任过上海第二特区法院推事。[78]

F039：顾彦儒（1911—1955），字耆仲，法文姓名 Ku Yen-Ju，江苏常熟（东乡）人。国立中央大学毕业。1928 年自费赴法留学，1931 年取得南锡大学法学博士学位，博士论文《中国现行分权与独立的行政体制：国民党训政时期》（Le régime actuel de l'indépendance administrative décentralisée en Chine, période de la tutelle politique de Kou-Min-Tang）。上海律师公会会员。1935 年任常熟县立初级中学校长。[79]

F040：陈耀东（1904—?），法文姓名 Tchen Yaotong，江苏泰兴人。早年毕业于东南大学政治经济系，1928 年赴法留学，1931 年冬取得巴黎大学法学博士学位（国家法学博士学位），博士论文《东方诸国领事裁判权的废除》（De la disparition de la jurisdiction consulaire dans certains pays d'Orient，一译《东方诸国领事裁判权消灭之比较研究》）。伦敦大学政治经济学院研究员。江苏省津贴生，1931 年 11 月江苏省教育厅核准给费。1932 年 12 月回国。任中央政治学校民法讲师，南京市政府法律顾问。1933 年 6 月加入上海律师公会，曾任中华民国律师协会秘书长。中央大学专任教授。1946 年任南京市参议会副议长，亦担任过南京市财政局局长。1949 年后曾经在中国人民银行计划处研究室工作。[80]

F041：徐汉豪（1907—1984），字迈群，法文姓名 Hsu Han-Hao，江苏崇明人。早年毕业于崇明中学，后入江苏法政专科学校（该校后改名江苏法政大学，后并入中央大学法学院）。毕业后入复旦大学，1928 年毕业于复旦大学社会科学科（与谢景山同届）。1928 年赴法留学，1931 年取得南锡大学法学博士学位（公法专业），博士论文《中国省制论》（L'administration provinciale en Chine）。1932 年回国，任四川大学教授，1933 年任厦门大学法学院教授，讲授债法总则、债法各论、民法总则、物权法、中国外交史、法理学等课程。1935 年任福建省政府参议。抗战时期任贵阳大夏大学法学院法律系主任、教授。1946 年 11 月当选为“制宪国民大会”青年党代表。1946 年秋回上海，继续担任大夏大学法学院法律系主任、教授。行宪第一届立法委员(递补)。1949 年去台湾。[81]

F042：周蜀云(1907—1989)，法文姓名 Tcheou Sou-Yun(Chow Chu-Yuan)，女，四川达县人，夫徐汉豪(南锡大学法学博士)。1924 年入大夏大学预科，1927 年转学北京大学，旁听法文。1928 年赴法留学。1931 年取得南锡大学法学博士学位(公法专业)，博士论文《1911 年中国革命后舆论之演进及现存各政党之概况》(Évolution de l’opinion publique depuis la révolution de 1911 et l’organisation des partis politiques en Chine)。1949 年后去台湾。[82]

F043：胡养蒙(1899—1947)，字亦山，法文姓名 Hu Yan-Mung，安徽贵池县人。1921 年留学日本，1924 年安徽省奖学金留学法国，1932 年取得巴黎大学法学博士学位，博士论文《中国法律中的“名”与“份”概念的法哲学研究》(Étude philosophique et juridique de la conception de “Ming” et de “Fen” dans le droit chinois)。回国后任上海法政学院、上海法学院教授，司法行政部编查处编纂。抗战期间在汉口，南京、屯溪、休宁等地任教。军事委员会战干团第三团政治主任教官。1947 年病逝于皖南。[83]

F044：谭显楫(1900—?)，法文姓名 Tan(Raymond) Shen-Chi，湖南湘乡人。1919 年 6 月保定育德中学(留法高等工艺预备班)毕业，同年赴法留学。1932 年取得里昂大学法学博士学位，博士论文《在华外国人(尤其是法国公司)的法律地位》(La condition juridique des étrangers et particulièrement des sociétés commerciales françaises en Chine)。[84]

F045：罗时济(1910—?)，字诰侯，法文姓名 Lo Che-Tsi，江西清江人。江西省立一中毕业。1928 年赴法留学。1932 年取得南锡大学法学博士学位，博士论文《中国民法典中关于未立遗嘱的继承》(La succession “ab intestate” dans le Code civil chinois)。曾任上海法政学院教授、1936 年任厦门大学法律系教授。抗战胜利后任暨南大学法律系教授。1945 年 12 月成为南昌律师公会会员。1949 年到重庆市人民法院，后任教于西南政法学院、西南民族学院、青海民族学院、青海师范学院。[85]

F046：王锦荃(1903—?)，法文姓名 Wang Chin-Chuan，江苏松江人。

1928年取得燕京大学法学士。同年自费留学法国,1932年取得南锡大学法学博士学位(公法专业),博士论文《中国废除治外法权问题的历史与评价》(Essai historique et critique sur la question de l'abolition de l'exterritorialité en Chine,又译《收回中国法权问题之研究》)。1932年12月回国。曾任南京哈瓦斯电讯社社长,王荫泰律师事务所律师,沪江大学商学院讲师。[86]

F047:顾维熊(1911—1987),法文姓名Kou Wei-Hiong,江苏松江人。早年入震旦大学法学院。后转学上海法学院。1929年毕业于上海法学院(大学部法律系第二届毕业生)。1932年取得南锡大学法学博士学位,博士论文《中国之新婚姻法研究》(Étude sur l'institution nouvelle du mariage en Chine)。1933年2月回国。曾任上海法学院、上海法政学院、新中国法商学院、大夏大学教授。1949年以后历任上海学院、上海财经学院、上海社会科学院政法研究所、华东政法学院、复旦大学教授。[87]

F048:King Yu-Hsi(生卒不详),中文姓名不详,籍贯不详。1932年南锡大学法学博士,博士论文《五权宪法之理论》(La théorie constitutionnelle des cinq pouvoirs)。[88]

F049:罗怀(约1889—?),字蔼如,法文姓名Lo Hoai,广东东莞人。1917年毕业于北京大学法科,后入北京大学法科研究所攻读国际公法。1929—1933年在驻比利时使馆暂代馆务。1932年取得巴黎大学法学博士学位,博士论文《中国的最近立法:基础与趋势》(La nouvelle Législation chinoise. Ses fondements. Ses tendances)。[89]

F050:王自新(1904—?),法文姓名Wang Tse-Sin,安徽泾县人。1924年7月入震旦大学,1928年6月取得震旦大学法学士学位,1929年6月取得震旦大学法学博士学位,博士论文《中国之出妻及离婚制》(De la Repudiation et du divorce et Droit chinois)。同年9月,获得安徽省公费赴法留学,1929年9月至1931年6月在巴黎政治学院财政经济系学习,1929年9月至1932年12月在巴黎大学法律系学习(公法专业),1932年取得巴黎大学法学博士学位,博士论文《论中国之离婚法》(Le Divorce en droit chinois)。曾在上海从事律师业务,后任长沙地方法院首席检察官,湖南高等法院检察官。1936年1月至1937年7月任教于震旦大学,讲授"宪法"及"社会经济学"。1935年1月至1937年6月任教于私立上海法政学院，讲授“刑法”及“刑事诉讼法”。1947 年 8 月再次任教于震旦大学，讲授“诉讼实务”和“证据法学”。[90]

F051：毕乃謇（约 1901—？），字劲伯，法文姓名 Pie Nai-Chieng，浙江人。朝阳大学毕业，1928 年自费留法。1932 年取得南锡大学法学博士学位，博士论文《上海租界问题》（Étude sur le problème des concessions de Changhaï）。1933 年回国。任上海法政学院、中国公学等校教授，土地委员会研究员，浙江财政厅整理赋税专员，中央社会部视察员。[91]

F052：孙玺凤（1892—1961），字鸣岗，法文姓名 Sun Shi Feng（Georges Si-Fong Sun），山东高青县（唐坊镇西洼村）人。1919 年毕业于山东省立第一师范，后考入北京高等法文专修馆，自费留学法国，1932 年取得巴黎大学法学博士学位，博士论文《司法解释（“解释例”）作为中国法律渊源的作用：以婚姻为中心》（Du rôle des décisions d'interprétation（“Kiai che li”） comme source du droit chinois, principalement en matière de fiançailles）。1933 年回国，任山东省政府参议员，军法处副处长。1936 年任威海卫管理公署专员。1938 年任国民革命军第六十九军军部参事。1940 年任清河区参议会副参议长，山东战时工作推行委员会委员，省法律规划编委会委员。1941 年任国民党山东省抗敌自卫军鲁北支队司令。1949 年任华北人民政府参议，司法部办公厅主任，国务院法制委员会办公厅主任、经济法律委员。[92]

F053：吴本中（约 1905—？），法文姓名 Wou Pion Tchong（Wou Pi-ontchong），吉林伊通人。1932 年取得波尔多大学法学博士学位，博士论文《1919 年以来的中国外交史：中外条约的修改》（Histoire diplomatique de la Chine depuis 1919, la Révision des traités sino-étrangers）。任国际联盟劳工局秘书，外交部专员。1946 年 2 月任国民政府监察院监察委员。后在法国定居，任教于大学。[93]

F054：麦逢秋（1897—1985），别号月楼，法文姓名 Mark Fung Chau（Mei Fon chieou），广东海南儋县（排浦）人。1920 年广东省立第一中学毕业后赴法留学（半公费）。因家贫休学回国，1926 年重回法国，1933 年取得南锡大学法学博士学位，博士论文《论中日在满洲的冲突与国际法》（Le conflit sino-japonais en Mandchourie et le droit international）。任教于广东国民大学、广西大学、私立海南大学。1949 年到香港大学任教，

1950 年回海南，在南方大学分校（原私立海南大学）任教，后调海南师范专科学校。“文化大革命”期间受到冲击。后平反。[94]

F055：张企泰（1909—?），法文姓名 Tchang Chi Tai，浙江海盐人。1929 年毕业于清华大学政治系，自费留学，1933 年取得巴黎大学法学博士学位，博士论文《法国判例中“两者之间的行为不得损害第三者利益”这一概念的意义》(Du sens de la règle “Res inter alios acta” dans la jurisprudence française)。后留学德国柏林大学、波恩大学，1935—1937 年任司法行政部编查处编纂。中央大学兼任教授。1938—1939 年任中央政治学校教授。1942—1949 年任中央大学法律系教授。1945—1948 年任行政院公务员惩戒委员会委员。1949 年任同济大学法学院代理院长，1949—1950 年任光华大学教授，1951 年任震旦大学法学院教授，1952 年调整到复旦大学外文系。[95]

F056：谷兆芬，生卒不详，法文姓名 Ku Djao-Fing（Kou Chao-Fen），浙江余姚人。在法国留学五年，1933 年取得南锡大学法学博士（公法专业），博士论文《中国国际法与和平理念研究：1911 年辛亥革命以后》(Essai sur les idées pacifistes et le droit international en Chine，après la révolution de 1911)。1933 年回国。任驻西贡副领事。1946 年任驻马达加斯加塔那那利佛领事，后升为总领事。1949 年后回国，为民革党员，1959 后曾任山东省政府参事。[96]

F057：张又新（约 1901—?），法文姓名 Chang Yu-Sing，四川绵阳人。巴黎大学市政学院毕业，1933 年取得南锡大学法学博士学位（公法专业），博士论文《中国地方自治》(L'autonomie locale en Chine)。1933 年冬回国，在中法大学、天津法商学院、重庆大学等校担任教职，曾任中央军校政治教官兼编审委员，成都市政府专员，四川建设厅第一科科长。[97]

F058：林崇墉（1907—1983），字孟工，法文姓名 Ling Chong-Yun，福建福州人，林则徐玄孙。14 岁赴比利时布鲁塞尔中学，毕业后回国入北京中法大学，1928 年毕业，1929 年 7 月入巴黎大学，1933 年 7 月取得巴黎大学法学博士学位，博士论文《日本在满洲的法律地位》(La position et les droits du Japon en Mandchourie，一译《日本在东北之地位与权利》)。1933 年 9 月回国。曾在中央银行经济研究处工作。1948 年任金融管理局局长。1956 年到美国加州大学从事研究工作，1959 年回台湾担任中国文化大学教授、经济系主任。1983年赴美求医，病逝于加州。[98]

F059：龙大均（1903—1985），字詹兴，法文姓名 Johnson Long（Lung Ta-Chun），广东合浦北海（今属广西）人。1922年考入国立两广高等师范（后改名广东大学、中山大学），1925年毕业。1926年被选派法国里昂中法大学半工半读。1930年第戎大学法学硕士，1933年取得巴黎大学法学博士学位，博士论文《论满洲与门户开放主义》（La Mandchourie et la doctrine de la porte ouverte）。1934年回国，任南京《中华月报》主编。1940年任《华侨先锋》半月刊主编。1945年9月，任"国防最高委员会（经济）参事"。1950年后在华东革命大学学习，长春商业专门学校任教。1952年在沈阳东北财经学院任教。1955年肃反和1957年反右时曾二度入狱。1979年平反。1985年2月病逝于上海。[99]

F060：朱宝田（约1907—？），法文姓名 Tchou Pao-Tien，江苏太仓人。曾在震旦大学、早稻田大学学习法律。1930年留法，1933年取得里昂大学法学博士学位，博士论文《当代中国地方自治的一般原则》（Les principes généraux de l'autonomie locale dans la Chine actuelle，又译为《现代中国地方自治论》）。1933年10月回国，1935年4月加入上海律师公会。[100]

F061：胡毓寅（1907—？），字功甫，法文姓名 Hou You-ing（Hou Yu-ing），浙江萧山人。早年毕业于上海徐汇公学，与傅雷同学。1929年震旦大学法科毕业。1933年取得巴黎大学法学博士学位，博士论文《中国法律中的亲属问题》（Étude sur la parenté en droit chinois）。1934年7月开始在上海从事律师业务，曾任上海法学院教授。1949年后从事翻译工作。[101]

F062：孟鞠如（1910—1996），一作孟菊如，[102]法文姓名 Meng G.（Mong G.），江苏武进人，生于南京，孟森（1869—1937）之子。1926年震旦大学预科班毕业，同年赴法国留学。先后入巴黎大学与格勒诺布尔大学（格城大学）法科，1933年取得法国国家博士学位（格勒诺布尔大学博士班公法与经济系），博士论文《日本在满洲的法律地位》（La position juridique du Japon en Mandchourie，一译《日本在东三省的法律地位》）。1933年回国，任外交部科员、科长、代处长，1940—1942年随邵力子出使苏联。1942年底回重庆，任外交部情报司研究室苏联组组长，外交部人事处帮办，1945 年任驻法国大使馆文化参赞。1951 年回国，任中国人民保卫世界和平大会编译室主任，1958 年任外交学院法语教授。反右运动中被错划为“右派分子”，“文化大革命”中被错定为“资产阶级反动学术权威”。担任中国翻译工作者协会第一、二届理事，全国政协委员。[103]

F063：姚定尘(1905—1965)，原名鉴明，法文姓名 Yao Ting-Chen，广东梅州市平远县人。1927 年肄业于国立东南大学，国民党中央组织部助理干事，南京《市民日报》总编辑，国民党中央宣传部总干事。1929 年中央训练部派赴法国留学，1933 年取得格勒诺布尔大学法学博士学位，博士论文《中国的中央政府与地方政府》(Le gouvernement central et les gouvernements locaux en Chine)。1934 年回国，任江苏省政府秘书兼侨务委员会委员。1935 年 12 月担任驻德国大使馆二等秘书。1940 年 3 月担任代驻维也纳总领事馆领事，代理商务。1942 年 9 月担任代驻约翰内斯堡“领事馆领事”。1944 年 5 月担任驻澳大利亚大溪地“总领事”，后去台湾。[104]

F064：Kouang Siou-Weng，中文姓名、生卒籍贯等不详。袁氏目录作温广秀(Weng Kouang Siou)。1933 年取得南锡大学法学博士学位(公法专业)，博士论文《国民党与国民政府之关系研究》(Étude sur les rapports entre le gouvernement national et le Kuomintang)。[105]

F065：龚钺(1902—1997)，字骏礼，法文姓名 Koung Yoeh，福建福州人。早年毕业于上海圣约翰大学(与邹韬奋同学)，1924 年留学法国，入巴黎政治学院外交科和巴黎大学法科，考取巴黎大学高等公法文凭。1926 年在海牙国际法学院听课时结识王宠惠，由王宠惠推荐担任中国驻法国巴黎副领事，1929 年到巴黎任职，后任领事、代理总领事。在职期间，继续攻读法律，1934 年取得格勒诺布尔大学法学博士学位，博士论文《西耶士的宪法理论》(La théorie constitutionnelle de Sieyès)。1935 年回国。上海法政学院教授，并注册为律师，后调外交部。1946 年驻日代表团专门委员、法律处处长。1953 年从日本回国，在南京市文物事业管理委员会工作，研究蒙、元、中亚史。任江苏省政协委员，江苏省法学会副会长。捐献家藏数万卷图书给福建省图书馆。[106]

F066：陈延进(1904—2001)，字一道，号觉庵，法文姓名 Chan Yan Chun(Tchen Yen-tsin)，福建同安县(阳翟乡)人。1925 年入厦门大学教育学系，1927 年 4 月转学中山大学哲学系。1929 年毕业，获中山大学文学士学位。同安县公立中学校长。1930 年 10 月入法国里昂大学(广东省官费)，1934 年取得里昂大学法学博士学位(doctorat d'université)，博士论文《美国宪法之间接立法》(La législation par ricochet dans le droit constitutionnel américain)。同年回国，任交通部下属江苏海门电报局局长、无锡电报局局长。1936 年任福建省政府参议。1941 年任福建省经济建设委员会委员。1943 年任江苏学院教授。曾任浙江英士大学、厦门大学教授。1948 年再次担任福建省政府参议。1949 年去香港。1951 年去新加坡。1953 年去马来西亚，从事教育工作，后研究佛学。[107]

F067：沈家诒(1909—?)，法文姓名 Pierre Claver Tseng-I Chen，江苏青浦人。1928 年 6 月毕业于震旦大学法政科，取得法学士学位，1928 年 9 月入震旦大学博士科一年级，1929 年 9 月入震旦大学博士科二年级，1930 年 6 月 30 日取得震旦大学法学博士学位，博士论文《中国法律中的妇女》(La femme en droit chinois)。1930 年 9 月与震旦大学同学陈雄飞一同离沪赴法留学，1934 年取得巴黎大学法学博士学位，博士论文《中国法律中的民事责任》(De la Responsabilité civile en droit chinois)。[108]

F068：黄淮(1900—?)，法文姓名 Hoàng Hoài，安徽怀宁人。1924 年赴法留学，后获安徽省政府奖学金。1934 年取得巴黎大学法学博士学位，博士论文《债权人与债务人消极连带关系的效果》(Des effets de la solidarité passive dans les rapports entre le créancier et le débiteur)。[109]

F069：徐震洲(1904—?)，Tsu Djenchow，江苏六合人，国立武昌商科毕业，1929 年赴法留学，江苏省津贴生，1934 年取得巴黎大学法学博士学位，博士论文《中国宪法的历史演变，1905—1931》(Historique de l'évolution des constitutions chinoises 1905—1931)。曾任职于中国驻法使馆，安徽大学教授，河南大学法学院兼职教授。[110]

F070：李肇伟(1903—?)，别号醒邦，法文姓名 Li Chao-Wei，广西桂平(罗秀)人。1926 年赴法留学(广西省公费生)，1934 年取得第戎大学法学博士学位，博士论文《孙逸仙政治主义之后的国家主权》(La souveraineté nationale d'après la doctrine politique de Sun-Yet-Sin. Étude d'une doctrine nouvelle sur l'exercice universel et complet de la souveraineté nationale au moyen de quatre droits)。曾任广西梧州救国日报社总编辑，

广州国民日报社编辑，广东法科学院讲师，广西省政府参议，广西大学兼任教授。1949年后去台湾，曾任中兴大学法商学院教授。[111]

F071：雷崧生（1907—1986），原名熙，字白韦，法文姓名 Lui Peiwei S.S.(Lei Sung Seng)，湖南长沙人。中央大学法学士。1929年驻法国南锡副领事，1932年驻巴黎领事馆副领事。1934年巴黎大学法学博士，博士论文《法国总统颁布命令权的扩张》(De l'Elargissement du pouvoir réglementaire du chef de l'État en France)。之后留学英国伦敦大学。1937年任驻南锡总领事，1938年任驻巴黎总领事馆领事。1941年任驻古巴哈瓦那总领事馆总领事。1946年回国，任外交部情报司司长，1947年任外交部驻台湾公署外交特派员。1948年辞职，任台湾大学教授、兼政治学系主任、代理法学院院长。1980年后定居美国。[112]

F072：徐复云（1905—?），法文姓名 Hsu Fu-Yung，江苏无锡人。南洋大学（今上海交通大学）预科毕业。1925年1月赴法留学。1932年10月16日入法国里昂大学，江苏省津贴生。1935年取得里昂大学法学博士学位（法国国家博士），博士学位《国际联盟对于难民的保护》(La protection des réfugiés par la Société des Nations)。法国巴黎大歌剧院经理赖鲁雅（汉学家）之婿。1946—1968年任职于联合国开发计划署等部门。[113]

F073：魏德超（生卒不详），法文姓名 Vey Dé Tchao，吉林德惠人。国立北平大学法学院政治系毕业。1935年取得南锡大学法学博士学位（公法专业），博士论文《中国之考试权》(Le pouvoir d'Examen en Chine)。1937年回国，任西北剿总中校秘书，中央炮兵学校上校教官，军事委员会政治视察员。[114]

F074：宋渊如（约1908—?），法文姓名 Song Yuen-Zou，女，浙江海宁人。1929年毕业于上海法学院（大学部法律系第二届毕业生）。1929年自费留学，1935年取得南锡大学法学博士学位（公法专业），博士论文《中国宪法运动：1934年10月16日立法院宪法案研究》(Le mouvement de la constitution chinoise, étude du projet de constitution du Yuan législatif du 16 octobre 1934)。曾任复旦大学法学院教授。[115]

F075：祝修爵（1902—1968），法文姓名 Tsoh Seu-Chia，浙江海宁人。母谢雪是浙江女子实业学校创办人。1927年东吴大学法学士（东吴大学法学院第十届毕业生）。曾任浙江大学讲师、浙江警官学校教官，并任职于浙江省政府秘书处及浙江省建设厅，1931 年自费留学法国里昂大学，“专攻人事行政”，获得中法庚款奖章。1935 年取得里昂大学法学博士学位，博士论文《法国公务员之任用与升迁制度》(Étude générale sur les procédés de recrutement et d'avancement des fonctionnaires publics, en France)。后入英国伦敦大学政治经济学院，“师从教授方纳氏继续研究文官制度”。1935 年冬回国，考试院铨叙。湖北省政府秘书，国立浙江大学工学院教授，浙江警官学校教官，国立中央大学法律系教授。联合国善后救济总署浙江分署副署长。1952 年任南京工学院图书馆副馆长。[116]

F076：李悦义(1903—1976)，字君达，法文姓名 Lee Yuet-Yee，广东河源人。中山大学法学士。1930 年自费赴法留学。1935 年取得第戎大学法学博士学位，博士论文《战后欧洲各国宪法中民治思潮之趋势》(Les tendances vers la démocratie directe dans les constitutions européennes d'après-guerre)。后入英国伦敦政治经济学院进行研究。1939—1941 年任监察院审计部秘书，1945 年任审计部驻外审计(驻广东省)，1948 年当选第一届国民大会代表(广东省代表)，后去台湾。[117]

F077：程琇(约 1902—?)，法文姓名 Cheng Hsiu，女，江西新建县人，父程学恂(1873—1950)。留法法学博士(政治与经济学专业)刘南溟之妻。自费赴法留学，1935 年取得南锡大学法学博士学位，博士论文《中国妇女私法地位的历史演变》(La situation en droit privé de la femme chinoise envisagée dans son évolution historique)。1935 年 8 月回国，任教育部编辑，派国立编译馆服务。中正大学教授，1948 年立法委员。1949 年后去台湾。1955 年因欺诈案被判处徒刑一年。[118]

F078：严可为(约 1907—?)，法文姓名 Yen Ku-Wei(Yen Jacky)，江苏泰兴人。1930 年 1 月取得中央大学法学院政治学系法学士学位。1931 年秋自费留学法国。1935 年取得南锡大学法学博士学位(公法学专业)，博士论文《中国地方行政法》(Le droit administrative local en Chine，一译《中法地方行政比较》)。1936 年 4 月回国。从事律师业务，曾任西北大学教授，中央政治学校教授。1966—1970 年任江苏省人民政府参事。[119]

F079：孙文明(1907—?)，字浚卿，法文姓名 Swen Wen-Ming，山西宁武(东寨镇)人，兄孙文郁。1922 年毕业于宁武第一高小，入山西省立第五中学,1926 年入金陵大学农业专修科,1927 年入中央大学法学院政治学系,1932 年毕业。后赴法留学,1936 年巴黎大学法学博士,博士论文《中外政治条约之研究》(Étude sur les traités politiques sino-étrangers)。1937 年 2 月回国。军事委员会政训处宣传委员会专任委员,军事委员会战时工作干部训练团上校政治教官,行政院谘议、编审,1941—1946 年任东北大学(四川三台)政治系教授、系主任,1946—1949 年任南京国立编译馆编纂,兼湖南大学政治系和金陵大学政治系教授、河南大学政治系教授。1949—1953 年任湖南大学政治系教授。1953 年任湖南师范学院历史系教授、湖南师范大学历史系教授。[120]

F080:何任清(1906—1989),号伯澄、石泉,法文姓名 Ho Jen Ching,广东兴宁人。1923 年入福建协和大学文史系,未毕业即转入东吴大学法学院,1929 年取得东吴大学法学士学位(东吴大学法学院第十二届)。1931 年取得复旦大学文学士学位。后留学法国,1936 年取得图卢兹大学法学博士学位,博士论文《中国宪法史》(Histoire constitutionnelle de la Chine)。东吴大学法学院教授,并在上海从事律师业务。1939 年春任重庆复旦大学教授,讲授刑法、国际公法、法学通论等课程。1949 年去台湾,任嘉义地方法院推事、庭长。1952 年任高等法院推事。1958 年任最高法院推事,兼东吴大学法学教授,政治大学法律学系教授,辅仁大学教授。[121]

F081:施宏勋(1909—1961),法文姓名 Shih Hung-Shun,浙江嘉善(魏塘镇)人。浙江省立第一高中毕业,早年在上海法政学院法律系学习,赴法留学。1936 年取得南锡大学法学博士学位(私法专业),博士论文《中国新民法典中的遗嘱问题》(Le testament dans le nouveau code civil chinois)。抗战时期曾任西北大学法商学院法律系教授、中央政治学校教授、浙江大学法律系教授。1949 年后浙江民盟成员。[122]

F082:张隆延(1909—2009),字十之,号峦翁,法文姓名 Chang Leon Long-Yien(Chang Léon-Y.),安徽合肥人,生于南京。1932 年取得金陵大学政治学系文学士学位;1936 年取得南锡大学法学博士学位(经济学专业),博士论文《中国的劳工立法》(La législation du travail en Chine)。1938—1943 年到柏林、牛津、哈佛大学研究。任驻德大使馆及联合国秘书处翻译、编审、科长,1955 年任国民党中央委员会设计考核委员会委员,1957 年兼“国立艺术专科学校”校长,中国文化学院研究所艺术学门教授兼主任，1959年台湾当局教育行政管理部门任职，1971年退休。纽约圣约翰大学（亚洲研究所）客座教授，台北故宫博物院顾问，擅长书法。[123]

F083：郑彦澄（约1909—?），法文姓名 Cheng Yen-Cheng（Eugène Cheng），江苏盐城人。1936年取得第戎大学法学博士学位，博士论文《1897年至1935年间中国的主要宪法运动》（Les principaux mouvements constitutionnels en Chine：de 1897 à 1935）。[124]

F084：王伯琦（1909—1961），法文姓名 Wang Pe-Chi，江苏宜兴（和桥镇）人。早年就读于上海民立中学，1931年东吴大学法学士。1931年夏赴法留学，1936年巴黎大学法学博士，博士论文《法国民法典第1384条规定的受托人的职责与过错关系研究》（La relation entre la faute et la fonction du préposé au sens de l'article 1384 du Code civil）。同年回国，任浙江省政府视察。曾在军事委员会参事室工作，1939年任云南大学法学教授，1940年任云南大学法律系主任，1949年随教育部迁广州，在中山大学任教。1949年去台湾，司法行政管理部门任职，1953年台湾大学法律系教授，兼东吴大学法学院教授。[125]

F085：吴绪（1908—?），别号寄愚，法文姓名 Woo Soo，江苏沐阳人。上海法政学院毕业。留学法国，先取得法国巴黎大学法学士学位，1936年取得第戎大学法学博士学位，博士论文《有关典权的比较法（中国、英国与法国）》（L'antichrese en droit compare，Chine，Angleterre et France）。曾任武汉大学法律系教授，中山大学、广州外国语学院外语教授。[126]

F086：吴求胜（约1898—?），法文姓名 Wu Chiu-Sheng，广东梅县人。中国大学政治学士。1936年取得图卢兹大学法学博士学位，博士论文《在华领事裁判权》（La jurisdiction consulaire en Chine）。1936年冬回国。曾任国民党驻法总支部第一、二两届执行委员，广西省政府参议，广西大学教授、法商学院院长、政治系主任、校长室代理秘书。1950年任广西大学法商学院政治系主任。[127]

F087：陈绍源（1889—1955），字养清，号石泉居士，法文姓名 Tcheng Chao-Yuen，福建沙县人。1908年毕业于福州普通学堂，1914年毕业于福建省立甲种农林学堂，同年任沙县县立第二高等小学校暨第二国民学校校长。1919年任建安道立甲种森林学校教务长、福建省立第四中学（南平）教员。1922年赴法留学，入里昂中法大学学习，1924年入第戎大学攻读法律，1937 年 6 月取得法学博士学位，博士论文《中国宪法的演变：孙逸仙及其主义所影响的时代（1885—1937）》（L'Évolution de la vie constitutionnelle de la Chine sous l'influence de Sun Yat Sen et de sa doctrine, 1885—1937）。同年 10 月入法国索尔本大学中国高教部，研究法学和中国教育史，与第戎大学校长马尔什·卡奈教授的女儿英格玛丽结婚。1938 年 4 月回国，先后在贵州毕县县立中学、贵州大学工学院附设职业学校、云南大学法文学院等学校任职。民国政府滇黔绥靖公署陆军医院特种训练班教官，川滇公路管理处军事委员会运输统制局、川滇东路运输局秘书科长、专员。1948 年沙县县立初级中学校长。1949 年沙县各界人民代表会议代表，后因历史问题被管制。1955 年病逝。[128]

F088：赵俊欣（1913—1986），法文姓名 Chao Tsung-Shin，江苏镇江丹徒（大港镇）人，伯父赵声（伯先）。1928 年江阴南菁中学毕业，1931 年省立南京中学高中毕业。1935 年中央大学法学院政治系毕业，同年由国民党中央资送留学法国。1937 年巴黎大学法学博士，博士论文《修改条约问题之法理分析：呼吁修改中外间的不平等条约》（Essai d'analyse juridique du problème de la révision des traités. Un appel à la révision des traités inégaux entre la Chine et les pays étrangers）。1937 年到德国"威廉皇室外国公法及国际公法研究院"继续从事国际法研究，因为当时纳粹承认伪满洲国，所以选择"国际公法上的承认问题"进行研究。1938 年 11 月回国，任监察院编撰，兼重庆大学商学院商法教授，后入国民党中央组织部，1942 年任外交部秘书兼条约司研究室主任，参与中美、中英、中比新约的谈判工作。1944 年任驻法国民族解放委员会一等秘书，1947 年任联合国巴尔干委员会副代表，1949 年任驻德军事代表团副团长。1951 年回国。1952 年 8 月任南京大学外语系法国语言文学教授。[129]

F089：徐基（1904—1981），字如已，谱名统灿，法文姓名 Siu Qui，浙江乐清（下塘乡）人。大夏大学毕业。1937 年取得南锡大学法学博士学位（公法专业），博士论文《中国之控制权》（Le Pouvoir de contrôle en Chine）。1938 年回国。曾任国防部第三厅专员，后去台湾。[130]

F090：童蒙圣（1905—1940），又名祥瑞，字过西，法文姓名 Tung Mong-Sheng，浙江龙游县人。童蒙正之弟。早年毕业于北京大学，1927 年国民革命军 26 军少校教导员，国民党杭州市党部执行委员，1930 年杭州市立中学校长，后被国民党资送赴法留学，1937 年取得南锡大学法学博士学位（公法专业），博士论文《论中国与法国的地方行政管理》(L'administration locale en France et en Chine)。1937 年 8 月回国，任政治部秘书。抗战初期在武汉创办《民意周刊》。曾任中国文化服务社社长。[131]

F091：吕渭（1906—？），字纪磻，法文姓名 Yü Wei（Chipan Wei Yu），湖北广济人。1931 年 6 月上海法政学院本科政治系毕业，1932 年 12 月自费赴法留学，1933 年 4 月入南锡大学攻读法科。在校期间，曾取得湖北省政府奖学金。1937 年取得南锡大学法学博士学位（公法专业），博士论文《1926 年革命以来之中国公务员法》(Statut des fonctionnaires en Chine depuis la Révolution de 1926 à nos jours)。任朝阳学院政治系主任（讲授宪法、政治学、国际公法），1947 年署最高法院推事。[132]

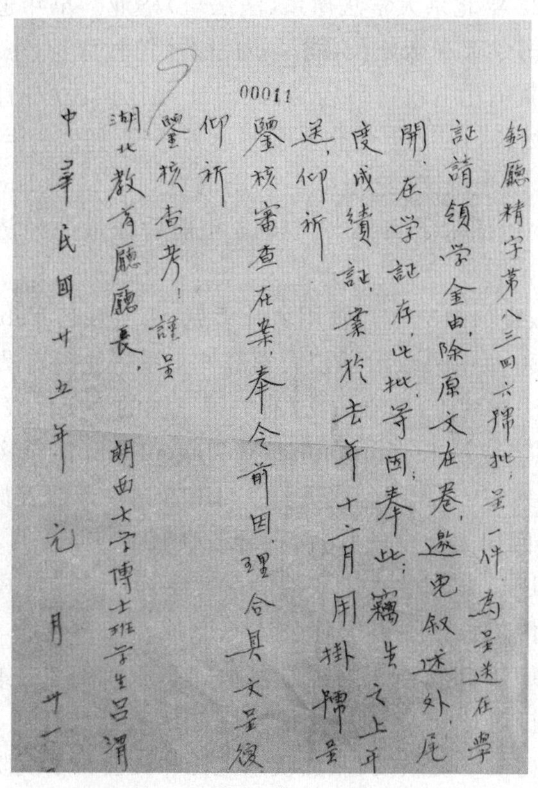
00011

鈞廳精字第八三四六號批：呈一件，為呈送在學証請領學金由，除原文在卷，邀免叙述外，尾開：在学証存，此批等因；奉此，竊生之上年度成績証，業於去年十二月用掛號呈送，仰祈鑒核審查在案，奉令前因，理合具文呈復，仰祈鑒核查考！謹呈

湖北教育廳廳長，

朗西大学博士班学生吕渭

中華民國廿五年元月廿一

图 4.3　吕渭在法国南锡大学攻读博士学位期间的手迹

F092：卢俊恺（生卒不详），法文姓名 Lu Chun-Kai，广东东莞人。1938 年取得卡昂大学法学博士学位，博士论文《国际公法中侵略的法律概念》（La Notion juridique l'agression en droit international public）。海牙国际法学研究院学习。1941 年任西南联大师范学院公民训育学系副教授，1946 年任中山大学法学院政治系教授，1950—1952 年任中山大学政治学系主任。1953 年调入中南政法学院，主讲国际公法。[133]

F093：郭锦尧（1908—?），法文姓名 Kouo Kin Yao，广东人。1933 年 11 月 19 日入法国里昂大学法科，1938 年取得南锡大学法学博士学位（公法专业），博士论文《中国与不平等条约》（La Chine et les capitulations）。1941 年担任云南大学法律系讲师。[134]

F094：朱光沐（1897—?），别号秀峰，法文姓名 Tchou Koang-Mou，浙江绍兴人。1922 年北京大学法律系（法法班）毕业。早年追随张学良，任东三省保安总司令部军衡处长，同泽新民储才馆教育长，东北边防军司令长官公署秘书兼东北电政管理局局长，1931 年任国民政府陆海空军副司令行营总务处处长，1932 年任北平绥署总务处长。1938 年取得巴黎大学法学博士学位，博士论文《论报纸与书籍的查封》（La saisie des journaux et imprimés）。担任宋子文秘书。1948 年前后任最高经济委员会参事。1949 年移居香港。[135]

F095：叶叔良（1913—?），曾用名叶承克，法文姓名 Yeh Sao-Liang，江苏上海人。1936 年中央政治学校大学部外交系毕业。自费留学，1938 年取得巴黎大学法学博士，博士论文《有关第三国的外交代表的特权与豁免权》（Les privilèges et les immunités des agents diplomatiques à l'égard des États tiers）。1938 年 10 月回国。四川省党政干部人员训练班教官，1939—1943 年四川大学专任教授、训导长。1943 年 11 月湖北教育学院（恩施）院长。1945 年东北大学政治学系教授、训导长。1947 年同济大学法学院教授兼代院长。主讲国际公法等课程。1948 年 8 月厦门大学政治学系教授。1949 年秋重庆财经学院法律系教授兼系主任。1952 年西南政法学院教授。1956 年四川外语学院法语教授。1976 年退休。1979 年受聘为香港树仁学院教授，兼法政系主任和社会科学院院长。[136]

F096：胡崔淑言（1902—1973），女，随夫姓（夫胡纯赞），法文姓名 Hou-Ts'ouei Chou-Yen，辽宁沈阳人。1938 年巴黎大学法学博士，博士论文《位于北京的最高法院(大理院)之工作与中国债法》[L'Oeuvre de la Cour suprême de Pékin(Ta Li Yuan) et le droit chinois des obligations];哈尔滨东省铁路理事会秘书,1930 年随莫德惠代表赴莫斯科,充任中苏会议随员。中国天主教文化协进会妇女工作委员会主委。1946 年制宪国大代表,1947 年监察院监察委员,1949 年后去台湾。[137]

F097:王富祖(约 1909—?),字孟有,法文姓名 Wang Fou-Tseou,陕西三原人。1932 年震旦大学法科毕业,1938 年法国巴黎大学法学博士,博士论文《教育基金会的法律与实践》(Les caisses des écoles, étude juridique et pratique)。1938 年 7 月回国。任监察院战区第二巡察团调查专员。[138]

F098:方瑞典(1909—?),法文姓名 Fang Sweden(Fang Joei-tien, Fang Jui Tien),安徽歙县人。早年入震旦大学,后于上海法政学院政治系肄业,1931 年获安徽省奖学金赴欧留学。先在布鲁塞尔大学攻读政治社会学,后转往法国留学,1938 年取得卡昂大学法学博士学位,博士论文《法国人权宣言之研究》(Étude sur les déclaration des droits)。1939 年取得巴黎大学文学博士学位,博士论文《人权宣言之状况:德国、捷克斯洛伐克、南斯拉夫、罗马尼亚、波兰、拉脱维亚、爱沙尼亚、但泽、埃斯帕涅》(Les nouvelles déclarations des droits: Allemagne, Tchécoslovaquie, Yougoslavie, Roumanie, Pologne, Lithuanie, Esthonie, Dantzig, Espagne)。曾任四川大学教授,重庆大学教授兼训导长,交通大学管理学院教授。1943 年 12 月任青岛市社会局局长,1945 年任重庆市图书杂志审查处处长。1946 年秋任复旦大学法学院政治系教授。[139]

F099:吴克诚(1900—1952),又名吴永孚,法文姓名 Wou Kack-Tcheng(Ho Ke-Cheng),广东湛江(遂溪县南柳东山村)人。早年入上海法政大学,1930 年留学法国,1938 年取得南锡大学法学博士学位(公法专业),博士论文《从古代到 1911 年革命期间中国重要组织法的演变》(L'Évolution du droit dans les institutions fondamentales de la Chine depuis l'Antiquité jusqu'à la Révolution de 1911)。曾任广东省绥靖主任公署参议,后任广东国民大学教授。抗战胜利后任湛江市参议会议长。1952 年被土改队错杀,1983 年平反。[140]

F100:沈达明(1915—2006),法文姓名 Chen Ta Ming,江苏上海人。

1934 年毕业于上海震旦大学法律系，自费留法，1936 年入巴黎大学，1939 年巴黎大学法学博士（法国国家博士），博士论文《1787 年和 1788 年法国贵族会议组织》（L'Organisation des assemblées des notables de 1787 et de 1788）。任重庆朝阳学院、安徽大学、震旦大学教授。后调北京对外贸易学院。[141]

F101：饶蒼华（1905—1996），别名佛雪，法文姓名 Jao Dain-houa，女，湖北广济人，饶汉祥（1883—1927）之女。1930 年北平大学女子文理学院经济系毕业，武汉希理达女子中学国文教员。1932 年 12 月自费赴法留学，1933 年 11 月入巴黎大学法科，学习经济、公法。师从巴黎大学法科教授（中国政府顾问）爱斯嘉拉（Escarra）。在法期间，获得湖北省政府奖学金。1939 年取得波尔多大学法学博士学位，博士论文《1930 年 5 月 20 日的中国市政法》（La loi municipale chinoise du 20 mai 1930）。1939 年 9 月回国，任国立编译馆（重庆）编译。1941 年任湖北教育厅（恩施）编译馆编审。1942 年任湖北省临时参议会参议员。1943 年任湖北教育学院（恩施）法文教授，1944 年任白沙女子师范学院教授。抗战胜利后回武汉。曾任湖北临时大学国文教授、汉口国立师范学院教授兼汉口接收法租界清理债权债务委员会法文秘书。1954 年任湖北省政府文史研究馆馆员。[142]

湖北省自費留學生調查表

姓名（原名別號及譯名）	饒蒼華 DAIN HOUA JAO
費別（公費自費或補助費生）	自費
年齡	二十六
籍貫	湖北廣濟
性別	女
黨籍	
家庭住址及家長姓名	武昌羅祖殿巷四號饒錫圓
現在通訊處	4. RUE HUYSMANS. PARIS, 6E, FRANCE
留學何國並出國年月曾否改國	法國，民國二十一年十二月
經過學校（原名及譯名曾否留級或轉學）	國立北平大学女子文理学院經濟系畢業
現在學校（原文及譯名）	巴黎大学法科 FACULTE DE DROIT DE L'UNIVERSITE DE PARIS

图 4.4　饶蒼华亲笔填写的“湖北省自费留学生调查表”

F102：饶华松（约 1910—?），字木公，法文姓名 Jao Houa-Son，湖北广

济人。法国巴黎大学市政学院毕业，1939 年取得波尔多大学法学博士学位，博士论文《中国的警察管理》(La police administration en Chine)。1939 年 9 月回国，任职于重庆市政府。1942 年 1 月任湖北省政府代理秘书处法制室主任。1943 年 5 月被任命为湖北省建设委员会主任委员。曾任四川大学、华西大学、燕京大学、成华大学教授。[143]

F103：陈汝舟(1909—?)，字济川，法文姓名 Chan Nay Chow，广东台山人。1935 年上海暨南大学政治学系毕业。1940 年取得巴黎大学法学博士学位，博士论文《儒教中的国际法教义》(La doctrine du droit international chez Confucius)。1941 年又获巴黎大学文学博士学位，博士论文《十六世纪以来法国国际法中的哲学》(La philosophie du droit international en France depuis le XVIe siècle)。之后入美国哈佛大学研究。1942 年任侨务专员，国民外交协会驻美办事处主任。1948 年行宪第一届立法委员。1950 年移居香港，从事教育工作。1960 年移居美国。[144]

F104：于振鹏(1909—1961)，法文姓名 Yu Tchen-P'ong，河北(直隶)大兴(今属北京)人，祖籍山东文登。1928 年入北平中法大学法国语言文学系，1931 年毕业，被学校选为公费生，1931 年 10 月 31 日入法国里昂大学，1936 年取得法学士学位(Licencié en droit)。之后入巴黎大学法学院，1938—1939 年曾任日内瓦国际联盟秘书厅中国秘书。1940 年取得里昂大学法学博士学位(法国国家博士)，博士论文《中国习惯法中的抵押》(L'Hypothèque dans le droit coutumier chinois)。1941 年初回国，任中法大学(时在昆明)文学院副教授。1942 年任云南大学文法学院法律系教授。1947 年 8 月—1949 年任清华大学政治系教授，1952 年调北京政法学院，1953—1957 年任北京政法学院工会主席，北京政法学院图书馆主任。民盟成员，区人大代表，1957 年被划为"右派"。[145]

F105：金世鼎(1903—1994)，字诺九，法文姓名 King Shih-Ding，江苏淮安(楚州)人。早年江苏省立第九中学毕业，1927 年入中央大学法学院法律学系，取得法学士学位。1933 年上海地方法院检察官，后官费赴法留学，1940 年取得巴黎大学法学博士学位，博士论文《中国司法官之铨任》(Le recrutement de la magistrature en Chine)。1945 年回国，首都高等法院刑事第一庭庭长，1948 年 12 月任最高法院推事兼书记官长，曾主审周佛海案。1949 年去台湾。先后任教于朝阳大学、台湾大学、东吴大学、辅仁大学。[146]

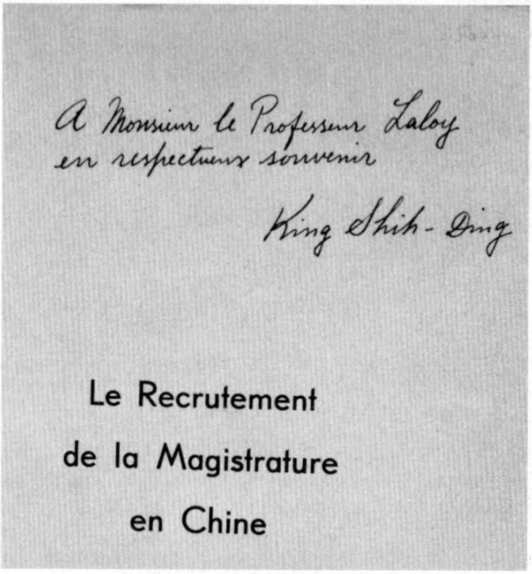

A Monsieur le Professeur Laloy
en respectueux souvenir
King Shih-Ding

Le Recrutement
de la Magistrature
en Chine

图 4.5 金世鼎 1940 年巴黎大学法学博士论文手迹

F106:漆竹生(1916—1987),法文姓名 Tsi Tchou-Sheng,江西宜丰人。1927 年入南昌江西省立二中,1930 年考入北平中法大学附属高中,1933 年毕业,同年 9 月赴法留学,先修化学,后在父亲漆璜的要求下改修法律。1940 年取得巴黎大学法学博士学位(法国国家博士),博士论文《1936 年 5 月 5 日中华民国宪法草案研究》(Étude sur le projet de constitution de la République chinoise du 5 mai 1936)。1941 年 2 月回国,1941 年至 1945 年任私立朝阳学院(重庆)教授,1945 年至 1946 年任国立东北大学(四川三台)教授,1946 年任英士大学(金华)教授,1947—1948 年任浙江大学教授。1946 年 10 月加入南昌市律师公会。1949 年后在江西八一革命大学学习,1950 年厦门大学教授。1953 年由法律教授改任外文系教授。1956 年调上海外国语学院。1957 年上海外国语学院西语系副主任;1964 年德法语系副主任。1981 年法语系主任。中国法语教学研究会副会长。1987 年应巴黎高等商业学院的邀请前往讲学,在巴黎遭遇车祸去世。[147]

F107:国瑜(约 1914—?),字勖青,法文姓名 Kuo Yu,女,河北人。

1935年6月毕业于朝阳学院法律系。1940年取得巴黎大学法学博士学位，博士论文《公权力无过失责任的一些新问题》(Quelques aspects nouveaux de la responsabilité sans faute de la puissance publique)。任吉林省政府秘书兼第一科科长。[148]

F108：袁世斌(1894—1990年)，字冠新，法文姓名Yuan Shih-Pin，贵州贵阳人。早年就读于贵阳达德学校、南明中学。1925年北京大学(政治系)毕业，黄埔军校潮州分校政治教官，国民革命军第一军及东路总指挥部政治部主任。后赴法留学，1940年取得巴黎大学法学博士学位，博士论文《国际联盟的改革》(La réforme de la Société des Nations)。1940年任中央通讯社驻国际联盟特派员。立法委员。1942年任中央训练团讲师，少将主任秘书兼副主任委员，高级班副主任：1943年任陆军总司令部秘书长、总务处长，驻芷江留守司令，抗战胜利后任陆军大学政治部少将主任。1945年任贵州省民政厅长，贵州大学教授。1949年中风，赴香港就医，1950年去台湾，任台湾大学教授。[149]

F109：张祖庚(1911—?)，法文姓名Chang Chu Kuing，福建人。1941年取得巴黎大学法学博士学位，博士论文《论中国国籍》(Essai sur la nationalité chinoise)。[150]

F110：郑兆璜(1910—2003)，法文姓名Cheng Chao-Huang，广东中山人。1935年燕京大学毕业，赴美国耶鲁大学攻读国际法，之后赴法留学，1941年取得巴黎大学法学博士学位，博士论文《评常设国际法院对条约解释的原则与实践》(Essai critique sur l'interprétation des traités dans la doctrine et la jurisprudence de la Cour permanente de justice international)。1946年回国，先后任教于东吴大学法学院、上海外国语学院、张家口和南京解放军外语学院、华东政法学院教授。[151]

F111：马志振(1899—1971)，又名焕新、焕生，法文姓名Ma Chih-Chen(Ma Chih Cheng)，浙江嵊县(普义乡)人。北京师范大学毕业，曾任中学教员及法政讲习所教员，国立中央大学法律系助教。留学英国伦敦大学，后留学法国，1941年取得巴黎大学法学博士学位，博士论文《与中日战争有关的国际公约及争议》(Controverses et conventions internationals au regard de la guerre sino-japonaise)。1945年8月回国，任司法行政部专员、秘书，参与审判日本战犯。1950年到东北人民大学法律系任教，讲授国际法，之后调到该校图书馆工作。1969 年到农村插队落户，1971 年因病去世。[152]

F112：张鸿业（1913—？），法文姓名 Chang Hung Yeh，浙江人。1941 年取得巴黎大学法学博士学位，博士论文《宣战、中立宣言的效力》（Déclaration de guerre et déclaration de neutralité, leurs effets）。[153]

F113：陈雄飞（1911—2004），字云阶，法文姓名 Tch'en Hiong-fei（Chen Hsiung-fei），江苏上海人。1928 年 6 月毕业于震旦大学法政科，取得法学学士学位，1928 年 9 月入震旦大学博士科一年级，1929 年 9 月入震旦大学博士科二年级，1930 年 6 月 30 日取得震旦大学法学博士学位，博士论文《中国宪法评论：五权制度》（Essai de droit constitutionnel chinois. Les cinq pouvoirs）。之后申请到震旦大学奖学金资助，1930 年 9 月与同学沈家诒一同离沪赴法留学，入巴黎大学法学院学习，期间曾任职于中国驻巴黎总领事馆，1941 年 1 月取得巴黎大学法学博士学位（法国国家博士学位），博士论文《英国继承法中继承特留份与"家庭条款"制度》（L'Institution de la réserve héréditaire et la "family provision" en droit successoral anglais）。1943 年回国，任外交部驻第四战区司令部外事处特派员，外交部条约司科长，1949 年任台湾当局"驻法使馆参事衔一等秘书"[154]。

F114：廖德珍（1901—？），字恕菴，法文姓名 Liao Tetcheng，湖南常德（武陵）人。交通传习所毕业。1919 年北京大学法预科（法文班）毕业，1923 年取得北京大学（法律系）法学士学位。曾任教于上海法学院。自费赴法留学。1941 年取得巴黎大学法学博士学位，博士论文《法国战时统制》（Le régime des libertés en France pendant la guerre et depuis l'armistice，中文名为廖德珍自译）。1936 年左右任驻巴黎副领事。1949 年后去台湾。[155]

F115：龚叔英（生卒不详），法文姓名 Kung Seo-Yin，江苏崇明人。1927—1928 年在中央政治学校党务学校学习。1942 年取得巴黎大学法学博士学位，博士论文《与历史古迹保护有关的立法》（La législation relative à la protection des monuments historiques）。1949 年后去台湾。[156]

F116：赵崇汉（1908—1953），法文姓名 Tchao Tchung-Han，河南淮阳县人。1933 年北平中法大学文学院社会科学系毕业，1933 年赴法留学，1942 年取得里昂大学法学博士学位，博士论文《关于法国行政法中公务员的概念及法律地位的研究》(Étude sur la définition et la situation juridique du fonctionnaire dans le droit administratif français)。1945 年回国,任云南大学、西南政法学院教授。[157]

F117:陈荣生(1919—?),法文姓名 Tchen Yon-Sun,浙江人。1938 年毕业于北平中法大学(文学院)。1943 年取得里昂大学法学博士学位(大学博士),博士论文《1875 年宪法中的联署规定与当前法国的实际状况》(Le contreseing sous la Constitution de 1875 et dans la pratique française actuelle)。1958—1969 年在瑞士驻华大使馆工作,1978 年后任中国社会科学院研究生院教授,从事法语教学。[158]

F118:林汉长(1913—约 1981),法文姓名 Ling Hong-Chong,广东梅县人。早年毕业于中国公学,1944 年取得里昂大学法学博士学位,博士论文《中国中央政府与各省的关系》(Le government central et ses relations avec les provinces en Chine)。1946 年担任南非约翰内斯堡《侨声报》(*Chinese Consular Gazette*)编辑,1953 年回国,在基督教青年会和华侨委员会工作,后去香港担任《大公报》英文版主编,约 1981 年病逝于香港。[159]

F119:魏登临(1912—2000),法文姓名 Wei Teng-Lin,河北人。1934 年毕业于北平中法大学经济学系,获得北平中法大学津贴,1935 年赴法留学,入里昂大学行政科学学院、巴黎大学政治学院,1944 年取得里昂大学法学博士学位,博士论文《法国法律中司法监督管理的自由裁量权》(Le pouvoir discrétionnaire de l'administration et le contrôle juridictionnel en droit français)。1949 年后在外交学院任教,讲授法语。[160]

F120:吴恭恒(1913—?),法文姓名 Woo Kion-Heng,广东梅县人。1941 年入法国里昂中法大学,1947 年取得里昂大学法学博士学位,博士论文《中国县级分权行政》(L'administration decentralisee dans les Hsien en Chine)。回国后在广州注册为律师。曾任广东国民大学政治系主任、法律系教授,中山大学教授,华南热带作物科学研究院教授,九三学社成员。[161]

F121:邵规祖(1913—?),法文姓名 Chao Joseph Koei-Tsou,浙江慈溪人。1940 年震旦大学法律系毕业,1946 年教育部自费留学生。1948 年取得巴黎大学法学博士学位,博士论文《中国本土银行:法律研究》(Les banques autochtones chinoises：étude juridique)。[162]

F122：韩健夫(约1910—?)，字亚光，法文姓名 Han Joseph K. P.，广东人。法国耶西大学商学院毕业。1948年6月在驻西贡副领事任上请假赴法，1950年取得巴黎大学法学博士学位，博士论文《日内瓦外交会议关于战争期间对平民的保护》(La protection des populations civiles en temps de guerre et la conférence diplomatique de Genève)。1951年到台湾。[163]

F123：芮正皋(1919—2015)，原名器先，法文姓名 Joei Tchen-kao (Joei K'i-sien 或者 Bernard T. K. Joei)，浙江吴兴(今湖州)人，生于上海，留德法学博士芮沐之弟。早年入徐汇中学，后入震旦大学法律系，1946年毕业，获法学士学位，与廖仲琴同班。同年通过教育部公费留学考试，考取教育部留法交换生(法律类)，1947年7月赴法留学，1950年5月取得巴黎大学法学博士学位，博士论文《联合国派遣官员在调处有关和平争端国家纠纷而遭受身体伤害时该国所应负的国际责任》(La responsibilite internationale des Etate envers I'O. N. U. pour des dommages corporals subis pas ses agents sur leur territoire)。在巴黎大学攻读博士学位的同时兼修巴黎政治学院的课程。1953年到台湾工作，1960年在土耳其工作。后又到非洲工作。1983年从非洲回台，淡江大学区域研究中心执行长兼欧洲研究所所长。退休后定居澳大利亚。[164]

F124：唐祖培(1906—2000)，法文姓名 Tang Tsou-Pei，四川成都人。1945—1949年驻法国大使馆外交官，1949年10月1日宣布起义，1950年中华人民共和国外交部电令回国，因为准备参加巴黎大学的法学博士考试而留在法国。1950年底通过巴黎大学法学博士答辩，博士论文《中国的内河航运制度》(Régime de la navigation intérieure en Chine)。1951年2月回国，进入华北人民革命大学学习。1951年到北京外国语学院任教，讲授法语。80年代被北京大学法律系聘为客座教授，用法语编写了《国际法教程》。[165]

F125：廖仲琴(1919—?)，法文姓名 Leao Tchong-Kin(Liao Tchong-K'in)，湖北随县人，生于武昌。1939年入震旦大学法律学系，1943年毕业，1946年赴法留学(教育部第二届自费留学生)，1950年取得巴黎大学法学博士学位，博士论文《联合国人权宣言》(La déclaration universelle des droits de l'homme)。1954年到台湾，1973年任国际关系研究所主任秘书，1976年退休，任教于淡江文理学院法国文学系。[166]

F126:盛愉(1925—2004),又名盛美蠡,袁同礼目录作"周美蠡"(Tcheou Mei-Li),女,江苏上海人。1947年震旦大学法学院经济系毕业,上海启明女子中学、震旦女子文理学院教师。1950年巴黎大学法学博士,博士论文《七世纪至今与西藏有关的国际关系》(Tibet et ses relations internationals, depuis le 7ème siècle à nos jours)。50年代在柏林国际民主妇女联合会书记处工作,1975年调教育部。曾任驻联合国教科文组织常驻代表团外交官,1964年任全国政协委员。曾任中国社科院法学研究所副所长,中国法学会副会长。[167]

F127:端木正(1920—2006),字昭定,号翼天,法文姓名 Tuanmo Cheng,安徽安庆人,回族,生于北京。1928年随父移居南京,1937年金陵大学附中毕业。1942年取得国立武汉大学法学院政治学系法学士学位,后成为西南联大研究生(清华大学法科研究所国际法组研究生),1947年取得清华大学法学硕士学位,硕士论文《中国与中立法》,导师邵循恪。考取教育部公费生赴法留学(教育部留法交换生)。1948年6月赴法留学,1950年取得巴黎大学法学博士学位,博士论文《论国籍在国际法院的组成与运转过程中的作用》(Le rôle de la nationalité dans la composition et le fonctionnement de la C.I.J.)。1951年巴黎大学高级国际法研究所毕业文凭,同年5月回国,入华北人民革命大学政治研究院学习,之后任岭南大学历史政治系副教授,1952年中山大学政法系副教授,1953年中山大学历史学系副教授。反右时期被错划为"右派"。"文化大革命"期间被打成"牛鬼蛇神"、"反动学术权威"。1980年任中山大学法律系教授兼系主任。1985年中华人民共和国香港特别行政区基本法起草委员会委员。1987年中山大学法学研究所所长。1987年广东省第七届人大常委会副主任。1990—1995年最高人民法院副院长。[168]

第四节　近代留法法学博士统计分析

一、近代留法法学博士的年代分布统计

据取得博士学位的年份,本节将近代留法法学博士从1900年至

1950 年共分为 5 段，每 10 年一段。

表 4.2　近代留法法学博士年代分布

年　代	姓　　名	人数	百分比(约)
1900—1909	无	0	0
1910—1919	陈继善、钱泰、胡世泽	3	2%
1920—1929	梁仁杰、王世杰、周鲠生、耿泽、陈和铣、戴修骏、姜荣章、王治焘、许念曾、阎一士、谢冠生、谢瀛洲、陈宗城、郑毓秀、魏道明、刘懋初、吴凯声、郑文礼、何学骥、徐传保、潘乃尉、翟俊千、徐砥平、伊光仪、黎国材、李辛阳、张忠道、徐辅德、任振南、宋国枢、黄仁、吴骐、杨柳风	33	26%
1930—1939	孙彭衔、张鼎昌、顾彦儒、陈耀东(江苏)、徐汉豪、周蜀云、胡养蒙、谭显楫、罗时济、王锦荃、顾维熊、King Yu-Hsi、罗怀、王自新、毕乃謇、孙玺凤、吴本中、麦逢秋、张企泰、谷兆芬、张又新、林崇墉、龙大均、朱宝田、胡毓寅、孟鞠如、姚定尘、Kouang Siou-Weng、龚钺、陈延进、沈家诒、黄淮、徐震洲、李肇伟、雷崧生、徐复云、魏德超、宋渊如、祝修爵、李悦义、程琇、严可为、孙文明、何任清、施宏勋、张隆延、郑彦澄、王伯琦、吴绪、吴求胜、陈绍源、赵俊欣、徐基、童蒙圣、吕渭、卢俊恺、郭锦尧、朱光沐、叶叔良、胡崔淑言、王富祖、方瑞典、吴克诚、沈达明、饶蓍华、饶华松	66	52%
1940—1950	陈汝舟、于振鹏、金世鼎、漆竹生、国瑜、袁世斌、张祖庚、郑兆璜、马志振、张鸿业、陈雄飞、廖德珍、龚叔英、赵崇汉、陈荣生、林汉长、魏登临、吴恭恒、邵规祖、韩健夫、芮正皋、唐祖培、廖仲琴、盛愉、端木正	25	20%
总人数	127	127	

资料来源：本章第三节。

分析近代留法法学博士的年代分布统计，可以得出如下结论：

在年代分布上，1900—1909 年段，留法法学博士人数为零；

1910—1919 年间，留法法学博士人数为 3 名，占近代留法法学博士总人数(127 名)的 3%；

1920—1929 年间，留法法学博士人数为 33 名(较为著名者有王世杰、周鲠生、谢冠生等)，占近代留法法学博士总人数的 26%；

1930—1939 年间，留法法学博士人数 66 名，占近代留法法学博士总人数的 52%，这 10 年是留法法学博士人数最为集中的时期，其中雷崧生、王伯琦、沈达明等均成为一代法学家；

1940—1950 年间，留法法学博士人数比 20 年代和 30 年代明显下降，为25名，占近代留法法学博士总人数的20%。毫无疑问，这一人数的下降与当时欧洲的战争局势有关。

二、近代留法法学博士的籍贯分布统计

籍贯分布统计分析的基础不是近代留法法学博士人数（共计127），而是其中已经知道籍贯的留法法学博士人数（125）。

表4.3　近代留法法学博士籍贯分布

序列	省籍	人　名	人数	百分比(约)	备　注
1	江苏	许念曾、吴凯声、徐传保、徐砥平、徐辅德、黄仁、孙彭衔、杨柳风、张鼎昌、顾彦儒、陈耀东、徐汉豪、王锦荃、顾维熊、朱宝田、孟鞠如、沈家诒、徐震洲、徐复云、严可为、郑彦澄、王伯琦、吴绪、赵俊欣、叶叔良、沈达明、金世鼎、陈雄飞、龚叔英、盛愉	30	24%	顾维熊、沈达明、陈雄飞、沈家诒、盛愉均属上海
2	广东	谢瀛洲、陈宗城、郑毓秀、刘懋初、何学骥、潘乃尉、翟俊千、黎国材、任振南、罗怀、麦逢秋、龙大均、姚定尘、李悦义、何任清、吴求胜、卢俊恺、吴克诚、郭锦尧、陈汝舟、郑兆璜、林汉长、吴恭恒、韩健夫	24	19%	麦逢秋是海南人
3	浙江	陈继善、钱泰、胡世泽、谢冠生、郑文礼、李辛阳、宋国枢、毕乃謇、张企泰、谷兆芬、胡毓寅、宋渊如、祝修爵、施宏勋、徐基、童蒙圣、朱光沐、马志振、张鸿业、陈荣生、邵规祖、芮正皋	22	18%	芮正皋生于上海
4	安徽	张忠道、胡养蒙、王自新、黄淮、张隆延、方瑞典、端木正	7	6%	端木正生于北京
5	湖北	王世杰、耿泽、王治焘、吕渭、饶蓍华、饶华松、廖仲琴	7	6%	
6	江西	梁仁杰、陈和铣、魏道明、罗时济、程琇、漆竹生	6	5%	
7	福建	伊光仪、林崇墉、龚钺、陈延进、陈绍源、张祖庚	6	5%	
8	四川	阎一士、吴骐、周蜀云、张又新、唐祖培	5	4%	吴骐是重庆人

(续表)

序列	省籍	人　　名	人数	百分比(约)	备　　注
9	湖南	周鲠生、戴修骏、谭显楫、雷崧生、廖德珍	5	4%	
10	河北	于振鹏、国瑜、魏登临	3	2%	魏登临系北京人
11	吉林	吴本中、魏德超	2	1.6%	
12	广西	李肇伟	1	0.8%	
13	河南	赵崇汉	1	0.8%	
14	山东	孙玺凤	1	0.8%	
15	陕西	王富祖	1	0.8%	
16	贵州	袁世斌	1	0.8%	
17	云南	姜荣章	1	0.8%	
18	辽宁	胡崔淑言	1	0.8%	
19	山西	孙文明	1	0.8%	
	已知籍贯总数		125		
	籍贯不详者	King Yu-Hsi、Kouang Siou-Weng	2		
	总人数		127		

资料来源：本章第三节。

在127名留法法学博士中，已知籍贯者有125名。籍贯不详者2名。籍贯不详者约占总人数的2%，对于统计结果无甚影响，可以忽略不计。分析近代留法法学博士籍贯统计，可以得出如下结论：

近代留法法学博士来自全国19个省，分布较为广泛。输出近代留法法学博士人数最多的三个省份依次是江苏、广东、浙江，是第一梯队。这三省留法法学博士人数共计76人，占已知籍贯总人数(125人)的61%，这一梯队可谓占据了半壁江山。这三甲与第一章近代留美法学博士籍贯分布的前三甲大致相同。

第二梯队是安徽、湖北、江西、四川、湖南、福建，输出人数几乎不相上下，四川人数较多的原因可能是留法勤工俭学运动在四川的影响较大。

之后是河北、吉林、广西、河南、山东、陕西、贵州、云南、辽宁、山西，人数在1—3人之间。

除去籍贯不详者，迄今没有发现宁夏、甘肃、蒙古、黑龙江、新疆、西藏籍的留法法学博士。

三、近代留法法学博士在法高校分布统计

表 4.4　近代留法法学博士在法高校分布

序号	法国高校名称	法学博士姓名	人数	百分比(约)
1	巴黎大学	陈继善、钱泰、胡世泽、梁仁杰、王世杰、周鲠生、耿泽、陈和铣、戴修骏、姜荣章、王治焘、许念曾、阎一士、谢冠生、谢瀛洲、陈宗城、郑毓秀、魏道明、郑文礼、何学骥、徐传保、伊光仪、李辛阳、张忠道、徐辅德、宋国枢、黄仁、吴骐、杨柳风、张鼎昌、陈耀东(江苏)、胡养蒙、罗怀、王自新、孙玺凤、张企泰、林崇墉、龙大均、胡毓寅、沈家诒、黄淮、徐震洲、雷崧生、孙文明、王伯琦、赵俊欣、朱光沐、叶叔良、胡崔淑言、王富祖、沈达明、陈汝舟、金世鼎、漆竹生、国瑜、袁世斌、张祖庚、郑兆璜、马志振、张鸿业、陈雄飞、廖德珍、龚叔英、邵规祖、韩健夫、芮正皋、唐祖培、廖仲琴、盛愉、端木正	70	55%
2	南锡大学	孙彭衔、顾彦儒、徐汉豪、周蜀云、罗时济、王锦荃、顾维熊、King Yu-Hsi、毕乃謇、麦逢秋、谷兆芬、张又新、Kouang Siou-Weng、魏德超、宋渊如、程琇、严可为、施宏勋、张隆延、徐基、童蒙圣、吕渭、郭锦尧、吴克诚	24	19%
3	里昂大学	刘懋初、吴凯声、潘乃尉、翟俊千、黎国材、任振南、谭显楫、朱宝田、陈延进、徐复云、祝修爵、于振鹏、赵崇汉、陈荣生、林汉长、魏登临、吴恭恒	17	13%
4	第戎大学	李肇伟、李悦义、郑彦澄、吴绪、陈绍源	5	4%
5	格勒诺布尔大学	徐砥平、孟鞠如、姚定尘、龚钺	4	3%
6	波尔多大学	吴本中、饶蓍华、饶华松	3	2%
7	卡昂大学	卢俊恺、方瑞典	2	2%
8	图卢兹大学	何任清、吴求胜	2	2%
	总人数		127	

资料来源:本章第三节。

分析近代留法法学博士在法高校分布的统计,可以得出如下结论:

在留法法学博士中,绝大多数毕业于巴黎大学,这是近代留法法学博士与留学其他国家的法学博士的一个明显区别。巴黎大学是盛产法学博士的地方,在普法战争以前,巴黎大学每年授予 200 个法学博士学位。[169] 巴黎大学一个学校培养的近代留洋法学博士人数,超过了英国、比利时、

德国、瑞士培养的近代留洋法学博士的总和。在整个中国近代留洋法学博士群体中,如果以单个学校统计,则巴黎大学是授予中国留学生法学博士学位最多的高校。在近代留法法学博士群体之中,巴黎大学法学博士不仅人数最多,也出现最早。1912—1924 年间,所有的中国留法法学博士均出自巴黎大学。陈汝舟取得巴黎大学法学博士和文学博士两个博士学位;方瑞典则先在卡昂大学取得法学博士学位,紧接着在巴黎大学取得文学博士学位。

还有一部分毕业于南锡大学和里昂大学等,其中里昂大学与中国的关系尤其特殊。1921 年,吴稚晖等人发起成立里昂中法大学,其动机是便利留法勤工俭学生,[170] 里昂中法大学几乎是里昂大学的预备学校,它仅仅提供中国留学生食宿,本身并不授予任何学位。[171] 里昂中法大学的留学生在补习好法语之后,往往到里昂大学攻读各种学科,也包括攻读博士学位。朱伯奇回忆:"该校虽名为中法大学,实际不过宿舍,盖其学生只共同起居于斯,饮食于斯,作息于斯,以期能节省费用,白昼均受课于法国里昂大学各学院,或各专科学校。"[172]

从国家博士和大学博士的划分上,在众多近代留法法学博士之中,取得法国国家博士学位者寥寥无几,只有许念曾、宋国枢、孟鞠如、徐复云、沈达明、于振鹏、漆竹生、陈雄飞等数人而已。

四、近代留法法学博士在华高校分布统计

表 4.5 近代留法法学博士在华高校分布

序号	中国高校名称	学生姓名	人数	备 注
1	震旦大学	许念曾、谢冠生、徐传保、徐砥平、李辛阳、任振南、宋国枢、孙彭衔、杨柳风、张鼎昌、顾维熊、王自新、朱宝田、胡毓寅、孟鞠如、沈家诒、王富祖、方瑞典、沈达明、陈雄飞、邵规祖、芮正皋、廖仲琴、盛愉	24	孙彭衔、顾维熊后毕业于上海法学院;朱宝田又毕业于上海春申大学
2	北京大学	钱泰、梁仁杰、陈和铣、戴修骏、王治焘、翟俊千、黎国材、徐辅德、周蜀云、罗怀、童蒙圣、朱光沐、袁世斌、廖德珍	14	钱泰、梁仁杰、戴修骏、王治焘出身京师译学馆,陈和铣出身京师大学堂、周蜀云又就读于大夏大学

（续表）

序号	中国高校名称	学生姓名	人数	备　注
3	中央大学	吴骐、顾彦儒、陈耀东（江苏）、徐汉豪、姚定尘、雷崧生、严可为、孙文明、赵俊欣、金世鼎	10	吴骐、陈耀东（江苏）、姚定尘系东南大学；徐汉豪系江苏法政专门学校，又就读于复旦大学；孙文明又就读于金陵大学
4	北平中法大学	林崇墉、于振鹏、赵崇汉、陈荣生、魏登临	5	
5	中山大学	陈宗城、刘懋初、龙大均、陈延进、李悦义	5	陈宗城、刘懋初毕业于广东法政专门学校（中山大学前身之一）；龙大均毕业于国立两广高等师范（后改名为广东大学、中山大学）
6	上海法政学院	施宏勋、吴绪、吕渭、方瑞典	4	方瑞典也曾在震旦大学学习
7	东吴大学（法学院）	祝修爵、何任清、王伯琦	3	何任清又就读于福建协和大学、复旦大学
8	上海法学院	孙彭衔、顾维熊、宋渊如	3	
9	复旦大学	徐汉豪、何任清	2	徐汉豪又就读于江苏法政专门学校；何任清又就读于福建协和大学、东吴大学
10	清华大学	张企泰、端木正（硕士）	2	端木正本科毕业于武汉大学
11	北洋大学	陈继善、王世杰	2	
12	国立政治大学	叶叔良、龚叔英	2	
13	朝阳学院	毕乃謇、国瑜	2	
14	燕京大学	王锦荃、郑兆璜	2	
15	金陵大学	孙文明、张隆延	2	孙文明后转中央大学
16	北平大学	魏德超、饶蓍华	2	
17	暨南大学	陈汝舟	1	
18	厦门大学	陈延进	1	陈延进后转中山大学
19	武汉大学	端木正	1	端木正后获清华大学法学硕士
20	四川大学	阎一士	1	阎毕业于四川大学前身四川高等学堂
21	北京师范大学	马志振	1	
22	中国公学	林汉长	1	
23	圣约翰大学	龚钺	1	
24	福建协和大学	何任清	1	何任清后转复旦大学、东吴法学院

（续表）

序号	中国高校名称	学生姓名	人数	备　注
25	私立浙江法政专门学校	郑文礼	1	
26	大夏大学	周蜀云、徐基	2	周转学北大
27	上海仓圣明智大学	吴凯声	1	
28	南洋大学	徐复云	1	
29	中国大学	吴求胜	1	
	总人数		98	

资料来源：本章第三节。一人身兼多校者重复计入。

考察近代留法法学博士中国内高校背景，可以发现，具有法国天主教会背景的震旦大学输出的留法法学博士数量位居第一，且遥遥领先。与此对照的是，具有美国基督教会背景的圣约翰大学仅仅输出 1 名留法法学博士，同样具有美国教会背景的沪江大学、之江大学输出留法法学博士人数为零。圣约翰大学输出留法博士少，但输出留美博士人数众多，而震旦大学输出留法博士多，但输出留美法学博士人数为零。可见不同教会背景大学在输出近代留洋法学博士方面的具有明显的差异性。

北平中法大学与法国联系也较为密切，所以其毕业生留法数量也相对较多，取得留法法学博士学位者也有 5 人。

近代留法法学博士具有清华背景者只有 2 人，显然这与美国庚款留学生的去向有关。相反，法国庚款奖学金主要用于支持里昂中法大学等与法国有关的留学项目。庚款奖学金来源及分配也直接影响了留洋法学博士的留学去向。

从地区分布上看，上海地区高校输出近代留法法学博士的数量位居各地高校之首，共计 42 人，占国内高校背景总人数(97 人)的 43%。北京地区高校输出近代留法法学博士的数量是 27 人，占 28%，居于次位。

五、近代留法法学博士论文统计

近代留法法学博士论文基本上分为三类，即宪法行政法学博士论文、民法学博士论文、国际法学博士论文。其余法学学科的博士论文数量稀少。本节重点统计分析近代留法法学博士的这三种博士论文。

1. 近代留法博士的宪法行政法学博士论文

表 4.6　近代留法法学博士宪法行政法学博士论文一览

序号	博士论文题目	人　名	大　学	年份
1	《中国之立法权》	钱　泰	巴黎大学	1914
2	《联邦宪法权限之分配》	王世杰	巴黎大学	1920
3	《中国的行政管辖权》	梁仁杰	巴黎大学	1920
4	《现代中国政府:公权力规制及中央政府与省级政府关系研究》	王治焘	巴黎大学	1923
5	《中国行政制度:中央政府与省级政府的法律关系》	阎一士	巴黎大学	1923
6	《中国之联省自治:某些省的宪法研究》	谢瀛洲	巴黎大学	1924
7	《中国宪法问题:1923 年 10 月 10 日宪法》	吴凯声	里昂大学	1925
8	《比较宪法:中国宪法之趋势》	郑毓秀	巴黎大学	1925
9	《法国法律的宪法监督》	何学骥	巴黎大学	1926
10	《从年民国建立(1912 年)至今(1925 年)中国政治机构的发展:比较宪法史研究》	郑文礼	巴黎大学	1926
11	《新中国及国民政府:1928 年 10 月 10 日国民政府组织法及下设公权力机构研究》	吴　骐	巴黎大学	1929
12	《国家体制的要点》	任振南	里昂大学	1929
13	《中国现行分权与独立的行政体制:国民党训政时期》	顾彦儒	南锡大学	1931
14	《中国省制论》	徐汉豪	南锡大学	1931
15	《1911 年中国革命后舆论之演进及现存各政党之概况》	周蜀云	南锡大学	1931
16	《五权宪法之理论》	King Yu-Hsi	南锡大学	1932
17	《中国的最近立法:基础与趋势》	罗　怀	巴黎大学	1932
18	《中国的中央政府与地方政府》	姚定尘	格勒诺布尔大学	1933
19	《当代中国地方自治的一般原则》	朱宝田	里昂大学	1933
20	《中国地方自治》	张又新	南锡大学	1933
21	《国民党与国民政府之关系研究》	Kouang Siou-Weng	南锡大学	1933
22	《法国总统颁布命令权的扩张》	雷崧生	巴黎大学	1934
23	《西耶士的宪法理论》	龚　钺	巴黎大学	1934
24	《美国宪法之间接立法》	陈延进	里昂大学	1934
25	《中国宪法的历史演变(1905—1931)》	徐震洲	巴黎大学	1934

（续表）

序号	博士论文题目	人 名	大 学	年份
26	《战后欧洲各国宪法中民治思潮之趋势》	李悦义	第戎大学	1935
27	《中国地方行政法》	严可为	南锡大学	1935
28	《中国宪法运动：1934 年 10 月 16 日立法院宪法案研究》	宋渊如	南锡大学	1935
29	《法国公务员之任用与升迁制度》	祝修爵	里昂大学	1935
30	《中国之考试权》	魏德超	南锡大学	1935
31	《中国宪法史》	何任清	图卢兹大学	1936
32	《1897 年至 1935 年间中国的主要宪法运动》	郑彦澄	里昂大学	1936
33	《1926 年革命以来之中国公务员法》	吕 渭	南锡大学	1937
34	《论中国与法国的地方行政管理》	童蒙圣	南锡大学	1937
35	《中国宪法的演变：孙逸仙及其主义所影响的时代(1885—1937)》	陈绍源	第戎大学	1937
36	《从古代到 1911 年革命期间中国重要组织法的演变》	吴克诚	南锡大学	1938
37	《论报纸与书籍的查封》	朱光沐	巴黎大学	1938
38	《法国人权宣言之研究》	方瑞典	卡昂大学	1938
39	《1930 年 5 月 20 日的中国市政法》	饶蕃华	波尔多大学	1939
40	《中国的警察管理》	饶华孙	波尔多大学	1939
41	《1936 年 5 月 5 日中华民国宪法草案研究》	漆竹生	巴黎大学	1940
42	《公权力无过失责任的一些新问题》	国 瑜	巴黎大学	1940
43	《关于法国行政法中公务员的概念及法律地位的研究》	赵崇汉	里昂大学	1942
44	《1875 年宪法中的联署规定与当前法国的实际状况》	陈荣生	里昂大学	1943
45	《中国中央政府与各省的关系》	林汉长	里昂大学	1944
46	《中国县级分权行政》	吴恭恒	里昂大学	1947

资料来源：本章第三节。

近代留法博士的宪法行政法学博士论文特征如下：

(1) 宪法类博士论文数量超过行政法类的博士论文数量；

(2) 有关中国宪法行政法的博士论文占了近代留法学生的宪法行政法学博士论文的绝大多数，即占据了 46 篇论文中的 30 篇，比例高达 65%，而研究法国宪法的只有极少数几篇；

(3) 有关中央和地方分权内容的论文占了很大比重；

(4) 有关中国宪法史的论文占了一定的比重，至少有 6 篇，即(1)郑毓秀的《比较宪法:中国宪法之趋势》、郑文礼的《从年民国建立(1912 年)至今(1925 年)中国政治机构的发展:比较宪法史研究》、徐震洲的《中国宪法的历史演变(1905—1931)》、何任清的《中国宪法史》、郑彦澄的《1897 年至 1935 年间中国的主要宪法运动》、陈绍源的《中国宪法的演变:孙逸仙及其主义所影响的时代(1885—1937)》。

2. 近代留法博士的民商法学博士论文

表 4.7　近代留法法学博士民商法学博士论文一览

序号	博士论文题目	人　名	大　学	年份
1	《中国支票法》	魏道明	巴黎大学	1925
2	《中国公司制度》	伊光仪	巴黎大学	1927
3	《20 世纪前 25 年里中国继承法的一般原则》	孙彭衔	南锡大学	1930
4	《20 世纪前 25 年间中国已婚妇女在婚姻中的状况》	张鼎昌	巴黎大学	1930
5	《中国法中的离婚》	王自新	巴黎大学	1932
6	《中国之新婚姻法研究》	顾维熊	南锡大学	1932
7	《中国民法典中关于未立遗嘱的继承》	罗时济	南锡大学	1932
8	《法国判例中"两者之间的行为不得损害第三者利益"这一概念的意义》	张企泰	巴黎大学	1933
9	《中国法律中的亲属问题研究》	胡毓寅	巴黎大学	1933
10	《位于北京的最高法院(大理院)之工作与中国债法》	胡崔淑言	巴黎大学	1933
11	《中国法律中的民事责任》	沈家诒	巴黎大学	1934
12	《债权人与债务人消极连带关系的效果》	黄　辉	巴黎大学	1934
13	《中国妇女私法地位的历史演变》	程　琇	南锡大学	1935
14	《有关典权的比较法(中国、英国与法国)》	吴　祁	第戎大学	1936
15	《中国新民法典中的遗嘱问题》	施宏勋	南锡大学	1936
16	《法国民法典第 1384 条规定的受托人的职责与过错关系研究》	王伯琦	巴黎大学	1936
17	《中国习惯法中的抵押》	于振鹏	里昂大学	1940
18	《英国继承法中继承特留份与"家庭条款"制度》	陈雄飞	巴黎大学	1941
19	《中国本土银行:法律研究》	邵规祖	巴黎大学	1948

资料来源:本章第三节。

近代留法法学博士的民商法学博士论文特征:

(1) 民法学博士论文占据绝对多数,商法学博士论文寥寥无几。法国属于民商分立的二元私法体系国家，然而近代留法学生的法学博士论文却很难做出此种区分。从内容上看，留法学生的民法类论文数量远远超过商法类论文的数量，纯粹意义的商法博士论文只有3篇，即魏道明的《中国支票法》、伊光仪的《中国公司制度》、邵规祖的《中国本土银行:法律研究》。

(2) 债权法类论文的数量要远远超过物权类论文的数量，纯粹意义上的物权类论文只有1篇，即于振鹏的《中国习惯法中的抵押》。

(3) 婚姻法和继承法类论文的数量基本持平，分别为4篇左右。

3. 近代留法博士的国际法学博士论文

表4.8 近代留法法学博士国际法学博士论文一览

序号	博士论文题目	人　名	大　学	年份
1	《中国门户开放政策》	陈继善	巴黎大学	1912
2	《中俄现代关系的条约基础》	胡世泽	巴黎大学	1918
3	《1871年以来中日外交关系:中日条约、协定、换文等》	陈和铣	巴黎大学	1921
4	《从海牙会议到国际联盟过程中中国的和平主义》	戴修骏	巴黎大学	1922
5	《在华领事裁判权》	姜荣章	巴黎大学	1922
6	《国际法的拟制》	许念曾	巴黎大学	1923
7	《中国租界论》	陈宗城	巴黎大学	1925
8	《1922年英国宣言以来埃及的国际状况》	刘懋初	里昂大学	1925
9	《国际公法与古代中国》	徐传保	巴黎大学	1926
10	《中国国际地位与中外不平等条约的历史分析》	翟俊千	里昂大学	1927
11	《美国的亚洲侨民》	潘乃尉	里昂大学	1926
12	《移民的国际管制》	黎国材	里昂大学	1928
13	《苏俄的租让制度》	黄　仁	巴黎大学	1929
14	《中国不平等条约及各国之态度》	张忠道	巴黎大学	1929
15	《在华租借地;外交史与国际法研究》	杨柳风	巴黎大学	1929
16	《外国人在中国的司法管理》	宋国枢	巴黎大学	1929
17	《东方诸国领事裁判权的废除》	陈耀东	巴黎大学	1931
18	《1919年以来的中国外交史:中外条约的修改》	吴本中	波尔多大学	1932
19	《在华法国商业社团作为外国人而适用的特殊法的状况》	谭显楫	里昂大学	1932
20	《中国废除治外法权问题的历史与评价》	王锦荃	南锡大学	1932
21	《上海租界问题》	毕乃謇	南锡大学	1932

（续表）

序号	博士论文题目	人　名	大　学	年份
22	《日本在满洲的法律地位》	林崇墉	巴黎大学	1933
23	《日本在满洲的法律地位》	孟鞠如	格勒诺布尔大学	1933
24	《论中日在满洲的冲突与国际法》	麦逢秋	南锡大学	1933
25	《论满洲与门户开放主义》	龙大均	巴黎大学	1933
26	《中国国际法与和平理念研究：1911年辛亥革命以后》	谷兆芬	南锡大学	1933
27	《国际联盟对于难民的保护》	徐复云	里昂大学	1935
28	《中外政治条约之研究》	孙文明	巴黎大学	1936
29	《在华领事裁判权》	吴求胜	图卢兹大学	1936
30	《修改条约问题之法理分析：呼吁修改中外间的不平等条约》	赵俊欣	巴黎大学	1937
31	《国际公法中侵略的法律概念》	卢俊恺	卡昂大学	1938
32	《有关第三国的外交代表的特权与豁免权》	叶叔良	巴黎大学	1938
33	《中国与不平等条约》	郭锦尧	南锡大学	1938
34	《苏俄的租让制度》	黄　仁	巴黎大学	1939
35	《国际联盟的改革》	袁世斌	巴黎大学	1940
36	《儒教中的国际法教义》	陈汝舟	巴黎大学	1940
37	《评常设国际法院对条约解释的原则与实践》	郑兆璜	巴黎大学	1941
38	《论中国国籍》	张祖庚	巴黎大学	1941
39	《与中日战争有关的国际公约及争议》	马志振	巴黎大学	1941
40	《宣战、中立宣言的效力》	张鸿业	巴黎大学	1941
41	《论国籍在国际法院的组成与运转过程中的作用》	端木正	巴黎大学	1950
42	《日内瓦外交会议关于战争期间对平民的保护》	韩健夫	巴黎大学	1950
43	《联合国派遣官员在调处有关和平争端国家纠纷而遭受身体伤害时该国所应负的国际责任》	芮正皋	巴黎大学	1950
44	《联合国人权宣言》	廖仲琴	巴黎大学	1950
45	《中国的内河航运制度》	唐祖培	巴黎大学	1950
46	《7世纪至今与西藏有关的国际关系》	盛　愉	巴黎大学	1950

资料来源：本章第三节。

近代留法博士的国际法学博士论文具有如下特征：

（1）以中国问题为主

在近代留法学生的国际法学博士论文中，绝大多数紧扣与中国时事有关的国际法问题。

（2）选题重复，范围狭窄

近代留法学生的国际法学博士论文主要集中在中日冲突中的国际法（包括满洲问题等）、不平等条约与领事裁判权制度（包括租界、租借以及外人在华地位等）。这导致大量博士论文选题重复，甚至题目完全雷同，缺少创新性选题，对于国际法基础理论以及国际法新发展缺少研究。在整个国际法框架中，缺少如下方面的论文：国际法的渊源、国际法与国内法的关系、国际法的主体、领土主权、国家和政府的承认与继承、引渡法。

（3）重国际司法，轻国际仲裁

在国际争端解决方面，集中在常设国际法院（PCIJ）和国际法院（ICJ），没有任何国际仲裁方面的博士论文。

（4）重国际联盟，轻其他国际组织

在国际组织法方面的研究并不发达，仅限于国际联盟。

（5）重平时法，轻战时法

近代中国虽然内外战争频繁，选择战争法为博士论文的并不多，战争法博士论文的数量要远远小于平时法博士论文的数量。

（6）重国际公法，轻国际私法

通过对于近代留法法学博士论文的统计，可以发现，近代留法法学博士论文没有任何一篇是国际私法方面的论文。

本章小结

近代中国留学生热衷于到法国攻读法政，这可以从两个方面得到证明。第一，在中国近代留洋法学博士这一团体中，留学法国的法学博士占了很大一部分；第二，在近代留法博士群体中，选择攻读法学博士学位的人数相对最多。

留法法学博士人数众多的原因，与法国较为低廉的学费旅费有关，与民国初年的勤工俭学运动有关，与法国法律政治制度本身的吸引力有关，也与近代法国较为宽松的法学博士教育制度有关。

中国近代留法法学博士中较为著名的有钱泰（1914 年巴黎大学）、周鲠生(1920 年巴黎大学)、王世杰(1920 年巴黎大学)、谢冠生(1924 年巴黎大学)、王伯琦(1936 年巴黎大学)、金世鼎(1940 年巴黎大学)、沈达明(1939 年巴黎大学)、端木正(1950 年巴黎大学)等。

注释

1. Tung-Li, Yuan, A Guide to Doctoral Dissertations by Chinese Students in Continental Europe, 1907—1962, reprinted from *Chinese Culture Quarterly*, Vol.V, No.3, 4, and Vol.VI, No.1.

2. 陈学飞等著:《西方怎样培养博士——法、英、德、美的模式与经验》,教育科学出版社 2002 年 4 月第 1 版,第 26 页。

3. 同上书,第 31—32 页。

4. Allemes, The System of Legal Education in France, (1920) *Journal of the Society of Public Teachers of Law* 39.

5. 徐象枢:《法国之法律教育》,载孙晓楼著:《法律教育》,中国政法大学出版社 1997 年 12 月第 1 版,第 225—229 页。

6. 钟鲁齐著:《比较教育》,商务印书馆 1935 年 9 月初版,上海书店影印,民国丛书第三编 46,第 272 页。法国的国家博士学位制度直到 20 世纪 80 年代才取消,参见卢建平:《法国法学教育二题》,载《法学家茶座》2009 年第 3 期,总第 27 辑,第 13 页。

7. C. W. A. Veditz, New Academic Degrees at Paris, *The Annuals of The American Academy of Political and Social Science*, Vol.7(March, 1896), at 114.

8. 钟鲁齐著:《比较教育》,商务印书馆 1935 年 9 月初版,上海书店影印,民国丛书第三编 46,第 272 页。

9. 徐象枢:《法国之法律教育》,载孙晓楼著:《法律教育》,中国政法大学出版社 1997 年 12 月第 1 版,第 230 页;孙晓楼著:《法律教育》,中国政法大学出版社 1997 年 12 月第 1 版,第 75 页。

10. 钟鲁齐著:《比较教育》,商务印书馆 1935 年 9 月初版,上海书店影印,民国丛书第三编 46,第 272 页。

11.《缅怀沈达明老师》,http://xyh.uibe.edu.cn/news/index_look.asp?bgclass=122&newsid=292。

12. 漆竹生:《春满人间谈往事》,载《外语教育往事谈——教授们的回忆》,上海外语教育出版社 1988 年 8 月第 1 版,第 243 页。

13. 同上书,第 243—244 页。

14. 同上书,第 244 页。

15. 同上书,第 245 页。

16. 赵俊欣:《赵俊欣自传摘要》,载政协丹徒县文史资料研究委员会:《丹徒文史资料》第5辑,1990年,第44—45页。

17.《巴黎谢寿昌君致宋国宾顾守熙二君书》,载《震旦》第1期,1924年夏出版,第113—114页。

18. 芮正皋:《外交生涯纵横谈——芮正皋回忆录》,台北,三民书局2013年初版,第12—13页。

19. 孙晓楼著:《法律教育》,中国政法大学出版社1997年12月第1版,第47—48页。

20. 李业兴编著:《巴黎大学》,湖南教育出版社1988年5月第1版,第43页。

21. 同上书,第47页。

22、23. 陈学飞等著:《西方怎样培养博士——法、英、德、美的模式与经验》,教育科学出版社2002年4月第1版,第36页。

24. 曾仲鸣:《中国与法国》,1930年11月,第26—27页。

25. 李业兴编著:《巴黎大学》,湖南教育出版社1988年5月第1版,第56页。

26. 徐象枢:《法国之法律教育》,载孙晓楼著:《法律教育》,中国政法大学出版社1997年12月第1版,第224页。

27. 同上书,第229页;孙晓楼著:《法律教育》,中国政法大学出版社1997年12月第1版,第74—75页。

28. 陈学飞等著:《西方怎样培养博士——法、英、德、美的模式与经验》,教育科学出版社2002年4月第1版,第36页。

29. Andre Tune, New Developments in Legal Education in France, *The American Journal of Comparative Law*, Vol.4, No.3(Summer, 1955), at 420.

30. "政学"即"政治学"。见高希圣、郭真编辑:《政治法律大辞典》,科学研究社1934年11月初版,第189页。

31. (1912—1945),外文姓名Henry Cho(Cho Huan-Lai),福建闽侯人。1929年北平汇文中学毕业,1933年燕京大学政治系法学士,后留学。回国后在外交部任职,曾任驻西贡副领事,1940年任驻婆罗洲山打根领事馆领事,1945年被日军杀害。张群、李宣龚:《卓君还来殉职事略》,载《国防周刊》1948年第5卷第2期,第113—115页。

32. 纪念卓还来校友专页,《燕大双周刊》,1947年第44期,第354页;中国第二历史档案馆编:《中国抗日战争大辞典》,湖北教育出版社1995年5月第1版,第428页。

33. 邵循正:《图书介绍》,载《图书季刊》1939年,新1第2期,第208页。

34. Http://catalogue.bnf.fr/ark:/12148/cb31943006p/PUBLIC.

35. 毛以亨(1894—1970),别号公惺,法文姓名MaoYee-hang,浙江人。曾任暨南大学教授等。参见郑实:《毛以亨教授传略》,载《江山文史资料》第 7 辑,1987 年 8 月,第 122—129 页。

36. 郑实《毛以亨教授传略》称毛以亨是“巴黎大学政治学博士”和“里昂大学文科博士”,郑实:《毛以亨教授传略》,载《江山文史资料》第 7 辑,1987 年 8 月,第 123 页。

37. Http://catalogue.bnf.fr/ark:/12148/cb308747828/PUBLIC.

38. 伍纯武(1905—1988),法文姓名 Wu Sheng-wu,云南富源人。1928 年光华大学学士(政治经济学),后留学法国。曾任光华大学、云南大学、复旦大学、上海财经学院教授等。参见《上海社会科学界人名辞典》,上海人民出版社 1997 年 12 月第 1 版,第 114 页;伍休武:《伍纯伍略传》,载《富源文史资料》第 8 辑,2003 年 12 月。

39.《中国国民党百年人物全书》(上册),第 653 页。

40. Http://catalogue.bnf.fr/ark:/12148/cb31670212j/PUBLIC.

41.《中国留法比瑞同学会同学录》,新蜀报第二印刷厂代印,1943 年,第 78 页;梅佳选编:《回国留学生就业状况调查表一组》,载《北京档案史料》1996 年第 4 期,第 19 页。陈继善博士论文旧译为《中国之开放主义》,见《周校长对于第五次高等科毕业生训》,载《清华周刊》1917 年第 3 期,第 11 页;Http://catalogue.bnf.fr/ark:/12148/cb31438910j/PUBLIC.

42. 秦孝仪主编:《中国现代史辞典——人物部分》,台湾近代中国出版社 1985 年初版,第 565—566 页;Http://catalogue.bnf.fr/ark:/12148/cb315031905/PUBLIC.

43. 刘真主编:《留学教育——中国留学教育史料》,第 662 页;《中国名人录》1936 年第五版,第 107 页;《“中国”外交机关历任首长衔名年表》增订本,台湾商务印书馆,1988 年 6 月增订一版,第 108 页;《历届政府外交部职官年表(1912—1949)》,载石源华主编:《中华民国外交史辞典》,上海古籍出版社 1996 年版,第 768—769 页;《嘉善县志》,上海三联书店 1995 年 4 月第 1 版,第 1053—1054 页;胡永宁,《回忆我的父亲胡世泽》,载李铁城主编:《联合国里的中国人》(1945—2003)上册,人民出版社 2004 年 3 月第 1 版,第 109 页。

44. 刘真主编:《留学教育——中国留学教育史料》,第 639 页;杨仲子:《辛亥革命后江西首批官费留学生简介》,载《江西文史资料选辑》总第 15 辑,1985 年 3 月,第 97 页;《国立北京法政大学毕业同学录》,1925 年 6 月,第 17 页;《前任职教员一览》,载《北京民国大学一览》,1924 年,第 153 页;《江西省高等法院职员录》,1946 年 12 月,江西省档案馆,档案号 J018-01-01464;徐友春主编:《民国人物大辞典》,河北人民出版社 1991 年 5 月第 1 版,第 874 页;《江苏省志・审判志》,江苏人民出版社 1997 年 1 月第 1 版,第 325 页;张宪文主编:《中华民国史大辞典》,江苏古籍出版社 2001 年版,第 1697 页;见萧金芳著:《抗战前上海的五所法院》,载上海市政协文史资料委员会编:《上海文史资料存稿汇编》(社会法制),上海古籍出版社 2001 年 12 月第 1 版,第 15—16 页;Http://catalogue.bnf.fr/ark:/12148/cb30816039f/PUBLIC;上海市地方志办公室网站，http://www.shtong.gov.cn/node2/node2245/node81324/node81338/node81355/node81358/userobject1ai101115.html(2015 年 12 月 27 日访问)。

45. 刘真：《留学教育——中国留学教育史料》，第 993 页；《国立武汉大学一览》，1930 年，第 219 页；《中国现代史辞典——人物部分》，台湾近代中国出版社 1985 年版，第 21—22 页；李贵连等主编：《百年法学：北京大学法学院院史》(1904—2004)，北京大学出版社 2004 年第 1 版，第 288—289 页；杭立武：《王雪艇先生事略》，《湖北文献》第 60 辑，载《王世杰先生传记资料(一)》，天一出版社，第 4—5 页；陶英惠：《中国名人传——王世杰》，载《珞珈》第 112、113 期，1992 年，台北"国立武汉大学"校友会编印；Http://catalogue.bnf.fr/ark:/12148/cb316214636/PUBLIC.

46. 周如松：《周鲠生先生传略》，载《中国当代社会科学家》第五辑，书目文献出版社 1983 年第 1 版，第 153—161 页；韩德培：《周鲠生先生生平、贡献和设置"纪念周鲠生法学奖金"的重要意义》，载《韩德培文选》，武汉大学出版社 1996 年第 1 版，第 461—462 页；Http://catalogue.bnf.fr/ark:/12148/cb31944640r/PUBLIC.

47. Http://catalogue.bnf.fr/ark:/12148/cb32306435c/PUBLIC.

48.《国立北京大学历届同学录》，1948 年 12 月，第 255 页；《国立北京法政大学毕业同学录》，1925 年 6 月，第 32 页；杨仲子：《辛亥革命后江西首批官费留学生简介》，载《江西文史资料选辑》总第 15 辑，1985 年 3 月，第 97 页；邵延淼主编：《辛亥以来人物年里录》，江苏教育出版社 1994 年 6 月第 1 版，第 592 页；刘国铭主编：《中华民国军政职官人物志》，春秋出版社 1989 年 3 月，第 1 版，第 30、90、280、282 页；Http://catalogue.bnf.fr/ark:/12148/cb32257689z/PUBLIC.

49.《国立北京法政大学毕业同学录》，1925 年 6 月，第 17 页；《国立中央大学法学院教职员表》，载《国立中央大学一览》第四种(法学院概况)，1930 年；徐友春主编：《民国人物大辞典》，河北人民出版社 1991 年 5 月第 1 版，第 1602 页；戴修骏：《我竞选立法委员的经过》(1965 年记录整理)，载《文史资料存稿选编》(政府、政党)，中国文史出版社 2002 年 8 月第 1 版，第 410 页；Http://catalogue.bnf.fr/ark:/12148/cb32631172p/PUBLIC.

50.《续云南通志长编》中册，云南省志编纂委员会办公室，昆明，1986 年 6 月，第 817 页；Http://catalogue.bnf.fr/ark:/12148/cb30680639r/PUBLIC.

51.《各科系教员姓名略历一览表》，载《朝阳大学概览》，1929 年 9 月，第 59 页；《法学院职教员题名》，载《东北大学概览》(民国十七年度)，1929 年 3 月刊行；《专科以上学校教员名册》，第 193 页，中国第二历史档案馆，档号五(2)—699；《国立北京大学历届同学录》，1948 年 12 月，第 18 页；樊荫南编：《当代中国四千名人录》，第 23 页；邵延淼主编：《辛亥以来人物年里录》，江苏教育出版社 1994 年 6 月第 1 版，第 48 页；Http://catalogue.bnf.fr/ark:/12148/cb31044467p/PUBLIC.

52.《中国留法比瑞同学会同学录》，1940 年，重庆上海印刷公司承印，第 55 页；

石源华:《中华民国外交史辞典》,第 295 页。《中国国民党百年人物全书》(上册),第 574 页;Http://catalogue.bnf.fr/ark:/12148/cb32259952x/PUBLIC.

53.《阎一士传》,载《渠县志》,四川科学技术出版社 1991 年 10 月第 1 版,第 886—887 页;黄文轩:《辛亥渠县两志士》,载《达州日报》2011 年 4 月 20 日第 4 版,http://www.dzrbs.com/dzrbspage/dzrb/html/2011-04/20/content_179942.htm;Http://catalogue.bnf.fr/ark:/12148/cb32173419h/PUBLIC.

54. 黄巽:《忆谢瀛洲》,载政协广东省从化县委员会文史资料研究委员会:《从化文史资料》第 6 辑,1986 年,第 7 页;《法学界、教育界前辈谢瀛洲》,载政协广东省从化县委员会文史资料研究委员会:《从化文史资料》第 9 辑,1989 年,第 65、66 页;《从化县志》,广东人民出版社 1994 年 7 月第 1 版,第 1019 页;刘寿林等编:《民国职官年表》,中华书局 1995 年 8 月第 1 版,第 653 页;《中国名人录》,1936 年第五版,第 89 页;谢国雄供稿、谢朗耀整理:《谢瀛洲的生平简述》,载政协广东省从化县委员会文史资料研究委员会:《从化文史资料》第 6 辑,1986 年,第 5—6 页;梁振中、李剑波:《谢瀛洲故居》,载《广州文史》第 68 辑(名人故居专辑),广州出版社 2008 年 8 月第 1 版,第 233—235 页;邵延淼主编:《辛亥以来人物年里录》,江苏教育出版社 1994 年 6 月第 1 版,第 956 页;陈予欢编著:《黄埔军校将帅录》,广州出版社 1998 年版,第 1560 页;陈启明:《谢瀛洲先生事迹补遗》,载政协广东省从化县委员会文史资料研究委员会:《从化文史资料》第 7 辑,1987 年,第 66—68 页;Http://www.gzsdfz.org.cn/gzsz/20/rw/gz20rw0102014.htm;Http://catalogue.bnf.fr/ark:/12148/cb31364557k/PUBLIC.

55. Http://catalogue.bnf.fr/ark:/12148/cb31364551h/PUBLIC.

56. 樊荫南编:《当代中国四千名人录》,第 280 页。《中国近现代人物名号大辞典》编增订本,第 696 页;中华全国总工会编:《中国工会百科全书》(上卷),经济管理出版社 1998 年 8 月第 1 版,第 687 页;Http://catalogue.bnf.fr/ark:/12148/cb31927016j/PUBLIC.

57. My Revolutionary Years: The Autobiography of Madame Wei Tao-Ming, Charles Scribner's Sons, 1943, New York;秦孝仪主编:《中国现代史辞典——人物部分》,台湾近代中国出版社 1985 年初版,第 514 页;郑毓秀的博士论文被翻译成中文——《中国比较宪法论》,新国民丛书,世界书局,上海,1927 年出版;Http://catalogue.bnf.fr/ark:/12148/cb314389247/PUBLIC.

58. 秦孝仪主编:《中国现代史辞典——人物部分》,台湾近代中国出版社 1985 年初版,第 597 页;崔之清主编:《台湾当代人物辞典》,河南人民出版社 1994 年第 1 版,第 71 页;上海公共租界临时法院上海律师公会函送会员册历,1927 年,魏道明入会愿书,上海市档案馆档案号 Q179-1-54, SC0045;魏道明博士论文现藏于巴黎 Cujas 图书馆,索书号 45.030 1925-54 TAO 及 45.059 1925-54 TAO。

59. 里昂中法大学十四年度归国学生姓名一览表,北京市档案馆藏中法大学档案，J026-001-00026-A_P009.TIF；《法学院十七年度教授讲师一览表》，载《国立北平大学法学院一览》，第 95 页；《中国国民党百年人物全书》（上册），第 543 页；Http://catalogue.bnf.fr/ark:/12148/cb30818266c/PUBLIC.

60.《里昂中法大学学生一览表》，上海市档案馆 Y8-1-1121；吴凯声口述：《在哈同花园仓圣明智大学读书》，载《上海滩》1995 年第 11 期，第 31 页；吴凯声编述，吴立岚、林淇编撰：《吴凯声博士传记》，香港大地出版印刷公司 1993 年 12 月第 1 版；邵延淼主编：《辛亥以来人物年里录》，江苏教育出版社 1994 年 6 月第 1 版，第 445 页；吴凯声：《我在国际联盟的外交生涯》，载《文史资料选辑》总第 143 辑，中国文史出版社 2000 年 11 月第 1 版，第 10—23 页；吴凯声：《我的律师生活》，载《上海文史资料存稿汇编》（社会法制），上海古籍出版社 2001 年 12 月第 1 版，第 64—85 页；上海市文史研究馆，馆员名录，吴凯声，http://www.shwsg.net/d/71/1894.html（2016 年 2 月 4 日访问）。

61. 金沛仁：《郑文礼与浙江旧司法界》，载中国人民政协商委会议浙江省文史资料研究委员会编：《浙江文史资料选辑》第 2 辑，1962 年，第 105—116 页；张荣铭：《浙江、江苏高等法院院长郑文礼传略》，载中国人民政治协商会议浙江省东阳市委员会文史资料委员会：《东阳文史资料选辑》第 11 辑，1992 年，第 223—224 页（该文称郑文礼取得法律、政治、经济三个博士学位）；《江苏省志：审判志》，江苏人民出版社 1997 年 1 月第 1 版，第 325 页；Http://catalogue.bnf.fr/ark:/12148/cb319377427/PUBLIC.

62.《国立广东法科学院概览》，1934 年，第 128 页；《广州市文史研究馆馆员传略》，广州市文史研究馆编：1997 年 10 月第 1 版，第 22 页；Http://catalogue.bnf.fr/ark:/12148/cb32249490w/PUBLIC.

63.《震旦大学法学院历届毕业同学名录》，载《震旦大学法学院第卅一届毕业纪念刊》；《徐传保君考得法学博士》，载《圣教杂志》第 15 年第 7 期，第 389 页；《上海律师公会会员录》1936 年，第 48 页，上海市档案馆，档案号 Q130-70-3；刘真主编：《留学教育——中国留学教育史料》，台北“国立编译馆”，1980 年，第 1608 页；《上海法科大学戊辰年刊》，1928 年，第 40 页；樊荫南编纂：《当代中国四千名人录》，上海良友图书印刷公司出版，香港波文书局 1978 年根据 1936 年增订版重印，第 185 页；张耘田、张巍主编：《苏州民国艺文志》下册，广陵书社 2005 年 11 月第 1 版，第 639 页；Http://catalogue.bnf.fr/ark:/12148/cb313749049/PUBLIC.

64. 欧阳湘著：《近代中国法院普设研究：以广东为个案的历史考察》，知识产权出版社 2007 年 9 月第 1 版，第 273 页；《国立北平大学法学院一览》，1929 年，第 95 页；陈予欢编著：《黄埔军校将帅录》，广州出版社 1998 年 9 月第 1 版，第 1672—1673 页；《民国人物大辞典》，第 1470 页；Http://catalogue.bnf.fr/ark:/12148/cb31054191x/PUBLIC.

65. 北京大学注册部编志课编：《国立北京大学毕业学生一览》，1930 年，第 241 页；《里昂中法大学学生一览表》，上海市档案馆 Y8-1-1121；翟学良、张磊：《桃李不言，下自成蹊——记翟俊千老人》，载《东莞文史资料选辑》第 17 辑，第 58—61 页；Http://gd.d0086.com/slm/dongguan/TKM/bskk/lsrw/200619145554.htm；黄福庆著：《近代中国高等教育研究：国立中山大学（1924—1937）》，"中央研究院近代史研究所"专刊（56），"中央研究院近代史研究所"，台北，1988 年 6 月初版，第 207 页；上海市文史研究馆，馆员名录，翟俊千，http://www.shwsg.net/d/71/2066.html（2016 年 2 月 4 日访问）；Http://catalogue.bnf.fr/ark:/12148/cb31438625r/PUBLIC.

66.《震旦大学法学院历届毕业同学名录》，载《震旦大学法学院第三一届毕业纪念刊》，1949 年；《上海地区执行律务之校友》，载《震旦法律经济杂志》第 5 卷第 3 期，1949 年 3 月，第 35 页；徐家俊：《旧提篮桥监狱华籍典狱长小传》，http://www.shtong.gov.cn/node2/node70393/node70403/node72467/node72470/userobject1ai80936.html；侯利标编写：《私立时期厦门大学法学教师传略（二）》，http://www.fatianxia.com/blog_list.asp?id=34257；徐砥平博士论文现藏于巴黎 Cujas 图书馆，索书号 70.010 1927-53 SIU 及 45.058 1927-14 SIU。

67. 参考伊光仪之弟伊光俅先生给笔者提供的信息（2011 年 6 月 26 日、2011 年 7 月 10 日）。另参见《兴宁县志》，广东人民出版社 1992 年 4 月第 1 版，第 534 页；伊昭浩、陈长根：《宁化河龙伊氏宗祠》，载《三明宗祠集萃，三明文史资料》第 18 辑，福建人民出版社 2004 年 7 月第 1 版，第 72 页；《良友》第 18 期（1927 年 8 月 30 日），第 23 页；张紧跟编：《百年历程：1905—2005 中山大学的政治学与行政学》，中山大学出版社 2005 年 11 月第 1 版，第 85 页；Http://catalogue.bnf.fr/ark:/12148/cb31675263n/PUBLIC.

68.《法预科同学录》，《国立北京大学廿周年纪念册》，民国史料丛刊，第 1062 册，文教、高等教育，大象出版社 2009 年 8 月第 1 版，第 537 页；《国立北京大学历届同学录》，1948 年，第 403 页；《里昂中法大学学生一览表》，上海市档案馆 Y8-1-1121；《广东省政府公报》，第 174 期，1931 年，第 9 页；《广州市政府市政公报》，第 489 期，1934 年，第 62 页；《广州市政府职官年表》，载刘寿林等编：《民国职官年表》，中华书局 1995 年 8 月第 1 版，第 1004 页；徐思道：《翟俊千传略》，载东莞市政协文史资料委员会：《东莞文史》第 24 辑，1996 年 1 月，第 87 页，注释 1。

69.《震旦大学院同学录》，No.5，1919 年 9 月—1920 年 1 月，第 3 页，上海市档案馆档案编号：Q244-1-969；《震旦大学法学院历届毕业同学录》，载《震旦大学法学院第三一届毕业纪念刊》，1949 年；《第二次中国教育年鉴》（二），商务印书馆 1948 年版，第 237 页；Http://catalogue.bnf.fr/ark:/12148/cb32383622h/PUBLIC.

70.《中央政治学校职员录》，1944 年 8 月 1 日编；《中央政治学校职员录》，1944 年 8 月 1 日编，第 6 页；《安徽欧美留学生姓名及所著博士论文表》，载《国立北平研究院院务汇报》，1930 年第 1 卷第 1 期，公牍七；宋霖、刘思祥编著：《台湾皖籍人物》，安徽省政协文史资料委员会等合编，2001 年 8 月，第 202 页；Http://catalogue.bnf.fr/

ark:/12148/cb31927569h/PUBLIC.

71. 北京大学注册部编志课编:《国立北京大学毕业学生一览》,1930 年,第 253 页;《国立北京大学历届同学录》,1948 年 12 月,第 201 页;《中国留法比瑞同学会同学录》,1940 年,重庆上海印刷公司承印,第 33 页;《国立北平大学一览》,1934 年 3 月,第 296 页;《国立中央大学法学院教职员表》,载《国立中央大学一览》第四种"法学院概况",1930 年;Http://www.dfzb.suzhou.gov.cn/zsbl/1442027.htm;Http://catalogue.bnf.fr/ark:/12148/cb32259970v/PUBLIC.

72.《上海震旦大学院同学录》,No.15,1926—1927,第 7 页,上海市档案馆档案编号 Q244-1-969;Notes on Chinese Personalities, *The North China Daily News*, May 23, 1930, 第 17 版;《任振南判罪四月》,载《申报》1931 年 12 月 5 日第 15 版。

73.《中国留法比瑞同学会同学录》,1940 年,重庆上海印刷公司承印,第 15 页;Http://catalogue.bnf.fr/ark:/12148/cb31383715c/PUBLIC.

74. Http://catalogue.bnf.fr/ark:/12148/cb32267201t/PUBLIC.

75.《申报》1929 年 10 月 2 日;*The North China Daily News*, October 8, 1929, at 15;《中国留法比瑞同学会同学录》,1940 年,重庆上海印刷公司承印,第 21 页;《前任教授名录》,载《上海法学院十周年纪念刊》;《上海律师公会会员录》1936 年,第 29 页,上海市档案馆,档案号 Q130-70-3;《上海市律师公会会员录》(截至二十四年十月三十一日),载中国征信所编:《上海工商人名录》(民国史料丛刊 782)大象出版社 2009 年 8 月第 1 版,第 215 页;《复旦大学教职员履历表》,1938 年春季,中国第二历史档案馆,档号五-2649,第 261 页;Http://catalogue.bnf.fr/ark:/12148/cb316701786/PUBLIC.

76.《奉贤县志》,上海人民出版社 1987 年 9 月第 1 版,第 965 页;《浦东辞典》,上海书店出版社 1996 年版,第 374 页;刘寿林、万仁元、王玉文、孔庆泰编:《民国职官年表》,中华书局 1995 年 8 月第 1 版,第 472、1429 页;Http://catalogue.bnf.fr/ark:/12148/cb316745726/PUBLIC.

77.《前任教员姓名略历》,载《朝阳学院概览》,1933 年;彭海,查克彦,江家齐,《私立扬州震旦中学史事追述》,载中国人民政治协商会议江苏省扬州市委员会文史资料委员会编:《扬州文史资料》第 10 辑,1991 年 1 月,第 156 页;Http://catalogue.bnf.fr/ark:/12148/cb31438717d/PUBLIC.

78.《震旦大学院同学录》,No.10,1922 年 2 月—1922 年 6 月,第 14 页,上海市档案馆档案编号:Q244-1-969;《上海法学院一览》,1933 年 12 月,第 84 页;侯立标编写:《私立时期厦门大学法学教师传略(二)》,http://www.fatianxia.com/blog_list.asp?id=3425;Http://law.xmu.edu.cn/xyw/LTIntro.asp?PID=204;Http://catalogue.bnf.fr/ark:/12148/cb31419369c/PUBLIC.

79.《上海市年鉴》(1935),上海市通志馆,1935 年 4 月初版,X101 页;姚永新集辑:《苏州留学生名录》(初稿),载《苏州文史资料》第 15 辑,1986 年,第 249 页;Http://catalogue.bnf.fr/ark:/12148/cb32328063d/PUBLIC.

80.《陈耀东博士学成归国》,载《申报》1932 年 12 月 16 日第四张;《上海律师公会会员录》1936 年,第 67 页,上海市档案馆,档案号 Q130-70-3;《中国留法比瑞同学会同学录》,1943 年,新蜀报第二印刷厂代印,第 106 页;袁同礼目录(编号 305)显示陈耀东取得巴黎大学法学博士的年代是 1932 年;刘国铭主编:《中华民国军政职官人物志》,春秋出版社 1989 年 3 月第 1 版,第 621 页;何勤华、李秀清主编:《民国法学论文精萃(宪政法律篇)》,法律出版社 2002 年 8 月第 1 版,第 261 页;Http://catalogue.bnf.fr/ark:/12148/cb326568231/PUBLIC.沈沛霖口述,沈建中撰写,《沈沛霖回忆录》,独立作家出版社 2015 年版,第 130 页。

81.《复旦大学同学录》,民国二十一年秋季;沈正一:《台湾重量级民意代表——徐汉豪》,载《在台湾的崇明人》,上海人民出版社 2008 年 3 月第 1 版,第 79—88 页;郭景仪编撰:《大夏大学人物志》,上海财经大学科技发展有限公司,2004 年 5 月,第 558 页;侯利标编写:《私立时期厦门大学法学教师传略》(之三),http://www.fatianxia.com/blog_list.asp?id=34555;Http://catalogue.bnf.fr/ark:/12148/cb322599716/PUBLIC.

82.《周蜀云(1907—1989)》,李富达整理,载《达县文史资料》第 4 辑,1994 年,第 96—98 页。

83.《安徽省十八年份国外留学省费生及奖学金生一览表》,载《安徽省教育行政周刊》1930 年第 2 期(第 3 卷第 2 期),第 77 页;《司法行政部职员录》,二十六年二月第 13 次编印,第 18 页;《中国留法比瑞同学会同学录》,1940 年,重庆上海印刷公司承印,第 92 页;《上海法学院一览》,1933 年 12 月,第 84 页;戎毓明主编:《安徽人物大辞典》,团结出版社 1992 年 11 月第 1 版,第 317 页;《池州地区志》,方志出版社 1996 年 12 月第 1 版,第 834 页;Http://catalogue.bnf.fr/ark:/12148/cb32260001k/PUBLIC.

84. 中国人民政治协商会议河北省保定市委员会文史资料委员会编:《保定文史资料选辑》第 12 辑,育德中学史料专集,1994 年,第 338 页;Http://catalogue.bnf.fr/ark:/12148/cb31431579q/PUBLIC.

85.《南昌律师公会会员录》,中华民国 36 年 11 月,第 4 页,江西省档案馆,档号:J034-1-00129;江西省高等法院行政卷宗,律师登录卷,江西省档案馆,档案号:J018-3-01775,第 037—040 页;罗祉存:《悼念我的父亲罗时济》,载晚晴小屋的博客,http://blog.sina.com.cn/s/blog_4d61436b0102vajz.html(2014 年 12 月 22 日发布);《厦门大学校史》第一卷,厦门大学出版社 1990 年第 1 版,第 126 页;《河南大学校史》,河南大学出版社 2002 年 9 月第 1 版,第 106 页;侯利标编写:《私立时期厦门大学法学教师传略》(之三),http://www.fatianxia.com/blog_list.asp?id=34555;Http://catalogue.bnf.fr/ark:/12148/cb32389419h/PUBLIC.

86.《沪江年刊》1947年;《法学博士王锦荃归国》,载《申报》1933年1月9日第三张;《王锦荃执行律师》,载《申报》1937年7月2日第17版;Http://catalogue.bnf.fr/ark:/12148/cb31621409d/PUBLIC.

87.《上海震旦大学院同学录》,No.15，1926—1927,第9页,上海市档案馆档案编号Q244-1-969;《顾维熊由法国学成返国》,载《申报》1933年2月6日第四张;《上海法学院一览》,1933年12月,第52页;《上海高等教育系统教授录》,华东师范大学出版社1988年1月第1版,第49页(该教授录记载顾维熊1934年毕业于南锡大学);郭景仪编撰:《大夏大学人物志》,上海财经大学科技发展有限公司,2004年5月,第554—555页;Http://catalogue.bnf.fr/ark:/12148/cb32322128q/PUBLIC.

88. Http://catalogue.bnf.fr/ark:/12148/cb32308735p/PUBLIC.

89. 北京大学注册部编志课编:《国立北京大学毕业生一览》,1930年,第113页;《国立北京大学历届同学录》,五十周年筹备委员会编,1948年12月,国立北京大学出版部,第437页;北京大学法律学系编:《北京大学法律学系名录》,1998年5月,第4页;张国福:《北京大学法律学系前期的教学改革及其优良传统》,http://blog.sina.com.cn/s/reader_490c43fd01000b3c.html;《民国人物大辞典》,第1747页;Http://catalogue.bnf.fr/ark:/12148/cb32389420q/PUBLIC.

90.《上海震旦大学院同学录》,No.16，1927—1928,第27页,上海市档案馆档案编号Q244-1-969(该档案显示王自新在1927—1928年度是“法政科四年级”);《上海震旦大学院同学录》,No.17，1928—1929,第45页,上海市档案馆档案编号Q244-1-969(该档案显示王自新在1928—1929年度是“博士科二年级”);“震旦大学院纪事”(1929年上半年),载《震旦大学院杂志》,第19期,1929年,第2页;《安徽省二十年份国外留学省费生及奖学金生一览表》,载《安徽省教育行政周刊》第5卷第7期,第13页;王自新1949年10月25日自填《上海市高等教育及学术研究工作者登记表》,上海市档案馆档案编号Q244-006-145;王自新巴黎大学博士论文现藏于巴黎Cujas图书馆,索书号45.030 1932-84 WAN及45.059 1932-84 WAN;《上海地区执行律务之校友》,载《震旦法律经济杂志》第5卷第3期,1949年3月,第35页。

91.《中国留法比瑞同学会同学录》,1940年,重庆上海印刷公司承印,第93页;Http://catalogue.bnf.fr/ark:/12148/cb32528772n/PUBLIC.

92. 孙英友:《我和孙玺凤专员》,载威海市政协文史资料研究委员会编:《威海文史资料》第3辑,1987年,第79—82页;车吉心等主编:《齐鲁文化大辞典》,山东教育出版社1989年版,第451页;《威海专员孙玺凤》,载宋景盛主编:《锦绣威海》,山东友谊出版社1989年7月第1版,第112—113页;邵延淼主编:《辛亥以来人物年里录》,江苏教育出版社1994年6月第1版,第293页;Http://www.gqxq.gov.cn/html/2005/11/16/20051116164500.html;Http://catalogue.bnf.fr/ark:/12148/cb31420758v/PUBLIC.

93.《中国留法比瑞同学会同学录》,1943 年,新蜀报第二印刷厂代印,第 55 页;《中国国民党百年人物全书》,上册,团结出版社 2005 年版,第 1029 页;李在敬:《留法旧事》,台北,独立作家,2014 年 10 月第 1 版,第 10 页;Http://catalogue.bnf.fr/ark:/12148/cb316687161/PUBLIC.

94. 林壮标:《我所认识的麦逢秋博士》,载《海南文史资料》第 5 辑,南海出版公司 1992 年版,第 164—169 页;麦家成:《缅怀堂叔麦逢秋博士》,载中国人民政治协商会议广东省儋县委员会文史资料编辑委员会编:《儋县文史资料》第 1 辑,1986 年,第 148—153 页;Http://catalogue.bnf.fr/ark:/12148/cb32420511s/PUBLIC.

95.《司法行政部职员录》,二十六年二月第 13 次编印,第 18 页;刘国铭主编:《中国国民党百年人物全书》(上册),团结出版社 2005 年版,第 1192 页;张企泰自填《上海学院教职员登记表》,1951 年,上海市档案馆卷宗号 Q248-1-126;《复旦大学行政负责人员及教师名册(1957—1958 年度)》,1957 年 12 月 20 日,复旦大学档案馆,档号:人事处 1957—69;苏云峰编撰:《清华大学师生名录资料汇编 1927—1949》,"中央研究院近代史研究所"2004 年版,第 165 页;《司法行政部职员录》,1936 年 2 月编印,第 18 页;张企泰:《驳斥右派分子杨兆龙对我国立法事业的诋毁污蔑》,载《明辨集》2,第 131—136 页;张企泰:《民法既解决人民内部矛盾也解决敌我矛盾》,载《法学》1958 年第 6 期,第 3—5 页;刘真:《留学教育》第 4 册,第 1864 页;Http://catalogue.bnf.fr/ark:/12148/cb31438673m/PUBLIC.

96.《留法法学博士谷兆芬回国》,载《上海宁波日报》1933 年 9 月 9 日一版(该报道误称谷兆芬取得巴黎大学法学博士学位);中国国民党革命委员会山东省委员会编:《山东民革五十年》,齐鲁书社 2000 年 9 月第 1 版,第 278—279 页,第 647 页;方积根:《非洲华侨史资料选辑》,新华出版社 1986 年版,第 442 页;Http://catalogue.bnf.fr/ark:/12148/cb32328058t/PUBLIC.

97.《中国留法比瑞同学会同学录》,1940 年,重庆上海印刷公司承印,第 52 页;《中国留法比瑞同学会同学录》,1943 年,新蜀报第二印刷厂代印,第 132 页;《重庆大学校史》(上册),重庆大学出版社 1984 年 9 月第 1 版,第 36 页;Http://catalogue.bnf.fr/ark:/12148/cb319275983/PUBLIC.

98.《里昂中法大学学生一览表》,上海市档案馆 Y8-1-1121;《金融周报》第 19 卷第 6 期,1948 年,第 3 页;曾意丹、徐鹤苹著:《学贯中西的林崇墉》,载《福州世家》,福建人民出版社 2001 年 5 月第 1 版,第 78—79 页;Http://catalogue.bnf.fr/ark:/12148/cb32387156d/PUBLIC.

99.《广东抗战人物志》,1947 年,第 71 页;《经济学家龙大均》,《北海日报》1990 年 3 月 29 日,转载于《北海文史》第 11 辑,1997 年,第 144—145 页;Http://catalogue.bnf.fr/ark:/12148/cb32392541g/PUBLIC.

100.《法学博士朱宝田归国》,载《申报》1933 年 10 月 31 日第三张;《上海律师公会会员录》1936 年，第 15 页，上海市档案馆，档案号 Q130-70-3；中国征信所编：《上海工商人名录》，民国史料丛刊 782，大象出版社 2009 年 8 月第 1 版，第 212 页；Http://catalogue.bnf.fr/ark:/12148/cb31439537q/PUBLIC.

101.《上海律师公会会员录》，1940 年，第 32 页；《前任教授名录》，载《上海法学院十周年纪念刊》；胡毓寅：《回忆在徐汇公学时的生活》，载叶永烈：《离人泪——沉重的 1957》，人民日报出版社 1999 年 2 月第 1 版，第 389—390 页；《震旦大学法学院历届毕业同学名录》，载《震旦大学法学院第三一届毕业纪念刊》，1949 年；Http://catalogue.bnf.fr/ark:/12148/cb32259142d/PUBLIC.

102.《上海震旦大学院同学录》，No.13，1924—1925，第 12 页，上海市档案馆档案编号 Q244-1-969。

103. 孟鞠如自填"外交学院 1980 年招收研究生指导教师简况表"（高晓刚先生提供）；孟鞠如：《一九四九年在巴黎弃暗投明的一段经历》，载《人物》1991 年第 1 期，第 29—33 页；《注重培养民族气节——访北京外交学院教授孟鞠如》，载王晓阳：《风云人物访谈实录》，华艺出版社 1992 年版，第 122—123 页；凌其翰著：《我的外交官生涯——凌其翰回忆录》，中国文史出版社 1993 年 4 月第 1 版，第 222 页；《上海震旦大学院同学录》，No.13，1924—1925，第 12 页，上海市档案馆档案编号 Q244-1-969；Http://alumni.cfau.edu.cn/galumni//messageshtml/6101/1165628013303.htm.

104. 刘真主编：《留学教育——中国留学教育史料》，台北"国立编译馆"，1980 年版，第 1851 页；《平远县志》，广东人民出版社 1993 年 5 月第 1 版，第 753 页；刘国铭主编：《中国国民党百年人物全书》（下），第 1791 页；刘寿林、万仁元、王玉文、孔庆泰编：《民国职官年表》，中华书局 1995 年 8 月第 1 版，第 626、627、628、1336 页；Http://catalogue.bnf.fr/ark:/12148/cb31674673t/PUBLIC.

105. Http://catalogue.bnf.fr/ark:/12148/cb32321609k/PUBLIC.

106. 龚钺自述其获得的巴黎大学法学博士学位，博士论文导师是巴黎大学著名教授巴特勒美。见吴兆鹏：《著名国际法学家龚钺自述》，载《福州市文史资料选辑》第 10 辑，1990 年 10 月，第 41 页；法国国家图书馆目录、CUJAS 图书馆目录以及袁同礼目录均记载龚钺取得格勒诺布尔大学（Grenoble）法学博士学位，见 http://catalogue.bnf.fr/ark:/12148/cb32321875x/PUBLIC；袁同礼：《中国留欧大陆各国同学博士论文目录》，第 25 页；吴兆鹏：《著名国际法学家龚钺自述》，载《福州市文史资料选辑》，第 10 辑，1990 年 10 月，第 39—44 页。

107. "里昂中法大学学生一览表（1921 年至 1935 年）"，北京市档案馆藏中法大学档案，J026-001-00060-A_P16.TIF；陈笃涵：《陈延进博士》，载《同安文史资料》第 13 辑，1993 年，第 74—80 页；郭瑞明编撰：《厦门人物》（海外篇），鹭江出版社 1999 年 8 月第 2 版，第 152—154 页；《陈延进居士简介》，马来西亚佛教资讯网，http://www.mybuddhist.net/cms/e/DoPrint/?classid=99&id=1858；Http://catalogue.bnf.fr/

ark:/12148/cb31927017w/PUBLIC.

108.《上海震旦大学院同学录》,No.16, 1927—1928,第 27 页,上海市档案馆档案编号 Q244-1-969;《上海震旦大学院同学录》,No.17, 1928—1929,第 45 页,上海市档案馆档案编号 Q244-1-969;《上海震旦大学院同学录》,No.18, 1929—1930,第 48 页,上海市档案馆档案编号 Q244-1-969;《震旦大学纪事录》,民国十九年六月至九月,载《震旦大学院杂志》,第 22 期,1930 年,第 1—4 页;Http://catalogue.bnf.fr/ark:/12148/cb31937741w/PUBLIC.

109.《安徽省十八年份国外留学省费生及奖学金生一览表》,载《安徽省教育行政周刊》1930 年第 2 期(第 3 卷第 2 期),第 77 页;《安徽省二十年份国外留学省费生及奖学金生一览表》,载《安徽省教育行政周刊》第 5 卷第 7 期,第 16 页;《1924 至 1929 年怀宁留学生名单》,载怀宁县教育局编:《怀宁县教育志(1898—2002)》,安徽大学出版社 2005 年 12 月第 1 版,第 149 页;Http://catalogue.bnf.fr/ark:/12148/cb322495309/PUBLIC.

110. 刘真主编:《留学教育——中国留学教育史料》,第 1799 页;《安徽师范大学校史(1928—2008)》,2008 年 4 月第 1 版,第 85 页;《河南大学校史》,河南大学出版社 2002 年 9 月第 1 版,第 211 页;Http://catalogue.bnf.fr/ark:/12148/cb315033378/PUBLIC.

111.《中国留法比瑞同学会同学录》,1940 年,重庆上海印刷公司承印,第 24 页;《1935 年前广西籍留学生取得博士学位名单》,载《广西教育史志》1989 年第 4 期,第 44 页;又载于《广西通志·教育志》,广西人民出版社 1995 年 10 月第 1 版,第 485 页。教育部编:《专科以上学校教员名册》(第二册),第 209 页,载李肇伟是"法国都鲁斯大学法学硕士",中国第二历史档案馆,档号五-2507(3);桂林市文化研究中心、广西桂林图书馆编:《桂林文化大事记(1937—1949)》,漓江出版社 1987 年版,第 1028 页;傅玉能著:《台商在大陆投资的区域研究:广西台资分析》,台海出版社 2002 年 10 月第 1 版,第 146 页;Http://catalogue.bnf.fr/ark:/12148/cb323835854/PUBLIC.

112. 王玉明主编:《中国法学家辞典》,中国劳动出版社 1991 年 10 月第 1 版,第 746 页;《中华民国史大辞典》,江苏古籍出版社 2001 年 8 月第 1 版,第 1802 页;《中国国民党百年人物全书》(下册),第 2327 页。有的书将雷崧生记载为"雷菘生",见裴艳著:《留学生与中国法学》(中国学科现代化转型丛书),南开大学出版社 2009 年 5 月第 1 版,第 128 页;Http://catalogue.bnf.fr/ark:/12148/cb32514838k/PUBLIC.

113.《徐复云君定期赴法留学》,载《申报》1925 年 1 月 13 日第二张(7);"里昂中法大学学生一览表(1921 年至 1935 年)",北京市档案馆藏中法大学档案,J026-001-00060-A_P18.TIF;刘真主编:《留学教育——中国留学教育史料》,第 1806 页;李铁城主编:《联合国里的中国人 1945—2003》(下册),人民出版社 2004 年 3 月第 1 版,第 1103 页;Http://catalogue.bnf.fr/ark:/12148/cb32259945n/PUBLIC.

114.《中国留法比瑞同学会会员录》,重庆上海印刷公司承印,1940年,第80页;Http://catalogue.bnf.fr/ark:/12148/cb31568497v/PUBLIC.《双城籍民国北大学子名单》搜狐网博客。

115.《上海法学院一览》,上海法学院编,1933年,第90页;《浙江省十九年下年私费留学生一览》,载《浙江教育行政周刊》1931年,第2卷第23期,调查(一)(该资料显示宋渊如毕业于国立中央大学);《中国留法比瑞同学会同学录》,1940年,重庆上海印刷公司承印,第15页;《民国十八年核准自费留学生》,载刘真主编:《留学教育——中国留学教育史料》,台北"国立编译馆",1980年,第1855页;《宋渊如女士得法学博士学位》,载《妇女月报》第1卷第7期(1935年),第36—37页;报道内容如下:"宋渊如女士,浙江海宁人,精研法学,曾留法五年,卒业于法国朗西大学,得法学博士学位,为著名公法学界拉罗爱氏所主考,业经通过,成绩优良,宋女士尤善口才,尝著有中国宪法论文一篇,颇为社会人士所称道,为人谦和,素于浙鄞地方法院推事周文玑女士友好,而对于法学上之知识,造诣极深,实为中国法坛上有数人才也。"Http://catalogue.bnf.fr/ark:/12148/cb313837141/PUBLIC.

116. 姚承秀:《记浙江女子实业学校创办人谢雪》,载杭州政协文史委编:《杭州文史丛编》(教育医卫社会卷),杭州出版社2002年版,第371—374页;《私立东吴大学法学院一览》,1936年,第74页;《中国新论》,第二卷第8期,1936年,第137页;《中国新论》,第二卷第8期,1936年,第137页;《中国留法比瑞同学会同学录》,1940年,重庆上海印刷公司承印,第36页;《民国职官年表》,第1326页;《南京工学院各行政单位负责人名册》,载《南京工学院汇刊》(一周年辑,1952.10—1953.10),第99页;Http://catalogue.bnf.fr/ark:/12148/cb31503275j/PUBLIC.

117. 刘伯威,《河源第一博士李悦义》,载中国人民政治协商会议河源市源城区委员会文史资料研究委员会编:《源城文史资料》第4辑,1993年,第126—128页;刘真:《留学教育》第4册,第1864页;刘国铭主编:《中华民国国民政府军政职官人物志》,春秋出版社1989年3月第1版,第154、155、205、238、630、807页;Http://catalogue.bnf.fr/ark:/12148/cb32363807r/PUBLIC.

118.《民国十八年核准自费留学生》,载刘真主编:《留学教育——中国留学教育史料》,台北"国立编译馆",1980年,第1856页;《中国留法比瑞同学会同学录》,1940年,重庆上海印刷公司承印,第55页;《中国国民党百年人物全书》(下册),第2282页;Http://catalogue.bnf.fr/ark:/12148/cb31938054j/PUBLIC.

119.《中央政治学校教职员录》,1944年8月1日编,第15页;《严可为学成归国》,载《申报》1936年4月14日第三张;Http://catalogue.bnf.fr/ark:/12148/cb323280622/PUBLIC.

120. 孙文明在中央大学期间曾经学习"初级法文"课程(1927年度下学期3学分87分+1928年度上学期3学分96分)、"高级法文"课程(1930年度上学期2学分72

分+1930年度下学期2学分74分),中央大学法学院政治学系学生孙文明历年成绩表现藏于中国第二历史档案馆,档号五-6169,第70页;《中国留法比瑞同学会同学录》,1940年,重庆上海印刷公司承印,第35页;《中国社会科学家辞典(现代卷)》,甘肃人民出版社1986年10月第1版,第205页;王玉明主编:《中国法学家辞典》,中国劳动出版社1991年版,第208页;邵延淼主编:《辛亥以来人物年里录》,江苏教育出版社1994年6月第1版,第284页;丁天顺、徐冰编著:《山西近现代人物辞典》,山西古籍出版社1999年11月第1版,第167页; Http://catalogue.bnf.fr/ark:/12148/cb31423770f/PUBLIC.

121. 林钧南:《法学博士何任清事略》,载《兴宁文史》第15辑,1991年,第147—149页;何任清的父亲何蔚1905年留学日本东京帝国大学,参加同盟会,历任广东高等检察厅厅长,国民政府最高法院推事、庭长及司法院大法官;Http://catalogue.bnf.fr/ark:/12148/cb32253258m/PUBLIC.

122.《上海法政学院一览》,1933年,第150页;《中国留法比瑞同学会同学录》,1940年,重庆上海印刷公司承印,第30页;政协嘉善县委员会文史资料研究委员会:《嘉善文史资料》第3辑,1988年,第94页; Http://catalogue.bnf.fr/ark:/12148/cb31362601r/PUBLIC.

123.《哈佛大学中国学生会会员录》(Directory of Members Harvard Chinese Students' Club),1944年4月,上海市档案馆Y8-1-398;Harvard Law School Alumni Directory 1958, Quinquennial Catalogue, published by the Law School, 1958, Alphabetical Section, at 82;《"中华民国"当代名人录》,台湾中华书局1978年版,第833页;《中国国民党百年人物全书》(下册),第1260页;Http://catalogue.bnf.fr/ark:/12148/cb31927549w/PUBLIC.

124. Http://catalogue.bnf.fr/ark:/12148/cb319380687/PUBLIC.

125.《宜兴人物志》(《江苏文史资料》第101辑、《宜兴市文史资料》第24辑),《江苏文史资料》编辑部出版发行,1997年6月印刷,第311—312页;Http://catalogue.bnf.fr/ark:/12148/cb31621453w/PUBLIC.

126.《国立武汉大学教职员录》,民国三十六年元月,第7页,中国第二历史档案馆,档号五-2597;Http://catalogue.bnf.fr/ark:/12148/cb31666474w/PUBLIC.

127.《中国留法比瑞同学会同学录》,1940年,重庆上海印刷公司承印,第22页;《广西大学校史》,广西大学学报编辑部,1988年11月,第115、158页;吴求胜:《解放前夕广西大学片断回忆》,载《新桂系纪实》(下集),中国人民政治协商会议广西壮族自治区委员会文史资料委员会编:《广西文史资料选辑》第31辑,1990年10月,第228—231页;Http://catalogue.bnf.fr/ark:/12148/cb32677101f/PUBLIC.

128. 张宗健:《苦学成才的陈绍源博士》,载《三明文史资料》第5辑,1987年,第35—38页;有资料称陈绍源自费留学法国,见《民国九年核准自费留学生》,载刘真主编:《留学教育——中国留学教育史料》,第 1599 页;Http://catalogue.bnf.fr/ark:/12148/cb314389278/PUBLIC.

129. 赵俊欣:《家史简介》,载政协丹徒县文史资料研究委员会:《丹徒文史资料》第 2 辑,1985 年,第 27—34 页;《中国翻译家词典》,中国对外翻译出版公司 1988 年 7 月第 1 版,第 711 页;Http://catalogue.bnf.fr/ark:/12148/cb31928274h/PUBLIC.“威廉皇室外国公法及国际公法研究院”即 1924 年成立的 Kaiser Wilhelm Institute for Comparative Public Law and International Law,1949 年改名为 Max Planck Institute for Comparative Public Law and International Law, see http://www.mpil.de/ww/en/pub/research/profile/history.cfm。

130. 留学生名单,中国第二历史档案馆,五-15345,第 122 页;《中国留法比瑞同学会同学录》,1940 年,重庆上海印刷公司承印,第 32 页;载乐清市政协文史资料委员会编:《乐清上下一千六百年:人物篇》,乐清市文史资料第十七辑,中国文史出版社 2006 年 12 月第 1 版,第 422 页;《乐清晚清和民国留学生名录》,载《乐清华侨志》,中国文史出版社 2007 年 12 月第 1 版,第 226 页;Http://catalogue.bnf.fr/ark:/12148/cb31374899j/PUBLIC.

131.《国立北京大学历届同学录》(1948 年)没有收录童蒙圣,只有一位“童蒙吉”(浙江龙游人),化学系,见该同学录第 315 页;余宗范:《回忆在巴黎的抗日活动》,载《拳拳爱国心》(《淮阴文史资料》第 6 辑),1987 年 12 月,第 35—36 页;《中国留法比瑞同学会同学录》,1940 年,重庆上海印刷公司承印,第 56 页;浙江省龙游县志编纂委员会编:《中华人民共和国地方志 · 龙游县志》,中华书局 1991 年 10 月第 1 版,第 557 页(该书称童蒙圣“获里昂大学法律系博士”);Http://catalogue.bnf.fr/ark:/12148/cb32661940w/PUBLIC.

132.《毕业生名录》,载《上海法政学院一览》,1933 年 1 月出版,第 108 页;“湖北省自费留法学生调查表”,见湖北省教育厅自费留法生吕渭案,湖北省档案馆,档号 LS10-2-420;湖北省教育厅自费留法生吕渭案,湖北省档案馆,档号 LS10-2-420;《国民政府令》,三十六年二月十九日,载《司法公报》1947 年,第 757 号至 769 号合刊,第 11 页;《朝阳教授名录》,载中国人民政治协商会议北京市委员会文史资料研究委员会编:《朝阳法学摇篮》,1991 年,第 264 页;刘寿林、万仁元、王玉文、孔庆泰编:《民国职官年表》,中华书局 1995 年 8 月第 1 版,第 652、1303 页;Http://catalogue.bnf.fr/ark:/12148/cb32672246g/PUBLIC.

133. 国立中山大学关于聘卢俊恺为法学院政治系教授,1946 年 5 月 16 日,王星拱签发,广东省档案馆档号:020-002-155-068-069;《“文革”以前我校的海归教授》,中南财经政法学院网站,http://dag.zuel.edu.cn/2015/0507/c634a45988/page.htm;张紧跟编:《百年历程:1905—2005 中山大学的政治学与行政学》,中山大学出版社 2005 年 11 月第 1 版,第 253 页;卢俊恺博士论文巴黎 Cujas 图书馆有藏,索书号 70.008

1938-135 LUC 及 45.058 1938-34 LUC。

134. "里昂中法大学学生一览表(1921 年至 1935 年)",北京市档案馆藏中法大学档案,J026-001-00060-A_P19.TIF;《里昂中法大学学生录》(Liste des étudiants de l. Institut franco-chinois de Lyon),编号第 349; Http://catalogue.bnf.fr/ark:/12148/cb32321903b/PUBLIC."民国三十年国立云南大学教职员一览表",载《云南大学史料丛书:教职员卷》,云南大学出版社 2013 年 12 月第 1 版,第 97 页。

135.《国立北京大学毕业同学录》,1922 年,第 44 页;五十周年筹备委员会编:《国立北京大学历届同学录》,1948 年 12 月,国立北京大学出版部,第 55 页;刘国铭主编:《中华民国军政职官人物志》,春秋出版社 1989 年 3 月第 1 版,第 1049 页;徐友春主编:《民国人物大辞典》,河北人民出版社 1991 年 5 月第 1 版,第 190—191 页;邵延淼主编:《辛亥以来人物年里录》,江苏教育出版社 1994 年 6 月第 1 版,第 259 页;凌其翰著:《我的外交官生涯——凌其翰回忆录》,中国文史出版社 1993 年 4 月第 1 版,第 207—208 页;张宪文等主编:《中华民国史大辞典》,江苏古籍出版社 2001 年版,第 680 页。林吕建主编:《浙江民国人物大辞典》,浙江大学出版社 2013 年 1 月第 1 版,第 108 页;Http://catalogue.bnf.fr/ark:/12148/cb314395351/PUBLIC.

136. "发给留学证书登记",廿四年度,第 12 页,载《核发留学证书登记册》,1932—1948 年,中国第二历史档案馆,档案号:五-15337;《中国留法比瑞同学会同学录》,1940 年,重庆上海印刷公司承印,第 64 页;《重庆名人辞典》,四川大学出版社 1992 年 5 月第 1 版,第 317 页;侯利标编写:《厦门大学法学教师传略(1940—1953)》,http://law.xmu.edu.cn/xyw/LTIntro.asp?PID=240; Http://catalogue.bnf.fr/ark:/12148/cb326778241/PUBLIC.

137.《中国留法比瑞同学会同学录》,1940 年,重庆上海印刷公司承印,第 92 页;刘国铭主编:《中国国民党百年人物全书》(下),第 2152 页;Http://catalogue.bnf.fr/ark:/12148/cb322590784/PUBLIC.

138. 巴黎中国学生会编印:《巴黎中国同学录》,1938 年 8 月,第 5 页,上海市档案馆档号:Y8-1-436;《中国留法比瑞同学会同学录》,1940 年,重庆上海印刷公司承印,第 6 页;《中国留法比瑞同学会同学录》,1943 年,新蜀报第二印刷厂代印,第 7 页;Http://catalogue.bnf.fr/ark:/12148/cb316214291/PUBLIC.

139.《上海震旦大学院同学录》,No.18,1929—1930,第 3 页,上海市档案馆档号 Q244-1-969; 1931—1932 年度中国赴比利时留学人员名单,上海市档案馆档案号 Q458-1-87-55, SC0065; 1933 年,上海中比友谊会编:《留比同学录》,第 14 页;《国立复旦大学一览》(1947 年春),第 31 页;刘国铭主编:《中华民国国民政府军政职官人物志》,春秋出版社 1989 年 3 月第 1 版,第 363 页;刘寿林、万仁元、王玉文、孔庆泰编:《民国职官年表》,中华书局 1995 年 8 月第 1 版,第 1013、1240 页;《国立复旦大学一览》(1947 年春)记载方瑞典是法国巴黎大学政治学博士、康城大学(即卡昂大学)法学博士(见该书第 31 页)。法国国家图书馆目录显示方瑞典于 1939 年取得卡昂大学法学博士学位,但法国 CUJAS 图书馆目录显示方瑞典取得卡昂大学法学博士,时在 1938 年。本书采用 CUJAS 图书馆目录记载的年份,这一年份与袁同礼目录记载一致;Http://catalogue.bnf.fr/ark:/12148/cb32091471c/PUBLIC.

140. 郭景生:《民国时期的湛江市参议会》,载中国人民政治协商会议湛江市委员会学习文史委员会编:《湛江文史》第 18 辑,1999 年,第 49—56 页;龙鸣、景东升主编:《广州湾史料汇编》第 1 辑,广东人民出版社 2013 年 12 月第 1 版,第 317—318 页;Http://catalogue.bnf.fr/ark:/12148/cb31668722z/PUBLIC.《遂溪人物志》,遂溪县人民政府地方志办公室编,2015 年,第 29 页。

141.《发给留学证书登记》,廿四年度,第 12 页,载《核发留学证书登记册》,1932—1948 年,中国第二历史档案馆,档案号:五-15337;Http://catalogue.bnf.fr/ark:/12148/cb319377380/PUBLIC.

142. "湖北省自费留学生调查表",1935 年 11 月 15 日调查,湖北省档案馆,档号 LS10-2-281;"留法自费生饶膺华请求补奖学金案",湖北省档案馆,档号 LS10-2-281;《中国留法比瑞同学会同学录》,1940 年,重庆上海印刷公司承印,第 84 页;饶膺华:《希理达女子中学的见闻》,载《湖北文史集萃》(教育、科技、医卫、体育),湖北人民出版社 1999 年版,第 537 页;饶膺华:《回忆我的父亲饶汉祥》,载《荆楚文史》1991 年第 2 期,第 42—46 页;Http://catalogue.bnf.fr/ark:/12148/cb32279995m/PUBLIC.

143.《中国留法比瑞同学会同学录》,1940 年,重庆上海印刷公司承印,第 84 页;"湖北省政府关于饶华松代理秘书处法制室主任的令",湖北省政府省枢特字第 1183 号,1942 年 1 月 14 日,湖北省档案馆,档号 LS1-2-0274-031;"湖北省政府关于调饶华松为建设委员会委员的指令",湖北省政府人特字第 378 号,1943 年 5 月 27 日,湖北省档案馆,档号 LS1-2-0238-006;《私立成华大学教职员通讯录》,载《成华大学丁亥级毕业纪念册》;Http://catalogue.bnf.fr/ark:/12148/cb32279996z/PUBLIC.

144.《旅美中国同人录》,1944 年,第 51 页;周南京主编:《世界华侨华人词典》,北京大学出版社 1993 年 1 月第 1 版,第 438 页;Http://catalogue.bnf.fr/ark:/12148/cb319276940/PUBLIC;Http://catalogue.bnf.fr/ark:/12148/cb31927695b/PUBLIC.

145.《中国留法比瑞同学会同学录》记载于振鹏是北平人,见《中国留法比瑞同学会同学录》,1943 年,第 2 页;《清华大学师生名录资料汇编 1927—1949》记载于振鹏是山东文登人;《中法大学院务处民国二十九年二月份汇寄法国留学生津贴名册》,北京市档案馆馆藏中法大学档案,J026-001-00199-A_P7.TIF;"里昂中法大学学生一览表(1921 年至 1935 年)",北京市档案馆藏中法大学档案,J026-001-00060-A_P17.TIF;千里:《揭露右派分子于振鹏的反党言行》,载北京政法学院院刊编辑委员会、北京政法学院教学简报编辑部合编:《反击右派斗争专刊》,1957 年 9 月,第 38—44 页;苏云峰编撰:《清华大学师生名录资料汇编 1927—1949》,"中央研究院近代史研究所"

史料丛刊(49),"中央研究院近代史研究所"出版发行,2004年4月初版,第13页;陈夏红著:《风骨:新旧时代的政法学人》,法律出版社2016年7月第1版,第396—442页;Http://catalogue.bnf.fr/ark:/12148/cb31677277t/PUBLIC.

146.《"中华民国"当代名人录》,台湾中华书局1978年11月初版,第729页;李鸿儒主编:《江苏旅台、外人士史料汇编》(江苏文献丛书之五),台湾复兴书局印行,1985年12月初版,第484—485页;《金世鼎先生事略》,载《"中华民国"褒扬令集》(续编五),台湾"国史馆编",1993年,第544—547页;刘寿林等编:《民国职官年表》,中华书局1995年8月第1版,第653页;Http://catalogue.bnf.fr/ark:/12148/cb323087330/PUBLIC.

147.《南昌律师公会会员录》,中华民国36年11月,第8页,江西省档案馆,档号:J034-1-00129;江西高等法院行政卷宗,律师登录卷,江西省档案馆J018-3-01778,第245—246、259—260页;漆竹生:《春满人间谈往事》,载《外语教育往事谈——教授们的回忆》,上海外语教育出版社1988年8月第1版,第236—250页;王玉明主编:《中国法学家辞典》,中国劳动出版社1991年第1版,第758页;余彦时:《漆竹生教授传略》,未刊稿;漆竹生之父漆璜曾公费留日学习法律,同盟会会员,辛亥革命后任江西高等审判厅厅长、贵州高等法院院长、北平特别刑事法庭庭长;Http://catalogue.bnf.fr/ark:/12148/cb31503158p/PUBLIC.

148. 朝阳大学校友会筹委会编:《朝阳大学同学录》,1997年,第29页;《中国留法比瑞同学会同学录》,1943年,新蜀报第二印刷厂代印,第84页;Http://catalogue.bnf.fr/ark:/12148/cb323304822/PUBLIC.

149. 朝阳大学校友会筹委会编:《朝阳大学同学录》,1997年,第29页;《中国留法比瑞同学会同学录》,1943年,新蜀报第二印刷厂代印,第84页;北京大学注册部编志课编:《国立北京大学毕业学生一览》,1930年,第355页;五十周年筹备委员会编:《国立北京大学历届同学录》,1948年12月,国立北京大学出版部,第205页;李正德:《记袁世斌先生》,载中国人民政治协商会议贵州省委员会文史资料委员会编:《乡思·友谊·故园情,台港澳及海外文史资料专辑》,贵州人民出版社1992年版,第135—140页;刘寿林、万仁元、王玉文、孔庆泰编:《民国职官年表》,中华书局1995年8月第1版,第1348页;侯清泉:《贵州近现代人物资料续集》(贵州近现代史料丛书),中国近现代史史料学学会贵阳市会员联络处编,2001年,第213页;Http://catalogue.bnf.fr/ark:/12148/cb31677292q/PUBLIC.

150. Http://catalogue.bnf.fr/ark:/12148/cb319275801/PUBLIC.

151. 王玉明主编:《中国法学家大辞典》,中国劳动出版社1991年第1版,第480—481页;《上海社会科学界人名辞典》,上海人民出版社1992年12月第1版,第291页;Http://catalogue.bnf.fr/ark:/12148/cb31938029b/PUBLIC.

152.《国立中央大学一览——教职员录》,第37页;《嵊县志》,浙江人民出版社

1989年8月第1版，第608页；罗继祖著：《蜉寄留痕》，上海古籍出版社1999年10月第1版，第263页；Http://catalogue.bnf.fr/ark:/12148/cb324040698/PUBLIC.

153. Http://catalogue.bnf.fr/ark:/12148/cb31927557h/PUBLIC.

154.《上海震旦大学院同学录》，No.16，1927—1928，第27页，上海市档案馆档案编号Q244-1-969；《上海震旦大学院同学录》，No.17，1928—1929，第45页，上海市档案馆档案编号Q244-1-969；《上海震旦大学院同学录》，No.18，1929—1930，第48页，上海市档案馆档案编号Q244-1-969；《震旦大学纪事录》，民国十九年六月至九月，载《震旦大学院杂志》，第22期，1930年，第1—4页；参见《外交生涯一甲子：陈雄飞先生访问纪录》上篇，"中研院近代史研究所"，2016年12月初版，第65—87页；李鸿儒主编：《江苏旅台、外人士史料汇编》（江苏文献丛书之五），台湾复兴书局印行，1985年12月初版，第494—495页；邵延淼主编：《辛亥以来人物年里录》，江苏教育出版社1994年6月第1版，第581页；崔之清主编：《当代台湾人物辞典》，河南人民出版社1994年7月第1版，第33页；《中国国民党百年人物全书》（下册），团结出版社2005年版，第1413页；《"中国"外交机构历任首长衔名年表》，台湾商务印书馆印行，1988年6月增订1版，第115页；陈雄飞博士论文巴黎大学Cujas图书馆有藏，索书号45.059 1941-3 TCH及45.030 1941-3 TCH。

155. 北京大学注册部编志课编：《国立北京大学毕业学生一览》，1930年，第196页；北京大学注册部编志课编：《国立北京大学毕业学生一览》，1930年，第291页；《国立北京大学历届同学录》，国立北京大学出版部，1948年12月，第351页；《前任教授名录》，载《上海法学院十周年纪念刊》，1936年；《民国十二年核准自费留学生》，载刘真主编：《留学教育——中国留学教育史料》，第1615页；《台湾省通志》卷三，政事志外事篇，台湾省文献委员会，1971年6月30日，第205页；Http://catalogue.bnf.fr/ark:/12148/cb323837594/PUBLIC.

156.《中国留法比瑞同学会同学录》，1943年，新蜀报第二印刷厂代印，第215页；《政治大学校友通讯录》，1967年5月20日，第79页；Http://catalogue.bnf.fr/ark:/12148/cb32330070z/PUBLIC.

157. "文学分院留法学生十二名"，北京市档案馆藏中法大学档案，J026-001-00199-A/P3.TIF；胡涌、张文彬主编：《河南社会科学手册》，河南人民出版社1989年版，第310页；Http://catalogue.bnf.fr/ark:/12148/cb31438731z/PUBLIC.

158. "文学分院留法学生十二名"，北京市档案馆，J026-001-00199-A/P3.TIF；中华人民共和国人事部专家司编：《中华人民共和国享受政府特殊津贴专家、学者、技术人员名录》（1992年卷）第三分册，中国国际广播出版社1996年8月第1版，第533页；周永珍著：《留法纪事：二十世纪初中国留法史料辑录》，国家图书馆出版社2008年7月第1版，第30页；许睢宁等著：《历史上的中法大学（1920—1950）》，华文出版社2015年1月第1版，第279页；Http://catalogue.bnf.fr/ark:/12148/cb31438923w/PUBLIC.

159. 方积根、胡文英著:《海外华文报刊的历史与现状》,新华出版社 1989 年 11 月第 1 版,第 265 页;丘克辉:《建国前后梅县华侨在东南非洲的活动》,载《梅县文史资料》第 18 辑,1990 年 11 月,第 130—134 页;周永珍著:《留法纪事:二十世纪初中国留法史料辑录》,国家图书馆出版社 2008 年 7 月第 1 版,第 109 页。

160. "本校留法学生三十名",北京市档案馆,J026-001-00199-A/P2.TIF;《中法大学院务处民国二十九年二月份汇寄法国留学生津贴名册》,北京市档案馆馆藏中法大学档案,J026-001-00199-A_P4.TIF;周永珍著:《留法纪事:二十世纪初中国留法史料辑录》,国家图书馆出版社 2008 年 7 月第 1 版,第 30 页;《中国普通高等学校教授人名录》,高等教育出版社 1988 年版,第 589 页;Http://catalogue.bnf.fr/ark:/12148/cb316303678/PUBLIC;魏登临自译其博士论文题目为《行政机关自有衡量权与司法监督》,该文获 1944 年度法科博士论文奖金,见魏登临自填"外交学院 1981 年招收研究生指导教师简况表",高晓刚先生提供。

161.《广州律师公会会员名录》,1949 年,第 11 页;《梅州文史》第一辑,1989 年,第 45 页。

162.《自费留学生名册》,1946 年,中国第二历史档案馆,档号五-15324,第 14 页;《上海震旦大学同学录》,No.29, 1940—1941,第 8 页,上海市档案馆档案编号 Q244-1-970;邵规祖博士论文现藏巴黎 Cujas 图书馆,索书号 Z 1948-195 及 D Z 1948-195。

163.《中国留法比瑞同学会同学录》,1943 年,新蜀报第二印刷厂代印,第 201 页;刘真主编:《留学教育——中国留学教育史料》,台北"国立编译馆",1980 年 7 月出版,第 2689 页;《1951 年至 1958 年返国服务留学同学名录》,1958 年 4 月,第 3 页;韩健夫博士论文现藏于巴黎 Cujas 图书馆,索书号 Z 1950-92 及 D Z 1950-92。

164. 芮正皋:《外交生涯纵横谈——芮正皋回忆录》,台北,三民书局 2013 年初版,第 13 页;有资料称芮正皋 1951 年取得巴黎大学法学博士学位,见《多才多艺的外交家芮正皋》,载赖树明著:《赢在起跑点》,欧瑞文化事业有限公司,台北,1995 年 5 月初版,第 128 页;中国名人传记中心编辑、印行:《"中华民国"现代名人录》,中英日文版,1983 年 12 月台北,第 579 页;浙江省地方志编纂室:《浙江在台人物录》,1986 年,第 68—69 页;《多才多艺的外交家芮正皋》,载赖树明著:《赢在起跑点》,欧瑞文化事业有限公司,台北,1995 年 5 月初版,第 127—142 页;芮正皋博士论文的中文译名见芮正皋:《劫后余生——外交官漫谈"结缘人生"》,台北三民书局 2014 年 10 月初版,第 244 页。

165. 刘国铭主编:《中华民国军政职官人物志》,春秋出版社 1989 年 3 月,第 1 版,第 806、838 页;凌其翰著:《我的外交官生涯——凌其翰回忆录》,中国文史出版社 1993 年 4 月第 1 版,第 236 页;邵延淼主编:《辛亥以来人物年里录》,江苏教育出版社 1994 年 6 月第 1 版,第 809 页;Http://www.bfsu.edu.cn/old/chinese/dxgk/xz/14/14.htm;唐珍:《迟到的文凭》,http://blog.sina.com.cn/s/blog_5c3b71740100lgjd.

html;唐祖培博士论文现藏于巴黎 Cujas 图书馆,索书号 Z 1950-208 及 DZ 1950-208。

166. 上海震旦大学编:《上海震旦大学同学录》(1941—1942),1941 年秋季,第 7 页;"中华民国"当代名人录编辑委员会编:《"中华民国"当代名人录》,台湾中华书局 1978 年初版,第 996 页;刘真主编:《留学教育——中国留学教育史科》,台北"国立编译馆",1980 年 7 月,第 2156 页;刘国铭主编:《中华民国国民政府军政职官人物志》,春秋出版社 1989 年版,第 1257 页;廖仲琴博士论文现藏于巴黎 Cujas 图书馆,索书号 Z 1950-143 及 DZ 1950-143。

167.《中国当代名人录》,上海人民出版社 1991 年 5 月第 1 版,第 843 页。

168. 端木正之父端木杰(1897—1972),1949 年何应钦内阁交通部部长,1954 年全国政协委员;端木正:《维护祖国利益,支持两航起义——端木杰传略》,载《统战群英》,中国文史出版社 1991 年版,第 128—136 页;同届教育部留法交换生共计 40 人,其中有 7 人是法律专业,包括熊世珩、孙建中、王名扬、徐继福、徐慎泰、端木正、芮正皋。《教育部留法交换生》名单,载《第二次教育年鉴》四第六编,第 891 页,近代中国史料丛刊三编第十一辑,台湾文海出版社;梅霭:《从教授到大法官——端木正传略》,载《广东文史资料》第 80 辑,广东人民出版社 1998 年版,第 82—90 页;胡成海:《从法学教授到中国大法官的端木正》,载王霄鹏主编:《中国大法官》,中共党史出版社 1994 年 9 月第 1 版,第 45—55 页;陆健东:《端木正教授传略》,载《端木正自选集》,广东人民出版社 2007 年 6 月第 1 版,第 1 页;王振民主编:《鸿迹——纪念法学家端木正教授》,清华大学出版社 2011 年 4 月第 1 版;端木正博士论文现藏于巴黎 Cujas 图书馆,索书号 33CUJAS ALEPH;清华大学档案馆藏有端木正先生博士论文草稿;《鸿迹:纪念法学家端木正教授》(清华大学出版社 2011 年版)一书刊登了该博士论文的摘译。

169. 李业兴编著:《巴黎大学》,湖南教育出版社 1988 年 5 月第 1 版,第 47 页。

170. 朱伯奇:《中国人在巴黎旧事》,载刘真主编:《留学教育——中国留学教育史料》,台北"国立编译馆",1980 年 7 月,第 1480 页。

171. 有学者称:"法国里昂中法大学自 1921 年成立,十年间有 7 名法科生获得博士学位,2 名获得硕士学位。"见裴艳著:《留学生与中国法学》(中国学科现代化转型丛书),南开大学出版社 2009 年 5 月第 1 版,第 93 页。

172. 朱伯奇:《中国人在巴黎旧事》,载刘真:《留学教育——中国留学教育史料》,台北"国立编译馆",1980 年 7 月,第 1482 页。

第五章　中国近代留比法学博士

第一节　比利时法学学位制度的历史演变

根据1835年颁布并经多次修改的比利时《高等教育法》，比利时的大学设有四所学院：文哲学院、数理学院、医学院、法学院。与法国不同的是，比利时各大学的政治学、经济学专业设在文哲学院之内，法学院仅有狭义的法学专业。[1]

20世纪上半叶，比利时共有四所大学，其中两所是国立大学，即根特大学（Université de Gand，又译岗城大学）和列日大学（Université de Liège），另两所是私立大学，即布鲁塞尔大学（Université libre de Bruxelles）和鲁文大学（Université Catholicpe de Louvain）。[2]鲁文大学是比利时历史最悠久、规模最大的私立大学，建于1425年。[3]中国近代留比法学博士，大多毕业于鲁文大学。

比利时各大学的法学博士课程，无需提交博士论文，只需要通过课程考试即可。其具体程序是，首先进行“法学博士候补班”（Candidature en Droit）考试，课程包括五门：法学通论、民法沿革史、罗马法、公法、民法概论。该考试通过后，可以升入法学博士班（Doctorat en Droit），一般攻读两年，每年考试一次，通过两次考试的，将被授予法学博士学位。[4]

比利时这种法学博士学位，并非严格意义上的学术性博士学位，既不同于英国的法学博士学位，也不同于法国的法学博士学位，亦不同于德国的法学博士学位。比利时的法学博士学位（Doctorat en Droit）属于法学院的基础学位而非高级学位。

从性质上讲，当时比利时大学的法学博士属于讲授性课程(Taught course)，而非研究性课程(Research course)。外交官凌其翰曾经获得布鲁塞尔大学的法学博士学位，在其自传——《我的外交官生涯》中有一段"留比时期的片断回忆"，详细描述了他当年在比利时攻读博士学位的情况，比较了法国和比利时的法学博士教育制度：

> 法国法学博士班的课程多属于专门问题，经过口试以后，尚须做论文；比国法学博士班的课程多属基本智识。仅凭口试即可毕业……[5]
>
> 按照比国大学学制，法学院分预科和正科，预科两年，正科三年，正科课程与巴黎大学法学院硕士班的课程相同，每学期终考试全凭听讲笔记口试，最后一年各科口试均及格后，即授予法学博士学位，不必劳民伤财地准备博士论文。[6]

与凌其翰一样，毕业于比利时鲁文大学的周枏和陈朝璧也属于无需博士论文的法学博士。

无需博士论文即可取得法学博士学位，这一特殊的博士制度也是比利时吸引了部分中国法科留学生的原因之一。其他原因还包括学费因素等。中国学生留学比利时始于清末光绪二十九年，端方派遣 24 名学生到比利时学习实业。第二年，驻比利时公使杨晟奏请各省派遣学生赴比留学，主要理由是比利时学费低廉——比留学其他国家的学费低三分之一。[7]廉价的学费加上特殊的博士制度，使得比利时在欧洲国家中成为培养中国留洋法学博士人数位居第二的国家，仅次于法国。

当时比利时大学的法学院除了提供普通的法学博士(Doctorat en Droit)学位课程之外，也提供高级的学术性博士学位，包括现代民法学博士学位(Docteur spécial en droit civil moderne)、公法专业法学博士学位(Docteur spécial en droit public)。这些博士学位要求撰写博士论文。本章中收录的萧金芳，其取得的博士学位就是公法专业法学博士学位。

还有些中国留比学生攻读政治学博士学位(Docteur en sciences politiques)，该博士学位也要求提供博士论文。对于其博士论文专门研究法律的"政治学博士"，本书一律视之为广义的法学博士。这一标准贯穿始终，既适用于近代留美法科哲学博士、近代留英法科哲学博士，也适用于近代留法政治学专业博士。

据袁同礼《中国留欧大陆各国同学博士论文目录》比利时部分记载，有18名中国人取得法学、政治学、经济学博士学位，其中法学博士5名，政治学博士12名，经济学博士1名。这5名取得法学博士学位的人分别是：孔庆宗、凌其翰、萧金芳、王季征、王恩琛。其中王恩琛是在1958年取得博士学位，其余4名均在1950年之前取得。[8]

袁同礼《中国留欧大陆各国同学博士论文目录》通常并不收录无博士论文的博士，但是偶尔也会因为各种原因而收录个别无博士论文的博士。例如，该目录没有收录鲁文大学法学博士周枏和陈朝璧，但是收录了布鲁塞尔大学法学博士的凌其翰（没有记载凌其翰的博士论文）。根据袁同礼的解释，没有记载凌其翰博士论文的原因是因为保存其论文的布鲁塞尔大学图书馆毁于战火。[9]实际上，这一解释画蛇添足，凌其翰根本没有提交博士论文，也无需提交博士论文，所谓博士论文毁于战火云云是不足为信的。

第二节 近代留比法学博士名录

本节近代留比法学博士名录由笔者根据《中国留欧大陆各国同学博士论文目录》和其他资料编制而成，既包括无博士论文的法学博士，也包括有博士论文但以法学为研究对象的政治学博士，即广义的法科博士。

B001：朱鹤翔（1891—?），字凤千，外文姓名 Tchou Ngao Siang，或者 Louis Ngao-siang Tchou，江苏宝山罗店人。1905年入复旦公学，1906年入上海震旦大学，后留学比利时。1913年取得鲁文大学政治外交科硕士学位（Licencié en sciences politiques et diplomatiques），1915年取得鲁文大学政治学博士学位，博士论文是《中国治外法权与宪政之改良》（Le Régime des Capitulations et la Réforme Constitutionnelle en Chine）。1915年回国，入外交部。1926年任外交部政务司司长。1932年任外交部国际司司长，外交部参事。1935年任驻比利时全权公使。1937年任外交部顾问。[10]

B002：刘之谋（1900—?），外文姓名 Liu Che Mo（Paul Liu），江苏松江人。法国巴黎大学法学本科毕业，1922 年入比利时，1924 年取得鲁文大学法学博士学位（Doctorat en Droit），无法学博士论文。之后继续在鲁文大学攻读财政学博士学位（Docteur spécial en Sciences fiscales et financières），但没有完成学业。1926 年回国，在上海从事律师业务。曾任武昌地方法院院长、国立中央大学法学院法律学系副教授，重庆大学教授，中央警官学校教授，复旦大学、中央大学、西北大学法律系教授。1948—1951 年任沪江大学教授。后到震旦大学图书馆、上海第二医学院工作。[11]

B003：朱文源（1901—1988），字晓微，一说肖微，外文姓名 Schiavy Tchou（Chu Wen Yuan，或者 W.Y.Shiavy Tchou），江苏崇明人。1911 年留学比利时、法国，1925 年取得布鲁塞尔大学法学博士学位（Doctorat en Droit），无博士论文。曾任中国驻比京大使馆秘书，辅仁大学法语教授，北京国际关系学院法语教授。[12]

B004：赵谦（1907—?），外文姓名 Tchao Chien（Chao Kien，或者 Michel Tchien Tchao），湖南保靖县人。1922—1926 年留学比利时，1925 年取得鲁文大学社会政治经济学专业硕士学位（Licencié en Sciences politiques et soclales），1926 年取得根特大学（Univesité de Gand，又译为岗城大学）法学博士学位（Docteur en Droit），无博士论文；同年又取得根特大学政治学博士学位（Docteur en sciences politiques），博士论文《职业代表制》（Représentation Professionelle）。[13]

B005：杨琦（1908—?），字企韩，外文姓名 Raymond Ky Yang（Yang Ki），浙江杭州人。早年毕业于震旦大学。1923 年留学比利时（中比庚款委员会资助），1927 年 10 月取得鲁文大学政治社会学硕士学位（Licencié en sciences politiques et sociales）。1929 年 10 月取得鲁文大学法学博士学位（Doctorat en Droit），无博士论文。之后继续在鲁文大学攻读现代民法学及政治学博士学位（Docteur spécial en droit civil moderne, Docteur en sciences politiques），但是没有完成学业。1930 年回国。曾任上海地方法院检察官，后调天津地方法院，1938 年任贵州高一分院首席检察官，后任上海第二特区地方法院院长。后调至永嘉地方法院担任院长。曾任上海法学院、国立暨南大学教授。[14]

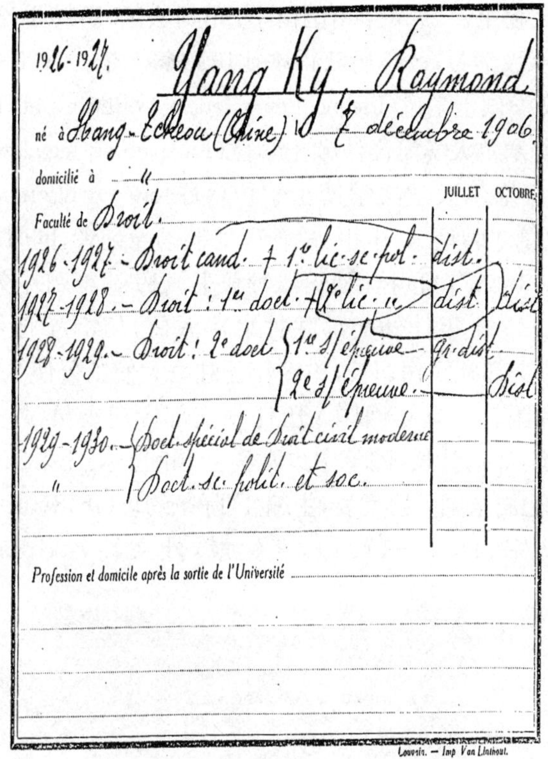

1926-1927. Yang Ky, Raymond

né à Hang-Tcheou (Chine) 7 décembre 1906

domicilié à "

Faculté de Droit.

	JUILLET	OCTOBRE
1926-1927. – Droit cand. + 1re lic. sc. pol.	dist.	
1927-1928. – Droit : 1re doct. + 2e lic. "	dist.	dist.
1928-1929. – Droit : 2e doct. { 1re d'épreuve	gr. dist.	
{ 2e d'épreuve		dist.
1929-1930. – { Doct. spécial de droit civil moderne		
" { Doct. sc. polit. et soc.		

Profession et domicile après la sortie de l'Université

Louvain. — Imp Van Linthout.

图 5.1 杨琦在鲁文大学的学籍卡

B006:何方理(1902—?),字天灿,外文姓名 Jean Fang Ly Ho(Ho Fang Li),浙江诸暨人。约 1919 年赴法勤工俭学,1923 年转学比利时,曾获得中比庚款补助,1930 年 7 月通过鲁文大学法学博士学位第一阶段考试,1931 年 7 月通过鲁文大学法学博士学位第二阶段考试,取得法学博士学位(Doctorat en Droit),无博士论文。1932 年取得鲁文大学经济学硕士(Licencié en sciences économique)。之后继续在鲁文大学攻读政治学及外交学博士学位(Docteur en sciences politiques et diplomatiques),没有完成学业。1934 年 1 月回国。曾任南昌行营党政军调查设计委员会委员,军事委员会委员长侍从室研究秘书,中央政治会议外交专门委员会专门委员,中央赈济委员会委员。[15]

B007:凌其翰(1906—1992),法文姓名 K'i-Han Lin(Ling Ki Han),江苏上海人。1926 年从上海震旦大学法科二年级辍学,曾在上海邮局工作,后任郑毓秀法文秘书。1927 年出国留学,先到法国,后转学比利时,考入鲁文大学预科二年级学习,一年后获得中比庚款奖学金。1929 年 3 月取得鲁文大学政治外交学硕士学位(Licencié en sciences politiques et diplomatiques),1930 年取得布鲁塞尔大学海洋法硕士学位(Licencié en législation maritime),1931 年取得布鲁塞尔大学法学博士学位(Docteur en Droit),无博士论文。同年回国,被史量才聘请为《申报》总管理处秘书兼记者,同时在东吴大学法学院兼任教授。1933 年任驻比使馆二等秘书。1935 年调外交部国际司,后任交际科科长。1944 年任外交部驻甘肃特派员,1945 年任外交部专门委员,1947 年任外交部礼宾司司长,1948 年任驻法大使馆公使。1949 年宣布拥护中华人民共和国。1950 年回国。历任外交部专门委员,外交学院兼职教授,欧美同学会名誉副会长,民革中央常委会顾问。担任第二至四届全国政协委员、第五至七届全国政协常委,主编《国际条约集(1648—1971)》。[16]

B008:孔庆宗(1895—1981),字廷素,外文姓名 Kong Chin Tsong

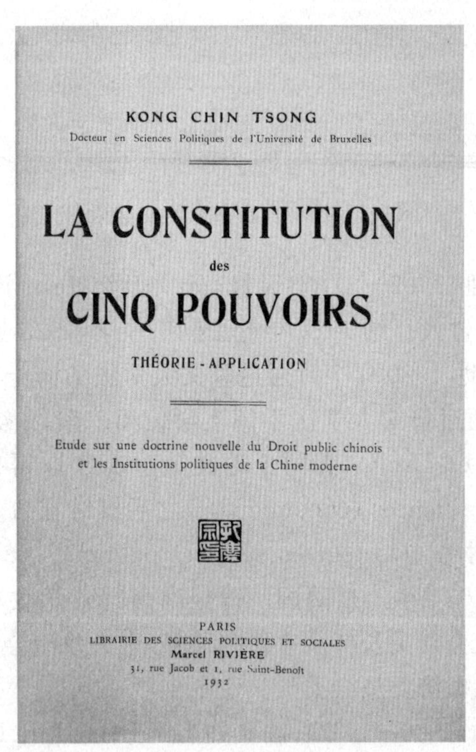
KONG CHIN TSONG
Docteur en Sciences Politiques de l'Université de Bruxelles

LA CONSTITUTION
des
CINQ POUVOIRS

THÉORIE - APPLICATION

Etude sur une doctrine nouvelle du Droit public chinois
et les Institutions politiques de la Chine moderne

PARIS
LIBRAIRIE DES SCIENCES POLITIQUES ET SOCIALES
Marcel RIVIÈRE
31, rue Jacob et 1, rue Saint-Benoît
1932

图 5.2　孔庆宗 1931 年布鲁塞尔大学博士论文

(Kong Ching Tsung)，四川长寿县(合兴乡)人。1912 年考入重庆府中学。1918 年入北京大学，1925 年毕业于北京大学经济系，1926 年随王景岐任中国驻比利时使馆秘书，在任期间，“因公使馆馆务清闲”，兼就读于布鲁塞尔大学，1931 年取得布鲁塞尔大学政治学博士学位(Docteur en sciences politique)，博士论文《五权宪法的理论与实践》(La constitution des cinq pouvoirs, théorie-application)。1931 年回国，任教于中央大学、四川大学，后任民国政府蒙藏委员会藏事处，1939 年任驻藏办事处处长，长达七年。1945 年调回重庆，蒙藏委员会委员兼国立边疆学校校长，1946 年国大代表。1949 年回重庆，任教于重华学院和西南学院。1949 年后曾任西南财经委员会计划研究室边疆组组长，1957 年调四川省政协(政协委员)。曾将万册藏书捐赠四川省图书馆。17

B009：路式导(1903—?)，外文姓名 Loo Shih Toa(Lu She Tao，或者 Luo Se Dao)，江苏宜兴人。曾在上海法学院大学部法律系学习，持志大学文学士。1928 年赴比利时留学，入鲁文大学。曾获得中比庚款补助，1932 年取得鲁文大学法学博士学位，无博士论文。1932 年回国，曾任持志学院法律系教授。1934 年 4 月加入上海律师公会，后任沪江公司经理，1949 年前后去香港、台湾经商。18

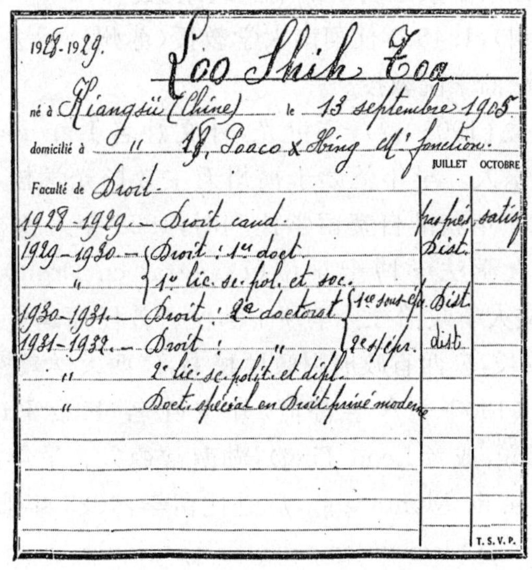

1928-1929. Loo Shih Toa

né à Kiangsü (Chine) le 13 septembre 1905

domicilié à " 18, Poaco x Hing [illegible] fonction.

Faculté de Droit

		JUILLET	OCTOBRE
1928-1929. —	Droit cand.	pas préc.	satisf.
1929-1930. —	Droit : 1er doct.	Dist.	
"	1e lic. sc. pol. et soc.		
1930-1931. —	Droit : 2e doctorat {1re sous-épr.	Dist.	
1931-1932. —	Droit : " {2e s/épr.	dist.	
"	2e lic. sc. polit. et dipl.		
"	Doct. spécial en Droit privé moderne		

T. S. V. P.

图 5.3　路式导在鲁文大学的学籍卡

B010:张季行(1907—?),外文姓名 Chang Ki Ching(Chang Ki Hsing,或者 Julian Chang Ki Ching),河南罗山人。1932 年 7 月取得鲁文大学法学博士学位(Doctorat en Droit),无博士论文。[19]

B011:陈朝璧(1905—1982),号大白,外文姓名 Tcheng Tchao Pie (Chen Chao Bi),江苏盐城人。1923 年入上海中法学堂,1928 年 9 月考入中央大学,在中央大学攻读一年后,1929 年 8 月考取中比庚款官费留学生资格,1929 年 9 月留学比利时,入鲁文大学法学院,1932 年 7 月取得鲁文大学法学博士学位,无博士论文。1933 年回国,在上海从事律师业务,并在持志大学兼职任教,后任福建省政府参议,苏皖国立技专教授,厦门大学法学院教授,1945 年任厦门大学法律系主任,1947 年任厦门大学教务长。讲授罗马法、民法等。1953 年厦门大学法律系停办后,改任厦门大学中文系教授,讲授中国古典文学史课程。1976 年离休。1979 年任厦门大学法律系复办筹备小组副组长,1980 年任法律系第一副系主任。[20]

B012:徐直民(1908—?),外文姓名 Tchu Tji Ming(Hsu Che Ming),江苏阜宁人。1928 年赴比利时留学,曾获得中比庚款补助,1932 年 10 月取得鲁文大学法学博士学位(Doctorat en Droit),无博士论文。曾任教授、教官、总教官,第十战区政治部第三组组长。1947—1948 年任省立江苏学院院长(徐州),1948 年任河南大学教授(苏州),后去台湾,任政治大学教授、台北市法商学院教授。[21]

B013:曾希亮(1905—?),字世光,外文姓名 Jean Baptist(Hi Liang Tseng),福建长乐人。早年就读于福州天主教扬光学校,后来从辅仁大学预科毕业,1927 年获准自费留学比利时,1928 年入鲁文大学,1932 年 10 月取得鲁文大学法学博士学位(Doctorat en Droit),无博士论文。1933 年取得鲁文大学政治社会学硕士学位。曾任福建学院法律系主任,福州扬光学校校长,广西省政府财政厅秘书,广西大学教授。[22]

B014:丁珩(1900—?),字菁斋,外文姓名 Ting Hing(Leon Hing Ting, Ting Hsing,或者 Leon Ting),湖南常德人。早年赴法留学,入蒙塔吉学院(Collège de Montargis),后赴比留学,1925 年取得鲁文大学政治社会学学士学位(Licencié en sciences politiques et sociales),1933 年取得列日大学法学博士学位(Doctorat en Droit),无博士论文。1933 年

10 月回国，任贵州高等法院推事、云南高等法院推事。[23]

B015：张明时（1904—?），外文姓名 Chang Ming She，河南开封（邓县）人，北京大学政治系毕业，1930 年自费赴比利时留学，1933 年取得布鲁塞尔大学法学博士学位（Doctorat en Droit），无博士论文。曾任安徽省政府秘书，皖南行署物资处长，安徽学院皖南分院院长。1949 年后任安徽大学（芜湖）法律系教授，后转入历史系。[24]

B016：王遂征（1908—?），外文姓名 Wang Suei Cheng（Sweding Wang），福建（闽侯）林森人，王景岐（Wang King-Ki，曾任驻比公使）长子，王季征之兄。1921 年赴比利时，入圣米歇尔学院（College St. Michel），1933 年取得布鲁塞尔大学法学博士学位（Doctorat en Droit），无博士论文。1934 年 1 月回国。从事律师业务，曾任东吴大学法学院教授，讲授罗马法和国际法。[25]

B017：范商（1908—?），外文姓名 Fan Shang（Vincent Chang Fan），浙江汤溪人。1924 年进入震旦大学文科学习，1930 年赴比利时留学（中比庚款资助），1934 年取得鲁文大学法学博士学位（Doctorat en Droit）及政治社会学硕士学位（Licencié en sciences politiques et sociales），无博士论文。[26]

B018：周枏（1908—2004），外文姓名 Jean Tchéou Nang（Chow Nan），江苏溧阳人。1922 年入无锡公益工商中学。1926 年入上海中国公学商科。1928 年毕业。1929 年秋入比利时鲁文大学，先学商业和金融课程，后转学法学院政治外交专业，1931 年 7 月取得政治外交学硕士学位，因成绩优秀，获得庚款奖学金，1934 年取得鲁文大学法学博士学位（Doctorat en Droit），无博士论文。同年回国，在上海持志学院讲授罗马法。1937 年任湖南大学政治系教授，1940 年任江苏大学教授。1942 年任厦门大学教授、法律系主任，讲授罗马法和民法总论。抗战后回上海，任暨南大学教授兼法律系主任、法学院院长。后任安徽大学法学院教授，中国民主同盟盟员。[27]

B019：宋玉生（1902—1991），外文姓名 Sun Yu Sun（Sung Yu Sheng），江苏盐城人。早年就读于厦门大学和北京大学，1928 年出国留学，先入法国里昂大学，1931 年转赴比利时，1933 年取得鲁文大学政治社会学硕士学位（Licencié en sciences politiques et sociales），1935 年取得鲁文大学法学博士学位(Doctorat en Droit),无博士论文。1936年回国,中央陆军军官学校政治教官,后任东北大学(四川三台)法律系教授,1946年任云南大学法律系教授兼系主任,1953年任西南政法学院教授,1957年到四川外语学院法语系任教。[28]

B020:徐铸(1903—?),字仲陶,外文姓名 Chu Tchow(Hsu Chu, Georges Chow Chu),安徽怀宁人。国立北平大学法学院肄业,1931年自费赴比利时留学,1935年取得鲁文大学法学博士学位(Doctorat en Droit),无博士论文。1935年4月回国。任北平朝阳学院讲师、民国学院教授,后任中央政治学校、蒙藏学校专任教师,湖南省地方行政干部学校县政人员班指导委员。广西大学教授。1951年任湖南大学法律系主任,后调任中南政法学院教授。[29]

B021:蒋固节(1908—?),外文姓名 Tsiang Kou Chich(Tsing Ku Kieh,或者 André Kou Chieh Tsiang),江苏涟水人。1926年上海持志大学附中毕业。1930年自费赴比利时留学,1935年取得鲁文大学法学博士学位(Doctorat en Droit),无博士论文。同年9月回国。1942年任云南大学法律系教授,江苏学院教授。1949年后任湖南大学教授。[30]

B022:王季征(1913—1987),外文姓名 Wang Ki Cheng(Kiding Wang),福建(闽侯)林森人,王景岐次子。1921年赴比利时,入圣米歇尔学院(College St. Michel)古人文学科,后入布鲁塞尔大学哲学与文学系,之后入法律系,1936年取得布鲁塞尔大学法学博士学位(Doctorat en Droit),无博士论文。谙英、法、德三国语言,曾任外交部礼宾司帮办,兼礼宾司第一科科长。曾在东吴大学法学院讲授罗马法和国际法。后去台湾,担任中国文化学院华冈教授,西洋文学研究所法文组主任,大学部法国语文系主任。[31]

B023:陆炳熊(1906—2000),字预初,外文姓名 Lu Ping-Hsiung,江苏宜兴人,晏勋甫之婿。早年在上海暨南大学求学,后留学比利时,1938年取得鲁文大学法学博士学位(Doctorat en Droit),无博士论文。曾任西北大学法律系教授,国防部最高委员会外交专门委员会委员。曾在上海经商。1949年后到华北大学政治研究所学习,之后任教于东北商专(东北财经学院),1954年调到中南财经学院,1979年任武汉市文史研究馆馆员。[32]

B024：萧金芳(1901—1987)，字经方，别名正本，外文姓名 Siao King-Fang(Hsiao Ching-Fang)，四川南溪县(县城北门坝上)人。1915 年入四川省南溪县高等小学。1919 年底赴法勤工俭学，先在巴黎圣日尔曼中学，后来获得法国巴黎大学法学硕士学位。1927 年回国，国民革命军第 20 军(军长杨森)外交秘书、政治部秘书。1928 年 11 月考取驻外使领馆职员任用考试乙等。1932 年任上海第二特区(法租界)地方法院书记官长。1937 年再次出国，任驻比利时大使馆及驻国联代表处秘书，1938 年取得布鲁塞尔大学公法专业法学博士学位(Docteur spécial en droit public)，博士论文包括两部分：《当代中国宪法的演变》(L'evolution constitutionnelle de la Chine moderne)、《当代中国宪法演变的修改》(Rectifications se rapportant a l'evolution constitutionnelle de la Chine moderne)。1946 年任外交部条约司额外三等秘书回部办事。1956 年任上海外国语学院青年教师进修班教师，1963 年任上海文史研究馆馆员，1964 年任上海科技大学外语进修部法语教授，1979 年受聘为上海社科院法学所特约研究员。[33]

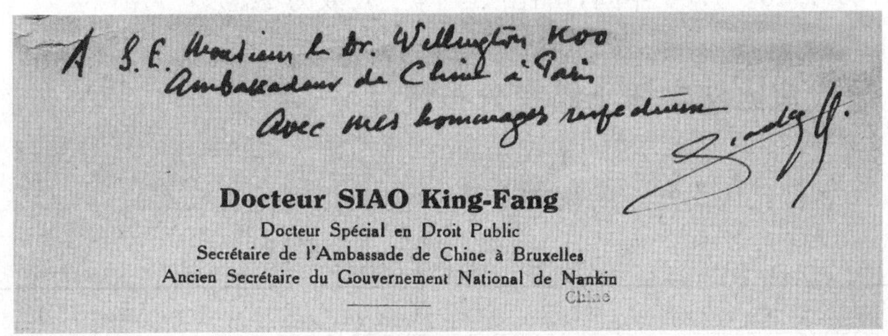

Docteur SIAO King-Fang
Docteur Spécial en Droit Public
Secrétaire de l'Ambassade de Chine à Bruxelles
Ancien Secrétaire du Gouvernement National de Nankin
Chine

图 5.4　萧金芳手迹(签赠顾维钧)

第三节　近代留比法学博士统计分析

一、近代留比法学博士年代分布统计

近代留比法学博士的年代分布如下：

表 5.1 近代留比法学博士年代分布

年 代	姓 名	人数	百分比(约)
1900—1909	无	0	0
1910—1919	朱鹤翔	1	4%
1920—1929	刘之谋、朱文源、赵谦、杨琦	4	17%
1930—1939	何方理、凌其翰、孔庆宗、路式导、张季行、陈朝璧、徐直民、曾希亮、丁珩、张明时、王遂征、范商、周枏、宋玉生、徐铸、蒋固节、王季征、陆炳熊、萧金芳	19	79%
1940—1950	无	0	0
总数		24	

资料来源:本章第二节。

分析近代留比法学博士年代分布统计,可以得出如下结论:

(1) 在年代分布上,1900—1909 年段,留比法学博士人数为零;

(2) 1910—1919 年间,留比法学博士博士人数为 1 名;

(3) 1920—1929 年间,留比法学博士人数为 4 名;

(4) 1930—1939 年间,留比法学博士人数为 19 名;

(5) 1940—1950 年间,留比法学博士人数为零。

二、近代留比法学博士籍贯分布统计

24 名留比法学博士的籍贯全部查清,具体详见表 5.2:

表 5.2 近代留比法学博士籍贯分布

省籍	姓 名	人数	百分比(约)
江苏	朱鹤翔、刘之谋、朱文源、凌其翰、路式导、陈朝璧、徐直民、周枏、宋玉生、蒋固节、陆炳熊	11	46%
浙江	杨琦、何方理、范商	3	13%
福建	曾希亮、王遂征、王季征	3	13%
湖南	赵谦、丁珩	2	8%
河南	张季行、张明时	2	8%
四川	孔庆宗、萧金芳	2	8%
安徽	徐铸	1	4%
总数		24	

资料来源:本章第二节。

分析近代留比法学博士的籍贯，可以得出如下结论：输出近代留比法学博士人数最多的省份是江苏（11名），其次是浙江和福建（各3名），再次是湖南、河南、四川（各2名），最后是安徽（1名）。值得注意的是，近代留洋法学博士大省——广东省在输出留比法学博士的人数上居然为零。

三、近代留比法学博士在比高校分布统计

表5.3　近代留比法学博士在比高校分布

比国高校名称	姓　名	人数	百分比(约)
鲁文大学	朱鹤翔、刘之谋、杨琦、何方理、路式导、张季行、陈朝璧、徐直民、曾希亮、范商、周枏、宋玉生、徐铸、蒋固节、陆炳熊	15	63%
布鲁塞尔大学	朱文源、凌其翰、孔庆宗、张明时、王遂征、王季征、萧金芳	7	29%
列日大学	丁珩	1	4%
根特大学	赵谦	1	4%
总人数		24	

资料来源：本章第二节。

根据近代留比法学博士在比高校统计，近代留比法学博士毕业于鲁文大学的人数最多，有15名，占总人数的63%，属于绝对多数；其次是布鲁塞尔大学，共有7名；列日大学和根特大学各有1名。

四、近代留比法学博士在华高校分布统计

表5.4　近代留比法学博士在华高校分布

中国高校名称	姓　名	人数
震旦大学	朱鹤翔、杨琦、凌其翰、范商	4
北京大学	孔庆宗、张明时、宋玉生	3
北平大学	徐铸	1
中央大学	陈朝璧	1
中国公学	周枏	1
持志学院	路式导	1

（续表）

中国高校名称	姓　　名	人数
厦门大学	宋玉生	1
辅仁大学	曾希亮	1
暨南大学	陆炳熊	1
复旦公学	朱鹤翔	1
上海法学院	路式导	1
人数		16

资料来源：本章第二节。朱鹤翔曾经就读于上海的复旦公学和震旦学院；宋玉生曾经就读于厦门大学和北京大学；路式导曾经就读于持志学院和上海法学院。所以，本表总人数为16人，实际14人。赵谦、朱文源、何方理、王遂征、王季征、萧金芳等人未曾在国内高校就读。

近代留比法学博士在华高校分布统计结论如下：

来自震旦大学的有4名，来自北京大学的有3名；其余来自北平大学、中央大学、中国公学、持志学院、厦门大学、辅仁大学、暨南大学、复旦公学、上海法学院，均各有1名。留比法学博士中有5名来自教会大学，即震旦大学和辅仁大学，这两所教会大学均为天主教教会大学，而属于基督教教会大学的东吴大学法学院输出留比法学博士的人数为零。

本章小结

近代留洋法学博士这一群体，不仅分布在美国、法国、英国，而且还分布在比利时等国。实际上，近代留比法学博士的人数虽然不及留美、留法者，但却远远超过了留英法学博士的数量，甚至也超过了留德法学博士的数量。中国近代留比法学博士最突出的成就是对罗马法的深入研究。事实上，周枬和陈朝璧在民国时期就已经是研究罗马法的著名学者。而他们之所以能够在罗马法研究上取得成就，与其在比利时留学这一经历有直接关系。最后值得注意的是，近代留比法学博士基本上属于无博士论文的博士，只有朱鹤翔、孔庆宗、萧金芳三人具有博士论文。

注释

1. 凌其翰：《比利时的法律教育》，载孙晓楼著：《法律教育》，中国政法大学出版社

1997年12月第1版,第292—293页。

2. 同上书,第289页。

3. 杜作润主编:《世界著名大学概览》,四川人民出版社1994年2月第1版,第142页。

4. 凌其翰:《比利时的法律教育》,载孙晓楼著:《法律教育》,中国政法大学出版社1997年12月第1版,第290页。另可参见 *Règlement pour la collation des grades dans la Faculté de Droit*, Annuaire de L'Université de Catholique de Louvain, 1910, at 85—89。

5. 凌其翰:《比利时的法律教育》,载孙晓楼著:《法律教育》,中国政法大学出版社1997年12月第1版,第291页。

6. 凌其翰著:《我的外交官生涯:凌其翰回忆录》,中国文史出版社1993年4月第1版,第1页。

7.《奏比国学费较廉饬请各省分遣游学折》,载刘真:《留学教育——中国留学教育史料》,第609页。

8. 袁同礼:《中国留欧大陆各国同学博士论文目录》,第58—59页。

9. 同上书,编号587,第57页注释。

10.《周校长对于第五次高等科毕业生训辞》,载《清华周刊》1917年第3期,第12页;《中国名人录》第五版1936年,第63页;《私立震旦大学一览》,1935年,第3—4页;石源华主编:《中华民国外交史辞典》,第263页;《中国国民党百年人物全书》上册,第643页。

11. 上海中比友谊会编:《留比同学录》,1933年,第30页,上海市档案馆编号:Y8-1-435。上海中比友谊会编:《留比同学录》,1933年,第30页;樊荫南编纂:《当代中国名人录》,上海良友图书印刷公司,1931年,第377页;《中国留法比瑞同学会同学录》,1940年,重庆上海印刷公司承印,第72页;《沪江大学教师名录》,载王立诚著:《美国文化渗透与近代中国教育:沪江大学的历史》,复旦大学出版社2001年7月第1版,第445页。

12. 上海中比友谊会编:《留比同学录》,1933年,第13页;一说朱文源取得法国巴黎大学法学博士学位,见汝信等主编:《当代中国社会科学手册》,社会科学文献出版社1988年10月第1版,第974页;《中国留法比瑞同学会同学录》,1943年,新蜀报第二印刷厂代印,第25页;汝信等主编:《当代中国社会科学手册》,社会科学文献出版社1988年10月第1版,第974页。

13. 上海中比友谊会编:《留比同学录》,1933年,第6页。

14. 杨琦自填《回国留学生现在国内服务状况调查表》,1931年5月8日填,上海市档案馆档案编号Q248-1-144; University Catholique de Louvain, Annuaire-Jaarboek 1930—1933, at 60;《中国留法比瑞同学会同学录》,1940年,重庆上海印刷公司承印,第 93 页。

15.《一九三〇至三一年度获得中比庚款补助之流学生》,载刘真:《留学教育:中国留学教育史料》第 4 册,第 1986 页;University Catholique de Louvain, Annuaire-Jaarboek 1930—1933, at 128, 199;上海中比友谊会编:《留比同学录》,1933 年,第 16 页;《中国留法比瑞同学会同学录》,1940 年,重庆上海印刷公司承印,第 13 页。

16. 上海中比友谊会编:《留比同学录》,1933 年,第 29 页;凌其翰著:《我的外交官生涯——凌其翰回忆录》,中国文史出版社 1993 年 4 月第 1 版。

17. 北京大学注册部编志课编:《国立北京大学毕业学生一览》,1930 年,第 359 页;五十周年筹备委员会编:《国立北京大学历届同学录》,国立北京大学出版部,1948 年 12 月,第 41 页;《我的外交官生涯——凌其翰回忆录》,中国文史出版社 1993 年 4 月第 1 版,第 5 页;上海中比友谊会编:《留比同学录》,1933 年,第 24 页;《中国留法比瑞同学会同学录》记载孔庆宗是比京大学政治博士(见《中国留法比瑞同学会同学录》,1943 年,新蜀报第二印刷厂代印,第 17 页);孔庆宗博士论文封面也注明他是政治学博士(Docteur en Science Politiques de l'Université de Bruxelles)。鉴于孔庆宗事实上攻读的是宪法学,本书一并将其收录在内;Http://catalogue.bnf.fr/ark:/12148/cb32318905h/PUBLIC;王敦行:《孔庆宗事略》,载《长寿县文史资料》第 1 辑,1985 年 12 月,第 14—19 页。

18. Annee Academique 1931—1932, Liste des Etudiants Chinois en Belgique, 1931 年度—1932 年度中国赴比利时留学人员名单,上海市档案馆档案号 Q458-1-87-55, SC0067;《上海律师公会会员录》,1936 年,第 88 页,上海市档案馆,档案号 Q130-70-3;《一九三〇至三一年度获得中比庚款补助之留学生》,载刘真:《留学教育:中国留学教育史料》第 4 册,第 1986 页;University Catholique de Louvain, Annuaire-Jaarboek 1930—1933, at 277;《上海法学院一览》,1933 年,第 66 页;上海中比友谊会编:《留比同学录》,1933 年,第 33 页;《中国留法比瑞同学会同学录》,1943 年,新蜀报第二印刷厂代印,第 172 页;《教授一览表》,载《持志学院一览》;《路式导博士执行律务》,载《申报》1934 年 5 月 10 日第四张;周一煊、周莉华、周芝华:《怀念我们的父亲》,载《安徽大学法律评论》2008 年第 2 辑,安徽大学出版社 2008 年 8 月第 1 版,第 266 页。

19. University Catholique de Louvain, Annuaire-Jaarboek 1930—1933, at 277;《中国留法比瑞同学会同学录》,1943 年,新蜀报第二印刷厂代印,第 138 页;上海中比友谊会编:《留比同学录》,1933 年,第 2 页,上海市档案馆编号:Y8-1-435。

20.《国立中央大学录取新生》,载《申报》1928 年 9 月 1 日;《十八年度出洋学生调查录:留比庚款官费生》,载《申报》1929 年 8 月 24 日第四张;上海中比友谊会编:《留比同学录》,1933 年,第 7 页;陈朝英:《我的长兄陈朝璧教授》,中国法学创新网,http://www.fxcxw.org/index.php/Home/Dajia/artIndex/id/2992/tid/7.html(2009

年11月24日上传,2019年1月3日访问)。

21. Annee Academique 1931—1932, Liste des Etudiants Chinois en Belgique, 1931—1932年度中国赴比利时留学人员名单,上海市档案馆档案号Q458-1-87-55, SC0068;《一九三〇至三一年度获得中比庚款补助之流学生》,载刘真:《留学教育:中国留学教育史料》第4册,第1986页;上海中比友谊会编:《留比同学录》,1933年,第18页;University Catholique de Louvain, Annuaire-Jaarboek 1930—1933, at 277;《中国留法比瑞同学会同学录》,1940年,重庆上海印刷公司承印,第32页;鹿崇文:《江苏学院往事记略》,载中国人民政协江苏省徐州市委员会文史资料研究委员会:《徐州文史资料》第10辑,1990年3月,第63页;《"国立政治大学"校友通讯录》,1967年5月20日,第72页;周一煊、周莉华、周芝华:《怀念我们的父亲》,载《安徽大学法律评论》2008年第2辑,安徽大学出版社2008年8月第1版,第57、264页。

22.《中国留法比瑞同学会同学录》,1943年,新蜀报第二印刷厂代印,第150页;《民国十六年核准自费留学生》,载刘真主编:《留学教育——中国留学教育史料》,第1650页;University Catholique de Louvain, Annuaire-Jaarboek 1930—1933, at 277;《公教学报》,1935年,第16期,第12页。

23. 上海中比友谊会编:《留比同学录》,1933年,第43页;《中国留法比瑞同学会同学录》,1940年,重庆上海印刷公司承印,第3页。

24. Annee Academique 1931—1932, Liste des Etudiants Chinois en Belgique, 1931—1932年度中国赴比利时留学人员名单,上海市档案馆档案号Q458-1-87-55, SC0065;《中国留法比瑞同学会同学录》,1943年,新蜀报第二印刷厂代印,第139页;上海中比友谊会编:《留比同学录》,1933年,第3页,上海市档案馆编号:Y8-1-435;《安徽师范大学校史(1928—2008)》,安徽人民出版社2008年4月第1版,第90页。

25. 上海中比友谊会编:《留比同学录》,1933年,第48页;《中国留法比瑞同学会同学录》,1943年,新蜀报第二印刷厂代印,第15页;《王景岐公子王遂征学成返国》,载《申报》1934年1月9日第四张;王立民著:《上海租界史话》,2001年,第153页。

26. Annee Academique 1931—1932, Liste des Etudiants Chinois en Belgique, 1931—1932年度中国赴比利时留学人员名单,上海市档案馆档案号Q458-1-87-55, SC0067;心镜:《范商考取博士回国之讯》,载《我存杂志》1934年第2卷第1期,第120页;刘真:《留学教育》第4册第1871、1987页。

27. Annee Academique 1931—1932, Liste des Etudiants Chinois en Belgique, 1931—1932年度中国赴比利时留学人员名单,上海市档案馆档案号Q458-1-87-55, SC0068;上海中比友谊会编:《留比同学录》,1933年,第11页;周枏:《我与罗马法》(作于2002年5月),http://law-thinker.com/show.asp?id=2117;朱仇美主编:《安徽省高等学校教授副教授人名录》,安徽人民出版社1989年11月第1版,第58页;周一煊、周莉华、周芝华:《怀念我们的父亲》,载《安徽大学法律评论》2008年第2辑,安徽大学出版社 2008 年 8 月第 1 版。

28. Annee Academique 1931—1932, Liste des Etudiants Chinois en Belgique, 1931—1932 年度中国赴比利时留学人员名单，上海市档案馆档案号 Q458-1-87-55，SC0068；上海中比友谊会编：《留比同学录》，1933 年，第 40 页；《中国留法比瑞同学会同学录》，1940 年，重庆上海印刷公司承印，第 15 页。有资料称宋玉生获得鲁文大学法学士，见云南大学、云南省档案馆编：《云南大学史料丛书 · 教职员卷(1922—1949年)》，云南民族出版社 2008 年 12 月第 1 版，第 184 页；《宋泽夫的二儿子——宋玉生简介》，载盐都县政协文史委员会编：《文史资料》第 6 辑，宋泽夫先生纪念文集，2003 年，第 262—263 页。

29. 上海中比友谊会编：《留比同学录》，1933 年，第 18 页；《中国留法比瑞同学会同学录》，1940 年，重庆上海印刷公司承印，第 33 页；周一煊、周莉华、周芝华：《怀念我们的父亲》，载《安徽大学法律评论》2008 年第 2 辑，安徽大学出版社 2008 年 8 月第 1 版，第 264 页；刘真：《留学教育——中国留学教育史料》，第 1864 页。

30. Annee Academique 1931—1932, Liste des Etudiants Chinois en Belgique, 1931—1932 年度中国赴比利时留学人员名单，上海市档案馆档案号 Q458-1-87-55，SC0069；上海中比友谊会编：《留比同学录》，1933 年，第 44 页；《持志年刊》1926 年，第 88 页；《民国十八年核准自费留学生》，载刘真主编：《留学教育——中国留学教育史料》，台北"国立编译馆"，1980 年，第 1855 页；《中国留法同学会同学录》，1943 年，新蜀报第二印刷厂代印，第 183 页；《云南大学志》第二卷，1996 年 12 月，第 102 页；丁小千：《江苏学院始末》，载《徐州文史资料》第 19 辑，1990 年 3 月，第 1—38 页；《湖南大学校史》，湖南大学出版社 2003 年 11 月第 1 版，第 428 页。

31. 上海中比友谊会编：《留比同学录》，1933 年，第 47 页；袁同礼《中国留欧大陆各国同学博士论文目录》(第 58 页)记载王季征博士论文是《国际联盟与世界和平》(La Société des Nations et la paix du monde)，这一记载有误；《外交部职员录》，1946 年，第 41 页；凌其翰著：《我的外交官生涯——凌其翰回忆录》，中国文史出版社 1993 年 4 月第 1 版，第 180 页。

32. Annee Academique 1931—1932, Liste des Etudiants Chinois en Belgique, 1931—1932 年度中国赴比利时留学人员名单，上海市档案馆档案号 Q458-1-87-55，SC0067；晏勋甫：《我的自传》，载《武汉文史资料》2008 年第 3 期，第 42 页；《中国留法比瑞同学会同学录》，1943 年，新蜀报第二印刷厂代印，第 101 页；陆炳熊：《程潜对我的提携》，载《武汉文史》，1989 年，第 100—106 页；《武汉市文史研究馆馆长、副馆长、馆员名录》，载武汉市政协文史资料委员会：《武汉文史资料》，1993 年第 3 辑，1993 年 10 月，第 177 页；"陆炳熊"，第四野战军第一门户网，http://www.4yjd.cn/sideshow.asp?id=2411(2010 年 9 月 6 日上传，2019 年 1 月 2 日访问)。

33. 萧金芳：《留法勤工俭学中熟识的中共党员》，载《史料选编》，1981 年第 1 期，第63—72页;《外交部公报》第一卷第8号,1928年12月,第91页;萧金芳:《回忆阚思骏兄妹与我的交往》,载《南溪县文史资料选辑》第15辑,第35—36页;萧金芳:《我在南溪高等小学念书的回忆》,载《南溪县文史资料选辑》第11辑,1984年10月,第52页(自称"考得巴黎大学的法学硕士和布鲁塞尔大学的公法学高等教育教授学位特级博士");袁同礼:《中国留欧大陆各国同学博士论文目录》,第57页;《外交部职员录》,1946年,第34页;中共南溪县委党史研究室编:《中共南溪县地方党史资料汇编(1921—1949)》,1991年7月,第93—94页;上海市文史研究馆馆员名录,"萧金芳",上海市文史研究馆网站,http://www.shwsg.net/d/71/1758.html(2016年2月4日访问)。

第六章 中国近代留德法学博士

研究留德法学博士也具有特殊的意义。第一个在欧洲取得法学博士学位的是 1907 年从柏林大学毕业的马德润，比第一个从法国取得法学博士学位的陈继善的毕业时间（1912 年）早五年，比首批从英国取得法学博士学位的郑天锡和刁敏谦（1916 年）早九年。联邦德国前总理科尔称“波恩大学是首先将博士学位授给一位中国公民的欧洲大学”，他指的是 1907 年 3 月获得波恩大学物理学博士的李复几，[1]袁同礼《中国留欧大陆各国同学博士论文目录》称之为“李赋基”（Li Fo Ki）。[2]实际上，李复几和马德润是同一年在德国取得博士学位。

之所以中国留欧学生最早从德国取得博士学位，与清政府对于德国教育的重视有关。清政府注意到德国高等教育的质量，专门派员赴德留学，其中就出现了第一位留德法学博士马德润。光绪二十九年端方《奏派学生前赴美、德、俄三国游学折》揭示了当时公派马德润等人留学德国的原因，从中可以看出清政府的有识之士已经认识到不同地区留学生的差别：

> 今日中国人士怵于日本之自强，往往径赴东洋游学，其不由官派，自备斧资者亦复不少。人类既众，学术易歧。实则日本学制亦皆步武泰西，惟其厚视同洲，故于学生不无宽待。泰西则中国肄业者较少，功课亦极认真。臣每接见从前在欧美游学之人，其得有卒业文凭者，大半学问精深，心术纯正，颇多可用之才。现在中国力行新政，所求正在此辈，若不广图造就，势必习于近便，继往无人。臣钦奉明纶，追思前事，谨就湖北各学堂学生中选得锦铨、祖谦、李人铎、吴连庆、

善明、宾步程、陈箓、马德润等八人，派往德国游学。[3]

第一节　德国法学学位制度的历史演变

中世纪德国就开始授予博士学位，但是很长时期内，德国博士学位的取得不需要从事科学研究，不需要创新性成果，也不需要博士论文。[4] 19世纪柏林大学成立以后，德国博士学位的标准和要求产生了较大的变化，博士论文的重要性越来越高。[5]

20世纪中叶以前，德国学位制度采取单一的博士学位制，没有学士学位，也没有硕士学士，只有博士学位。“与法国的学士相类者，是中等学校卒业证书，或称成熟证书，获得此证书者，得不经考试即升入更高一级的学术机关，继续求学。后能得的学位，惟有博士。”[6]法学学位也是如此，没有法学士或者法学硕士学位。[7]当时德国大学在法学方面授予的唯一学位就是法学博士学位，德语 Doktors de Recht 或者 Doktors der Rechtswissenschaft，简称 Dr.jur.或者 Dr.iur.。有的德国大学授予教会法与民法学联合博士学位（Ivris Vtrivsqve Doctoris，简称 J. U. D.或者 J.V.D.）。

德国大学强调教授自治，德国的法学博士学位在性质上属于大学授予的博士学位，而非国家授予的博士学位。在这一点上，德国单一性质的“大学博士”与法国“大学博士”与“国家博士”并存的制度不尽一致。美国也采用单一性质的大学博士制度，没有国家博士，但是美国大学博士学位品种繁多，正如本书第一章所述，美国同时存在数种“法学博士”学位。相对而言，德国近代法学博士学位非常简单。由于当时德国法学院只有狭义的法学博士学位，没有法学士学位这种基础学位，也没有法学硕士学位这种中间学位，所以不能将德国大学授予的法学博士学位视为比法学士、法学硕士学位更高级的学位。所谓高级学位，是与低级学位相比而言的。在这一点上，德国与英国、法国、美国都不一样。英国在法学博士之下有法学士及/或法学硕士，法国在法学博士之下有 Licencié en droit，美国在学术性法学博士之下有法学士、法学硕士及法律博士。在某些美国学者眼中，德国的 J.U.D.学位在性质上相当于美国的 J.D.学位，都属于法律职业性博士学位，不属于学术研究生的学位。[8]

当年德国法学博士学位的授予标准各校略有不同，但是主要标准基本一致。19 世纪晚期，德国柏林大学规定的法学博士学位授予条件是：(1)一篇优秀的原创性博士论文；(2)罗马法、德国法或者教会法教程的书面解释；(3)有关法律课程的口试；(4)公开进行的论文答辩。博士论文可以使用德文或者拉丁文撰写。博士学位申请者必须自费印刷博士论文，公开答辩时必须使用德语。全部考试费用共计 355 马克。[9]到了 20 世纪初期，柏林大学这一标准基本没有大的变化，仍然是：(1)以德语或者拉丁语撰写的法学博士论文；(2)阐述罗马法、德国法、教会法的文章；(3)口试合格；(4)博士论文公开辩论。[10]学生为取得法学博士学位而支付的考试费用仍然是 355 马克，学生必须支付博士论文、个人简历和文凭的印刷费。[11]

值得注意的是，并非每所德国大学都如柏林大学那样要求法学博士论文必须由德文或者拉丁文撰写。1934 年，中国留学生赵长敏在波恩大学取得法学博士学位，他的法学博士论文就用英文撰写。有趣的是，赵长敏在波恩大学同时取得了哲学博士学位，他的哲学博士论文却是用德语撰写。[12]德国大学允许用英文撰写博士论文的情况极为罕见，同一人在同一所德国大学同时取得两个博士学位的情况也极为罕见。

德国的博士考试多采用口试，各项口试合格后方可授予博士学位。[13]具体博士考试程序是：大学教授会议指派委员组成特别委员会负责博士考试。考生首先提交一篇论文，经审查合格，“并经过一个大题目和两个小题目考试”[14]，之后可以授予博士学位。

季羡林曾经回忆其在德国的博士考试：

> 德国大学对论文要求十分严格，题目一般都不大，但必须有新东西才能通过。有的中国留学生在德国已经呆了六七年，学位始终拿不到，关键就在于论文。[15]

到了 20 世纪下半叶，这种单一的博士学位制被二级学位制度所取代，即德国的综合性大学可以授予硕士学位和博士学位。[16]

值得注意的是，近代德国法律院系的名称并不统一，有的大学采用狭义表述，称为法律系（Juristischen Fakultät）；有的大学采用广义表述，称为法政系（Rechts-und Staatswissenschaftlichen Fakultät），法律仅是其中一部分；有的大学则兼而有之，同时设有法律系和法政系。采用法律系名称的，往往明确授予"法学博士学位"，而采用法政系名称的，则可能会授予政治学博士学位或者法政博士学位（Doktor der Rechtswiffenfchaft），与法律系颁发的"法学博士学位"大致相当。

第二节　近代留德法学博士名录

G001：马德润（1871—1937），亦名玉琨，字海饶，德语姓名 Ma Do-Yün，湖北枣阳（城关）人。早年考取秀才，1899 年入武昌自强学堂。1903 年以湖北官费生身份留德。1907 年取得柏林大学法学博士学位，博士论文题目是《中国合于国际公法论》（Der Eintritt des chinesischen Reiches in den völkerrechtlichen Verband，字面上可以译为《中华帝国进入国际法组织》）。夫人德籍。1909 年回国，任京师地方审判厅厅长，1911 年全国第一次县知事考试主试委员。1912 年 8 月任北京政府司法部参事，后任平政院庭长、评事，修订法律馆总裁。在北平天津从事律师业务，曾任律师公会会长。[17]

G002：周泽春（1880—1963），字福介、凤介、民柯，德文姓名 Chou Tse-Chun（Tschou Tso-Tschun），湖北随县人。早年入湖北经心书院。1904 年留学德国柏林大学政法系，湖北省官费生，1907 年创办刊物《欧美法政介闻》，与马德润一同担任总编辑，留德同学会会长。1909 年取得柏林大学法学博士学位，博士论文《中国宪政法律之改良史》（Die Reformen des chinesischen Reiches in Verfassung, Verwaltung und Rechtsprechung mit Rücksicht auf die entsprechenden Einrichtungen Europas）。该论文题目中译为当时旧译，不甚准确，今可译为《从欧洲有关制度看中华帝国的宪法、行政法和司法改革》。毕业后在德国法院担任见习法官。1910 年回国，参加第五次学部考试，授法政举人，入外交部。1912 年任京师高等检察厅厅长，京师地方审判厅厅长，担任北京大学及北京法政大学教授。1915 年任外交部四川特派交涉员。1928 年任南京国民政府外交部秘书、条约委员会委员。1934 年任外交部鄂、湘、赣、皖、川五省外交专员。1949 年以后曾任国际贸易促进委员会编译员、研究委员。[18]

G003:赓德祥(1884—1935),德文姓名 Xaver Kinginthai,赓音泰(同文馆德文馆学生,驻德参赞)之子,蒙古人,生于柏林,在德国接受教育,清外务部官费生,1911 年取得罗斯托克(Rostock)大学法学博士学位(Ivris Vtrivsqve Doctoris),博士论文《根据德国民法典第 912 条,土地所有者越界在相邻地产之上建造房屋时有哪些权利》(Welche Rechte hat der Grundstückseigentümer im Falle der Überschreitung seiner Grenze durch Errichtung eines Gebäudes auf dem Nachbargrundstücke unter den Voraussetzungen des § 912 BGB)。曾任驻德公使秘书,1935 年 4 月 20 日在德国柏林病逝。[19]

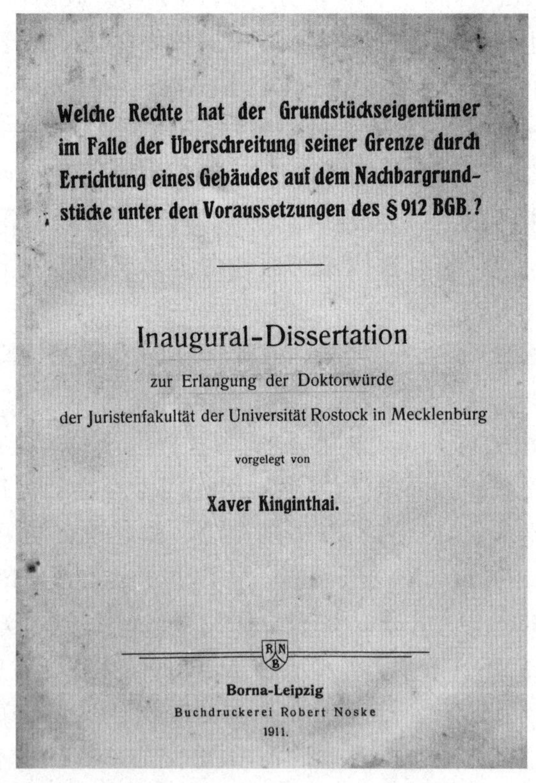
Welche Rechte hat der Grundstückseigentümer im Falle der Überschreitung seiner Grenze durch Errichtung eines Gebäudes auf dem Nachbargrundstücke unter den Voraussetzungen des § 912 BGB.?

Inaugural-Dissertation

zur Erlangung der Doktorwürde

der Juristenfakultät der Universität Rostock in Mecklenburg

vorgelegt von

Xaver Kinginthai.

RNB

Borna-Leipzig

Buchdruckerei Robert Noske

1911.

图 6.1　赓德祥 1911 年罗斯托克大学法学博士论文

G004：林彪（1888—?），字礼源，德文姓名 Ling Pyau，广东香山人。早年在上海圣约翰大学及广东法政学堂读书，光绪三十四年（1909 年）自费留学美国，入威斯康星大学攻读政治学，1912 年取得威斯康星大学学士学位。1913 年留学德国，1917 年取得维尔茨堡大学（Universität Würzburg，一译威尔士堡大学）法学博士学位，博士论文《中国革命》（Die chinesische Revolution，当时译作《中国辛亥革命及经济殖民宪法各方面之研究》）。后入柏林大学继续学习法律。1916 年回国，1917 年任外交部办事员。曾经担任北京大学法科讲师，上海临时法院推事。1928 年任国民政府司法院秘书，1929 年署理江苏高等法院院长。1934 年去职，在上海、苏州从事律师业务。1940 年任汪伪政府行政法院院长。[20]

G005：廖尚果（1893—1959），又名黎青主，笔名行主，德文姓名 Liau Schang Kuo，广东惠州（惠阳）人。广东黄埔陆军小学堂第七期毕业，参加辛亥革命，后获得广东省官费，1912 年留学德国，1914—1920 年在柏林大学学习，后转学到汉堡大学法学和国家学系，1922 年完成汉堡大学法学博士的学习，博士论文《中国的法律与国家理论：中国国家法的基本概念与根据》（Von chinesische Rechts-und Staatstheorien：ein Beitrag su den Grundlagen und Grundbegriffen des chinesischen Staatsrechts）。1922 年回国。1923 年 1 月被汉堡大学授予法学博士学位。1924 年秋担任黄埔军校校长办公室少校秘书。1925 年 7 月任国民革命军总政治部秘书，兼广东省立法官学校校务委员会副主席。1927 年初任第四军政治部少将主任。曾担任《乐艺》主编，欧亚航空公司营运主任、秘书长。1946 年任同济大学德文系教授。1949 年后任复旦大学（外文系德语组）教授，1952 年调任南京大学外语系教授，精通乐理。[21]

G006：刘克俊（1893—1974），字卓吾，德文姓名 Liu Keetsin（Liu Keh-Chun），江西吉安安福人。1912—1916 年在湖南长沙长郡中学学习，1916 年至 1919 年在北京大学法预科（德文班）学习，1919 年至 1920 年在北京大学法本科学习。1920 年冬随勤工俭学生船到法国，1921 年春到德国，自费留学。1921 年秋至 1922 年夏在德国柏林大学德文班学习。1922 年秋至 1923 年夏在德国柏林大学法学院学习，1923 年秋至 1924 年夏在德国佛莱堡大学法学院学习。1924 年秋至 1926 年夏在德国慕尼黑大学法学院学习。1926 年完成慕尼黑大学法学博士学业，博士论文《行为的同一在德国刑事诉讼法中的意义》(Der Begriff der Identität der Tat im geltenden deutschen Strafprozessrecht)。1926 年冬季回国。1927 年被慕尼黑大学授予法学博士学位。1927 年任武昌中山大学法科刑法教授,1928 年在南京担任国民政府法制局编审,1929—1947 年担任立法院立法委员,长期担任立法院刑法委员会召集人,主持修改刑法、刑事诉讼法及监狱法规等。1930 年曾赴捷克参加国际刑法会议。1933—1937 年、1946—1949 年任中央大学法学院刑法教授。1947 年担任立法院法制委员会委员长。1948 年 9 月担任司法院大法官。1949 年担任湖南长沙民国大学教授,1950 年担任湖南大学法律系教授,1953 年后担任湖南师范学院图书馆副主任、主任。[22]

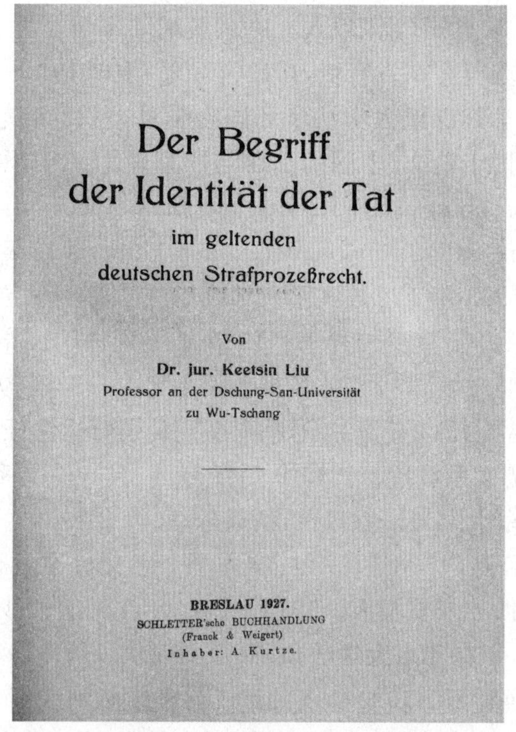

Der Begriff
der Identität der Tat
im geltenden
deutschen Strafprozeßrecht.

Von

Dr. jur. Keetsin Liu
Professor an der Dschung-San-Universität
zu Wu-Tschang

BRESLAU 1927.
SCHLETTER'sche BUCHHANDLUNG
(Franck & Weigert)
Inhaber: A. Kurtze.

图 6.2 刘克俊 1927 年慕尼黑大学法学博士论文

G007:徐道邻(1906—1973),名审交,字道邻,德文姓名 Hsü Dau-Lin,江苏萧县(今归安徽)人,生于日本东京,徐树铮(1880—1925)之子。

宣统二年随父母回国。1924 年随父去欧洲考察，留在德国读书。1925 年入柏林大学攻读法律。1925 年 12 月其父徐树铮被张之江部所杀，回国奔丧，第二年再次赴德。导师是德国宪法学家鲁道夫 · 西蒙德（Carl Friedrich Rudolf Smend，1882—1975）。1931 年取得柏林大学法学博士学位，论文题目《宪法的变迁》(Die Verfassungswandlung)。1931 年冬回国，任职于国防设计委员会，1936 年任行政院参议，1938 年任驻意大利代办，后任考试院铨叙部司长。1945 年任行政院政务处处长，后任同济大学法学院院长。1947 年 4 月任台湾省政府秘书长，后任江苏省政府秘书长。1949 年后任教于台湾大学、东海大学，讲授中国法制史和唐律。1962 年夏赴美讲学，后任教于西雅图华盛顿大学。1973 年 12 月因病去世，葬于西雅图。[23]

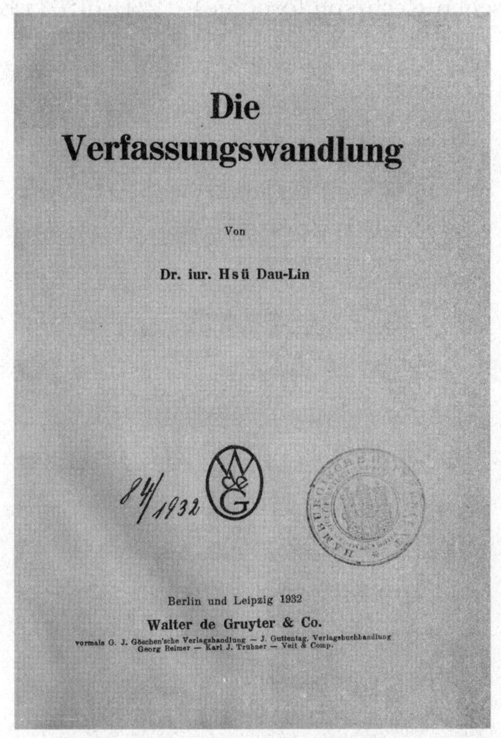

Die
Verfassungswandlung

Von

Dr. iur. Hsü Dau-Lin

84/1932

Berlin und Leipzig 1932
Walter de Gruyter & Co.
vormals G. J. Göschen'sche Verlagshandlung — J. Guttentag, Verlagsbuchhandlung
Georg Reimer — Karl J. Trübner — Veit & Comp.

图 6.3　徐道邻 1931 年柏林大学法学博士论文

G008：邵文纯（1900—?），别名邵希仁，德文姓名 Shao Wen-Tsun，辽

宁抚顺人。1925年北京大学法科毕业。1932年取得莱比锡大学法学博士学位，博士论文题目《德国1927年刑法草案中的消灭时效》(Die Verjährung im Entwurf (1927) des deutschen Strafgesetzbuches)。曾在中国人民银行、国际贸易促进会等部门工作。[24]

G009：赵长敏(1902—?)，字逊之，德文姓名Chao Chang-Min，山东邹平人。山东省立第一中学毕业。1924年获准自费留学，1924—1928年在英国伦敦大学学习法政，1928—1930年在剑桥大学学习法哲学，1932年入德国波恩大学，1934年取得波恩大学法学博士学位，英文博士论文《晚近对传统主权国家原则的抨击》(The recent attack upon the traditional doctrine of the sovereign state)。同年又取得波恩大学哲学博士学位，德文博士论文《英国现代法哲学批判》(Zur Kritik an der modernen englischen Rechtsphilosophie)。曾任司法行政部荐任秘书。[25]

The recent attack
upon the traditional Doctrine
of the sovereign state

Abhandlung
zur Erlangung der juristischen Doktorwürde
vorgelegt
der Rechts- und Staatswissenschaftlichen Fakultät
der Rheinischen Friedrich-Wilhelms-Universität
zu Bonn
von
Chang-min Chao

Würzburg 1934.
Buchdruckerei Richard Mayr

图6.4 赵长敏1934年波恩大学法学博士论文(英文)

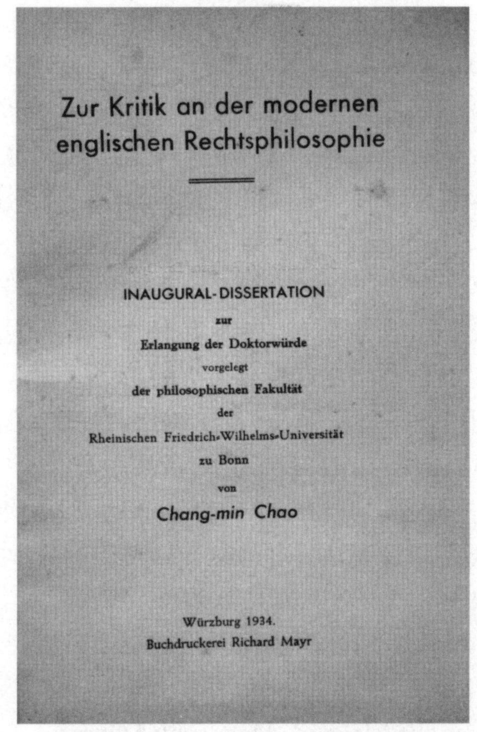

Zur Kritik an der modernen englischen Rechtsphilosophie

INAUGURAL-DISSERTATION
zur
Erlangung der Doktorwürde
vorgelegt
der philosophischen Fakultät
der
Rheinischen Friedrich-Wilhelms-Universität
zu Bonn
von
Chang-min Chao

Würzburg 1934.
Buchdruckerei Richard Mayr

图 6.5　赵长敏 1934 年波恩大学哲学博士论文(德文)

G010:芮沐(1908—2011),原名敬先,字吉士,德文姓名 Joei King-sien,浙江吴兴(今湖州)人,生于上海,留法法学博士芮正皋之兄。1927 年上海圣芳济中学毕业;1930 年以第一名的成绩从震旦大学文学院毕业,取得文学士学位;同年自费赴法留学,1933 年从巴黎大学毕业,获得法学士学位(Licencié en droit,一译法学硕士学位),成绩"优良";1933 年赴德国法兰克福大学(旧译佛琅克府大学)继续求学,导师佛睿慈・冯・黑佩尔(Fritz von Hippel,1897—1991),1935 年取得法兰克福大

图 6.6　法兰克福大学法学博士芮沐

学法学博士学位，博士论文题目《实在法与自然法的关系》(Das Verhältnis von positivem Recht und Naturrecht)。1935年8月回国，任立法院专员。1938—1939年任中央政治学校法律系教授，1939—1941年任中央大学法律系教授。1941—1945年任昆明西南联大法律系教授。1945年再次出国，到美国佛罗里达州立大学和纽约哥伦比亚大学法学院作访问学者。1947年回国，任北京大学法律系教授。1952年调任北京政法学院法律系教授。1954年调回北京大学法律系。1979—1983年任中国社会科学院法学研究所副所长，1980年任中国国际法学会副会长，全国人大常委会香港特区基本法起草委员会委员。[26]

G011：江海潮(1908—1996)，原名江纯仁，号瀛波，德文姓名 Chiang Hai-Cháo，山东即墨县人，出生于辽宁岫岩县。1926—1929年在东北大学法学院学习，本科肄业。获得张学良将军资助，1929年赴德国留学，入法兰克福大学法学院攻读宪法、国际法(导师是德国法学家吉泽和斯特禄普教授)，总分“良好”，1937年7月取得法兰克福大学法学博士学位(Doktors de Rechte)，博士论文《满清灭亡后中国宪法变迁史及国家元首在法律上的地位》(Die Wandlungen im chinesischen Verfassungsrecht seit dem Zusammenbruch der Mandschu-Dynastie unter besonderer Berücksichitgung der rechtlichen Stellung des Staatshauptes)(德国科学院国际法研究所丛书第23集)。1936—1937年在德国科学院国际法研究所从事科研工作，1937年回国，1938—1948年间担任国民政府监察院

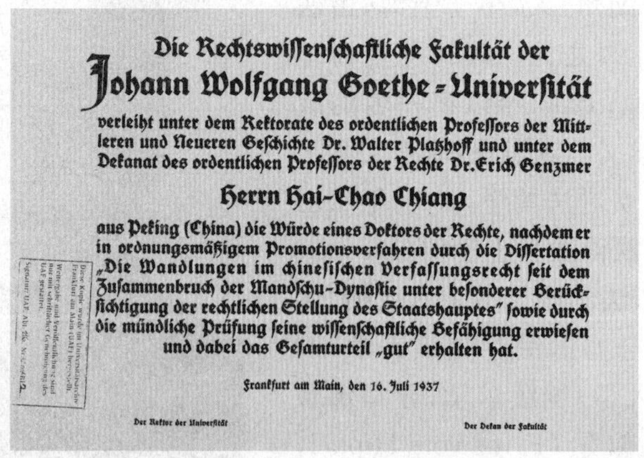

Die Rechtswissenschaftliche Fakultät der

Johann Wolfgang Goethe-Universität

verleiht unter dem Rektorate des ordentlichen Professors der Mittleren und Neueren Geschichte Dr. Walter Platzhoff und unter dem Dekanat des ordentlichen Professors der Rechte Dr. Erich Genzmer

Herrn Hai-Chao Chiang

aus Peking (China) die Würde eines Doktors der Rechte, nachdem er in ordnungsmäßigem Promotionsverfahren durch die Dissertation „Die Wandlungen im chinesischen Verfassungsrecht seit dem Zusammenbruch der Mandschu-Dynastie unter besonderer Berücksichtigung der rechtlichen Stellung des Staatshauptes" sowie durch die mündliche Prüfung seine wissenschaftliche Befähigung erwiesen und dabei das Gesamturteil „gut" erhalten hat.

Frankfurt am Main, den 16. Juli 1937

Der Rektor der Universität　　　　Der Dekan der Fakultät

图6.7　江海潮1937年法兰克福大学法学博士学位证书副本

秘书(实际上担任于右任秘书)。曾任重庆大学商学院民法教授,中央政治学校法律系大陆法教授,复旦大学法学院比较法教授。1952 年后历任华东政法学院教授、上海社科院教授、上海财经学院教授、复旦大学国际政治系教授。1979 年后调到华东政法学院。[27]

G012:陈蜀琼(1910—?),女,德文姓名 Ch'en Shu-Chiung,福建福州人,生于四川成都。1928 年在北京的一所高中毕业后即于同年 10 月赴德留学。1929 年夏被耶拿大学法学院录取,在耶拿大学法学院的总分为"及格"。1933 年 11 月导师格兰(Gerland)教授为其拟定博士论文题目,1936 年 3 月通过博士论文答辩,博士论文《中国和德国法中的判刑——比较研究》(Die Strafzumessung im chinesischen und deutschen Recht, Eine rechtsvergleichende Studie)。1937 年 7 月取得耶拿大学法学博士学位(Doktors der Rechtswissenschaft, Dr.jur.)。法兰克福大学法学博士江海潮之妻。1937 年回国,1938 年起在南通学院任教,1956 年参加上海外国语学院德语建系工作,1957 年参加华东政法学院国际法研究小组工作,1958—1968 年在上海社科院编译组工作,"文化大革命"期间到干校学习劳动,1978 年回上海社科院情报所工作。民革上海市委委员。[28]

Die Rechts- und Wirtschaftswissenschaftliche Fakultät der Friedrich-Schiller-Universität Jena verleiht unter dem Rektorate des ordentlichen Professors der Praktischen Theologie Dr. h. c. Wolf Meyer-Erlach und unter dem Dekanat des ordentlichen Professors der Rechte Dr. Karl Heldrich Fräulein Chen Shu-Chiung aus Fuchow die Würde eines Doktors der Rechtswissenschaft - Dr. jur. - nachdem sie in ordnungsmäßigem Promotionsverfahren durch die Dissertation „Die Strafzumessung im Chinesischen und Deutschen Recht. Eine rechtsvergleichende Studie" sowie durch die mündliche Prüfung ihre wissenschaftliche Befähigung erwiesen und dabei das Gesamturteil „Genügend" erhalten hat

Jena, den 25. Juli 1937

Der Rektor
der Friedrich-Schiller-Universität

Der Dekan
der Rechts- und
Wirtschaftswissenschaftlichen Fakultät

图 6.8　陈蜀琼 1937 年耶拿大学法学博士学位证书副本

G013:张仲绛(1909—1984),德文姓名 Chang Chung-Kong,广东大埔人。1932 年毕业于国立中山大学法律系,取得法学士学位。1932—1934 年在国立中山大学法学院任助教。1938 年取得马堡大学法学博士学位,博士论文《德国法与中国法中的违法阻却事由》(Unrechtsausschließungsgründe im deutschen und chinesischen Recht)。1941—1947 年任中央政治学校大学部训导、教授,1947 年 9 月任中山大学法律系教授。1948 年任湛江市市长。1950—1951 年在中国新法学研究院学习。1951—1954 年任中山大学政法系教授,1956—1979 年任中山大学外语学院教授。1980 年任中山大学法律系教授。广东省政协第四届委员会委员,广东省第六届人大常委会法制委员会委员。[29]

G014:曾如柏(1901—?),字昭然、仲骞,德文姓名 Tseng Ju-Pai (Tsêng Ju-Po),广西奉议人。1927 年毕业于北京大学法律系,法学士。1940 年取得马堡大学法学博士学位,博士论文《治外法权在中国的兴衰》(Entwicklung und Abbau der Extraterritorial-Jurisdiktion in China)。广西省政府委员兼广西省教育厅厅长,国立广东法科学院院长。曾在广州注册为律师。创设经纬书院,任华侨书院教授,香港中文大学联合书院教务长。杨式太极拳第四代传人。[30]

G015:安裕琨(1901—?),德文姓名 An Yü-Kun,山东人。1931 年取得日本明治大学法学士称号。1941 年取得柏林大学法学博士学位,博士论文《德国、中国和日本刑法中有关财产犯罪的改革》(Reform von Vermögensverbrechen im deutschen, chinesischen und japanischen Strafrecht)。1946 年回国。1947 年曾任台湾大学法律系教师。后定居美国,1959 年取得美国图莱恩大学(Tulane University,又译杜兰大学)法学硕士学位(LL.M.),硕士论文《中美刑事诉讼法的比较》(A Comparison between American and Chinese Law of Criminal Procedure),1959 年任教于毕省普学院。[31]

G016:陈耀庭(1914—?),德文姓名 Chen Yoau-Ting,福建同安人。1936 年取得清华大学政治系法学士学位,同年通过清华大学中德交换研究生项目留学德国,1940 年取得耶拿大学法学博士学位,博士论文《德国总督的地位与任务》(Die Stellung und Aufgabe des Reichsstatthalters)。曾任福建省政府会计处科长,建设厅主任秘书,中国公学商科主任,光华、复旦、大夏等大学教授，厦门大学商学院院长、政治系教授。抗战胜利后任驻日代表团法律专门委员，后留日本经商。[32]

G017：李士彤（1903—1993），德文姓名 Shih-Tung Li，河北天津人。1935 年北京大学法律学系毕业，法学士。1935 年 8 月考取第三届中美庚款公费生，后经特许转学德国，1941 年取得柏林大学法学博士学位，博士论文题目《中国买卖法中的瑕疵责任——与德国及瑞士法的比较》（Die Mängelhaftung im chinesischen Kaufrecht, vergleichend dargestellt mit dem deutschen und schweizerischen Rechte）。1938 年回国，任国立西南联合大学法商学院法律学系副教授，1941 年升教授。1946 年西南联合大学结束后任北京大学法律学系教授。1949 年 2 月任厦门大学法律学系教授。1949 年后调任北京外国语学院教授。[33]

北京大學法學士德國柏林大學法學博士國立
北京大學教授

图 6.9　李士彤学历及履历栏

[Abh]andlungen des Kriminalistischen Instituts
an der Universität Berlin
Begründet von Dr. Franz von Liszt
Vierte Folge　Fünfter Band　Zweites Heft

Probleme der Strafe der Brandmarkung im Lichte von rechtsvergleichenden Quellen

Von

Dr. jur. Yuvoon Chen

Berlin 1948

Walter de Gruyter & Co.
vormals G. J. Göschen'sche Verlagshandlung — J. Guttentag, Verlagsbuchhandlung
Georg Reimer — Karl J. Trübner — Veit & Comp.

图 6.10　陈育凤 1944 年柏林大学法学博士论文

G018:陈育凤(1905—约20世纪80年代后期),德文姓名Chen Yu-voon,广东人。1924年至1927年在中央大学法学院政治学系学习(陈育凤是留英法学博士黄正铭本科时期的同学),1928年6月取得法学士学位,之后在中央大学法学院法律学系攻读两年。曾任中央大学政治学系助教。先留学法国,后留学德国。1944年取得柏林大学法学博士学位,博士论文《诬陷罪研究》(Die Strafe der Brandmarkung)。后留居德国,在科隆大学东亚研究员任教。80年代后期去世。[34]

G019:张勋洋(1909—?),德文姓名Chang Hsun-Yang,湖南嘉禾人。1932年毕业于中央政治学校大学部法律系,后由该校公派留学,1936年到德国,1937年入哥廷根大学,1949年取得哥廷根大学法学博士学位,博士论文《从德国法的角度考察中国土地法》(Das chinesische Bodenrecht. Unter besonderer Berucksichtigung des deutschen Rechts)。之后定居德国[35],1960年在马堡大学法学院担任讲师。1972年退休。

第三节 近代留德法学博士统计分析

一、近代留德法学博士年代分布统计

表6.1 近代留德法学博士年代分布

年代	姓名	人数	百分比(约)
1900—1909	马德润、周泽春	2	11%
1910—1919	赓德祥、林彪	2	11%
1920—1929	廖尚果、刘克俊	2	11%
1930—1939	徐道邻、邵文纯、赵长敏、芮沐、江海潮、陈蜀琼、张仲绛	7	37%
1940—1950	曾如柏、安裕琨、陈耀庭、李士彤、陈育凤、张勋洋	6	32%
总人数		19	

资料来源:本章第二节。

在年代分布上,1900—1909年段,留德法学博士人数为2人;
1910—1919年间,留德法学博士人数为2人;

1920—1929 年间，留德法学博士人数为 2 人；

1930—1939 年间，留德法学博士人数为 7 人；

1940—1950 年间，留德法学博士人数为 6 人。

二、近代留德法学博士籍贯分布统计

19 名留德法学博士的籍贯均已查清。

表 6.2　近代留德法学博士籍贯分布

省籍	人　　名	人数	备　注
广东	林彪、廖尚果、张仲绛、陈育凤	4	
山东	赵长敏、江海潮、安裕琨	3	江海潮生于辽宁
福建	陈蜀琼、陈耀庭	2	
湖北	马德润、周泽春	2	
湖南	张勋洋	1	
江苏	徐道邻	1	生于日本东京
江西	刘克俊	1	
广西	曾如柏	1	
河北	李士彤	1	
浙江	芮沐	1	
辽宁	邵文纯	1	
蒙古	赓德祥	1	
总人数		19	

资料来源：本章第二节。

输出近代留德法学博士的省份依次是广东（4 名）、山东（3 名）、福建（2 名）、湖北（2 名）、湖南（1 名）、江苏（1 名）、江西（1 名）、广西（1 名）、河北（1 名）、浙江（1 名）、辽宁（1 名）、蒙古（1 名）。这些省份之间的差距不大。由于近代留德法学博士人数相对较少，在统计时偶然性过大，统计结果不宜单独考虑，最好放到近代留洋法学博士整体统计结果之中进行分析，这样的结果才较为可靠。

三、近代留德法学博士在德高校分布统计

表 6.3　近代留德法学博士在德高校分布

德国高校名称	留德法学博士姓名	人数	百分比
柏林大学	马德润、周泽春、徐道邻、安裕琨、李士彤、陈育凤	6	32%
法兰克福大学	芮沐、江海潮	2	11%
马堡大学	张仲绛、曾如柏	2	11%
耶拿大学	陈蜀琼、陈耀庭	2	11%
汉堡大学	廖尚果	1	5%
慕尼黑大学	刘克俊	1	5%
莱比锡大学	邵文纯	1	5%
波恩大学	赵长敏	1	5%
哥廷根大学	张勋洋	1	5%
罗斯托克大学	赓德祥	1	5%
维尔茨堡大学	林彪	1	5%
总人数		19	

资料来源：本章第二节。

根据近代留德法学博士在德高校统计，可以得出如下结论：

近代留德法学博士毕业于柏林大学的人数最多，有 6 名，占总人数的 32%；其次是毕业于法兰克福大学、马堡大学、耶拿大学的学生，分别有 2 名；剩余者分布在汉堡大学、慕尼黑大学、莱比锡大学、波恩大学、哥廷根大学、罗斯托克大学、维尔茨堡大学，均各 1 名。除了柏林大学遥遥领先外，其余各校差距不大。近代中国留学生无人从德国最早开展法学教育的海德堡大学取得法学博士学位。

四、近代留德法学博士在华高校分布统计

在 19 位近代留德法学博士中，未在国内接受高等教育者包括赓德祥、徐道邻、陈蜀琼、安裕琨等。可以肯定的是，至少有 11 位曾经在国内接受过高等教育。

表 6.4　近代留德法学博士在华高校分布

中国高校名称	学　生　姓　名	人数
北京大学	刘克俊、邵文纯、曾如柏、李士彤	4
清华大学	陈耀庭	1
中央大学	陈育凤	1
震旦大学	芮沐	1
东北大学	江海潮	1
中山大学	张仲绛	1
国立政治大学	张勋洋	1
上海圣约翰大学	林彪	1
广东法政学堂	林彪	1
总数 9 所		12

资料来源：本章第二节。林彪曾经在广东法政学堂和上海圣约翰大学这两所学校攻读。

分析近代留德法学博士在华高校统计资料，可以得出如下结论：

(1) 来自北京大学的人数为 4 名，占据近代留德法学博士群体之中国内高校第一位。

(2) 来自清华大学、中央大学、震旦大学、东北大学、中山大学、政治大学、圣约翰大学、广东法政学堂的各 1 名。

(3) 近代留德法学博士大多来自国内的公立学校，本土私立大学输出的留德法学博士的人数几乎为零，朝阳大学这所专门的本土法学院没有输出任何留德法学博士。综合性公立大学开设课程范围较广，有些甚至包括德语课程，有利于学生今后留学德国。例如，毕业于中央大学法学院政治学系的陈育凤在本科阶段专门学习过“初级德语”(2 学分)和“初级法语”(2 学分)课程，成绩分别为 80 分、85 分。[36]

(4) 中国近代教会大学毕业生中留德法学博士人数极少，仅有震旦大学的芮沐及圣约翰大学的林彪。东吴大学法学院输出的留德法学博士人数为零，这与东吴大学法学院出国风气直指美国有关。

五、近代留德法学博士的博士论文统计

19 位中国近代留德法学博士贡献了 20 篇博士论文。赵长敏同时获

得伯恩大学法学博士、哲学博士两个学位，其两篇博士论文均为法理学内容。笔者将这 20 篇博士论文分类如下：

1. 近代留德法学博士之法理学博士论文

表 6.5 近代留德法学博士之法理学博士论文一览

法理学博士论文题目	作　者	学　校	年代
《英国近代法哲学批判》	赵长敏	波恩大学	1934
《晚近对传统主权国家原则的抨击》	赵长敏	波恩大学	1934
《实在法与自然法的关系》	芮　沐	法兰克福大学	1935
总数 3 篇			

资料来源：本章第二节。

2. 近代留德法学博士之宪法行政法学博士论文

表 6.6 近代留德法学博士之宪法行政法学博士论文一览

宪法学博士论文题目	作　者	学　校	年代
《从欧洲有关制度看中华帝国的宪法、行政法和司法改革》	周泽春	柏林大学	1909
《中国革命》	林　彪	维尔茨堡大学	1917
《中国的法律与国家理论：中国国法的基本概念与根据》	廖尚果	汉堡大学	1922
《宪法的变迁》	徐道邻	柏林大学	1931
《满清灭亡后中国宪法变迁史及国家元首在法律上的地位》	江海潮	法兰克福大学	1937
《德国总督的地位与任务》	陈耀庭	耶拿大学	1940
《从德国法的角度考察中国土地法》	张勋洋	哥廷根大学	1949
总数 7 篇			

资料来源：本章第二节。

3. 近代留德法学博士之刑法学博士论文

表 6.7 近代留德法学博士之刑法学博士论文一览

刑法学博士论文题目	作　者	学　校	年代
《行为的同一在德国刑事诉讼法中的意义》	刘克俊	慕尼黑大学	1927
《德国 1927 年刑法草案中的消灭时效》	邵文纯	莱比锡大学	1932
《中国和德国法中的判刑——比较研究》	陈蜀琼	耶拿大学	1937
《德国法与中国法中的违法阻却事由》	张仲绛	马堡大学	1938

（续表）

刑法学博士论文题目	作　者	学　校	年代
《德国、中国和日本刑法中有关财产犯罪的改革》	安裕琨	柏林大学	1940
《诬陷罪研究》	陈育凤	柏林大学	1944
总数 6 篇			

资料来源：本章第二节。

4. 近代留德法学博士之民法学博士论文

表 6.8　近代留德法学博士之民法学博士论文一览

民法学博士论文题目	作　者	学　校	年代
《根据德国民法典第 912 条，土地所有者越界在相邻地产之上建造房屋时有哪些权利》	赓德祥	罗斯托克大学	1911
《中国买卖法中的瑕疵责任——与德国及瑞士法的比较》	李士彤	柏林大学	1941
总数 2 篇			

资料来源：本章第二节。

5. 近代留德法学博士之国际法学博士论文

表 6.9　近代留德法学博士之国际法学博士论文一览

国际法学博士论文题目	作　者	学　校	年代
《中国合于国际公法论》	马德润	柏林大学	1907
《治外法权在中国的兴衰》	曾如柏	马堡大学	1940
总数 2 篇			

资料来源：本章第二节。

6. 近代留德法学博士毕业论文统计分析

中国近代留德法学博士毕业论文包括五类：宪法学博士论文、刑法学博士论文、法理学博士论文、国际法学博士论文、民法学博士论文。

中国近代留德法学博士论文的一大特色是包括了一定数量的刑法学博士论文，这在近代留洋法学博士群体中独一无二。近代留法、留美的法学博士人数最多，但是几乎没有一篇刑法学博士论文，而留德博士人数虽少，却不乏刑法学博士论文。这是一个非常突出的现象，也间接反映出近代德国刑法学研究的发达。相对而言，近代留德法学博士研究民法者较少，仅有 2 篇，这与中国近代民法继受德国民法的传统似乎不相适应，这也与德国民法学研究极为发达的状况不一致，这种重刑轻民的研究现象，显示了近代留洋法学博士的选题也具有一定偶然性。

从语种上看，20 篇博士论文中，19 篇用德文撰写，1 篇用英文撰写(即赵长敏 1934 年波恩大学博士论文《晚近对传统主权国家原则的抨击》)。

从篇幅上看，近代留德法学博士论文字数较少，多数不到 100 页，超过 100 页的仅有徐道邻、江海潮、陈耀庭、张勋洋四人的博士论文。陈蜀琼的博士论文去除封面、目录、参考文献和封底，仅有 31 页，含 74 个脚注，笔者简单估算了一下，每页大约三四百字，以每页 400 字计，整篇博士论文正文(含脚注)约计 1 万 2 千 4 百字。按照这个标准估算，多数近代留德法学博士论文的字数不超过 4 万字。如果仅从篇幅上比较，在整体上看，近代留德法学博士论文是在留洋博士论文中字数较少者，不仅低于近代留英法学博士论文、留美法科博士论文，也低于留法法学博士论文。这从一个侧面显示近代德国法学教育对于博士论文字数的要求并不高，这一现象与德国大学当时对于其“法学博士”的定位也有关。

本章小结

德国近代法律教育有两个明显的特征，一个是全国统一化，另一个是学位单一化。德国这种大一统和单一式的法律教育格局与美国多层次、多样化、多变化的法律教育格局截然不同。从这层意义上说，研究中国近代留德法学博士要比研究近代留美法学博士要相对容易。从法律学位的复杂性上，英国、法国等大致居于美国和德国这两个极端的情况之间。

中国近代留德法学博士总数为 19 人，博士论文 20 篇。与近代留美法学博士、留法法学博士相比，近代留德法学博士人数较少。近代留德法学博士群体中公费生所占比例较高。但公费生结构单一，基本以各省官费为主(如马德润、周泽春、廖尚果)。缺乏类似中英庚款、中美庚款等专门项目的长期性和大规模支持，这也是近代留德法学博士人数不多的原因之一。近代时期，中德之间的法律教育交流不发达，如果说震旦大学是中法法律教育的天然桥梁，东吴大学是中美法律教育的天然桥梁，那么中德之间就缺少这么一座沟通两国法律教育的桥梁。同济大学本来有能力担当这一重任，可惜为时太晚。个别学校（如中央政治大学）虽然培养过精通德语的法律人才，但未形成规模效应和示范效应，与近代留美法学博士和留法法学博士的盛况不可同日而语。实际上，中国近代留德总人数并不少，但多数集中在医学和理工科方面，相应地，取得德国大学医学博士学位和理工科博士学位的人数远较法学博士的人数要多，留学生专业上的偏好也是因素之一。但有一点必须指出，正因为近代德国法学博士学位制度单一，全部属于强调基础法律教育的长学制，所以留学生很难讨巧，也就没有出现一年不到就可以取得类似美国速成法律博士学位的现象。所以，欲成为速成博士的中国近代法科留学生，当然不会选择到德国。

注释

1. 李复几（1881—1947），原名李福基，字泽民，江苏吴县人，1901 年被南洋公学派赴英国留学，1904 年伦敦大学机械工程科毕业，1906 年 5 月入波恩大学，1907 年 3 月取得高等物理学博士学位。见《谁是李复几？——中国第一位物理学博士寻踪》，《文汇报》2007 年 11 月 7 日。

2. Tung-li Yuan, A Guide to Doctoral Dissertations by Chinese Students in Continental Europe, 1907—1962, reprinted from *China Culture Quarterly*, Vol. V, No.3, 4, and Vol.VI, No.1, at 86.

3. 载陈学恂、田正平编：《中国近代教育史资料汇编，留学教育》，上海教育出版社 1991 年 7 月第 1 版，第 278 页。

4. 陈学飞等著：《西方怎样培养博士——法、英、德、美的模式与经验》，教育科学出版社 2002 年 4 月第 1 版，第 138 页。

5. 同上书，第 138—139 页。

6. 钟鲁齐著：《比较教育》，商务印书馆，1935 年 9 月初版，上海书店影印，民国丛书第三编 46，第 329 页。

7. Edward V. Raynolds, Legal Education in Germany, *The Yale Law Journal*, Vol.12, No.1, Nov., 1902, at 31—34, 32.

8. James Parker Hall, American Law School Degrees, *Michigan Law Review*, Vol.6, No.2 (Dec., 1907), at 113.

9. Edwin Wooton, *A Guide to Degrees in Arts, Science, Literature, Law, Music and Divinity, in the United Kingdom and Colonies, the Continent and the United States*, L.Upcott Gill, London, 1883, at 536.

10. Edward V.Raynolds, Legal Education in Germany, *The Yale Law Journal*, Vol.12, No.1, Nov., 1902, at 32.

11. Edward V.Raynolds, Legal Education in Germany, *The Yale Law Journal*, Vol.12, No.1, Nov., 1902, at 33.

12. 参见本章第二节赵长敏条目。

13. 孙百刚编著:《各国教育制度及概况》,新中国建设学会出版科,1934 年 3 月出版,上海书店,民国丛书第三编 46,第 274 页。

14. 钟鲁齐著:《比较教育》,商务印书馆 1935 年 9 月初版,上海书店影印,民国丛书第三编 46,第 329 页。

15. 季羡林:《留德十年》,载《季羡林全集》第四卷,外语教学与研究出版社 2009 年 7 月第 1 版,第 468 页。

16. 陈学飞等著:《西方怎样培养博士——法、英、德、美的模式与经验》,教育科学出版社 2002 年 4 月第 1 版,第 140 页。

17.《周校长对于第五次高等科毕业生训辞》,载《清华周刊》1917 年第 3 期,第 11 页;湖北省地方志编纂委员会:《湖北省志——人物志稿》第一卷,光明日报出版社 1989 年 8 月第 1 版,第 1065 页;车吉心主编:《民国轶事》第十卷,泰山出版社 2004 年 1 月第 1 版,第 4522 页。

18. 刘真主编:《留学教育——中国留学教育史料》,第 642 页;此旧译见《周校长对于第五次高等科毕业生训辞》,载《清华周刊》1917 年第 3 期,第 11 页;《中国名人录》1936 年第五版,第 50 页;中国人民政治协商会议湖北省随州市委员会文史资料研究委员会编辑:《随州文史资料》第 2 辑,第 87—90 页。

19. 驻德使馆通讯:《纪念赓秘书德祥》,载《外部周刊》,1935 年,第 65 期,第 6 页;刘真编:《留学教育中国留学教育史料》,第 646 页。

20.《上海律师公会会员录》1936 年,第 33 页,上海市档案馆,档案号 Q130-70-3;中国第二历史档案馆《中国抗日战争大辞典》编写组:《中国抗日战争大辞典》,湖北教育出版社 1995 年 5 月第 1 版,第 417 页;流水长著:《中国律师史话》,改革出版社 1996 年 12 月第 1 版,第 209 页;清华学校编:《游美同学录》(上),《近代史资料》总第 123 号,中国社会科学出版社 2011 年 7 月第 1 版,第 196 页;清华学校编:《游美同学录》(上),《近代史资料》总第 123 号,中国社会科学出版社 2011 年 7 月第 1 版,第 196 页;中国第二历史档案馆《中国抗日战争大辞典》编写组:《中国抗日战争大辞典》,湖北教育出版社 1995 年 5 月第 1 版,第 417 页;流水长著:《中国律师史话》,改革出版社 1996 年 12 月第 1 版,第 209 页;林彪博士论文现藏于德国维尔茨堡大学图书馆,索书号:Würzburg 1917, 577 [Archiv-Ex.]。

21. 廖辅叔:《青主(廖尚果)事略》,载中国人民政治协商会议惠州市惠城区委员会文史资料研究委员会编:《惠城文史资料》第 4 辑,1988 年 10 月,第 97—112 页;廖乃雄:《廖尚果先生的生平、业绩》,载《上海音乐学院学报》2005 年第 2 期,第 35—44 页;陈予欢编著:《民国广东将领志》,广州出版社 1994 年 12 月第 1 版,第 441 页。值得注意的是,这些资料均记载廖尚果取得柏林大学法学博士学位,事实上,廖尚果曾经留学柏林大学,但后来转学汉堡大学,最后取得的是汉堡大学法学博士学位;廖尚果博士论文现藏于汉堡大学中央法律图书馆(Zentralbibliothek Recht-Speicherbibliothek),索书号 K093564。

22.《中国名人录》1936 年第五版,第 293 页;《司法院十二大法官略历》,《震旦法律经济杂志》第四卷第 7 期,1948 年 7 月,第 237 页;李蟠:《刘克俊教授的后半生》,http://mt.rednet.cn/Articles/07/05/25/885431.HTM;刘克俊 1951 年 7 月 23 日亲笔自传,龚汝富教授提供。

23. 程沧波,序一,载《中国法制史论集》(徐道邻遗著),台湾志文出版社 1975 年 8 月初版;端木恺,序二,载《中国法制史论集》(徐道邻遗著),台湾志文出版社 1975 年 8 月初版;时人有诗题赞徐道邻:"笑貌声音肖乃翁,英英将种气如虹;传家尚有楹书在,好与西贤校异同。"什公作,载《国闻周报》1932 年第 9 卷第 27 期,第 2 页;徐道邻博士论文现藏于柏林洪堡大学图书馆,索书号 Fb 446:15:F8s。

24. 北京大学法律学系编:《北京大学法律学系名录》,1998 年 5 月,第 8 页;张启民:《千金寨著名商贾邵让之》,载《抚顺文史资料选辑》第 11 辑,1988 年,第 84 页。

25.《民国十三年核准自费留学生》,载刘真主编:《留学教育——中国留学教育史料》,第 1612 页;Https://bonnus.ulb.uni-bonn.de/SummonRecord/FETCH-crl_catalog_b156904900;Https://bonnus.ulb.uni-bonn.de/SummonRecord/FETCH-crl_catalog_b156904890;《司法行政部职员录》,民国二十六年二月第十三次编印,第 1 叶;Http://d-nb.info/571886736;赵长敏:《中国近年司法行政之革新运动》,载《广播周报》1937 年,第 134 期,第 14 页;赵长敏:《论英国审判之良善》,载《现代司法》,1935 年第 1 期,第 1—6 页。

26.《中国留法比瑞同学会同学录》,1940 年,重庆上海印刷公司承印,第 27 页;法兰克福大学图书馆藏有芮沐博士论文;Https://hds.hebis.de/ubffm/Record/HEB205390153;袁同礼《中国留欧大陆各国同学博士论文目录》没有收录芮沐及其博士论文。芮沐接受采访时自称:"我的博士论文评价很高,导师给我赞扬了,不评分,分优良。"见陈夏红:《芮沐自述:我的学生时代》,http://fadaren.bokee.com/672236.html;《法学"第一翁"芮沐先生》,http://yangxuekelove.blog.sohu.com/109669237.html;《中国社会科学家自述》,上海教育出版社 1997 年版,第 365 页。

27.《上海市欧美同学会会员录》(二),1985 年 12 月编印,第 5 页;江海潮:《为争取恢复汉卿先生自由的活动》,载《江苏文史资料选辑》第 21 辑,江苏古籍出版社 1987 年版,第 126—129 页;《上海社会科学界人名辞典》,上海人民出版社 1992 年 12 月第 1 版,第 290—291 页;高增德主编:《中国现代社会科学家大辞典》,书海出版社 1994

年5月第1版，第383页；《复旦学子》，复旦大学出版社1995年版，第137—138页；余先予主编：《国际法律大辞典》，湖南出版社1995年版，第23页；《中国社会科学家辞典》（现代卷），甘肃人民出版社1986年第1版，第154—155页。

28. 陈蜀琼博士论文所附个人简历；有资料记载陈蜀琼在1936年夏取得耶拿大学法学博士学位，博士论文中文译名为《中德刑之酌科的比较》，见严恺德主编：《当代中国社会科学人物》，四川教育出版社1992年12月第1版，第99页；《上海市欧美同学会会员录》（二），1985年12月编印，第9页。

29. 易汉文主编：《中山大学专家小传》，中山大学出版社2004年11月第1版，第532页。

30. 北京大学注册部编志课编：《国立北京大学毕业学生一览》，1930年，第402页（该目录称其籍贯是广东奉议，应为笔误）；五十周年筹备委员会编：《国立北京大学历届同学录》，1948年12月，国立北京大学出版部，第306页（该同学录称其姓名是"曾如伯"，应为笔误）；《教职员人名录》（23年度），载《国立广东法科学院概览》，1934年，第125页；Bonn a Rh., L. Rohrscheid (1940), 94 p., issued also as Diss., Univ. Marburg；《广州律师公会会员名录》，1949年，第35页；王文祥主编：《香港澳门百科大典》，青岛出版社1999年11月第1版，第1264页；路迪民著：《杨式太极拳三谱汇真》，人民体育出版社2008年3月第1版，第284—285页。

31. 《留学方面》，载《申报》1946年4月10日第4版；HEIN'S LEGAL THESES AND DISSERTATIONS, UNIVERSITY OF ARIZONA, COMPLETE NUMERICAL PACKING LIST THROUGH MAY 2011, No.016-00026, https://www.wshein.com/media/contents/408080.pdf；高增德主编：《中国现代社会科学家大辞典》，书海出版社1994年5月第1版，第814页；济南育英中学编：《纪念育英中学建校八十五周年校友名录（1913—1998）》，第15页。

32. 《厦大校史资料1937—1949》第二辑，厦门大学出版社1988年7月第1版，第97页；侯利标编写：《厦门大学法学教师传略（1940—1953）》，http://law.xmu.edu.cn/xyw/LTIntro.asp?PID=236；陈耀庭：《盟军占领日本期间的清华校友》，载清华大学主办《校友文稿资料选编》第8辑，清华大学出版社2002年7月第1版，第172—173页；安裕琨博士论文现保存于德国柏林洪堡大学图书馆，索书号Berlin: Univ.: R.-u. Staatswiss. Fak.: Diss.: 1940: An, Yü-kun: F8。

33. 五十周年筹备委员会编：《国立北京大学历届同学录》，1948年12月，国立北京大学出版部，第78页；《北京大学法律学系名录》（1998年5月编第10页）记载李士彤为1934年度毕业生；"发给留学证书登记"，廿四年度，第8页，载《核发留学证书登记册》，1932—1948年，中国第二历史档案馆，档案号：五—15337；刘真主编：《留学教育——中国留学教育史料》，第1889页；侯利标编写：《厦门大学法学教师传略（1940—1953）（三）》，http://www.fatianxia.com/blog/45348/。

34.《国立中央大学一览》,第四种,法学院概况,民国十九年;Http://d-nb.info/571887597;姚可崑著:《我与冯至》(名人之侣回忆丛书)广西教育出版社 1994 年 1 月第 1 版,第 28 页。钱端升:《我的罪行》,载《北京日报》1957 年 8 月 6 日,转载于中共中国人民大学委员会社会主义思想教育办公室,《社会主义思想教育参考资料选辑》(第三辑):1957 年 11 月,第 144 页。

35. 政治大学校友会、政治大学毕业辅导委员会编印:《政治大学校友通讯录》,1967 年 5 月 20 日,第 82 页。

36. 中央大学法学院政治学系学生陈育凤历年成绩表,中国第二历史档案馆,档号五—6168,第 41 页。

第七章　中国近代留学瑞士等六国的法学博士

本书将近代留学瑞士、意大利、奥地利、荷兰、加拿大、日本的法学博士合为一章，因为留学这些国家并取得法学博士学位的人数较少，有的国家仅有1位留洋法学博士，不足以独立成章。

第一节　近代留瑞法学博士

一、瑞士法学学位制度

瑞士近代法学教育制度深受德国和法国的影响。伯尔尼大学法学院除了法律系之外，还有政治系和经济系。[1]洛桑大学法学院除了法律系之外，还包括社会政治学院、高等商学院和警政学院。[2]苏黎世大学的法学教育则基本采用德国模式。

在日内瓦大学攻读法学博士学位（Doctorat en Droit）的前提是拥有Licence en Droit，[3]这一点类似于法国的法律学位制度。[4]

伯尔尼大学授予法学博士学位的条件比较独特，先论文、后考试，而不是通常的先考试、后论文。具体过程如下：

（1）以拉丁语、德语、法语或者意大利语撰写的法学论文；

（2）学生的简历；

（3）有关证书。

在满足上述三个条件之后，学生将在8天之内准备进行如下科目的笔试：

(1)学说汇纂(Pandects);(2)选择下列各组之一作为考试科目:

第一组包括:(a)德国或者法国的私法,包括商法;(b)德国或者法国的民事诉讼法;(c)州法;(d)刑法和刑事诉讼法。

第二组包括:(a)法哲学或者法律百科;(b)普通州法或者特殊州法;(c)国际法;(d)教会法或者刑法及刑事诉讼法。

第三组包括:(a)普通州法或者特殊州法;(b)国民经济学;(c)政治学;(d)财政学。

笔试合格后,将根据各科教授的要求进行口试。口试公开进行。其中学说汇纂的口试时间半个小时;其余各科的口试时间总共是一个半小时。参加每科口试的教授至少三人,投票决定。通过各项考试的学生将获得伯尔尼大学的法学博士学位(*Doctor juris utriusque*)。[5]

留学瑞士弗莱堡大学的徐肇庆这样描述其留学生活:

> 生现入 Fribourg 大学研习法律,按此大学乃系瑞士州立大学,全校学生近千余人,他国学生为数三百八十余人。该校文法二科皆颇著名,授课用德法二种语言,有时兼用拉丁文。本学期于去年十月二十日开始,二十二日正式上课,生每周上课计达三十一小时。计国际公法三小时,教授为 Favre,国际私法二小时,教授为 Legras,法律哲学三小时,教授为校长 Trezzini,寺院法五小时,教授为校长 Trezzini,诉讼法三小时,教授为 Favre,罗马法三小时,教授为 Legras,债法四小时,教授为 Aely,商法四小时,教授为 Aely,经济学三小时,教授为 Bongras,瑞士政治史一小时,教授为 Legras。除上课外,又有所谓学术讨论,名之曰 Seminaireg,即由教授预先提出若干问题,指定学生参考各种书籍作一报告,于上课时,当堂诵读,由教授加以指正,然后询问其他学生有无意见,则讨论告一段落。
>
> 此间大学与国内不同,兹略述数特点如左,以供参考:(一)平时无小考大考,仅于考学位时,始有所谓口试者,全部口试时间,有时计达三小时,可谓繁重矣。(二)学校课程表内无体育一课,此与国内大学视体育为必修课者,完全不同。(三)在法律课内,无诉讼实习一项,此亦与国内大学不同。(四)此间大学有考试费、文凭费、与论文审查费,此在国内未之前闻。最大之费用,即为论文印刷费,据闻需

美金八九百元之数（印论文至少一百五十份），倘学校能准许免印，当然最好，倘绝对不准许而政府方面又无津贴时，则惟有请求官价外汇，否则将来如考试及格论文通过，徒因未印论文而不能获得学位，岂非功亏一篑乎？（五）此间课室内，如教授之讲演有兴趣时，学生往往顿足拍桌表示兴奋与拥戴，但此举动在国内则认为犯规而记过矣。

生认为比较困难者，即为语言问题。按生于报考之时，志愿书上原填英国，揭晓之后，得知派往瑞士，因事先并未料到，故一无准备，于是不得不临时抱佛脚，将从前读过之德文，重新温习，迨护照发下后，得知派往法文区，以致德文竟失其用途。当时因船期逼近，无暇补习。于抵瑞后，始习法文。下学期刑法一课（必修课）教授用德文讲，因之于法文外，又须兼习德文。此外上罗马法课时，教授往往令学生将优氏法典（用拉丁文写成）内之某段文字，译成法文，故非懂拉丁文不可……生于每周上课三十一小时外，又须学习三种语言，工作相当繁重。[6]

与近代留美法学博士和留比法学博士不同的是，近代留瑞法学博士全部具有博士论文，因为不论采用法国式法学博士教育还是采取德国式法学博士教育，都需要提供法学博士论文才能毕业。在法学博士论文方面，英、法、德、瑞的要求完全一致，即必须提交博士论文。比利时不要求提交法学博士论文，而美国则部分要求提交法学博士论文，部分无需提交博士论文。

二、近代留瑞法学博士名录

本书收录8位近代留瑞法学博士，主要依据是袁同礼《中国留欧大陆各国同学博士论文目录》。必须指出的是，该目录中瑞士部分有不尽准确之处，1932年瑞士佛莱堡大学法学博士曾勉被误记为“曾冕”[7]。笔者收集到该册博士论文，该博士论文封面上的中文姓名即为“曾勉”[8]。

S001：周纬（1884—1949），字传经、仰庚，号星槎，外文姓名 Tchéou Wei S.，贵州镇远人，生于安徽。早年被保送京师译学馆，光绪三十一年十二月初一以学部官费留学生的身份到法留学，光绪三十三年冬考入里尔工艺学堂（Institut Industriel du nord de la France），后留学瑞士，1917年取得瑞士佛莱堡大学法学博士学位，博士论文《国际社会中的司法机构》(Essai sur l'organisation juridique de la Société internationale)。1918 年 9 月任北洋政府外交部秘书处办事。曾任国联中国代表办事处一等秘书兼秘书长,北京大学国际公法教授,外交部条约委员会专任委员,国民政府立法院立法委员,中央大学文学院外文系及法学院政治学系教授,汪伪政府立法院立法委员,汪伪政府立法院军事委员会委员长。喜好收藏研究古代兵器。[9]

S002:吴昆吾(1888—?),外文姓名 Houx Koung-Ou(Wu K'un-wu),四川铜梁人(今属重庆)。1913 年官费赴法留学(稽勋局第二期官费留学生),毕业于巴黎大学(法学士),后转赴瑞士留学,1919 年取得日内瓦大学法学博士学位,博士论文《从中国新民法典草案看中国的家庭、结婚、离婚制度:以相关习俗和现行法律作为参考》(La Famille et l'institution du mariage et du divorce en Chine selon le projet du nouveau Code civil chinois, avec des références aux coutumes et à la législation en vigueur)。法制局秘书,司法部佥事,驻瑞士使馆二等秘书,京师市政公所政务处处长,外交部条约委员会专任委员。北京法政大学教授,朝阳大学教授,北京师范讲习所教授,国立中央大学兼任副教授(讲授条约法)。1929 年任司法院参事,兼代司法院秘书长。1931 年同徐谟一道代表外交部与法国签署《关于上海法租界内设立中国法院之协定》。1947 年 6 月任江西高等法院院长。1949 年后下落不明。著有《国际公法纲要》一书。[10]

S003:田光祖(1889—?),外文姓名 Tien Guang Tsu,四川成都人。1915 年留学德国莱比锡大学,后留学瑞士,入伯尔尼大学,1919 年 12 月取得伯尔尼大学法学博士学位,博士论文《现代法中的罪刑法定原则研究》(Ueber das Prinzip "nulla poena sine lege" im modernen Recht)。[11]

S004:朱文黼(1889—1981),字佛定,外文姓名 Tchou Ven-Fous,江苏江阴人。1909 年毕业于苏州高等学堂(法文班),1913 年 5 月毕业于北京大学(北大法科法律门首届毕业生)。后公派留学法国,取得法学士学位。之后留学瑞士,1921 年取得日内瓦大学法学博士学位,博士论文《中国司法机构改革研究》(Étude sur la réforme de l'organisation judiciaire en Chine)。任驻美国大使馆二等秘书,外交部通商司长,中国赴欧美日政治考察团秘书。曾在上海从事律师业务。担任上海法政大学教务长,讲授五权宪法、不平等条约。之后担任广西大学教务长、校长,安徽省政府秘书长、代省主席，安徽省政府设计考核委员会首任主任委员，安徽学院首任院长，国民政府典试委员会试务处主任秘书。1947 年赴台湾，系首任台湾省民政厅长，江阴旅台同乡会长。[12]

S005：汪孝熙（1905—1962），字慈明，外文姓名 Ouang Roland Hiao-Hi（Ouang R.H.），江苏吴县人，汪荣宝（1878—1933）第三子。1927 年取得瑞士日内瓦大学法学本科文凭，1932 年在瑞士日内瓦大学完成博士论文《中国的治外法权条约制度》（Essai sur le régime des capitulations en Chine），1933 年被日内瓦大学授予法学博士学位。1929 年任国民政府外交部帮办，1930 年担任驻瑞士使馆随员。1944 年担任驻比利时大使馆参事，后去台湾，1950 年任职政府部门。1953 年海外任职。1959 年海外任职。1962 年病逝于比利时。[13]

S006：曾勉（约 1905—1951），外文姓名 Thomas Tseng Mien，江西崇

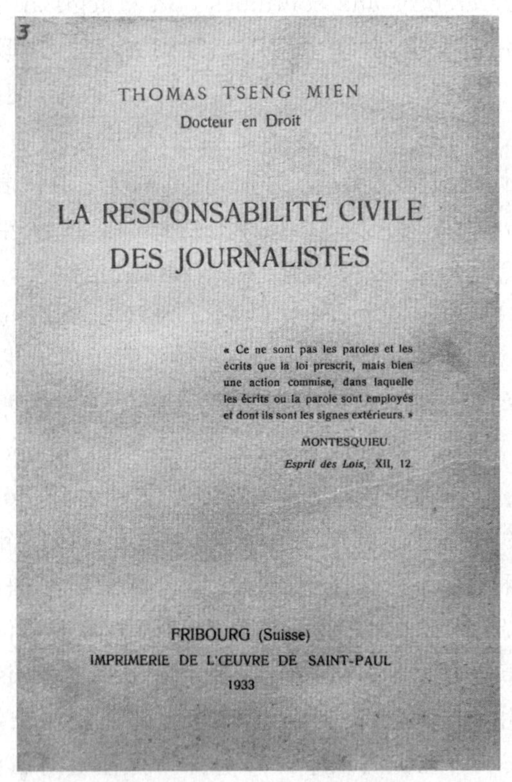
3

THOMAS TSENG MIEN
Docteur en Droit

LA RESPONSABILITÉ CIVILE
DES JOURNALISTES

« Ce ne sont pas les paroles et les écrits que la loi prescrit, mais bien une action commise, dans laquelle les écrits ou la parole sont employés et dont ils sont les signes extérieurs. »

MONTESQUIEU.
Esprit des Lois, XII, 12

FRIBOURG (Suisse)
IMPRIMERIE DE L'ŒUVRE DE SAINT-PAUL
1933

图 7.1　瑞士佛莱堡大学法学博士曾勉的博士论文

仁人,天主教徒,其兄曾鲁毕业于震旦大学法学院。辅仁大学毕业。1928年赴瑞士留学,1932年取得瑞士佛莱堡大学法学博士学位,博士论文《新闻记者之民事责任》(La responsabilité civile des journalistes)。1932年曾入德国科学院,1933年由德国赴美国天主教大学(The Catholic University of America,又译卡多力大学、美国公教大学),主科社会学,副科政治学、法学,1936年5月通过美国天主教大学社会学博士论文考试,博士论文《北宋王安石设立的保甲制度研究》(The system of Pao-chia as instituted by Wang An-shih under the Northern Sung Dynasty [960-1127 A.D.])。同年回国。担任江西省政府法制室专员、编审,兼中正大学教授。1941年后担任中正大学法学院政治系专任教授。1951年7月以反革命罪被镇压。[14]

S007:桂宗尧(1913—?),外文姓名 Kuei Tsung-Yao,江西贵溪人,生于日本东京,桂永清(1900—1954)之侄。1927年入中央大学法学院法律学系,1932年1月毕业。入德国柏林大学、丹麦哥本哈根大学、瑞士伯尔尼大学,1945年取得伯尔尼大学政治学博士学位,博士论文《国际法制度中的战争:以战争的概念为中心》(Der Krieg als völkerrechtliches Institut, insbesondere der Kriegsbegriff)。长期在政府部门任职,曾任台湾中国文化大学教授。[15]

S008:徐肇庆(1915—?),外文姓名 Hsu Chao-Ch'ing,浙江海盐人。1934年上海青年中学毕业。后入上海圣约翰大学文科读毕一学期,1935年9月入东吴大学法学院法律系。1938年在复旦大学暑期学校选修经济学。1939年取得东吴大学法学士学位(东吴大学法学院第二十二届毕业生)。1946年考取教育部留学瑞士公费生(法律类),1946年入瑞士佛莱堡大学,后转学纳莎泰尔(Neuchâtel)大学,1950年取得法学博士学位。博士论文《引渡的罪行特定原则》(Du principe de la spécialité en matière d'extradition)。曾在上海社会科学院历史研究所工作。[16]

三、中国近代留瑞法学博士的特点

从近代留瑞法学博士的毕业论文选题上可以发现,国际法和中国法是两个热门选题。在课程设置上,罗马法是留瑞法学博士的重头课。在语言要求上，除法语、德语之外，为了学好罗马法，留瑞法科学生往往还要学习拉丁语。不过虽然罗马法和拉丁语比较重要，但是中国近代留瑞法学博士中没有人撰写罗马法博士论文，也没有人撰写拉丁文博士论文。在8篇法学博士论文中，6篇用法文撰写，2篇用德文撰写。最后，在职业选择上，多数留瑞法学博士毕业后从事外交工作。

第二节　近代留意法学博士

一、意大利法学学位制度

意大利是欧洲中世纪大学的摇篮，博洛尼亚大学号称“最古老的欧洲大学”[17]。从11世纪下半叶开始，博洛尼亚就存在私立的法律学校。在13世纪，形成了若干法律大学，之后是文科和医科大学。中世纪时期意大利的法学院，曾经吸引过大量的外国留学生。[18]早在清同治以前就有郑玛诺等114人赴欧留学，当时主要集中在意大利的那不勒斯，极个别留学葡萄牙、法国。学生均为天主教徒，目的是学习宗教。[19]

意大利近代法学教育制度的特点之一是法律学位只有一种，即法学博士学位(Doctor of Jurisprudence)，通常为四年制，要学习至少18种科目，外加博士论文。博士论文在内容上必须具有深奥见解，在形式上必须5份。博士论文答辩会由12位教授出席，“这些教授得轮流考问候选者至一小时半之久”。[20]取得意大利大学法学博士学位的毕业生，如果希望成为法官，则可以参加意大利司法部举办的专门考试；如果希望成为律师，则先到律师事务所实习一段时间，再进行考试。[21]

二、近代留意法学博士名录

近代以来，意大利的法学教育对于外国学生的吸引力显著下降。根据笔者收集的资料，尚未发现取得意大利法学博士的近代中国留学生，只有几位取得罗马教廷大学法学博士学位的中国留学生，他们法学博士的方向全部是教会法。从严格地理意义上说，意大利与罗马教廷(梵蒂冈)

截然不同。本书为方便起见，将从罗马教廷大学取得法学博士学位的留学生列入留意法学博士，这一国别归类方法也参考了袁同礼《中国留欧大陆各国同学博士论文目录》。

(1) 吴宗文(1903—1991)，外文姓名 Ou Carolus，浙江杭州人。1935 年取得罗马拉德朗大学(Pontificia Universitas Lateranensis)法学博士学位，博士论文《罗马天主教宗教法典中的教会法的法典化》(Codificatio juris missionum in codice juris canoni)。遣使会国籍神父，长期在台湾从事天主教活动。

(2) 罗光(1911—2004)，字焯照，外文姓名 Stanislaus Lokuang，湖南衡阳人。1930 年被衡阳天主教区选派赴罗马留学，1936 年取得罗马传信大学(Propaganda Fide)神学硕士学位；1939 年取得罗马拉德朗大学(Pontificia Universitas Lateranensis)法学博士学位，博士论文《中国法和教会法中的父权概念》(De potestate patria in jure sinico et canonico)。1941 年取得罗马传信大学神学博士学位。1936 年起在罗马传信大学教授中国哲学长达二十多年。1961 年任台湾台南教区主教(Bishop)，1966 年任台北总教区总主教(Archbishop)，1978 年任台湾辅仁大学校长。[22]

(3) 陈之禄(1917—2011)，外文姓名 Chan Ting Paulus(Rev. Paul Chin-lu Chan)，福建福清人。1936 年 8 月 30 日由香港赴罗马留学。1942 年取得罗马传信大学神学博士学位，博士论文《圣托马斯关于自然法的可知性》(De cognoscibilitate legis naturalis apud Sanctum Thomam)。1945 年取得罗马拉德朗大学法学博士学位，博士论文《对教会法中非法行为理论的历史研究》(Disquisitio Historico-Doctrinalis De Actibus Illicitis In Jure Canonico)。担任神父，定居美国纽约，担任天主教信息中心主任。[23]

此外，有资料称张警铎曾获得意大利法学博士学位[24]，但由于未发现确凿资料，本书没有将其列入近代留意法学博士名录。

第三节　近代留奥、荷、加、日法学博士

近代留学奥地利、荷兰、加拿大及日本攻读法学博士的人数极少。

一、近代留奥法学博士

近代奥地利维也纳大学狭义的法律专业博士学位不要求提交博士论文。[25]尽管不需要博士论文，奥地利维也纳大学的法学博士学位也不容易取得，因为要考艰深的罗马法（拉丁文），[26]这对中国留学生是一大障碍。近代在奥地利取得法学博士学位者仅有一人，即俞叔平，由于俞叔平没有博士论文，未被收入袁同礼《中国留欧大陆各国同学博士论文目录》。

俞叔平（1910—1978），外文姓名 Yü Jünn Tschia （Yu Soo Ping 或者 Schobern Yu），浙江诸暨人。1928 年入浙江省警官学校正科第一期，1930 年毕业，根据《浙江省选派警官学校毕业生留学日奥办法》，考得浙江省官费赴奥地利学习警政，1933 年回国，任杭州省会警察局司法科助办科长。1934 年秋再度取得官费赴奥地利留学，入维也纳大学法律系，1938 年取得维也纳大学法学博士学位，无博士论文。1940 年 4 月从维也纳回国，曾经担任中央警官学校（重庆）实验室主任、考试院法规委员。1942 年任财政部缉私署处长，兼重庆大学、四川大学法学教授。1945 年任上海市警察局副局长，1947 年任上海市警察局局长，兼东吴大学法学院、同济大学法学院教授。1949 年去台湾，任职政府部门，1951 年从事律师业务，兼台湾大学法律研究所教授。1961 年任中国文化学院教授兼德文系主任。[27]

图 7.2　1938 年维也纳大学法学博士俞叔平

二、近代留荷法学博士

中国近代留学荷兰的人数不多，[28]而留荷习法者更少。南洋爪哇华侨汤瑞海(1898—1939),外文姓名 Thung Soey Hay,1928 年取得鹿特丹商学院博士学位,博士论文《中日国际法关系》(De internationaalrechtelijke betrekkingen tusschen China en Japan)。[29] 笔者收集到汤瑞海的博士论文,该论文内封面文字显示,其生于爪哇岛的茂物(Buitenzorg),毕业于鹿特丹商学院(Nederlandsche Handels-Hoogeschool te Rotterdam),[30] 博士头衔是"贸易学博士"(Doctor in de Handelswetenschap),导师是鹿特丹商学院经济学教授 Prof.Mr.F. de Vries(1884—1958)。[31] 鉴于汤瑞海的博士论文在内容上属于一篇典型国际法性质的论文,本书将汤瑞海纳入中国近代留洋法学博士之中。

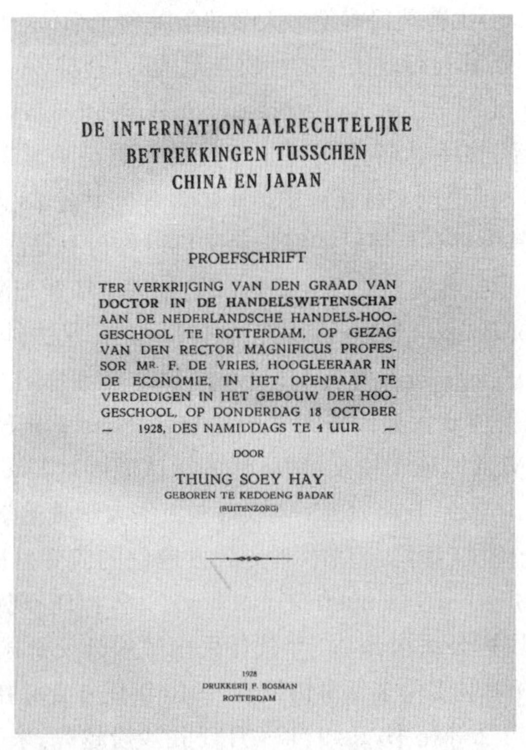
DE INTERNATIONAALRECHTELIJKE BETREKKINGEN TUSSCHEN CHINA EN JAPAN

PROEFSCHRIFT

TER VERKRIJGING VAN DEN GRAAD VAN DOCTOR IN DE HANDELSWETENSCHAP AAN DE NEDERLANDSCHE HANDELS-HOOGESCHOOL TE ROTTERDAM, OP GEZAG VAN DEN RECTOR MAGNIFICUS PROFESSOR MR. F. DE VRIES, HOOGLEERAAR IN DE ECONOMIE, IN HET OPENBAAR TE VERDEDIGEN IN HET GEBOUW DER HOOGESCHOOL, OP DONDERDAG 18 OCTOBER 1928, DES NAMIDDAGS TE 4 UUR

DOOR

THUNG SOEY HAY

GEBOREN TE KEDOENG BADAK (BUITENZORG)

1928
DRUKKERIJ F. BOSMAN
ROTTERDAM

图 7.3　汤瑞海 1928 年鹿特丹商学院博士论文

三、近代留加法学博士

加拿大在 19 世纪时期已经有了法学士和法学博士学位。例如,多伦多大学法律系在1872年提供的学位中就包括法学士(LL.B.)和法学博士(LL.D.)。当时多伦多大学规定取得LL.D.学位的条件是:已经取得LL.B.学位或者M.A.学位十年以上,并且撰写了合格的法学类博士论文。[32]从法学博士学位设立时间上看,加拿大的高校要略早于美国的高校。美国耶鲁大学在1876年设立D.C.L.学位。[33]

中国近代也有留学加拿大的法科学生,但人数很少。韩德培曾经以庚款公费生的身份于1940年留学加拿大多伦多大学法学院,1942年取得文学硕士学位(M.A.),硕士论文是《国际私法中的实质与程序问题》。[34]硕士学位是当时多伦多大学法学院所能授予的最高学位。[35]靳文翰(Chin Wen-Han)也曾获得多伦多大学法学院硕士学位(1943年),硕士论文是《行政裁量权:其在行政法中的性质与范围的研究》(Administrative discretion: a study of its nature and scope in administrative law)。[36]

中国近代留学加拿大并取得博士学位的人更是寥寥无几。根据袁同礼《中国留美同学博士论文目录》,1926—1960年间共计28人取得加拿大大学的博士学位,其中只有吕怀君的博士论文可以称得上是法学论文,不过吕怀君取得的博士学位名义上是哲学博士学位,他博士毕业于渥太华大学的政治学系(School of Political Science),属于本书采纳的广义法科哲学博士。

吕怀君(1912—?),英文姓名Lü Hwai-Chun,江苏丹阳人。武汉大学法学士,1941年取得加拿大渥太华大学政治学系(School of Political Science)文学硕士学位(M.A.),硕士论文《国际法的承认原则》(The doctrine of recognition in international law);1943年取得渥太华大学政治学系哲学博士学位(Ph.D.),博士论文《国际公法中非交战方地位的演变》(Evolution of the status of non-belligerency in international law)。[37]曾担任《现代政治周刊》主编,中央训练团国际公法讲师,30年代任民国政府外交部国际司国联科科员。1944年担任署驻多伦多领事馆领事,1946年任外交部驻沪办事处秘书长,驻秘鲁大使馆二等秘书,1949年9月任驻沙捞越(马来西亚)领事。后改名为吕惟琼,定居新加坡,担任中学教师。[38]

四、近代留日法学博士

中国近代留学日本攻读博士学位者也不乏其人。例如,著名数学家陈建功于1929年毕业于东北帝国大学,取得理学博士学位;[39]罗宗洛1930年毕业于北海道帝国大学,获得农学博士学位;[40]苏步青1931年毕业于东北帝国大学,取得理学博士学位。[41]更早一些时期在日本取得博士学位的中国留学生名单见刘真主编的《留学教育——中国留学教育史料》一书。[42]然而由于日本近代法学博士制度的特殊性[43],取得日本法学博士学位的中国留学生极少,这一现象与庞大的近代留日法科学生群体形成了鲜明的对照。

据笔者查证,共有两位近代留日学生取得法学博士学位。

(1) 赵欣伯(1890—1951),字心白,河北宛平人。曾担任清禁卫军士兵并曾在北洋大学学习,1915年在日本财阀等资助下留学日本明治大学法科[44],毕业后担任日本陆军大学中国语讲师,1925年(大正十四年)向明治大学提交博士论文《刑法过失论》,获得文部省授予的法学博士学位。[45]1926年回国,被张作霖聘为法律顾问。[46]1928年在沈阳组织法学研究会,创办《法学研究》杂志。"九·一八事变"后,协助日本成立奉天自治维持会等,在日军扶持下任伪奉天市长,曾担任伪满洲国立法院长。1937年任伪华北政务委员会法律顾问。1945年抗战结束后被捕入狱,1948年保外就医。1951年死于北京市公安局看守所。[47]

(2) 叶清耀(1880—1942),生于台湾东势。早年毕业于台中师范学校,任台中地方法院书记官兼通译,后入日本东京的明治大学法学部。[48]1918年在日本参加司法科考试,成为辩护士(即律师)。[49]1932年,叶清耀以《刑法同意论》从明治大学获得法学博士学位,成为台湾首位法学博士。1933年6月,其博士论文在日本出版。[50]

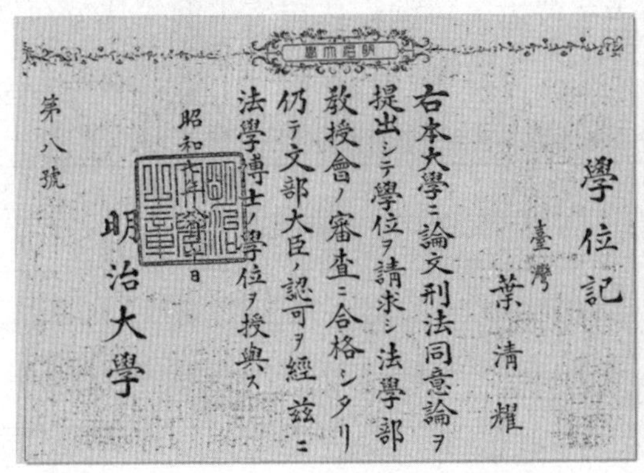
學位記

臺灣　葉清耀

右本大學ニ論文刑法同意論ヲ提出シテ學位ヲ請求シ法學部教授會ノ審査ニ合格シタリ仍テ文部大臣ノ認可ヲ經玆ニ法學博士ノ學位ヲ授與ス

昭和　　年　　月　　日

明治大學

第八號

图7.4　叶清耀博士学位证书

从人数上看，中国近代留日法科学生成千上万，但取得法学博士学位者凤毛麟角，仅 2 人而已。如果仅计算大陆留日法学博士，则仅为 1 人。中国近代留日法学博士稀少的原因与日本近代独特的博士教育制度不无关系。在 19 世纪末 20 世纪初，日本实行严格的国家博士学位制度，被推荐授予法学博士学位者，多数是深孚众望的法学名家。仅仅通过三四年的法学研究，即使完成一篇论文，也很难取得日本的法学博士学位。赵欣伯和叶清耀都是在日本的大学法科毕业并工作数年之后才取得法学博士学位，前者取得博士学位时是 35 岁，后者取得博士学位时已经 52 岁。巧合的是，两人的博士论文均属刑法学科，两人在日本留学的高校也都是明治大学。

从学位角度分析，近代在美国取得法学博士学位的留学生人数要远远超过取得法学士学位的留学生人数，而日本正相反，在日本取得法学士称号的中国近代留学生多如过江之鲫，然而在日本取得法学博士学位的中国近代留学生仅有 2 人。这是美日两国法学博士学位制度迥异的必然结果。

第四节　近代留学瑞士等六国法学博士统计分析

因为近代留学瑞士等 6 国的法学博士人数较少，单独的统计数据意义不大，相关信息均并入本书第八章的综合统计分析之中。本节仅以表格形式描述在该 6 国取得法学博士学位的近代留学生的年代分布、籍贯分布和博士论文情况。

表 7.1　近代留学瑞士等 6 国法学博士年代分布

年　代	姓　　　名	人　数
1900—1909	无	0
1910—1919	周纬、吴昆吾、田光祖	3
1920—1929	朱文黼、汤瑞海、赵欣伯	3
1930—1939	汪孝熙、曾勉、吴宗文、罗光、俞叔平、叶清耀	6
1940—1950	桂宗尧、徐肇庆、陈之禄、吕怀君	4

资料来源：本章第一节至第三节。

表 7.2　近代留学瑞士等 6 国法学博士籍贯分布

省籍	人　　名	人数
江苏	朱文黼、汪孝熙、吕怀君	3
浙江	徐肇庆、俞叔平、吴宗文	3
江西	曾勉、桂宗尧	2
四川	吴昆吾、田光祖	2
贵州	周纬	1
湖南	罗光	1
河北	赵欣伯	1
福建	陈之禄	1
台湾	叶清耀	1

资料来源：本章第一节至第三节。汤瑞海出生于爪哇岛茂物，祖籍不详。

表 7.3　近代留学瑞士等 6 国法学博士毕业论文统计

序号	论文题目	人　名	大　学	年代
1	《国际社会中的司法机构》	周　纬	瑞士佛莱堡大学	1917
2	《从中国新民法典草案看中国的家庭、结婚、离婚制度：以相关习俗和现行法律作为参考》	吴昆吾	瑞士日内瓦大学	1919
3	《现代法中的罪刑法定原则研究》	田光祖	瑞士伯尔尼大学	1919
4	《中国司法机构改革研究》	朱文黼	瑞士日内瓦大学	1920
5	《中国的治外法权条约制度》	汪孝熙	瑞士日内瓦大学	1932
6	《新闻记者之民事责任》	曾　勉	瑞士佛莱堡大学	1932
7	《国际法制度中的战争：以战争的概念为中心》	桂宗尧	瑞士伯尔尼大学	1945
8	《引渡的罪行特定原则》	徐肇庆	瑞士纳莎泰尔大学	1950
9	《罗马天主教宗教法典中的教会法的法典化》	吴宗文	罗马拉德朗大学	1935
10	《中国法和教会法中的父权概念》	罗　光	罗马拉德朗大学	1939
11	《对教会法中非法行为理论的历史研究》	陈之禄	罗马拉德朗大学	1945
12	《国际公法中非交战方地位的演变》	吕怀君	加拿大渥太华大学	1943
13	《中日国际法关系》	汤瑞海	鹿特丹商学院	1928
14	《刑法过失论》	赵欣伯	日本明治大学	1925
15	《刑法同意论》	叶清耀	日本明治大学	1932

资料来源：本章第一节至第三节。

本章小结

本章收录16位留学瑞士、荷兰、加拿大、日本等6国的法学博士，除了奥地利维也纳大学的俞叔平没有博士论文之外，其余15名法学博士均有博士论文。相比前面各章，本章收录的留洋法学博士人数较少，一些国家（例如加拿大、奥地利）仅有一名取得法学博士学位的中国留学生。然而这些留学生的意义并不能简单地以人数多寡去衡量。对这6国来说，这些留学生是首批攻读法学博士的中国人；对中国来说，这批留学生不仅是去6国攻读最高法律学位的开拓者，有些人的博士研究成果也开创了中国法学的先河。瑞士弗莱堡大学法学博士曾勉的博士论文是中国第一部研究新闻记者民事责任的学术专著；瑞士纳莎泰尔大学法学博士徐肇庆的博士论文是中国第一部系统研究国际法引渡原则的学术专著；而罗光的法学博士论文更是第一部比较中国法与教会法中“父权”概念的学术著作。这说明中国人很早就开始关注新闻法、引渡法、教会法这些问题。这些开拓性学术研究成果，在今天依然没有过时，值得中国后辈学人去积极探索和思考。

注释

1. 艾国藩：《瑞士法律教育》，载《法律教育》（20世纪中华法学文丛），中国政法大学出版社1997年12月第1版，第240页。

2. 艾国藩：《瑞士法律教育》，载《法律教育》（20世纪中华法学文丛），中国政法大学出版社1997年12月第1版，第248页。

3. Edwin Wooton, *A Guide to Degrees in Arts, Science, Literature, Law, Music and Divinity, in the United Kingdom and Colonies, the Continent and the United States*, L.Upcott Gill, London, 1883, at 560.

4. 日内瓦大学直到2005年才从法国学位模式改为波伦亚学位模式（Bologna process），http://en.wikipedia.org/wiki/University_of_Geneva。

5. Edwin Wooton, *A Guide to Degrees in Arts, Science, Literature, Law, Music and Divinity, in the United Kingdom and Colonies, the Continent and the United States*, L.Upcott Gill, London,1883, at 562—563.

6.《徐肇庆君瑞士佛里堡大学通讯》,《教育通讯》,1948 年第 6 期,第 42 页。

7. 袁同礼:《中国留欧大陆各国同学博士论文目录》,第 61 页,编号 629。

8. 法学博士曾勉著:《新闻记者之民事责任》(La responsabilité civile des journalistes), Fribourg (Suisse), 1933。

9. 很多资料称周纬取得法国巴黎大学法学博士学位,见刘真主编:《留学教育——中国留学教育史料》,第 630、639 页;《中华万姓谱》(中卷),中国档案出版社 2006 年版,第 1686 页;Http://baselbern.swissbib.ch/Record/289574919;《外交部职员录》,1918 年 12 月,第 4 页;《中国国民党百年人物全书》(下册),第 1586 页;周纬著:《亚洲古兵器与文化艺术之关系》(上海市博物馆丛书),1937 年。

10. 刘真主编:《留学教育——中国留学教育史料》,第 992 页;《各科系教员姓名略历一览表》,载《朝阳大学概览》,1929 年 9 月,第 53 页。《教职员姓名略历》,载《朝阳学院概览》,1933 年;Http://baselbern.swissbib.ch/Record/282933492;《国立中央大学一览·教职员录》,第 39 页;《中国国民党百年人物全书》上册,第 1043 页;留美博士刘师舜(亦江西籍)评价吴昆吾《国际公法纲要》一书:"简明可喜,甚便记忆"。见刘师舜:《答研究国际法参考书》,《读书通讯》1942 年第 33 期,第 13 页。

11.《留德学生之近况》,《申报》1919 年 5 月 2 日第三张。

12.《江苏巡抚瑞澂:奏高等学堂正科学生毕业请奖折》(宣统元年十一月初二日),载潘懋元、刘海峰编:《中国近代教育史资料汇编:高等教育》,上海教育出版社 1993 年 12 月第 1 版,第 106 页;《国立北京大学历届同学录》,1948 年 12 月,第 54 页;《现任教授一览表》,载《上海法政大学五周年纪念刊》,1929 年;Http://baselbern.swissbib.ch/Record/282483381;陈玉堂编著:《中国近现代人物名号大辞典》,浙江古籍出版社 1993 年版,第 149 页。

13. Http://baselbern.swissbib.ch/Record/282289739?expandlib=RegioBE-NB001#holding-institution-RegioBE-NB001;《外交部公报》,1930 年,第 4 期,第 3 页;《吴县志》,上海古籍出版社 1994 年版,第 1156 页;Http://www.dfzb.suzhou.gov.cn/zsbl/248027.htm.

14. Http://baselbern.swissbib.ch/Record/269131299?expandlib=RegioBE-B465#holding-institution-RegioBE-B465;《中国留法比瑞同学会同学录》,1943 年,新蜀报第二印刷厂代印,第 150 页;曾勉司法档案资料,龚汝富教授提供。

15.《国立中央大学一览·学生录》,第 41 页;中央大学法学院法律学系学生桂宗尧历年成绩表藏于中国第二历史档案馆,档号五-6169,第 60 页;Http://baselbern.swissbib.ch/Record/261969579;《中国国民党百年人物全书》下册,第 1907 页。

16.《东吴大学法学院 1939 年 6 月法律系毕业生学籍材料卷》,上海市档案馆档案号 Q245-1-285;《东吴大学上海校友会通讯录》,1987 年 8 月,第 69 页;《教育部留瑞士公费生》,载刘真主编:《留学教育——中国留学教育史料》,台北"国立编译馆",

1980 年，第 2174 页；Http://baselbern.swissbib.ch/Record/28087605X?expandlib=RegioBS-A208#holding-institution-RegioBS-A208；顾竹君口述，张秀莉整理，《我与历史所的编译组》，http://www.historyshanghai.com/readarticle.asp?Articleid=584。

17. [比]希尔德·德·里德-西蒙斯等主编，《欧洲大学史》第一卷(中世纪大学)，张斌贤等译，河北大学出版社 2008 年 8 月第 1 版，第 50 页。

18. [比]希尔德·德·里德-西蒙斯主编，《欧洲大学史》第一卷(中世纪大学)，张斌贤等译，河北大学出版社 2008 年 8 月第 1 版，第 430 页。

19. 方豪：《同治前欧洲留学史略》，原载方豪著：《中外文化交通史论丛》，独立出版社 1944 年版，第 120—133 页；现载《史学文存：1936—2000，浙江大学中国古代史论文集》，上海古籍出版社 2001 年版，第 119—142 页；另可参见林子勋著：《中国留学教育史》(1847—1975 年)，台北，华冈出版有限公司，1976 年 1 月，第 86 页。

20. [意]赖班亚著：《意大利今日之法律学校》，杨兆龙译，载《法律教育》(二十世纪中华法学文丛)，中国政法大学出版社 1997 年 12 月第 1 版，第 266 页。

21. Stefan Riesenfeld, A Comparison of Continental and American Legal Education, *Michigan Law Review*, Vol.36, No.1, Nov.1937, at 38.

22. Archbishop Stanislaus Lokuang, http://www.catholic-hierarchy.org/bishop/blokuang.html；方克立、王其水主编，《二十世纪中国哲学》第二卷人物志上，华夏出版社 1994 年 8 月第 1 版，第 514—520 页。

23. Http://vlab.ee.nus.edu.sg/～bmchen/west/italy/italia.html；阿英：《送陈之禄留学罗马》，载《公教周刊》第 8 年第 24 期，福建，1936 年 9 月 20 日，第 7 页。袁同礼留欧目录将陈之禄的博士论文误为《基于侵权的民事诉讼》(Actio civilis ex delicto)。

24.《张警铎博士由意回国》，《申报》1935 年 10 月 8 日第 11 版("张警铎，山西高陵县人，在武昌文华中学、西安神哲学院毕业，后在北平辅仁大学研究学术一年。民国二十年秋，赴罗马深造，在宗座法学院肄业二载，得法学博士学位。旋赴意国米兰，在政府立案之意国公教大学专攻哲学，得哲学博士学位……")。

25. 国际法学家劳特派特(Hersch Lauterpacht)年轻时在维也纳大学学习，先后获得两个博士学位，一个是 1921 年的法学博士学位(Doctor Jur.)，另一个是 1922 年的政治学博士学位(Doctor rerum politicarum)，前者没有博士论文，后者的博士论文是《国际联盟盟约中的国际托管》(Das Völkerrechtliche Mandat in der Satzung des Völkerbundes)。参见 Elihu Lauterpacht, *Sir Hersch Lauterpacht: 1897—1960*, 2 EJIL(1998) 313; Elihu Lauterpacht, *The Life of Hersch Lauterpacht*, Cambridge University Press, 2010, at 27—28。

26.《吴庚先生访谈纪录》，载《台湾法界耆宿口述历史》第三辑，2007 年 11 月初版，第 139 页。

27. Who's Who in China, *The China Weekly Review*, August 2, 1947, at 268;

俞运传:《我的胞兄俞叔平》,载中国人民政治协商会议浙江省诸暨县委员会文史资料委员会:《诸暨文史资料》第 3 辑,1988 年 9 月,第 109—112 页;据《朱家骅先生年谱》记载,1930 年 6 月,浙江警官学校第一届正科学生毕业,朱家骅选派俞叔平、郑岩登、汪弼等十人留学奥地利,又选派胡福相、李知章等二十人留学日本。见胡颂平著:《朱家骅先生年谱》,台湾,传记为学出版社 1969 年初版,第 23 页。

28. 参见周雷鸣:《庚款留荷考》,载《民国档案》2013 年第 4 期,第 113—123 页。

29. Thung Soey Hay, De internationaalrechtelijke betrekkingen tusschen China en Japan, Rotterdam, 1928, [VIII], VI, 215, p. Thesis.

30. 该校多次更名,1973 年更名为 Erasmus Universiteit Rotterdam,沿用至今。

31. Http://www.denederlandsegrondwet.nl/9353000/1/j9vvihlf299q0sr/vgn42szzq0uj.

32. University of Toronto, Faculty of Law, 1872, at 2.

33. 参见本书第一章第一节。

34. 刘卫翔:《韩德培先生传略》,载《韩德培文选》,武汉大学出版社 1996 年第 1 版,第 6 页。

35. 同上书,第 7 页。

36. 靳文翰硕士论文藏于多伦多大学档案馆,Archives, T1979-0074.(96)。靳文翰(1913—),河南开封人,早年毕业于圣约翰大学,1937 年清华大学研究院研究生毕业,1943 年加拿大多伦多大学法学硕士,回国后任东吴大学教授,1949 年后任圣约翰大学教授、复旦大学教授(历史系世界史教研室主任)。Http://www.lib.sju.edu.tw/school_history/stjohn5-1-19.asp.

37. 吕怀君博士论文现藏于渥太华大学图书馆索书号 KZ 6422. L8 1943。

38.《中国留美同学会会章及会员名册》,浙江省档案馆,档号 L053-001-0586,第 19 页;刘子政:《中国在砂设立领事馆始末记》,《风下》第 577 期,2009 年 4 月 12 日。

39. Http://maths.hytc.edu.cn/ViewInfo.asp?id=220.

40. Http://zh.wikipedia.org/wiki/%E7%BE%85%E5%AE%97%E6%B4%9B.

41. Http://www.zju.edu.cn/~piclib/renwu1/subq/sbq1.htm.

42. 刘真主编:《留学教育——中国留学教育史料》,第 1317—1318 页。

43. 关于日本近代博士教育制度,参见笔者所著《中国近代博士教育史——以震旦大学法学博士教育为中心》一书第六章"中日近代博士教育比较",复旦大学出版社 2015 年 12 月第 1 版,第 180—198 页。

44. 有些资料误称赵欣伯留学日本东京帝国大学,例如倪征睥著:《淡泊从容莅海牙》,北京大学出版社 2015 年 8 月第 1 版,第 136 页。

45. 刘真主编:《留学教育——中国留学教育史料》,第 1317 页。

46. 参见《北平世界日报》1926 年 8 月 19 日第六版报道"张作霖聘赵欣伯为法律顾问"。

47. 王子衡:《九一八事变前后日寇和汉奸在东北的阴谋活动》,载《文史资料选辑》第17辑,中华书局1961年5月版,第85—99页。

48. 黄典权等编纂:《重修台湾省通志》卷九,人物志,人物传篇,台湾省文献委员会出版,1998年,第468—469页。

49. [日]吉田庄人著:《从人物看台湾百年史:改变台湾历史的13位杰出人物》,彤云译,武陵出版有限公司1995年版,第31页;王泰升:《台湾法学教育的发展与省思:一个法律社会史的分析》,载《台北大学法学论丛》第68期,2008年12月。

50. [日]吉田庄人著:《从人物看台湾百年史:改变台湾历史的13位杰出人物》,彤云译,武陵出版有限公司1995年版,第35页;庄永明书坊,Http://jaungyoungmingclub.blogspot.com/2016/08/blog-post_10.html.

第八章　近代留洋法学博士统计分析

统计中国近代留洋博士的人数是很多人试图做的一件事情，然而非常困难。统计中国近代留洋法学博士人数更是如此。有人根据袁同礼《中国留美同学博士论文目录》(1905—1960)中收录的2 789篇博士论文就想当然地认为从1905—1960年间有2 789名留美博士，这一简单的方法得出的结论并不可靠。袁同礼在该目录前言中已经指出其目录的局限性，即不包括无需博士论文的留洋博士。正如本书第一章所指出的那样，在美国法律教育中，相当一部分法学博士并不需要提供博士论文，近代如此，当代亦如此。所以，中国近代留美法学博士的数量要远远超过袁同礼《中国留美同学博士论文目录》中收录的法学博士人数。此外，还有相当一部分法律学生在美国高校取得的并不是司空见惯的"法学博士"(S.J.D.或者J.S.D.)，而是"哲学博士"，这一部分很容易被遗漏。如果将法科哲学博士排除在法学博士的团体之外，这将大大减少法学博士的真实数量。

一方面，在统计留美法学博士时可能漏掉很多真正的法学博士，从而使留美法学博士的总人数减少；另一方面，在统计留法法学博士时则容易产生扩大化的倾向，因为法国的法学博士包括三种类型，一类是政治学，一类是法学，另一类是经济学或者社会学。也就是说，法国的法学博士，其专业并不一定是纯粹的法学。本书在涉及留法法学博士时，主要统计法学专业的"法学博士"，不包括博士论文没有法学内容的政治学、经济学等专业的"法学博士"。

第一节　近代留洋法学博士留学国别分布

一、国别统计的局限性

在比较近代留洋法学博士时，应当尽量避免以某一方面的成绩来比较留美、留欧学生整体学术水平和贡献的高低。例如，有人认为，"留美学人确实有其学养上的先天不足，这是由清华与教会学校的教育制度性规定所造成的。平心而论，稍前的胡适与略后的陈铨，从他们的外语程度和西学修养方面看，确实可圈可点，但论及国学根基，明显有欠缺……"[1]这种观点来自对清华大学和教会学校的偏见，这种偏见有时甚至到了极端的地步：

留学生败德之不可掩塞者，一曰虚浮。归国留学生，往往妄自高大，不屑以硕士、学士之资格，与未出国门者同列。未先尝试，即求大用，宁为高等游民，不肯屈就卑职微俸。外国学生，于大学毕业后，皆从小事练起，而中国留学生，则多数好高夸大，岂非误于虚浮？……官费学生，多数来自清华；自费学生，大半出身教会学校。清华与教会学校向来偏重英文，对于中国学术漠不关心，故留美学生，大半国文不通，国情不懂，不作中国文章，不看中国报纸。见有新从中国来者，辄向探听消息，偶闻一二，则转相传述，正误不辨，新旧不分。……去年留美学生内讧，有所谓某联合会长者，投函纽约华字报纸，不能自写中文信，余闻而异之。后见美国书肆刊一巨册，即出此人手笔，英文非常可观。此等学生，从外国人皮相观察，能不视为中国之救星？然由我国人自视则何如？此等丧失民族固有文明之怪象，实不能全归咎于留学生，盖中国教育当局，于选派毫无根蒂之青年出洋时，即种恶因也。……留美学生因犯虚浮与蔑视国学之病，当然缺乏深沉的思虑与独立的精神，模拟而不创造，依人而不自主。故治国则主亲美，经商则为买办。服务社会，则投降教会机关，办理教育，则传播拜金主义。怠惰苟且，甚少建白。辛亥革命，无留美学生

> 之流血；五四运动，无留美学生之牺牲。人家吃尽辛苦，而留美学生安享其成。彼不明华事之美国人，动辄称许留美学生为改造中国之发动机，其实此等浮夸之谀词，适足消磨留美学生之志气而已。[2]

有人这样概括近代留学生："留日学人是先导与引索，留美学人是主力与支架，而留欧学人才是魂灵与精神。"[3]这一结论，至少对于中国近代留洋法学博士这一团体来说，有失偏颇，也缺乏事实基础。事实上，由于种种原因，我们无法比较周鲠生（留法博士）与吴经熊（留美博士）的高低，无法衡量陈体强（留英博士）与杨兆龙（留美博士）的高下，无法证明同时当选为第一届中央研究院院士的王世杰（留法博士）与王宠惠（留美博士）的高低，也很难比较同为国际法院法官的郑天锡（留英博士）与倪征日奥（留美博士）的高低。假如留美法律学生因为曾经在国内毕业于清华大学或者教会大学所以对于中国学术漠不关心，那么按照这个逻辑推导下去，留欧法律学生也强不到哪里去，因为他们中的很多人也同样曾经毕业于清华大学（例如陈体强、端木正）或者教会大学（例如沈达明、谢冠生）。这样的逻辑，其结果不但起不到褒欧贬美的作用，反而是两败俱伤。

事实上，将留美法学博士与留欧法学博士进行质的比较，这一方法本身就有问题。即使在欧洲各国内部，其教育制度也不一致，教育水平参差不齐。具体到法律教育制度上，尤其在法律学位制度上，英国、法国、德国、比利时等有很大差异。表面上都是法学博士，但是学制、录取条件、毕业条件等等并不相同。所以，即使在留欧法律学生之间，也很难进行科学公正的比较。至于留美法律学生，虽然身处同一国家，同为"法学博士"，但是由于不同学校的法学博士制度不尽相同，也很难进行比较，更无法形成一个按照统一标准毕业的"留美法学博士"团体。有些人仅仅学习一年甚至更短的时间就取得法学博士头衔，有些人却要学习三年，甚至更长；有些人无需提交博士论文就可以取得法学博士学位，有些人却需要花费几年的时间进行博士论文的写作……如何将他们融合为一个"留美法学博士"团体？如何将人为拼凑在一起的"留美法学博士团体"与同样强行拼凑在一起的"留欧法学博士团体"进行比较？

总之，应该尽量将近代留洋法学博士视为一个具有相似头衔的群体，视为中国近代法科留学生的一个重要组成部分，而不是一个具有某种神奇能力的团体。在统计方法上,可以按照国别、籍贯等进行分类,但是在衡量其学术水平和贡献时,不宜按照国别进行分类,否则得出的结论很可能是一个带有偏见的结论。

值得注意的是,本书虽然按照国别划分留洋法学博士,这并不等于每一个留洋法学博士的学习范围仅仅限于某一个国家。有些留洋法学博士曾经留学两个或者两个以上国家。例如,周鲠生曾经先后留学日本、英国和法国,在英国取得政治经济学硕士学位,在法国取得法学博士学位;王宠惠在美国取得民法学博士学位后,到德国、英国继续留学。他们后来的成就,不仅与博士留学期间的国家有关,而且与他们曾经留学的其他国家有关。

二、近代留洋法学博士国别分布表

表 8.1 近代留洋法学博士国别分布(按人数由高到低排列)

序号	国 别	人数	百分比(约)	备 注
1	美 国	197	50%	由158位各类狭义的法学专业博士和39位法科哲学博士组成。由于乔万选同时取得法学博士和法科哲学博士学位,所以严格地说,留美法学博士人数共计196人,而非197人
2	法 国	127	32%	不包括狭义政治学、经济学等专业的法学博士
3	比利时	24	6%	
4	德 国	19	5%	
5	英 国	14	4%	包括狭义的法学博士和广义的法科哲学博士
6	瑞 士	8	2%	
7	意大利	3	0.8%	
8	日 本	2	0.5%	
9	奥地利	1	0.3%	
10	荷 兰	1	0.3%	
11	加拿大	1	0.3%	
	总人数	397		

资料来源:根据本书第1章至第7章编制。为方便起见,乔万选一人取得两个法学博士的情况在整体统计时不合并考虑,而是分开计算,所以本表总人数为397。

三、近代留洋法学博士留学国别统计分析

1. 人数高低排列

从表8.1中可以看出，近代留洋法学博士的留学国别，冷热极为不均，美国和法国占绝对优势。培养中国近代留洋法学博士人数最多的国家是美国，占据半壁江山；第二是法国，占三分之一；留美和留法的法学博士人数加起来占近代留洋法学博士总人数的82%。第三是比利时，第四是德国，第五是英国，第六是瑞士，第七是意大利，第八是日本，最后是奥地利、荷兰、加拿大。

2. 留比法学博士人数相对较多的原因

比利时是一小国，但中国近代留学比利时攻读法学博士的人数却超过了留学德国和英国攻读法学博士的人数，其原因耐人寻味。比利时的法学博士学位制度有一独特之处，对一些中国近代到欧洲攻读法政的留学生具有很大的吸引力，即比利时通常无需撰写博士学位，只要各门课程口试及格即可取得法学博士学位。凌其翰就是因为这一点而选择到比利时留学，最后如愿拿到布鲁塞尔大学法学博士学位。纵观近代欧美各国，不需要博士论文即可取得法学博士学位者，只有比利时和美国的部分高校，这也是近代留比和留美法学博士人数较多的重要原因之一。

3. 法国热而德国冷的原因

中国近代留德博士的总人数超过留法博士的总人数，但就法学专业而言则相反，中国近代留法法学博士的总人数要远超留德法学博士的总人数，换言之，从法学博士所占比例上看，近代留法法学博士在留法博士群体中所占比例很高，而近代留德法学博士在留德博士群体中所占比例很低。这一高一低说明近代中国法科留学生在欧洲大陆偏好法国，而非德国。除了法国大革命及法国法政制度以及卢梭、孟德斯鸠等思想家对于中国人的吸引力之外，近代留法法学博士人数较多的原因还有如下因素：

第一，中国近代留法勤工俭学运动以及在法国里昂设立的中法大学，促进了留法法学博士的成长。

第二，与留法勤工俭学运动有关的北平中法大学的建立和发展；

第三，法国耶稣会在上海设立的震旦大学开展了独特的法国式法学教育，培养了一大批精通法语以及熟悉法国法律的中国学生。震旦大学法科毕业生出国留学攻读博士学位自然首选法国。芮沐毕业于震旦大学之后赴法留学，取得巴黎大学法学士学位，之后决定改换门庭，留学德国，最后取得德国法兰克福大学的法学博士学位。[4]身为震旦大学的毕业生却在德国取得法学博士学位的，芮沐是绝无仅有的一位。毫无疑问，芮沐的法语和德语水平都已经达到常人难以企及的高度。

在中国近代教会大学之中，基督教教会大学以美国背景为主，天主教教会大学以法国背景为主，而德国背景的教会在中国从未开办正规的大学，更没有在中国开展过德国式的法律教育，德语在中国近代法科学生的外语教育背景中几乎没有任何位置，[5]可以说，中国近代法律教育与德国缺乏天然的联系。普通中国大学的法科毕业生，即使想去德国攻读法学博士学位，也会有心无力，德语这一关显然是一道天然障碍。留德攻读法学博士学位的人数自然寥寥无几。与德国联系紧密的国立同济大学，直到 1945 年才开办法学院，[6]旋即被并入复旦大学，[7]可谓生不逢时。

如果进一步研究近代中国留学生在德国的专业分布，可以发现，中国近代留德博士的热门专业集中在理工科与医科，而非法科。这种留学专业上的偏好也影响到留学人数在国别上的差异性。

4. 近代留英法学博士人数较少的原因

与近代留美、留法法学博士的人数相比，中国近代留英法学博士的人数很少，这有多方面的原因。除了民国初年的留美风潮以及法国政治法律思想对于中国学生的吸引力之外，还有其他原因。

(1) 英国法律教育制度的独特性

英美两国法学博士制度不同。美国有攻读一年(且无需提交博士论文)就可以取得博士学位的 J.D.制度，而英国没有。近代留英法学博士只有两种学位，LL.D.和 Ph.D.，以后者为主。无论何种英国法学博士学位，其标准都极为重视博士论文。与之相比，留美法学博士种类繁多，从 D.C.L.、S.J.D.、J.S.D.到 J.D.、Ph.D.等，五花八门，录取门槛不一，毕业标准不一，留学生可以根据自己的情况灵活挑选。法国虽然也重视博士论文，但法国与中国同属大陆法系，中国法科学生对于法国法律的概念及教学方式并不陌生，再加上法国当年推出专门针对外国留学生的“大学博士学位”，实际上降低了取得法国法学博士学位的难度，因此到法国攻读法学博士学位者趋之若鹜。而英国则属于普通法系，对于仅接受过大陆法系法律教育的中国留学生，要想在英国攻读法学博士学位，具有较高的难度。即使对于曾经在中国接受过普通法教育的学生，在当时的英国取得法学博士学位也不容易。李浩培与倪征日奥是以英美法教育见长的东吴法学院的同班同学，国内教育背景相同，然而倪征日奥留学美国斯坦福大学仅一年即取得法律博士学位，李浩培留学英国伦敦政治经济学院三年却未取得博士学位，这固然有战争因素，但更主要的原因是博士教育制度不同。假如伦敦政治经济学院也有类似美国的一年制博士学位，则 1936 年入学的李浩培，理论上 1937 年即可取得博士学位，而当时欧战尚未爆发。再假如李浩培当年不选择留英而选择留美，无论到西北大学、纽约大学，或者是密歇根大学、印第安纳大学大学，不要说三年，说不定一年就可以取得博士头衔。

英国的法律教育制度较为传统，尤其在法学博士教育制度上，基本上集中在牛津大学、剑桥大学、伦敦大学、爱丁堡大学等几所高校，纯属研究性质，对于有志取得法学博士学位但又不愿意以法学研究为事业的学生，缺乏吸引力。相反，美国法律教育制度则百花齐放，既有传统学术性质的 Ph.D.，又有以培养律师为首要任务的 J.D.（例如芝加哥大学），还有一年制到三年制不等的 J.S.D.课程（例如纽约大学），而这些五花八门的博士学位，在中国国内一般统称为法学博士，很少有人有去辨别其中的差异。这对于很多中国留学生颇具吸引力。况且，无论是从事律师职业，还是从事法律教育或研究职业，一个法学博士的头衔几乎可以畅通无阻，几乎无人介意究竟是 Ph.D.还是 J.S.D.，究竟是一年制的 J.D.，还是三年制的 J.D.，究竟是有论文的博士，还是无论文的博士。吴经熊留美一年就取得法律博士学位，且没有博士论文，但是这丝毫没有削减他日后在法学等方面的成就，而有些留学数年才归国的法学博士，虽然有一篇博士论文，但是并没有在法学研究或司法实践上做出显著贡献。两相对照，可见留学时间长短及博士论文有无并非决定性因素，更不能成为衡量优劣的唯一标准。

取得博士头衔的难易程度固然有所不同，这是各校的客观规定，学生无法单方面改变，但更重要的是学生为完成博士学业所付出的努力，以及取得博士学位之后是否继续努力。有一个现象值得特别注意，吴经熊、倪征噢、杨兆龙虽然仅花费一年工夫就取得了一个博士头衔，他们在博士毕业后又都到其他学校继续学习。可见，在他们心目中，取得一个法学博士学位并非是法学事业的巅峰或尽头，学无止境，博士只是漫长学业旅途中的一站。

(2) 教会大学背景上的差异

造成留学英、美法学博士人数巨大差异的另外一个因素，和在华教会大学有关。考察近代留洋法学博士的背景，可以发现，他们中的很多人早年毕业于上海、北京等地的教会大学(参见本章表 8.5)，有些学生是天主教徒或者基督教徒。这些教会大学，利用其与外国大学的关系，给毕业生创造了很多留学机会。东吴大学法学院和美国密歇根大学法学院、印第安纳大学法学院具有紧密的关系，震旦大学和法国大学也具有密切的关系。

一个值得注意的现象是，近代中国的教会大学，几乎清一色是由美国差会所建，与英国差会几乎没有任何关系。极个别教会大学具有法国天主教会等背景，例如震旦大学，所以留法的法学博士人数也远远多于留英的法学博士人数。总之，由于中国高等法律教育与英国高等法律教育之间缺乏“教会大学”这样的天然纽带，导致中国留学生赴英攻读法学博士的人数较少。

(3) 英国高校数量的问题

中国近代 14 位留英法学博士分别毕业于伦敦大学(包括 UCL、LSE、KCL)、牛津大学、剑桥大学、爱丁堡大学。而近代留美法学博士高校数量则远远超过留英法学博士的高校数量，不仅有东部的哈佛、耶鲁、哥伦比亚等常春藤学校，还有中部的芝加哥大学、西北大学、伊利诺伊大学、印第安纳大学，以及西部的斯坦福大学等等，既有私立大学，也有公立大学，可谓遍地开花。与英国伦敦大学的一枝独秀迥然不同。

(4) 二战的影响

英国深受“二战”影响，这直接导致留英攻读博士人数下降。美国虽然也受到“二战”影响，但是战火并没有直接燃烧到美国大陆本土，与直接遭受德军轰炸的英国不可同日而语。正是由于“二战”的直接间接影响，李浩培、王铁崖等中国留学生被迫放弃继续在英国攻读法学博士学位的计划，中途返国。本书第三章显示，14 位中国近代留英法学博士，只有 3 位毕业于欧战爆发之际（1939 年王滁、1940 年陈尧圣、1940 年胡百全），10 位于“二战”爆发前或结束后取得博士学位，在 1941 年到 1947 年间仅 1 位中国人在英国取得法学博士学位（即王克勤）。而同期（1941 年到 1947 年）在美国取得法学博士学位或法科哲学博士学位的中国留学生则大有人在，例如陈世材（1941 年哈佛大学）、宋闪宝（1941 年印第安纳大学）、张馨珠（1941 年印第安纳大学）、程修龄（1942 年纽约大学）、韦文起（1942 年芝加哥大学）、华璓光（1943 年印第安纳大学大学）、苏汝松（1944 年印第安纳大学）、杨泉德（1944 年印第安纳大学）、潘维东（1944 年美国天主教大学）、赵理海（1944 年哈佛大学）等等。

当然，与 20 世纪 20 年代和 20 世纪 30 年代相比，20 世纪 40 年代的留美法学博士人数也减少很多。实际上，第二次世界大战对于留法攻读法学博士学位的中国学生也有很大负面影响。在 127 位近代留法法学博士中，只有 12 人毕业于 1941 至 1947 年之间，与 20 世纪 20 年代和 30 年代的火热情况相比，只能用冷清二字形容。

5. 近代留日法学博士人数稀少的原因

(1) 日本近代法学博士制度的特殊性

相对近代留美、留欧法学博士的兴盛，近代留日法学博士人数稀少，究其原因，首先与日本近代法学博士制度的特殊性有关。日本近代法学博士制度以推荐制为主，且属于国家博士学位。[8]推荐制的对象本来就不是在日本大学求学的学生，无论是日本学生还是外国留日学生，想取得课程博士和论文博士在当时的日本都是很困难的事。中国近代留日学习法政的高峰期是 1905 年左右，这正是日本推荐制法学博士大行其道之时，中国留日法政学生自然无缘成为日本法学博士。等到 1920 年日本废除推荐制博士、废除国家博士学位的时候，中国学生的留日潮早已过去，取而代之的是留美潮和留欧潮。可以说，近代日本严苛的博士制度限制了中国留日学生取得法学博士学位的人数。如果比较近代日本和美国对于博士的态度，可以得出一个明显的结论：日本对博士看得很紧，而美国对博士看得较松。在各种博士学位之中，美国的部分高校对法学博士学位制定了较低的标准，导致留美攻读法学博士者如过江之鲫，这是一个不容否认的事实。

(2) 近代留日法律教育的速成性

近代留日法学博士人数稀少的另外一个原因与中国近代留日法律教育的特点有关。日本针对中国留学生举办的速成式法律教育，虽然在短期内培养了大批中国学生，但也带来一些后遗症。点到即止的法科速成教育的最大问题是：法学普及性教育大于法学研究性教育，注重数量，却牺牲了质量，注重广度，却牺牲了深度。[9]王国维曾经批评这种速成式法律教育：

> 且留学生之大半，所学者速成政法耳，速成师范耳；以不谙外国语之人，涉数千里之外，学至粗浅之学，而令东京之私立学校得因之以为市，此日本文部省限制私立学校令之所以发也。[10]

日本学者青柳笃恒在1905年7月17日《东京朝日新闻》上发表评价：

> 彼等清国留学生多以速成为主，在外积萤雪之功仅一年半载，其所得无何。甫尝学问之味，则学业已成，手持毕业证书，洋洋而就归国之途……[11]

留日速成科的质量问题引起中外官方的重视，日本驻华大使小村公开向袁世凯提出，今后中国官费生不入速成科。袁世凯将此事转告学部，学部通知各省，“嗣后官费学生，毋得派入速成科”。[12]

近代速成法律教育不仅限于日本，正如本书第一章所指出，一些美国高校（例如密歇根大学、西北大学、纽约大学、印第安纳大学大学、德宝大学）也曾经向中国留学生提供过一年或者一年半的速成法律教育，然而日本有速成法律教育，却没有速成法律博士学位，美国既有速成式法律教育，也伴随有速成式法律博士学位。这种速成法律教育制度上的差异性，也导致了近代留日法学博士人数稀少，而留美法学博士人数众多，由此可见一纸博士学位证书在中国人眼中的重要性。

(3) 中日之间政治、军事冲突对于留日教育的影响

中日之间在近代的数次冲突也影响了中国留日学生的数量和学习的

热情。从1915年"二十一条"，到1931年"九一八事变"，再到1937年"七七事变"，"每次日本侵华行动，都引发留日学生界一场大规模的抗日反日运动；每次抗日反日运动都伴随着一场大规模的集体辍学归国运动。"[13]例如，在"九一八事变"之后，中国留日学生的人数大为减少，从之前的三千人左右下降到一千人，"且大多数均谋返国"。[14]在这一动荡的政治背景之下，中国近代留日法律学生很难静下心来攻读日本的法学博士学位。

第二节　近代留洋法学博士留学年代分布

近代留洋法学博士始于20世纪初期，也就是说，近代留洋法学博士群体在20世纪之后才逐渐形成，20世纪之前根本不存在所谓留洋法学博士。容闳在19世纪被耶鲁大学授予"法学博士"，那只是名誉性质的博士学位，不是学术性质的博士学位。因此，本节近代留洋法学博士留学年代统计始于1900年，终于1950年。本书作者将这半个世纪划分为五个阶段，每10年为一个阶段，这大体可以反映近代留洋法学博士在留学年代方面的变化规律。

一、近代留洋法学博士留学年代分布表

表8.2　近代留洋法学博士留学年代分布

年　代	美　国	英国	法国	比利时	德国	瑞士	意大利	奥地利	荷兰	加拿大	日本	同期总人数	百分比（约）
1900—1909	1+1	0	0	0	2	0	0	0	0	0	0	4	1%
1910—1919	12+4	2	3	1	2	3	0	0	0	0	0	27	7%
1920—1929	52+13	2	33	4	2	1	0	0	1	0	1	109	28%
1930—1939	65+10	3	66	19	7	2	2	1	0	0	1	176	44%
1940—1950	28+11	7	25	0	6	2	1	0	0	1	0	81	20%
国别总人数	158+39=197	14	127	24	19	8	3	1	1	1	2	397	

资料来源：本书第一章至第七章。由于查良鉴同时获得法律博士学位和法学博士学位，乔万选同时取得美国法律博士和法科哲学博士，所以近代留美法学博士实际总人数为196（而非197），近代留洋法学博士实际总人数为396（而非397）。

二、近代留洋法学博士留学年代统计分析

清末留洋并取得法学博士学位者寥寥无几，仅严锦镕(1905)、王宠惠(1905)、马德润(1907)、周泽春(1909)、罗泮辉(1911)、严鹤龄(1911)这六人而已，清末留洋法学博士的留学国别也仅限于美国、德国。这一现象可能来自两个方面的原因：一是清末留学欧美攻读法律的人数较少，而当时留洋学法的热门国家——日本对于法学博士学位要求甚高；二是当时美国的J.D.学位尚处于萌芽阶段，而 S.J.D./J.S.D.这类法学博士学位尚未建立。清末中国留美攻读法律的学生多选择低层次的法学士学位。纵观近代留美法科学生，可以发现一个奇特的现象：清末留美习法的中国学生，取得法学士学位的人数超过取得法学博士学位的人数，[15]而民国留美习法的中国学生，取得法学博士学位的人数远远超过取得法学士学位的人数。

进入民国后，近代留洋法学博士人数渐多，集中于 20 世纪 20 年代和 30 年代，而以 30 年代为最，约占 44%。大致上说，留洋法学博士的留学期间主要集中在第一次世界大战之后和第二次世界大战之间，当时的国际局势相对稳定，国内局势也相对稳定。在 20 世纪前四十年，中国留洋法学博士人数呈递增趋势，1940 年成了转折点，之后十年的留洋法学博士人数突然下降。中国的抗日战争和更广泛意义上的第二次世界大战，阻碍了中国近代学子出国留洋的步伐。国民政府在抗战期间一改过去放任留学的政策，转而采取限制留学的政策，以便“节省外汇，增强国力”[16]。在留学学科导向上，偏重军、工、理、医各科。[17]这些因素都导致 20 世纪 40 年代留洋法学博士人数的下降。

尽管总体上近代留洋法学博士的年代分布以 20 世纪 30 年代为最，但有些高校的中国留洋法学博士却在 30 年代之前或者之后达到了巅峰。例如，芝加哥大学中国籍法学博士集中在 20 世纪 10 年代(9 位 J.D.)和 20 年代(12 位 J.D.)，在 30 年代仅有 2 位 J.D.，而 40 年代仅有 1 位 J.D.。印第安纳大学的中国籍法学博士则 20 世纪 40 年代(13 位 J.D.)多于 30 年代(8 位)。密歇根大学的中国籍法学博士则主要集中在 20 世纪 20 年代。

第三节　近代留洋法学博士籍贯分布

一、近代留洋法学博士籍贯分布表

中国人历来重视籍贯，至今盛行于海内外的中国各省、市、县同乡会就是证明。中国近代留洋法学博士的地理分布，也应当是中国近代留洋法学教育研究的一个必不可少的组成部分。

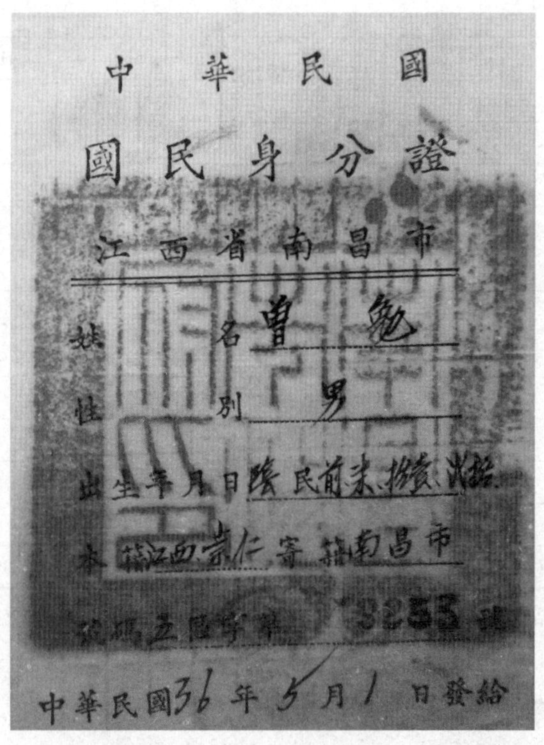
中華民國

國民身分證

江西省南昌市

姓名　曾勉

性別　男

出生年月日　[illegible]

本籍江西崇仁　寄籍南昌市

[illegible]　3253號

中華民國36年5月1日發給

图 8.1　瑞士佛莱堡大学法学博士曾勉 1947 年的国民身份证

本节只统计已知籍贯的留学生，籍贯未详者不列入表内。从整体上看，绝大多数近代留洋法学博士（包括法科哲学博士）的籍贯都已查清，个别籍贯不详者并不影响整体统计结果。

表 8.3　近代留洋法学博士籍贯分布统计

	美国	英国	法国	比利时	德国	瑞士	意大利	奥地利	日本	加拿大	各省人数	百分比(约)
江苏	42+6	2	30	11	1	2	0	0	0	1	95	24%
广东	33+13	6	24	0	4	0	0	0	0	0	80	20%
浙江	38+3	3	22	3	1	1	1	1	0	0	73	19%
福建	10+2	1	6	3	2	0	1	0	0	0	25	6%
安徽	11+1	1	7	1	0	1	0	0	0	0	22	6%
江西	4+3	0	6	0	1	2	0	0	0	0	16	4%
河北	7+1	1	3	0	1	0	0	0	1	0	14	4%
湖南	3+1	0	5	2	1	0	1	0	0	0	13	3%
湖北	0+1	0	7	0	2	0	0	0	0	0	10	3%
四川	1+0	0	5	2	0	2	0	0	0	0	10	3%
山东	1+2	0	1	0	3	0	0	0	0	0	7	2%
广西	3+1	0	1	0	1	0	0	0	0	0	6	1%
山西	1+3	0	1	0	0	0	0	0	0	0	5	1%
吉林	1+2	0	2	0	0	0	0	0	0	0	5	1%
河南	1+0	0	1	2	0	0	0	0	0	0	4	1%
陕西	1+0	0	1	0	0	0	0	0	0	0	2	0.5%
云南	1+0	0	1	0	0	0	0	0	0	0	2	0.5%
辽宁	0+0	0	1	0	1	0	0	0	0	0	2	0.5%
贵州	0+0	0	1	0	0	0	0	0	0	0	1	0.3%
蒙古	0+0	0	0	0	1	0	0	0	0	0	1	0.3%
台湾	0+0	0	0	0	0	0	0	0	1	0	1	0.3%
总数	197	14	125	24	19	8	3	1	2	1	394	

资料来源:根据本书第一章至第七章编制(各省顺序按照人数多少依次排列)。

二、近代留洋法学博士籍贯统计分析

根据表 8.3 统计,396 位近代留洋法学博士中,已知籍贯者 393 人,约占 99%;籍贯不详者 3 人,所占比例很低,约 1%,对统计结果影响不大,可以忽略不计。

近代留洋法学博士籍贯分布在 21 个省,人数上以江苏为第一,广东第二，浙江第三，这三甲(248 人)占近代留洋法学博士已知籍贯总人数(393)的 63%。

近代留洋法学博士集中于江浙粤三省，至少有如下原因：

第一，地理位置的影响。此三省均属东南沿海地区，与西方接触最早，出洋交通便利，留洋人数据全国之首也在情理之中。这些地区也是中国最早接触西方法律的地区。鸦片战争之后的五口通商所带来的不仅仅是西方的商业，还连带有西方的法律，例如租界地区的会审公廨。到了 20 世纪初期，英美甚至直接在上海设立法院，而那些法院的英美法官并不仅限于在中国的土地上断讼决狱，有些法官还身兼法学教授之职，在东吴法学院讲授西方法律。江浙粤沿海地区最先受到西方法律的影响，在此影响之下的江浙粤籍学子寻求进一步留洋攻读法律自然顺理成章。

第二，传统文化的影响。从唐宋以来，江浙人才辈出，具有优良的学风。据统计，明清两朝，全国文科状元 209 位，108 位来自江浙地区。[18]清末废除科举考试之后，留洋成为江浙学子求学的新途径。出国留洋，既开辟了新的学术途径，又延续了旧的学风，江浙地区的留洋风气实际上是传统学风在新时代的延续和创新。缺乏习文重教传统风气的地区，很难如此迅速地跨出留洋这一步。

第三，经济实力的影响。经济实力与文化繁荣有密切关系，经济实力与出国求学也有密切关系。唐宋以来，江南地区经济发展迅速，到了明清，江浙粤等东南沿海地区，相对于内地省份，经济较为发达，民众较为富庶，留学生家庭较为富裕，从经济条件上看，出洋留学的可能性也更大。这一点甚至可以从江浙粤三省内部看出，在这三省之内，经济较为发达区域的留学生数量明显高于经济落后区域的留学生数量，例如，在江苏省内，经济较为发达的江苏南部(长江以南)在整个江苏省的留学生数量中占了绝大多数。

地理位置对于近代留洋法学博士的影响还可以从长江沿线省籍留学生分布上找到证据。民国时期长江沿线省份自东向西分别是：江苏、安徽、江西、湖北、湖南、四川、云南、西藏、青海。这些省籍留洋法学博士的人数分别是：江苏 98，安徽 22，江西 16，湖北 10，湖南 13，四川 10，云南 2，西藏 0，青海 0。留洋法学博士的人数随着从沿海到内地的距离增大而人数呈逐渐减少的趋势。西藏、新疆等地因为语言文字、历史文化、交通经济等因素，出国留学的极少，近代留洋法学博士人数为零。蒙古出身的留洋法学博士有1人，即留德法学博士赓德祥，其出生于德国，父亲是蒙古正蓝旗出身的清末驻德外交人员，可谓一个特例。

第四节　近代留洋法学博士留学高校分布

本节统计近代留洋法学博士在外国留学的高校情况。这里的高校，专指授予中国近代留学生法学博士学位的高校，既不包括中等学校，也不包括未授予中国近代留学生法学博士学位的高校。

一、近代留洋法学博士留学高校分布表

表8.4　近代留洋法学博士留学高校分布（按照各学校培养中国法学博士的人数由高到低排列）

序号	国外高校	国　别	法学博士人数	百分比（约）
1	巴黎大学	法　国	70	18%
2	纽约大学	美　国	34(34+0)	9%
3	西北大学	美　国	32(32+0)	8%
4	印第安纳大学	美　国	30(28+2)	8%
5	芝加哥大学	美　国	28(24+4)	7%
6	南锡大学	法　国	24	6%
7	里昂大学	法　国	17	4%
8	鲁文大学	比利时	15	4%
9	哥伦比亚大学	美　国	13(0+13)	3%
10	伦敦大学	英　国	10	3%
11	密歇根大学	美　国	8(8+0)	2%
12	耶鲁大学	美　国	7(7+0)	2%
13	哈佛大学	美　国	7(3+4)	2%
14	布鲁塞尔大学	比利时	7	2%
15	国家大学	美　国	6(6+0)	2%

（续表）

序号	国外高校	国　别	法学博士人数	百分比（约）
16	德宝大学	美　国	6(6+0)	2%
17	柏林大学	德　国	6	2%
18	第戎大学	法　国	5	1%
19	伊利诺伊大学	美　国	5(0+5)	1%
20	底特律法学院	美　国	4(4+0)	1%
21	爱荷华大学	美　国	4(3+1)	1%
22	格勒诺布尔大学	法　国	4	1%
23	约翰斯·霍普金斯大学	美　国	3(0+3)	0.8%
24	波尔多大学	法　国	3	0.8%
25	日内瓦大学	瑞　士	3	0.8%
26	罗马拉德朗大学	意大利	3	0.8%
27	加利福尼亚大学柏克莱	美　国	2(0+2)	0.5%
28	牛津大学	英　国	2	0.5%
29	图卢兹大学	法　国	2	0.5%
30	卡昂大学	法　国	2	0.5%
31	法兰克福大学	德　国	2	0.5%
32	马堡大学	德　国	2	0.5%
33	耶拿大学	德　国	2	0.5%
34	佛莱堡大学	瑞　士	2	0.5%
35	伯尔尼大学	瑞　士	2	0.5%
36	明治大学	日　本	2	0.5%
37	列日大学	比利时	1	0.3%
38	根特大学	比利时	1	0.3%
39	斯坦福大学	美　国	1(1+0)	0.3%
40	西南大学	美　国	1(1+0)	0.3%
41	Loyola 大学（新奥尔良）	美　国	1(1+0)	0.3%
42	Loyola 大学（芝加哥）	美　国	1(1+0)	0.3%
43	普林斯顿大学	美　国	1(0+1)	0.3%
44	美国天主教大学	美　国	1(0+1)	0.3%
45	拜扬麦尔学院	美　国	1(0+1)	0.3%

（续表）

序号	国外高校	国　别	法学博士人数	百分比(约)
46	康奈尔大学	美　国	1(0+1)	0.3%
47	乔治敦大学	美　国	1(0+1)	0.3%
48	剑桥大学	英　国	1	0.3%
49	爱丁堡大学	英　国	1	0.3%
50	汉堡大学	德　国	1	0.3%
51	慕尼黑大学	德　国	1	0.3%
52	莱比锡大学	德　国	1	0.3%
53	波恩大学	德　国	1	0.3%
54	哥廷根大学	德　国	1	0.3%
55	罗斯托克大学	德　国	1	0.3%
56	维尔茨堡大学	德　国	1	0.3%
57	纳莎泰尔	瑞　士	1	0.3%
58	维也纳大学	奥地利	1	0.3%
59	鹿特丹商学院	荷　兰	1	0.3%
60	渥太华大学	加拿大	1	0.3%
总数	60所	11国	398人	

资料来源：笔者根据本书第一章至第七章编制。伦敦大学之下的大学学院、国王学院、伦敦政治经济学院虽然相对独立，但均统计为伦敦大学。乔万选在两所不同的大学取得博士学位，所以近代留洋法学博士实际总人数397人。

二、近代留洋法学博士留学高校统计分析

近代留洋法学博士来自国外60所高校，分布广泛，然而各校冷热不均，人数差距悬殊。

培养近代留洋法学博士人数最多的学校是法国巴黎大学(70名)；

第二位是美国纽约大学(34名)；

第三位是美国西北大学(32名)；

第四位美国印第安纳大学(29名)；

第五位是美国芝加哥大学(28名)；

第六位是法国南锡大学(24名)。

以上6所学校在学校总数中仅占10%，但是却培养了55%的近代留

洋法学博士(217 名)。

第五节　近代留洋法学博士在华高校分布

本节统计近代留洋法学博士出国留学前在国内曾经攻读过的高校,一般不包括国内中等及中等以下学校,但是包括国内高等学校的预科。本书所谓“在华高校”,既包括中国本土大学,也包括在中国设立的教会大学,既包括公立大学(国立、省立等),也包括私立大学。严格地说,教会大学在性质上也属于私立大学,但是为了统计上的便利,本节将“教会大学”与“私立大学”分开,后者专指教会大学之外的各种私立大学。

一、近代留洋法学博士在华高校分布表

表 8.5　近代留洋法学博士在华高校分布

序号	高校名称	高校性质	学生姓名	人数	备注
1	东吴大学	教会	陈霆锐、吴经熊、陆鼎揆、何世桢、何世枚、马景行、蒋保厘、张元枚、石颎、伍守恭、富刚侯、张金润、盛振为、高君湘、李中道、胡咏德、黄宸言、端木恺、田鹤鸣、倪征隩、顾宪章、黄森、丘汉平、傅文楷、黄应荣、姚启胤、梁鋆立、孙晓楼、谢景山、何炳棣、张庆桢、查良鉴、章任堪、卢峻、吕光、王震生、郑国楠、陈恩成、仇子同、胡毓杰、李彩霞、林振镛、凌兆麟、杨德恩、梁敬钊、杨兆龙、张鑫长、郑涛、孙亮、何海晏、林钦辰、马君硕、吴清葵、余茂功、张为资、李潮年、刘亮晦、沈琪、刘涧乐、徐亚辉、丘日庆、洪应灶、谭汉铨、陆承泰、谭明德、王世熊、陈葆灵、伍汉民、宋闪宝、张馨珠、程修龄、华璿光、苏汝松、张以藩、沈夔孙、奚敏、严道、王以德、张国和、李唯善、居同匮、王毓骅、李德仁、李名山、李祖燕、吴茂松、郁去非、姚淇清、徐国基、杨泉德、夏晋惠、马润卿、黄廷英、胡汉瑞、钱清廉、王滌、祝修爵、何任清、王伯琦、徐肇庆	100	其中 63 人曾就读于国内其他高校。田鹤鸣等 17 人又就读于持志大学;何世桢等 18 人又就读于复旦大学;马景行等 8 人又就读于沪江大学;丘汉平等 5 人又就读于中国公学;胡毓杰等 4 人又毕业于光华大学;丘汉平等 3 人又就读于暨南大学;查良鉴等 3 人又就读于南开大学;王以德等 3 人又就读于圣约翰大学

（续表）

序号	高校名称	高校性质	学生姓名	人数	备注
2	北京大学	国立	徐恭典、何世桢、何世枚、王毓英、郭怀璞、赵之远、苏秋宝、娄学熙、涂允檀、钱泰、梁仁杰、陈和铣、戴修骏、王治焘、翟俊千、黎国材、徐辅德、周蜀云、罗怀、童蒙圣、朱光沐、袁世斌、廖德珍、孔庆宗、张明时、宋玉生、刘克俊、邵文纯、曾如柏、李士彤、周纬、朱文黼	32	王毓英曾就读于中华大学；苏秋宝曾就读于港英统治下的香港大学；钱泰、梁仁杰、戴修骏、王治焘、周纬出身京师译学馆，陈和铣出身京师大学堂；周蜀云又就读于大夏大学；廖德珍又就读于交通传习所；宋玉生又就读于厦门大学
3	震旦大学	教会	梁鋆立、许念曾、谢寿昌、徐传保、徐砥平、李辛阳、任振南、宋国枢、孙彭衔、杨柳风、张鼎昌、顾维熊、王自新、朱宝田、胡毓寅、孟鞠如、沈家诒、王富祖、方瑞典、沈达明、陈雄飞、邵规祖、芮正皋、廖仲琴、盛愉、朱鹤翔、杨琦、凌其翰、范商、芮沐	30	梁鋆立又就读于东吴大学、南洋大学；孙彭衔、顾维熊、方瑞典又就读于上海法政学院；朱鹤翔又就读于复旦
4	复旦大学	私立（后改国立）	何世桢、何世枚、张金润、高君湘、胡咏德、端木恺、缪中一、谢景山、何炳棣、章任堪、卢峻、吕光、郑国楠、陈恩成、林钦辰、李潮年、梁传愈、潘志漪、杨伯鹏、谭明德、何葆仁、王镜澄、胡汉瑞、董霖、徐汉豪、何任清、朱鹤翔	27	除缪中一、梁传愈、潘志漪、杨伯鹏、何葆仁、王镜澄、董霖、徐汉豪外，其余多毕业于东吴大学；朱鹤翔又毕业于震旦
5	清华大学	国立	张国辉、黄宗法、何孝元、孙浩煊、区兆荣、乔万选、姚永励、梅汝璈、张葆恒、董凤鸣、翟楚、梁敬钊、戴恩赛、杨光泩、刘师舜、施宗岳、乔万选、王化成、张彝鼎、邵循恪、陈体强、张企泰、端木正、陈耀庭	24	梁敬钊由南开转入，后又毕业于东吴大学；戴恩赛又就读于圣约翰大学；施宗岳又就读于岭南学校；端木正又就读于武汉大学
6	持志大学	私立	田鹤鸣、倪征𣚴、黄森、黄应荣、何炳棣、李彩霞、林振镛、杨德恩、马君硕、李潮年、刘亮畴、刘润乐、徐亚辉、丘日庆、谭汉铨、陈嘉祐、陈葆灵、伍汉民、路式导	19	除陈嘉祐、路式导外，均又毕业于东吴大学
7	中央大学	国立	杨振先、陈世材、董霖、黄正铭、朱奇武、吴骐、顾彦儒、陈耀东（江苏）、徐汉豪、姚定尘、雷崧生、严可为、孙文明、赵俊欣、金世鼎、陈朝壁、陈育凤、桂宗尧	18	杨振先就读于东南大学；陈世材又就读于中山大学和中央大学；董霖就读于东南大学和复旦大学；朱奇武又就读于燕京大学、吴骐、陈耀东（江苏）、姚定尘系东南大学；徐汉豪系江苏法政专门学校，又就读于复旦大学；孙文明又就读于金陵大学

（续表）

序号	高校名称	高校性质	学生姓名	人数	备注
8	圣约翰大学	教会	张肇元、赖锟、宋允惠、戴继恩、李子欣、钱乃文、王以德、徐国基、严鹤龄、顾维钧、戴恩赛、刁敏谦、龚钺、林彪、徐肇庆	15	王以德、徐国基、徐肇庆后又毕业于东吴法学院；戴恩赛又就读于清华、林彪又就读于广东法政学堂
9	北洋大学	国立	王宠惠、周宗华、冯熙运、王恩泽、钱树芬、燕树棠、康时敏、吴经熊、李范、严锦镕、陈继善、王世杰、赵欣伯	13	钱树芬曾就读于岭南学堂；康时敏由南洋转入；吴经熊后转学东吴
10	沪江大学	教会	马景行、倪征 、姚启胤、张大同、仇子同、余茂功、王世熊、宋闪宝、王毓骅、尹葆宇	10	除张大同、尹葆宇外，均又毕业于东大学
11	中山大学	国立	谭汉铨、陈世材、陈宗城、刘懋初、龙大均、陈延进、李悦义、张仲绛、林彪	9	谭肄业，后毕业于持志大学、东吴大学；陈世材又就读于中央大学；陈宗城、刘懋初毕业于广东法政专门学校（中山大学前身之一）；龙大均毕业于国立两广高等师范（后改名为广东大学、中山大学）；陈延进又就读于厦门大学；林彪就读于广东法政学堂（中山大学前身之一）和上海圣约翰大学
12	燕京大学	教会	钱乃信、杨兆龙、陈芳芝、李荣锦、赵理海、陈尧圣、朱奇武、王锦荃、郑兆璜	9	杨兆龙后又毕业于东吴法学院；陈尧圣本科毕业于之江大学，研究生毕业于燕京大学；朱奇武本科毕业于燕京大学，硕士毕业于中央大学
13	中国公学（上海）	私立	丘汉平、陶慕侠、张庆桢、林振镛、李潮年、谭明德、林汉长、周枏	8	丘汉平、张庆桢、林振镛、李潮年、谭明德又毕业于中国公学
14	政治大学	国立	林钦辰、张乃维、吴强华、黄金鸿、叶叔良、龚叔英、张勋洋	7	林钦辰曾就读于福建协和大学、复旦大学、东吴大学
15	暨南大学	国立	丘汉平、傅文楷、吴清葵、钱锦章、陈嘉祐、陈汝舟、陆炳熊	7	丘、傅、吴三人后又毕业于东吴法学院；丘还曾毕业于吴淞中国公学；陈嘉祐后又毕业于持志学院

（续表）

序号	高校名称	高校性质	学 生 姓 名	人数	备 注
16	上海法学院	私立	陶慕侠、钱剑秋、孙彭衔、顾维熊、宋渊如、路式导	6	陶慕侠曾就读于中国公学；孙彭衔、顾维熊又就读于震旦大学；路式导又就读于持志学院
17	岭南大学	教会	钱树芬、李长全、司徒尧、施宗岳、谢天锡、韦文起	6	钱树芬又就读于北洋大学；施宗岳又就读于清华大学
18	北平中法大学	私立	林崇墉、于振鹏、赵崇汉、陈荣生、魏登临	5	
19	南洋大学	部立（后改国立交通大学）	康时敏、李中道、梁鋆立、李春明、徐复云	5	李中道、梁鋆立又毕业于东吴大学；梁鋆立还就读于震旦大学；康后转北洋大学
20	上海春申大学	私立（美国注册）	张嘉惠、洪士豪、戴继恩、杨凛知	4	戴继恩又毕业于上海圣约翰大学
21	北京师范大学	国立	杜元载、郭威白、黄公觉、马志振	4	黄又就读于中华大学
22	南开大学	私立（后改国立）	续克昌、查良鉴、凌兆麟、梁敬钊	4	查、凌、梁三人后于东吴大学法学院毕业，梁还曾就读于清华
23	朝阳学院	私立	李德新、凌士芬、毕乃謇、国瑜	4	
24	上海法政学院	私立	施宏勋、吴绪、吕渭、方瑞典	4	方瑞典也曾在震旦大学学习
25	光华大学	私立	胡毓杰、杨德恩、沈夔孙、吴茂松	4	均又毕业于东吴法学院
26	金陵大学	教会	魏文翰、孙文明、张隆延	3	孙文明后转中央大学
27	厦门大学	私立（后改国立）	洪应灶、陈延进、宋玉生	3	洪肄业，后毕业于东吴法学院；陈延进后转中山大学
28	大夏大学	私立	张鑫长、周蜀云、徐基	3	张又毕业于东吴法学院、周蜀云后转学北京大学
29	北平大学	国立	魏德超、饶蒼华、徐铸	3	
30	武汉大学	国立	端木正、吕怀君	2	
31	之江大学	教会	吕光、陈尧圣	2	吕又就读于东吴大学、复旦大学；陈又就读于燕京大学

（续表）

序号	高校名称	高校性质	学生姓名	人数	备注
32	福建协和大学	教会	林钦辰、何任清	2	林又就读于复旦大学、东吴大学、中央政治学校；何任清后转东吴法学院、复旦大学
33	中华大学	私立	王毓英、黄公觉	2	王又就读于北京大学；黄又毕业于国立北平师范大学
34	东北大学	省立（后改国立）	江海潮	1	
35	大同大学	私立	何海晏	1	何后又毕业于东吴法学院
36	金陵女子大学	教会	王滌	1	
37	辅仁大学	教会	曾希亮	1	
38	华中大学（文华）	教会	查修	1	
39	北平法政专门学校	国立	卢鸿堉	1	该校后并入北平大学
40	私立浙江法政专门学校	私立	郑文礼	1	
41	上海仓圣明智大学	外商私立	吴凯声	1	
42	北平税务专门学校	部立（隶属海关）	沈琪	1	沈后又毕业于东吴法学院
43	山西大学	国立	冯济	1	
44	青岛大学	国立	张以藩	1	肄业，后毕业于东吴大学
45	浙江省警官学校	省立	俞叔平	1	
46	广东国民大学	私立	潘维东	1	
47	湖南省立高等工业专门学校	省立	董维键	1	该校后并入湖南大学
48	四川大学	国立	阎一士	1	阎毕业于四川大学前身四川高等学堂
49	中国大学（北京）	私立	吴求胜	1	
	总人数			410	

资料来源：根据本书第一章至第七章编制。一人身兼多校者重复计入。

二、近代留洋法学博士在华高校统计分析

1. 国内教育基础深厚

从表8.5反映的高校分布特征分析，在留洋法学博士群体中，大多数在出国前已经接受过高等教育，很多人已经取得法学士学位，个别还获得了法学硕士学位。以第一章近代留美法学博士为例，在全部158名留美法学博士之中，只有梅华铨、黄宗法等极少数人的法学士、法学硕士、法学博士学位全部在美国完成，绝大多数人曾经在中国接受过不同层次的教育。留英、留法、留比、留德等法学博士的教育背景也大致如此。

国内教育与留洋博士教育大致有如下组合：

第一，国内取得法学士之后留洋攻读法律博士学位，代表人物有吴经熊和陈霆锐；

第二，国内法学本科毕业后留洋攻读公法科哲学博士，代表人物有严锦镕；

第三，国内取得法学士、法学硕士之后留洋攻读法学博士学位，代表人物有朱奇武和端木正；

第四，国内取得文学士和法学士之后留洋攻读法律博士或者法学博士学位，代表人物有倪征𣋉；

第五，国内取得文学士之后留洋攻读硕士及公法科哲学博士，代表人物有张彝鼎；

第六，国内取得文学士、文学硕士后留洋攻读公法科哲学博士，代表人物有邵循恪；由于当时国内开展研究生教育步伐较慢，取得国内大学硕士学位的人数不多，出国攻读法学博士者更少；

第七，国内取得法学博士学位之后留洋继续攻读法学博士学位，此类人数较少，全部来自上海的震旦大学，也全部留学法国的大学攻读法学博士学位；

第八，国内接受中等教育，到国外攻读文学士、硕士之后再攻读国际法专业哲学博士，代表人物有顾维钧。

这也从一个侧面证明了中国近代高等教育具有较高的质量。留学生由于已经在国内打下较为扎实的基础，能够很快融入西方教育体系之中。

1937年取得芝加哥大学公法科哲学博士学位的邵循恪，出国前在清华大学政治系取得了学士、硕士学位，他在清华大学撰写的硕士论文《论情势如恒原则》与他在芝加哥大学撰写的博士论文《论条约的过时》在选题上几乎完全一样。

1950年取得瑞士纳莎泰尔大学法学博士学位的徐肇庆，出国前曾在东吴大学法学院学习，他在东吴期间就已经开始研究引渡法，于《东吴法声》刊物上发表《关于引渡条约性质之我见》(1936年第2期)、《引渡概论》(1938年6月)等文章，这些早年在东吴大学法学院的学术训练，为徐肇庆后来留学瑞士并撰写博士论文《引渡的罪行特定原则》打下良好的基础，甚至可以说，邵循恪、徐肇庆的留洋博士论文是他们在国内研究成果的延伸和提升。因此，中国近代留洋法学博士的成就，不仅与西方教育有关，中国近代高等教育也功不可没。

当然，中国近代高等教育也良莠不齐，既有正规大学，也有所谓野鸡大学，而这种情况不一定为美国高校所了解，在录取中国留学生时难免泥沙俱下。东吴法科毕业生、美国西北大学法律博士马景行曾在上海开办春申大学(注册于美国)，自任校长。据学生反映：

> 马景行所办的贩卖店，诱惑了50余个青年，一张文凭，一个学士位，要买我们每年90多元大学的学费不算数，每周授课不到十时，各部各级教员就是一个万能的马景行和另一个挂牌教授。[19]

由于春申大学办学质量低劣，江苏省教育会专门请求政府予以取缔。[20]春申大学毕业生戴继恩、杨凛知、洪士豪、张嘉惠四人曾留学美国并获得德宝大学、西北大学法律博士学位。[21]可见美国德宝大学、西北大学均曾经承认春申大学的文凭。

2. 国内法学院系的突出表现

从人数上比较，近代留洋法学博士群体中，接受过国内法学高等教育的人数超过接受过其他专业高等教育的人数，国内法学院系毕业生的数量远远超过国内其他院系毕业生的数量。

一般而言，法学博士属于法学专业最高学位，录取条件通常要求已经取得法学士学位，这一条件对于在国内接受过法律高等教育的学生来说很容易满足。而对于那些在国内没有接受过法律高等教育的人来说，必须另起炉灶，先从法学本科学起，要想最终取得法学博士学位，相对较为困难。实际上，从修业年限上看，美国当时的法学院基本上要求法学本科必须修业三年，且在攻读法学本科以前必须已经取得文学士之类的学位，而J.D.这样的法律博士课程通常只要求修业一年，这对于已经在国内取得法学士学位的留学生来说很有吸引力。

一部分留洋法学博士的国内教育背景既包括法律高等教育也包括非法律高等教育，往往先取得一个非法学专业的学士学位，之后再进入法学院取得法学士学位(或者同时取得两种学位)，最后出国攻读法学博士学位。这一情况在东吴大学法学院的毕业生中最为普遍，这一方面来自国外有些高校对于法学博士项目的入学要求，另一方面因为东吴大学法学院本身对于法律本科生的入学要求在中后期有所提高。

本节统计资料显示，具有法学院系的高校输出的留洋法学博士的数量要超过没有法学院系的高校。北洋大学在早期曾经开办法科，输出了王宠惠、周宗华、王恩泽、冯熙运、燕树棠、康时敏等一大批留洋法学博士，但是在 1920 年法科停办之后，[22]北洋大学再无毕业生成为留洋法学博士。南洋大学(及其后的交通大学)也由于缺乏法学院，所以在输出留洋法学博士学位方面乏善可陈。

清华大学早期为留美预备学校，但是相比其在文理各科上输出的留学博士数量，其输出留洋法学博士的数量并不突出，主要原因之一可能是清华大学当年没有设立法律系，所谓法学院只有政治系和经济系，直到抗战结束才正式设立法律系。[23]但是清华大学政治系开设法律课程，尤其是国际法，曾经培养了王铁崖、陈体强等著名国际法学者，其中陈体强取得牛津大学国际法专业博士学位。所以，清华大学在近代留洋法学博士的输出方面，仍然占据一席之地，与一些国立大学相比，具有清华大学背景的留洋法学博士数量还是比较多的。

值得注意的是，有些大学的法学院系在输出留洋法学博士方面并不突出，这与其留学政策有关。以国立北平大学法学院为例，该学院选送的留学生全部去往日本，[24]而当时在日本取得法学博士学位极为困难，所以国立北平大学法学院输出的留洋法学博士人数稀少。

对于民国时期法律教育水平的高低，一直有不同评价，褒贬不一。燕树棠曾经这样评价民国早期的法律教育：

> 民国成立以后，十余年之间，学习法政的人们充满了国家的各机关；在朝在野的政客，以及乡间无业的高等流氓，也以学习法政之人为最多。年来官场之贪污，政治之勾结，许多造乱之源，常归咎于"文法"。[25]

这些评价有些客观，有些偏激。中国近代法律教育水平不可能脱离当时的社会实际状况，至少从留洋法学博士的表现来看，很多人日后取得的成就，不仅与其在国外所受的法律教育有关，也与其早期接受的国内法律教育有关，并不能完全归功于国外的法律教育。包括法律教育在内的高等教育本身就具有一定的连续性，不宜分割为相互独立、相互排斥的两个阶段。留洋法律教育并非万灵药，亦无脱胎换骨、点石成金的神奇功效。考察近代留洋法学博士中的杰出人物，往往可以发现，他们在留洋之前的国内学习阶段也很优秀，国内的法律教育是他们在国外法学院学习成功的坚实基础。例如东吴法科毕业生王以德，留美后连续取得哈佛大学法学硕士学位和耶鲁大学法学博士学位，表现优异。查其在东吴法学院的成绩，可以发现，他当年在东吴法学院也很优秀，凡与英美法有关的法律课程，均成绩优异：

英美法大纲：第一学期 100 分，第二学期 95 分；
英美刑法：第一学期 93 分，第二学期 87 分；
英美契约法：第一学期 90 分，第二学期 90 分；
英美侵权行为：第一学期 98 分，第二学期 95 分。

王以德其他课程的成绩也很不错：

民法总则：第一学期 83 分，第二学期 87 分；
刑法总则：第一学期 77 分，第二学期 89 分；
法学绪论：87 分；
民法债编：第一学期 91 分，第二学期 82 分；
刑事诉讼法：第一学期 87 分，第二学期 87 分；
罗马法：第一学期 80 分，第二学期 87 分；
法院组织法：85 分；

民法物权：第一学期 87 分，第二学期 87 分；

民事诉讼法：第一学期 76 分，第二学期 79 分；

行政法：第一学期 95 分，第二学期 87 分；

票据法：85 分；

劳动法：62 分；

证据法：第一学期 85 分，第二学期 87 分；

海商法：94 分；

破产法：80 分；

公司法：95 分；

伦理学：94 分；

民法亲属：79 分；

民法继承：86 分；

强制执行法：85 分；

保险法：82 分；

国际公法：第一学期 90 分，第二学期 100 分；

国际私法：第一学期 90 分，第二学期 86 分；

法理学：90 分；

法律哲学：90 分；

土地法：80 分；

西洋法制史：91 分；

论文：90 分。[26]

王以德这一成绩在东吴法学院同届生中名列第一。可见王以德留学美国顶尖大学并顺利取得硕士、博士学位并非偶然。

笔者认为，中国自身的法律教育水平高低与留学生取得博士学位人数的多寡有密切关系。在中国尚未正式开展博士教育的年代，中国高等教育与外国高等教育并未构成竞争关系，并非此强彼弱、此起彼伏的关系。中国近代留洋法学博士的兴衰在一定程度上证明：中国自身强则留学亦强，自身兴则留学亦兴；反之，中国自身弱则留学亦弱，中国自身衰则留学亦衰。具体到法学教育上，国内法律教育越是兴旺发达，与外国法学的交流越是密切；与外国法学的交流越是密切，国内法律教育越是兴旺发达，此为中西法学交流的良性循环。相反，国内法律教育的式微必然导致法科留学生的整体水平下降，也必然会影响中西法学的正常交流和对话，最终也会进一步恶化国内法律教育，此为中西法学交流的恶性循环。

3. 教会大学表现突出

在近代留洋法学博士的国内教育经历上，教会大学的表现非常出色。无论是输出留美法学博士人数最多的东吴大学，还是输出留法法学博士人数最多的震旦大学，均属教会大学。位于上海的圣约翰大学、沪江大学，位于北京的燕京大学、辅仁大学，位于南京的金陵大学和金陵女子大学，位于福州的福建协和大学，位于杭州的之江大学，位于广州的岭南大学，位于武昌的华中大学，均属教会大学，在近代留洋法学博士的国内教育背景上，均占有一席之地。

首先，这得益于教会大学与外国大学的紧密关系。东吴大学法学院就是一个典型例证。东吴法学院对于学生出国留学一向持鼓励态度。[27] 由于东吴大学与美国的特殊关系，东吴法学院的毕业生很容易留学美国。密歇根大学法学院毕业生 W.W.刘伯穆(W. W. Blume，又译为勃鲁姆)担任过东吴法学院教务长，成为东吴大学法学院和密歇根大学法学院的桥梁。[28]

倪征　回忆："根据他(刘伯穆)的安排，凡持有东吴法学院毕业文凭的学者到密歇根法学院进修，读完一年课程，通过一篇毕业论文，可获得该大学的法学博士学位。"[29]

1922年8月10日，刘伯穆致信密歇根大学法学院院长贝德士(Henry M. Bates)，推荐东吴法学院毕业生蒋保里留学密歇根大学，笔者将该信正文翻译如下，从中可见刘伯穆对于东吴毕业生出国留学的支持：

> 兹介绍蒋保厘先生给你，他就是我们今春几次通信中提到的那位年轻人。我极为高兴能将他送到你那里去，因为他是一名既阳光又勤奋的基督徒绅士，我相信他会做得很好。在过去与我们接触的三年中，他不仅在课堂成绩上名列前茅，而且是一名出色的学生领袖。
>
> 去年6月，我们已经授予蒋先生法学士学位，在本校已经完成了全部学业。

又及:何氏兄弟[30]已经回国,他们带给我你的那封有关你学生乔治·萨莱德[31]希望前来上海的信件,我很乐意尽我所能帮助萨莱德先生。

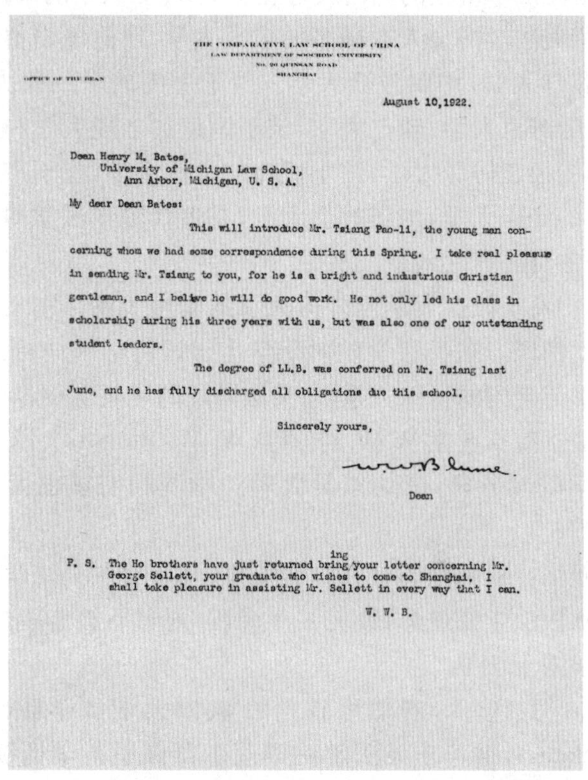

THE COMPARATIVE LAW SCHOOL OF CHINA
LAW DEPARTMENT OF SOOCHOW UNIVERSITY
NO. 20 QUINSAN ROAD
SHANGHAI

OFFICE OF THE DEAN

August 10,1922.

Dean Henry M. Bates,
University of Michigan Law School,
Ann Arbor, Michigan, U. S. A.

My dear Dean Bates:

This will introduce Mr. Tsiang Pao-li, the young man concerning whom we had some correspondence during this Spring. I take real pleasure in sending Mr. Tsiang to you, for he is a bright and industrious Christian gentleman, and I believe he will do good work. He not only led his class in scholarship during his three years with us, but was also one of our outstanding student leaders.

The degree of LL.B. was conferred on Mr. Tsiang last June, and he has fully discharged all obligations due this school.

Sincerely yours,

W. W. Blume

Dean

P. S. The Ho brothers have just returned bringing your letter concerning Mr. George Sellett, your graduate who wishes to come to Shanghai. I shall take pleasure in assisting Mr. Sellett in every way that I can.

W. W. B.

图 8.2 1922 年 8 月 10 日东吴法学院刘伯穆致密歇根大学法学院院长贝德士的信札(英文)

资料来源:密西根大学法学院网站新闻,Tsiang, '23, and Chiang, A Grandfather's Legacy, A Grandson's Gratitude, http://quadrangle.law.umich.edu/fall2016/impact/tsiang-23-and-chiang-a-grandfathers-legacy-a-grandsons-gratitude/。

除了和美国密歇根大学的特殊关系之外,东吴法学院和美国印第安纳大学法学院也有密切关系,东吴法学院毕业生在印第安纳大学法学院修满 30 多个学分即可获得法律博士学位(J.D.)。[32]民国时期,东吴法学院利用地处上海的优势,经常邀请来华访问的外国大学法学教授或者院长到东吴法学院开展讲座。据报道,1929 年 12 月,美国华盛顿大学法科教务长马丁博士参观东吴法学院并做讲座，在演讲中，马丁表示欢迎东吴法学院毕业生今后到该校留学。[33]

东吴法学院在输出学生到海外留学的同时，还接受外国来华留学生。东吴法学院培养外国留学生这一情节鲜为人知。根据盛振为统计，截至1930年，国外留学生肄业于东吴法学院的，共计7人。[34]虽然外国来华留学的人数远远低于东吴出国留学的人数，但至少在一定程度上是双向互动，而非单向输出。东吴法学院在接受和培养外国来华留学生方面，显然走在民国各法学院的前列。这种双向互动式留学模式进一步提高了东吴法学院在海外的声誉。

很多东吴法学院的中国籍教师曾经出国留学，在他们的影响之下，东吴法学院毕业生出国留学具有很大的优势。据东吴法学院校友潘汉典回忆：

> 我当时的导师是刘世芳，他同时是律师，有过留美经历。毕业后我导师就提出因为东吴大学法学院讲授的是英美法，我可以到美国继续深造。于是他写信推荐我到美国耶鲁大学，随同信件寄去的还有我的成绩单。耶鲁大学不到40天就回信表示同意了，并同意授予我两年的奖学金。[35]

总之，这些得天独厚的条件使得东吴法学院的毕业生在留学美国方面占尽天时地利人和之便。

其次，还得益于教会大学对于外语的重视。震旦大学即是一个典型的例证。近代留法法学博士群体中很多人早年曾经毕业于震旦大学，这至少有两个原因，第一，震旦大学是天主教耶稣会在中国设立的大学，与法国有千丝万缕的联系；第二，震旦大学的法语教育在中国近代教会大学中独树一帜，其毕业生法语较为熟练，留学法国的语言障碍较小，容易成功。

第三，教会大学法律教育模仿外国，不仅在众多课程的教学语言上直接使用外语教学，而且在学制上仿效外国模式，法科学生的录取标准、毕业标准与外国兄弟院校颇为类似，其毕业生很容易被外国院校所承认和接受。例如震旦大学法学院的课程设置基本上以法国的法学院系为模式，法律学位制度也仿效法国大学，并培养了中国第一批法学博士，[36]其毕业生留学法国几乎毫无障碍。东吴法学院后期的课程设置和录取条件则基本上以美国法学院系为模式，其毕业生与美国法学院的衔接轻松自如。

震旦大学法学院毕业生芮正皋留学法国巴黎大学攻读法学博士学位，他将自己博士论文答辩的顺利通过归功于在震旦大学所受的教育："幸好过去在上海震旦大学每个星期六都有口试，所以我已经对此有所历练。"[37]芮正皋在震旦大学每个星期的口试也全用法语进行，与他后来在法国进行博士答辩的形式完全一样。芮正皋之兄芮沐在震旦大学毕业之后，其留学的第一站即是法国（巴黎大学），三年之后再转往德国。

1935年出版的《私立震旦大学一览》记载："凡得由本院（指法学院）证书转入法国各法学院或巴黎政治学校之留学生，每届考试辄列前茅。"[38]震旦大学法学院的毕业生出国留学的首选理所当然是法国的高校，而不是美国、英国的高校，这也是近代留美法学博士、留英法学博士中很少有震旦大学教育背景者的主要原因。同理，东吴法学院毕业生出国留学往往首选美国。根据笔者统计，东吴法学院留美取得法学博士学位者有94人（含第一章91人和第二章3人），而其留法取得法学博士学位者仅有3人，相差悬殊。

如果按照输出留洋法学博士人数顺序排列，中国近代大学依次是：

第一，12所教会大学输出留洋法学博士180人。教会大学前三甲依次是东吴法学院（100人）、震旦大学（30人）、圣约翰大学（15人），均位于上海；

第二，14所国立大学输出留洋法学博士121人。国立大学前三甲依次是北京大学（32人）、清华大学（24人）、中央大学（18人）；

第三，18所私立大学（此处不含教会大学）输出留洋法学博士96人。私立大学前三甲依次是复旦大学（27人）、持志大学（19人）、中国公学（8人）；

第四，2所部立大学输出留洋法学博士6人；

第五，3所省立大学输出留洋法学博士3人。

在教会大学之中，输出留洋法学博士人数最多的是具有法律院系的学校，即东吴大学和震旦大学。圣约翰大学、沪江大学、燕京大学、岭南大学、金陵大学由于没有法律系，[39]所以输出留洋法学博士的人数相对不多。至于其他一些教会大学，例如之江大学、福建协和大学、华中大学、金陵女子大学、辅仁大学，在输出留洋法学博士方面，寥寥无几。没有输出近代留洋法学博士的教会大学有齐鲁大学、华西协合大学、天津工商学院、华南女子文理学院、震旦女子文理学院、长沙雅礼大学等。总之，教会大学在输出留洋法学博士的表现上冷热不均。

4. 传统法政专门学校的冷落

考察近代留洋法学博士的国内教育背景，可以发现一个奇特的现象：清末民初遍及中国各地的公立、私立、国立、省立法政专门学校，其毕业生数量众多，但在输出留洋法学博士方面，乏善可陈。法政院校中在输出留洋法学博士方面可圈可点的只有两三所，即上海法学院（6 名）、上海法政学院（4 名）、朝阳学院（4 名）。国立北平法政专门学校仅有 1 名。

国立北京法政专门学校曾经在向教育主管当局的报告中特别提到毕业生留学人数稀少的问题：

> 本校开办多年，毕业生亦逾千数，其中宁乏优异之才？惟皆限于财力，致不能留学外洋，更求精选，殊为可惜。[40]

当然，北平法政专门学校提到的财力仅仅是学校的财力，即限于公费，并没有提到因私出国人数稀少的原因。

5. 东吴法学院与朝阳学院在留学生方面的区别

中国近代法律教育，有“北朝阳，南东吴”之说，但是考察中国近代留洋法学博士却可以发现一个有趣的现象，即朝阳学院的毕业生中很少有留洋法学博士，而东吴法学院却有很多留洋法学博士。在近代留洋法学博士这一群体中，东吴法学院的毕业生的人数最多，共计 100 人，占 25%，这一数字不仅遥遥领先于其他教会学校的毕业生人数，更是远远超过了与其齐名的政法类学校——朝阳学院，后者仅输出 4 名留洋法学博士。

非但在法学博士层面上，即使在其他种类的法律留学生方面，出身东吴法学院的法科留学生的数量也远远超过出身朝阳学院的法科留学生的数量。这一点可以从比较朝阳学院大学部编辑的《毕业同学录》和东吴法学院的毕业同学录中看出。根据东吴大学的统计，从 1918 年到 1936 年间，至少有15%的东吴法学院毕业生（共计有93名）出国留学，很多人取得了高级法律学位。[41]这个留学生的比例是朝阳学院所远远比不上的。

这一现象可能与两所学校的不同性质有关。朝阳学院的创办人和授课教师多是留学日本的法科毕业生，[42]属于中国本土法律学校；而东吴法学院的创办人是美国人查尔斯·兰金（Charles Rankin），东吴法学院属于东吴大学的一个部分，而东吴大学在性质上是美国教会学校。相应地，东吴法科毕业生倾向于留美，而朝阳法科毕业生则倾向于留日。

笔者在中国第二历史档案馆查阅到一份档案资料——二十三年度自费留学生名单，该名单显示：东吴法科毕业生主要留美，而朝阳学院毕业生主要留日。在该年度自费留美生栏目中，来自东吴法科的有杨兆龙、朱世珪、张鑫长、郑涛、何海晏、吴清葵6人，没有任何一位留美生来自朝阳学院；而在该年度留日学生栏目中，来自朝阳法科的有李万铭、张迪惠、陈仲连、张林坡、王佑安、杨福琪、刘光魁、余春光、赵子璋、刘仰之、刘澄清、郭敬轩12人，没有任何一位留日生来自东吴法科。两校截然不同的留学倾向可见一斑。[43]由于美国的法律教育制度与日本的法律教育制度不同，留美容易取得法学博士学位，而留日则很难取得法学博士学位，这一因素也导致东吴的留洋法学博士远超朝阳的留洋法学博士。

这一现象可能还与这两所学院不同的法学教育特色有关。朝阳学院的课程以大陆法系为主，而东吴法学院则以英美法系为主。[44]朝阳学院的外籍教师以日本人为主。[45]东吴法学院的外籍教师主要是美国籍教师，如美国驻华法院法官罗炳吉（Charles Sumner Lobingier）、刘伯穆、萨莱德、美国律师费信惇（Stirling Fessenden）、美国律师佑尼干（Thomas R. Jernigan）、美国前驻菲律宾法院法官林百克（Paul Myron Wentworth Linebarger）、路义斯（Robert E. Lewis）、美国律师博良（Robert Thomas Bryan Jr.）。

曾兼职任教于东吴法学院的罗炳吉，后返回美国，任教于华盛顿特区的国家大学（National University）。在罗炳吉任教期间，不少来自东吴法学院的中国留学生取得了国家大学的法学博士学位。在1928年6月国家大学举行的毕业典礼上，罗炳吉被授予名誉法学博士学位（Juris Utriusque Doctor *causa honoris*）；第二年6月，来自东吴法学院的丘汉平、傅文楷、黄应荣被授予国家大学法学博士学位。

第三个因素是语言及课程设置问题。朝阳沿袭传统的授课方法，教学语言以中文为主，而东吴法学院却从开始就坚持以英文为主要教学语言，“所授课程和美国各大法学院大致相同”，[46]“在1920—1927年这段时间，只有与中国法有关的几门课程是用汉语教学，而其他大多数课程都是用英语教学。”[47]不仅有些课程的教学语言是英文，其课程教材也是当时美国法学院流行的教科书。表8.6是1930—1931年东吴法学院英文教学（或双语教学）课程及教材一览表：

表8.6 1930—1931年东吴法学院英文教学（或双语教学）课程及教材一览

教 师	教师学历	课 程	语言	教 材
吴经熊	美国J.D.	侵权行为	英文	赫伯畔氏所编《侵权行为名案选汇编》
萨莱德	美国J.D.	契约法	英文	威律斯顿氏所编《契约法名案汇编》（二次修正本）
盛振为	美国J.D.	证据学	英文	魏格模氏所著《证据学原理》及麦高氏《证据学名案选本》
刘世芳	美国LL.B.	德国民法	英文兼德法文	许世德氏所著《德国民法总论》
吴经熊	美国J.D.	法理学	中英文	荷尔姆司氏所著《英美法总论》及吴经熊所著《法律方案讲义》
吴经熊	美国J.D.	法律哲学	中英文	吴经熊著《法学文存》及傍特氏所著《法律史观》
夏晋麟	英国Ph.D.	国际公法	中英文	狄更生氏所著《国际公法名案选本》
郑天锡	英国LL.D.	国际私法	中英文	福特氏所著《国际私法大要》
陈霆锐	美国J.D.	各国司法行政比较	中英文	佛浪特氏所编《行政法名案选》
萨莱德	美国J.D.	法律伦理	英文	高史的根氏所编《法律伦理名案选》

资料来源：笔者根据《私立东吴大学法律学院院章》（中华民国十九年至二十年）及本书前述有关章节内容编制。

普及英语法律课程及英语教材使得东吴法学院毕业生的英文水平较高，留学美国如鱼得水，没有太多语言障碍。[48]东吴法学院院长盛振为称：“是以本校课程之编制，除依照教育部令所颁布之法学院法律系课程外，更参照欧美各国法律学校课程之优点，使本校学生毕业本校后，除在国内法界服务外，得免试插入世界各国之著名大学院，继续其高深法学研究，此则本校适内而应外之鸟瞰也。”[49]东吴大学法学士、哈佛大学法学博士卢峻以其亲身经历做出类似评价：“盖东吴法律学院课程之编制以及程度等等，与美国的著名法科，不相上下，是以我国人一入彼邦，自能适应裕如，无感困难也。”[50]

第四个因素是经济因素。对于自费生来说，足够的经济实力是留学成功的物质保障。民国时期有识之士对于准备送子女留学的家庭提出了如下忠告：

> 须子弟确有志气能力，而经济上确有充分准备以培植子弟者，然后可以允许子弟出国。箪食瓢饮本非常人所能，营养不足而欲望充分之学养亦一难事，而况游于天涯潦倒不堪时更向谁诉苦？[51]

“东吴法学院的绝大多数学生出身于商业或专业人员家庭”，[52]“在整个三四十年代，几乎一半(45%)的法学院学生确认他们家长的职业是‘做生意’或者‘经商’的，有 7%的确认为政府部门(包括海关和邮政)，而 20%多的确认职业阶层(包括法律、医疗、工程技术和教育)。”[53]这种家庭背景可以在相当大的程度上为东吴法学院毕业生的出国深造提供经济上的支持和保障。目前关于朝阳与东吴法科教育的研究，往往会提到一个现象：朝阳以培养法官著称，而东吴以培养律师闻名。但对于这一区别背后的原因却少有研究。其实这里隐藏着一个早已被人忽视的经济原因，“那时有一种说法：穷人当法官，富人当律师”。[54]同样，穷人出国少，富人留学多。

当然，东吴法律学子也有出身贫寒者，例如孙晓楼，凭着半工半读修完了东吴大学法科的课程，大学毕业后又继续工作了一段时间，这才攒足赴美留学的费用，[55]最后取得美国西北大学法律博士学位。

虽然东吴法学院的毕业生成绩斐然，但也不能过誉。1990 年 7 月 30 日，美国人康雅信女士对曾任东吴法学院院长的盛振为进行了访谈，康雅信记载：“据盛振为院长讲，在国际法院任职的中国法官全部是东吴法学院的毕业生或教师。”[56]东吴校友撰写的文章也有类似记载，例如，许周鹤和张梦白称：“王宠惠、顾维钧、倪征日奥为东吴法学院毕业生。”[57]这些回忆并不完全正确。

王宠惠早年毕业于北洋大学法科，之后留学美国，取得耶鲁大学法学硕士学位及民法学博士学位。1924 年，东吴法学院曾经授予王宠惠(和董康)名誉法学博士学位，但这毕竟不能等于“毕业生”。[58]

如果盛振为所称的“国际法院”仅指联合国下属的海牙国际法院（International Court of Justice），则其评价是有问题的。1990年前曾担任该法院法官的中国人有：徐谟、顾维钧、倪征日奥。除了倪征日奥是东吴法学院的毕业生，其余两位都不是东吴法学院的毕业生。徐谟1916年毕业于北洋大学法科，后留学美国，1922年取得乔治·华盛顿大学硕士学位。[59]徐谟并非东吴法学院毕业生，他也没有担任过东吴法学院教师。[60]顾维钧毕业于圣约翰书院，后留学美国哥伦比亚大学。笔者尚未发现顾维钧在东吴法学院担任教师的资料，《顾维钧回忆录》也没有提及东吴法学院。不过，顾维钧虽然不是东吴法学院毕业生，但其教育背景与东吴大学多多少少有些关系。顾维钧1899—1900年间曾经在上海“中西书院”（Anglo-Chinese College）读书，[61]后转育才学校和圣约翰书院。而上海中西书院1911年被并入位于苏州的东吴大学。[62]然而，无论如何，不能认为顾维钧是东吴法学院的毕业生。顾维钧在中西书院读书的时候东吴法学院尚未成立，中西书院早在东吴法学院成立之前就被并入位于苏州的东吴大学，其与东吴大学本部尚有一丝渊源，但是与东吴法学院没有任何关系。

如果盛振为所称的“国际法院”是指国际联盟的海牙常设国际法院（Permanent Court of International Justice），则盛振为的评价没有问题。中国人担任常设国际法院法官的有王宠惠和郑天锡。王宠惠虽然不是东吴法学院的毕业生，但是曾经短期任教于东吴法学院。[63]郑天锡早年在香港接受教育，后来留学英国伦敦大学，取得大学学院法学士学位和法学博士学位。[64]郑天锡1928－1934年间曾经在上海从事律师业务，1929年曾在东吴法学院兼任教授。[65]从个人教育背景上看，这两人都与东吴法学院无关，但是他们曾经在东吴法学院短期兼职任教，也可谓广义上的东吴法律人。

东吴与朝阳法科生在留洋博士层面的巨大差异，与其说是教育质量、学生素质、教师水平等方面的区别所致，[66]不如说是教育导向、学生志向、教师来源、城市风气等方面的区别所致。20世纪初期中国法律教育的整体水平，如果仅从师生学术水准衡量，远非高明，无论朝阳还是东吴法学院，均未达到同期欧美名校法学院的水平。之所以东吴法科毕业生杰出人物众多，并非东吴一家之功。假如东吴毕业生没有留洋经历，假如中国近代没有崇洋之风，他们后来的风头不一定就能超越朝阳毕业生。从这个角度说，时势造英雄，东吴法学院的本科教育有助于他们留洋习法，而留洋习法的教育经历又反过来有助于他们国内的事业。留洋习法改变了东吴法科毕业生的命运，留洋法科生群体也改变了中国近代法律的面貌。

6. 东多西少，南高北低

综合中国近代留洋法学博士的国内学校分布，可以发现两个特点：东多西少，南高北低。东南沿海高校输出留洋法学博士的数量远远超过北方和内地高校。

不考虑战争期间高校迁移的情况，近代留洋法学博士中，上海高校(16 所)毕业生的人数共计 242 人，远远超过了位居第二的北京高校(12 所)毕业生的人数(88 人)。位居第三的是南京高校(29 人)，之后是天津高校(17 人)和广州高校(16 人)。

对比近代留洋法学博士的籍贯分布和其在国内就读学校的地理分布，可以发现两者之间具有密切的关系。大学的地理位置与其学生的籍贯有明显的联系，一所大学往往对本地学生最有吸引力，其招收的学生人数随着地理距离的增加而相对减少。距离大学越近，则该地籍贯学生越多，距离大学越远，则该地籍贯的学生越少。以东吴法学院为例，其地处上海，所招学生多江浙子弟，江浙地区，西风本来就盛，再加上东吴法学院自身的留学风气，共同造就了近代留洋法学博士群体中江浙子弟众多的现象。

广东籍法学博士与广东高校的关系似乎并不十分紧密，广东省输出近代留洋法学博士人数为 78 人，位居第二，仅次于江苏省，但是广东省(主要是广州市)高校输出的留洋法学博士人数仅为 17 人，远远落后于上海、北京、南京的高校。这从一个侧面反映了近代广东高等教育(尤其是高等法律教育)远远落后于北京、上海、南京等地，很多广东本地优秀学子负笈外省，将外地高校作为留学平台。

另外一个值得注意的现象是北京籍学生在近代留洋法学博士群体中的缺失。北京地区高校输出了 87 位近代留洋法学博士，这个数字相当可观，但是在这 87 位留洋法学博士中居然没有任何一名北京本地出身的学生，[67]也就是说，北京的高校主要是在为外省学子出洋攻读法学博士学位铺路搭桥。这也从一个侧面反映了当时北京高校的包容性，所谓户籍制度从来没有成为北京高校录取学生时考虑的主要因素，更没有按照本地户籍优先原则而分派不公平的配额。当时的北京大学和清华大学，的确当得起“国立”一词。

第六节　近代留洋法学博士性别统计

近代留洋法学博士以男性为主，但也包括少部分女性。以便利起见，只要统计出这一少部分女性留洋法学博士，剩余的部分自然是男性留洋法学博士，这自不待言。

一、近代留洋法学博士中的女性

女性留学生在近代留洋教育中是一个值得注意的现象。早期的女留学生被惊为“天人”[68]。据考证，中国近代第一位女留学生是光绪七年(1881 年)赴美学医的金雅妹(1864—1934)。[69]褚季龙曾经在 1934 年第 11 号《东方杂志》上发表《甲午战前四位女留学生》一文。根据本书第一章至第七章的资料，在 394 名近代留洋法学博士中，有 22 名女性，约占总数的 6%。这 22 名女性留洋法学博士详见表 8.7：

表 8.7　近代女性留洋法学博士一览

序号	姓　名	学　　校	博士论文	毕业时间
1	郑毓秀	法国巴黎大学	《比较宪法：中国宪法之趋势》	1925
2	钱剑秋	美国西北大学(J.D.)	无	1930
3	周蜀云	法国南锡大学	《1911 年中国革命后舆论之演进及现存各政党之概况》	1931
4	李彩霞	美国纽约大学(J.S.D.)	《中国妇女在法律地位上之发展总推测》(李彩霞博士论文尚待证实)	1935
5	宋渊如	法国南锡大学	《中国宪法运动：1934 年 10 月 16 日立法院宪法案研究》	1935
6	程　琇	法国南锡大学	《中国妇女私法地位的历史演变》	1935
7	徐亚辉	美国印第安纳大学(J.D.)	无	1937
8	陈蜀琼	德国耶拿大学	《中国和德国法中的判刑——比较研究》	1937

（续表）

序号	姓　名	学　　校	博士论文	毕业时间
9	胡崔淑言	法国巴黎大学	《位于北京的最高法院（大理院）之工作与中国债法》	1938
10	王世熊	美国纽约大学（J.S.D.）	《上海的国际租界》	1939
11	谭明德	美国纽约大学（J.S.D.）	《基于非主权至上原则或者个人忠诚原则而建立的国家管辖权的性质和范围》	1939
12	王　滌	英国伦敦大学（LSE，Ph.D.）	《意大利法西斯的司法系统》	1939
13	饶蓍华	法国波尔多大学	《1930 年 5 月 20 日的中国市政法》	1939
14	国　瑜	法国巴黎大学	《公权力无过失责任的一些新问题》	1940
15	陈芳芝	美国拜扬麦尔学院（Ph.D.）	《与中国有关的若干国际法问题》	1940
16	宋闪宝	美国印第安纳大学（J.D.）	无	1941
17	张馨珠	美国印第安纳大学（J.D.）	无	1941
18	程修玲	美国纽约大学（J.S.D.）	《对中立船舶与航空器上邮件的战时干涉》	1942
19	华璿光	美国印第安纳大学（J.D.）	无	1943
20	奚　敏	美国印第安纳大学（J.D.）	无	1948
21	夏晋惠	美国印第安纳大学（J.D.）	无	1950
22	盛　愉	法国巴黎大学	《七世纪至今与西藏有关的国际关系》	1950

资料来源：根据本书第一至七章编制。

二、女性留洋法学博士的统计分析

中国近代女性留洋法学博士主要集中于 20 世纪 30 年代和 40 年代。中国近代女性留洋法学博士的留学国别集中在法国（8 名）和美国（12 名），毕业于英国和德国的分别只有一名，尚没有发现任何女性在近代从比利时、瑞士、日本、意大利、荷兰、加拿大等国获得法学博士学位。近代女性留洋法学博士的博士论文涵盖国际法、宪法行政法、刑法、民法等领域，多涉及中国问题。从国内高校来源看，中国近代女性留洋法学博士主要来自国内的东吴法学院，高达 10 位。

第七节　近代留洋法学博士留学费用统计

留学费用问题很值得深入研究，并且有一定的现实意义。事实上，留学费用并非孤立的研究对象，其与留学生的家庭背景和当时的社会经济背景、留学教育政策均有密切的联系。本书作者在搜集资料的过程中，特别关注了这一问题，但是最终结果并不能让人满意，除了一些众所周知的官费、公费留学生外（例如庚款留学生、各省官费留学生），很多留学生的经济背景已经很难查清，所以近代留洋法学博士的留学费用是一个颇令人头痛的问题，本书在这方面的统计并不全面。

近代留洋法学博士的留学经济来源大致分为三类：公费、自费、部分公费部分自费。

所谓公费生，又称官费生，指由中央、地方机关及其他官方组织考选派出国外“研究专门学术”并“供给其研究期间全部费用者”。[70]除各级政府资助者外，也包括公立大学资助者，例如，北平中法大学从 1926 年至 1938 年间，共资送留法学生 112 名，包括文学院 44 名，文学分院（即社会科学院）24 名，理学院 32 名，医学院 12 名。[71]取得公费生资格者往往成绩较为出色。例如，《私立中法大学毕业生资送留学章程》第一条规定：

> 本校大学部各学系毕业学生，具备下列条件者，得由本校资送，入本校海外部里昂中法学院留学：
>
> 甲、毕业成绩满七十五分以上者；
>
> 乙、品行端正，在本校肄业期间未记大过者；
>
> 丙、身体健康，经本校校医检验无重要疾病者。[72]

对于公费具体标准，各处不一。《私立中法大学毕业生资送留学章程》第五条规定包括船票一张和治装费国币 100 元；第六条规定，免收学宿膳各项费用，另外从到法之月起，每人每月由北平中法大学津贴国币 30 元。[73]

理论上公费基本上衣食无忧，但实际上也不尽然。由于国内时局影响而不能及时得到公费资助的情况屡见不鲜，留美公费生和留日公费生都曾经遇到这种困境。[74]

自费生是指“留学费用由私人或私法人供给者”[75]。

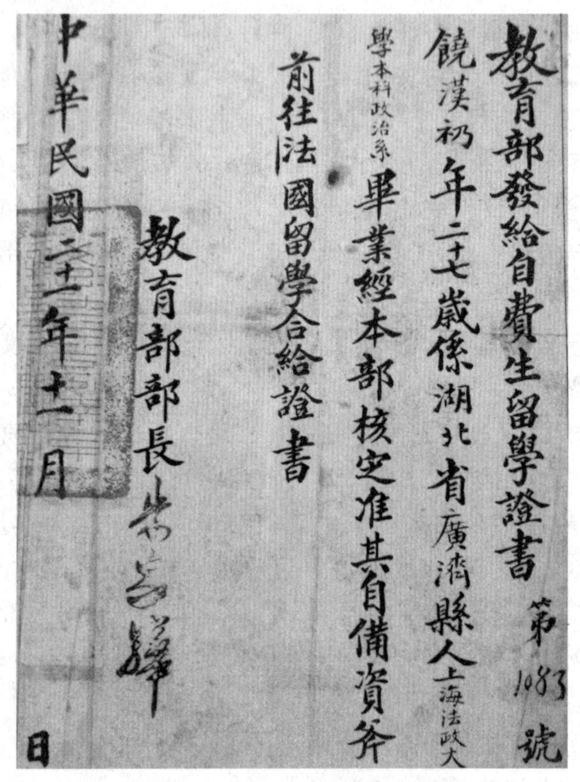

教育部發給自費生留學證書 第1083號

饒漢礽年二十七歲係湖北省廣濟縣人上海法政大學本科政治系畢業經本部核定准其自備資斧前往法國留學合給證書

教育部部長 朱家驊

中華民國二十一年十一月 日

图 8.3　教育部颁发给自费生饶汉礽的留学证书（饶汉礽为 1950 年巴黎大学法学博士，政治经济学专业）

湖北省派送的留学生分为全公费、半公费两种，除考派公费生之外，还有选补公费生的规定，即在自费留学生中择优授予奖学金。[76]江苏省对于这种从自费生中选补奖学金的学生称为“津贴生”，以区别于“官费生”。[77]江西省教育厅与财政厅专门提供自费留学补助。[78]

勤工俭学比较复杂，既有自费，也有公费成分。

还有个别学生取得国外大学的奖学金，例如陈芳芝依靠美国拜扬麦尔学院的奖学金攻读博士学位（1939 年 Ph.D.），倪征𣋉获得斯坦福大学免去法律博士课程学杂费的奖学金。个别学生取得中国教会大学的奖学金出国留学，例如陈雄飞在1930年取得震旦大学奖学金赴法留学。这种国外大学及国内教会大学提供的奖学金不宜归为公费。

有些留学生最初公费出国，后来延长留学年限，由于公费用尽，转为自费或者其他形式。

有的人最初由政府派出考察司法，利用这一时机顺便留学，公私兼顾，公费自费结合，在很短的时期内就取得法学博士学位，例如纽约大学法学博士马君硕、哈佛大学法学博士杨兆龙。

有的留学生最初自费出国，由于后续费用无着，申请公费补助。例如湖北省籍的自费留学生吕渭、饶蓍华均在留法期间因为经济困难而向湖北省政府教育厅申请奖学金获得成功。在资助贫寒学子留学方面，湖北省政府教育厅专门制定了章程，要求数名保证人出具联保证书，地方官员出具籍贯证明书，学生家长出具学生家庭状况调查表（并由地方长官审查盖章），学生自己撰写奖学金申请书并填写自费生调查表，学校出具在学证明及成绩单（由驻外使领馆翻译认证）。除了上述形式要求之外，申请湖北省政府奖学金的留学生还必须定期（通常按月）向湖北省政府教育厅寄送"月份工作报告表"（或者"学期工作报告表"），详细汇报本月内研究的各种问题、本月内读过几种书籍（列举书名）、研究心得摘要等。奖学金的发放通常以一年为期，一年后，如有必要，可以再申请一年的奖学金。下面是留法学生吕渭在1936年11月9日向湖北省教育厅长申请继续颁发奖学金的函，其提出的理由是：

> ……尚须继续研究，并作论文一篇，始能结束。无奈家境贫寒，难以共给，功亏一篑，诚为可惜。窃查留学章程第四十九条有研究生得续请奖学金一年之规定。钧厅长奖励学子，不遗余力，理合遵同章程之规定，检同上年度成绩证一份，本年度在学证一份，一并具文呈送。[79]

湖北省政府教育厅再次批准了吕渭的奖学金申请，其发放的奖学金数额可以从吕渭签发的"留学生奖学金收据"上看出：1937年12月份的奖学金是"法币伍佰叁拾法郎"。[80]

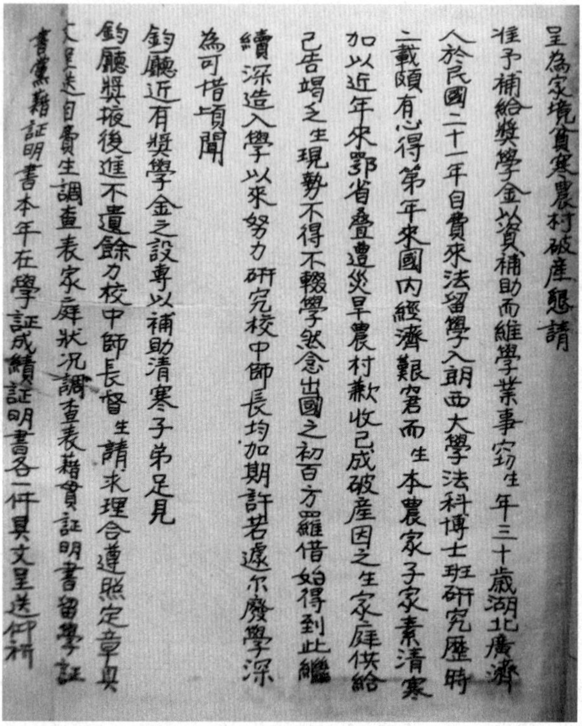

呈為家境貧寒農村破產懇請
准予補給獎學金以資補助而維學業事竊生年三十歲湖北廣濟
人於民國二十一年自費來法留學入朗西大學法科博士班研究歷時
二載頗有心得第年來國內經濟艱窘而生本農家子家素清寒
加以近年來鄂省疊遭災旱農村歉收已成破產因之生家庭供給
已告竭乏生現勢不得不輟學然念出國之初百方羅借始得到此繼
續深造入學以來努力研究校中師長均加期許若遽爾廢學深
為可惜頃聞
鈞廳近有獎學金之設專以補助清寒子弟足見
鈞廳獎掖後進不遺餘力校中師長督生請求理合遵照定章具
文呈送自費生調查表家庭狀況調查表籍貫證明書留學證
書黨籍證明書本年在學証成績証明書各二件具文呈送仰祈

图 8.4　南锡大学法学博士吕渭亲笔撰写的奖学金申请书

除了资助学费及生活费之外，有些省份的教育厅还专门资助留学生博士论文的印刷费用，例如安徽省教育厅。

近代留洋法学博士群体中，自费生的数量大致多于公费生的数量。这与中国政府的留学政策导向有关。以庚款为例，资助农工商矿等科较多，而资助法政科较少。倪征㬊在其自传《淡泊从容莅海牙》一书中专门提及此事，在早期留美庚款生中，只有一个名额给了法律学生，考取者为东吴法学院毕业生石颎（石超庸）。欲借助公费出国攻读法学博士学位者会失望地发现，他们申请成功的几率很低，最后不得不寻求自费途径。后期庚款政策对于法科略微宽松，李浩培、王铁崖、韩德培、靳文翰等法律学人陆续考得庚款奖学金等，不过由于种种原因，他们均未获得博士学位。

下面是本书作者编制中国近代留洋法学博士中的公费生一览表。

表 8.8　近代留洋法学博士公费生一览

序号	人　名	公费来源	留学学校	博士年代	博士学位
1	严锦镕	北洋官费	哥伦比亚大学	1905	Ph.D.
2	王宠惠	北洋官费	耶鲁大学	1905	D.C.L.
3	马德润	湖北省	柏林大学	1907	法学博士
4	周泽春	湖北省	柏林大学	1909	法学博士
5	罗泮辉	北洋官费	芝加哥大学	1911	J.D.
6	严鹤龄	浙江省	哥伦比亚大学	1911	Ph.D.
7	周宗华	北洋官费	芝加哥大学	1912	J.D.
8	冯熙运	北洋官费	芝加哥大学	1912	J.D.
9	陈继善	北洋官费	巴黎大学	1912	法学博士
10	王恩泽	北洋官费	芝加哥大学	1914	J.D.
11	张国辉	清华庚款	芝加哥大学	1917	J.D.
12	黄宗法	清华庚款	纽约大学	1917	J.S.D.
13	周　纬	学部官费	瑞士弗莱堡大学	1917	法学博士
14	戴恩赛	清华庚款	哥伦比亚大学	1918	Ph.D.
15	吴昆吾	稽勋局官费	日内瓦大学	1919	法学博士
16	何孝元	清华庚款	芝加哥大学	1920	J.D.
17	燕树棠	清华庚款	耶鲁大学	1920	J.D.
18	梁仁杰	江西省	巴黎大学	1920	法学博士
19	耿　泽	湖北省	巴黎大学	1920	法学博士
20	周鲠生	湖南省	巴黎大学	1920	法学博士
21	王世杰	稽勋局官费	巴黎大学	1920	法学博士
22	康时敏	清华庚款	耶鲁大学	1921	J.D.
23	陈和铣	江西省	巴黎大学	1921	法学博士
24	戴修骏	湖南省	巴黎大学	1922	法学博士
25	廖尚果	广东省	汉堡大学	1923	法学博士
26	徐恭典	江西省	西北大学	1922	J.D.
27	姜荣章	云南省	巴黎大学	1922	法学博士
28	孙浩煊	清华庚款	芝加哥大学	1923	J.D.
29	杨光泩	清华庚款	普林斯顿大学	1924	Ph.D.
30	石超庸	清华庚款	耶鲁大学	1925	J.S.D.

（续表）

序号	人　名	公费来源	留学学校	博士年代	博士学位
31	区兆荣	清华庚款	芝加哥大学	1926	J.D.
32	刘师舜	清华庚款	哥伦比亚大学	1925	Ph.D.
33	施宗岳	清华庚款	哥伦比亚大学	1925	Ph.D.
34	乔万选	清华庚款	哥伦比亚大学	1926	Ph.D.
35	姚永励	清华庚款	芝加哥大学	1926	J.D.
36	娄学熙	吉林省	哥伦比亚大学	1927	Ph.D.
37	王化成	清华庚款	芝加哥大学	1927	Ph.D.
38	梅汝璈	清华庚款	芝加哥大学	1928	J.D.
39	赵之远	浙江省	西北大学	1929	J.D.
40	吴瀚涛	吉林省	伊利诺伊大学	1930	Ph.D.
41	陈耀东（江苏）	江苏省津贴生	巴黎大学	1931	法学博士
42	凌其翰	中比庚款	布鲁塞尔大学	1931	法学博士
43	胡养蒙	安徽省	巴黎大学	1932	法学博士
44	王自新	安徽省	巴黎大学	1932	法学博士
45	陈朝壁	中比庚款	鲁文大学	1932	法学博士
46	路式导	中比庚款	鲁文大学	1932	法学博士
47	徐直民	中比庚款	鲁文大学	1932	法学博士
48	姚定尘	国民党中央训练部	格勒诺布尔大学	1933	法学博士
49	张彝鼎	清华庚款	哥伦比亚大学	1933	Ph.D.
50	陈延进	广东省	里昂大学	1934	法学博士
51	周　枏	中比庚款	鲁文大学	1934	法学博士
52	范　商	中比庚款	鲁文大学	1934	法学博士
53	李子欣	国民党中央	纽约大学	1934	J.S.D.
54	李肇伟	广西省	第戎大学	1934	法学博士
55	徐复云	江苏省津贴生	里昂大学	1935	法学博士
56	钱清廉	中英庚款	伦敦大学（LSE）	1936	Ph.D.
57	邵循恪	清华庚款	芝加哥大学	1937	Ph.D.
58	赵俊欣	国民党中央	巴黎大学	1937	法学博士
59	童蒙圣	国民党中央	南锡大学	1937	法学博士
60	方瑞典	安徽省	卡昂大学	1938	法学博士

（续表）

序号	人　名	公费来源	留学学校	博士年代	博士学位
61	于振鹏	中法大学	里昂大学	1940	法学博士
62	陈耀庭	清华中德交换研究生项目	耶拿大学	1940	法学博士
63	李士彤	中美庚款	柏林大学	1941	法学博士
64	魏登临	北平中法大学津贴	里昂大学	1944	法学博士
65	黄金鸿	英国文化教育协会	剑桥大学	1948	Ph.D.
66	陈体强	英国文化教育协会	牛津大学	1949	D.Phil.
67	张勋洋	中央政治学校公费生	哥廷根大学	1949	法学博士
68	朱奇武	英国文化教育协会	牛津大学	1950	D.Phil.
69	芮正皋	教育部公费生(留法交换生)	巴黎大学	1950	法学博士
70	端木正	教育部公费生(留法交换生)	巴黎大学	1950	法学博士
71	徐肇庆	教育部留瑞公费生	纳莎泰尔大学	1950	法学博士

资料来源：根据本书第一章至第七章编制，不包括公费来源不详者。

在上述71名公费留洋法学博士中，各类庚款留学生占了相当一部分，有25名；各省官费留学生20名；北洋官费生7名；国民党资助留学生4名；英国文化教育协会奖学金3名，教育部留法交换生2名，还有其他类型的公费生。

在公费生中，很多是国立大学毕业生，较少有教会大学的毕业生，尤其缺少上海圣约翰大学、震旦大学的毕业生，原因不是这些大学毕业生的成绩不如国立大学毕业生，而主要是这些教会大学当时没有在中国立案，其毕业生自然失去公费留学资格。例如，震旦大学法学院毕业生李文显，本来被录取为河南省留法公费生（民国二十年），但因为毕业于未立案震旦大学而被教育部取消公费留学资格。[81]教会大学毕业生在外语程度、留学途径及出国适应性上或许有一些优势，但在获取公费的机会上则有明显劣势。据记载，有些教会大学的学生为了获得公费出国机会，通过插班的形式考入清华这种国立高校，[82]可谓费尽心机。

表8.9是笔者编写的近代留洋法学博士自费生一览表。一般来说，公费生的身份容易确定，自费生的身份较难确定。公费生往往有官方名录证明，自费生却不一定。实际上，费用情况不明的通常就是自费生。以自费为主（公费为辅）的学生也列为自费生，如留德法学博士刘克俊，其留

学六年，其中仅一年获得江西省教育厅津贴，其余均由其父亲资助。[83]

为慎重起见，表 8.9 仅收录有确凿证据证明为自费留学的博士。

表 8.9 近代留洋法学博士自费生一览

序号	人 名	留学学校	博士年代	博士学位
1	林 彪	维尔茨堡大学	1917	法学博士
2	陈霆锐	密歇根大学	1921	J.D.
3	吴经熊	密歇根大学	1921	J.D.
4	陆鼎揆	密歇根大学	1921	J.D.
5	蒋保厘	密歇根大学	1923	J.D.
6	张元枚	底特律法学院	1925	J.D.
7	魏道明	巴黎大学	1925	法学博士
8	吴凯声	里昂大学	1925	法学博士
9	徐传保	巴黎大学	1926	法学博士
10	魏文翰	芝加哥大学	1927	J.D.
11	缪中一	Loyala 大学(芝加哥)	1927	J.D.
12	刘克俊	慕尼黑大学	1927	法学博士
13	杜元载	西北大学	1928	J.D.
14	倪征日奥	斯坦福大学	1929	J.D.
15	黄 森	西北大学	1929	J.D.
16	林我将	西北大学	1929	J.D.
17	姚启胤	密歇根大学	1930	S.J.D.
18	李德新	美国国家大学	1930	S.J.D.
19	孙晓楼	西北大学	1930	J.D.
20	谢景山	西北大学	1930	J.D.
21	钱剑秋	西北大学	1930	J.D.
22	张庆桢	西北大学	1930	J.D.
23	张嘉惠	西北大学	1930	J.D.
24	洪士豪	德宝大学	1930	J.D.
25	戴继恩	德宝大学	1930	J.D.
26	杨凛知	德宝大学	1930	J.D.
27	章任堪	哈佛大学	1931	S.J.D.

（续表）

序号	人　名	留学学校	博士年代	博士学位
28	查良鉴	密歇根大学	1930 1931	J.D. S.J.D.
29	顾彦儒	南锡大学	1931	法学博士
30	毕乃謇	南锡大学	1932	法学博士
31	王锦荃	南锡大学	1932	法学博士
32	孙玺凤	巴黎大学	1932	法学博士
33	曾希亮	鲁文大学	1932	法学博士
34	张企泰	巴黎大学	1933	法学博士
35	张明时	布鲁塞尔大学	1933	法学博士
36	王震生	纽约大学	1934	J.S.D.
37	郑国楠	纽约大学	1934	J.S.D.
38	仇子同	美国国家大学	1934	S.J.D.
39	赵长敏	伯恩大学	1934	法学博士
40	杨兆龙	哈佛大学	1935	S.J.D.
41	胡毓杰	纽约大学	1935	J.S.D.
42	杨德恩	纽约大学	1935	J.S.D.
43	宋渊如	南锡大学	1935	法学博士
44	祝修爵	里昂大学	1935	法学博士
45	程　琇	南锡大学	1935	法学博士
46	严可为	南锡大学	1935	法学博士
47	芮　沐	法兰克福大学	1935	法学博士
48	蒋固节	鲁文大学	1935	法学博士
49	徐　铸	鲁文大学	1935	法学博士
50	张为资	纽约大学	1936	J.S.D.
51	何海晏	纽约大学	1936	J.S.D.
52	吴清葵	纽约大学	1936	J.S.D.
53	林钦辰	纽约大学	1936	J.S.D.
54	孙　亮	印第安纳大学	1936	J.D.
55	张鑫长	印第安纳大学	1936	J.D.
56	郑　涛	印第安纳大学	1936	J.D.
57	李潮年	纽约大学	1937	J.S.D.

（续表）

序号	人　名	留学学校	博士年代	博士学位
58	沈　琪	纽约大学	1937	J.S.D.
59	吕　渭	南锡大学	1937	法学博士
60	叶叔良	巴黎大学	1938	法学博士
61	沈达明	巴黎大学	1939	法学博士
62	饶蓄华	波尔多大学	1939	法学博士
63	国　瑜	巴黎大学	1940	法学博士
64	王克勤	伦敦大学	1941	Ph.D.
65	陈世材	哈佛大学	1941	Ph.D.
66	陈雄飞	巴黎大学	1941	法学博士
67	廖德珍	巴黎大学	1941	法学博士
68	沈夔孙	印第安纳大学	1948	J.D.
69	奚　敏	印第安纳大学	1948	J.D.
70	邵规祖	巴黎大学	1948	法学博士
71	王以德	耶鲁大学	1949	J.S.D.
72	张国和	芝加哥大学	1949	J.D.
73	居同匮	印第安纳大学	1949	J.D.
74	王毓华	印第安纳大学	1949	J.D.s
75	李名山	印第安纳大学	1949	J.D.
76	吴茂松	印第安纳大学	1949	J.D.
77	郁去非	印第安纳大学	1949	J.D.
78	姚淇清	耶鲁大学	1950	J.S.D.
79	杨泉德	印第安纳大学	1950	J.D.
80	廖仲琴	巴黎大学	1950	法学博士

资料来源：笔者根据本书第一章至第七章所编制。

比较表 8.8 与表 8.9 可以发现，多数取得美国一年制 J.D.学位的中国留学生属于自费生，只有极少部数 J.D.学生属于公费生。这一现象一方面与自费生总人数居多有关，另一方面也与一年制 J.D.学位时间短、成本低有关。除少数财大气粗者外，多数自费生限于财力，往往倾向于选择短平快的博士学位，这本在情理之中。公费生因为经费相对宽松，其选择攻读的法学博士学位往往是三年制的学术性博士学位，包括三年制的法科哲学博士学位，即使选择攻读 J.D.这种法律博士学位，也一般是三年制 J.D.而非 1 年制 J.D.，例如清华庚款生姚永励和梅汝璈(芝加哥大学 J.D.)。这既有本科专业背景的限制，也有个人及家庭经济背景的制约。

第八节　近代留洋法学博士亲属师生关系录

近代留洋法学博士的家庭教育背景对他们出国攻读法学博士学位具有一定的影响。父子、兄弟往往选择同一所大学的同一专业，最后取得同一种类的法学博士学位。博士同窗最后结为夫妻者也有几对，可谓志同道合。中国讲究“名师出高徒”，外国导师对于中国留学生的影响更为直接。

本节收录了若干具有代表性的亲属师生关系谱，从中可以看出中国近代留洋法学博士的师承关系。

具体详见下述四张表格：

表 8.10　近代留洋法学博士父子关系

父	大学及年代	子	大学及年代	籍贯
顾维钧	哥伦比亚大学 1912 年 Ph.D.	顾裕昌	哥伦比亚大学 1947 年 Ph.D.	江苏
郑天锡	伦敦大学 1916 年 LL.D.	郑　斌	伦敦大学 1950 年 Ph.D.	广东
钱树芬	芝加哥大学 1916 年 J.D.	钱乃文 钱乃信	芝加哥大学 1937 年 J.D. 爱荷华大学 1933 年 J.D.	广东
丘汉平	美国国家大学 1929 年 S.J.D.	丘宏达	哈佛大学 1965 年 S.J.D.	福建

资料来源：根据本书第一、二、三章有关内容编制。

表 8.11　近代留洋法学博士兄弟关系

兄	大学及年代	弟	大学及年代	籍贯
刁作谦	伦敦大学 LL.D.候选人	刁敏谦	伦敦大学 1916 年 LL.D.	广东
黄宗法	1917 年纽约大学 J.S.D.	黄宗勋	1942 年西北大学 J.D.	安徽
何世桢	密歇根大学 1922 年 J.D.	何世枚	密歇根大学 1922 年 J.D.	安徽
夏晋麟	爱丁堡大学 1922 年 Ph.D.	夏晋熊	巴黎大学 1938 年法学博士(经济学专业)	浙江
王遂征	布鲁塞尔大学 1935 年法学博士	王季征	布鲁塞尔大学 1936 年法学博士	福建
芮　沐	法兰克福大学 1935 年法学博士	芮正皋	巴黎大学 1950 年法学博士	浙江
钱乃文	芝加哥大学 1937 年 J.D.	钱乃信	爱荷华大学 1933 年 J.D.	广东

资料来源：根据本书第一、二、三、四、六章内容编制。

表 8.12　近代留洋法学博士夫妻关系

夫	大学及年代	妻	大学及年代
魏道明	巴黎大学 1925 年法学博士	郑毓秀	巴黎大学 1925 年法学博士
徐汉豪	南锡大学 1931 年法学博士	周蜀云	南锡大学 1931 年法学博士
黄比瀛	西北大学 1931 年 J.D.	钱剑秋	西北大学 1930 年 J.D.
刘南溟	巴黎大学 1935 年法学博士(政治与经济学)	程　琇	南锡大学 1935 年法学博士
江海潮	法兰克福大学 1937 年法学博士	陈蜀琼	耶拿大学 1937 年法学博士
严　道	印第安纳大学 1948 年 J.D.	奚　敏	印第安纳大学 1948 年 J.D.

资料来源：根据本书第一章、第四章、第六章有关内容编制。

从近代留洋法学博士夫妻关系表上可以发现，夫妻博士大多来自同一所大学，即使不留学同一所大学，也留学在同一个国家。夫妻博士没有跨国联姻的。此外，不管是否在同一所学校留学，夫妻博士几乎同时毕业。

表 8.13　近代留洋法学博士师生关系

学生	学　　校	毕业年代	博士论文	导　　师
严鹤龄	哥伦比亚大学	1911	《中国宪法发展调查》	伯吉斯（John William Burgess, 1844—1931）
顾维钧	哥伦比亚大学	1912	《外人在华之地位》	穆尔（John Bassett Moore, 1860—1943）
郑天锡	伦敦大学 UCL	1916	《确定缔约能力的国际私法规则》	约翰·麦当纳(John Macdonell, 1846—1921)
刁敏谦	伦敦大学 UCL	1916	《中国国际条约义务论》	麦当纳(同上)
戴恩赛	哥伦比亚大学	1918	《中国的条约口岸：外交研究》	穆尔
于焌吉	哥伦比亚大学	1927	《条约的解释》	穆尔
徐道邻	柏林大学	1931	《宪法的变迁》	卡尔·弗里德里希·鲁道夫·西蒙德（Carl Friedrich Rudolf Smend, 1882—1975）
张彝鼎	哥伦比亚大学	1933	《条约的司法解释》	查尔斯·切尼（Charles Cheney）
黄金鸿	剑桥大学	1948	《英国海外臣民外交保护的实践》	劳特派特

（续表）

学生	学　　校	毕业年代	博士论文	导　　师
芮沐	法兰克福大学	1935	《实在法与自然法的关系》	佛睿慈·冯·黑佩尔（Fritz von Hippel，1897—1991）
江海潮	法兰克福大学	1937	《清灭亡后中国宪法变迁史及国家元首在法律上的地位》	吉泽和斯特禄普
赵俊欣	巴黎大学	1937	《修改条约问题之法理分析》	阿尔贝·茹弗尔·德拉勃拉戴（Albert Geouffre de La Pradelle，1871—1955）
董　霖	伊利诺伊大学	1939	《中国与国际公法》	詹姆斯·W.加纳（James W. Garner）
陈芳芝	布林茅尔学院	1940	《与中国有关的若干国际法问题》	查尔斯·盖奎伊里·芬威克（Charles Ghequiere Fenwick，1880—1973）
漆竹生	巴黎大学	1940	《1936年5月5日中华民国宪法草案研究》	马赛尔·赛伯特（Marcel Sibert，一译马赛尔·西贝尔，1884—1957）
潘维东	美国天主教大学	1944	《中国宪法：中国四十年立宪研究》	赫伯特·弗朗西斯·赖特（Herbert Francis Wright，1892—1945）
张以藩	耶鲁大学	1948	《外人在华法律地位：从世界社会角度进行的批判与比较研究》	迈尔斯·S.麦克杜格（Myres S.McDougal，1906—1998）
陈体强	牛津大学	1949	《国际法的承认问题：以英美实践为参考》	詹姆斯·莱斯利·布瑞尔利 James Leslie Brierly（1881—1955）
芮正皋	巴黎大学	1950	《联合国派遣官员在调处有关和平争端国家纠纷而遭受身体伤害时该国所应负的国际责任》	查尔斯·罗素（Charles Rousseau，一译夏尔·卢梭，1902—1993）

资料来源：根据本书第一、二、三、四、六章编制。

哈佛大学法学教授罗斯科·庞德(Roscoe Pound)虽然不是杨兆龙博士论文的直接导师，但对杨兆龙欣赏有加，他们之间深厚的师生关系为庞德日后到中国担任政府顾问打下了良好的感情基础。1946年，杨兆龙在邀请庞德来华担任顾问的过程中，特意为其选了由两个汉字组成的名字——庞德，意为“崇高的美德”或“伟大的人格”。[84]对此，庞德欣然接受，并不忘在回复中幽默一回："非常感激你为我取了个中国名字，但想要名副其实恐怕真的不容易啊！"[85] 如此融洽的师生关系，堪称中外法律交流史上的佳话。[86]

图 8.5　庞德与杨兆龙师生两人合影(1947 年)

端木正在巴黎大学读书期间师从苏珊·巴丝蒂教授，"我在三年里读过她三班课，一班大课两班小课，期末考试三班都是她亲自口试，不像某些老教授由助教代为口试。她认真负责的态度能激励学生奋发读书，收到言传身教的效果。"[87]

著名国际法学家劳特派特不仅指导了黄金鸿的博士论文，而且是王铁崖留英两年多期间的"直接导师"，王铁崖"受到他的影响"。[88]

近代留洋法学博士之间也存在不少师生关系。如巴黎大学法学博士端木正早年在清华大学的硕士导师是留美法科哲学博士邵循恪；斯坦福大学法律博士倪征日奥、哈佛大学法学博士杨兆龙早年在东吴法学院的老师吴经熊是密歇根大学法律博士；巴黎大学法学博士陈雄飞早年在震旦大学的老师谢冠生也是巴黎大学法学博士。

本章小结

要对中国近代留洋法学博士作出精确的统计分析几乎不可能，原因就在于基础资料无法尽善尽美，博士的标准各式各样。尽管笔者尽了很大努力，对于林林总总、五花八门的法学博士，仍然不敢自称一网打尽，但是我相信，本书收录的人物涵盖了中国近代留洋法学博士的主体，在这一主体基础上进行统计分析，仍然可以得出具有说服力的结论。本章是对近代留洋法学博士群体的基本统计分析，未能面面俱到，例如，没有对近代留洋法学博士年龄进行统计，这主要是因为现有资料不全，自相矛盾之处甚多，统计结果的可靠性不高，有兴趣的读者可以进一步研究。

注释

1. 叶隽著:《异文化博弈——中国现代留欧学人与西学东渐》，北京大学出版社2009年4月第1版，第465页。

2. 马素:《论留学生》，原载《时报世界周刊》，转引自柳诒徵:《中国文化史》下册，第806页。

3. 叶隽著:《异文化博弈——中国现代留欧学人与西学东渐》，北京大学出版社2009年4月第1版，第466页。

4. 参见本书第六章G010。

5. 近代时期，北京大学法科和中央政治学校法律系等曾经开展过德语法律教育。

6. 留德法学博士徐道邻曾经任教于同济大学法学院，其他曾经在同济大学法学院任职的老师还包括谢怀栻、陈盛清，参见“同济大学法学院概况”，http://law.tongji.edu.cn/5177/list.htm。

7. “复旦大学法学院历史”，http://www.law.fudan.edu.cn/Content/Index.aspx?mid=12。

8. 关于日本近代博士学位制度，参见王伟著:《中国近代博士教育史——以震旦大学法学博士教育为中心》，复旦大学出版社2015年12月第1版，第六章第一节“日本近代博士制度沿革”，第180—186页。

9. 关于中国近代留日法学学生的状况，参见浦依莲著:《二十世纪初中国留日学生的法政教育》，许苗杰译，载《法国汉学》，教育史专号，第八辑，中华书局2003年第1版，第250—284页。关于近代留日学生的详细情况，参见佚名编:《清末各省官自费留日学生姓名表》(近代中国史料丛刊续编第50辑，总第494卷)，台湾文海出版社。

10. 王国维:《教育小言十二则》(1906年)，载舒新城编:《中国近代教育史资料》下册，人民教育出版社1961年第1版，1979年第六次印刷，第1012页。

11. 转引自[日]实藤惠秀著:《中国人留学日本史》，谭汝谦、林启彦译，北京大学出版社2012年4月第1版，第50页。

12.《官费生不入速成科》，载《直隶教育杂志》第2年第5期。

13. 卫道治主编:《中外教育交流史》，湖南教育出版社1998年6月第1版，第143页。

14.《教部发表二十年份留学生统计》，载《河南教育月刊》，1932年第7期，第123页。

15. 据笔者统计，清末留美取得各类法学士学位者有张康仁(哥大 1886 年)、张煜全(耶鲁 1903 年)、欧阳祺(纽约大学 1904 年)、甘维露(哥大 1909 年)、张谦(宾大 1909 年)、徐维震(印第安纳大学 1909 年)、胡诒縠(1909 年伊利诺伊大学)、朱成章(耶鲁 1910 年)、张履鳌(耶鲁 1911 年)、娄裕焘(耶鲁 1911 年)、赵天麟(哈佛 1911 年)、黄国恩(威斯康星大学 1911 年)、傅盛勋(乔治·华盛顿大学 1911 年)等，此外，还有一些人清末留学美国，但在民国成立(1912 年)后取得美国各大学法学士学位。

16. 刘真：《留学教育——中国留学教育史料》，第 1991 页。

17. 1939 年 4 月《修正留学暂行办法》，第三条。

18. 王恩涌等编著：《中国文化地理》，科学出版社 2008 年第 1 版，第 302 页。

19. 余泽鸿：《反动势力下底上海学生——致团结起来实力奋斗》，载李言璋编著：《余泽鸿烈士》，长宁县天成印务有限公司印刷，2002 年 12 月，第 174 页。

20.《致宝山县公署春申大学迄未改组请严加取缔函》，载《江苏省教育会月报》，1925 年 11 月，第 3 页。

21. 详见本书第一章 A076。

22. 天津市地方志编修委员会办公室、天津市司法局编辑：《天津通志·司法行政志》，天津社会科学院出版社 2008 年 5 月第 1 版，第 130 页。

23. 清华大学法学院历史沿革，http://www.tsinghua.edu.cn/docsn/fxy/web2008/gk/history.htm。

24.《国立北平大学法学院两年来事务报告》，自民国二十年二月起至民国二十二年二月至，载《民国史料丛刊》第 1066 号，大象出版社 2009 年 8 月版，第 465 页。

25. 燕树棠：《法律教育之目的》，载孙晓楼等著：《法律教育》(二十世纪中华法学文丛)，中国政法大学出版社 1997 年 12 月第 1 版，第 152 页。

26. 私立东吴大学毕业生历年成绩表，王以德，上海市档案馆，Q245-1-337。

27. [美]康雅信著：《培养中国的近代法律家：东吴大学法学院》，王健译，载贺卫方编：《中国法律教育之路》，中国政法大学出版社 1997 年第 1 版，第 287 页。

28. 刘伯穆 1927 年后回到其母校密歇根大学法学院任教，直至退休。

29. 倪征燠：《淡泊从容莅海牙》，法律出版社 2003 年第 2 版，第 20 页。倪征燠此处记忆偶有瑕疵，密歇根大学当年的 J.D.学位并不需要提交博士论文，吴经熊、陈霆锐等密歇根大学的 J.D.从未撰写博士论文。但密歇根大学当年对于 S.J.D.学位要求提交博士论文，东吴法学院出身的查良鉴在密歇根大学既取得了无需博士论文的 J.D.学位，也取得了需要博士论文的 S.J.D.学位，这两个博士学位各耗时一年。详见本书第一章 A016(陈霆锐)、A017(吴经熊)、A082(查良鉴)。

30. 笔者注：何氏兄弟是何世桢、何世枚二人。

31. 乔治·萨莱德(George Sellett)即后来任教东吴大学法学院的萨莱德。

32. 见笔者 2010 年 5 月 6 日于南京大学法学院对王毓骅的采访记录。

33. 盛振为:《法学院概况及本年大事记》,载《东吴年刊》1930年,第92页。此处的“华盛顿大学”具体指哪一所学校不详。

34. 盛振为:《法学院概况及本年大事记》,载《东吴年刊》1930年,第92页。

35. 何勤华主编:《中国法学家访谈录》第一卷,北京大学出版社2010年第1版,第380页。

36. 关于震旦大学的法学博士教育,可参见笔者拙著:《中国近代博士教育史——以震旦大学法学博士教育为中心》,复旦大学出版社2015年12月第1版。

37. 芮正皋:《外交生涯纵横谈——芮正皋回忆录》,台北三民书局2013年初版,第13页。

38.《私立震旦大学一览》,1935年,第61页。

39. 燕京大学在20世纪30年代曾短期设立法律系,在输出留洋法学博士的数量上可以忽略不计。

40.《国立北京法政专门学校五—六年度状况报告》,载《教育公报》第5年,第3期,第15—22页。

41. [美]康雅信著:《培养中国的近代法律家:东吴大学法学院》,王健译,载贺卫方编:《中国法律教育之路》,中国政法大学出版社1997年第1版,第288页。

42. 王健著:《中国近代的法律教育》,中国政法大学出版社2001年第1版,第249页。

43. 见“二十三年度自费留学生”名单,中国第二历史档案馆,档号五-15345,第22—44页。然而也有例外,1932年东吴法科毕业生闵刚侯(1904—1971,江苏南汇人)曾经自费留学日本九州帝国大学学习法律,曾经担任中华人民共和国最高人民法院秘书长,司法部副部长。

44. 倪征
噢:《纪念李浩培先生》,载《倪征
噢法学文集》,法律出版社2006年10月第1版,第507页。

45. 王健:《中国近代的法律教育》,第250页。

46. 倪征
噢:《〈元照英美法辞典〉之序》,载《倪征
噢法学文集》法律出版社2006年10月第1版,第529页。

47. 文乃史著:《东吴大学》,王国平、杨木武译,珠海出版社1999年8月第1版,第73页。

48. 见本书作者2010年5月6日于南京大学法学院对王毓骅的采访记录。

49. 盛振为:《十九年来之东吴法律教育》,载孙晓楼等著:《法律教育》,中国政法大学出版社1997年12月第1版。

50. 卢峻:《美国之法律教育》,载孙晓楼等著:《法律教育》,中国政法大学出版社1997年12月第1版,第309页。

51. 寄寒:《留学生中的流落生(比国通讯下)》,载《生活》第4卷第27期,1929年

6 月 2 日，第 299 页。

52. [美]康雅信著：《培养中国的近代法律家：东吴大学法学院》，王健译，载贺卫方编：《中国法律教育之路》，中国政法大学出版社 1997 年第 1 版，第 281 页。

53. 同上。

54.《李在琦先生访谈纪录》，载《台湾法界耆宿口述历史》第三辑，2007 年 11 月初版，第 4 页。

55. 孙晓楼：《努力后的收获》，载《东方杂志》第 32 卷第 1 号，1935 年 1 月 1 日发行，第 112 页。

56. [美]康雅信著：《培养中国的近代法律家：东吴大学法学院》，王健译，载贺卫方编：《中国法律教育之路》，中国政法大学出版社 1997 年第 1 版，第 291 页，脚注第 183。

57. 许周鹤、张梦白著：《最早开设的教会大学——东吴大学》，载《民国春秋》1996 年第 5 期，第 11 页。另参见张梦白：《苏州东吴大学》，载江苏文史资料编辑部：《江苏文史资料集粹》（教育卷），1995 年，第 114 页。

58.《私立东吴大学法学院一览》（民国 25—26 年），第 68 页。

59.《中国名人录》1936 年第 5 版，第 96 页。

60. 参见《东吴法学院法律系历届教授名录》（自民国四年秋至民国三十年冬），Woolsack 1946（《东吴法学院年刊第五卷》）。

61.《中国名人录》1936 年第 5 版，第 125 页。《顾维钧回忆录》中文本将中西书院翻译为"英华书院"，见《顾维钧回忆录》第一册，中国社会科学院近代史研究所译，中华书局 1983 年 5 月第 1 版，第 14 页。

62. 张梦白：《苏州东吴大学》，载江苏文史资料编辑部：《江苏文史资料集粹》（教育卷），1995 年，第 105—106 页；文乃史著：《东吴大学》，王国平、杨木武译，珠海出版社 1999 年 8 月第 1 版，第 29—30 页。

63.《东吴法学院法律系历届教授名录》（自民国四年秋至民国三十年冬），*The Woolsack* 1946（《东吴法学院年刊　第五卷》）；谢颂三：《回忆东吴法学院》，载上海市政协文史资料委员会编：《上海文史资料存稿汇编》第九卷（科教文卫），上海古籍出版社，第 57—58 页。

64. 见本书第三章 E001。

65.《中国名人录》1931 年第 4 版，第 72 页；《中国名人录》1936 年第 5 版，第 40 页；《东吴法学院法律系历届教授名录》（自民国四年秋至民国三十年冬），*The Woolsack* 1946（《东吴法学院年刊第五卷》）。

66. 有关东吴法学教育的真相，参见沈伟：《近代中国比较教育辩证——基于东吴大学法学院的考察》，载《华东政法大学学报》2017 年第 5 期，第 169—180 页。

67. 留法法学博士于振鹏籍贯大兴。大兴在清代隶属顺天府，民国初期顺天府改名为京兆，1928 年，直隶改称河北省，北京改名北平，北京为特别市，原京兆所辖大兴等县划归河北省。1958年,大兴县划给北京市。参见李丙鑫:《大兴县历史沿革》,载中国人民政治协商会议北京市大兴县文史资料委员会编:《大兴文史》第3辑,1988年,第1—2页。

68. 怀旦,《中国第一位女留学生》,载《月报》,1937年第2期,第368页。

69. 同上。

70.《国外留学规程》,1933年。

71. 私立中法大学信稿,见"私立中法大学学生出国、留学情况及规章和上级通知",北京市档案馆藏中法大学档案,J026-001-00335-A_P01.TIF。

72.《私立中法大学毕业生资送留学章程》(民国二十五年十月十日公布),北京市档案馆藏北京中法大学档案,J026-001-00335-A_P14.TIF。

73. 同上。

74.《留美官费生之呼吁》,《留日官费生之乞援》,载《教育杂志》第17卷第6号,1925年6月20日,第13—14页。据张知本回忆,湖北省官费留学生,有十多年未曾领到官费,生活艰苦。见《辛亥革命及国民党的分裂——国民党湖北省主席口述历史》,九州出版社2011年10月第1版,第85页。

75.《国外留学规则》,教育部1947年4月公布,第二条第三款。

76.《湖北省教育厅派遣公费留学规定》,1928年;《修正湖北省政府教育厅选派公费留学生章程》,1931年12月,第2条、第3条。

77.《江苏省教育厅选补留学欧美津贴生暂行办法》第1条。

78. 江西省政府教育厅,留学经费卷,江西省档案馆档案号J046-01-00380。

79. 载湖北省教育厅自费留法生吕渭案,湖北省档案馆,档号LS10-2-420。

80. 吕渭1938年3月6日签收的"留学生奖学金收据",见湖北省教育厅自费留法生吕渭案,湖北省档案馆,档号LS10-2-420。

81. 刘真:《留学教育——中国留学教育史料》,第1809页。

82.《清华大学的前身——清华学校》,载《文史资料选辑》第71辑,中华书局1980年版,第188页。

83. 刘克俊亲笔自传,龚汝富教授提供。

84. 见杨兆龙1946年2月19日致庞德函,载《杨兆龙文集》,复旦大学出版社2018年7月第1版,第536页。

85. 见庞德1946年3月9日复杨兆龙函,载《杨兆龙文集》,复旦大学出版社2018年7月第1版,第537页。

86. 实际上,将Roscoe Pound的英文姓名翻译为"庞德"并非始于1946年。早在1935年8月21日出版的《法令周刊》第268期"法讯"栏目就刊登了一则消息"庞德博士抵沪",并称庞德为"驰誉世界之法学名家"、"近代社会法理学之健将"、"二十世纪法学界之泰斗";1937年2月24日,庞德应邀到东吴法学院演讲,其英文演讲被陈晓翻译成中文《法律不灭论》并刊登在东吴《法学杂志》第 10 卷第 1 期第 109—113 页(1947 年 4 月出版),陈晓在该篇译文中也使用了"庞德"这一中文译名;同一期《法学杂志》第 77—79 页刊登了周碧钗翻译的一篇文章《法学家庞德的思想和工作》;在 1937 年 3 月 10 日的《图书展望》第 2 卷第 5 期中也刊登了一则消息,题目为"美著名法学家庞德氏来华讲学"(见该期第 91 页)。

87. 端木正:《沉痛悼念苏珊·巴丝蒂教授》,原载《中国国际法年刊》1995 年,转载自《端木正文萃》,中山大学出版社 2000 年第 1 版,第 53 页。

88.《王铁崖自述》,载高增德、丁东编:《世纪学人自述》第四卷,北京十月文艺出版社 2000 年 1 月第 1 版,第 421 页。

第九章　近代留洋法学博士的结局

经笔者查证，1949年前去世的留洋法学博士有20余人，他们是：严锦镕、梅华铨、董维键、康时敏、黄开宗、陆鼎揆、马景行、卢鸿堉、缪中一、张嘉惠、严鹤龄、马润卿、杨光泩、娄学熙、阎一士、姜荣章、郑文礼、黄俊杰、伊光仪、童蒙圣、胡养蒙、周纬、马德润、赓德祥、汤瑞海、叶清耀。他们大多因病去世，杨光泩惨遭日军杀害，缪中一因杀人罪而被处死。

近代留洋法学博士这一团体，在1949年之前，基本上聚集于中国，只有极少数留居国外。1949年，中华人民共和国中央人民政府成立，在此前后，近代留洋法学博士团体一分为三：一部分留在大陆，一部分去往台湾，一部分最终选择去往外国或者香港。

第一节　留在大陆的近代留洋法学博士

表9.1　1949年后留在大陆的留洋法学博士一览

序号	姓　名	博士学位年代及学校	简　　况
1	周泽春	1909年柏林大学	国际贸易促进委员会编译员、研究委员
2	冯熙运	1912年芝加哥大学	1951年病逝
3	刁敏谦	1916年伦敦大学	圣约翰大学政治系教授；“文化大革命”期间被迫害致死
4	张国辉	1917年芝加哥大学	1950年后任松江省人民法院审判员、东北人民政府司法部宣传调查员、福州大学历史系教授、福建省高级人民法院审判员、福建邵武县政协委员；“文化大革命”开始后被打成“资产阶级反动学术权威”
5	梁仁杰	1920年巴黎大学	1950年任最高人民法院华东分院审判员；1958年以反革命罪被处死

（续表）

序号	姓　名	博士学位年代及学校	简　　况
6	周鲠生	1920 年巴黎大学	外交部顾问，中国人民外交学会副会长。第一至第三届全国人大代表
7	燕树棠	1921 年耶鲁大学	湖北省政协委员，武汉大学法律系教授
8	何世桢	1922 年密歇根大学	1968 年在"文化大革命"中被拘留审查，1972 年被假释
9	何世枚	1922 年密歇根大学	1950 年迁居苏州，1951 年被捕判刑三年，1954 年释放，迁居扬州
10	徐恭典	1921 年西北大学	回浙江常山天马镇旧居
11	廖尚果	1922 年汉堡大学	复旦大学（外文系德语组）教授，南京大学外语系教授
12	孙浩煊	1923 年芝加哥大学	北京外贸学院教授
13	吴凯声	1925 年里昂大学	1955 年因历史问题被送上海郊区大丰农场，1957 年保外就医；1964 年任教于上海外国语职业学校，1979 年被聘为上海社科院法学研究所特邀研究员，华东师大历史系外史室教授、顾问；1982 年被聘为上海市文史研究馆馆员（民革党员）
14	姚永励	1926 年芝加哥大学	外交学院教授，华东师范大学外语系兼任教师
15	乔万选	1926 年哥伦比亚大学、芝加哥大学	重庆南泉新闻专科学校教授
16	盛振为	1926 年西北大学	在"镇反"运动中被捕，被打成"反革命"；1982 年被聘为华东政法学院顾问
17	李中道	1926 年西北大学	上海市文史研究馆馆员；中华基督教卫理公会会计及房地产管理工作
18	叶茀康	1927 年纽约大学	上海市第一届政协委员
19	何学骥	1926 年巴黎大学	广州市文史研究馆馆员
20	刘之谋	1926 年鲁文大学	上海第二医学院
21	魏文翰	1927 年芝加哥大学	上海海运学院海商法教授，后去美国
22	涂允檀	1927 年伊利诺伊大学	外交部顾问，第二、三届政协全国委员会委员；1964 年以"历史反革命罪行"被捕
23	翟俊千	1927 年里昂大学	上海市人民银行高级经济计划员，曾任苏州市政协委员、民革上海市委委员、上海市黄浦区政协委员。上海市文史研究馆名誉馆员
24	徐砥平	1927 年格勒诺布尔大学	1949 年后任上海中华工商专科学校教师、上海外语学院教师；反右时被定为"右派"，后被判处管制
25	刘克俊	1927 年慕尼黑大学	湖南师范学院图书馆馆长
26	梅汝璈	1928 年芝加哥大学	外交部法律顾问，全国人大代表、人大常委会法案委员会委员，第三、四届政协委员

（续表）

序号	姓　名	博士学位年代及学校	简　　况
27	倪征燠	1929年斯坦福大学	同济大学图书馆主任，外交部法律顾问，联合国国际法委员会委员，联合国国际法院法官
28	赵之远	1929年西北大学	南京大学法律系主任，南京师范学院图书馆馆长
29	孙晓楼	1929年西北大学	复旦大学图书馆及法律系
30	徐辅德	1929年巴黎大学	1949年后任上海公私合营银行联合董事会研究室研究员，中国人民银行上海市分行办公室研究组成员
31	宋国枢	1929年巴黎大学	北京外国语学院法语系教授，负责《毛泽东选集》(1—4卷)法译本定稿工作
32	杨柳风	1929年巴黎大学	1951年参与上海图书馆筹建工作，1960年调任上海图书馆徐家汇藏书楼主任；"文化大革命"中遭迫害自尽
33	朱文源	1925年布鲁塞尔大学	北京国际关系学院法语教授
34	何炳棣	1930年西北大学	中南政法学院民法教研室
35	郭威白	1930年纽约大学	广州华侨大学法学院院长、法商学院教授、中山大学教授；"文化大革命"中受到冲击，1968年去世
36	陈耀东	1931年巴黎大学	中国人民银行计划处研究室
37	凌其翰	1931年布鲁塞尔大学	外交部专门委员，民革中央常委会顾问。第二至四届全国政协委员、第五至七届全国政协常委
38	孔庆宗	1931年布鲁塞尔大学	西南财经委员会计划研究室边疆组组长，1957年调四川省政协(政协委员)
39	卢　峻	1932年哈佛大学	复旦大学、东吴大学、华东政法学院、上海社会科学院法学研究所教授，九三学社社员
40	罗时济	1932年南锡大学	1949年到重庆市人民法院，后任教于西南政法学院、西南民族学院、青海民族学院、青海师范学院
41	顾维熊	1932年南锡大学	上海学院、上海财经学院、上海社会科学院政法研究所、华东政法学院、复旦大学教授
42	孙玺凤	1932年巴黎大学	华北人民政府参议，司法部办公厅主任、国务院法制委员会办公厅主任
43	陈朝壁	1932年鲁文大学	厦门大学中文系教授，法律系副主任
44	邵文纯	1932年莱比锡大学	在中国人民银行、国际贸易促进会等部门工作
45	张大同	1933年美国西北大学	山东会计专科学校、山东财经学院、复旦大学经济学教授
46	张企泰	1933年巴黎大学	光华大学教授，震旦大学教授，复旦大学教授，九三学社社员
47	谷兆芬	1933年南锡大学	民革党员，山东省政府参事

（续表）

序号	姓　名	博士学位年代及学校	简　　况
48	龙大均	1933 年巴黎大学	1950 年后在华东革命大学学习，长春商业专门学校任教。1952 年在沈阳东北财经学院任教；1955 年、1957 年两度入狱，1979 年平反。
49	孟鞠如	1933 年格勒诺布尔大学	中国人民保卫世界和平委员会编译室主任，全国政协委员，外交学院教授；反右时被划为“右派”，“文化大革命”中被定为“资产阶级反动学术权威”
50	张明时	1933 年布鲁塞尔大学	安徽大学（芜湖）法律系、历史系教授
51	曾　勉	1932 年瑞士弗莱堡大学	1951 年以反革命罪被镇压
52	龚　钺	1934 年格勒诺布尔大学	江苏省政协委员，江苏省法学会副会长
53	周　枏	1934 年鲁文大学法学博士	安徽大学法学院教授
54	杨兆龙	1935 年哈佛大学	南京大学法学院教授，东吴大学法学院院长。1952 年被调至复旦大学外语系教俄语。1956 年调任复旦大学法律系刑法教研室教授；反右时被划为“右派”，后以“现行反革命”被捕入狱，关押八年后以“历史反革命及叛国投敌罪”被判处无期徒刑。1975 年特赦
55	祝修爵	1935 年里昂大学	南京工学院图书馆副馆长
56	严可为	1935 年南锡大学	江苏省人民政府参事
57	宋玉生	1935 年鲁文大学	西南政法学院教授，1957 年到四川外语学院法语系任教
58	徐　铸	1935 年鲁文大学	湖南大学法律系主任，后任中南政法学院教授
59	蒋固节	1935 年鲁文大学	湖南大学教授
60	林钦辰	1936 年纽约大学	不详
61	何海晏	1936 年纽约大学	大同大学、上海财经学院、华东政法学院、上海社会科学院教授
62	吴清葵	1936 年纽约大学	定居上海
63	余茂功	1936 年纽约大学	湖北交通银行分行副理，中国人民建设银行湖北省分行副行长
64	施宏勋	1936 年南锡大学	浙江民盟
65	吴求胜	1936 年图卢兹大学	广西大学法商学院政治系主任
66	邵循恪	1937 年芝加哥大学	1952 年从清华大学政治系调入北京政法学院
67	陈绍源	1937 年第戎大学	沙县各界人民代表会议代表；因历史问题被管制，1955 去世

(续表)

序号	姓 名	博士学位年代及学校	简 况
68	赵俊欣	1937 年巴黎大学	南京大学外语系法国语言文学教授
69	梁传愈	1938 年西北大学	上海财经学院、江西大学任教
70	丘日庆	1938 年印第安纳大学	1949 年 6 月任复旦大学法律系教授，兼任国际法教学小组组长。1958 年调上海社会科学院国际问题研究所，1979 年转上海社会科学院法学研究所国际法研究室
71	吴克诚	1938 年南锡大学	1952 年被土改队错杀，1983 年平反
72	卢俊恺	1938 年卡昂大学	中山大学政治学系主任，中南政法学院教授
73	叶叔良	1938 年巴黎大学	重庆财经学院法律系教授兼系主任，西南政法学院教授，香港树仁学院教授
74	陆炳熊	1938 年鲁文大学	东北商专(东北财经学院)，中南财经学院
75	萧金芳	1938 年布鲁塞尔大学	上海文史研究馆馆员(民革党员)，上海外国语学院青年教师进修班教师，上海科技大学外语进修部法语教授
76	张仲绛	1938 年马堡大学	广东省政协第四届委员会委员，广东省第六届人大常委会法制委员会委员，中山大学教授
77	陈芳芝	1939 年美国布林茅尔学院	1952 年从燕京大学调入北京政法学院，后又调至北京大学历史系
78	沈达明	1939 年巴黎大学	北京对外贸易学院教授
79	饶蕃华	1939 年波尔多大学	湖北省政府文史研究馆馆员
80	于振鹏	1940 年里昂大学	民盟成员，区人大代表，北京政法学院图书馆主任；1957 年被划为“右派”
81	漆竹生	1940 年巴黎大学	厦门大学法律系、外文系教授，上海外国语学院教授
82	郑兆璜	1941 年巴黎大学	上海外国语学院、解放军外语学院、华东政法学院教授
83	马志振	1941 年巴黎大学	东北人民大学法律系、图书馆；1969 年到农村插队落户
84	李士彤	1941 年柏林大学	北京外国语学院教授
85	赵崇汉	1942 年里昂大学	西南政法学院教授
86	陈荣生	1943 年里昂大学	瑞士驻华大使馆工作，中国社会科学院研究生院教授
87	赵理海	1944 年哈佛大学	1996 年当选为国际海洋法法庭法官，南京大学法学院、历史系教授，北京大学法律学系教授；“文化大革命”期间下放到江西五·七干校
88	林汉长	1944 年里昂大学	在基督教青年会和华侨委员会工作，曾任香港《大公报》英文主编

（续表）

序号	姓　名	博士学位年代及学校	简　　况
89	魏登临	1944年里昂大学	外交学院教授
90	吴恭恒	1947年里昂大学	九三学社成员，在华南热带作物科学研究院工作
91	张以藩	1948年耶鲁大学	湖南省基督教三自爱国会副主席，长沙市政协委员、湖南省政协委员、省人民代表；反右运动开始后受到批判，投水自尽
92	陈体强	1949年牛津大学	1950年任中国人民外交学会编译委员会副主任。1956年起先后在中国科学院国际关系研究所、国际法研究所、国际问题研究所工作。1981年任外交学院教授；反右运动中被定为“右派”
93	王毓骅	1949年印第安纳大学	南京市第四中学任教，1981年到南京大学法律系任教，曾任江苏省法学会副会长；“文化大革命”期间曾在街道副食门市部工作
94	居同匮	1949年印第安纳大学	曾下放宁夏，“文化大革命”期间在上海街道劳动服务队工作，“文化大革命”后从事律师业务
95	郁去非	1949年印第安纳大学	安徽财贸学院英语语言文学副教授
96	李祖燕	1949年印第安纳大学	从上海市印刷二厂退休
97	唐祖培	1950年巴黎大学	北京外国语学院
98	端木正	1950年巴黎大学	岭南大学、中山大学历史系教授，中山大学法律系主任。香港特别行政区基本法起草委员会委员，广东省第七届人大常委会副主任，最高人民法院副院长。反右时期被划为右派，“文化大革命”期间被打成“牛鬼蛇神”、“反动学术权威”
99	徐肇庆	1950年瑞士纳莎泰尔大学	上海社会科学院历史研究所
100	朱奇武	1950年牛津大学	北京大学讲师，后调到北京政法学院。1972年调安徽农学院任副教授，讲授英语。1982年任北京政法学院副院长；“文化大革命”期间下放干校劳动

资料来源：本书第一章至第七章。

第二节　去往台湾的近代留洋法学博士

表9.2　1949年后去往台湾的留洋法学博士一览

序号	姓　名	博士年份及学校	去台后情况简介
1	王宠惠	1905年耶鲁大学	司法部门任职，东吴大学董事会董事长
2	顾维钧	1912年哥伦比亚大学	1957—1967年海牙国际法院法官

（续表）

序号	姓　名	博士年份及学校	去台后情况简介
3	张肇元	1919 年芝加哥大学	
4	王世杰	1920 年巴黎大学	台北“中央研究院”院长
5	何孝元	1920 年芝加哥大学	台湾省立地方行政专科学校教授、法商学院系主任，中兴大学系主任
6	朱文黼	1921 年日内瓦大学	台湾省民政厅长
7	陈霆锐	1921 年密歇根大学	律师；东吴大学法学院院长
8	夏晋麟	1922 年爱丁堡大学	从政
9	许念曾	1923 年巴黎大学	政府顾问
10	谢冠生	1924 年巴黎大学	司法部门
11	谢瀛洲	1924 年巴黎大学	从政；兼任台湾大学、东吴大学、政治大学教授
12	石超庸	1925 年耶鲁大学	东吴大学法学院院长，东吴大学校长
13	刘师舜	1925 年哥伦比亚大学	海外任职；当局顾问；后定居美国
14	伍守恭	1925 年芝加哥大学	律师
15	魏道明	1925 年巴黎大学	从政
16	富刚侯	1926 年西北大学	律师
17	端木恺	1927 年纽约大学	当局幕僚机构顾问；律师；东吴大学校长
18	于焌吉	1927 年哥伦比亚大学	海外工作
19	王化成	1927 年芝加哥大学	海外工作
20	杜元载	1928 年西北大学	国民党中央党史委员会主任委员；师范大学校长
21	丘汉平	1929 年美国国家大学	从政；东吴补习学校校长
22	张忠道	1929 年巴黎大学	从政
23	董凤鸣	1930 年西北大学	先去台湾，后定居美国
24	梁鋆立	1930 年美国国家大学	联合国国际法典司司长；东吴大学法律研究所所长、《东吴法律学报》总编辑
25	吴瀚涛	1930 年伊利诺伊大学	当局幕僚机构参事；东吴大学教授
26	查良鉴	1931 年密歇根大学	司法部门、司法行政部门负责人；台湾大学教授，中国文化大学法学院院长、东吴大学法律系主任，创办东海大学法律系
27	钱剑秋	1930 年西北大学	司法行政部门工作，国民党中央妇女工作会主任
28	张鼎昌	1930 年巴黎大学	花莲中学校长，高雄海事专校教授
29	章任堪	1931 年哈佛大学	海外任职；律师

（续表）

序号	姓　名	博士年份及学校	去台后情况简介
30	周蜀云	1931年南锡大学	从政
31	翟　楚	1932年西北大学	教育部门研究员，台湾大学法学、哲学教授；1966年起任纽约社会研究新学院亚洲研究教授
32	雷崧生	1934年巴黎大学	台湾大学教授，政治学系主任、代理法学院院长；1980年后定居美国
33	徐汉豪	1931年南锡大学	从政
34	吕　光	1932年德宝大学	政府顾问；美国南美以美大学法学院教授，美国西北大学法学院客座教授
35	张庆桢	1930年西北大学	“国防研究院”政治研究所所长、政治大学教授，中国文化学院法律学门主任
36	徐直民	1932年鲁文大学	政治大学教授，台北市法商学院教授
37	汪孝熙	1932年日内瓦大学	从政
38	陈恩成	1934年西南大学	英文《中美月刊》、《今日中国月刊》主编
39	张彝鼎	1933年哥伦比亚大学	从政；政治大学教授、法律系主任、法律研究所所长，中国国际法学会理事长
40	黄廷英	1933年约翰斯·霍普金斯大学	从政；加拿大联邦政府图书馆主任，利比里亚大学政治学教授、加拿大卡技术利大学客座教授
41	胡崔淑言	1933年巴黎大学	从政
42	林崇墉	1933年巴黎大学	中国文化大学教授、经济系主任
43	姚定尘	1933年格勒诺布尔大学	海外部门任职
44	李肇伟	1934年第戎大学	中兴大学法商学院教授
45	李子欣	1935年纽约大学	东吴大学法学教授，政治大学教授、西语系主任
46	胡毓杰	1935年纽约大学	律师
47	程　琇	1935年南锡大学	
48	李悦义	1935年第戎大学	从政
49	吴宗文	1935年拉郎德大学	在天主教台北总主教区主教团任职
50	马君硕	1936年纽约大学	律师
51	张为资	1936年纽约大学	从政
52	何任清	1936年图卢兹大学	嘉义地方法院推事、庭长、台湾高等法院推事；兼任东吴大学法学教授、政治大学法律学系教授、辅仁大学教授
53	张隆延	1936年南锡大学	国民党中央委员会设计考核委员会委员，教育部门任职；艺术专科学校校长，中国文化学院研究所艺术学门教授兼主任；纽约圣约翰大学（亚洲研究所）客座教授

（续表）

序号	姓　名	博士年份及学校	去台后情况简介
54	王伯琦	1936 年巴黎大学	司法行政部门任职；台湾大学法律系教授，兼任东吴大学院教授
55	黄正铭	1936 年伦敦大学	司法部门任职；台湾大学法学院政治学系教授，兼任政治大学政治研究所教授
56	王季征	1936 年布鲁塞尔大学	海外任职；中国文化学院华冈教授
57	李潮年	1937 年纽约大学	台湾理律律师事务所创始人
58	徐　基	1937 年南锡大学	在台情况不详
59	洪应灶	1938 年印第安纳大学	司法部门任职；台湾大学法学教授兼法律系主任
60	俞叔平	维也纳大学	司法行政部门任职；律师，兼台湾大学法律研究所教授；中国文化学院教授兼德文系主任
61	谭明德	1939 年纽约大学	在台情况不详
62	金世鼎	1940 年巴黎大学	司法部门任职；辅仁大学法律系主任
63	袁世斌	1940 年巴黎大学	台湾大学教授
64	廖德珍	1941 年巴黎大学	海外任职
65	陈雄飞	1941 年巴黎大学	海外任职；国民党中央评议委员
66	龚叔英	1942 年巴黎大学	中华科学协进会驻法筹备员
67	桂宗尧	1945 年伯尔尼大学	从政；中国文化大学教授
68	张乃维	1948 年哈佛大学	从事新闻、教育、外交工作；淡江英语专科学校教授，台湾大学法学院教授，政治大学外交研究所教授兼所长，中兴大学教授兼训导长，中国文化学院华冈教授
69	严　道	1948 年印第安纳大学	在台湾经商
70	王以德	1949 年耶鲁大学	东吴大学法律学研究所所长；长期在加拿大工作
71	芮正皋	1950 年巴黎大学	从政；淡江大学欧洲研究所所长
72	韩健夫	1950 年巴黎大学	海外任职
73	廖仲琴	1950 年巴黎大学	从政；国际关系研究所主任秘书，淡江文理学院法国文学系教授
74	姚淇清	1950 年耶鲁大学	教育部门任职；台湾大学法学院教授、法学院院长

资料来源：本书第一章至第七章。

第三节　定居欧美等地的近代留洋法学博士

时局动荡之际，有些人既不留在大陆，也不去往台湾，而是远走欧美等国,或者寄身于相对平静的香港。

表 9.3 1949 年后定居欧美等国(以及香港、澳门地区)的留洋法学博士一览

序号	姓　名	博士学位年代及学校	定居国家/地区
1	梅华铨	1914 年纽约大学	定居美国
2	钱　泰	1914 年巴黎大学	赴美定居,后到奥地利维也纳
3	郑天锡	1916 年伦敦大学	定居英国
4	钱树芬	1916 年芝加哥大学	移居香港
5	陈长乐	1917 年芝加哥大学	定居新加坡
6	黄宗法	1917 年纽约大学	定居香港
7	戴恩赛	1918 年哥伦比亚大学	定居澳门
8	胡世泽	1918 年巴黎大学	在联合国工作,曾任联合国副秘书长
9	吴经熊	1921 年密歇根大学	美国夏威夷大学、新泽文化学院
10	赵　冰	1921 年伦敦大学	在香港从事律师业务,参与创办新亚书院,后任香港中文大学董事长
11	陈和铣	1921 年巴黎大学	定居美国
12	蒋保厘	1923 年密歇根大学	定居澳大利亚
13	何葆仁	1925 年伊利诺伊大学	在新加坡经商
14	郑毓秀	1925 年巴黎大学	定居美国、巴西
15	高君湘	1926 年美国底特律大学	定居香港
16	萧祖用	1927 年芝加哥大学	先去香港,1957 年定居美国
17	傅文楷	1929 年美国国家大学	曾定居马来西亚,曾任新加坡南洋大学商学院院长
18	黄应荣	1929 年美国国家大学	定居新加坡,新加坡南洋大学经政系教授兼系主任、南洋大学副校长兼代理校长
19	黄公觉	1929 年美国纽约大学	定居香港,广侨书院教授
20	洪士豪	1930 年德宝大学	定居香港,从事律师业务
21	徐道邻	1931 年柏林大学	台湾大学、东海大学教授;1962 年夏赴美国讲学,后任教于西雅图华盛顿大学
22	吴本中	1932 年波尔多大学	定居法国,在大学任教
23	潘乃尉	1926 年里昂大学	定居香港
24	姚启胤	1930 年密歇根大学	东吴大学英美法教授;律师;后去美国任教
25	杨凛知	1930 年德宝大学	定居美国
26	王镜澄	1932 年约翰斯·霍普金斯大学	定居美国
27	查　修	1933 年伊利诺伊大学	任联合国秘书处秘书

（续表）

序号	姓　名	博士学位年代及学校	定居国家/地区
28	陈延进	1934 年里昂大学	先到香港，后到新加坡、马来西亚，在当地中学从事教育工作
29	徐复云	1935 年里昂大学	任职于联合国开发计划署等部门
30	杨德恩	1935 年纽约大学	在美国肯塔基州的 Berea College 任经济学和商业学教授
31	梁敬钊	1935 年纽约大学	移居香港，曾在中文大学（及其前身香港崇基书院）任教，后到美国圣约翰大学亚洲研究中心任教
32	钱清廉	1936 年伦敦大学	定居香港，任香港政府华人教育处副处长，退休后任香港三间大学教授，后移居加拿大
33	钱乃文	1937 年芝加哥大学	移居美国
34	谢天锡	1937 年哈佛大学	定居香港
35	朱光沐	1938 年巴黎大学	移居香港
36	王世熊	1939 年纽约大学	定居新加坡
37	董　霖	1939 年伊利诺伊大学	台湾从政，1950 年辞去公职，先后担任美国圣若望大学政治系主任及纽约市立大学国际法教授
38	钱锦章	1940 年美国新奥尔良洛约拉大学	定居美国
39	陈嘉祐	1940 年印第安纳大学	定居美国
40	伍汉民	1940 年印第安纳大学	定居美国
41	胡百全	1940 年伦敦大学	在香港从事律师业务，创立胡百全律师事务所，香港立法局非官守议员，香港律师公会会长
42	陈汝舟	1940 年巴黎大学	移居香港，从事教育工作，后移居美国
43	曾如柏	1940 年马堡大学	香港中文大学联合书院教务长
44	安裕琨	1940 年柏林大学	定居美国，任教于毕省普学院
45	陈耀庭	1940 年耶拿大学	抗战胜利后任驻日代表团法律专门委员，后留居日本经商
46	陈世材	1941 年哈佛大学	移居美国，在纽约创办中国美术品公司，任美国康涅狄克州州立中央大学教授
47	程修龄	1942 年纽约大学	定居美国
48	韦文起	1942 年芝加哥大学	定居美国
49	吕怀君	1943 年渥太华大学	定居新加坡
50	苏汝松	1944 年印第安纳大学	定居香港
51	潘维东	1944 年美国天主教大学	美国马里伍德学院国际关系教师，后在纽约从事律师职业
52	陈育凤	1944 年柏林大学	留居德国

（续表）

序号	姓　名	博士学位年代及学校	定居国家/地区
53	陈之禄	1945年罗马拉德朗大学	定居美国
54	史景成	1946年芝加哥大学	定居加拿大
55	张国和	1949年芝加哥大学	在联合国工作
56	吴强华	1949年加州大学柏克莱	定居美国，在富勒顿学院任教
57	张勋洋	1949年哥廷根大学	旅居德国
58	郑　斌	1950年伦敦大学	定居英国，伦敦大学教授

资料来源：本书第一章至第七章。

从人数上看，留在大陆的留洋法学博士人数与出走的留洋法学博士人数基本持平。相比第一届“中央研究院”院士（很多人具有留洋博士身份）的去留比例，可以发现，近代留洋法学博士在1949年前后出走的比例很高。

以1949年当年的身份分析，留在大陆的法学博士以学者身份居多，官员身份较少，且晚期留学生较多。而1949年去台博士则以官员身份居多，纯粹的法学学者较少，且早期留学生较多。在去台法学博士官员之中，以外交官为最多，其次是司法官。去台法学博士中少部分是资深律师。

第四节　历史环境对于近代留洋法学博士的影响

近代留洋法学博士对于中国法律和社会的贡献并不仅仅局限于近代时期，其影响一直深入到21世纪。然而不容否认的是，由于种种原因，近代留洋法学博士并没有最大程度地发挥他们的作用。

一部分留洋法学博士在抗日战争期间为汪伪政府或伪满政府做事。例如：

乔万选，留美法学博士，历任汪伪司法行政部常务次长，汪伪中央法制专门委员会副主任委员，汪伪国民政府政务参赞，汪伪司法行政部撤废治外法权事务局局长，汪伪政府特别法庭庭长。[1]

王震生，留美法学博士，曾任汪伪政府立法院立法委员兼法官，汪伪安徽省国民党党部主任委员，汪伪湘鄂赣财政特派员。[2]

郭怀璞，留美法学博士，汪伪政府无锡地方法院院长。[3]

周纬，留瑞法学博士，汪伪政府立法院立法委员，汪伪政府立法院军事委员会委员长。[4]

吴凯声，留法法学博士，1940年被任命为汪伪考选委员会副委员长，宪政实施委员会委员，1943年任汪伪外交部次长，汪伪中央政治委员会最高国防会议副秘书长。1945年任汪伪撤废各国在华治外法权委员会委员兼秘书长。[5]

张鑫长，留美法律博士，加入汪伪政权，任萧山县、富阳县、吴江县县长，[6]汪伪江苏高等法院推事。[7]

赵欣伯，留日法学博士，"九·一八事变"后，参与成立"奉天自治维持会"等，任奉天市长、伪满洲国立法院长、伪华北政务委员会法律顾问。[8]

这些汪伪、伪满等处的留洋法学博士，有些是主动参加，有些是被动参加，有些是消极敷衍。

1949年以后，近代留洋法学博士历经坎坷，很多人被迫远离法律界、法学界。留洋法学博士被视为旧法人物，连同他们参与制订的《六法全书》一同被打入冷宫。"旧法学家所制订的反动法律，是完全欺骗和敌视中国人民的。"[9]原来在法学院教书的教授们，纷纷被扫地出门。他们的留洋身份、博士头衔不仅无济于事，反而成了沉重的包袱，甚至成了原罪。在新成立的几所政法学院里几乎见不到他们的身影。以华东政法学院为例，这所由东吴大学、南京大学、复旦大学、厦门大学、圣约翰大学、震旦大学、沪江大学、上海学院、安徽大学共九所院校的法律系、政治系、社会系组成的政法学院，在1952年成立之时，没有录用任何一名前东吴法学院的教授。当时的理由是："在政法教育的改革中，把原来在旧大学任教的教授调整一下，让他们有一个改造的过程也是非常必要的，因为伪'六法全书'被废除了，他们熟悉的一套不适用了，新的知识尚未掌握，如何能够胜任新的教学工作呢?"[10]反右期间担任华东政法学院院长的雷经天宣称：

> 在马列主义法学的教学岗位，正如其它法律工作的岗位一样，对于旧法学者来说，只是改造和学习的问题，是视具体情况而适当安排工作的问题。"归队"的说法是错误的，旧职位跟着旧制度一同被革命的洪流所摧毁，他们是无队可归的。[11]

华东政法学院首任院长魏文伯也有类似的观点：

> 我忠告在场学过旧法的朋友们，必须一心一意学习马列主义国家观点、法律观，下定决心改造自己，站在工人阶级这方面来，成为工人阶级的知识分子。不要把自己的位置摆错了，不要不服气。如果总是坚持旧法观点而无革故鼎新之意，则旧思想就无法改造，新旧法界限就无力分清。任何人思想的发展如果落后于形势而不前进，其结果必然被抛在历史车轮后面。[12]

1954年初以青年教师身份调到华东政法学院任教的王召棠回忆："合并的九校中，原有的老教师只不过四五人，他们有的分配去图书馆工作，有的去教语文课。"[13]"所谓'合并'，其实是对那时还未毕业的在校生合并，教师是个别吸收。"[14]"当时的学校的一个特点是：基本上都是像我们这样的刚毕业的年轻人当老师，民国时候上海法律界比较有名的人，如孙晓楼是从复旦过来的，还有向哲浚、卢峻他们，但他们都是旧法分子，不能去教课的，而且不敢随便说他们的观点，一说就被认为是旧法观点。"[15]

熊先觉称，1952年初，全国人民法院共有干部两万八千余名，其中旧司法人员约六千名。在1952年进行的司法改造运动中，"把旧司法人员全部清洗掉了。法学老教授也一个不准讲课。1949年成立了由沈钧儒任院长的中国新法学研究院，把解放前的著名教授、高级司法人员集中起来学习，所谓'划清新旧法律界限'，可回去后就改行或失业甚至坐牢了。"[16]复旦大学法律系1954年重建后，虽然调入留美法学博士杨兆龙、卢峻、丘日庆以及其他具有留洋身份的张汇文、向哲浚、陈文彬、张企泰等老教授，但据时任复旦大学法律系党总支书记杨峰回忆："当时是不允许他们给学生上法律课的。我们就组织他们同年轻教师座谈，或在教研组会议上介绍法律知识，有的给教师教外语。"[17]

里昂大学法学博士祝修爵曾任国立中央大学法律系教授，他曾直言：

> 1952年院系调整时政府对法学院的处置是最粗暴的。当时南大的领导上告诉我们说是把我们并到上海华东政法学院去的。有人在南京住了二十多年，不愿意离开南京，领导上还特地来说服动员，于是大家表示服从分配。可是过了很久不见动静，我们就派代表去问，领导上说："你们还在等呀。"当时，刚刚思想改造结束，大家不敢

讲话。领导上不是用说服的办法讲道理，而是用力量压制。这真是我一生以来精神上最大的打击，最耻辱最痛苦的事！[18]

东吴法学院院长杨兆龙，本来要去担任华东政法学院研究部主任，最终没能实现，赋闲在家，肃反运动时遭到不公正的对待，直到 1954 年才调往复旦大学教俄语。1956 年虽然调往法律系，但是基本上没能开课。[19] 一代法学家竟无用武之地。“院系调整时本人不敢来复旦，以为复旦马列主义水平高。现在看来，这不是马列主义，而是教条主义。复旦的教条主义很严重，过去我在的外文系严重，现在我在的法律系更严重。”“法律系就是本校办得最坏的系，是公安机关、法院的作风。”[20] 其实杨兆龙与复旦大学法律系本不陌生，早在抗战时期杨兆龙即在西迁重庆的复旦大学兼职讲授法律课程。抗战胜利后，杨兆龙因为公务缠身才被迫辞去在复旦法律系的兼职，并推荐同为哈佛法学博士的章任堪继任。在给时任复旦大学法学院院长张志让的信中，杨兆龙直抒胸臆：“弟对于教课极感兴趣，且引以为终身职业。此次实出于不得已。将来如有机会，当继续效力，以补不足。”[21] 十年过后，当杨兆龙再次来到复旦法律系准备履行前诺之时，落花有意，流水无情，他不仅无法正式教课，反而在反右运动时首当其冲地成为上海政法界的大“右派”。因为杨兆龙的“右派”身份，某些医生竟然拒绝为其看病。[22] 杨兆龙在哈佛大学的留学经历及其与庞德的关系更成为别人恶意攻击的借口：

> 杨兆龙曾在美国哈佛大学读书，美国最反动的社会法学派的鼻祖庞德就是他的老师。杨兆龙承受了庞德的衣钵，回国以后曾大力宣传这个反动学说，推荐庞德来华充任伪司法行政部的顾问。当庞德在华充任司法调查团团长时，杨兆龙就是以副团长的身份随从充当翻译。杨兆龙不仅是在资产阶级的温床中培植起来的一支毒草，同时也是吸着法西斯的奶长大的。[23]

遗憾的是，有些批杨分子本身也有留洋法科背景，甚至也是留洋博士。[24] 杨兆龙 1963 年被捕入狱，1975 年才特赦出狱，1979 年离开人世。[25]

上海市高级人民法院

刑事判决书

(79)沪高刑复字第2696号

杨兆龙，又名杨一飞，男，一九〇六年生，江苏省金坛县人，原系复旦大学教授，住本市四川北路二三四〇弄十八号。

杨兆龙一案，由中国人民解放军上海市公检法军事管制委员会于一九七一年六月二日以反革命罪判处无期徒刑，一九七五年特赦出狱，一九七九年四月病故。杨生前对原判不服，提出申诉。

经本院复查查明：杨兆龙原系旧司法人员，南京解放前夕，充任国民党最高法院检察署代检察长职务，曾接受我地下党的劝说，做了有益于中国人民革命的事。解放之后，将其历史问题向组织上交代，有关组织作过“不予处分”的结论。一九五七年被错划为右派，子女家属都受株连。杨为改善处境，谋求出路，曾托人设法送其子杨定亚出国求学。原判以历史反革命及叛国投敌罪判处无期徒刑，是错误的。是林彪“四人帮”极左路线破坏社会主义法制的结果，应予纠正平反。为此，本院特重新判决如下：

一、撤销中国人民解放军上海市公检法军事管制委员会(71)沪公军审刑字第117号判决；

·1·

二、对杨兆龙宣告无罪；

三、发还没收杨兆龙的财产。

上海市高级人民法院

一九七九年十二月　日

宣判日期

·2·

图 9.1　杨兆龙刑事判决书(平反判决书)

在镇反运动中，原东吴大学法学院院长、留美法律博士盛振为被捕入狱。

瑞士弗莱堡大学法学博士曾勉于1951年被处死。

1952年，南锡大学法学博士吴克诚被土改队错杀。

巴黎大学法学博士梁仁杰1957年以反革命罪被判处死刑，梁仁杰的上诉状竟成其临终遗言，鸟之将死，其鸣也哀：

> 犯一生廉谨自持，倍历艰阻。现年届古稀，形同风烛，伏乞……念其衰老，恕其既往，酌情减轻，宽免一死，则有生之日，皆戴德之年。心绪繁乱，语无伦次，并乞鉴原。[26]

耶鲁大学法学博士张以藩于1957年被打成"右派"，自杀身亡。

巴黎大学法学博士杨柳风曾任中国航空公司和中央航空公司顾问。1949年5月将两航公司遗留在上海的人员、器材、档案移交给上海军事管制委员会航空部。1949年7月，受上海市长陈毅委托，赴香港动员两航公司总经理刘敬宜起义。1951年参与上海图书馆筹建工作，1960年调任上海图书馆徐家汇藏书楼主任。"文化大革命"中遭迫害，投黄浦江自尽。[27]

南锡大学法学博士（经济学专业）吴希庸曾任北京铁道学院教授，"文化大革命"中被指控为"特务"，遭到批斗和毒打，1968年服毒自尽。[28]

上海持志大学创办人、校长何世桢（留美法律博士）在"文化大革命"中遭受迫害，1968年6月被捕，隔离审查，1972年病重于狱中，保释回家后，没几日即去世。其弟何世枚（同为留美法律博士，持志大学教务长），1951年即被捕判刑。

留法法学博士于振鹏在反右前夕说：

> 法律界一向的方针，是大力培养青年干部、老干部；根本没有提到过改造旧法教员，司法改革的结论是旧法人员都要不得，没有把政权机关和教育机关分别对待，好像过去教旧法，也成了一种罪过，其实，教育界教旧法，也不会发生夺取政权的问题。……我们教旧法的人，几年来，一直受人的卑视和歧视……好像罗马法中的奴隶，人格

减等一样。[29]

于振鹏 1957 年被划为“右派”。

南锡大学法学博士麦逢秋在“文化大革命”期间受到很大冲击：

> 红卫兵批斗麦逢秋是反革命时，他曾拿出一大堆马列著作和毛泽东选集，质问红卫兵有谁读完过？他的质问却遭到更猛烈的毒打。[30]

牛津大学法学博士陈体强晚年回忆：

> 1957 年后，格于形势，搁笔伏枥，坐视光阴流逝，报国无门。1979 年后国际法学重见光明，我亦振笔再起，写了文章若干篇，但已是强弩之末，力难从心……[31]

其实在 1957 年之前，陈体强曾经积极参与新中国的法制建设，并且直言不讳地提出了自己的建议。例如，他曾就 1954 年宪法草案发表了自己的意见，“当初宪法草案虽有一亿人讨论，但实际是学习，只修改了两条，而且也不重要，今后不应该等草案成熟才拿出来要大家讨论。”[32]但是这些热切的建议换来的却是无情的批判和上纲上线。陈体强在 1957 年时刚满 40 岁，正值学术生涯的黄金期，却被当头一棒，打成“极右分子”，受到不公正的批判和侮辱：

> 右派分子陈体强、王铁崖要我们恢复的正是这样的国际法学。他们大肆贬低无产阶级国际法学，而对资产阶级的国际法学却大加赞扬，并号召大家去学习资产阶级国际法学的著作……右派分子陈体强、王铁崖等对苏联在国际法学方面的成就大肆诋毁。他们说，西方国家研究国际法已有四百年的历史了，而苏联只有四十年的历史……他却十分狂妄自大，瞧不起这个，看不起那个，似乎只有他和王铁崖这两个右派分子才算得上个学者。事实证明，右派分子陈体强不是什么学者，而是披着学者外衣的政治野心家。[33]

重压之下，陈体强被迫做出违心的检查交代。[34]

中国近代较早获得英国法学博士学位的刁敏谦，长期在圣约翰大学讲授政治学和国际法，“文化大革命”中被迫害致死。[35]

美国西北大学法律博士徐恭典，1955 年从上海迁回浙江常山旧居，潜心学术，撰写民法著作，文稿却在“文化大革命”中被毁。[36]

留比博士孔庆宗曾于 1939—1945 年担任驻藏办事处处长，“文化大革命”期间，“历经半个世纪以来所搜集的点滴边史资料、见闻、日记等稿件荡然无存。国民党反动派逃亡台湾前妄图劫去而经保存下来的宝贵资料，却未能逃脱这场浩劫。”[37]

美国芝加哥大学法律博士、东京审判中国籍大法官梅汝璈，从 1962 年起就开始撰写远东国际军事法庭的著作，但是在“文化大革命”开始后不得不中断写作，原有书稿也被当作“罪证”没收，最后虽然以“作检查”、“自我批评”为由索回了书稿，但再也没有机会继续写作，只留下一部未写完的书稿。“怀着对‘文革’的深深的厌恶和疑虑，在抑郁中悄然辞世”，给后人留下了永远无法弥补的遗憾。[38]

法国巴黎大学法学博士、国际法学权威周鲠生也未能独善其身。1949 年以后，周鲠生离开武汉大学校长的位置，被调往外交部任法律顾问。他在晚年撰写了 60 万字的《国际法》，却“横遭批判，不让出版”[39]。直到他去世后才得以出版。他本来想继续撰写国际法中有关战争法的部分，由于“文化大革命”的干扰，未能完成，所收集的研究资料也被毁。[40]

巴黎大学法学博士端木正，“反右”期间被划为“右派”，“文化大革命”期间被打成“牛鬼蛇神”、“反动学术权威”。端木正回忆其当时的经历：

> 这期间所写文章不多，但出版翻译作品约百万言。原因有两个方面，客观方面是 50 年代以来各种运动接踵而至，动辄停课，甚至随时背起铺盖走出校门，二十七年中有一半时间未能安心教学和从事科研，在所谓“文化大革命”期间达到极点。主观方面是写作的热情不高，宁可从事翻译，不愿轻言写作。那个时期一有政治运动，只要发表过什么，就准定会上大字报，断章取义，无限上纲。[41]

留德法学博士刘克俊，1953年后到湖南师范学院图书馆工作。据认识他的人回忆：

他思想改造得不错，这至少表现在以下几个方面：一是他政治上要求进步，很听党的话，诚心诚意服从党的领导，重大事情都向党的支部请示汇报；二是历次政治运动，他都积极参加，自己的历史问题，也作了彻底交代，因此他历次运动都能顺利过关，既未被划为历史反革命，也没被戴上右派帽子；三是他工作很负责任。身为馆长，每天上班比别人早，下班比别人迟。虽年逾花甲，却不分天晴下雨，刮风下雪，天天准时上班不误。一般人总以为，干图书馆的工作，低人一等，是“屈才”、“大材小用”，但刘先生却不摆大教授的架子，收起“大法官”的牌子，老老实实地干着，没听见他发过牢骚，有过抱怨，硬是数十年如一日，直至最后一息。真可谓“鞠躬尽瘁，死而后已”。

我与刘先生没有共过事，不在一个单位工作。不知道他在历次政治运动中表现如何，是否受到过粗暴对待。但在“文化大革命”中，我们同时进“牛棚”，受批斗。别的“牛”受到什么待遇，他也受什么待遇。别人挨打他挨打，别人罚跪，他也没站着。总之，他和我们受的是一样的待遇，没有“特殊”过。就是下放平江农村劳动改造，他虽是七十有余的老人，属于老弱病残者，理应不去，却也没有受到什么特别的照顾，该看牛就看牛，该捡狗粪，还是要捡狗粪。……

他单独挨批斗的次数不算多，因为他态度特别好；但也不算少，因为他终究当过国民政府的大法官。何况他又是富甲浏阳的大户，单是浏阳县城，就有好几个铺面，有说占有一条街的，所以他还被五花大绑，送回浏阳斗争过。不过浏阳老乡似乎对他不错，不但没人打他、骂他，反倒有人说他的好话，替他向红卫兵造反派求情。因为“斗”不下去，没过多久，他又被绳捆索绑，押回了长沙。

其实他对批斗，倒也不怎么害怕。你说他反动，他承认；你说他为蒋家王朝卖命，他也不否认。他的确参与过国民政府许多法律的制订。他是法制委员（按：应是立法委员），十大法官之一嘛！但有一点他总是不愿意承认，那就是不承认反对共产党。他总是说：“我没有反对共产党，我相信共产党比国民党好，所以国民党给我买好了飞机票，而且送上了门，我还是没有跟着他们去台湾。”

刘先生办事认真，言语不多。在“牛棚”里，在平江农场里劳动，不论是看牛，还是捡狗粪，他都不苟言笑，总是闷着脑袋，决不随便同人闲聊、偷懒。有人问起他在德国留学读博士的情况，他也是三言两语，顾左右而言他，从不津津乐道。只有谈起张国焘，他的话才多了起来。他说，“张国焘啊，认识！我们同住过一间房，他懒得很，早上不起床、睡懒觉。轮到他打扫房间，他总是不干。同这种人住在一起，真倒霉！”[42]

本章小结

很多留洋法学博士由于种种历史原因，回国后没有实现其抱负，默默无闻。还有一些人，曾经一度风光无限，但是1949年以后突然沉寂，无声无息地消失在人们的视线之中。那些被迫远走海外者，也很少有人取得大成就，他们的后半生也许安稳，在事业上却不尽如人意，其社会影响、学术影响均不如前半生。这不仅是部分近代留洋法学博士的命运，在时代的洪流之下，有几人能够幸免？

从年龄上看，近代留洋法学博士多数出生于19世纪末期和20世纪初期，到1949年的时候在40岁至50岁之间，正处于壮年，作为旧法人物，他们被新社会怀疑，弃之不用，很多人被迫转行。历次运动（尤其是“文化大革命”）不仅革去了中国传统文化的命，也革去了中国法学的命，[43]彻底改变了中国近代留洋法学博士的命运，使得好不容易培养、积累下来的近代法学精英和成果几乎荡然无存。

通过研究中国近代留洋法学博士的历史轨迹，可以发现：在中国近代法学家和中国当代法学家之间有一道明显的断层，即两者之间很少有直接的师承关系；在中国近代法律和中国当代法律之间也有一道明显的断层；在中国当代法学与西方近代法学之间也有一道明显的断层。

无论是杨兆龙，还是梅汝璈，或者周鲠生，在1949年以后，都很少有机会走上讲台去传播他们的法律知识和法律思想，几乎没有自己的嫡传弟子。以杨兆龙为例，虽然在50年代曾经被调到复旦大学法律系，却没有机会给复旦法律系的学生正式上课。他们的遭遇，无论对于中国的立法司法实践还是对于中国的法学传承来说，都是一个永远无法弥补的遗憾。

能够熬到改革开放以后的留洋法学博士寥寥无几。尽管如此，一些劫后余生的留洋法学博士又重新走上工作岗位，为祖国法治建设做出了突出的贡献。留英法学博士陈体强与他的国际法同仁一道创建了中国国际法学会；留德法学博士芮沐是中国国际经济法学的奠基人之一，培养了一批法律人才；留法法学博士沈达明在国际商法研究和教育方面做出了杰出的贡献；留法法学博士端木正在晚年以国际法学者的身份担任最高人民法院副院长；留美法学博士倪征日奥出任海牙国际法院法官，可谓“淡泊从容莅海牙”。他们的杰出表现，为近代留洋法学博士这一群体画上了一个具有代表性的句号。

注释

1.《山西近现代人物辞典》，山西古籍出版社 1999 年 11 月版，第 131—132 页；《中国国民党百年人物全书》上册，第 646 页。

2. 中国第二历史档案馆:《中国抗日战争大辞典》，湖北教育出版社 1995 年 5 月第 1 版，第 62 页。

3.《苏高检通缉在逃汉奸一批》，《申报》1947 年 12 月 31 日。

4.《中国国民党百年人物全书》(下册)，第 1586 页。

5. 吴凯声编述，吴立岚、林淇编撰:《吴凯声博士传记》，香港大地出版印刷公司 1993 年 12 月第 1 版；邵延淼主编:《辛亥以来人物年里录》，江苏教育出版社 1994 年 6 月第 1 版，第 445 页。

6.《日汪政权江苏省 27 个县长简历》，载潘敏著:《江苏日伪基层政权研究：1937—1945》，上海人民出版社 2006 年 7 月第 1 版，第 177 页。

7. 姚永新集辑:《苏州留学生名录》(初稿)，载《苏州文史资料》第 15 辑，1986 年，第 197 页；张君燕:《哥哥许君鲸》，载《苏州史志资料选辑》，2001 年刊，总第 26 辑，第 161—173 页(按:张君燕系张鑫长之女)。

8. 关捷等主编:《中日关系全书》，辽海出版社 1999 年 7 月第 1 版，第 1147 页。

9. 王哲:《新中国法学家的道德面貌》(报告提纲)，载《中国人民大学第一次科学讨论会报告提纲》，1950 年，第 83 页。

10. 叶萌:《打退右派分子向人民法制的进攻》，载《法学》1957 年第 4 期，第 5 页。

11. 雷经天:《捍卫马列主义法学，驳斥右派分子的谬论》，在上海市第二届人民代表大会第二次会议的发言，原载《法学》1957年第5期，转载于中国政治法律学会资料室编：《为保卫社会主义法制而斗争：政法界反右派斗争论文选集》，法律出版社1958年12月第1版，第213页。

12. 魏文伯：《从司法改革问题谈起》，1957年12月12日在华东政法学院全体师生员工大会上的讲话，原载于《法学》1958年第1期，转载于中国政治法律学会资料室编：《为保卫社会主义法制而斗争：政法界反右派斗争论文选集》，法律出版社1958年12月第1版，第119页。

13.《王召棠采访录》，载何勤华主编：《中国法学家访谈录》第一卷，北京大学出版社2010年1月第1版，第33页。

14.《王召棠采访录》，载何勤华主编：《中国法学家访谈录》第一卷，北京大学出版社2010年1月第1版，第33页。

15. 王召棠教授访谈：我与华政法史学科的六十年，雅礼读书2017年2月11日，http://www.vccoo.com/v/ye5d9d。

16.《熊先觉采访录》，载何勤华主编：《中国法学家访谈录》第一卷，北京大学出版社2010年1月第1版，第362页；关于中国新法学研究院的情况，参见《中国新法学研究院入学手册》，1951年，该手册第1页"本院简史"记载："当初的宗旨，是在团结社会上失业的旧高级司法人员，给以出路。"

17. 何勤华主编：《中国法学家访谈录》第一卷，北京大学出版社2010年1月第1版，第179页。

18. 转引自陆锦璧、铁犁：《院系调整与法学家的命运》，载郭道晖等主编：《中国当代法学争鸣实录》，湖南人民出版社1998年12月第1版，第53—54页。

19. 何勤华主编：《中国法学家访谈录》第一卷，北京大学出版社2010年1月第1版，第436页。

20.《杨兆龙在复旦教师座谈会上的发言》，载《调高警惕，粉碎右派阴谋》，1957年7月，第86—87页。

21.《杨兆龙致张志让信札》(1945年12月26日)，载《复旦大学档案馆馆藏名人手札选》(续集)，复旦大学出版社2005年5月第1版，第157页。

22.《杨兆龙交代》，1969年1月10日。笔者收集。

23. 梅耐寒：《杨兆龙——蒋家忠臣、庞德信徒》，《法学》1957年第4期，第28页；陈文彬在上海法学会复旦小组上的发言："杨兆龙的反党、反社会主义思想不是偶然的，其根源是受了庞德的影响。"《法学》1957年第4期，第12页。

24. 例如，巴黎大学法学博士张企泰在复旦大学反右斗争中发表《驳斥右派分子杨兆龙对我国立法事业的诋毁污蔑》，载复旦大学校刊编辑室：《明辨集——批判右派思想言论选辑之二》，1957年11月，第131—136页；斯坦福大学政治学专业哲学博士张汇文发表《从法律的阶级性的角度来看右派分子杨兆龙向党进攻的阴谋》，载复旦大学校刊编辑室:《明辨集——批判右派思想言论选辑之二》,1957年11月,第146—151页;留美法学士向哲浚发表《右派分子王造时杨兆龙污蔑人民法治》,载同书第143—145页;前注陈文彬曾经留学日本明治大学攻读法律。这几位也是杨兆龙在复旦法律系的同事,他们均没有被划为"右派"。

25. 当时领导批判杨兆龙"右派"言论的复旦大学法律系党总支书记杨峰在半个多世纪后沉痛地忏悔:"我对把杨兆龙先生在法学界讨论法学理论和帮助党整风座谈会上的言论作为'右派'言论给予批判,深感内疚和遗憾。当时有句话叫做'要当法律家就要先当政治家',我认为不全面。我认为在当法律家之前应当先做人。这一条掌握不好,会终生遗憾。"载何勤华主编:《中国法学家访谈录》第一卷,北京大学出版社2010年1月第1版,第180页。

26. 梁仁杰狱中上诉状,1957年12月25日。龚汝富教授收集并提供。

27.《法学博士杨柳风》,载《奉贤报》2008年1月22日;Http://www.shtong.gov.cn/node2/node4/node2249/xuhui/node38928/node38932/node63654/userobject1ai53273.html.

28. Http://spaceking.blog.edu.cn/2007/193224.html.

29. 千里:《揭露右派分子于振鹏的反党言行》,载北京政法学院院刊编辑委员会、北京政法学院教学简报编辑部合编:《反击右派斗争专刊》,1957年9月,第39页。

30.《留法博士麦逢秋的悲与欢》,《海南日报》2006年11月14日,转引自http://bbs.city.tianya.cn/tianyacity/Content/186/1/545564.shtml。

31. 陈体强自序,《国际法论文集》,法律出版社1985年6月第1版。

32. 转引自焦实斋:《驳陈体强关于宪法制定不民主的谬论》,《人民日报》1957年9月20日。

33. 何戊双、马骏:《批判陈体强在国际法学方面的反动观点》,载《为保卫社会主义法制而斗争:政法界反右派斗争论文选辑》,法律出版社1958年12月第1版,第221、223、224、229页。

34. 陈体强:《我的检查交代》,中国政治法律学会法学界座谈会,第四十七次会议发言记录,1957年12月10日举行。陈体强在这一违心的交代中,自称其在牛津大学的留学是"反动思想的根源","我在牛津过着资产阶级的生活,接触的都是剥削阶级人物,思想更加反动。""在英国住了三年,对英国的政治、法律、社会生活各方面感到很亲切,和帝国主义建立了个人关系,对英帝国主义有了更深的感情。"见陈体强《我的检查交代》第19页。

35. 沈鉴治:《圣约翰大学的最后岁月(1948—1952年)》,《史林》2006年增刊第92期。

36. Http://www.zgys.gov.cn/tspd/ShowArticle.asp?ArticleID=651.

37. 王敦行:《孔庆宗事略》,载《长寿县文史资料》第1辑,1985年12月,第18页。

38.《梅小璈后记》,载梅汝璈著:《远东国际军事法庭》,法律出版社、人民法院出版社 2005 年 7 月第 1 版,第 15 页。

39. 李谋盛:《周鲠生教授传略》,载《周鲠生文集》,武汉大学出版社 1993 年 12 月第 1 版,第 15 页。

40. 王铁崖序,载王铁崖、周忠海编:《周鲠生国际法论文选》,海天出版社 1999 年 1 月第 1 版。

41. 转引自梅霭:《从教授到大法官——端木正传略》,载《广东文史资料》第 80 辑,广东人民出版社 1998 年版,第 84 页。

42. 李蟠:《刘克俊教授的后半生》,http://mt.rednet.cn/Articles/07/05/25/885431.HTM。

43. 王铁崖在当年甚至提出国际法学科在中国要绝种的观点,并因此遭到批判。见《陈体强妄图在国际法领域中称王》,载 1957 年 9 月 18 日《人民日报》,转载于《新华半月刊》1957 年第 20 号,第 52 页;陈体强也曾提出类似的观点,例如"国际法科学在新中国中断了"、"国际法科学存在着危机"等等,并因此遭到批判。见何戊双、马骏:《批判陈体强在国际法学方面的反动观点》,《政法研究》1957 年第 6 期,第 37 页。

第十章　对近代留洋法学博士的批评及辩护

针对近代留洋法学博士的批评从民国早期就已经不绝于耳，其理由可谓五花八门。有些批评合情合理，有些批评则不尽然。

第一节　博士论文造假与质量低劣

留洋法学博士不等于法学家，留洋法学博士的博士论文也不等于法学经典著作。有些人的法学博士论文被指由别人代笔。例如，胡适 1930 年 10 月 11 日的日记记载：

> 后来夏奇峰也来了，他最知道郑毓秀和王宠惠、魏道明等人的故事，谈得甚有趣味。郑毓秀考博士，亮畴与陈箓、赵颂南、夏奇峰诸人皆在捧场。她全不能答，每被问，但能说："从中国观点上看，可不是吗？（An point de vue Chinoise, nest ce pas?）"后来在场的法国人皆匿笑逃出，中国人皆惭愧汗下。论文是亮畴做的，谢东发译成法文的。[1]

胡适日记这一记载得到留比法学博士凌其翰回忆录的佐证。凌其翰曾经在郑毓秀的律师事务所工作，据凌晚年回忆，郑毓秀的法文程度很糟：

> 博士论文是由王宠惠捉刀，再由中国驻法国使馆秘书谢东发博士

翻译成法文的。“我在她的事务所工作期间,曾把她的有关美国宪法的博士论文译成中文,仍用她的名义,不作为翻译,由世界书局出版。[2]”

与郑毓秀私人秘书李鹤林熟识的李季伟回忆:

郑不仅中文不通,法文亦不见高明,其博士论文稿系王宠惠博士用英文所代写,而由谢东发博士译成法文者。王于 1918 年出席巴黎和会时所代写,因闻王博士写作,英文较中文畅且速故也。而谢则系华侨,父华籍而母法人,“巴大”法学博士,执律业于巴黎,英、法语文皆精,但以出生巴黎,从来未曾一履国土,国语仅能作简短者,中文或尚不及郑。幸王稿为英文所写,尚无凿枘之患,故能语无剩意,相得益彰。[3]

博士论文造假之留学生不独法学专业。《吴宓日记》1931 年 2 月 5 日记载:

下午 2—4,复偕至巴黎大学文科,观湖南官费生杨××君受考博士。此为论文成就后(已印就)末次之考,谓之“Soutenance”(disputation)。考试者为文学院长 Henri Delacroix 与心理学教授 Abel Rey 与 Wallon 三人,所问有关中国者,杨君亦不能答。闻其人在此留学已十年,论文乃雇法人某代作。今日之会,观者颇有人,实为中国羞。[4]

可见雇人代写论文之事在留学生中并非特例,不独法学博士。

博士论文造假并不等同于博士文凭造假,人们大可怀疑甚至指责郑毓秀博士论文造假,但巴黎大学颁发给她的法学博士学位证书本身是真文凭。博士学位在形式上就是一纸证书,除了伪造之外,形形色色的博士学位证书均属客观存在的事实,有据可查,至于这张博士学位证书的含金量有多少,是否通过读书考试等辛苦学业所换取,是否侥幸蒙混过关,这些通常只有博士本人最清楚,外人很难掌握客观公正的判断标准。尽管有多人证明郑毓秀的博士论文是别人操刀代笔,但不相信这种说法者也大有人在。货真与否容易定，价实如何却难评。

对于法国来说，因为有国家博士和大学博士的区别，所以博士含金量的问题更有一层特殊意义。李璜看不上法国的大学博士学位，他认为：

至于还有一种大学博士学位，则不须先考硕士，完全由大学作主发给博士文凭；但这种大学博士，法国本国学生没有人去要，全系外国学生投考，手续简便，只须学生将他的本国大学毕业文凭，无论真假，请求其所属国的驻法使馆为之证明，说是大学毕业，就可以向法国任何大学去报名投考大学博士；听课半年，要求主任教授给予论文题目，或自拟一题，请之批准，便开始做其论文，甚或请人代做（中国学生大体用中国材料作论文的多），交卷后，照例来一个公开听取（Audience），就算通过。但法国教育部并不过问，而大学博士文凭也只有大学印章，在法国学术界并不作数的。

我感到这类大学博士，太无意思，而且中国同学们去赶造成功者太多，有点自欺欺人之嫌。因之我本可以用半年时间即可变成一个巴黎大学的文学博士的，我乃觉得难为情，便决心考得硕士学位后，然后再去做国家博士。[5]

第二节　不学无术

身为留洋法学博士的周鲠生曾经毫不留情地批评法政留学生：

试看从前出洋留学法政的人，不知几千，岂不知其中多数的，不仅没有外国语知识，一般科学根底，甚至连法政知识本身，也是敷衍卒业了事。[6]

有些留洋法学博士在外国混日子，不求上进，中外学术均不成气候。据丁作韶 1935 年记载：

作巴黎留学生是非常自由的，每逢学期开始，只要学堂允许登记,只要把学费缴足,上不上课,完全自由……我国留学生,在学堂登记者固很多,但实际上课者,则为数很少。

……

中国学生在那一班听课的比较多呢?据我所见,以博士班为最多。我记得1930年时,在巴黎大学法学院听课的,中国学生几乎要占一半。凡在国内大学毕业的,都可以请求入博士班听课,而且普通都是允许的。

……

留学生不听课,其时间消磨在什么地方呢?第一是咖啡店里,巴黎的咖啡店之多,想世界任何其他都城都赶不上……其次是打弹子……第三是跳舞……其次就是逛公园……有很多的学生,往往把大部分的时间,都消磨在这里。

……

中国留学生的大病,在务外表而不求实际,故多数只在衣服方面吃住方面,或玩耍方面用工夫,殊不知理与欲不能并存,愈务外表,则研究的心思愈少,一转眼间,数年期满,束装归国,而一无所长。及到国内,尽可煊耀于人曰:“我到巴黎去过”!“我乃法国留学生也”!但扪心自问,切实用功,得有实学的,能有几人?[7]

公费生也并非优秀生的代名词。近代留学法国并取得法学博士学位(经济学专业)的韩闻痌曾经指出官费留学的很多问题:

(1) 各级政府各种机关,很容易走到以留学经费,来位置私人,来培植私人的一条路;

(2) 因前项关系,致生复而且杂的党派支系,明争暗斗,贻笑友邦;

(3) 常有一人得数处之官费,任意浪用;

(4) 有强力之后援,经济固极充足,回国出路亦无问题,无需努力进修;

(5) 各省有贫富之别,留学人数有众寡之殊。有许多省份,无论贤愚贫富都能得到政府的资助;有许多省份,穷无衣食而努力上进者,亦难得公家分文。事之不平,无过于此。[8]

此外,韩闻痌还指出:

官费生待遇太高。在任何国家，中国的官费生，多半是过的官的生活。用费之豪奢，生活之优裕，实表现中国不穷。官费数额常高于当地生活一倍或二倍。跳舞场中，销魂窟内，尽多是我国学子。或以野鸡权作夫人，侍候左右，或勾引外女，聊散情怀。赠衣请饭，挥金若土。此固未必全是官费生，然官费生却也不在少数。享最舒适之物质生活，养尊处优之习惯成矣，高级物质欲望盛矣。可怜祖国是处于贫弱交迫，二者失调，其利害明眼人当能见之。[9]

留洋法科博士居然在民间也成为笑料，例如，吴个厂撰《笑话大观》记载了这样一则笑话——“皮毛学生”：

一留学生某，由日毕业归国，学得皮毛而已。考试时，竟博得法科博士之头衔，人不知其胸中黑白也。一日与其友何秋辇书，论宪政研究会事，误书秋辇为秋辈，研究为研宄。好事者为撰一联曰：“辇辈同车，夫夫竟作非非想；究宄异穴，九九还将八八除。

邹韬奋曾经撰文《法学博士的来路纠纷》，批评法学博士为“空资格”：

有法学博士马景行者，说起他的博士衔头，并不能算“野鸡”，因为他固出身于声誉素著曾为中国造就了不少法学人材的东吴法科，又确到美国留过学的。但他的为人却有些特里特别，记得十年前我偶到东吴法科去访问老友陆鼎揆律师，马和他同室，我见他躺在床顶上看书，学校宿舍的铺床原小，他以大块头而巍巍乎躺在顶上，愈堪发噱，似乎带有几分神经病。后来他办了一所著名的野鸡大学叫做什么春申大学，设有文法政诸科，五花八门，应有尽有，滥收学生，合各科学生于一室，由马博士一人担任各科教授，这种学校似乎也不免带有几分神经病色彩，卒为教育当局所勒令停办，但在社会上固混了许多时候。最近听说居然有人购得春申大学的文凭，到美国去含混考入迪普大学西北大学，于今夏获得法学博士的衔头回国执行律师职务，可见神经病的校长所主持的神经病的学校对世人所注重的空资格居然不无贡献！

平心而论，由考试而入美国大学，这种人不能说没有相当的真实能力，倘要做律师的，无论你是博士也好，约士也好，只须经过严格的考试，依考试的真实成绩而作取舍的标准，他们便只望真实学识方面走，不必买什么春申大学的文凭，更不必一定要拿这文凭到美国去溜一趟了，所以这种作伪的责任还应该由注重空资格的当局负之，因为他们实际是等于提倡作伪。[10]

第三节 不合国情

对留学生的批评，以不合国情最为普遍。晏阳初在1937年专门针对留洋法学博士提出如下批评：

中国的法令都是从美国、英国、法国抄来的，好都很好，只是不适合国情。一般留法留美留英的博士，没有认识到中国的问题是什么，空口讲改革，没有到实际的生活中去做工作，所以终于找不着实际问题。[11]

杨杏佛更是声称："留法的学生主张法国化，留德的学生主张德国化，留日的学生主张日本化，留英美的学生主张英美化，但是无人主张中国化。"[12]

以上评价以及舆论都是20世纪早期流行的评价和舆论。在21世纪的今天，回首当年的留洋法学博士，可以更为清晰地看到他们的整体作用与贡献，百年之后的评价更为公正。晏阳初1937年批评留洋法学博士"找不着实际问题"、引进的法令"不适合国情"，这一评价有失公允。

以宪法而言，留美法学博士王宠惠公开声称，制宪必须顺乎民意，"合乎国情"。[13]

以刑法而言，王宠惠与伍朝枢、徐元诰在1928年《审查刑法草案意见书》中明确指出，该刑法草案的要点之一就是："审酌国内民情等亲等之计算法，与服制图大致适合，亦为旧习惯所公认。"[14]

以民法而言，包括近代留洋法学博士在内的民法起草者们，"不盲从外国，仍注重我国国情。”[15]“这部民法即在当时，与同时代的各国民法，也可并肩而立。至于它在改革中国数千年的法制方面，在中国开创私法制度与私法文化方面，较之法国民法（拿破仑法典）犹有过之。这是中华民族可以引以为自豪的一部民法法典。”[16]谢怀栻晚年对于当年民法的这一评价，可谓的评。谢怀栻这一评价既是对当年民法的积极评价，也是对当年民法起草者们的肯定。

以法学教育而论，密歇根大学法律博士吴经熊明确反对“全盘西化”：“现在我国一般研究法律的人们，好像有两种通病，一种是喜欢崇尚欧化，滥唱高调，好像外国的东西什么都是好的，中国的东西，什么都是坏的。他们忘了中国社会的事实，是法律的根本。”[17]美国西北大学法律博士孙晓楼主张：“我们所谓法律教育，不是完全抄袭外国的课程和设施可以达到目的的。我们的所谓法律教育，是希望以外国的科学方法，来训练出适合于中国国情的法律人才。”[18]

杨兆龙身为留美法学博士，并没有盲目推崇美国司法制度，相反，杨兆龙极为反对盲目西化的做法。在他 1946 年 9 月 24 日致哈佛大学庞德教授的信函中，有一段话引其笔者的注意：

> 您可能觉得好笑，立法院里竟然有人提议要建立陪审团制度。谢部长[19]指派我代表司法行政部去立法院参加会议并陈述我们的观点。我将给那些盲目照搬外国制度的人沉重的打击。[20]

有趣的是，同是留美法学博士的王宠惠早在 1929 年左右却主张适当采纳陪审制度，其提出的理由不仅包括西方的经验，也包括中国的历史：“我国周礼秋官，有訊万民之制，亦即今日陪审之意。”[21]

留美法学博士梅汝璈对于中国是否应该采用陪审制未作明确表态，但他明显持谨慎态度，认为不可轻率从事，并举西人霍尔兹沃思（Holdsworth）的观点：“要移植一种制度，如陪审制者，决非难事。但是要搬运它所依靠而滋长繁荣的环境，却是不可能的。‘制度’是一种很娇嫩的植物，它是要靠有适宜的土壤和气候的。”[22]

无论如何，不管是杨兆龙的反对意见，还是王宠惠的赞同意见，以及梅汝璈的谨慎意见，都强调从中国自身寻求依据。

从杨兆龙在哈佛大学1935年撰写的博士论文中，可以看出他对中国国情的重视。在论证中国是否应该采纳类似法国的行政法院制度时，杨兆龙指出：

> 由于法国在长期的历史发展过程中建立起一套珍贵的、并已证明为有效的传统制度，所以，国家参事院的设立利大于弊。也只有在这种国家，行政法院的存在才是合理的。而中国的情形则完全不同。设置行政法院不但缺少如法国那样的历史背景，而且会由于中国疆域辽阔、国民教育层次较低而产生行政审判上的许多困难。因此，行政法院制度在中国弊大于利，废除它是极其合理的。[23]

在论证中国是否引入巡回法院制度时，杨兆龙不仅考证了法国和英国巡回审判制度的起源和趋势，而且特别分析了中国的国情：

> 中国面临的问题有不同的背景，它要求从特定的视角进行考察。首先，中国疆域辽阔、经费困难，要在全国普遍设置各级正规法院将颇费时日，而在英、法等地域较小的国家则不成问题。其次，由于中国部分边远省份缺乏交通设施，人民行动困难。若一地之法院数与法、英、美在相同面积地域上的法院数相等，则在一定条件下，中国法院诉讼所费的时、财、力也较大。第三，正如《广东司法改革纲要》所指出，人口稀少的地区诉讼太少，不必要求由法院来专门处置该地发生之案件……[24]

近代留洋法学博士在西方的导师们传授的也不见得就是西方法律至上的观念。杨兆龙哈佛法学院的老师庞德在《近代司法的问题》一讲中专门提到建立"具有中国特性的中国法"：

> 中国所需要者，乃根据中国的经验，对于中国情形的认识，及中国生活上的问题，就中国法典所培养出来的一套有系统的学理，那就是具有中国特性的中国法。中国人相互间的关系及行为，应赶快受真正的中国法之支配调整，专靠肤浅的比较法是不行的。换言之，中

国法应以参照近代最优良的法典而制定的中国法典为根据，一方面不应该仅凭肤浅的比较法来解释实用法典，另一方面也不应该专对于法典条文用刻板的方法予以机械式的运用。所以要建立现代的中国法，既要现代化而同时又合乎中国情形的法，使它成为世界最好而又非违背国情而一味模仿他国的法……

19世纪的历史派的法学家尝谓：法律为民族生活之产物，只能发现而不能创造。此种极端的学说固不足取，但是我们必须承认：如果法律还可以创造的话，则人们应该使它适合其所支配的人民而不应该勉强使人民去迁就法律。因此中国法虽根据于大陆制度，必须具有中国的特性。因为法国法虽根据于罗马法，却具有法国之特性；美国法虽根据于17世纪及18世纪之英国法，却具有美国的特性。中国法也未可例外……

中国以往有一套由传统的道德哲学所形成的伦理习惯，这可以说是一个有利之点。这种伦理的习惯，可以对于社会关系的调整及人民行为之正常化，供给一个可靠的理想基础……所以如果为了时髦而放弃固有的、坚强的道德传统思想，代以外国输入的思想，那将铸成一个重大的错误……

所以我要向诸位说：你们应该相信你们自己。中国现在有干练的法学家，他们有充分的能力来根据现有的法典发展中国法。抄袭模仿外国制度的时代已经过去，现在正是在您们现有的法典上树立一座中国法的坚实建筑物的时候[25]。

七十年后的今天，重读庞德对中国法律的讲话，读者依然可以深深感受到这位美国法学家对于中国法和中国法学家的期盼。对于中国法是否应当移植英美法的问题，庞德有如下论述：

我始终认为中国应当采用法典制度。虽然我自己学的是英美法，且有一个时期曾经在我出生的身份的最高法院担任审判工作，教授英美法已达四十七年之久，对于英美法系，虽衷心钦仰，但我以为对于缺乏英美法系历史背景的国家并不适宜。中国推行大陆制度已很久，骤然变更其法律制度，定有显著的不利。抑且英美的法学家对于立法工作并不擅长，而重建中国，必须有很多的立法。又英美法缺乏系统，而现代原理上的法律书籍，亦甚缺乏，将使学生深感学习不易。尤其中国人既已受过另外一种法系的训练，或在这种法系下从事审判工作，或执行律师业务，将更感觉学习英灭法的艰苦。这两种法系是很不同的，尤以技术方面为然。何况将英美法移植于中国，结果必将许多不合理的历史陈迹连带移入，此种陈迹，即使英语国家自身也已逐渐在把它们消除……中国与英美的关系固甚密切，今后谅比继续如此。但我仍未见有更换法律体系的必要。[26]

孙晓楼虽是美国西北大学法律博士，却呼吁创造适合中国国情与民族性的教育：

近三十余年来的高等教育，前二十年是完全模仿日本，近十年来，有一个时期是完全模仿欧洲，有一个时期是完全模仿美国；取彼之长，补我之短，我是十分表同情的，不过一国有一国的国情，一民族有一民族的特性，不顾本国的国情，不顾本国的民族性而专去模仿人家，囫囵吞枣，外国的东西都是好的，本国的东西什么都是坏的，这种盲从式的高等教育，确控制着中国高等教育有三十年之久……我们学外国不是为了外国，是为了自己，既是为了自己，应当先明白自己的短长，然后再去研究外国的短长。假使自己的短长没有知道，那么知道了外国的短长有什么用呢？[27]

梅汝璈早在清华读书的时候就已经注重中国的文化与国情：

不明本国之文化及国情而徒眩于他国之富强，遂盲将其政治法制全盘运用，实我国晚近纷乱之一大原因，而亦我国历史上之一大奇辱也。吾人既觉往者之失策，辄必急起直追，作砥柱于中流，挽狂澜于既倒，而注重祖国之文化及国情尚焉……吾生于斯，长于斯；吾歌于斯，哭于斯；吾祖先葬于斯，吾父母居于斯，无形之间，而感情生焉，而关系生焉。是故野蛮民族于其本国文化均爱敬之，不暇余力。吾人于我国四千年光明灿烂之文化，又当如何耶！[28]

梅汝璈久已形成的家国情怀不仅没有因为留美多年而消磨，反而更加深切。梅汝璈在美国学到的法律知识与其家国情怀最终合二为一，在东京审判中体现得淋漓尽致。

第四节　外国大学对中国留学生的特殊照顾

有些法学博士论文水平一般，但因种种论文之外的原因获得通过，例如为了间接促进与中国的邦交和友谊，外国大学或者老师可能会对中国留学生降低标准。

王子衡评价留日法学博士赵欣伯：

> 赵在各教授帮助执刀之下，抄袭一些前清"大清律"的旧东西，用日本刑法的条文加以解释，作为论文向东京帝国大学学士院提出。论文内容平常，实在没有通过学士院授以博士学位的价值，但是日本学者们多念及王爱痴（赵的妻子）的不幸而死，极力主张对于赵的论文应当从政治意义方面去看，予以通过，授予赵以博士学位，理由是：出身日本各大学的中国留学生还从来没有获得过法学博士称号者，这次使赵欣伯享受日本法学博士的荣誉，一方面既可略酬赵夫妇多年来对于日本的各种贡献，又可以取得中国留日学生的好感，使他们积极亲日，以便归国后为日本作些更多的贡献，对于日本实现"大陆政策"也是有帮助的。[29]

周泽春晚年回忆其德国柏林大学法学博士论文考试经过：

> 1909年，当余在柏林大学政法系报考博士试验时，同学王宠惠在会中转述可勒（Kohler）政法系院长之言曰：'此次不能如前此马德润之易于通过，以马为第一个中国人在本校政法系应博士考试，不能不讲点邦交，顾全中德两国友谊。现在可不能再讲邦交了，要真诚考试，方能获取博士头衔。'余考取博士后，以我国中尚存有租界，丧失国权甚巨，乃入柏林各级法院练习司法，为将来收回法权之张本。迨

后，地方法院院长以余办理明晰，即派余助理民刑案件，作实际法官。[30]

除了日本和德国之外，法国也存在这样的情况。据留法多年的法学博士陈雄飞回忆：

我觉得法国的教育对本国人要求非常严格，对外国学生尤其是中国学生给予大学学位就比较宽松，如蒋恩铠的论文研究昆曲，魏道明的论文研究支票……[31]

有些留学生反映：

外国人因为很明白中国的情形和中国人的性格，故有许多易受欺骗之处，学位的授予，就有种种的融通。[32]

第五节 速成博士

批评近代留洋法学博士的理由之一是某些法学博士留学期限太短，一两年甚至更短的时间内就可以得到法学博士学位。这一批评主要针对东吴大学法学院输出的留美法律博士。1926年7月2日，7名留美法律博士乘格兰特总统号轮船抵达上海，成为当时报纸的一大新闻。这7人是：李中道、盛振为、富刚侯（此三人毕业于西北大学）；张金润（纽约大学）；姚希琛、高君湘、苏筠伯（此三人毕业于密歇根大学）。这几位均是东吴大学法学院的毕业生，且在美攻读法律博士的期限均为九个月左右。当时就有人质疑这种只有九个月的法学博士：

在这区区九个月的短时期，竟能把什么西北大学、纽约大学、密歇根大学底高深的法学，都看透了，拿了很多荣誉的"都看透"的头衔回来，以博取国内著名大学底主任教授，南北政府的政治及外交官吏，以及律师职务等等的职位，这是多么"难得"的一件事呵！[33]

周劭[34]称：

有的律师还在招牌或广告上登上头衔，说是什么国家的法学博士云云，这又是欺人的伎俩。法学博士这学位，在国外要分很多学科，有最不容易得到的，也有得来全不费功夫的，如司法界元老的王宠惠，他的博士学位是英国的D.C.L.（民法学博士），中国大概只有这位终年鼻子壅塞、长期担任海牙国际法庭的法官才有此一荣誉。而广告上的法学博士，大都是美国野鸡大学J.D.（法理学博士）。在抗战之前，有了法学士学位的人，只要花三千美元的学费和旅费，八个月功夫包括横渡太平洋的航行时间，便可以得到。在那时的社会心目中，凡是洋博士镀过金的都是非常了不起，料不到竟是那样的便宜货。[35]

还有人批评留学生：

这些投机的人们，因其心不在求实学，所以当然跑到最随便的一个大学去，而且找到一种最容易欺骗混充过去的学科，用最巧的手段去窃取学位。以前学医科的也好，今日可该学法科，明日又可该学农科，天天探求哪一门功课最容易作伪粉饰，哪一个教授最相宜最马虎。不顾他自己的性格才干适合与否，只求速成。[36]

这类批评和质疑主要来自两个原因：一是中国社会对留洋法学博士头衔期望过高，以为法学博士高不可攀，深不可测；二是对外国的法学博士制度缺乏了解，简单地以哲学博士的学习年限来套用法学博士，误以为只有攻读三年甚至更长时间才可以取得货真价实的博士学位。美国法学家庞德1948年2月在中国的一次演讲中指出："把美国的法学博士与哲学博士等量齐观，乃是一种错误。"[37]"使法学博士的条件与哲学博士的条件在形式上两相符合，适足以贬抑法学研究院真正的价值。"[38]实际上，很多中国近代留洋法律博士之所以能够在短短一年之内就取得美国名校的博士头衔，不仅仅因为他们在美国一年之内学习成绩合格，还因为他们已经在国内取得了法学士学位，而当时美国西北大学、纽约大学、密歇根大学等法学院的基础学位就是J.D.(法律博士)学位,其标准几乎相当于东吴大学的法学士学位。对于已经取得东吴大学法学士学位的学生,再在上述美国法学院攻读一年,之后就可以取得J.D.学位,这并不离奇,这也是密歇根大学法学院等承认东吴法学院法学教育质量的一个结果,自然对东吴法学院的毕业生有利。

倪征𬀩对这种一年制博士专门做过澄清:

> 骤听起来,密西根大学这样规定,似乎失之过宽,其实并不如此。因为东吴法学院那时的三年课程安排,与密歇根大学完全一致,留学的一年课程,大多数是选读前三年里没有读过的选修课程。这样算起来,东吴法学院毕业后去密歇根进修的学生,比密歇根自己的博士生还多读一个学年的选修课。[39]

人们对留美速成博士的偏见或许与近代留日法政速成学生有关。20世纪初期,留学日本学习法政者多如过江之鲫,日本法政大学专门开设清国留学生法政速成科,均为一年学制或者一年半学制,这批学生毕业时仅获"卒业证书";而20世纪20—40年代留美的法律博士,大多留学一年甚至八、九个月即毕业,所获证书却是博士学位。同为速成法律留学生,两者所获头衔犹如天壤之别。这自然容易引起世人对速成博士的质疑。留日公使杨枢在回顾日本法政大学法政速成科时曾称:"议定一年卒业,闻者莫不咋舌,盖法政科学之烦,虽三四年不能竟其功,乃缩至一年,收效几希。"[40]对于不到一年即可获得美国法律博士的情况,闻者咋舌也就不难理解。

近代留日法政速成学生与留美法律速成博士之间的区别不仅在于是否具有博士头衔或者学位证书,更在于两者留学前的国内教育背景迥然不同。考察近代留日法政速成学生的履历,可以发现,他们在留日之前,多为进士、举人、贡生、秀才,[41]并未接受过正式的法律教育,可谓法盲式留学生。对这批人来说,留日一年或者一年半的法律教育的确属于速成。而留美法律速成博士,出国前已经接受过完整的法律教育,其留美教育看似速成,实为在原有基础上的进一步深造,对于已经训练有素的法律毕业生,出国一年既可以获得博士学位,亦可能取得法学真经。

与其说这类法律博士名不副实,不如说中国留学生合法地利用了当时美国有些大学较为弹性的法律博士学位制度，这些制度往往并不专门针对中国留学生，只要符合一定条件，其他国家的留美学生以及美国本土学生均可攻读这种最低一年制的速成博士学位。至于中国留学生回国之后因为“法律博士”、“法学博士”之类的头衔而带来的种种好处和便利，[42]这是当时中国用人制度的问题，或者说，是长期以来的博士崇拜症（尤其是洋博士崇拜症）所带来的结果，与他们本身没有太大关系。总之，他们是这一制度差异的受益者，而非行骗者。从留学资金来源看，留美攻读一年J.D.学位的留学生，往往自费，将有限的私人费用最大化运用的结果必然是优先选择短平快的法律博士学位课程，而那些只求学问而不计成本、不计学位者，要么出身名门，家底丰厚，要么背后有公费支撑，[43]无后顾之忧，无衣食之虑。

速成博士不等于速成学业，博士有涯，学业无涯。吴经熊、倪征噢、杨兆龙这三位一年博士可谓速成，但他们在戴上博士帽后并未终止学业，而是继续留学欧美一两年甚至更长；王宠惠耶鲁三年，得硕士博士学位后并未终止学习，而是继续留学德、法、英数国，经年始归，终成大器。即使那些因为种种原因留学一年即回国的博士，其中也不乏继续在国内求学问道者。学问是一辈子的事，岂能单以学位期限论短长？三年制博士回国后荒废学问者大有人在，又岂能以此为由而贬低该博士学制及其下培养的博士？

从最终的结果来看，1926年7月2日回国的7位留美法律博士，[44]多数成了上海、宁波、广州等地的名律师，其中盛振为成为东吴法学院院长，对于中国近代法律教育贡献良多。至于密歇根大学法律博士吴经熊、斯坦福大学法律博士倪征噢、哈佛大学法学博士杨兆龙，这些留美一年即获得博士学位的中国人，后来都成为法界翘楚。如果单以结果论英雄，这些人的博士头衔也并非浪得虚名。如果以学校声誉论，颁发过上述速成博士学位的密歇根大学、纽约大学、西北大学、哈佛大学更非博士工厂。

第六节 只求博士学位不求博士学问

对于近代留洋博士的一大批评就是只求博士学位，不求博士学问。

民国期间就有人讨论过学位与学问的关系：

我们要觉悟学位不是量学问的尺。学问是实际，学位是外表。我们出洋求学，要注重实际，外表固无足轻重也。我们不要肤浅，专务空虚之头衔，但当注重实际之学问。只要有学问，空虚之学位的有无原不足丝毫介意也。[45]

近代一些留洋法科学生并不攻读法学博士学位。例如韩德培在加拿大取得硕士学位后留学美国哈佛大学法学院，无意求取博士学位。韩德培称：

只要认认真真地在有名学者的指导下进行研究，取得很好的成绩，比写一篇不通不痒并无真正价值的学位论文更有意义。[46]

钱锺书在通过牛津大学文学士学位(B.Litt.名为学士学位，在牛津大学实际属于研究生学位)考试后决定不再进一步求取博士学位。据杨绛称：

他觉得为一个学位赔掉许多时间，很不值当。他白费工夫读些不必要的功课，想读的许多书都只好放弃。[47]

陈寅恪与钱锺书的观点较为类似，也不愿意在博士学位上浪费时间：

考博士并不难，但两三年内被一专题束缚住，就没有时间学其他知识了。只要能学到知识，有无学位并不重要。[48]

陈寅恪在哈佛大学的老师蓝曼也非常欣赏这位不求学位只求学问的弟子：

他不在乎我们学生的学位，在这一点上我很欣赏他。这方面的差异可以反映出他有更为崇高的理想。[49]

萧公权虽然在美取得了博士学位，但他对于学位也有同样观点：

其实学位只能表示一个学生，按部就班，修完了最高学府规定的某种学程，而未必表示他的真实学问。我知道若干中国学者在欧美大学中研读多年，只求学问，不求学位，史学名家陈寅恪先生是其中最特出的一位。真有学问的人绝对不需要硕士博士头衔去装点门面。[50]

只求学问不求学位的代表人物之一是傅斯年。据邓广铭回忆：

傅先生是通才，他和陈寅恪一样，出国读书不是为了拿学位。他去过欧洲好几个国家，进过几个大学，读了七八年，没有一个学位。他不是出国留学，而是“游学”，哪里有著名学者，就到哪里去听课。[51]

后来成为著名逻辑学家、数学家、哲学家的王浩（1921—1995）1946年取得奖学金留学哈佛大学，只用八个月即通过博士资格考试，但王浩另有其他想法：

当时我不想拿学位，认为做学问就行了。课时导师说，学位是不值钱，可是你如果没有学位来说学位不值钱，人家就不相信了。于是用一年时间写论文，则 1948 年 2 月完成，顺利经过答辩。总共用了两年时间获得了博士学位。[52]

可以说，王浩是被其老师用激将法而取得博士学位的。

有一批留学生则很重视博士学位，他们将攻读博士学位作为求取高深学问的途径之一。这一观点充分体现在以王宠惠、严锦镕为代表的中国第一批留洋法学博士 1904 年写给陈善言（陈霭亭 1847—1905）的一封信中：

霭亭仁翁大人阁下，敬启者：

屡蒙惠顾，感戴无已，辱承询问毕业回国年期等事，前函已及，恕不赘述。唯泰西毕业一事，窃恐吾国人或有误会之处，故生等不得不详言之。

夫泰西大学校各专科之课程，共分两种，曰未毕业科 Undergraduate Course，曰已毕业科 Postgraduate Course。未毕业科者，即初入大学首四年所读之功课也；已毕业科者，即毕业后再行进深研究之功课也。生等毕业则诚毕业矣，然毕业之后复有所谓已毕业科者。学士，则诚有一二人已得学士矣。然学士之外，复有所谓博士者，即已得博士矣。然该专科内若有特别深邃之学问，亦须再行研究。庶几，于泰西专门之学可得其底蕴，而非仅得其皮毛以自欺欺人者也。此非生等过当之言也，有铁证焉。

彼西国大学校已毕业科之盛，直至有五六百人之多，即就耶儿[53]或哥林彼亚大学校[54]而论，其已毕业科之学生各有五六百人。自余各大学校，或如之，或过之，观各学校之年录便知其详。彼泰西之学生既毕业矣，然犹每年费八九百金或千余金而曾不之惜者，何哉？诚以已毕业者实学问之精神，人才由是出，学问由是兴，新理由是发。吾中国派学生出洋求学所当求者，正是此也。

又日本学生在美游学者不下数百人，问其所学，则皆已毕业之功课也。问其在美之年期，则皆七八年者也。彼日本人诚可谓得游学之道者矣。日本学生于未毕科之功课，无一不在本国学者也。

夫毕业而归故乡，亦人之常情也。然而生等犹欲多读一二年，去故国，离父兄，别妻子，舍富贵之荣而取游学之苦，岂欲所谓远托异国？昔人所悲，岂真欲漂流异域欤？不知其中实有不能已者存焉。

阁下素以办洋务闻于泰西，游学之情形洞若烛照，无待生等喋喋多言矣。阁下向欲栽培后学，恳将此微意代禀宫保，[55]使生等得成有用之才，效力国家，此皆阁下之赐也。

谨此敬请钧安，希惟明鉴不端。

学生：胡栋朝、吴烓灵
王宠佑、王宠惠
严锦荣、陆耀廷
西十一月廿九日[56]

这封信反映了王宠惠、严锦镕等人在取得美国学士学位之后继续攻读博士学位的原因：通过博士阶段学习而求取高深学问，而非浅尝辄止，仅得皮毛以“自欺欺人”。

作为陈寅恪学生的季羡林虽然对老师崇敬有加，但是在对博士学位的态度上与其老师截然不同：

> 中国近代许多大学者，比如王国维、梁启超、陈寅恪、郭沫若、鲁迅等等，都没有什么博士头衔，但都会在学术史上有地位的。这一点我是知道的。可这些人都是不平凡的天才，博士头衔对他们毫无用处。但我扪心自问，自己并不是这种人，我从不把自己估计过高，我甘愿当一个平凡的人，而一个平凡的人，如果没有金光闪闪的博士头衔，则在抢夺饭碗的搏斗中必然是个失败者。这可以说是动机之一。[57]

冯友兰也属于那种希望取得博士学位的留学生：

> 在中国留学生中，大部分还是好好学习的，但是对于学位的态度很有不同。有些人不要学位，随便选课。有些人认为，只要个硕士学位就够了。因为要想得到博士学位，就要选一些学校要求选而实际上没有多大用处的功课。例如外国语，英文在美国当然不能算外国语，要得博士学位，必须要学第一外国语，第二外国语，那就是在英语之外还要再学两种外国语。有些学校成人中文也算一种外国语，有些学校不承认。所以很多留学生，只要得一个硕士就够了。我是想要得个博士。我的想法是，学校所规定的那些要求，就是一个学习方案，它所以那样规定，总有一个道理。照着那个方案学习，总比没有计划，随便乱抓，要好一点。[58]

萧公权和季羡林都提到陈寅恪只求学问不求学位一事，这固然属实，但即使陈寅恪此等人物，其在哈佛大学入学时也注册为“二年级研究生”[59]。与陈寅恪同期在哈佛大学学习的中国留学生还有俞大维、林语堂、张歆海、顾泰来、吴宓、汤用彤、韦卓民、洪深等，在这些人之中，只有陈寅恪选择不拿学位。[60]显然，多数留学生还是希望取得学位的，即使拿不到博士学位，也尽量拿个学士或者硕士学位再回国。这是人之常情。韩德培取得多伦多大学法学硕士学位后，以特别研究生的身份去美国哈佛大学法学院学习，“作为特殊研究生，不读学位，只做研究。”[61]韩德培不读博士学位的原因也是多方面的：

> 我们到国外只能留三年，获得硕士学位后我在国外还余下一年，于是转到哈佛大学法学院。当时，本来一般的人到国外去是为了读学位，而我只余下一年时间，再读学位的话时间也不够，同时我觉得再读学位也没有必要。[62]

普通留学生，除非没有工作上的压力，也没有生活上的压力，否则达不到自由留学、随心所欲的境界。事实证明，假如没有周鲠生慧眼识才，庚款留英却无功（学位）而返的王铁崖很难顺利进入国立武汉大学法学院任教；假如没有吴宓等人的大力推荐，没有任何学位的陈寅恪不可能顺利进入清华大学任教。

> 先生（指吴宓）向校长曹云祥推荐陈先生（指陈寅恪），张教务长（指张彭春）认为陈先生留学既久，学问也好，然而一无学位，二无著作，不符合聘任教授条件，为保证今后教授水平，不应放松聘任标准，不同意延聘。[63]

类似陈寅恪这种留学不求学位专求学问的特例，普通学子还是不要模仿为好，以免画虎成犬。要走陈寅恪的留学之路必须满足以下条件：第一，有一笔不附加学位条件的资助，学习、生活有最低程度的物质保障；第二，家学渊源，学力深厚；第三，具有较强的主动学习能力和浓厚的学术兴趣，且有坚忍不拔的毅力。这三个主客观条件非普通学子所同时具备。巴黎大学法学博士端木正晚年指出：“陈先生（指陈寅恪）留学海外时间甚久，读书国度甚多，然而从未致力于获得任何学位。于是便有人妄自攀比，误以为不做‘学位的奴隶’，读不到学位，便和陈寅恪一样超脱。”[64]端木正做出这一评价时已经八十高龄，可谓语重心长。然而说者有意，听者几人有心？

即使如王宠惠、吴经熊、倪征日奥、杨兆龙之才能，他们留学的第一目标也是首先攻读博士学位，在拿下博士学位后，无后顾之忧，得以进一步从容游学。

与只求学问不求学位形成鲜明对照的是只求学位不求学问，为了博士学位而投机钻营。杨杏佛称：

> 现在中国的博士硕士，一船一船的从外国运回，加以国内的留学生，也一天一天的加多，岂非“材不胜用”吗？但是他们的学问，十九不能够救国。诸位要晓得真正的学问，不是在文凭分数上得来的。真正的学问，要对于自己有实在，对于国家社会有用处。现在所谓一般博士硕士，有几个非欺世盗名的？他们口所说的，笔所写的，虽然冠冕堂皇，究竟有几句不是唯心之论？所以我敢说，现在的“博士”、“硕士”、“学士”多是变相的“翰林”、“举人”、“秀才”。不过从前老人物，甘于吃碗老米饭，现在的新人物，惯于享受些物质文明的生活罢了。[65]

相比理工各科，法科门槛似乎较低，较易蒙混过关，于是法科博士学位成为有些投机者猎取的对象。

> 有些投机的人们，就趁此时机，赶快跑到外国来，弄个什么“硕士”“博士”的荣衔，回国去，可以骗骗同胞，而且可在社会上占个重要位置。然而各种学术之在于欧美各国，自有深浅难易之不同。即在同一大学内，各科之研求及取得学问的门径，也有种种。这些投机的人们，因其心不在求实学，所以当然跑到最随便的一个大学去，而且找到一种最容易欺骗混充过去的学科，用最巧的手段去窃取学位。以前学医科的也好，今日可改学法科，明日又可改学农科，天天探求哪一门功课最容易作伪粉饰，哪一个教授最相宜最马虎。不顾他自己的性格才干适合与否，只求速成。外国人因不很明白中国的情形和中国人的性格，故有许多易受骗欺之处，学位的授予，就有种种的融通。[66]

张若谷对于有些人钻营法学博士头衔的原因有独特的解释：

> 法学博士可以做律师，做法官，做总长，一直升级上去可以做到总理、总统。法学博士原来是有做大人物的资格，法律与政治是可以救国的。为了这个最重大的原因，当然那只会著书成家的文学博士，即使著作等身也至多当一个大学教授而已。在一切中国青年的学子们正当高喊着“爱国”、“救国”最热闹的时候，自然大家都趋骛于法律政治，而弁弃文学如遗了。[67]

总结中国近代留学生对于学位的态度，有以下四种：不求不得；不求而得；求之而得；求之不得。

第一种“不求不得”又可以分为：(1)满足现状型，即留学取得学士或者硕士学位足矣，欣然回国；(2)自知之明型，即明知自己学力不够所以不去攻读博士；(3)不屑一顾型，即自身学力很高不屑去读博士学位，或者不愿意浪费时间，只有学问不求学位，代表人物是陈寅恪和钱锺书。

第二种“不求而得”适用于那些名誉博士获得者；

第三种“求之而得”指那些致力博士学业最后成功取得博士学位者。冯友兰、季羡林即属于这一种。当然第三种又可分为两种类型：一是一举成功型，即在一处一鼓作气拿下博士学位，例如王宠惠就属于一举成功型。二是曲线救国型，表现形式五花八门。甲校不成去乙校，此国不成去彼国，这类不行转那类，此学院太难则去彼学院，不愿意写博士论文则选择不需要博士论文的博士，嫌三五年博士期太长则选择一年期的博士，总之，线路虽然曲折，但最终如愿以偿地取得了博士学位。

第四种求之不得的原因更为复杂，有学力不够者，有财力不足者，有困于形势者，不一而足。李浩培、王铁崖、龚祥瑞即属于这一种。

取得法学博士学位并不等于在法学的素养上就一定比没有取得博士学位的人高，法学博士学位更不能保证未来的法学学术成就。一个人如果在取得法学博士学位之后不继续研究，则其学术贡献也仅限于那篇博士论文，反而不如那些没有取得博士学位但终身研读法学的人。以庚款留英攻读法律的李浩培、王铁崖为例，他们本来都欲攻读博士学位，最后因为种种原因未能如愿，但他们日后在法学上的成就超过了一些同为庚款留英、同在伦敦政治经济学院攻读法律并最终取得博士学位的人。

关于学位与学术的关系，民国时期就有如下见解：

> 学位固无害于学术，然学位绝非学术，学位仅能为每人最低限度学术之保证，而发扬精进，端赖获得学位后之继续努力。倘以学位为进身之阶，何异于八股敲门砖，终有被人丢入毛厕之一日耳。[68]

的确，学位最早的含义也就是"一张实践教学职能的文凭，此外别无它意"[69]，然而，一个不容否认的事实是：如果不选择攻读学位，很多留学生就没有机会在著名学者的指导下进行研究；如果没有学位，则很难得到高校聘书。这是一个无可奈何的事实，当代如此，近代亦如此，中国如此，外国亦如此。以博士学位为留学目标本身无可厚非。

民国时期有人称：

> 余常见许多"名流学生"，往往表示自己不屑一考博士，而在实际上，乃不欲多卖力气，以遂其颓唐惰气而已。世间"高调"之中，往往藏有不少"暮气"，此一例也。[70]

无论出于何种动机，近代留洋法学博士已经成为近代法科留学生的一个重要组成部分；无论出于何种动机，他们为攻读博士学位而撰写的博士论文也已经成为中国近代学术遗产的一个重要组成部分。至于博士水平高低以及博士论文质量优劣，则只有通过认真研读比较才能得出公正客观的结论。博士动机不够高尚并不等于博士论文质量一定低劣，而崇高的博士动机也不能保证博士论文质量。假如在追求学位的同时也提升了学术，这也许不值得褒扬，但至少不至于贬低。对于普通学子来说，生存与竞争力是不得不考虑的头等大事，他们首先考虑的不是锦上添花，他们需要的是雪中送炭，而学位（尤其是博士学位）就是他们需要的炭。

从人权角度看，选择攻读博士学位是个人的自由，选择攻读学士学位、硕士学位也是个人的自由，不攻读任何学位亦是个人的自由。取得博士学位后，继续追求学术固然值得赞赏，但主动放弃学术而转投其他领域也是个人的自由，虽然多少令人遗憾，令人惋惜，但无须讥讽，更无可指责。

第七节 拉帮结派

长期以来有一种做法，以司法行政机构最高官员的留学出身来划分所谓派别。例如，金沛仁认为司法行政部法官训练所就存在这种现象：

> 第一届是所谓法国派主持的；第二届是法国派开办的，由英美派作结束的；第三届是英美派主办的……[71]
>
> 司法行政部亦改隶于行政院，部长已是罗文干，政务次长是何世桢，常务次长是郑天锡，这三个人都是留学英美出身，因此当时司法界继法国派之后又有英美派之称。[72]
>
> 在北洋军阀统治时期，司法界只有留学英、美和留学日本两派，以留日派得势的时期为多，那时留法派还没有出现。到了国民党蒋政权时代，有些留法出身的法学人士，依靠王宠惠支持，涌进司法部门掌权，形成了留法派，其主角有魏道明、朱履和、郑毓秀、谢瀛洲、苏希洵及谢冠生等。[73]

实际上，在当时的司法界，既无留学英美派，也无留法派，亦无留日派，同样，在司法界也无并无明显的留美博士帮、留法博士帮或者留英博士帮等，而是混合了本土学校(包括朝阳学院等)的法律毕业生以及从各国归来的法科留学生(包括一部分留洋法学博士)等。那种根据司法界领袖的留学国别去推定帮派之说，是一种缺乏证据的推测。王宠惠毕业于美国耶鲁大学，之后游学英国、德国、法国，在美英德法四国之中，他为何专爱“提携”留法人士？谢冠生毕业于法国巴黎大学，长期主政司法行政部，既然是所谓留法派领袖，为何会特意提拔倪征日奥、杨兆龙等留美人士？根据裘孟涵1963年撰写的一篇文章——《CC渗透的国民党司法界》，谢冠生提拔杨兆龙、查良鉴等留美法学博士，是“为适应蒋政权投靠美帝的需要”[74]，“杨到部后即向谢建议，聘美国御用实用法学派头子庞德为司法行政部顾问。杨留美时，与庞德有师生之谊，借此亦可抬高自己的地位。”[75]裘文不仅贬低了谢冠生，而且讽刺了杨兆龙和查良鉴，同时讥讽庞德在中国考察司法为“吃喝玩乐”，将庞德的理论描述为“既可骗人，又可杀人，当然亦合于蒋介石反动统治的需要”。[76]

以今天的眼光来看，金沛仁和裘孟涵的文章，成文于特殊时期，对于谢冠生、杨兆龙、查良鉴等留洋法学博士的评价带有鲜明的时代烙印，不够客观公正。相对而言，倪征燠回忆录《淡泊从容莅海牙》一书对于当时司法界的描述较为客观。倪征燠到司法行政部工作是凭借其东吴法学院的老师——董康(董康曾经留日习法)的帮助，董康将其介绍给司法行政部部长罗文干(罗文干曾经留英习法)，罗文干特意将倪征燠安排到司法行政部“编纂室”[77]。担任司法行政部政务次长的郑天锡又是一位具有留英习法背景的人，但郑天锡也对具有留美习法背景的倪征燠加以提携：

> 1932年冬，郑天锡准备去浙闽两省视察司法，一同前去的有秘书骆允协、总务司的余科长，此外还有我。[78]
>
> ……
>
> 这次出行使我这个初进司法界的人开了眼界。我的参加视察也使老一辈的部员感到惊异，因为一般随同首长出去视察，都是历久在司法界任职的官员，或者是在机关管理方面能够发现问题的司法行政人员。郑天锡挑选担任编纂之类工作的我参加此行是出人意料的。[79]

身为留法法学博士的谢冠生也曾经在司法行政部部长的任上栽培倪征燠这位留美法学博士，并促成倪征燠到英美两国考察司法，而提供经费支持的主事人则是留比博士翁文灏。[80]显然，这一行为绝非为了适应蒋政权投靠美帝的需要，而是从当时中国司法的实际需要出发，既无任人唯亲之嫌，也无拉帮结派之意。非但如此，在东京审判的关键时刻，谢冠生亦当机立断，根据向哲浚的请求，派遣倪征燠等人前往东京，[81]一举扭转了东京审判在取证方面的不利局面。这些客观事实，难道是所谓“英美派”与“留法派”之间互相提携的结果？实际上，倪征燠在其回忆录中已经明确指出向哲浚提名倪征燠参加东京审判的原因：“因为我刚从英美两国考察司法制度回来。”[82]其本意是利用倪征燠熟悉美国对抗制司法程序(尤其是证据法)的优势，以对抗东京审判上日本战犯的美国辩护律师团队，根本就没有留美帮成员之间互相提携之意。向哲浚和谢冠生没有看错人,倪征𣋉深厚的英美法学识在东京审判上发挥了重要作用,其当庭反诘板垣征四郎并将板垣的罪行与土肥原贤二连接在一起的技巧,显示了高超的诉讼艺术,当然也与其浓浓的爱国情怀有关:

> 为了使法庭注意力不因土肥原不上证人台亮相而不加重视,我于板垣辩护阶段作最后总结发言时,再次提到土肥原,并指着被告席右端(土肥原土肥原的座位)问板垣:"你在陆相任内后期派往中国去拉拢吴唐合作的土肥原,是不是就是当年僭充沈阳市长、扶植傀儡溥仪称帝、勾结关东日军、阴谋华北自治、煽动内蒙独立、到处唆使汉奸成立伪政权和维持会、喧赫一时、无恶不作,而今危坐在被告席右端的土肥原?"言时戟指指向土肥原,怒目而视之。这时候,我觉得好像有亿万中国同胞站在我后面支持我的指控,使我几乎泪下。当时全场肃然。[83]

留学日本东京帝国大学的余启昌曾经担任北洋政府大理院院长和修订法律馆总裁,[84]身为留日法学士的余启昌却将从未谋面的身为留美法学士的张志让提拔为大理院法官。据张志让回忆:

> 在京后几年是在大理院做推事,找我去的是当时该院院长余启昌。他当时同我还没见过面,只是在我们所办的《法律周刊》上每期都看到我的写作,他很欣赏。任该院推事需要具备的两种资格,都由他担任去办。他把我的毕业文凭和成绩单送由有关的机关甄别审查合格,代替了法官考试。他与"修订法律馆"联系,将我调到该馆任职一段时间,来代替先在下级法院做过几年推事的资格。这样,我就在该馆做"纂修",约个把月,然后到该院做推事,在院办民事案件。[85]

事实证明,余启昌提拔张志让的原因并非为了拉帮结派,而是因为欣赏张志让的法学功底。张志让到北京大学法律系兼课是系主任王世杰(留法法学博士)邀请的,到北京法政学校兼课则是江庸(留日)邀请的。[86]

在留洋法学精英云集的外交部,是否也有所谓拉帮结派的情况?

北洋政府外交总长陆征祥曾经任用大批留学生，据其自称：

> 我记着许师的话，起用收罗有志青年，各国留学生都有，不分省界，预备培植他们作外交人才……我那时培植六十余青年，我绝不用私人，只选择青年培植，希望造成一传统外交人才。[87]

顾维钧在回忆录中也专门提到陆征祥的用人之道：

> 陆先生把驻外使馆和领事馆改为专业机构，从事外交的人员为职业外交官……他大胆地宣称，只要被推荐的人没有受过外交专业训练，他决不接受。[88]

的确，民国初年出现了一批具有留洋身份的职业外交官群体，但在他们内部之间没有形成留美帮、留法帮、留英帮或者留日帮，他们对外也不依附于政党派别，具有鲜明的独立性。特立独行反而成为他们的优点：

> 所有这些年来，像我、王宠惠博士、汤尔和先生、罗文干博士这样的人一直努力保持我们的独立地位，我们自己没有分外之想。也正因为外界认为我们超然于政争之外，不依附任何政治派系和任何军事集团，所以他们都愿意延纳我们。[89]
>
> ……
>
> 我想，我们的力量就在于不参加他们之间的倾轧，超脱于各派斗争之上。这样，各军事集团就能利用像汤、王、罗、颜和我自己这些文官。我们在人们的心目中，被认为是独立的，未直接卷入政治斗争，更没有参与旨在统治国家的军事斗争。北方军阀之所以相信我们，是因为我们没有统治中国的野心，我们也没有政治组织和军事力量。我们只是为了一个共同的目标，即中国的福利，以个人身份从事工作的。[90]

事实证明，以留学国别划分帮派多属想当然的推测。在顾维钧提到的几位独立外交官中，汤尔和留日、留德，王宠惠留美、留英、留德，罗文干留英，颜惠庆留美，而顾维钧本身则留美，所以这几位职业外交官的留学身份不尽相同，而是集合了留日、留美、留英、留德等因素，他们之所以能够成为亲密的同僚，不是单纯因为他们曾经留学同一国家或者地区，也不是仅仅因为他们曾经是同窗、同乡或者校友，而是由于他们共同具有的独立精神。这种独立精神既体现为对外独立，不依附派别，也体现为对内独立，不拉帮结派。

留英法学博士刁敏谦曾经担任过外交部情报司司长。根据刁敏谦1952年9月8日填写的“高等学校教师调查表”，他的主要社会关系包括如下外交人物：

颜惠庆，师生关系；

王正廷，朋友；

王宠惠，朋友、同乡；

陈友仁，朋友；

顾维钧，圣约翰同班同学；

施肇基，朋友、圣约翰校友；

刁作谦，兄长；

杨光泩，朋友、同事。

刁敏谦的社会关系中，王宠惠、顾维钧、杨光泩三人均为留美法学博士，其余也大都留美，仅其兄长刁作谦留学英国。虽有如此广泛的外交人脉，刁敏谦却很快就转而投身教育界，长期担任圣约翰大学政治学教授，未加入任何政党：

> 我始终没有参加国民党，也没有人来找我入党。我在南京时，入不入党没大关系……[91]
>
> 本人天性胆小，与人为善，只知安分守己，埋头苦干。所充或所兼各职，全系事务性质，毫无政治作用也并未加入任何党派，更无政治关系。[92]

留比法学博士凌其翰在外交部期间，曾经参加留美法科哲学博士顾维钧领导的外交礼节修订小组，因为工作认真负责而受到顾维钧的关注。《我的外交官生涯——凌其翰回忆录》记载了顾维钧说给凌其翰的一段话：

> 你帮我完成委员长交下的任务很辛苦，这次外交礼节草案因主持交际工作的单位原为“科”，经改为“处”，我打算在向委员长交卷时当面推荐你为升格后的处长，不知道你意下如何？[93]

据凌其翰的回忆，顾维钧要提携凌其翰完全不是在拉帮结派：“他（指顾维钧）说时态度很诚恳，确有外交界老前辈提拔后辈的风度。”[94]

以前将留学生人为划分为帮派的做法可能有政治上的因素，而现在则似乎成为研究留学人物的一种时髦做法，“哈佛帮”、“耶鲁帮”、“哥大帮”、“留美帮”、“留欧帮”、“留日帮”等等词汇经常出现在学术著作之中，甚至出现了以某个留学生命名的帮派群体，例如“胡适群”、“胡适派”等等。

笔者发现一个耐人寻味的现象：20世纪上半叶的著述或者报道之中几乎没有留学生帮派之类的提法。搜索信息量较大的“晚清期刊、民国时期期报刊全文数据库”，可以发现，近代发行的报刊，很少出现留学帮派的名词。笔者在该数据库中输入“哈佛帮”、“耶鲁帮”、“哥大帮”、“留美派”、“留英派”、“留日派”、“留德派”、“留苏派”、“留欧派”等词条，其结果均为零，只在“留法派”词条下找到一篇豆腐块文章。[95]

所谓的留学生帮派说，频繁出现于20世纪下半叶及当下。搜索当代学术数据库，会发现结果里面充斥了带有“哈佛帮”、“哥大帮”、“留美派”、“留日派”之类集合性名词的著述，甚至有所谓“老留学生”断言：“今日中国之事不是国民党为共产党所败，而是留美派为非留美派所败。”[96]这种斩钉截铁式的断言固然吸引眼球，但从来没有经过充分论证，充其量只是假设而已。

当然，不能否认有些留学生有意无意地将自己归类为某个似有似无的留学类别。留德博士沈怡在自传中记载：

> 我平素最厌恶留学回来的人，爱分留东、留西，再进一步，还要分留美、留法、留德……留学已无所谓光荣，现在这批人回到国内，还要分别门户，以留学这国或那国骄其国人，岂非更恬不知耻？[97]

《沈怡自述》隐约透露出留学生中有按照国别归类的情况，同时《沈怡自述》也清楚地表明：本身就是留学生的沈怡强烈反对留学门户之见。遗憾的是，这种留学门户说有愈演愈烈之势。

根据笔者对近代留洋法学博士这一群体的研究，并没有发现这一群体具有明显的帮派性，围绕王宠惠、顾维钧、王世杰、周鲠生等等著名留洋法学博士的身边虽然也有各式各样的留洋人物，他们之间也有亲疏不等、错综复杂的关系，也有推荐、提拔自己比较熟悉的人担任职务的情况，[98]但并未形成以某一个人的思想或者行为马首是瞻的帮派组织。相反，中国近代留洋法学博士群体反而具有明显的个体化倾向，很多时候，出身同一学校的法学博士，其人生轨迹并无多少交集。

也许某些帮派天生具有一定的私密性，以至于后人很难找到其存在的证据。即使不排除这种可能性，也应坚持无派推定的原则。笔者所称的无派推定原则是指：帮派之说，在缺乏充分证据的情况下，与其信其有，不如信其无。仅凭留学生师从于同一位老师、毕业于同一所学校、留学于同一个国家、编辑过同一份杂志、发表过同一种观点，就断定当年存在一个哈佛帮、耶鲁帮、留美派、留英派，这是典型的有派推定。假如中国留学生有所谓帮派性，则会出现一个难以自圆其说的矛盾：几乎所有论述哈佛帮、留美派之类的著述都专指 20 世纪上半叶的中国留学生；如果将目光转移到 20 世纪下半叶则会发现，那些所谓形形色色的留学帮派突然全部神秘地消失，不仅在大陆销声匿迹，在台湾也悄无声息，不仅在改革开放前，甚至在改革开放后的留学大潮中也难觅踪迹。难道 20 世纪上半叶中国的土壤特别适合滋生留学帮派？抑或 20 世纪上半叶西方的土壤特别适合培养帮派化的中国留学生？难道 20 世纪下半叶中国留学生群体突然全部自行去除帮派化？抑或 20 世纪下半叶中国的土壤天然排斥帮派化？直到今天，不要说在中国，即使在外国的土地上，也没有听说中国留学生有所谓哈佛帮、留美派。是中国当代留学生突然个体化了，还是中国近代留学生被人为地帮派化了？是中国社会的变更彻底消除了留学生的帮派化，还是为了迎合当代“学术”的需要而陆续炮制出原本并不存在的近代留学生帮派？

不管最终目的为何，虚构或者空想出来的帮派之说经不起历史的检验。单个留学生可以游离于帮派之外而逍遥自在，一群留学生也可以不用组织帮派而依然和平共处。无论是以政治为目的还是以其他某种共同利益为目的的帮派，至少在留洋法学博士层面，似乎都未曾产生。

中国近代留学生可以视为一个群体，中国近代留洋法学博士也可以根据博士身份大致看作一个群体，但是否可以划分帮派，则需要考证。遗憾的是，现有的留学生帮派之说通常缺乏严谨的考证，而帮派之类新词汇的出现往往是为了迎合某种学术上的需要，仿佛缺少帮派一词就缺少研究成果的抽象性、学术性，就不能彰显作者的归纳能力和创新能力。如今学术研究中将留学生人为划分为帮派的行为已经非常普遍，几乎到了无留不帮、无学不派的程度。

实际上，中国近代留洋法学博士群体不仅没有形成一个明显的帮派特色，在有些特殊时刻甚至出现留学生群体内部矛盾重重的情况，留学同一国家的博士因为政见不同而互不往来甚至大打出手的情况也出现过。1949 年 10 月，凌其翰（留比法学博士）、孟鞠如（留法法学博士）、唐祖培（留法法学博士生）等支持新政权的人与陈雄飞（留法法学博士）、芮正皋（留法法学博士生）、廖仲琴（留法法学博士生）等支持旧政权的人在驻法使馆中发生了剧烈的冲突，这一冲突过程在双方代表人物（如凌其翰、芮正皋）的回忆录中得到详细展示。不仅政见会导致留学群体的分裂，同一学校的中国留学生甚至会因为公费、自费的不同而关系不等，即使有同学会之类的社团，也主要限于交谊活动。王化成 1923 年 12 月 25 日从美国明尼苏达大学写给《清华周刊》一封信，里面提到中国留学生之间的关系问题：

> 中国学生在明校的约二十人，清华学生占去九人。他们不团结，所以处处还是只见清华的人在活动……在学校以外，我们城里有一个中国学生会。其中凡曾上过高等学堂，经会友介绍通过后，即得加入。每月开会一次，大吃一番，舞跳一回。[99]

从另一角度看，中国近代留洋法学博士固然少有拉帮结派、结党营私，但是各自为战，缺乏合力，不够团结，这未尝不是限制其社会影响和国家贡献的原因之一。民国时期就有人指出：

> 已回国之留美学生，他们未能联合一气，对政府军阀一致奋斗，

以作国民之领袖:如王正廷、颜惠庆、顾维钧辈,乃号称留学生中之表率者,然未尝宣布一种不变之主张,仅随政潮上下。[100]

在否定留洋法学博士帮派之说的同时,笔者并不否认留洋法学博士之间存在各式各样的关系,如师生关系、同学关系、朋友关系、同事关系等。基于这些关系,他们之间可能有不同程度的影响力。例如,东吴法学院校友在选择留学国别、留学高校、留学学位方面就存在明显的相似性,显然,前辈学长们传习下来的留学经验、口碑直接影响到后辈学子的留学选择。

张志让曾经于1917年至1920年在哥伦比亚大学法学院学习,取得法学士学位(LL.B.)。张志让在自传中将其赴美留学的背景和动机交代得清清楚楚,这是珍贵的历史资料,对于研究留美法学教育具有重要的意义。虽然张志让本身不是留美法学博士,但从这份自传中可以看到早期留美法学博士王宠惠对于张志让的影响:

我出国留学,也无非是按照当时一般看法,认为外国大学比中国大学好。决定赴美,也只是因为当时中国学生留美的多,复旦毕业生资格已为美国的大学所承认,可当然插入相当年级。至于选读法律,则完全出于偶然触发之一念。当时著名法学家王宠惠在复旦授课,他曾对学生说,美国大学各社会科学中以法律为最难读,肄业时间最长。当时我就想,我留美时倒要选习这一门最难得学科。这样后来就选定了法律系。[101]

抗战期间,杨兆龙曾在复旦大学法学院兼职任教,抗战结束后,因为职务繁忙,杨兆龙申请辞去复旦的兼职,同时推荐其东吴及哈佛校友章任堪代为兼课。下面是杨兆龙致复旦大学法学院院长张志让的辞职信正文:

弟以法部首批人员,匆匆离渝,未克告辞为歉。抵京后,以公私猬集,百端待理,久稽函候,尤感不安。复旦课程,势难兼顾。拟恳另聘他人担任。章任堪兄,长于国际私法,且对比较法亦有相当研究,如一时无人，似可邀请兼课，不识尊意以为如何？

弟对于教课极感兴趣，且引以为终身职业。此次实出于不得已。将来如有机会，当继续效力，以补不足……[102]

杨兆龙推荐章任堪兼课，固然有校友之谊，但更重要的是，章任堪足以胜任此教职。章任堪在哈佛大学法学院的博士专业就是国际私法，原本就在著名的朝阳学院任教，讲授国际私法等。杨兆龙推荐章任堪，可谓举贤不避友。

留德法学博士刘克俊回国之后，遇到留法法学博士周鲠生。两人在德国就认识。周鲠生告诉刘克俊，王世杰（留法法学博士）即将担任法制局局长，想邀请刘克俊去法制局工作。此前刘克俊并不认识王世杰。[103]刘克俊 1946 年担任中央大学法学院教授是受中大校长吴有训所邀，[104]两人之间并无任何裙带关系。刘克俊在其自传中称："我在反动政府各机关工作，是抱着一种纯技术观点，因此，与这些首长没有任何政治关系。"[105]

总的来说，留学生之间的派别之争多在学业层次较低者中发生，甚少在博士层面进行。博士学业繁重，学生应付考试、论文、答辩尚且不暇，较少有人积极参与派系之争或者政见之争，主动参党结社的法学博士少之又少。哈耶克指出："一般说来，各个人的教育和知识越高，他们的见解和趣味就越不相同，而他们赞同某种价值等级制度的可能性就越少。"[106]

本章小结

围绕中国近代留洋法学博士的争议由来已久，其中既有理性的赞扬与批判，也有感性的傲慢与偏见。国人好功名，亦好臧否：真博士看不起假博士；博士看不起非博士（有时非博士也看不起博士）；名校博士看不起非名校博士；名导师的博士看不起普通导师的博士；国家博士看不起大学博士；某国博士看不起他国博士；某洲博士看不起他洲博士；官费博士看不起自费博士（官费博士中的庚款博士又看不起拿其他奖学金的博士）；长学制博士看不起短学制博士；富贵之家出身的博士看不起贫寒之家出身的博士；男博士看不起女博士；年轻博士看不起年长的博士；学术性博士看不起职业性博士；有博士论文的博士看不起无博士论文的博士，而在有博士论文的博士中，研究外国问题的博士又看不起研究中国问题的博士；留在外国工作的博士看不起回到中国的博士(回到中国工作的博士有时也看不起留在外国工作的博士)；从政的博士看不起从学的博士(学而优则仕)，从学的博士看不起经商的博士……林林总总，不一而足。是耶非耶，留待后人评说。

注释

1. 曹伯言整理:《胡适日记全编 1928—1930》(5)，安徽教育出版社 2001 年 10 月第 1 版，第 809 页。

2. 凌其翰著:《我的外交官生涯——凌其翰回忆录》，中国文史出版社 1993 年 4 月第 1 版，第 2 页。

3. 李季伟遗著:《留法勤工俭学亲历》，载中国人民政治协商会议四川省委员会文史资料研究委员会:《四川文史资料选辑》第 23 辑，四川人民出版社 1980 年版，第 147 页。

4. 吴宓著，吴学昭整理注释:《吴宓日记》第五册，1930—1933，三联书店 1998 年 3 月第 1 版，第 186 页。

5. 李璜:《学钝室回忆录》，台湾传记文学出版社 1973 年 7 月版，第 45—46 页。

6. 周鲠生:《领事裁判权问题》，《法学季刊》，1922 年 7 月，第一卷第二期，转引自王健著:《中国近代的法律教育》，中国政法大学出版社 2001 年 10 月第 1 版，第 320 页。

7. 丁作韶:《巴黎中国留学生生活漫谈》，《教与学》1935 年第 1 卷第 1 期，第 255—261 页。

8. 韩闻痌:《官费留学应加以统制》，《时代公论》1934 年，第 29 期，第 25 页。

9. 同上书，第 26 页。

10. 邹韬奋:《法学博士的来路纠纷》，《生活周刊》1930 年 9 月 14 日，第 5 卷第 40 期，转载于《韬奋全集》第三卷，上海人民出版社 1995 年 10 月第 1 版，第 203—204 页。

11. 晏阳初:《农民抗战与平教运动之溯源》，载《晏阳初文集》第一卷，第 536 页。

12. 杨杏佛:《求学与雪耻》(1925 年 5 月 9 日讲演)，载上海理工大学档案馆编:《沪江大学学术讲演录》，上海交通大学出版社 2011 年 10 月第 1 版，第 182 页。

13. 王宠惠:《中华民国宪法刍议》(1913 年 3 月)，载《王宠惠法学文集》，法律出版社 2008 年 8 月第 1 版，第 5 页。

14. 伍朝枢、徐元诰、王宠惠：《审查刑法草案意见书》（1928 年 3 月），见《王宠惠法学文集》，法律出版社 2008 年 8 月第 1 版，第 266 页。

15. 谢怀栻：《大陆法国家民法典研究》，载《谢怀栻法学文选》，中国法制出版社 2002 年版，第 457 页。

16. 同上书，第 465 页。

17.《吴经熊序言》，载孙晓楼著：《法律教育》，商务印书馆 1935 年 3 月初版。

18. 孙晓楼著：《法律教育》，商务印书馆 1935 年 3 月初版，第 216 页。

19. 笔者注：谢部长指谢冠生。谢冠生是法国巴黎大学法学博士，参见本书第四章。

20. 杨兆龙 1946 年 9 月 24 日致庞德函，载《杨兆龙法学文集》，法律出版社 2005 年 4 月第 1 版，第 470 页。

21. 王宠惠：《今后司法改良之方针（二）》，《法律评论》第 6 卷第 22 期，1929 年 3 月 10 日出版，第 42 页。

22. 梅汝璈：《陪审制》，《国立武汉大学社会科学季刊》第 2 卷第 4 号，1932 年，第 739 页。

23. 杨兆龙哈佛大学博士论文，《中国司法制度的现状及问题研究——同外国主要国家相关法制之比较》，1935 年 5 月，中文译本载《杨兆龙法学文集》，法律出版社 2005 年 4 月第 1 版，第 64—65 页。

24. 杨兆龙哈佛大学博士论文，《中国司法制度的现状及问题研究——同外国主要国家相关法制之比较》，1935 年 5 月，中文译本载《杨兆龙法学文集》，法律出版社 2005 年 4 月第 1 版，第 66—67 页。

25. [美]庞德：《近代司法的问题》，1947 年 11 月在全国司法行政检讨会议上的报告，杨兆龙译，载《杨兆龙法学文集》，法律出版社 2005 年 4 月第 1 版，第 479—493 页。

26. [美]庞德：《法律教育第一次报告书》（1946 年 9 月），杨兆龙译，载《杨兆龙法学文集》，法律出版社 2005 年 4 月第 1 版，第 514 页。

27. 孙晓楼：《大学教育应行改进的几点》，载《教育杂志》第 25 卷第 11 号，1935 年 11 月 10 日，第 49 页。

28. 梅汝璈：《清华学生之新觉悟》，载《清华周刊》第 286 期，1923 年 9 月 20 日，第 4 页。

29. 王子衡：《九一八事变前后日寇和汉奸在东北的阴谋活动》，载《文史资料选辑》第 17 辑，中华书局 1961 年 5 月第 1 版，第 97 页。

30. 周泽春著：《四十年外交纪略》，载《近代史资料》1957 年第 2 期，第 100 页。

31.《外交生涯一甲子：陈雄飞先生访问纪录》上篇，台北，“中研院近代史研究所”,2016年12月初版,第57页。

32. 宕越,《留学生的种种》,《时代与教育》,1931年第1卷第1期,第16页。

33. 大白:《介绍“殊为难得”的“大批法学博士”》,《黎明》1926年7月18日,第128页。

34. 周劭,浙江镇海人,1940年6月毕业于东吴大学法学院法律学系,见周劭东吴大学毕业证书,中国第二历史档案馆,档号五-6352,第84页。

35. 周劭:《旧上海的律师》,载周劭著:《黄昏小品》,上海古籍出版社1995年7月第1版,第191—192页。笔者注:周劭这段介绍中有明显错误之处,王宠惠取得的是美国耶鲁大学的民法学博士(D.C.L.),而非英国的博士。

36. 宕越:《留学生的种种》,《时代与教育》,1931年第1卷第1期,第16页。

37. [美]庞德:《从欧美法律教育的经验谈到中国法律教育》,杨兆龙翻译,载《杨兆龙法学文集》,法律出版社2005年4月第1版,第535页。

38. 同上。

39. 倪征燠:《淡泊从容莅海牙》,法律出版社1999年4月第1版,第20—21页。

40. 杨公使祝辞,法政速成科第一班卒业证书授予式,明治三十八年六月四日,载《清国留学生法政速成科卒业生履历》,载日本法政大学大学史资料委员会编:《清国留学生法政速成科纪事》,裴敬伟译,广西师范大学出版社2015年9月第1版,第36页。

41. 参见《法政大学清国留学生法政速成科卒业生履历》,载日本法政大学大学史资料委员会编:《清国留学生法政速成科纪事》,裴敬伟译,广西师范大学出版社2015年9月第1版,第177—204页。

42. 1927年6月南京国民政府教育行政委员会颁布的《大学教员资格条例》第8条规定:“外国大学研究院研究若干年,得有博士学位,而有相当成绩者”,可以担任副教授。中国当时的高校没有正式开展博士教育,所以国内高校毕业的学生最多取得硕士学位,很难与外国大学培养的博士进行公平竞争。

43. 例如,傅斯年1919年考取山东省官费,先后留学英国(伦敦大学)、德国(柏林大学),1926年底回国。参见傅乐成著:《傅孟真先生年谱》,台北,文星书店,1964年初版,第18页。

44. 值得注意的是,这7人当中,苏筠伯(松茂,浙江宁波人,东吴法学院第八届)取得的是密歇根大学法学硕士学位;姚希琛(江苏常熟人,东吴法学院第七届)取得的也是密歇根大学法学硕士。见《私立东吴大学法学院一览》,1936年,第68、70页。

45.《学位与学问》,载《清华周刊》,1924年11月7日,第325期,第11页。

46. 刘卫翔:《韩德培先生传略》,载《韩德培文选》,武汉大学出版社1996年版,第7页。

47. 杨绛:《我们仨》,三联书店2003年第1版,第90页。

48. 陈封雄:《燕大文史资料》(第五辑),北京大学出版社 1991 年版。

49. 见蓝曼 1921 年 6 月 5 日写给中国留美学生监督严恩槱的信,转引自吴学昭著:《吴宓与陈寅恪》增补本,三联书店 2014 年 9 月第 1 版,第 35 页。

50. 萧公权:《萧公权文集·问学谏往录》,中国人民大学出版社 2014 年 11 月第 1 版,第 44 页。

51. 邓广铭:《回忆我的老师傅斯年先生》,载《邓广铭全集》第 10 卷,河北教育出版社 2005 年 7 月第 1 版,第 305—306 页。

52. 张奠宙:《学术生涯与爱国情怀——王浩先生访谈》,http://www.mmrc.iss.ac.cn/wtwu/071218.htm。

53. 笔者注:耶儿大学校即耶鲁大学。

54. 笔者注:哥林彼亚大学校即哥伦比亚大学。

55. 笔者注:"宫保"指盛宣怀。

56.《盛宣怀档案选编》第 86 册,上海古籍出版社 2015 年第 1 版。

57. 季羡林:《留德十年》,载《季羡林全集》第四卷,外语教学与研究出版社 2009 年 7 月第 1 版,第 471 页。

58.《冯友兰自述》,河南人民出版社 2004 年 5 月第 1 版,第 67 页。

59. 陈怀宇:《在西方发现陈寅恪》,三联书店(香港)2015 年 5 月第 1 版,第 31 页。

60. 同上书,第 42 页。

61. 何勤华主编:《中国法学家访谈录》第一卷,北京大学出版社 2010 年 1 月第 1 版,第 464 页。

62. 同上。

63. 参见卞慧新:《我们非常需要一部翔实的〈吴宓传〉》,载清华校友通讯丛书《校友文稿资料选编》第三辑,第 116 页,转引自吴学昭著:《吴宓与陈寅恪》(增补本),三联书店 2014 年 9 月第 1 版,第 47 页。此外,还有关于梁启超推荐陈寅恪到清华任教的记载,参见陈哲三:《陈寅恪先生轶事及其著作》,载《追忆陈寅恪》,社会科学文献出版社 1999 年版,第 86 页。

64. 端木正:《读韩德培传记有感》,载《端木正文集萃》,中山大学出版社 2004 年 11 月第 1 版,第 129 页。

65. 杨杏佛:《求学与雪耻》(1925 年 5 月 9 日讲演),载上海理工大学档案馆编:《沪江大学学术讲演录》,上海交通大学出版社 2011 年 10 月第 1 版,第 182—183 页。

66. 宕越:《留学生的种种》,《时代与教育》1931 年 12 月 1 日,第 1 卷第 1 期,第 15—16 页。

67. 张若谷:《若谷随笔自序》,《良友》1927 年 9 月 30 日,第 19 期,第 28 页。

68. 柏园 1930 年 10 月 18 日从美国意城寄给"建国月刊社"的信,《建国月刊》1930 年 12 月,第 4 卷第 2 期,第 141 页。

69. 郭玉贵著:《美国和苏联学位制度比较研究——兼论中国学位制度》,复旦大学出版社 1991 年 9 月第 1 版,第 4 页。

70. 王光祈:《留学与博士》,载生活周刊社编辑:《深刻的印象》,生活书店发行,1932 年 6 月,第 258 页。

71. 金沛仁:《国民党法官的训练、使用与司法党化》,载《文史资料选辑》第 78 辑,文史资料出版社 1982 年 2 月第 1 版,第 99 页。

72. 同上书,第 101 页。

73. 同上书,第 79 页。

74. 裘孟涵:《CC 渗透的国民党司法界》,载《文史资料选辑》第 78 辑,文史资料出版社 1982 年 2 月第 1 版,第 93 页。

75. 同上书,第 94 页。

76. 同上书,第 95 页。

77. 倪征日奥:《淡泊从容莅海牙》(增订版),北京大学出版社 2015 年 8 月版,第 56 页。

78. 同上书,第 58 页。

79. 同上书,第 60 页。

80. 同上书,第 89 页。

81. 同上书,第 133 页。

82. 同上书,第 133 页。

83. 同上书,第 149—150 页。

84. 余樾:《余启昌先生简况》,载中国人民政治协商会议北京市委员会文史资料研究委员会编:《朝阳法学摇篮》,1991 年,第 32—33 页。

85.《张志让自传》,载《文史资料选辑》第 85 辑,文史资料出版社 1983 年 1 月第 1 版,第 95—96 页。

86. 同上书,第 96 页。

87. 罗光:《陆征祥传》,第 84 页。

88.《顾维钧回忆录》第 1 分册,中华书局 1983 年 5 月第 1 版,第 101 页。

89. 同上书,第 266 页。

90. 同上书,第 297 页。

91. 刁德仁(敏谦):《上海圣约翰大学思想批判总结》,转引自张伟群著:《四明别墅对照记——上海一条弄堂诸史》,中央编译出版社 2013 年 1 月第 1 版,第 377 页,脚注 1。

92.《刁德仁自传》(1952 年),转引自张伟群著:《四明别墅对照记——上海一条弄堂诸史》,中央编译出版社 2013 年 1 月第 1 版,第 378 页注释 1。

93.《我的外交官生涯——凌其翰回忆录》,中国文史出版社 1993 年 4 月第 1 版,第51页。

94. 同上。

95. 徐大风:《中共中的留法派》,载《沪光》1946年第2期第3页。

96. 载邵玉铭:《保钓风云录》,台北,联经出版社2013年1月初版,第172页。

97. 沈怡:《沈怡自述》,中华书局2016年3月第1版,第104页。

98. 胡适晚年回忆:"过去我和亮畴先生(即王宠惠)闹翻了的。司法一贯独立的制度,从前清起到民初,一直到罗文干、董康几个人,都能严格维持下来。到了亮畴先生,他纵容魏××、郑××(笔者注:应指魏道明、郑毓秀)两人在上海的胡闹,把这个制度弄坏了,我很生气。"见胡颂平编著:《胡适之先生年谱长编初稿(补编)》,台北,2015年6月,第395页。

99. 王化成:《明城大学》,载《清华周刊》1924年5月16日,第314期,第43页。

100. 陈之长,《留学生之当头棒喝》,载《清华周刊》1925年第24卷第1期,第54页。

101.《张志让自传》,载《文史资料选辑》第85辑,文史资料出版社1983年1月第1版,第95页。

102.《杨兆龙致张志让信函》(1945年12月26日),载《复旦大学档案馆馆藏名人手札选续集》,复旦大学出版社2005年5月第1版,第156—157页。

103. 刘克俊亲笔自传,1951年7月23日撰写,龚汝富教授提供。

104. 同上。

105. 同上。

106. [英]弗里德利希·奥古斯特·哈耶克著:《通往奴役之路》,王明毅、冯兴元等译,中国社会科学出版社2015年12月修订版,第154页。

第十一章　近代留洋法学博士的历史贡献

近代留洋法学博士对于中国的贡献是多方面的，其最突出的贡献集中在法律方面，但其整体贡献超越了法律的范畴，在政治、外交等方面均有显著成就。

第一节　近代留洋法学博士的立法贡献

立法是法治的基础。近代立法始于清末，在民国初期逐步发展。近代留洋法学博士对于立法的贡献可以从 1928 年到 1948 年这二十年间的立法委员身份中得到部分证明。

第一届到第四届立法委员是任命制，人数较少。第一届 4 位具有法学博士学位的立法委员全部留学法国；第二届立法委员中有 3 位法学博士，分别留法、留德、留瑞；第三届立法委员中有 5 位法学博士，除保留第

表 11.1　1928 年第一届立法委员中的留洋法学博士

序号	人　名	籍　贯	留洋学校	博士类别	博士取得年代
1	戴修骏	湖南常德	法国巴黎大学	法学博士（政治与经济学）	1925
2	周鲠生	湖南长沙	法国巴黎大学	法学博士	1920
3	王世杰	湖北崇阳	法国巴黎大学	法学博士	1920
4	郑毓秀	广东宝安	法国巴黎大学	法学博士	1925

资料来源：本表由笔者根据谢振民《中华民国立法史》所附“立法院立法委员表”以及本书第四章内容编制。

表 11.2　第二届立法委员中的留洋法学博士

序号	人　名	籍　贯	留洋学校	博士类别	博士取得年代
1	戴修骏	湖南常德	法国巴黎大学	法学博士(政治与经济学)	1925
2	刘克俊	江西安福	德国慕尼黑大学	法学博士	1927
3	周　纬	贵州镇远	瑞士佛莱堡大学	法学博士	1917

资料来源:本表由笔者根据谢振民《中华民国立法史》所附“立法院立法委员表”以及本书第四、六、七章内容编制。

表 11.3　第三届立法委员中的留洋法学博士

序号	人　名	籍　贯	留洋学校	博士类别	博士取得年代
1	戴修骏	湖南常德	法国巴黎大学	法学博士(政治与经济学)	1925
2	刘克俊	江西安福	德国慕尼黑大学	法学博士	1927
3	周　纬	贵州镇远	瑞士佛莱堡大学	法学博士	1917
4	吴经熊	浙江鄞县	美国密歇根大学	J.D.	1921
5	盛振为	江苏上海	美国西北大学	J.D.	1926

资料来源:本表由笔者根据谢振民《中华民国立法史》所附“立法院立法委员表”以及本书第一、四、六、七章内容编制。

表 11.4　1935 年第四届立法委员中的留洋法学博士

序号	人　名	籍　贯	留洋学校	博士类别	博士取得年代
1	戴修骏	湖南常德	法国巴黎大学	法学博士(政治与经济学)	1925
2	刘克俊	江西安福	德国慕尼黑大学	法学博士	1927
3	周　纬	贵州镇远	瑞士佛莱堡大学	法学博士	1917
4	吴经熊	浙江鄞县	美国密歇根大学	J.D.	1921
5	盛振为	江苏上海	美国西北大学	J.D.	1926
6	夏晋麟	浙江鄞县	英国爱丁堡大学	哲学博士	1922
7	梅汝璈	江西南昌	美国芝加哥大学	J.D.	1928

资料来源:本表由笔者根据 1935 年 2 月编印的《立法院职员录》及本书第一、三、四、六、七章有关内容统计而成。

二届 3 位之外,增加了 2 位留美法学博士;第四届则在第三届 5 位的基础上,又增加了 2 位新的留洋法学博士,并第一次出现了留英法学博士。在第四届的 7 位博士立委中,担任立法院法制委员会委员的有:戴修骏、刘克俊、盛振为、梅汝璈;担任立法院外交委员会委员的有:吴经熊、周纬、夏晋麟;担任立法院民法委员会委员的有:吴经熊、夏晋麟;担任立法院刑法委员会委员的有：刘克俊、盛振为；担任立法院商法委员会委员的有戴修骏。[1]

表 11.5　1948 年行宪第一届立法委员中的留洋法学博士(含政治学博士)

序号	人　名	籍　贯	留洋学校	博士类别	博士取得年代
1	徐汉豪(递补)	江苏崇明	南锡大学	法学博士	1931
2	钱清廉(候补)	江苏昆山	伦敦大学	Ph.D.	1936
3	郑文礼	浙江东阳	巴黎大学	法学博士	1926
4	张庆桢	安徽滁县	西北大学	J.D.	1930
5	梅汝璈	江西南昌	芝加哥大学	J.D.	1928
6	程琇	江西新建	南锡大学	法学博士	1935
7	戴修骏	湖南常德	巴黎大学	法学博士(政治与经济学)	1925
8	赵振洲	河南封丘	巴黎大学	法学博士	1931
9	丘汉平	福建海澄	美国国家大学	S.J.D.	1929
10	苏希洵	广西武鸣	巴黎大学	法学博士	1920
11	郑毓秀	广东宝安	巴黎大学	法学博士	1925
12	马君硕(候补)	江苏南通	纽约大学	J.S.D.	1936
13	钱剑秋(递补)	江苏镇江	西北大学	J.D.	1930
14	陈汝舟	广东台山	巴黎大学	法学博士	1940
15	端木恺	安徽当涂	纽约大学	J.S.D.	1927
16	张道行	江苏常熟	爱荷华州立大学	政治学博士	1934
17	崔书琴	河北故城人	哈佛大学	政治学博士	1933
18	梁朝威	广东开平	约翰斯·霍普金斯大学	政治学博士	1930
19	张纯明	河南洛宁	耶鲁大学	政治学博士	1931
20	张汇文	山东临朐	斯坦福大学	政治学博士	1932
21	程天放	江西新建	多伦多大学	政治学博士	1926
22	谢保樵	广东南海	约翰斯·霍普金斯大学	政治学博士	1923
23	程思远	广西宾阳	罗马大学	政治学博士	1937
24	丘昌渭	湖南芷江	哥伦比亚大学	政治学博士	1928

资料来源：本表由笔者根据《行宪第一届立法委员录》(1948 年 7 月立法院秘书处编印)及其他资料编制。

1948年选举出来的行宪第一届立法委员共计759名，其中具有留洋法政博士背景的共计24名（包括递补立法委员），占立法委员总数的3.2%。戴修骏从1928年到1948年，连续担任立法委员，可谓立法委员中的常青树，是近代留洋法学博士担任立法委员届数最多的一个。当然，仅立法委员的身份并不足以证明他们对于民国立法的作用。近代留洋法学博士不仅在身份上具有参与近代立法的资格，在实际上也为近代立法作出了重大贡献。

1918年，北洋政府设立修订法律馆，留美法学博士王宠惠和留德法学博士马德润曾经担任总裁。修订法律馆调查各省民事习惯，完成民律总则、债、物权、亲属、继承各编草案。1929年1月，立法院组成民法起草委员会，委员包括傅秉常、史尚宽、焦易堂、林彬、郑毓秀。立法院专门聘请司法院长王宠惠、考试院长戴传贤及法国人宝道（Georges Padoux，又译巴度）为民法起草顾问。在不到三年时间内，民法总则、债编、物权编、亲属编和继承编依次完成，构成一部完整的现代民法典。1929年，留英法学博士夏晋麟应邀参加中国民法典起草委员会的工作，任务是民法典的编辑和翻译工作。在委员会三位秘书（周福庆、刘铠、张毓昆）和委员会顾问法国人宝道的帮助下，中国民法典的英译本于1931年由上海的别发公司（Kelly and Walsh）出版。[2]法学名家韩德培在晚年评价道："当时的民法典，即使现在看起来也相当好，并非是完全违反马列主义的。"[3]

1927年，王宠惠编写了《刑法草案》，该草案"于中西法学家学说，及一切现情，斟酌损益，折中至当"[4]。王宠惠的草案其实是修订法律馆《刑法第二次修正案》的延续和发展。王宠惠的草案采用了最新的法例，例如从新兼从轻原则。还专章规定了"海洋行劫"罪（即海盗罪）、贩卖吗啡、海洛因等毒品罪，区分杀人罪与伤害罪，将盗窃与强盗罪分开。这些都突破了民国初年施行的以《大清新刑律》为基础的《暂行新刑律》。

时任国民政府法制局局长的王世杰（留法法学博士）撰写了《修正刑法草案意见书》，对王宠惠的《刑法草案》提出了详细的意见，其中特别值得一提的是关于奸淫女子的年龄问题。《刑法草案》沿用旧律，规定奸淫未满12岁之女子，以强奸论。王世杰建议将此项年龄改为14岁。这一标准至今仍然为我国刑法所采用。[5]王宠惠起草的《刑法草案》以及王世杰提交的《修正刑法草案意见书》构成了1928年7月1日施行的《中华民国刑法》的基础。

从 1931 年开始，国民政府立法当局着手制订《刑法修正案》，在刑法起草委员会中也有留洋法学博士——盛振为（美国西北大学法学博士）。在该修正案的讨论中，也不乏留洋法学博士的真知灼见，例如戴修骏（巴黎大学政治与经济学专业法学博士）关于和奸罪的意见，[6]周纬（巴黎大学法学博士）关于传染花柳病处罚的意见等等。[7]

中国近代留洋法学博士对于国际立法方面也有所贡献。留英法学博士郑斌是举世公认的航空法与外层空间法权威，对于 1999 年《蒙特利尔公约》的制定起到了核心的作用。[8]

第二节　近代留洋法学博士的司法贡献

徒法不足以自行，仅有立法并不能解决所有问题，还需要法律的实施，需要实施法律的法治精神。德国柏林大学法学博士马德润，在军阀统治时期即呼吁在立法的同时要有守法的精神：

> 吾国改建民主国体，于今十有一年矣。方改建之初，非不亟亟焉制法、订律，以期步武法美，构成一完全法治国。乃无何而洪宪乱国，无何而武人干政，若辈欲为无遮放任之自由，而恶法律之害己也，争先破除之以为快。于是吾国法律，将定而倏毁，旋复而仍坏。譬犹向荣之木，忽摧于飘摇，更张之弦，复乱其节奏。是故号称民国十有余年，而法制之不良如故，法守之不讲如故，且加厉焉。呜呼，不轨不物，国之能存者幸也。今欲纳民轨物，必自恢复法治始。顾此非可一蹴几也。以言国家，则国会若存而若亡，宪法起草而未成，根本大法且未备，而欲图合法之统治，是何异擿埴而索途？以言人民，则多数感受军阀纷争之苦痛，救死不瞻，奚暇法治？虽然，其将忍与终古乎？在昔帝制时代之政治家，犹曰'天下兴亡，匹夫有责'，矧国体既为民主，其主权固在国民，国民不先自鼓吹法治，则恢复之期终远。[9]

中国近代留洋法学博士回国后所从事的职业，除了教书育人的职业之外，很多人选择从事司法职业，对于中国司法制度的建设具有重大贡献，其影响和作用是多方面的，体现在审判制度、检察制度、警察制度、司法行政制度等诸多方面。下表是各级法院院长、庭长、检察长、最高院大法官的近代留洋法学博士一览表。

表 11.6　担任各级法院院长、庭长、检察长、最高院、司法院大法官的近代留洋法学博士

序号	人　名	司法机构/职务/任期	博士毕业学校及时间
1	王宠惠	大理院院长、司法院院长	1905 年耶鲁大学
2	周泽春	1912 年京师高等检察厅厅长，京师地方审判厅厅长	1909 年柏林大学
3	郑天锡	1919 年大理院推事	1916 年伦敦大学
4	吴昆吾	1947 年 6 月江西高等法院院长	1919 年日内瓦大学
5	燕树棠	1948 年任司法院大法官	1920 年耶鲁大学
6	梁仁杰	北京政府大理院推事，上海公共租界临时法院刑庭庭长，1928 年 1 月最高法院推事，1929 年 12 月至 1947 年 6 月江西高等法院院长，1931—1936 年江苏高等法院第三分院院长，1948 年 12 月兼江苏高等法院院长	1920 年巴黎大学
7	苏希洵	1949—1958 年台湾司法院大法官	1920 年巴黎大学（政治经济学专业）
8	赵　冰	南昌、厦门、中山等地地方法院院长、湖北高等法院院长	1921 年伦敦大学
9	吴经熊	上海公共租界临时法院院长（1929 年 8—11 月）	1921 年密歇根大学
10	何世桢	上海公共租界临时法院院长（1928—1929 年）	1922 年密歇根大学
11	徐恭典	1945 年最高法院推事	1922 年西北大学
12	谢瀛洲	1934 年广东高等法院院长， 1948 年 7 月最高法院院长	1924 年巴黎大学
13	刘懋初	1930—1932 年江苏上海地方法院检察处首席检察官	1925 年里昂大学
14	郑毓秀	上海公共租界临时法院院长	1925 年巴黎大学
15	乔万选	1936 年江苏高等法院第三分院首席检察官	1926 年芝加哥大学
16	郑文礼	1930 年浙江高等法院院长；江苏高等法院院长（1947—1948 年）	1926 年巴黎大学
17	刘之谋	武昌地方法院院长	1926 年鲁文大学
18	刘克俊	1948 年任司法院大法官	1927 年慕尼黑大学
19	倪征	江津法院首席检察官（1942 年），重庆地方法院院长（1943—1944 年）	1929 年斯坦福大学

(续表)

序号	人　名	司法机构/职务/任期	博士毕业学校及时间
20	杨　琦	1938年贵州高一分院首席检察官,上海第二特区地方法院院长。永嘉地方法院院长	1929年鲁文大学
21	章任堪	最高法院推事(1939年署,1942年任)	1931年哈佛大学
22	查良鉴	重庆地方法院院长(1944—1945年),上海地方法院院长(1945—1949年)	1931年密歇根大学
23	杨兆龙	最高法院检察署首席检察官(1949年)	1935年哈佛大学
24	黄正铭	1952年台湾司法部门大法官	1936年伦敦大学
25	何任清	台湾嘉义地方法院推事、庭长、台湾高等法院推事(1953年)	1936年图卢兹大学
26	洪应灶	台湾司法部门大法官	1938年印第安纳大学
27	金世鼎	首都高等法院刑事第一庭庭长(1945年),1948年12月任最高法院推事兼书记官长,台湾司法部门大法官(1957年)	1940年巴黎大学
28	端木正	最高人民法院副院长(1990—1995年)	1950年巴黎大学

资料来源:本书第一至七章。

近代留洋法学博士担任过民国各级司法部门的最高职务,包括大理院院长、司法院院长、司法行政部部长、最高法院检察署检察长,以及各省级法院院长及首席检察官、地方法院院长及首席检察官。此外,司法行政部法官训练所首任所长是留法法学博士谢瀛洲,教务主任是留法法学博士(政治经济学专业)苏希洵。这种从中央到地方大规模重用留洋法学博士的情况是民国司法界的一个突出现象。然而值得注意的是,1928年至1949年间,近代留洋法学博士担任最高法院推事的人并不多见,历年只有梁仁杰、章任堪、徐恭典、金世鼎四人而已。这在最高法院推事群体中所占比例很小。

在表11.6中,没有发现留美法科哲学博士担任各级法院院长、检察长的情况,留美法科哲学博士的活动舞台主要是外交界和学术界,而非司法界。

根据1932年《司法行政部职员录》,当时任职于司法行政部的很多官员都有留洋背景。例如,当时担任司法行政部的部长的是罗文干,他是留英硕士并取得英国大律师资格(Inner Temple),两位次长均是留洋法学博士。表11.7是1932年在司法行政部任职的留洋法学博士。

表 11.7　1932 年司法行政部的留洋法学博士

人　名	职　务	留学国家	留　学　学　校
何世桢	政务次长	美国	1922 年密歇根大学
郑天锡	常务次长	英国	1916 年伦敦大学
杨兆龙	秘书科长	美国	1935 年哈佛大学
钱　泰	参事	法国	1914 年巴黎大学
苏希洵	总务司司长	法国	1920 年巴黎大学(政治经济学专业)
倪征日奥	编纂室	美国	1929 年斯坦福大学
徐恭典	编纂室	美国	1922 年西北大学
查良鉴	编纂室	美国	1931 年密歇根大学

资料来源:根据 1932 年《司法行政部职员录》和本书第一、二、三、四章有关内容编制。

与 1912 年司法部职员相比,1932 年的司法行政部职员的学历背景明显提高。在 1912 年司法部职员中,除了在 7 月份辞去司法部长的王宠惠是留洋法学博士外,只有马德润一人具有博士学位。[10] 此外,1912 年司法部职员中绝大多数毕业于日本的法律学校,主要是日本法政大学,只有极少数人具有留学欧美的教育背景,这与 1932 年司法行政部职员的留学教育背景截然不同。这也在一定程度上反映留日法科学生的位置已经逐渐被留美、留法法科学生所取代。

1937 年 8 月,巴黎大学法学博士谢冠生担任司法行政部部长。为司法独立起见,他对于司法审判制度进行改革,县长不再兼理审判,之后设立地方法院,并建立巡回审判制度,主张"与其当事人就法官,毋宁以法官就当事人"。为保证司法机构的不受地方干预,谢冠生争取到各级法院经费由国库支付,而非由省政府支付。这些改革措施在很大程度上改变了中国近代司法的面貌,为彻底废除外国在华领事裁判权制度打下了坚实的基础。[11]

近代留洋法学博士除了对于国内司法制度作出贡献,对于国际司法制度也作出一定贡献,表 11.8 收录了曾在国际司法机构中任职的近代留洋法学博士。

表 11.8 在国际司法机构任职的近代留洋法学博士一览

序号	人 名	司法机构及职务	期间	博士毕业学校
1	王宠惠	常设国际法院法官	1920—1930 1931—1936	1905 年耶鲁大学
2	郑天锡	常设国际法院法官	1936—1945	1916 年伦敦大学
3	顾维钧	联合国国际法院法官	1956—1967	1912 年哥伦比亚大学
4	梅汝璈	远东国际军事法庭法官	1946—1948	1928 年芝加哥大学
5	倪征日奥	远东国际军事法庭中国检察官首席顾问,联合国国际法院法官	1946—1948 1984—1994	1929 年斯坦福大学
6	赵理海	国际海洋法法庭法官	1996—2000	1944 年哈佛大学

资料来源:本书第一章至第三章。

早期的中国籍国际法院法官,除了徐谟是留美硕士,其余均是留洋法学博士。从表 11.8 中担任国际司法机构法官者的教育背景看,仅郑天锡 1 人毕业于英国,其余 5 位全部毕业于美国。

1927 年 3 月 4 日,中国近代著名学者董康拜访日本大审院部长松冈义正,在当天的日记里,董康记载了下面一段对话,从中可见中国留美法学博士王宠惠留给日本法学家的印象:

> 松冈君于前年奉使欧美调查司法,道经沪上,因未悉余之踪迹,故未相访。并言于荷兰国际法院会晤一中国学者,兼通德法语法律,头脑至敏锐,仿佛为驻比公使。问余何名,余曰:"公使中邃于法学者颇鲜,此必为评论德国民法之王宠惠君。其时充国际法院候补法官,固世界法学家之前茅也。伊始恍然。[12]

王宠惠在常设国际法院中的作用在 21 世纪初期仍然被外国学者研究。[13]

留英法学博士郑天锡在常设国际法院的危机时刻,挺身而出,对于保存常设国际法院的珍贵档案作出了突出的贡献。1940 年,常设国际法院所在国荷兰被德军占领,郑天锡和当时担任常设国际法院院长的 Guerrero 以及秘书长携带国际法院档案(被成为国际法院的"灵魂")前往瑞士日内瓦,瑞士是中立国,从而使国际法院的档案避免了战火之灾,为后人保留下极为珍贵的法律文献。

顾维钧在国际法院中作出的个别意见(individual opinion)及不同意见(dissenting opinion)现在已经成为国际法学研究的对象之一。[14]

远东国际军事法庭中国籍法官梅汝璈、中国检察官首席顾问倪征瞍均是留洋法学博士,他们运用当年在西方学习的法律知识和技巧,在东京审判上与日本战犯辩护团斗智斗勇,维护了祖国的尊严,惩罚了罪行累累的战犯,这些功绩永载史册。先后担任联合国特别国际刑事法庭(International Criminal Tribunal for the former Yugaslavia)法官的李浩培(任职期间 1993—1997)、王铁崖(任职期间 1997—2000),他们虽然不是留洋法学博士,但实际上都曾在英国伦敦攻读过法学课程,只是因为种种原因未能取得法学博士学位,毫无疑问,他们早期的留洋法学教育与日后的国际法成就之间有莫大关系。

中国近代留洋法学博士中,倪征瞍担任过联合国国际法委员会委员,梁鋆立担任过联合国法律事务厅编纂司司长。这些人的贡献,已经不再局限于中国范围,而是世界性的贡献。[15]

第三节 近代留洋法学博士的外交成就

近代留洋法学博士中,很多人回国后从事外交事业,这有几方面的原因:

第一,留洋法学博士,一向被人们认为学贯中西,对中外交往有过于常人的了解和熟悉,在生活、文化背景上适合外交工作。

第二,很多留洋法学博士的专业是国际公法,而国际公法与外交密不可分,从事外交事务,顺理成章。外交家颜惠庆虽然在弗吉尼亚大学攻读的不是法律专业,但他在修满必修课程之外,还选修了国际法与宪法课程。据颜惠庆晚年回忆,这一学习对于其从政"助益甚多"[16]。在跟随伍廷芳出使美国期间,颜惠庆抽空到乔治·华盛顿大学进修国际法课程,师从著名国际法学家詹姆斯·布朗·斯科特(James Brown Scott)长达一年,"盖知学问之事,毫无止境。"[17]颜惠庆并非留洋博士,尚且深知国际法对于外交工作的必要性,更何况那些以外交为志向的留洋法科博士。

第三，中国近代外交界急需大量人才，尤其是具有留洋背景的人才。

第四，中国近代外交界（尤其是民国外交界）一向为留洋博士所领导。从民国第一任外交总长王宠惠到顾维钧，从钱泰到王世杰，从刘师舜到董霖，这些中国外交界的领袖人物很多具有留洋法学博士背景，即使不是法学博士，也多具有留洋博士、硕士、学士背景。表 11.9 是作者编制的民国政府历任外交部长学历表（不包括荣誉学位）。

表 11.9　民国政府历任外交部长学历表（1912—1949）

姓　名	任职年代	学　　　历
王宠惠	1912、1937—1941	北洋大学首届毕业生，耶鲁大学法学硕士、民法学博士
陆征祥	1912、1913、1915、1916、1917—1920	上海广方言馆及北京同文馆
胡惟德	1912（署）、1926	上海广方言馆
梁如浩	1912	第三批留美幼童（曾入史蒂文斯理工学院，未及毕业即被召回）
曹汝霖	1913（代）	日本法政大学
孙宝琦	1913—1915	私塾
唐绍仪	1916、1924、1925	第一批留美幼童（曾入哥伦比亚大学和纽约大学，未及毕业即被召回）
陈锦涛	1916（兼）	耶鲁大学经济学专业哲学博士
夏诒霆	1916（代）	附贡生
伍廷芳	1916—1917	伦敦林肯律师学院（大律师）
范源廉	1917（代）	留学日本（东京大同学校、商业学校、东京高等师范学校）
汪大燮	1917	举人（曾任留日学生监督）
陈　箓	1918（代）、1919（代）	巴黎大学法学士
颜惠庆	1920（署）、1921—1922、1926	弗吉尼亚大学文学士，曾在乔治·华盛顿大学学习国际法一年
沈瑞麟	1922（代）、1923（代）、1924（代）、1925	举人
顾维钧	1922（署）、1923（署）、1924、1926（署）、1927、1931	哥伦比亚大学文学士、文学硕士、哲学博士
王正廷	1922（署）、1923、1924、1925、1926、1928—1931	耶鲁大学文学士
施肇基	1923（署）、1926、1931	康奈尔大学文学士、文学硕士
蔡廷干	1926（署）	第二批留美幼童（美国新不列颠中学，未及进入大学即被召回）

（续表）

姓　名	任职年代	学　　历
王荫泰	1927—1928	东京第一高等学校（东京大学前身），柏林大学法科
罗文干	1928、1932—1933	牛津大学法律专业文学硕士，伦敦内殿律师学院（大律师）
胡汉民	1927	日本法政大学速成科
陈友仁	1927（代）、1931—1932	特立尼达圣玛丽学院（陈出生于特立尼达）
伍朝枢	1927—1928（南京）	伦敦大学法学士，伦敦林肯律师学院大律师
郭泰祺	1928（代）、1941	宾夕法尼亚大学理学士
黄　郛	1928	东京振武学校
唐悦良	1928（代）	耶鲁大学文学士（B.A.），普林斯顿大学文学硕士（M.A.）
李锦纶	1931（代）	芝加哥大学
汪兆铭	1933—1935（兼）	日本法政大学速成科
张　群	1935—1937	东京振武学校
宋子文	1941—1945	哈佛大学文学士（B.A.）
蒋中正	1941	东京振武学校
吴国桢	1943（代）	普林斯顿大学哲学博士（Ph.D.政治学）
叶公超	1949	美国阿姆赫斯特大学文学士（B.A.）
王世杰	1945—1948	巴黎大学法学博士
吴铁城	1948—1949（兼）	在明治大学学习法律
傅秉常	1949	香港大学首届毕业生

资料来源：本表由笔者根据石源华主编《中华民国外交史辞典》（上海古籍出版社 1996 年第 1 版）等编制。

除了表 11.9 中具有法学博士的外交部长之外，近代留洋法学博士担任外交官的还有如下各位：

表 11.10　近代具有留洋法学博士学位的外交官一览

序号	姓　名	外交职务	留学国家	博士学位	毕业论文
1	钱　泰	外交部条约司司长、外交部国际司司长、驻西班牙公使、驻比利时大使、外交部常务次长、驻法大使	法　国	1914 年巴黎大学法学博士	《中国之立法权》
2	朱鹤翔	外交部政务司司长、外交部国际司司长、外交部参事，驻比利时全权公使	比利时	1915 年鲁文大学政治学博士	《治外法权条约制度与中国的宪法改革》

（续表）

序号	姓　名	外交职务	留学国家	博士学位	毕业论文
3	郑天锡	驻英大使	英　国	1916年伦敦大学(大学学院)LL.D.	《确定缔约能力的国际私法规则》
4	胡世泽	外交部条约司副司长、亚洲司司长，驻瑞士公使，外交部常务次长，联合国副秘书长	法　国	1918年巴黎大学法学博士	《中俄近代关系的条约基础》
5	夏晋麟	外交部政务司长、驻英大使馆一等秘书	英　国	1922年爱丁堡大学Ph.D.	《中英条约关系：国际法和外交研究》
6	许念曾	驻河内代总领事、驻河内总领事、外交部参事，驻埃及全权公使，驻阿富汗全权公使	法　国	1923年巴黎大学法学博士	《国际法的拟制》
7	杨光泩	驻伦敦总领事，驻马尼拉总领事	美　国	1924年普林斯顿大学Ph.D.	《外人在美国的权利》
8	刘师舜	外交部欧美司司长，驻加拿大公使，驻加拿大大使，外交部政务次长	美　国	1925年哥伦比亚大学Ph.D.	《治外法权的兴衰》
9	于焌吉	驻哈瓦纳总领事、驻旧金山总领事、驻纽约总领事、驻意大利全权大使	美　国	1927年哥伦比亚大学Ph.D.	《条约的解释》
10	王化成	外交部条约司司长	美　国	1927年芝加哥大学Ph.D.	《国际不法行为的补偿措施》
11	涂允檀	驻菲律宾马尼拉总领事	美　国	1927年伊利诺伊大学Ph.D.	《暴乱、谋杀和绑架而引起外国人伤害的国家责任》
12	梁鋆立	任驻英大使馆参事、国际联盟中国代表团顾问、联合国国际法典司司长	美　国	1930年美国国家大学S.J.D.	《作为19世纪国际法基础的自然法和实证法理论》
13	凌其翰	外交部礼宾司司长，驻法大使馆公使	比利时	1931年布鲁塞尔大学法学博士	无
14	雷崧生	驻南锡总领事，驻巴黎总领事馆领事，驻古巴哈瓦那总领事馆总领事，外交部情报司司长，驻台湾外交特派员	法　国	1934年巴黎大学法学博士	《法国总统颁布命令权的扩张》
15	董　霖	政府部门任职	美　国	1939年伊利诺伊大学Ph.D.	《中国与国际公法》
16	孟鞠如	驻法使馆文化参赞	法　国	1933年格勒诺布尔大学	《日本在满洲的法律地位》

（续表）

序号	姓　名	外交职务	留学国家	博士学位	毕业论文
17	陈雄飞	海外任职	法　国	1941年巴黎大学法学博士	《英国继承法中继承特留份与"家庭条款"制度》
18	廖仲琴	海外任职	法　国	1950年巴黎大学法学博士	《联合国人权宣言》

资料来源：本书第一章至第五章。

这批具有留洋法学博士身份的外交家有如下特点：(1)留美法科哲学博士最多；(2)博士论文多与国际法有关；(3)近代博士外交官中留学美国、英国、法国的较多，留学比利时、德国、瑞士等国的较少。

外交固然与政治休戚相关，但外交人员的主体显然应该是精通外交、法律知识的专业人士。早在20世纪50年代，陈体强就已经呼吁中国积极参加联合国和国际法院的活动，并提出中国人选的标准："我国国际联系日益频繁，将来联合国、国际法院能派谁去？不能只凭立场而派老干部，应派一些内行的人去，在那里不能在开会时打电报回国请示，要有当机立断的能力。"[18]陈体强当年提出的标准，在今天仍然具有指导意义。

第四节　近代留洋法学博士的法学和教育成就

中国近代留洋法学博士在法学上的贡献首推他们的博士论文。从内容上看，这批博士论文有研究中国法的，有研究外国法的，有研究国际法的，相当一部分是从比较法角度研究中国法。有的研究当代法，有的研究古代法，包括罗马法。虽然这批博士论文的最初阅读对象是外国人(包括留学生的导师及其他外国人)，虽然这批博士论文的文字是外国文字(包括英文、法文、德文、日文等)，但也同时属于中国法学的一个组成部分。从今天的标准看，很多法学博士论文已经过时，有些则太过单薄，深度不够，但放在时代背景之下考虑，这批博士论文毕竟属于中国人从沿袭上千年的八股文突然转向近代学术论文的最初尝试，既然是尝试，则既可能有成功，也可能有失败，更何况攻读博士学位的人良莠不齐，各大学对于博士论文的标准也高低不一，所以博士论文的质量也各有优劣。

中国近代留洋法学博士在法学上的贡献也体现在他们博士毕业之后的学术成果上。尤其对于那些无需博士论文即可毕业的法律博士们，他们如果想在法学上有所作为，必须另起炉灶，绝无博士论文的老本可吃。

近代留洋法学博士对于中国法律教育机构和法律教育制度的建设具有重大贡献。王宠惠曾任复旦公学校董会董事长并亲自设计复旦公学的法律课程，吴经熊成为东吴法学院第一位华人院长。杨兆龙担任东吴法学院在大陆的最后一任法学院院长。端木恺长期担任台湾东吴大学校长，对于延续东吴教育作出不可磨灭的贡献。表11.1记载了担任大学校长及法学院系主任的近代留洋法学博士。

表11.11　担任大学校长、法学院系主任的近代留洋法学博士一览

人　名	校/院/系名	留学国别
冯熙运	北洋大学校长	美国
吴经熊	东吴大学法学院院长	美国
盛振为	东吴大学法学院院长	美国
孙晓楼	朝阳学院院长	美国
杨兆龙	东吴大学法学院院长	美国
黄开宗	厦门大学文法科主任	美国
端木恺	安徽大学法学院院长 台湾东吴大学校长	美国
何世桢	持志大学校长	美国
何世枚	持志大学副校长	美国
石超庸	暨南大学法律系主任兼法学院院长 台湾东吴大学法学院院长、校长	美国
乔万选	清华大学校长	美国
杜元载	国立开封中山大学法学院院长 台湾师范大学校长	美国
赵之远	国立中央大学法学院法律系主任 南京大学法律系主任	美国
丘汉平	福建大学校长	美国
傅文楷	厦门大学法律学系主任	美国
黄应荣	新加坡南洋大学经政系主任 南洋大学副校长	美国

（续表）

人　名	校/院/系名	留学国别
燕树棠	北京大学法律系主任 西南联大法律系主任 武汉大学法律系主任	美国
陈霆锐	台湾东吴大学法学院院长	美国
赵　冰	参与创办新亚书院，任香港中文大学董事长	英国
钱清廉	中山大学法学院院长兼法学系主任	英国
朱奇武	北京政法学院副院长	英国
郑　斌	伦敦大学大学学院法律系副主任、主任、法学院院长	英国
周鲠生	武汉大学校长	法国
姜荣章	云南公立法政专门学校校长	法国
王治焘	北平大学政治经济科主任	法国
翟俊千	暨南大学教授、第一任副校长兼政治经济系主任，上海建设大学校长、香港华侨工商学院院长	法国
王世杰	武汉大学校长；台湾“中央研究院”院长	法国
张忠道	上海法政学院院长	法国
张良修	广东省立法商学院院长	法国
李辛阳	私立上海法政学院院长	法国
谢瀛洲	北平大学法学院院长	法国
郑毓秀	上海法政学院院长	法国
吴求胜	广西大学法商学院院长，政治系主任	法国
叶叔良	国立湖北师范学院院长；同济大学法学院代院长；香港树仁学院教授，兼法政系主任和社会科学院院长	法国
朱文黼	上海法学院院长	瑞士

资料来源：本书第一章至第七章。

民国早期，除教会大学及清华大学等少数高校之外，多数学校“经费涸竭，教授之俸给，仅堪一饱”[19]。战乱时期尤其如此，然而从事教育工作的近代留洋法学博士，大都安贫乐教。

这些留洋法学博士，带来了西方的法律思想和法律知识，通过教学活动传授给他们的学生，并激发起一批中国学生对法律和法学的浓厚兴趣。

韩德培在中央大学求学时旁听了巴黎大学法学博士谢冠生的几堂课，遂决定转入法律系，多年之后成为国际私法大家。以下是韩德培自述其改学法律的过程：

> 到了中央大学，我本来可以转入历史系或政治系。但我在法律系听了系主任谢冠生老师的几堂课后，感到读法律也很有意思。他讲的课是“法理学”，他讲得深入浅出，条理分明，内容丰富，真可谓引人入胜。听他讲课的人，不限于法律系的学生，他系的学生旁听的也很多，教室里坐不下，许多人都在窗子外面站着听。这是我从来没有见过的现象。于是我决定转入法律系。听了谢老师的课，对于我选择法学作为我的专业，可说起了决定性的作用。他除了讲“法理学”外，有时还开“中国法制史”或“罗马法”，这两门课都不容易讲，而他却讲得津津有味，好不枯燥，实在难得。[20]

张志让也是偶然听了耶鲁大学民法学博士王宠惠在复旦的讲课而决定到美国学习法律，最后成为复旦法学院院长。

国际法学大家王铁崖早在清华大学法学院攻读硕士学位时期的导师是芝加哥大学法科哲学博士王化成，考得中美庚款奖学金后又在巴黎大学法学博士周鲠生门下进修一年，之后才出国留学。

下面收录的是一份厦门大学 1926 年 6 月的国际法课程试卷，涉及国际法中的战争法问题。试卷的出题者是留美法学博士黄开宗(1918 年芝加哥大学法律博士)，20 世纪 20 年代任厦门大学法学院教授，讲授国际公法和宪法。该试卷包括 11 道英文题目(考生可以从中任选 8 题)，即使在今天看来，仍然具有很高的难度，这也从一个侧面反映出了民国时期的国际法教育水平。

1. China & Japan are having a serious dispute over the Manchurian-Korean boundaries. In view of the present unpreparedness of China for an armed conflict, the statemen of China are anxious to settle the controversy by amicable means. Will you give briefly all the possible ways of attaining this object without sacrificing China's prestige, dignity, & interests and at the same time avoiding an open rupture with the Japanese Empire?

2. Define: (a) non-intercourse; (b) boycott; (c) retorsion; (d) re-

prisal.

3. (a) What is a pacific blockade? (b) Must a war be preceded by formal announcements or declarations? (c) Give all legal effects of war.

4. Suppose Japan and the United States are at war, and Formosa has been caputred by and under the hostile occupation of the United States Army. What can the American Commandor-in-Chief of occupation do with respect to: (a) contributions; (b) right of angary or jus angariae; (c) foreging; (d) private lands; and (e) public houses such as government offices?

5. During the Russo-Japanese War, the steamship "Rurik" belonging to the Russian Government was engaged in collecting marine biologicalspeciments. While thus engaged, and within the three miles' limit of the coast of Fukien, this vessel was captured by a Japanese naval squadron. What are the rights & obligations of China, Japan, and Russia in this triangular legal controversy?

6. Name all the forbidden methods of land warfare & give reasons therefor.

7. In a war between Great Britain & Japan, China declared herself neutral. (a) Must the Chinese Government prohibit a private Chinese ammunition factory from selling guns and other war-materials to one of the belligerents? (b) Can Chinese citizens volunteer & enlist in the Japanese Army? (c) Must China respond in damages for injuries to British shipping due to the fitting out of privateers from Amoy by the Japanese Consul there?

8. (a) Define and give the classes of contrabands.

(b) Can enemy goods on board a neutral vessel be captured & condemned as lawful prizes by a belligerent Admiralty Court?

(c) Can a steamer belonging to neutral owners be captured and condemned for having been engaged in blockade-running or running contrabands in a former voyage?

9. During the European War, German submarines torpedoed &

sank neutral vessels actually engaged in smuggling ammunitions to England for the British army. Adduce arguments either justifying or criticizing the German action.

10. Under what circumstances and under what restrictions may a neutral permit the entry of belligerent war-ships in its own harbors?

11. Define and briefly discuss：(a)jus post-liminium；(b)uti possidetis；(3)Consolato del Mare；and (d)Doctrine of hostile contagion.

这 11 个问题之中，有 3 个问题与中国有直接关系，可见黄开宗所讲授的国际法是与中国紧密相连的国际法，将国际法理论联系中国实际，即使是那些假设的情况和问题，也具有研究价值。事实证明，其在 1926 年假设的中日有关满洲的冲突，于几年后即变成了现实。黄开宗试卷中提出的核心问题之一就是：假如中国与和军事实力占优的日本发生冲突，中国在尚未做好军事准备的时候，如何既要和平解决中日冲突，又能维护中国的尊严、保护中国的利益？这个问题正是从 1931 年“九一八事变”到 1937 年“卢沟桥事件”之间中国所面临的主要问题。由此可见黄开宗的远见卓识，只可惜其英年早逝。

第五节　近代留洋法学博士的爱国心与爱国举动

留洋法学博士在欧美等国留学期间，并非两耳不闻窗外事，一心只读圣贤书，而是心系祖国，关心时事，尤其关注发生在他们身边的侨胞的合法利益，为侨胞伸张正义。

1920 年 4 月 6 日，中国旅法各界在法国巴黎召开集会，为保障旅法华工的利益而请愿，参加者有很多留法法学博士生，包括周鲠生(后来成为著名国际法学家、武汉大学校长)、王世杰(后来成为国民政府外交部长)、季宗孟(后成为外交官)、陈和铣(后任江苏省司法厅长、教育厅长)。[21]

1923 年 7 月，旅法华人在巴黎召开救国大会，其目的是“打倒军阀、推翻国际资本帝国主义、完成国民政府”，强烈反对列强共管中国铁路。会上成立“中国旅法各团体联合会”，选举周恩来等人为中文书记，里尔大学法学博士生江世义也积极参与其中。[22]

里昂大学法学博士翟俊千之子曾经回忆：

> 他在法国留学时，被国共合作时期的国民政府选派为参加在布鲁塞尔举行的“反帝反殖国际会议”的代表，代表团团长是邵力子，团员有谭平山、陆钟麟、翟俊千和黎国材。父亲在法国主修的是国际政治和经济学，精通法语。在法国留学时，他曾与周恩来同志相识。据说是周恩来同志提名他当代表团成员的。在会上，父亲慷慨陈词，力斥帝国主义侵华的罪恶行径，为中华民族出了一口气。[23]

留法学生陈绍源在1925年“五·卅惨案”发生后，声援上海的爱国运动，连续发表《告国人书》、《再告国人书》，“南京路之血迹犹存，英日人之枪声未息，政府既软弱无能，复迁边无望，救国保种端在国民，幸爱国同胞连起图之。”由于陈绍源在海外的言行，福建的军政府取消了他的公费留学生资格，但是陈绍源丝毫不改其志，自食其力，最后顺利完成学业，获得第戎大学法学博士学位。[24]

观察中国近代留洋法学博士，可以发现一个共性：当年的留洋法学博士很少有毕业后留在国外工作的，绝大多数人毕业后立即回国工作。促使他们回国的因素很多，例如，公费生有义务回国服务，[25]然而爱国心也是一个重要的因素。当时的中国正处于多难之秋，军阀混战、日寇入侵，可谓内忧外患，然而这些都没有成为阻挡他们回国的理由，也没有成为滞留异国他乡的借口。另一方面，留洋法学博士要想在国外找到一份像样的工作并不容易，[26]尤其在30年代末期和40年代，欧美政局动荡、战乱频发，留在异国他乡工作也不见得比回国安稳。更何况还有中外交流之间的隔阂。梁实秋回忆：“那时候，留学生在海外受几年洋罪之后很少有不回来的，很少人在外国久长居留作学术研究，也很少人耽于物质享受而流连忘返。”[27]有些留学生在外国受到各种屈辱，反而化为他们爱国强国的动力。留美法科哲学博士王化成在明尼苏达大学攻读学士学位时，对于他所接触到的普通美国人有如下印象：

> 美国人自从大战以后，骄傲的要上天，满眼无人，更何况我们这些老大病夫，格外是看不起。虽然我们功课好，但一班人总是觉得你

> 们国弱脸黄，多少带着不愿理的态度。我有次最伤心，我搬家到一处，本来房钱已经讲定，定钱也给了，并且我都搬进去了。不料第二天，那房东太太(野女人一个)同她的妹妹(这个更野)对我讲，说是她有多下来的房子数间，美国学生要住，可是不愿意同中国人同住。按理我已搬妥，美国人不愿与中国人同住，我管不着。但势有所不及，力有所不能，只能气愤含泪而去。你们看这与亡国奴有什么分别？可恨中国人还不发愤为雄，真不可救药矣！当初留学生受气者多得很，但是一回国，利欲熏心，早已忘掉，耻莫大焉！[28]

二十年后，这个当年在美国忍气吞声的留学生亲身参与中国政府与美国政府废除美国在华治外法权的条约，压在中国人头上近百年的治外法权及不平等条约终于经王化成之手废而除之。

芝加哥大学法律博士魏文翰回国后历经坎坷，虽然在“文化大革命”期间被迫离开中国，但他没有减少对祖国的爱：

> 我是一个中国人，生在中国。中国是我的祖国，我当然爱我的祖国，我愿意为她和她的人民服务，不计个人得失。[29]

本 章 小 结

近代留洋法学博士的历史成就并不取决于他们在西方取得的法学博士学位，而取决于他们在各方面的历史贡献。绝大多数留洋法学博士选择回国工作，或为律师，或为法官，或为检察官，或为教师，或为外交官等。事实证明，近代留洋法学博士在整体上是爱国的，他们的博士论文与其他研究成果一道构成中国法学的必要组成部分。

注释

1. 1935 年 2 月编《立法院职员录》。

2. 夏晋麟著：《我五度参加外交工作的回忆》，台湾传记文学出版社 1978 年 1 月初版，第 14—15 页、188—194 页。

3. 何勤华主编:《中国法学家访谈录》第一卷,北京大学出版社 2010 年 1 月第 1 版,第 468 页。

4. 谢振民编著:《中华民国立法史》下册,中国政法大学出版社 2000 年 1 月第 1 版,第 904 页。

5.《中华人民共和国刑法》(2015 年)第 236 条第二款(奸淫不满十四周岁的幼女的,以强奸论,从重处罚)。

6. 谢振民编著:《中华民国立法史》下册,中国政法大学出版社 2000 年 1 月第 1 版,第 927 页。

7. 同上书,第 929 页。

8. Professor Bin Cheng Honoured by RAES, http://www.space-institute.org/professor-bin-cheng-honoured-raes/.

9. 马德润:《法律周刊》发刊词,1923 年第一期。

10. 参见《民国元年司法部主要组成人员及其教育背景》,载毕连芳著:《北京民国政府司法官制度研究》,中国社会科学出版社 2009 年 7 月第 1 版,第 59—61 页。

11. 参见李在敬:《留法旧事》,台北,独立作家 2014 年 10 月第 1 版,第 236—237 页。

12. 董康著:《书舶庸谭》,中华书局 2013 年 6 月第 1 版,第 66 页。

13. *See* Ole Spiermann, Judge Wang Chung-hui at the Permanent Court of International Justice, *Chinese Journal of International Law*(2006), Vol.5, No.1, pp.115—128.

14. 参见黄武智著:《国际法院法官顾维钧之个别意见与反对意见》(1957—1967),台北,东吴大学中国学术著作奖助委员会,1974 年初版。

15. 参见赵国材:《梁鋆立博士对国际法发展与编纂之功绩》,http://www.csil.org.tw/files/%B1%E7%E8%A3%A5%DF.doc。

16. 颜惠庆著:《颜惠庆自传》,姚崧龄译,台湾传记文学出版社 1989 年 6 月再版,第 26 页。

17. 同上书,《颜惠庆自传》,第 44 页。

18.《陈体强妄图在国际法领域中称王》,《人民日报》1957 年 9 月 18 日,转载于《新华半月刊》1957 年第 20 号,第 52 页。陈体强当年因为提出这些观点而被批判为具有"狂妄的个人政治野心",见同页。

19. 刘世芳:《大陆英美法律教育之比较及我国应定之方针》,载孙晓楼等著:《法律教育》(二十世纪中华法学文丛),中国政法大学出版社 1997 年 12 月第 1 版,第 187 页。

20.《韩德培自述》,载高增德、丁东编,《世纪学人自述》第四卷,北京十月文艺出版社 2000 年 1 月第 1 版,第 254 页。还可参加何勤华主编:《中国法学家访谈录》第一卷,北京大学出版社 2010 年 1 月第 1 版,第 463—464 页;《韩德培先生传略》,载

《韩德培文集》(上),武汉大学出版社 2007 年 8 月第 1 版,第 4 页。

21. 张允侯等编著:《留法勤工俭学运动》,上海人民出版社 1986 年版,第 280 页。

22.《旅法华人开救国大会》,《时事新报》1923 年 9 月 1、2 日;《旅法华人反对列强共管中国铁路纪实》,载《少年中国》第 4 卷第 8 期,1923 年 12 月。以上资料转引自中共河北省委党史研究室编:《党史人物》(二),中共党史出版社 1997 年 6 月第 1 版,第 237—243 页。

23. 翟象颐:《怀念翟俊千》,载《东莞文史》第 22 辑,1993 年 11 月,第 86 页。

24. 张宗健:《苦学成才的陈绍源博士》,载《三明文史资料》第 5 辑,1987 年,第 36 页。

25. 1913 年 12 月 27 日教育部部令第 66 号《留欧官费学生规约》第 14 条:"留欧官费生,毕业后两月以内应即回国,逾期即停发学费,如毕业后尚须实习者,须先期呈请教育总长许可。"据陈体强回忆,其考取英国文化委员会奖学金后在青木关接受留学生培训,必须提交由留学生和保证人签名盖章的"保证书",内容是:(1)学习完毕必须回国,接受教育部分配的工作;(2)如果违反上述规定,保证人负责赔偿留学费用。见陈体强亲笔交代材料——"关于计晋仁的情况",1973 年 9 月 8 日,第 1 页,http://www.kongfz.cn/32234057/pic/。

26. 张之庸:《法国巴黎大学速写》,载《中美周报》,1949 年,第 336 期,第 29 页(称"法国工作不容易找")。

27. 梁实秋:《秋室杂忆》,中国工人出版社 2012 年 1 月第 1 版,第 109 页。

28. 王化成 1923 年 12 月 25 日从明城大学写给《清华周刊》的信,载《清华周刊》第 314 期,1924 年 5 月 16 日,第 43—44 页。

29. Wen-Han Wei, *My Life in China* (including twenty-three years residing in communist China), 1978, at 73,私印本。

结　论

评价一个时代的精英人物，在档案信息保存条件完好的情况下，也许要过百年之后才能更加客观和准确。现在距离王宠惠赴耶鲁大学取得法学博士那一年已经超过了一百多年，是该对以王宠惠为首的中国近代留洋法学博士进行梳理和研究的时候了。中国有所谓盖棺论定之说，本书收录的绝大多人都已经盖棺，其中最晚取得法学博士学位的人之一——端木正也已在2006年去世，至今在世的近代留洋法学博士寥寥无几。目前对于包括法学博士在内的近代法科留学生的研究，还是以个体研究为主，缺乏整体的研究。对于个体的研究，如果离开整体的研究作为支撑，可能有失偏颇。中国近代留洋法学博士作为一个整体，有其独特的研究价值。

另一方面，从现有的零星研究成果来看，对于中国近代留洋法科学生的研究，多数重视他们留学归国之后的成就和贡献，而普遍忽视了他们的留学经历本身，对于他们留学的专业、留学时间、研究方向、学位论文、学位种类及性质，往往缺少细致的考证，以至于错漏百出。这种顾此失彼式的研究状况必须加以改变。实际上，早期的留学经历与留学生回国后的贡献有着密不可分的关系，两者不能截然分开。顾维钧如果没有在哥伦比亚大学攻读国际法和外交学，很难想象他在后来的巴黎和会上有足够的能力为中国据理力争，从而名垂青史。顾维钧的成就，不仅仅是机遇，归根结底还是教育，他的终身成就在很大程度上得益于他早年在哥伦比亚大学接受的良好的教育，尤其是国际法教育。顾维钧自称："我受的教育使我对我的工作能够胜任愉快"(《顾维钧回忆录》(第一分册)，中华书局1983年5月第1版，第109页)。一个人的教育经历难道无足轻重吗?

实际上，对于中国近代法科留学生的研究，最薄弱的地方往往不是他们的法律贡献，而是他们的留学经历本身。这一研究上薄弱环节也必然削弱、影响其他环节的研究。一个人的贡献不难总结，而他的早年教育经历（尤其是在外国的留学经历）却非要花费一番工夫才可以查清。

研究中国近代留洋法学博士的教育背景还有一项特殊的意义，它不仅可以为进一步研究中国近代留洋法科人物提供有益的信息，还可以省却研究者大量的时间和精力，避免某些研究的误区，减去不必要的麻烦。前者可以称之为积极价值，后者可以称之为消极价值。例如，有学者在选编《梅汝璈法学文集》的过程中，曾经试图搜寻梅汝璈在芝加哥大学的法学博士论文，但是“未能寻得并翻译”（范忠信，《也是为了忘却的纪念（代序）——我所认识的梅汝璈先生》，载《梅汝璈法学文集》，中国政法大学出版社 2007 年版）。其实，搜寻梅汝璈法学博士论文从一开始就注定不可能成功，因为梅汝璈根本没有撰写过博士论文。正如本书第一章所述，虽然梅汝璈取得芝加哥大学法律博士学位，但是这一博士学位的性质是法律初级学位——即不需要博士论文的 J.D.学位，而不是单纯研究性质且需要博士论文的法律高级学位。如果研究者事先了解到梅汝璈这一法律留学背景，则根本不必花费时间和精力去搜寻那一本并不存在的博士论文。从这个角度来说，研究中国近代留洋法学博士的教育经历是有一定价值的。

通过研究中国近代留洋法学博士可以发现，并非所有的留洋法学博士最后都功成名就。中国近代留洋法学博士人数众多，有成就卓著者，也有默默无闻者，有罪有应得而被推上绞刑架的杀人犯，也有自沉江河蒙冤受屈的死难者，有横跨清末、民国、共和国的长寿者，也有英年早逝的不幸儿，留洋法学博士的帽子并不能保证个个都是货真价实的优秀法律人才。但是总的来说，相对于普通留学生，攻读博士学位的法律留学生无论在语言方面还是法律专业知识方面都具有一定优势。博士学位毕竟代表了一段学习的经历和成果，尤其是高质量的博士论文更是非要花费一番苦功夫不可。随着学位追求的提高，学术上的要求也越来越严格，到了学术性博士阶段，滥竽充数者很难蒙混过关。事实证明，近代留洋法学博士教育并非西方列强进行法律文化侵略的手段之一，并没有培养出一批洋奴，也没有妨害中国学术权威的成立，更没有妨害中国本土的大学教育。近代留洋法学博士的出国留学，并非“出亡式”(exodus)留学。毫无疑问，中国近代留学生中也有滥竽充数的东郭先生，但是从已经掌握的资料看，在近代留洋法学博士当中，即使有混文凭者，也是少数，主流是积极的、上进的。

整体而言，中国近代留洋法学博士对于中国近现代法制做出了很大贡献，尽管这一贡献距离理想目标尚有不小的距离，但是考虑到中国近代历史的整体状况，对于与政治密切相关的法律以及法学就不应该奢望其能够超然物外，一枝独秀，独善其身。这也是自然科学与社会科学的一大区别。自然科学可以在乱世之中取得惊人的成就，而社会科学(尤其是政治学、法学)很难在乱世之中取得重大突破。一度任教于清华大学的美国著名国际法学家昆西·赖特(Qunicy Wright，芝加哥大学国际法教授)曾经问过留美国际法学博士董霖一个问题：为什么很多在美国大学成绩优异的中国学生在返回中国之后就默默无闻？董霖给出的答案是：第一，中国缺少进一步研究的基础设施；第二，中国缺少与他们的专业紧密相关的职位；第三，中国缺少稳定的大环境(William L. Tung, *Revolutionary China: A Personal Account, 1926—1949*, St. Martin's Press, New York, 1973, at 208)。这也在一个侧面解释了为什么很多留洋法科学生在国外取得了一定的学术成就而回国后却在学术上默默无闻。留美法律博士孙晓楼在评价中国近代法律教育时特别提到中国法律图书馆的匮乏：“看得很多留学回国的法政学生，因为国内没有相当的法学图书馆，所以他们虽一度在外国吸收了很多的学问，回国以后，不能继续他们研究的工作，过几年连在国外所学的都还了它”(孙晓楼：《法律教育》，商务印书馆1935年3月初版，第110—111页)。从1905年至1949年，从1950年至1976年，七十余年间，中国土地上连续发生各式各样的浩劫，动荡不安。日内瓦大学法学博士、民国时期江西最后一任高等法院院长吴昆吾，1949年初携家逃亡，从此下落不明。苟活于乱世，已属个人及家庭之万幸，何谈博士功业？人事几回伤往事，山形依旧枕寒流。后辈如我，何敢随意置喙？

总而言之，近代留学生回国后即受制于中国的整体环境，留洋法学博士头衔本身并不保证其学术成就或者社会贡献。然而从总体上看，近代留洋法学博士的求学经历影响了他们的人身轨迹，也影响了中国近现代法律制度的发展进程，影响了中国近现代法律教育的进程，而这些影响，至少在主观上属于积极性质。

中国近代法律教育受西方影响甚巨，其原因之一是许多受过西方法学教育的留学生学成归国，将西方法学知识传播到中国这片古老大地。中国近代法律教育重镇之一——东吴大学法学院的教师多数具有美国留学背景。研究中国近代法律教育史，首先应当熟知中国近代法律教育家们的教育背景。通过研究可以发现，很多留洋法学博士的留学教育与其在国内所接受的法律教育密切相关。近代留洋法学博士的留学史本身也可以构成近代法律教育史的一个组成部分。

20 世纪初期的西方法律教育，尤其是美国的法律教育，尚处于摸索阶段，未有定型，所以中国近代留洋法学博士的学习经验（包括对学位的追求）实际上反映了西方法律教育制度的变化过程，他们的得失成败对于中国当代法律教育制度的完善和发展也不乏借鉴参考作用。中国近代留洋法学博士来自多个国家，分析中国近代留洋法学博士的教育背景，尤其是学位上的区别，可以看出这些国家法律教育制度的相同点和不同点。可以说，中国近代留洋法学博士是各国法律教育制度的结晶。分析中国近代留洋法学博士的教育背景，有助于探索出一条符合中国实际情况的高等法律教育体制，对于中国当代法学学位制度的改革与完善具有一定的参考作用。

从更广的范畴来看，法律也是文化的一个组成部分。中西法律文化交流源远流长，近代的法律留学生，对他们自己来说，是留学生，但是对中西方来说，他们在整体上和事实上也构成了中西法律文化交流的使者。他们在国外留学的经历和成就对于中国文化的促进是显而易见的，此为西法东渐；同时，他们也将中国的法律文化介绍传播到西方，使得西方的专家学者，尤其是他们的老师同学，对于中国的法律有了一定的了解，此为东法西渐。例如，通过密歇根大学法律博士吴经熊，美国最高法院大法官、著名法学家霍姆斯对于中国法律文化和法律哲学产生了浓厚的兴趣；通过哈佛大学法学博士杨兆龙，著名法学家庞德来到中国并成为民国政府的法律顾问，为中国设计法律改革计划。中国近代留洋法学博士的文化桥梁作用至为重要。

中国近代留洋法学博士，绝大多数学成归国，且大都服务于当时的国民政府各个机关以及民间机构，诸如法院、检察机关、外交机关、律师、公私立大学等等。1949 年以后，相当一部分留洋法学博士留在了祖国大陆，例如周鲠生、梅汝璈、倪征燠、杨兆龙、燕树棠、芮沐等，但是不容否认，也有相当一部分留洋法学博士选择离开，或去台港，或去美国，或去欧洲，例如王宠惠、吴经熊、端木恺、梁鋆立、王化成、张彝鼎、陈霆锐、丘汉平、查良鉴、王世杰、谢冠生、陈雄飞等人。一个公认的事实是，无论是现代台湾法学还是现代大陆法学，都受到了中国近代留洋法学博士的影响，可谓同祖同宗，同根同源，一脉相承。这一点可以从东吴大学在台湾的复校过程及其后的发展得到证明。为东吴大学在台复校立下汗马功劳的王宠惠是耶鲁大学法学博士，复校后的首任院长陈霆锐也是留洋法学博士（密歇根大学），其后的石超庸和端木恺同样是留洋法学博士（前者是耶鲁大学法学博士，后者是纽约大学法学博士）。陈霆锐还是大陆首个国际法院法官倪征燠当年在东吴法学院求学时的老师。留在大陆的芮沐（留德法学博士）与去往台湾的陈雄飞（留法法学博士）是震旦大学同窗，芮沐与去往台湾的芮正皋（留法法学博士）更是同胞兄弟。两岸法学界具有千丝万缕的联系，可谓剪不断，理不乱。

近代留洋法学博士中的一些人，之所以为当代法律学人所陌生，并非因为他们的学术水平不够、学术贡献不大，而主要是由于政治因素作怪。大陆方面曾经有意无意回避那些去往台湾的法政人物，台湾方面也曾经有意无意不去宣扬那些留在大陆的法政人物，隔阂由此而生。要想系统研究中国近代留洋法学博士这一群体，既要关注大陆，也要放眼台湾，在此基础上才可以公正评价他们的历史贡献和历史地位。总之，全面客观地研究中国近代留洋法学博士，有助于加深两岸法律界、法学界的交流，挖掘共同背景和渊源，增进共同语言，加强两岸法律界和法学界相互理解和对话的基础。

对中国近代留洋法学博士及其博士学位的研究，必须在当时的背景下进行，不能以现代模式来猜测过去的情形。即使置于 20 世纪初期的背景之下，中国留洋法学博士的学位名称也不尽相同，有的法学博士学位名称相同而内涵不同。当时西方各国大学法律教育制度尚处于一个变动中的状态，不但各个学校法学博士学位的名称、条件、层次、水平不尽相同，而且同一学校不同时期的法学博士制度也可能有很大的不同。总而言之，近代留洋法学博士的面纱必须非常小心才能揭开，否则极有可能走样，在揭开这一层层面纱之前，任何现代法律教育常识及由此而来的推理都无法反映出中国近代留洋法学博士的原貌。

单纯从西方的角度看待J.D.等博士学位，不一定能够顺利解释有些中国留学生的学历和学位问题。例如，在20世纪初期，美国有些大学已经设立J.D.学位，该学位通常要求在法学院攻读三年，但是很多中国留学生一年就可以取得J.D.学位，这似乎不符合美国法学院的规定。这是否意味着那些中国学生特别优秀，以至于可以用一年的时间修完美国学生三年才能修完的课程？从另外一个角度说，这种一年就可以取得的J.D.是否属于货真价实的法学博士？难道一贯注重声誉的密西根大学、西北大学等会轻易地将其J.D.学位授予中国留学生？这些问题，只有结合中国留学生的国内教育背景和西方法学教育背景才能彻底解决，只有深入调查研究才能找到具有说服力的答案。

1948年，几位中国留学生到达了美国印第安纳大学法学院学习，一年后，他们就获得了J.D.学位，其制度上的原因一直为人们所疏忽。2010年5月6日，笔者在南京大学法学院采访了其中的一位留学生，此时距离他在印第安纳大学取得J.D.学位已经过了整整六十一年，他就是南京大学法学院退休教师王毓骅。据其口述，他们这一批学生之所以去往印第安纳大学攻读法律，是受到他们的母校（东吴大学法学院）院长盛振为的推荐，当时东吴大学法学院与美国印第安纳大学法学院签订有协议：东吴大学法学院的毕业生，在印第安纳大学法学院取得30个学分即可完成留学学业，并取得J.D.学位。实际上，东吴大学法学院的毕业生们通常在印第安纳大学攻读一年即可完成30个学分，包括春秋两个学期加上一个暑期课程学习。从程序上看，这一J.D.学位并不违反当时的任何规定，这等于印第安纳大学承认东吴大学法学院的教育质量，承认东吴大学法学院的学分，并将其转换到法律博士学位授予条件之中。通过这种特殊协议顺利取得印第安纳大学J.D.学位的中国留学生是名副其实的法学博士（法律博士）。虽然他们没有博士论文，但这并不是他们的问题，而是因为印第安纳大学的J.D.学位是职业性博士学位，本身并不要求博士论文。如果忽略这些特殊背景，很可能会怀疑甚至误解王毓骅等人的博士身份。

研究中国近代留洋法学博士，对于深入理解西方近代法学教育史和法学学位制度沿革史也有所帮助。从国际视角看,中国近代法律留学生的教育史是西方近代法律教育史的缩影。从中国留洋法学博士学位的变化中,可以触摸到西方法律学位制度演变的脉络,从不同国家的法学博士头衔之中,可以比较不同国家法律教育制度的异同,进而可以进行中西法律教育史的比较。这种法律教育史领域之间的比较,对于当代中国法律教育制度的改革也是不无裨益的。

近代西方法学教育制度演变的轨迹,不是由一条单轨道形成,而是由多轨道累积而成。每一个中国近代法律留学生的学位都可以被视为轨道上的一根枕木,本书的目的,就是通过对这一根根枕木的统计、分析和比较,勾画出中国近代留洋法律博士的求学轨迹,同时也可以初显 20 世纪上半期西方法学教育制度的演变轨迹。

中国近代留洋法学博士的成就与其留学经历的关系具有如下规律:

1. 社会成就大小与博士留学期限的长短没有明显相关性。一年期的法学博士与两年、三年或者更长期限的法学博士,在最终成就上无明显差异性。这是从博士学制本身而言,实际上,如果跳出博士学制期限看整个留学背景,可以发现留学长短与学识高低还是有一定关系。吴经熊表面上看一年就取得密歇根大学 J.D.学位,但他之后又到巴黎大学、柏林大学、哈佛大学进修法学两年多;石超庸取得耶鲁大学 J.S.D.学位之后,到法国留学一年多;倪征日奥表面上也是一年就取得斯坦福大学的 J.D.学位,但他之后又到约翰斯·霍普金斯大学进修了一段时间;杨兆龙表面上一年就取得哈佛大学 S.J.D.学位,他博士毕业后也没有满足于一个博士头衔,而是到德国继续留学了一年多才回国;即使对于已经在美国学习了四年多的王宠惠,他从耶鲁大学取得 D.C.L.学位后也没有立即回国,而是选择到欧洲继续留学,五年多之后才回国。吴经熊、石超庸、倪征日奥、杨兆龙、王宠惠,他们的留学目的不仅在于求取一个博士头衔,更在于求得法学真经,博士学位只是西天取经路上的一个重要阶段,一有机会,他们便会继续留学征程,毕竟,无论是外国语言还是外国法律,都需要一段时间的磨炼才能融会贯通。

2. 社会成就大小与留洋法学博士的具体种类没有相关性。无论 J.D.、S.J.D./J.S.D.、Ph.D.等均有杰出贡献者。尽管从择业途径上看,J.D.获得者偏向于从事律师工作,S.J.D./J.S.D.偏向于从事学术工作,而留美的Ph.D.偏向于从事外交工作，但他们在各自领域均有突出表现，很难总结出不同博士头衔具有不同社会成就的所谓规律。

3. 社会成就大小与留学国别没有明显的相关性。无论留美、留法、留英、留德、留比、留瑞的法学博士均有杰出人物。但是留学人数与留学国别有较大差异性，留法、留美的法学博士人数最多，留英、留德、留比、留瑞者相对较少，从整体成就上看，留法、留美法学博士的贡献更为突出，与其说这是国别差异，不如说这是留学人数上的差异。

4. 对于有博士论文的法学博士来说，博士毕业之后的研究方向与博士论文的研究领域有部分相关性，但也不尽一致。

5. 社会成就大小与其留学外语语种没有特殊的相关性。由于留学美国和法国的法学博士人数较多，再加上留学英国（英语）、比利时（法语）、瑞士（法语）的人数，使得英语和法语这两个语种在近代留洋法学博士的外语语种中占据明显优势。

6. 从职业角度看，近代留洋法学博士归国后从事的职业并不统一，有律师，有法官，有外交官，有教师等。事实上，中国近代留洋法学博士归国后的工作呈现多变性和交叉性，其角色在学界、政界、商界等不停转换，很少有人终身固定一种职业。例如，吴经熊既担任过律师，也担任过法官，还担任过法学院教授及院长，以及外交官。倪征日奥既担任过律师、法官，也担任过行政官员、教师。端木恺担任过律师、教授及大学校长等。

7. 中国近代留美法学博士的种类和性质与其未来的职业并无必然的联系。例如，获得美国职业性法律博士学位（J.D.）者，既有从事律师职务者，也有从事学术职务者，或者兼而有之；而获得美国学术性法学博士学位（J.S.D.或S.J.D.）者，既有从事学术职务者，也有从事律师职务者。当然，如果从数量上看，留美一年制法律博士（J.D.）从事律师业务的人相对较多，一年制法学博士（如纽约大学一年制J.S.D.）从事律师的人也多，而较长学制法学博士担任官员或者教师的人较多。一年制法律博士中有少部分从事非律师职业，但较长学制的学术性法学博士几乎无人从事律师职业。

本书虽然对近代留洋法学博士这一群体进行了初步评价，但只是从整体上进行的评价，而非专门针对单个留学生成败得失、功过是非的评价。笔者相信，历史早晚自有公论。过去吹捧一个人，往往称其为某博士；现在博士多如牛毛，吹捧一个人的最佳方式则变为“他明明有机会获得博士学位却偏偏放弃，故意不读博士学位云云”。依笔者之见，这两种心态都有失偏颇，前者得了博士崇拜症，后者得了博士厌恶症，都是极端观点，不足为凭，亦不足为学。

本书将近代留洋法学博士作为一个整体进行研究，并不意味着近代中国存在有博士帮派之别。通过研究，本书得出一个结论：近代留洋法学博士这一群体具有明显的分散性、非团体性。事实上，近代留洋法学博士并未形成一个明显的“留洋法学博士帮”，与其说他们是一个关系紧密的博士帮，不如说他们是由单个博士组成的松散群体。无论在留洋法学博士聚集的政治界、外交界、司法界、教育界、学术界等，均没有形成专门的留洋法学博士帮派，也没有所谓留洋博士帮派，留洋博士个体的成功失败与留洋博士这一整体无关。民国政府外交部和司法行政部及各主要大学虽然博士云集，但这并非官官相护、结党营私的结果，而是反映了近代中国外交、司法、教育对于留洋法学博士的客观需求。不仅在整体上没有形成明显的留洋博士帮派，在次一级层面也没有按照留学国别而形成“留美法学博士帮”、“留英法学博士帮”、“留法法学博士帮”等，更没有形成“哈佛帮”、“耶鲁帮”、“哥伦比亚帮”。清末民初成立过不少留洋同学会，例如，“留法比瑞同学会”、“欧美同学会”等等，但是其活动通常限于联络同学、互通消息而已，并未上升到派别的程度。称近代留洋法学博士“一盘散沙”可能有失偏颇，但是称之为帮派则过犹不及。所谓“留日派”、“留欧派”、“留美派”、“英美派”、“欧美派”、“结党揽事”、“相互倾轧”、“引朋呼类”、“排斥异己”之类，多为缺乏证据的牵强附会之说。派别一词尤其流行于政界与学界，有时的确存在，有时却无中生有，否则就不会有扣帽子、摘帽子等等行为。近代留洋法学博士可以通过相同或相近的学位名称构成一个群体，但这纯属学者研究兴趣偏好的归类取舍，并非真的存在一个具有相同立场作风习气的博士派别，更没有一种明显区别于单个留洋法学博士心理或意识的留洋法学博士群体心理或者群体意识。今后也许有人会研究“近代留洋法学硕士群体”、“近代留洋法学学士群体”等等，这也并不等于近代中国存在过一个个硕士帮派、学士帮派。这种以留学经历或者留学学位连接起来的松散群体，在组成成分上具有一定的同质性，但仍然属于无组织化群体。如果非要用集体主义词汇形容近代留洋法学博士或者近代法科留学生，则或可用以下十个字总结：有朋而无党，有群而无派。

附　　录

附件 1　中国近代留洋法学博士毕业年表

1905 年

严锦镕　美国哥伦比亚大学(Ph.D.)

王宠惠　美国耶鲁大学(D.C.L.)

1907 年

马德润　德国柏林大学

1909 年

周泽春　德国柏林大学

1911 年

罗泮辉　美国芝加哥大学(J.D.)

严鹤龄　美国哥伦比亚大学(Ph.D.)

赓德祥　德国罗斯托克大学

1912 年

周宗华　美国芝加哥大学(J.D.)

冯熙运　美国芝加哥大学(J.D.)

顾维钧　美国哥伦比亚大学(Ph.D.)

1914 年

王恩泽　美国芝加哥大学(J.D.)

梅华铨 美国纽约大学(J.D.)
钱 泰 法国巴黎大学

1915 年

朱鹤翔 比利时鲁汶大学

1916 年

钱树芬 美国芝加哥大学(J.D.)
郑天锡 英国伦敦大学(LL.D.)
刁敏谦 英国伦敦大学(LL.D.)

1917 年

陈长乐 美国芝加哥大学(J.D.)
张国辉 美国芝加哥大学(J.D.)
黄宗法 美国纽约大学(J.D.)
司徒尧 美国康奈尔大学(Ph.D.)
林彪(林礼源) 德国维尔茨堡大学
周 纬 瑞士佛莱堡大学

1918 年

黄开宗 美国芝加哥大学(J.D.)
戴恩赛 美国哥伦比亚大学(Ph.D.)
胡世泽 法国巴黎大学

1919 年

张肇元 美国芝加哥大学(J.D.)
吴昆吾 瑞士日内瓦大学
田光祖 瑞士伯尔尼大学

1920 年

燕树棠 美国耶鲁大学(J.D.)

何孝元　美国芝加哥大学(J.D.)
周鲠生　法国巴黎大学
梁仁杰　法国巴黎大学
王世杰　法国巴黎大学
耿　泽　法国巴黎大学

1921年

康时敏　美国耶鲁大学(J.D.)
陈霆锐　美国密歇根大学(J.D.)
吴经熊　美国密歇根大学(J.D.)
陆鼎揆　美国密歇根大学(J.D.)
李　范　美国纽约大学(J.S.D.)
徐恭典　美国西北大学(J.D.)
马如荣　美国加州大学伯克利(Ph.D.)
赵　冰　英国伦敦大学(Ph.D.)
朱文黼　瑞士日内瓦大学

1922年

李长全　美国芝加哥大学(J.D.)
何世桢　美国密歇根大学(J.D.)
何世枚　美国密歇根大学(J.D.)
马景行　美国西北大学(J.D.)
夏晋麟　英国爱丁堡大学
戴修骏　法国巴黎大学
姜荣章　法国巴黎大学

1923年

孙浩煊　美国芝加哥大学(J.D.)
王毓英　美国芝加哥大学(J.D.)
蒋保厘　美国密歇根大学(J.D.)
冯　济　美国西北大学(J.D.)

王治焘 法国巴黎大学
许念曾 法国巴黎大学
廖尚果 德国汉堡大学

1924 年

杨光泩 美国普林斯顿大学(Ph.D.)
谢冠生 法国巴黎大学
谢瀛洲 法国巴黎大学
刘之谋 比利时鲁文大学

1925 年

伍守恭 美国芝加哥大学(J.D.)
石超庸 美国耶鲁大学(J.S.D.)
刘师舜 美国哥伦比亚大学(Ph.D.)
施宗岳 美国哥伦比亚大学(Ph.D.)
何葆仁 美国伊利诺伊大学(Ph.D.)
陈宗城 法国巴黎大学
郑毓秀 法国巴黎大学
魏道明 法国巴黎大学
刘懋初 法国里昂大学
吴凯声 法国里昂大学
朱文源 比利时布鲁塞尔大学
赵欣伯 日本明治大学

1926 年

区兆荣 美国芝加哥大学(J.D.)
乔万选 美国芝加哥大学(J.D.)、哥伦比亚大学(Ph.D.)
姚永励 美国芝加哥大学(J.D.)
黄俊杰 美国德宝大学(J.D.)
张元枚 美国底特律法学院(J.D.)
富刚侯 美国西北大学(J.D.)

盛振为　美国西北大学(J.D.)
张金润　美国西北大学(J.D.)
高君湘　美国底特律法学院(J.D.)
潘乃尉(潘冠英)　法国里昂大学
郑文礼　法国巴黎大学
何学骥　法国巴黎大学
徐传保　法国巴黎大学
赵　谦　比利时根特大学

1927 年

魏文翰　美国芝加哥大学(J.D.)
徐湛星　美国芝加哥大学(J.D.)
萧祖用　美国芝加哥大学(J.D.)
端木恺　美国纽约大学(J.S.D.)
叶茀康　美国纽约大学(J.S.D.)
胡咏德　美国西北大学(J.D.)
黄宬言　美国西北大学(J.D.)
续克昌　美国西北大学(J.D.)
李中道　美国西北大学(J.D.)
缪中一　美国芝加哥 Loyola 大学(J.D.)
娄学熙　美国哥伦比亚大学(Ph.D.)
于焌吉　美国哥伦比亚大学(Ph.D.)
王化成　美国芝加哥大学(Ph.D.)
涂允檀　美国伊利诺伊大学(Ph.D.)
徐砥平　法国格勒诺布尔大学
翟俊千　法国里昂大学
伊光仪　法国巴黎大学
刘克俊　德国慕尼黑大学

1928 年

梅汝璈　美国芝加哥大学(J.D.)
杜元载　美国西北大学(J.D.)

郭怀璞 美国西北大学(J.D.)
赖 锟 美国西北大学(J.D.)
田鹤鸣 美国西北大学(J.D.)
黎国材 法国里昂大学
李辛阳 法国巴黎大学
汤瑞海 荷兰鹿特丹商学院

1929 年

郭威白 美国纽约大学(J.S.D.)
黄公觉 美国纽约大学(J.S.D.)
顾宪章 美国西北大学(J.D.)
黄 淼 美国西北大学(J.D.)
林我将 美国西北大学(J.D.)
赵之远 美国西北大学(J.D.)
丘汉平 美国国家大学(S.J.D.)
傅文楷 美国国家大学(S.J.D.)
黄应荣 美国国家大学(S.J.D.)
宋允惠 美国底特律法学院(J.D.)
倪征日奥 美国斯坦福大学(J.D.)
张忠道 法国巴黎大学
徐辅德 法国巴黎大学
黄 仁 法国巴黎大学
任振南 法国里昂大学
宋国枢 法国巴黎大学
吴 骐 法国巴黎大学
杨柳风 法国巴黎大学
孙彭衔 法国南锡大学
杨 琦 比利时鲁文大学

1930 年

张葆恒 美国芝加哥大学(J.D.)
姚启胤 美国密歇根大学(S.J.D.)

查良鉴　美国密歇根大学(J.D.)
卢鸿堉　美国纽约大学(J.S.D.)
孙晓楼　美国西北大学(J.D.)
钱剑秋　美国西北大学(J.D.)
董凤鸣　美国西北大学(J.D.)
何炳樑　美国西北大学(J.D.)
陶慕侠　美国西北大学(J.D.)
谢景山　美国西北大学(J.D.)
张嘉惠　美国西北大学(J.D.)
张庆祯　美国西北大学(J.D.)
梁鋆立　美国国家大学(S.J.D.)
李德新　美国国家大学(S.J.D.)
洪士豪　美国德宝大学(J.D.)
戴继恩　美国德宝大学(J.D.)
杨凛知　美国德宝大学(J.D.)
吴瀚涛　美国伊利诺伊大学(Ph.D.)
杨善三　美国印第安纳大学(Ph.D.)
张鼎昌　法国巴黎大学

1931 年

查良鉴　美国密歇根大学(S.J.D.)
章任堪　美国哈佛大学(S.J.D.)
黄比瀛　美国西北大学(J.D.)
凌士芬　美国西北大学(J.D.)
徐汉豪　法国南锡大学
顾彦儒　法国南锡大学
陈耀东(江苏)　法国巴黎大学
徐道邻　德国柏林大学
何方理　比利时鲁文大学
凌其翰　比利时布鲁塞尔大学
孔庆宗　比利时布鲁塞尔大学

1932 年

卢　峻　美国哈佛大学(S.J.D.)

翟　楚　美国西北大学(J.D.)

吕光(吕光宇)　美国德宝大学(J.D.)

王镜澄　美国约翰斯·霍普金斯大学(Ph.D.)

胡汉瑞　美国哥伦比亚大学(Ph.D.)

胡养蒙　法国巴黎大学

罗　怀　法国巴黎大学

孙玺凤　法国巴黎大学

王自新　法国巴黎大学

顾维熊　法国南锡大学

King Yu-Hsi　法国南锡大学

罗时济　法国南锡大学

毕乃謇　法国南锡大学

王锦荃　法国南锡大学

谭显楫　法国里昂大学

吴本中　法国波尔多大学

张季行　比利时鲁文大学

陈朝璧　比利时鲁汶大学

路式导　比利时鲁文大学

徐直民　比利时鲁文大学

曾希亮　比利时鲁文大学

邵文纯　德国莱比锡大学

曾　勉　瑞士佛莱堡大学

1933 年

张大同　美国西北大学(J.D.)

钱乃信　美国爱荷华大学(J.D.)

苏秋宝　美国爱荷华大学(J.D.)

张彝鼎　美国哥伦比亚大学(Ph.D.)

黄廷英　美国约翰斯·霍普金斯大学(Ph.D.)
查　修　美国伊利诺伊大学(Ph.D.)
麦逢秋　法国南锡大学
张企泰　法国巴黎大学
谷兆芬　法国南锡大学
张又新　法国南锡大学
林崇墉　法国巴黎大学
龙大均　法国巴黎大学
朱宝田　法国里昂大学
胡毓寅　法国巴黎大学
孟鞠如　法国格勒诺布尔大学
姚定尘　法国哥勒诺布尔大学
丁　珩　比利时列日大学
张明时　比利时布鲁塞尔大学
王遂征　比利时布鲁塞尔大学
汪孝熙　瑞士日内瓦大学

1934 年

龚振祺　美国纽约大学(J.D.)
李子欣　美国纽约大学(J.D.)
王震生　美国纽约大学(J.S.D.)
郑国楠　美国纽约大学(J.S.D.)
仇子同　美国国家大学(S.J.D.)
陈延进　法国里昂大学
沈曾诒　法国巴黎大学
黄　淮　法国巴黎大学
雷崧生　法国巴黎大学
徐震洲　法国巴黎大学
龚　钺　法国格勒诺布尔大学
李肇伟　法国第戎大学
范　商　比利时鲁文大学

周　桐　比利时鲁文大学
赵长敏　德国波恩大学

1935 年

胡毓杰　美国纽约大学(J.S.D.)
李彩霞　美国纽约大学(J.S.D.)
林振镛　美国纽约大学(J.S.D.)
凌兆麟　美国纽约大学(J.S.D.)
杨德恩　美国纽约大学(J.S.D.)
梁敬钊　美国纽约大学(J.S.D.)
杨兆龙　美国哈佛大学(S.J.D.)
徐复云　法国里昂大学
祝修爵　法国里昂大学
魏德超　法国南锡大学
宋渊如　法国南锡大学
李悦义　法国第戎大学
程　琇　法国南锡大学
严可为　法国南锡大学
宋玉生　比利时鲁文大学
徐　铸　比利时鲁文大学
蒋固节　比利时鲁文大学
芮　沐　德国法兰克福大学

1936 年

何海晏　美国纽约大学(J.S.D.)
林钦辰　美国纽约大学(J.S.D.)
马君硕　美国纽约大学(J.S.D.)
吴清葵　美国纽约大学(J.S.D.)
余茂功　美国纽约大学(J.S.D.)
张为资　美国纽约大学(J.S.D.)
张鑫长　美国印第安纳大学(J.D.)

郑　涛　美国印第安纳大学(J.D.)
孙　亮　美国印第安纳大学(J.D.)
黄正铭　英国伦敦大学(Ph.D.)
钱清廉　英国伦敦大学(Ph.D.)
王伯琦　法国巴黎大学
张隆延　法国南锡大学
施宏勋　法国南锡大学
郑彦澄　法国第戎大学
吴　绪　法国第戎大学
何任清　法国图卢兹大学
吴求胜　法国图卢兹大学
王季征　比利时布鲁塞尔大学

1937 年

钱乃文　美国芝加哥大学(J.D.)
冯国桢　美国纽约大学(J.D.)
李潮年　美国纽约大学(J.S.D.)
刘涧乐　美国纽约大学(J.S.D.)
刘亮畴　美国纽约大学(J.S.D.)
沈　琪　美国纽约大学(J.S.D.)
徐亚辉　美国印第安纳大学(J.D.)
邵循恪　美国芝加哥大学(Ph.D.)
谢天锡　美国哈佛大学(Ph.D.)
赵俊欣　法国巴黎大学
徐　基　法国南锡大学
童蒙圣　法国南锡大学
吕　渭　法国南锡大学
陈绍源　法国第戎大学
江海潮　德国法兰克福大学
陈蜀琼　德国耶拿大学

1938 年

梁传愈　美国西北大学(J.D.)
彭启炘　美国西北大学(J.D.)
丘日庆　美国印第安纳大学(J.D.)
洪应灶　美国印第安纳大学(J.D.)
谭汉铨　美国印第安纳大学(J.D.)
朱光沐　法国巴黎大学
王富祖　法国巴黎大学
叶叔良　法国巴黎大学
胡崔淑言　法国巴黎大学
郭锦尧　法国南锡大学
方瑞典　法国卡昂大学
卢俊恺　法国卡昂大学
吴克诚　法国南锡大学
张仲绛　德国马堡大学
陆炳熊　比利时鲁文大学
萧金芳　比利时布鲁塞尔大学
俞叔平　奥地利维也纳大学

1939 年

陆承泰　美国纽约大学(J.S.D.)
谭明德　美国纽约大学(J.S.D.)
王世熊　美国纽约大学(J.S.D.)
杨伯鹏　美国印第安纳大学(J.D.)
董　霖　美国伊利诺伊大学(Ph.D.)
陈芳芝　美国拜扬麦尔学院(Ph.D.)
王　滌　英国伦敦大学(Ph.D.)
沈达明　法国巴黎大学
饶蓿华　法国波尔多大学
饶华松　法国波尔多大学
罗　光　罗马拉德朗大学

1940 年

陈嘉佑　美国印第安纳大学(J.D.)
陈葆灵　美国印第安纳大学(J.D.)
伍汉民　美国印第安纳大学(J.D.)
钱锦章　美国 Loyola 大学(新奥尔良)(J.D.)
陈尧圣　英国伦敦大学(LSE，Ph.D.)
胡百全　英国伦敦大学(KCL，Ph.D.)
陈汝舟　法国巴黎大学
金世鼎　法国巴黎大学
国　瑜　法国巴黎大学
吴宗汾　法国巴黎大学
漆竹生　法国巴黎大学
袁世斌　法国巴黎大学
于振鹏　法国里昂大学
曾如柏　德国马堡大学
陈耀庭　德国耶拿大学

1941 年

宋闪宝　美国印第安纳大学(J.D.)
张馨珠　美国印第安纳大学(J.D.)
陈世材　美国哈佛大学(Ph.D.)
张祖庚　法国巴黎大学
张鸿业　法国巴黎大学
郑兆璜　法国巴黎大学
廖德珍　法国巴黎大学
马志振　法国巴黎大学
陈雄飞　法国巴黎大学
安裕琨　德国柏林大学
李士彤　德国柏林大学

1942 年

程修龄　美国纽约大学(J.S.D.)

黄宗勋 美国西北大学(J.D.)
韦文起 美国芝加哥大学(Ph.D.)
李荣锦 美国乔治敦大学(Ph.D.)
龚叔英 法国巴黎大学
赵崇汉 法国里昂大学

1943 年

华璿光 美国印第安纳大学(J.D.)
吕怀君 加拿大渥太华大学(Ph.D.)
陈荣生 法国里昂大学

1944 年

苏汝松 美国印第安纳大学(J.D.)
潘维东 美国天主教大学(Ph.D.)
赵理海 美国哈佛大学(Ph.D.)
林汉长 法国里昂大学
魏登临 法国里昂大学
陈育凤 德国柏林大学

1945 年

桂宗尧 瑞士伯尔尼大学
陈之禄 罗马拉德朗大学

1947 年

顾裕昌 美国哥伦比亚大学(Ph.D.)
吴恭恒 法国里昂大学

1948 年

张以藩 美国耶鲁大学(J.S.D.)
张乃维 美国哈佛大学(Ph.D.)
温粤熊 美国印第安纳大学(Ph.D.)

陈体强　英国牛津大学(D.Phil.)
黄金鸿　英国剑桥大学(Ph.D.)

1949 年

张国和　美国芝加哥大学(J.D.)
李唯善　美国纽约大学(J.S.D.)
居同匮　美国印第安纳大学(J.D.)
李德仁　美国印第安纳大学(J.D.)
李名山　美国印第安纳大学(J.D.)
李祖燕　美国印第安纳大学(J.D.)
王毓华　美国印第安纳大学(J.D.)
吴茂松　美国印第安纳大学(J.D.)
郁去非　美国印第安纳大学(J.D.)
王以德　美国耶鲁大学(J.S.D.)
张勋洋　德国哥廷根大学

1950 年

姚淇清　美国耶鲁大学(J.S.D.)
徐国基　美国印第安纳大学(J.D.)
杨泉德　美国印第安纳大学(J.D.)
夏晋惠　美国印第安纳大学(J.D.)
朱奇武　英国牛津大学(D.Phil.)
郑　斌　英国伦敦大学(Ph.D.)
韩健夫　法国巴黎大学
芮正皋　法国巴黎大学
廖仲琴　法国巴黎大学
唐祖培　法国巴黎大学
盛　愉　法国巴黎大学
端木正　法国巴黎大学
徐肇庆　瑞士纳莎泰尔大学

附件 2　中国近代留洋法学博士中西姓名对照表

A

An，Yü-Kun　安裕琨

Au，Silwing F.C.　区兆荣

B

Bang，Chi Shing　彭启炘(彭启圻)

C

Cha，Liang-Chien(Cha，Lloyd L.C.)　查良鉴

Chai，Chu　翟楚

Chan，Chung-Sing(Chen，Tsung-Chen/Tcheng，Tchong tcheng)　陈宗城

Chan，Nay Chow　陈汝舟

Chan，Po-Ling　陈葆灵

Chan，Yan Chun(Tchen，Yen-tsin)　陈延进

Chang，Chaoyan Cheng　张肇元

Chang，Chin Tsen　张庆桢

Chang，Ching Rwen　张金润

Chang，Da-Tung　张大同

Chang，Chu Kuing　张祖庚

Chang，Chuancin Kuohwei(Chang，Chuncin Kuhwei)　张国辉

Chang，Chung-Kong　张仲绛

Chang，Chung-Tao　张忠道

Chang，Elsie Shung Chu　张馨珠

Chang，Hsun-Yang　张勋洋

Chang，Hung Yeh　张鸿业

Chang，I-Fan(Chang，Ifan)　张以藩

Chang，Ki Ching(Chang，Julian Ki Ching)　张季行

Chang，Kuo Ho　张国和

Chang，Leon Long-Yien　张隆延

Chang，Lloyd　张鑫长

Chang，Ming She　张明时

Chang，Nai-Wei　张乃维

Chang，Pao Heng　张葆恒

Chang，Philip Kya-wei　张嘉惠

Chang，Sherman Jen-Kan　章任堪

Chang，Da-Tung　张大同

Chang，Yi-Ting　张彝鼎

Chang，Yu-Sing　张又新

Chang，Yuan Mei　张元枚

Chao，Chang-Min　赵长敏

Chao，Li-Hai　赵理海

Chao，Tsung-shin　赵俊欣

Chao，Zen　赵任(赵之远)

Chen，Agnes Fang-Chih　陈芳芝

Chen，Chang-Lok(Chen，Chang-Loli)　陈长乐

Chen，Chao Pi(Tcheng，Tchao Pie)　陈朝璧

Chen，Chia You　陈嘉祐

Chen，Ding-Sai(Ch'en，T'ing-Jui)　陈霆锐

Chen，En-Cheng (Chen，Elbert N.C.)　陈恩成

Chen，Samuel Shih-Tsai　陈世材

Ch'en，Shu-Chiung　陈蜀琼

Chen，(Pierre Claver) Tsen I. 沈曾诒
Chen，Ta Ming 沈达明
Chen，Ti-chiang 陈体强
Chen，Wan-li 郑文礼
Chen，Yao-Sheng 陈尧圣
Chen，Yoau-Ting 陈耀庭
Chen，Yuvoon 陈育凤
Cheng，Bin 郑斌
Cheng，Chao-huang 郑兆璜
Cheng，Fatting Tinsik(Cheng，Tien-His) 郑天锡
Cheng，Hsiu 程琇
Cheng，Kuonan 郑国楠
Cheng，Tao 郑涛
Cheng，Yen-cheng(Cheng，Eugene) 郑彦澄
Chiang，Hai-Cháo 江海潮
Chiao，Wan-Hsuan 乔万选
Chien，Chin-chang 钱锦章
Chien，Ching-Lien 钱清廉
Chien，Nai Hsin 钱乃信
Chien，Nai-Wen 钱乃文
Chien，Shu Fen 钱树芬
Chien，Titania Jien Tsieu 钱剑秋
Chieu，Ts Tong 仇子同
Chiu，Han-Ping 丘汉平
Chiu，Stimson Y.K. 丘日庆(丘日兴)
Chiu，Vermier Yantak 赵冰
Chou，Tse-chun(Tschou，Tso-tschun) 周泽春
Chow，S.R. 周鲠生
Chow Tsung Hua，Thuchow 周宗华
Chu，Cedric Chi-wu 朱奇武
Chu Dong Hwa 居同匮

D

Dao, Mao Hsieh　陶慕侠
Dien, Ho Ming　田鹤鸣
Dunn, Wie Tsain　董维键

F

Fan, Vincent Chang　范商
Fang, Sweden　方瑞典
Feng, Chi　冯济
Feng, Hsi-Yun　冯熙运
Foo, Semon Voon-Kai　傅文楷
Fu, Kenneth Kang-Hou　富刚侯

H

Han, Joseph K.P.　韩健夫
Ho, Fang Li(Ho, Jean Fang Ly)　何方理
Ho, Ha-Yen　何海晏
Ho, Hio Ky(Ho, Shiao Yi)　何学骥
Ho, Hsiau Yuen　何孝元
Ho, Jen Ching　何任清
Ho, Pao Jin　何葆仁
Ho, Ping-Liang　何炳樑
Ho, Shiang-Ming　何襄明
Ho, Shih-Chen　何世桢
Ho, Shih Mai　何世枚
Hoang, Hoai　黄淮
Hong, Lexington Eng Chao　洪应灶
Hou, You-Ing　胡毓寅
Hou-Ts'ouei, Chou-Yen　胡崔淑言
Houx, Koung-ou(Wu, K'un-wu)　吴昆吾

Hsia，Chin-lin(Hah，J.L.) 夏晋麟
Hsu，Chao-Ch'ing 徐肇庆
Hsu Chu(Tchow，Georges Chu Tchow 或者 Chow，eorges Chu)徐铸
Hsü，Dau-Lin 徐道邻
Hsu，Fu Teh 徐辅德
Hsu，Fu-Yung 徐复云
Hsu，Han-Hao 徐汉豪
Hsu，Kon Tien 徐恭典
Hsu，Nientseng 许念曾
Hsu，Ya Hui 徐亚辉
Hu，Henry Yu-Chieh(Hu，Yu-Chie) 胡毓杰
Hu，Shih-Tsi(Hoo，Chi-Tsai) 胡世泽
Hu，Yan-Mung 胡养蒙
Hu，David Yung-Teh 胡咏德
Huang，Khaichung L. (Uychutin，Lius Patricio) 黄开宗
Huang，Kungchoh 黄公觉
Huang，Robert Tsonhyuin. 黄宗勋
Huang，Ting-Young 黄廷英
Huang，Tsen-Ming 黄正铭
Huang，Tzon-Fah(Hwang，Tzon-Fah) 黄宗法
Huang，Ying-Jung 黄应荣
Hung，William S.H. 洪士豪
Hwa，Dora 华璿光
Hwang，Jen 黄仁
Hwang，Miao 黄淼

J

Jao，Dain-Houa 饶蓉华
Jao，Houa-Son 饶华松
Jen，Tchen-Nan 任振南
Joei，Bernard Tchen-Kao 芮正皋

K

Kang，Shih Min　康时敏

Keun Tse(Keun Yen-Tsing)　耿泽

Kao，Chun Ksiang(Kao，Chun Hsiang)　高君湘

Kiang，Yong-Tchang　姜荣章

King，Shih-Ding　金世鼎

Kinginthai，Xaver　赓德祥

Kong，Chin Tsong(Kong，Ching Tsung)　孔庆宗

Koo，Vi Kyuin Wellington　顾维钧

Koo，Wellington，Jr.　顾裕昌

Kou，Wei-Hiong　顾维熊

Koung，Yoeh　龚钺

Kouo，Kin Yao　郭锦尧

Ku，Djao-Fing(Kou，Chao-Fen)　谷兆芬

Ku，Hsien Chang　顾宪章

Ku，Yen-Ju　顾彦儒

Kuei，Tsung-yao　桂宗尧

Kung，Seo-Yin　龚叔英

Kuo，H.P.　郭怀璞

Kuo，Wei-Pai　郭威白

Kuo，Yu　国瑜

L

Leao，Tchong-Kin(Liao，Tchong-K'in)　廖仲琴

Lee，Andrew(Lu，Kuang)　吕光(吕光宇)

Lee，Herbert C.T.　李中道

Lee，Joseph Teh Hsin　李德新

Lee，Yuet-yee　李悦义

Lei，Cheung Chuen　李长全

Li，Chao-Nien　李潮年

Li, Chao-Wei　李肇伟
Li, Fan　李范
Li, Jung-Chin(Wing)　李荣锦
Li, Koue-Ts'si　黎国材
Li, Shih-Tung　李士彤
Li, Sin-Yang 李辛阳
Li, Ts-Hyung(Li, Tze-Hsing)　李子欣(李芷馨)
Li, Tsai-ya　李彩霞
Li, Veh-Shan　李唯善
Liang, Ching-Chao　梁敬钊
Liang, Chuan Yu　梁传愈
Liang, J'en Kie　梁仁杰
Liang, Yuen-li(Liang, Yun-Li)　梁鋆立
Liao, Tetcheng　廖德珍
Liau, Schang-Kuo　廖尚果
Lin, Chen-Yung　林振镛
Lin, Ching-Chen　林钦辰
Lin, K'i-han(Ling, Ki Han)　凌其翰
Lin, Ngo Chiang　林我将
Lin, Pyau　林彪
Lin, Shih Fun　凌士芬
Ling, Chao-Lin　凌兆麟
Ling, Chong-Yun　林崇墉
Ling, Hong-chong　林汉长
Liu, Che Mo(Paul Liou)　刘之谋
Liu, Chien-Loh　刘涧乐
Liu, Keh-chun(Liu, Keetsin)　刘克俊
Liu, Liang-zen　刘亮畴
Liu, Mou-cho　刘懋初
Liu, Shih-Shun　刘师舜
Lo, Che-Tsi　罗时济

Lo，Hoai　罗怀

Lo，Pan Hui　罗泮辉

Loh，Ting-Kwei　陆鼎揆

Lokuang，Stanislaus　罗光

Loo，Shih Toa（Lu，She Tao）　路式导

Lou，Herbert Hsiohsi（Lou，Hsueh-Hsi）　娄学熙

Lu，Cheng-Tai　陆承泰

Lu，Chun-Kai　卢俊恺

Lu，Hung-Yu　卢鸿堉

Lu，Joffre Y.（Liu C.）（Lu Yu-fon）　卢峻（卢于昉）

Lu，Ping-Hsiung　陆炳熊

Lung，Johnson（Lung，Tachun）　龙大均

Lui，Peiwei S.S.（Lei，Sung Seng）　雷崧生（雷白韦）

Lü，Hwai-chun　吕怀君

M

Ma，Chih-Chen（Ma，Chih Cheng）　马志振

Ma，Do-Yün　马德润

Ma，George Ging Hsing　马景行

Ma，William C.S.　马君硕

Mark，Fung Chau（Mei，Fon chieou）　麦逢秋

Mei，Hua-chuen　梅华铨

Mei，Ju-Ao　梅汝璈

Meng，G.（Mong，G.）　孟鞠如

Miao，Chung Yi　缪中一

Mo，Zung-Chung　马润卿

N

Nyi，Tsung Yuh　倪征■

O

Ouang，Roland Hiao-hi（Ouang，R.H.） 汪孝熙
Ouang，T.T. 王治焘

P

Pan，Nai Wei 潘乃尉（潘冠英）
P’an，Wei-Tung 潘维东
Pie，Nai-Chieng 毕乃謇

S

Shao，Wen-Tsun 邵文纯
Shaw，Shyun-Keq 邵循恪
Shen，Chi 沈琪
Sheng，Robert Chen Wei 盛振为
Shih，Kung（Stone，C.Y.） 石超庸
Shih，Hung-Shun 施宏勋
Siao，King-Fang（Hsiao，Ching-Fang） 萧金芳
Sié，Cheou-Tchang 谢寿昌（谢冠生）
Sié，Ying-Chow（Hsieh，Ying-chou/Sie，Yin Tcheou） 谢瀛洲
Sieux，Joseph Young 萧祖用
Siu，Qui 徐基
Siu，Tche Ping（Hsi，T.P.） 徐砥平
Siu，Tchoan-Pao 徐传保
Song，Kouo Tchou 宋国枢
Song，Yuen-Zou 宋渊如
Song，Yuin-Wei（Soong，Yuin Wei） 宋允惠
Soong，Sally Sai-bao 宋闪宝
Su，Chiu Pao 苏秋宝
Su，Ju Song 苏汝松
Su，Tsan-Sing 徐湛星

Suen，Peng Hien　孙彭衔

Sun，Burke Liang　孙亮

Sun，Hao-Hsuan，　孙浩煊

Sun，Shelley　孙晓楼

Sun，(Georges) Si-Fong　孙玺凤

Sun，Yu Sun(Sung，Yu Sheng)　宋玉生

Sz-to Sit Iu　司徒尧

Sze，Tsung-Yu　施宗岳

T

Tai，Chi En　戴继恩

Tai，En-sai　戴恩赛

Tam，Hon-Chen　谭汉铨

Tan，Grace M.T.(Tan，Min-Tuk)　谭铭德

Tan，(Raymond) Shen-Chi　谭显楫

Tang，Tsou-pei　唐祖培

Tchai，Henry Tsoun-Tchun　翟俊千

Tchang，Chi Tai　张企泰

Tchang，Ting-Tchang　张鼎昌

Tchao，Chien(Chao，Kien,或者 Tchao，Michel Tchien)　赵谦

Tchao，Tchung-Han　赵崇汉

Tchen，Hiong-Fe　陈雄飞

Tchen，Yaotong　陈耀东(江苏)

Tchen，Yon-Sun　陈荣生

Tcheng，Chao-Yuen　陈绍源

Tcheng，Soumme　郑毓秀

Tchéou，Wei S.　周纬

Tcheou，Jean Nang(Chow，Nan)　周枏

Tcheou，Mei-Li　盛愉(盛美蠡、周美蠡)

Tchou，Koang-mou　朱光沐

Tchou，Louis Ngao-siang　朱鹤翔

Tchou，Pao-tien　朱宝田

Tchou，Schiavy（Chu，Wen Yuan 或者 Tchou，W.Y. Shiav）　朱文源

Tchou，Venfour F.　朱文黼

Tchu，Tji Ming（Hsu，Che Ming）　徐直民

Thung，Soey-hay　汤瑞海

Tien Guang Tsu　田光祖

Ting，Hing（Ting，Leon Hing Ting 或者 Ting，Hsing 或者 Ting，Leon）丁珩

Tsang，Wei-Tse　张为资

Tseng，Jean Baptist Hi Liang　曾希亮

Tseng，Ju-Pai（Tsêng，Ju-Po）　曾如柏

Tseng，Mien Thomas　曾勉

Tsi，Tchou-Sheng　漆竹生

Tsiang，Kou Chich（Tsing，Ku Kieh 或者 Tsiang，Andre Kou Chieh）　蒋固节

Tsiang，Pao Li　蒋保厘

Tsien，Tai　钱泰

Tsoh，Seu-Chia　祝修爵

Tsu，Djenchow　徐震洲

Tu，Yuan-Tsai　杜元载

Tu，Yun-Tan　涂允檀

Tuanmo，Cheng　端木正

Tung，Feng M.　董凤鸣

Tung，Mong-Sheng　童蒙圣

Tung，William Ling　董霖

Twanmoh，Joseph K.　端木恺

Tyau，Min-ch'ien T.Z.　刁敏谦

V

Vey，Dé Tchao　魏德超

W

Wang，Alfred I-Te　王以德

Wang，En Tse　王恩泽

Wang，Chin-Chuan　王锦荃

Wang，Chung-hui　王宠惠

Wang，Dih　王滌

Wang，Fou-Tseou　王富祖

Wang，Hua-Cheng　王化成

Wang，Ki Cheng（Wang，Kiding）　王季征

Wang，King-Ching　王镜澄

Wang，Pe-Chi　王伯琦

Wong，Peter Susie Pakander（Peter P. Wong）　黄比瀛

Wang，Shih Chieh　王世杰

Wang，Shih-yung　王世熊

Wang，Sweding（Wang，Suei Cheng）　王遂征

Wang，Tse-sin　王自新

Wang，Wilson　王震生

Wang，Yu-hwa　王毓骅

Wang，Yu Ing　王毓英

Wei，Henry　韦文起

Wei，Tao-Ming　魏道明

Wei，Teng-Lin　魏登临

Wei，Wen Han　魏文翰

Wen，Yueh-Hsiung　温粤熊

Wong，Yi Yien　黄扆言

Wong，Tsun K.　黄俊杰

Woo Chiang-Hwa，　吴强华

Woo，James（Wou Khai-Cheng）　吴凯声

Woo，Kion-heng　吴恭恒

Woo，Pak Chuen　胡百全

Woo, Soo 吴绪
Wou, Kack-Tcheng(Ho, Ke-cheng) 吴克诚
Wou, Pion Tchong (Wou, Piontchong) 吴本中
Wu, Chiu-Sheng 吴求胜
Wu, Friedrich C. (Wu, Chi) (Wu, K'i) 吴骐
Wu, Han-Tao 吴瀚涛
Wu, James C.K.(Wu, Chin-Kwei) 吴清葵
Wu, John(Wu, John Chin Hsiung) 吴经熊
Wu, Muo-song 吴茂松
Wu, Shou-kung(Ou, Sarkon K.)(Woo, Z.K.) 伍守恭

Y

Yang, Chao-Lung 杨兆龙
Yang, Daniel Teh-En 杨德恩
Yang, Ki(Yang, Raymond Ky) 杨琦
Yang, Léon(Yang Lieou-fong) 杨柳风
Yang, Linchin 杨凛知
Yang, Pak-Pang 杨伯鹏
Yao, Arthur(Yao, Arthur C.Y.) 姚启胤
Yao, Franklin Chi-ch'ing 姚淇清
Yao, Ting-chen 姚定尘
Yao, Yung-li 姚永励
Yeh, Sao-liang 叶叔良
Yei, Kwang Yee 伊光仪
Yen, Chin-Yung 严锦镕
Yen, Hawkling Lugine(Yen, Hawkling) 严鹤龄
Yen, Ku-wei(Yen, Jacky) 严可为
Yen, Shu-Tang 燕树棠
Yih, Frank Foo-Kung 叶茀康
Yin, Pao-Yu 尹葆宇
Yong, Chan Sain 杨振先

Yu，Mo-Gung　余茂功

Yu，Tchen-P'ong　于振鹏

Yu，Tsune-Chi（Yu，James T.C.）　于焌吉

Yü，Jünn Tschia（Yu，Soo Ping 或者 Schobern Yu）　俞叔平

Yü，Wei　吕渭

Yuan，Shih-pin　袁世斌

Z

Zia，King-san　谢景山

Zung，Cecilia Sieu-Ling　程修龄

附件 3　外国大学中外文名称对照表

一、美国

Bryn Mawr College
拜扬麦尔学院
布林茅尔学院
碧莲玛院

Columbia University
哥伦比亚大学
哥林卑亚书院
哥伦布亚大学校
哥仑比亚大学
可仑比亚大学
克伦比亚大学

Cornell University
康奈尔大学
考奈尔大学校
康南尔大学
康南耳大学
康乃耳大学
喀奈尔大学

康乃尔大学

DePaul University
德宝大学
德保大学
德饱大学
岱堡大学
迪保罗大学
德保尔大学
德保罗大学
迪普大学
蒂葆大学
地鲍大学

Detroit College of Law
底特律法学院
地脱劳法学院
狄屈沃法学院(狄屈沃法律学校)
特积沃大学
德特洛法律学校

George Washington University
乔治・华盛顿大学
佐治华盛顿大学
乔琪华盛顿大学

Georgetown University
乔治敦大学
乔治顿大学
佐治唐大学
乔治城大学

Hamline University
翰墨林大学
汉墨林大学

Harvard University
哈佛大学

Indiana University of Indiana Bloomington
印第安纳大学
印地安那大学
印地安拿大学
印第安那大学
印弟亚纳大学
殷第安那大学
茵州大学

Johns Hopkins University
约翰斯·霍普金斯大学
江氏哈布金斯大学
约翰霍金斯大学
约翰霍布根大学
约翰霍布金大学
约翰好卜金大学
约翰何布金司大学
霍布铿大学
霍别金大学

Loyola University(Chicago)
洛约拉大学(芝加哥)

Loyola University(New Orleans)
洛约拉大学(新奥尔良)

National University(of the United States)
国家大学
京都国家大学
京师国家大学

New York University
纽约大学

Northwestern University
西北大学

Princeton University
普林斯顿大学
普林士敦大学
拨林斯顿大学
勃林司登大学
布林斯顿大学
普林斯敦大学
普林斯伦大学
匹灵司顿大学
泼林斯登大学
泼林斯顿大学
葡莲士顿大学

Purdue University
普渡大学
倍度大学
蒲雕大学
普尔杜大学

Southwestern University
西南大学

Stanford University
斯坦福大学
斯丹福大学
司丹福大学
施丹福大学
士丹福大学
士丹佛大学
司敦复大学

Wisconsin
威斯康星大学
维思康辛大学
惠司康心大学
威斯康心大学

University of California at Berkeley
加州大学伯克莱分校
卜技利大学

University of Chicago
芝加哥大学
支加哥大学
芝加角大学
芝加古大学
诗家谷大学
芝加高大学

University of Illinois
伊利诺伊大学
意利诺大学
伊里洛哇大学

伊里诺爱大学
意里诺大学
伊里诺大学
依利诺大学

University of Iowa
爱荷华大学
哀俄哇大学
伊俄华大学
埃瓦大学
爱瓦华大学
埃阿华大学
爱阿瓦大学
爱阿华大学
爱河华大学
爱我华大学
爱吾华大学
爱屋瓦大学
爱沃华大学
爱我哇大学

University of Main
缅因大学
莫音大学
梅因大学

University of Michigan(Ann Arbor)
密歇根大学
密欺根大学
米昔根大学
密昔根大学

米西根大学
密雪根大学
米其根大学
米西干大学
密期干大学
米希根大学
密希根大学
米西庚大学
密芝根大学
密悉根大学
美西根大学

Yale University
耶鲁大学
也尔大学校
雅礼大学
耶路大学
雅鲁大学
耶尔大学
耶律大学
耶里大学
耶儿书院

二、英国

University of Cambridge
剑桥大学
康伯利舒大学
开柏列治大学

University of Edinburgh
爱丁堡大学

爱定保大学

University of London
伦敦大学
英京大学

University College London，UCL
伦敦大学学院

King's College London，KCL
伦敦国王学院
铿斯大学

London School of Economics and Political Science，LSE
伦敦政治经济学院

University of Oxford
牛津大学
恶斯佛大学

Jesus College
耶稣学院

Lincoln College
林肯学院

三、法国

Université de Paris
巴黎大学

Université de Lyon

里昂大学

Université de Caen

卡昂大学

冈城大学

刚城大学

康城大学

Université de Lille

里尔大学

里耳大学

黎勒大学

利尔大学

利耳大学

Université Catholique de Lille

里尔天主教大学

里尔公教大学

Université de Toulouse

图卢兹大学

都鲁斯大学

都罗斯大学

都鲁士大学

都鲁司大学

都伦斯大学

都鲁塞大学

土鲁斯大学

都露士大学

Université de Grenoble
格勒诺布尔大学
各尔若大学
各尔诺大学
葛城大学
格城大学
哥城大学
克勒洛勃大学
格勒诺勃大学
哥利诺伯勒大学
哥伦诺布尔大学
格林罗伯大学
哥伦奥布大学

Université de Nancy
南锡大学
朗西大学

Université de Strasbourg
斯特拉斯堡大学
斯塔斯堡大学
史太史堡
史太师堡大学
司他司堡大学

Université de Dijon
第戎大学
蒂用大学
帝雄大学
狄桑大学
迪桑大学

迪戎大学
地雄大学
狄琼大学
底雄大学
德蒋大学

Université de Bordeaux
波尔多大学
波耳都大学
薄多大学

四、比利时

Université de Gand
根特大学
岗城大学

Université de Liège
列日大学
黎日大学
里士大学
里也日大学
黎亚斯大学

Université libre de Bruxelles
布鲁塞尔大学
白鲁塞尔大学
比京大学
不律赛尔大学

Université Catholicpe de Louvain
鲁文大学

卢文大学
罗文大学
鲁凡大学
鲁汶大学
鲁番大学

五、德国

Humboldt-Universitätzu Berlin
柏林大学

University of Marburg
马堡大学

Muenchen Universität
慕尼黑大学
门兴大学
明星大学

Frankfurt University
法兰克福大学
佛琅克府大学
佛郎府大学
佛兰克府大学

University of Jena
耶拿大学
叶那大学
野纳大学
仁那大学
也纳大学

Universität Hamburg
汉堡大学
亨堡大学
汉姆勃格大学

Universität Leipzig
莱比锡大学
来浦溪大学

Universität Bonn
波恩大学

University of Göttingen
哥廷根大学
高丁根大学
葛廷根大学
干丁根大学
苟庭根大学
戈亭根大学

Universität Rostock
罗斯托克大学

六、瑞士

Université de Lausanne
洛桑大学
罗山大学
罗森大学

University of Bern
伯尔尼大学

白恩大学

Université de Genève(法语),Universität Genf(德语)
日内瓦大学
日来佛大学
日内佛大学
极乃武大学

Université de Fribourg
弗莱堡大学
佛莱堡大学
弗里堡大学
飞利堡大学

Université Neuchâtel
纳莎泰尔大学
牛峡特大学

七、意大利

Pontificia Universitas Lateranensis
罗马拉德朗大学

八、奥地利

Universität Wien
维也纳大学

九、荷兰

Nederlandsche Handels-Hoogeschool te Rotterda
鹿特丹商学院

十、加拿大

University of Ottawa
渥太华大学

University of Toronto
多伦多大学
都朗度大学
都朗都大学

十一、日本

めいじだいがく
明治大学

参考文献

第一类　校史资料

北京大学

陈初辑:《京师译学馆校友录》(附《民国七年国立北京大学职员履历表》),载沈云龙主编:《近代中国史料丛刊续编》第50辑总第493卷,台湾文海出版社。

北京大学注册部编志课编:《国立北京大学毕业生一览》,1930年。

《国立北京大学职教员录》,1936年。

五十周年筹备委员会编:《国立北京大学历届同学录》,国立北京大学出版部,1948年12月。

李贵连等编:《百年法学:北京大学法学院院史》(1904—2004),北京大学出版社2004年4月第1版。

北平大学

《国立北平大学法学院一览》,1929年。

《国立北平大学一览》,1934年3月。

《国立北平大学法商学院一览》,1934年。

《国立北平大学法学院第六届毕业同学录》,1934年。

《国立北平大学教职员录》,1936年。

北洋大学

《北洋大学——天津大学校史》(一),天津大学出版社1990年9月第1版。

朝阳学院(朝阳大学)

《朝阳学院概览》,1933年7月。

《朝阳学院校刊》1944年第1期。

《各科系教员姓名略历一览表》,载《朝阳大学概览》,1929年9月。

《朝阳学院教职员录》,二十二年度。

《朝阳学院教职员录》,二十三年度。

《朝阳学院教职员录》,二十四年度。

《朝阳学院教职员录》,二十五年度。

《朝阳学院大学部毕业同学录》,1931年5月。

《朝阳学院大学部毕业同学录》,中华民国二十年五月。

中国人民政治协商会议北京市委员会文史资料研究委员会编:《朝阳法学摇篮》,1991年。

薛君度、熊先觉、徐葵主编:《法学摇篮:朝阳大学》(增订版),东方出版社2001年第1版。

熊先觉:《朝阳大学——中国法学教育之一脉》,载《比较法研究》2001年第3期,第110—112页。

持志学院

《教授一览表》,载《持志学院一览》。

大夏大学

《私立大夏大学一览》,1931年6月。

东北大学

王振乾、丘琴、姜克夫编著:《东北大学史稿》,东北师范大学出版社1988年1月第1版。

《东北大学校志》第一卷上册,东北大学出版社2008年4月第1版。

《东北大学一览》(含"全校教授一览表"),中华民国十五年十二月。

《法学院职教员题名》,载《东北大学概览》(民国十七年度),1929年3月刊行。

东南大学

《国立东南大学第六届暑期学校一览》。

朱一雄主编:《东南大学校史研究》(第二辑),东南大学出版社1992年5月第1版。

复旦大学

《复旦大学同学录》,1930年秋。

《复旦大学同学录》,1932 年秋。

《国立复旦大学一览》,1947 年。

复旦大学校史编写组编:《复旦大学志第一卷(1905—1949)》,复旦大学出版社 1985 年 5 月第 1 版。

广东法科学院

《国立广东法科学院概览》,1934 年。

广西大学

《广西大学一览》,1932 年。

《省立广西大学一览》,1933 年。

《广西大学一览》,1934 年。

河南大学

《河南省立河南大学职教员学生一览》,民国二十四年十一月编印。

湖南大学

《湖南大学校史》,湖南大学出版社 2003 年 11 月第 1 版。

暨南大学

《国立暨南大学一览》,1930 年。

《暨南校史资料选辑 1906—1949》(第 1 辑),暨南大学华侨研究所,1983 年,广州。

《暨南校史》,暨南大学出版社 1996 年 5 月第 1 版。

江苏学院

丁小千:《江苏学院始末》,载《徐州文史资料》第 19 辑,1990 年 3 月,第 1—38 页。

南京大学

南京大学高教研究所编:《南京大学大事记 1902—1988》,南京大学出版社 1989 年 4 月第 1 版。

南开大学

王文俊、梁吉生、杨珣、张书俭、夏家善选编:《南开大学校史资料选》(1919—1949),南开大学出版社 1989 年 10 月第 1 版。

南开大学校史编写组:《南开大学校史》(1919—1949),南开大学出版社 1989 年 10 月第 1 版。

《天津南开大学一览》,中华民国十八年二月。

清华大学

《清华同学录》,国立清华大学校长办公室,1937 年 4 月印行。

苏云峰著:《抗战前的清华大学 1928—1937:近代中国高等教育研究》,《“中央研究院近代史研究所”专刊》(84),“中央研究院近代史研究所”,2003 年 8 月初版。

苏云峰编撰:《清华大学师生名录资料汇编 1927—1949》,载《“中央研究院近代史研究所”史料丛刊》(49),“中央研究院近代史研究所”,2001 年 4 月初版。

山西大学

南桂馨:《山西大学纪略》,载中国人民政治协商会议全国委员会文史资料研究委员会编:《文史资料选辑》第 8 辑,中华书局 1960 年 10 月第 1 版,1981 年 1 月第三次印刷,第 158—172 页。

山西省立法学院

《山西省立法学院一览》,1932 年 12 月。

上海法学院(上海法科大学)

《上海法科大学戊辰年刊》,1928 年。

《上海法学院一览》,1933 年 12 月。

《上海法学院十周年纪念刊》。

上海法政学院(上海法政大学)

《上海法政大学五周年纪念刊》,1929 年(包含“上海法政大学现任教授一览表”和“上海法政大学前任教授一览表”)。

《上海法政同学会同学录》,1947 年。

中央大学

《国立中央大学概况:二十九周年校庆纪念》,国立中央大学学生自治会编印,1944 年 6 月。

《国立中央大学一览》第十一种(教职员录),1931 年。

《国立中央大学法学院教职员表》,载《国立中央大学一览》第四种(法学院概况),1930 年。

陈伯敏:《“中央大学研究院”的建立及其发展》,载《中央大学北京校友会南京大学北京校友会会刊》总第 15 期,2002 年 5 月,第 210—231 页。

中央政治学校(政治大学)

《中央政治学校十周年纪念刊》。

《中央政治学校概况》,民国三十一年八月。

《中央政治学校研究部概况》,中央政治学校研究部印行,中华民国二十六年四月。

《中央政治学校教职员录》,1944 年 8 月 1 日编。

《政治大学第十四期同学毕业五十周年纪念文集》,1999 年 9 月 9 日,台北。

厦门大学

《厦门大学一览》,中华民国二十年至二十一年。

《厦门大学一览》,中华民国二十二年至二十三年。

《厦门大学一览》,中华民国二十四年至二十五年。

厦门大学校史编委会:《厦门大学校史第一卷:1921—1949》,厦门大学出版社 1990 年 10 月第 1 版。

武汉大学

《国立武汉大学一览》,1930 年。

《国立武汉大学一览》,1934 年。

《国立武汉大学一览》,1936 年。

刘双平编著:《漫话武大》,武汉大学出版社 1993 年 10 月第 1 版。

四川大学

《国立四川大学一览》,1936 年。

四川大学校史编写组编:《四川大学史稿》,四川大学出版社 1985 年 10 月第 1 版。

中山大学

《国立中山大学一览》,1930 年 2 月。

梁山、李坚、张克谟:《中山大学校史 1924—1949》,上海教育出版社 1983 年 11 月第 1 版。

黄福庆著:《近代中国高等教育研究:国立中山大学(1924—1937)》,载《"中央研究院近代史研究所"专刊》(56),"中央研究院近代史研究所",台北,1988 年 6 月初版。

中法大学

《北平中法大学一览》,1935 年 10 月。

《中法大学月刊》1931—1937 年各卷。

《中法大学史料》,北京理工大学出版社 1995 年 8 月第 1 版。

北京法政大学

《国立北京法政大学毕业同学录》,1925 年 6 月。

华北文法学院

《华北文法学院年刊》,1948 年。

云南大学

《国立云南大学便览》,民国二十五年七月印。

浙江省警官学校

《浙江省警官学校一览》,1935 年 8 月印。

东吴大学

《私立东吴大学法学院概况及大事记》(1930 年),载《中华民国史档案资料汇编——教育》,第 274—277 页。

《东吴年刊》,*The Soochow Annual*, Vol.1, 1929,苏州东吴大学学生出版。

《东吴年刊》,*The Soochow Annual*, 1930,东吴大学学生出版。

《东吴大学法学院年刊》,1946 年。

《私立东吴大学法学院一览》,1936 年。

文乃史著:《东吴大学》,王国平、杨木武译,珠海出版社 1999 年第 1 版。

王国平编著:《博习天赐庄——东吴大学》,河北教育出版社 2003 年 12 月第 1 版。

张曼娟、林伯谦主编:《坎坷与荣耀——东吴大学建校百年纪念文集》,书林出版有限公司,台北,2000 年 2 月第 1 版。

许周鹤、张梦白著:《最早开设的教会大学——东吴大学》,载《民国春秋》1996 年第 5 期,第 9—12 页。

张梦白:《苏州东吴大学》,载江苏文史资料编辑部:《江苏文史资料集粹》(教育卷),1995 年,第 103—114 页。

谢颂三:《回忆东吴法学院》,载上海市政协文史资料委员会编:《上海文史资料存稿汇编》第九卷(科教文卫),上海古籍出版社,第 55—72 页。

胡卫清:《东吴大学的起源——上海中西书院简论》,载《档案与史学》1997 年第 4 期,第 35—40 页。

王国平:《东吴大学的创办》,载《苏州大学学报》(哲学社会科学版)2000 年第 2 期,第 97—106 页。

杨大春:《西学东渐与上海近代法律教育——以东吴法学院为中心》,载《上海政法学院学报》2006 年第 6 期,第 112—119 页。

李中道:《回忆东吴大学及东吴法学院》,载《上海文史资料选辑》第 49 辑,上海人民出版社 1985 年 5 月第 1 版,第 194—204 页。

王绍堉:《东吴与我》,载《坎坷与荣耀——东吴大学建校百年纪念文集》,书林出版有限公司,台北,2000 年 2 月第 1 版,第 338—346 页。

W.B.Nance, Soochow University, United Board for Christian Colleges in China, New York, 1956.

震旦大学

《私立震旦大学一览》,1935 年。

《震旦大学法学院一览》,1939 年。

《震旦大学法学院第卅一届毕业纪念刊》,上海,1949 年 6 月。

金陵大学

张宪文主编:《金陵大学校史》,南京大学出版社 2002 年 5 月第 1 版。

南京大学高教研究所编:《金陵大学史料集》,南京大学出版社 1989 年 7 月第 1 版。

沪江大学

《私立沪江大学一览》,民国二十五年度。

王立诚著:《美国文化渗透与近代中国教育:沪江大学的历史》,复旦大学出版社 2001 年 7 月第 1 版。

燕京大学

《北平私立燕京大学一览》。

《燕京大学教职员名录》,1934 年。

《燕京大学史稿》,人民中国出版社 2000 年 3 月第 1 版。

圣约翰大学

徐以骅、韩信昌著:《海上梵王渡——圣约翰大学》,河北教育出版社 2003 年 9 月第 1 版。

《约翰年刊》(*The Johannean*)1927 年。

Mary Lamberton, St. John's University Shanghai, 1879—1951,

United Board for Christian Colleges in China, New York, 1955.

郑朝强:《我所知道的上海圣约翰大学》,载《文史资料选辑》第 91 辑,文史资料出版社 1983 年 11 月第 1 版,第 80—105 页。

沈鉴治英语口述、高俊翻译整理:《圣约翰大学的最后岁月(1948—1952 年)》,载《史林》2006 年增刊第 92 期,第 11—15 页。

耶鲁大学

Bulletin of Yale University, School of Law for the Academci Year 1941—1942, Series 37, July 15, 1941, No.14.

Legal Bibliography of the Alumni of the Yale Law School, 11 Yale L.J. 9(1901—1902).

Yale Law School, Sesquicentennial Alumni Directory, 1824—1974.

Alumni Directory of Yale University(Graduates and Non-graduates), 1920.

德宝大学

DePaulian, 1930.

哥伦比亚大学

Documents relating to the Program of Studies in the Columbia University, School of Law, printed for the Trustees, October 16, 1905.

School of Law Announcement 1918—1919, Columbia University Bulletin of Information, Eighteenth Series, No.11, February 2, 1918.

School of Law Announcement 1919—1920, Columbia University Bulletin of Information, Nineteenth Series, No.10, January 27, 1919.

School of Law Announcement 1920—1921, Columbia University Bulletin of Information, Twentieth Series, No.17, March 27, 1920.

Columbia University Bulletin of Information, Report of the President of Columbia University for 1938, 39th Series, No.2, Dec.24, 1938, Morningside Heights, New York.

R.Gordon Hoxie ed., *A History of the Faculty of Political Science*, Columbia University, New York, Columbia University Press, 1955.

Columbia Law School at 150: A Timeline, http://www.law.columbia.edu/null?&exclusive=filemgr.download&file_id=13706&rtcontentdisposition

=filename%3D150%20Years%20Timeline.pdf.

Columbia Law School, http://www.law.columbia.edu/jd_applicants/aboutcls/ourhistory.

哈佛大学

Harvard University, Quinquennial Catalogue of the Officers and Graduates, 1636—1930, published by Harvard University, 1930.

Arthur E. Sutherland, The Law at Harvard: A History of Ideas and Men, 1817—1967, (The Belknap Press of Harvard University Press 1967).

Harvard University General Information concerning Harvard College and the other Departments of Instruction, Official Register of Harvard University, Vol. XXVI, May 23, 1929, No. 25, eight edition, Cambridge, Massachusetts, Published by the University, 1929.

The Law School of Harvard University, Announcements 1901—1902.

Harvard Law School Alumni Directory 1958, Quinquennial Catalogue, published by the Law School, 1958.

Yuen-li Liang, The Harvard Law School, Some of Its Chinese Alumni, and Some Chinese Law Schools in Relation to It, address delivered at the Dinner in honor of Dean Albert Sacks of the Harvard Law School on July 20, 1977, *Soochow Law Review*, Vol.2, No.1, Nov. 1977, at 82—90.(《哈佛法科,若干中国同学,及与其有关之若干中国法律学校——欢迎哈佛法科学长之演词》,载《东吴法律学报》第二卷第一期,1977年11月)。

芝加哥大学

Alumni Directory, *The University of Chicago*, 1913, The University of Chicago Press, December 1913.

Frank L. Ellsworth, Law on the Midway: The Founding of the University of Chicago Law School(University of Chicago Law School 1977).

Alumni Directory, *The University of Chicago*, *1919*, compiled by the Alumni Council, The University of Chicago Press.

宾夕法尼亚大学

Edward Potts Cheyney, *History of the University of Pennsylvania*

1740—1940, University of Pennsylvania Press, Philadelphia, 1940.

Our History Through a Pictorial Timeline, University of Pennsylvania, Law School, http://www. law. upenn. edu/about/history/timeline/index.html.

History of the Law School, University Archives and Records Center, University of Pennsylvania, http://www. archives. upenn. edu/histy/schools/law.html.

西北大学

Northwestern University: A History, 1855—1905, The University Publishing Society, New York, 1905.

纽约大学

New York University 1832—1932, edited by Theodore Francis Jones, The New York University Press, 1933.

The New York University, Law Alumni Directory 1896—1969.

General Alumni Catalogue of New York University 1833—1915, NYU, 1916.

New York University Ninety-Fifth to One Hundred and Fourth Commencements 1927—1936.

密歇根大学

Michiganensian, 1914, 1921.

Legal Eduction at Michigan 1859—1959, The University of Michigan, 1959.

The University of Michigan, Law School Alumni Directory Centennial Edition, 1859—1959, Ann Arbor, published by the University of Michigan Law School, 1959.

Elizabeth Gaspar Brown, Legal Education at Michigan 1859—1959, Ann Arbor, The University of Michigan Law School, 1959, http://babel.hathitrust.org/cgi/pt?id=mdp.39015012317346#contents.

加利福尼亚大学伯克莱

Directory of Graduates of the University of California, 1864—1916, published by the California Alumni Association, Berkeley, 1916.

威廉玛丽学院

Robert M. Hughes，William and Mary：The First American Law School，*The William and Mary Quarterly*，Second Series，Vol.2，No.1 (Jan.，1922)，pp.40—48.

印第安纳大学(布鲁明顿)

Arbutus 1936，1949

利奇菲尔德法学院

Andrew M. Siegel，"To Learn and Make Respectable hereafter"：The Litchfield Law School in Cultural Context，*New York University Law Review*，vol.73，at 1978—2028(December 1998).

牛津大学

Rev. A. Clark，Lincoln，University of Oxford，College Histories，London，P.E.Robinson，1898.

剑桥大学

The Student's Handbook to the University and Colleges of Cambridge：*Supplement for 1947—1948*，Cambridge，at the University Press，1947.

伦敦大学

Regulations and Courses for Internal Students for the Session 1924—1925，London，The University of London Press，Ltd.，1924.

多伦多大学

University of Toronto，Faculty of Law，1872.

Alfred S. Konefsky，John Henry Schlegel，Mirror，Mirror on the Wall：Histories of American Law Schools，*Harvard Law Review*，Vol.95，at 833—851(Feb. 1982).

《中国普通高等学校教授人名录》，高等教育出版社 1988 年 3 月第 1 版。

安徽省教育委员会编、朱仇美主编：《安徽省高等学校教授副教授人名录》，安徽人民出版社 1989 年 11 月第 1 版。

张德龙主编：《上海高等教育系统教授录》，华东师范大学出版社

1988年1月第1版。

中华人民共和国人事部专家司编:《中华人民共和国享受政府特殊津贴专家、学者、技术人员名录》(1992年卷)第三分册,中国国际广播出版社1996年8月第1版。

《安徽师范大学校史(1928—2008)》,安徽人民出版社2008年4月第1版。

Robert Stevens, *Law School: Legal Education in America from the 1850s to the 1980s* (The University of North Carolina Press 1983).

[美]罗伯特·斯蒂文斯著:《法学院:19世纪50年代到20世纪80年代的美国法学教育》,阎亚林、李新成、付欣译,中国政法大学出版社2003年第1版。

李业兴编著:《巴黎大学》,湖南教育出版社,1988年5月第1版。

裘克安编著:《牛津大学》,湖南教育出版社,1986年9月第1版。

《法政大学百年史》,法政大学发行,日本东京,1980年。

《日本东京大学规制考略》,清末。

杨慎初、唐筱春、谭绍山、李南山著:《湖南省立克强学院建院始末》,载中国人民政治协商会议长沙市委员会文史资料研究委员会主编:《长沙文史》第13辑,1992年11月,第205—220页。

[比]希尔德·德·里德—西蒙斯主编:《欧洲大学史》第一卷(中世纪大学),张贤斌等译,河北大学出版社2008年8月第1版,第50页。

教育部编:《全国专科以上学校要览》(上册),正中书局1942年5月初版。

Universities of the World, by Charles Franklin Thwing, President of Western Reserve University and Adelbert College, New York, The Macmillan Company, 1911.

Gail J. Hupper, The Rise of an Academic Doctorate in Law: Origins through World War II, *The American Journal of Legal History*, Vol.49, No.1, January 2007, pp.1—60.

Law School: A Select Chronology of The School of Law, http://

encyclopedia. gwu. edu/gwencyclopedia/index. php? title＝Law School：A Select Chronology of The School of Law.

第二类 人物传记、回忆录、文集

人物传记与传略、人物年表、人物志、人物辞典

邵延淼主编：《辛亥以来人物年里录》，江苏教育出版社 1994 年 6 月第 1 版。

湖北省地方志编纂委员会：《湖北省志——人物志稿》第一卷，光明日报出版社 1989 年 8 月第 1 版。

湖北省地方志编纂委员会：《湖北省志——人物志稿》，第二卷，光明日报出版社 1989 年 8 月第 1 版。

刘国铭主编：《中华民国军政职官人物志》，春秋出版社 1989 年 3 月第 1 版。

刘国铭主编：《中国国民党百年人物全书》，团结出版社 2005 年 12 月第 1 版。

严恺德主编：《当代中国社会科学人物》，四川教育出版社 1992 年 12 月第 1 版。

刘寿林、万仁元、王玉文、孔庆泰编：《民国职官年表》，中华书局 1995 年 8 月第 1 版。

崔之清主编：《当代台湾人物辞典》，河南人民出版社 1994 年 7 月第 1 版。

徐友春主编：《民国人物大辞典》，河北人民出版社 1991 年第 1 版。

徐友春主编：《民国人物大辞典》增订版（上下册），河北人民出版社 2007 年 1 月第 2 版。

上海社会科学学会联合会研究室编：《上海社会科学界人名辞典》，上海人民出版社 1992 年 12 月第 1 版。

陈荣富、洪永珊主编：《当代中国社会科学学者大辞典》，浙江大学出版社 1990 年 3 月第 1 版。

管林主编：《广东历史人物辞典》，广东高等教育出版社 2001 年 6 月第 1 版。

周南京主编:《世界华侨华人词典》,北京大学出版社 1993 年 1 月第 1 版。

《重庆名人辞典》,四川大学出版社 1992 年 5 月第 1 版。

秦孝仪主编:《中国现代史辞典——人物部分》,台湾近代中国出版社,1985 年 6 月初版。

政协吴江市委员会文史资料委员会编:《吴江近现代人物录》(吴江文史资料第 13 辑),1994 年 5 月。

王玉明主编:《中国法学家辞典》,中国劳动出版社 1991 年 10 月第 1 版。

广东省中山图书馆、广东省珠海市政协编:《广东近现代人物辞典》,广东科技出版社 1992 年 10 月第 1 版。

李鸿儒主编:《江苏旅台、外人士史料汇编》(江苏文献丛书之五),台湾复兴书局印行,1985 年 12 月初版。

陈玉堂编著:《中国近现代人物名号大辞典》(全编增订本),浙江古籍出版社 2005 年 1 月第 1 版。

王文祥主编:《香港澳门百科大典》,青岛出版社 1999 年 11 月第 1 版。

李盛平主编:《中国近现代人名大辞典》,中国国际广播出版社 1989 年 4 月第 1 版。

《广东抗战人物志》,广东抗战人物志出版社,广州,1947 年 10 月。

宋霖、刘思祥编著:《台湾皖籍人物》,安徽省政协文史资料委员会等合编,2001 年 8 月。

乐清市政协文史资料委员会编:《乐清上下一千六百年:人物篇》(乐清市文史资料第 17 辑),中国文史出版社 2006 年 12 月第 1 版。

《乐清华侨志》,中国文史出版社,2007 年 12 月第 1 版。

南通市教育局南通市教育史料征集办公室编印:《南通市教育界人物传》(1919—1988)(征求意见稿),1988 年 6 月。

《中国社会科学家辞典》(现代卷),甘肃人民出版社 1986 年 10 月第 1 版。

车吉心等主编:《齐鲁文化大辞典》,山东教育出版社 1989 年版,第 451 页。

车吉心主编:《民国轶事》第十卷,泰山出版社 2004 年 1 月第 1 版。

丁天顺、徐冰编著:《山西近现代人物辞典》,山西古籍出版社 1999 年 11 月第 1 版。

[美]包华德主编:《民国名人传记辞典》第二分册(中华民国史资料丛稿译稿第八辑),沈自敏译,林东民校,中华书局 1980 年印刷。

高增德主编:《中国现代社会科学家大词典》,书海出版社 1994 年 5 月第 1 版。

陈予欢编著:《黄埔军校将帅录》,广州出版社 1998 年 9 月第 1 版。

蒋景源主编:《中国民主党派人物录》,华东师范大学出版社 1991 年 11 月第 1 版。

综合传记

《日汪政权江苏省 27 个县长简历》,载潘敏著:《江苏日伪基层政权研究:1937—1945》,上海人民出版社 2006 年 7 月第 1 版,第 177 页。

李元信编撰:《环球中国名人传略上海工商各界之部》,环球出版社,上海,1944 年 6 月版。

广州市文史研究馆编:《广州市文史研究馆馆员传略》,1997 年 10 月第 1 版。

易汉文主编:《中山大学专家小传》,中山大学出版社 2004 年 11 月第 1 版。

张振江主编:《薪火集——河南大学学人传》,河南大学出版社 2002 年 9 月第 1 版。

马昌华主编:《淮系人物列传——文职·北洋海军·洋员》,黄山书社 1995 年 12 月第 1 版。

朱信泉、娄献阁主编:《民国人物传》第 12 卷,中华书局 2005 年 9 月第 1 版。

沃丘仲子:《近现代名人小传》(上下册),北京图书馆出版社 2003 年 4 月第 1 版。

中央文史研究馆编:《中央文史研究馆馆员传略》,中华书局 2001 年 9 月第 1 版。

《中国经济学社社员简介》,载孙大权著:《中国经济学的成长:中国经济学社研究(1923—1953)》,上海三联书店2006年8月第1版。

李铁城主编:《联合国里的中国人》,人民出版社2004年3月第1版。

郝铁川:《中国历代著名法官评传》,山东人民出版社,1998年第1版。

徐廷扬:《解放前上海的律师》,载《上海文史资料选辑》第74辑,1993年,第196—201页。

何勤华:《法科留学生从事法律教育之状况表》,载《法学论坛》2004年第6期,第19卷第6期,第82—90页。

传记、回忆录、文集

刁敏谦

刁敏谦著,Tyau Min-ch'ien T.Z.(Min-ch'ien Tuk Zung), *London Through Chinese Eyes*, London, Swarthmore Pr. Ltd., 1920.

董霖

William L. Tung, *Revolutionary China: A Personal Account, 1926—1949*, St. Martin's Press, New York, 1973.

杜元载

杜元载:《留美写真》,《中国青年》1943年第2期。

《杜元载》,载萧继宗主编:《革命人物志》第十四集,中国国民党中央委员会党史委员会,1975年,第174—180页。

赵俊欣

赵俊欣:《赵俊欣自传摘要》,载政协丹徒县文史资料研究委员会:《丹徒文史资料》第5辑,1990年,第40—56页。

赵俊欣,《家史简介》,载政协丹徒县文史资料研究委员会:《丹徒文史资料》第2辑,1985年,第27—34页。

金问泗

金问泗著:《从巴黎和会到国联》,台湾传记文学出版社1983年12月再版。

金问泗著:《外交工作的回忆》(传记文学丛书之三十),台湾传记文学出版社1968年10月1日初版。

夏晋麟

夏晋麟著:《我五度参加外交工作的回顾》,夏廉任译,台湾传记文学出版社 1979 年初版。

漆竹生

漆竹生:《春满人间谈往事》,载《外语教育往事谈——教授们的回忆》,上海外语教育出版社 1988 年 8 月第 1 版,第 236—260 页。

凌其翰

凌其翰著:《我的外交官生涯——凌其翰回忆录》,中国文史出版社 1993 年 4 月第 1 版。

萧金芳

萧金芳:《我在南溪高等小学念书的回忆》,载《南溪县文史资料选辑》第 11 辑,1984 年 10 月,第 46—53 页。

萧金芳:《回忆阚思骏兄妹与我的交往》,载《南溪县文史资料选辑》第 15 辑,第 35—36 页。

萧金芳:《留法勤工俭学中熟识的中共党员》,载《史料选编》,1981 年第 1 期,第 63—72 页。

萧金芳:《抗战前上海的五所法院》,载上海市政协文史资料委员会编:《上海文史资料存稿汇编》(社会法制),上海古籍出版社 2001 年 12 月第 1 版,第 11—16 页。

郑彦棻

郑彦棻著:《往事忆述》(传记文学丛刊之 22),台湾传记文学出版社 1985 年 12 月 30 日再版。

周蜀云

周蜀云:《我在大夏的教学生活》,载《私立大夏大学》,台北南京出版社 1982 年 2 月版,第 50—76 页。

杨玉清

杨玉清:《杨玉清文史著述选》(内含"在法国巴黎所见所闻"),中国人民政治协商会议湖北省孝感市委员会,1990 年 12 月。

张乃维

张乃维:《混混六十载》,载政大九期同学合著:《政九忆往》,台湾,里仁书局,1994 年 6 月版,第 276—281 页。

夏晋熊

夏晋熊:《我在孔祥熙官邸见到的内幕》,载《文史资料选辑》1978 年第1辑(总第21辑),上海人民出版社1978年11月第1版,第155页。

王宠惠

段彩华:《民国第一位法学家——王宠惠传》,近代中国丛书,先烈先贤传记丛刊,台湾近代中国出版社,1982年第1版。

郑彦棻:《王宠惠传》,载《"中华民国"史稿——"国史"拟传》第1辑,台北,"国史馆"编印,1988年,第15—24页。

张仁善编:《王宠惠法学文集》,法律出版社2008年8月第1版。

刘宝东著:《出山未比在山清:王宠惠》,团结出版社2010年1月第1版。

何任清

林钧南:《法学博士何任清事略》,载《兴宁文史》第15辑,1991年,第147—149页。

刘克儁

李蟠:《刘克儁教授的后半生》,http://mt.rednet.cn/Articles/07/05/25/885431.HTM。

龙一飞

龙世刚:《心系财经教育、情洒金融事业——父亲龙一飞生平片断》,载桂林市政协文史资料委员会编:《肝胆相照——桂林市民主党派工商联和无党派人士史料》,桂林文史资料第52辑,2007年12月第1版,第150—170页。

贺其治

李永胜:《怀念贺其治先生》,载《中国国际法年刊2005》,世界知识出版社2007年版,第279—287页。

《贺其治》:载《永新人物传》(下),中央文献出版社2000年版,第760—762页。

孔庆宗

王敦行:《孔庆宗事略》,载《长寿县文史资料》第1辑,1985年12月,第14—19页。

端木恺

《端木恺先生行述》,载《"国史馆"现藏民国人物传记史料汇编》第1辑,台北,"国史馆",1988年,第542—610页。

武忆舟:《与端木校长忘年之交》,摘《坎坷与荣耀——东吴大学建校百年纪念文集》,书林出版有限公司,台北,2000 年 2 月第 1 版,第 75—82 页。

向哲濬

向隆万编:《东京审判·中国检察官向哲濬》,上海交通大学出版社 2010 年 3 月第 1 版。

顾维钧

董霖译著:《顾维钧与中国战时外交》,台湾传记文学出版社 1984 年 7 月再版。

袁道丰著:《顾维钧其人其事》,台湾商务印书馆 1988 年 6 月初版。

高克著:《外交家与战争——顾维钧外交官生涯片断》,上海人民出版社 1995 年第 1 版。

殷允芃:《名重四海的外交家顾维钧博士》,载殷允芃:《中国人的光辉及其他——当代名人访问录》(新潮丛书之九),台北,志文出版社,1971 年 6 月初版,第 46—52 页。

陈绍源

张宗健:《苦学成才的陈绍源博士》,载《三明文史资料》第 5 辑,1987 年,第 35—38 页。

郭云观

郭云观自填《上海学院教职员登记表》,1951 年,上海市档案馆卷宗号 Q248-1-126。

建宇:《郭云观传略》,载《玉环文史资料》第二辑,1986 年 11 月,第 11—16 页。

郭思永:《郭云观先生年谱》,载《玉环文史资料》第二辑,1986 年 11 月,第 17—22 页。

崔书琴

张其昀等著:《崔书琴纪念集》,台湾传记文学出版社 1967 年 9 月初版。

陈体强

王铁崖:《怀念陈体强同志》,载《国际法论文集》,法律出版社 1985 年 6 月第 1 版,第 319—323 页。

端木正

胡成海:《从法学教授到中国大法官的端木正》,载王霄鹏主编:《中国大法官》,中共党史出版社 1994 年 9 月第 1 版,第 45—55 页。

梅霭:《从教授到大法官——端木正传略》,载《广东文史资料》第 80 辑,广东人民出版社 1998 年版,第 82—90 页。

《端木正教授年表》,载《明德集:端木正教授八十五华诞祝寿文集》,北京大学出版社 2005 年第 1 版。

何适

何焕楹、梁焕章:《恩平第一位博士何适》,载中国人民政治协商会议广东省恩平县委员会文史资料研究委员会编印:《港澳台恩平人》(恩平文史专辑),1992 年 10 月,第 28—30 页。

韩德培

韩德培著:《韩德培文选》,武汉大学出版社 1996 年 3 月第 1 版。

刘卫翔:《韩德培先生传略》,载《韩德培文选》,武汉大学出版社 1996 年 3 月第 1 版,第 1—29 页。

《韩德培先生年谱》,载《韩德培文选》,武汉大学出版社 1996 年第 1 版,第 697—709 页。

胡鸿烈

孙伶伶、邢辉:《胡鸿烈:真义仁风香港大律师》,载孙国栋主编:《中国大律师》,西苑出版社 2000 年 6 月第 1 版,第 23 页。

黄正铭

张其昀:《黄正铭先生行述》,载杜元载主编:《革命人物志》第 12 集,中国国民党中央委员会党史委员会,1973 年 12 月,第 364—367 页。

沈守愚、潘抱存:《志节高超学贯中西之黄正铭教授》,载中央大学南京校友会、中央大学校友文选编纂委员会编:《南雍骊珠:中央大学名师传略续篇》,南京大学出版社 2006 年 12 月第 1 版,第 171—175 页。

荆磐石

周启贤:《海外骄子——老学长荆磐石博士的光灿历程》,载中国人民政治协商会议北京市委员会文史资料研究委员会编:《朝阳法学摇篮》,1991 年,第 23—27 页。

金世鼎

《金世鼎先生事略》,载《"中华民国"褒扬令集》(续编五),台北"国史馆"编,1993 年,第 544—547 页。

李浩培

宗道一:《新中国的两位国际大法官》(一),载《文史精华》1998 年第 6 期,第 4—10 页。

宗道一:《新中国的两位国际大法官》(二),载《文史精华》1998 年第 7 期,第 11—14 页。

凌岩:《李浩培,我诗情画意的大法官父亲》,载《法律与生活》2005 年 2 月上半月,第 36—38 页。

凌岩:《前南战火中的中国法官》,载《法律与生活》1998 年第 7 期,第 1 页。

李圣五

李淑琴口述,化雨整理:《忆我的父亲李圣五》,载政协佳木斯委员会文史资料委员会:《佳木斯文史资料》第 12 辑,1991 年 4 月,第 7—19 页。

姚兆:《李圣五小传》,载泰安市郊区政协文史资料研究委员会:《文史资料选辑》第 7 辑,1990 年 10 月,第 67—73 页。

萧宝万:《李圣五其人》,载泰安市政协文史资料委员会:《泰安文史资料》第 6 辑,1992 年,第 132—135 页。

梁鋆立

端木恺:《悼念梁鋆立先生》,载《东吴法律学报》第 3 卷第 1 期,1980 年 1 月。

赵国材:《梁鋆立博士对国际法发展与编撰之功绩》,http://www.csil.org.tw/files/%E6%A2%81%E9%8B%86%E7%AB%8B.doc。

廖尚果

廖辅叔:《青主(廖尚果)事略》,载中国人民政治协商会议惠州市惠城区委员会文史资料研究委员会编:《惠城文史资料》第 4 辑,1988 年 10 月,第 97—112 页。

廖乃雄:《廖尚果先生的生平、业绩》,载《上海音乐学院学报》2005 年第 2 期,第 35—44 页。

林栋

《林栋先生事略》,载《"国史馆"现藏民国人物传记史料汇编》第 18 辑,台北"国史馆"编印,1999 年,第 115—118 页。

《林东木先生生平事略》,载《"中华民国"褒扬令集》(续编七),台北"国史馆"编,2002 年,第 366—370 页。

刘凤竹

《刘凤竹传略》,载吉林省政协文史资料委员会:《吉林百年》下卷,第77—78页。

李宗逊:《闻人刘凤竹》,载《长春文史资料》总第57辑,第21—23页。

罗文干

邵桂花:《罗文干》,载朱信泉、娄献阁主编:《民国人物传》第12卷,中华书局2005年9月第1版,第138—144页。

马建忠

蒋文野:《马建忠编年事辑》,河北教育出版社1988年第1版。

方豪:《马建忠先生事略》,载《方豪六十自订稿》(下),台湾学生书局1962年版。

薛玉琴著:《近代思想前驱者的悲剧角色:马建忠研究》,中国社会科学出版社2006年9月第1版。

麦逢秋

林壮标:《我所认识的麦逢秋博士》,载海南省政协文史资料委员会编:《海南文史资料》第5辑,南海出版公司1992年8月,第164—169页。

麦家成:《缅怀堂叔麦逢秋博士》,载中国人民政治协商会议广东省儋县委员会文史资料编辑委员会编:《儋县文史资料》第1辑,1986年5月,第148—153页。

梅汝璈

扬子云:《我的父亲梅汝璈是个平淡的人——梅汝璈之子访谈》,载《法律与生活》2005年11上月半,第45—47页。

《梅汝璈先生生平简表》,载梅小璈、范忠信选编:《梅汝璈法学文集》,中国政法大学出版社2007年7月第1版,第410—411页。

何其生:《梅汝璈及其国际法思想评述》,《武大国际法评论》第6卷,武汉大学出版社2007年7月第1版,第329—343页。

范忠信:《也是为了忘却的纪念(代序)——我所认识的梅汝璈先生》,载梅小璈、范忠信选编:《梅汝璈法学文集》,中国政法大学出版社2007年7月第1版,第1—15页。

倪征燠

倪征燠:《淡泊从容莅海牙》,法律出版社2003年5月第2版。

施觉怀、倪乃先、高积顺编:《倪征隩法学文集》(东吴法学先贤文丛),法律出版社 2006 年 10 月第 1 版。

司马骏:《学识渊博、诲人不倦的倪征隩老师》,载薛君度、熊先觉、徐葵主编:《法学摇篮:朝阳大学》(增订版),东方出版社 2001 年第1版,第 141 页。

张慎思:《国际大法官倪征隩的传奇人生》,《法律与生活》1997 年第 9 期,第 31 页。

施觉怀:《东吴名家,国际法官——缅怀倪征隩先生》,载《倪征隩法学文集》,法律出版社 2006 年 10 月第 1 版,第 1—13 页。

张愉:《德高绩伟,淡泊从容》,载《中国国际法年刊 2002—2003》,法律出版社 2006 年 5 月第 1 版,第 26—35 页。

宗道一:《淡泊从容莅海牙——新中国第一位国际大法官》,《中国审判》2007 年第 1 期,第 12—17 页。

浦薛凤

李方:《蜚声中外之浦薛凤教授》,摘《南雍骊珠:中央大学名师传略续篇》,南京大学出版社 2006 年第 1 版,第 168—170 页。

钱端升

赵宝熙、夏吉生、周忠海编:《钱端升先生纪念文集》,中国政法大学出版社 2000 年 2 月第 1 版。

丘汉平

《丘汉平先生事略》,载《"国史馆"现藏民国人物传记史料汇编》第 8 辑,台北"国史馆",1993 年,第 57—59 页。

邱毅吾

周淑清:《毅吾的一生》,载《邱毅吾先生言论选辑》(毅吾先生逝世周年纪念)私印本,1957 年,台湾,第 115—118 页。

容闳

容闳著:《容闳自传:我在中国和美国的生活》,团结出版社 2005 年 1 月第 1 版。

戴学稷、徐如编著:《容闳年谱简编初稿》(未刊稿),1982 年,广州。

珠海市纪念容闳先生诞辰 155 周年报告会筹备委员会编:《纪念容闳专刊》,1983 年,珠海。

曾德锋:《容闳先生生平大事年表》,载珠海市纪念容闳先生诞辰 155 周年报告会筹备委员会编:《纪念容闳专刊》,珠海,1983 年,第 8—9 页。

芮正皋

芮正皋:《外交生涯纵横谈——芮正皋回忆录》,台北,三民书局 2013 年初版。

芮正皋:《劫后余生——外交官漫谈“结缘人生”》,台北,三民书局 2014 年 10 月初版。

《多才多艺的外交家芮正皋》,载赖树明著:《赢在起跑点》,欧瑞文化事业有限公司,台北,1995 年 5 月初版,第 127—142 页。

商文立

商文立:《随吴稚晖先生同船赴法记》,载陈三井编著:《勤工俭学运动》,正中书局 1981 年 11 月初版。

冷开晟:《商文立传略》,载中国人民政治协商会议瓮安县委员会文史资料研究委员会编辑出版:《瓮安文史资料》第 1 辑,1989 年 3 月,第 155—157 页。

盛振为

盛芸:《盛振为先生之办学理念——纪念先父诞辰一百一十周年》,载《东吴上海会讯》,2010 年 11 月(10)第 2 期,总第 46 期,第 13—17 页。

高积顺,《盛振为——培养法律精英的教育家》,http://www.fatianxia.com/blog/31650/。

石超庸

《石超庸》,载《民国人物小传》第 7 册,台湾传记文学出版社 1985 年版,第 41—43 页。

《石超庸》,附录:《东吴大学校长石超庸博士行状》,《革命人物志》第 12 集,第 24—26 页。

黄崑山:《石超庸先生事略》,载《“国史馆”现藏民国人物传记史料汇编》第 15 辑,台北“国史馆”编印,1996 年,第 54—55 页。

石俊生:《我的父亲石超庸》,2011 年 4 月 27 日世界新闻网(北美华文新闻),www.worldjournal.com/view/full_lit/.../article-我的父亲石超庸?。

苏希洵

黄诚整理:《法学博士苏希洵》,载黄德俊主编:《桂西文史录(第三卷,

1937—1949)》,广西人民出版社1996年9月第1版,第397—400页。

覃彩基:《武鸣壮族人民的第一个法学博士——苏希洵先生》,载政协武鸣县文史资料委员会:《武鸣文史资料》第2辑,1988年,第39—50页。

孙绍康

孙绍康著:《五五回忆录》,1941年,私印本。

孙玺凤

《威海专员孙玺凤》,载宋景盛主编:《锦绣威海》,山东友谊出版社1989年7月第1版,第112—113页。

孙英友:《我和孙玺凤专员》,载威海市政协文史资料研究委员会编:《威海文史资料》第3辑,1987年,第79—82页。

王凤仪

王志新:《我所知道的王凤仪博士》,载《户县文史资料》第7辑,1991年10月,第46—56页。

王世杰

陶英惠:《中国名人传——王世杰》,载《珞珈》第112、113期,1992年,台北市国立武汉大学校友会编印。

《王世杰先生行述》,载《"国史馆"现藏民国人物传记史料汇编》第1辑,台北"国史馆"编印,1988年,第40—46页。

刘闻群:《王故校长雪艇先生》,载《珞珈》第125期,1995年10月1日,台北市国立武汉大学校友会编印,第4—8页。

陶英惠:《王世杰》,载秦孝仪主编:《"中华民国"名人传》第八册,台湾近代中国出版社1988年6月初版,第2—34页。

吴忠亚:《追怀武汉大学首任校长王世杰》,载《武汉文史资料》,1988年增刊。

吴忠亚:《追怀王世杰老师》,载《武汉文史资料文库》(第8辑),武汉出版社1999年第1版。

乔雄兵:《王世杰及其国际法思想评述》,载《武大国际法评论》第7卷,武汉大学出版社2007年9月第1版,第320—337页。

王铁崖

周仁著:《王铁崖先生传略》,载周忠海主编:《和平、正义与法——王铁崖先生八十寿辰纪念论文集》,中国国际广播出版社1993年5月第1

版,第 513 页。

《王铁崖先生年表》,载饶戈平编:《山高水长——王铁崖先生纪念文集》,北京大学出版社 2004 年 12 月第 1 版,第 369 页。

《王铁崖先生生平》,载《中国国际法年刊 2002—2003》,法律出版社 2006 年 5 月第 1 版,第 5—8 页。

[澳]罗纳德·麦克唐纳:《坚忍求索,铸就丰碑》,载《中国国际法年刊 2002—2003》,法律出版社 2006 年 5 月第 1 版,第 9—21 页。

饶戈平编:《山高水长——王铁崖先生纪念文集》,北京大学出版社 2004 年 12 月初版。

吴经熊

John C. H. Wu, *Beyond East and West*, Sheed and Ward, Inc., New York, & Mei Ya Publications, Inc., Taipei, Taiwan, 1969.

吴经熊著:《超越东西方》,周伟弛译,社会科学文献出版社 2002 年第 1 版。

《吴经熊先生事略》,载《"国史馆"现藏民国人物传记史料汇编》第 1 辑,台北"国史馆"编印,1988 年,第 216—219 页。

《吴经熊》,载《民国人物小传》第 12 册,台北,传记文学出版社 1991 年版,第 132—145 页。

李秀清:《吴经熊在密西根大学法学院》,载《华东政法大学学报》2008 年第 2 期,第 139—148 页。

孙伟著:《吴经熊与近代中国法制》,中国法制出版社 2010 年 5 月第 1 版。

吴凯声

吴凯声编述,吴立岚、林淇编撰,《吴凯声博士传记》,香港大地出版印刷公司 1993 年 12 月第 1 版。

吴凯声口述:《在哈同花园仓圣明智大学读书》,《上海滩》1995 年第 11 期,第 31 页。

吴凯声:《我在国际联盟的外交生涯》,载《文史资料选辑》总第 143 辑,中国文史出版社 2000 年 11 月第 1 版,第 10—23 页。

吴凯声:《我的律师生活》,载《上海文史资料存稿汇编》(社会法制),上海古籍出版社 2001 年 12 月第 1 版,第 64—85 页。

吴秀峰

吴秀峰著:《我的一生》,载《文史资料存稿选编·军政人物》(上),中国文史出版社2002年8月第1版,第745—750页。

吴煜垣:《吴秀峰传略》,载《增城文史专辑——吴秀峰文集补遗》,1996年,第158—165页。

吴学义

李乾亨、吴中匡:《著名法律学家吴学义先生》,载中央大学南京校友会、中央大学校友文选编纂委员会编:《南雍骊珠:中央大学名师传略续篇》,南京大学出版社2006年12月第1版,第163—167页。

伍朝枢

郑则民、郑培卿:《伍朝枢》,载严如平、宗志文主编:《民国人物传》(中华民国史资料丛稿)中华书局1997年3月第1版,第91—97页。

伍廷芳

光英:《伍廷芳事略》,载中国人民政治协商会议广东省委员会文史资料研究委员会编:《广东文史资料》第53辑,广东人民出版社1987年12月第1版,第46—61页。

黄淼章、邝广荣:《伍廷芳其人其墓》,《岭南文史》2002年第1期,第34—42页。

熊秋良:《论伍廷芳的法律思想》,《四川师范大学学报》(社会科学版)1994年第4期,第134—140页。

张云樵:《伍廷芳与清末政治改革》,台北,台湾联经出版事业公司1987年版。

张礼恒著:《伍廷芳传》(民国外交官传记丛书),河北人民出版社1999年12月第1版。

丁贤俊、喻作凤编:《伍廷芳集》(上下册),中华书局1993年8月第1版。

向郁阶

《向郁阶自传二则》,向郁阶之子多式先生的博客,2009年10月28日百度网博客发表。

《向郁阶先生传述》,载高水南主编:《失落的金顶》,海南出版社2009年版,第191—198页。

萧公权

萧公权:《萧公权文集·问学谏往录》,中国人民大学出版社 2014 年 6 月第 1 版。

谢冠生

《谢冠生先生传略》,载《“国史馆”现藏民国人物传记史料汇编》第 1 辑,台北“国史馆”编印,1988 年,第 611—613 页。

谢鸿轩:《谢冠生传》,载《“中华民国”史稿——“国史”拟传》第 3 辑,台北“国史馆”编印,1992 年,第 278—286 页。

燕诒:《谢冠生先生传》,载《嵊讯》第 19 期(乡贤谢冠生博士百岁冥诞纪念),台北市浙江嵊县同乡会,1997 年 2 月,第 6—24 页。

宋希尚:《冠生与我——为谢院长冠生七十双庆而作》,载《嵊讯》第 19 期(乡贤谢冠生博士百岁冥诞纪念),台北市浙江嵊县同乡会,1997 年 2 月,第 33—39 页。

金沛仁:《略谈谢冠生与国民党司法界》,《文史资料选辑》第 78 辑,文史资料出版社 1982 年第 1 版,第 79—86 页。

谢瀛洲

谢国雄供稿、谢朗耀整理:《谢瀛洲的生平简述》,载政协广东省从化县委员会文史资料研究委员会:《从化文史资料》第 6 辑,1986 年,第 5—6 页。

《法学界、教育界前辈谢瀛洲》,载《从化文史资料》第 9 辑,1989 年,第 65—67 页。

梁振中、李剑波:《谢瀛洲故居》,载《广州文史》第 68 辑(名人故居专辑),广州出版社 2008 年 8 月第 1 版,第 233—235 页。

陈启明:《谢瀛洲先生事迹补遗》,载政协广东省从化县委员会文史资料研究委员会:《从化文史资料》第 7 辑,1987 年,第 66—68 页。

黄巽,《忆谢瀛洲》,载政协广东省从化县委员会文史资料研究委员会:《从化文史资料》第 6 辑,1986 年,第 7—8 页。

徐道邻

程沧波:《徐道邻先生行述》,载徐道邻:《中国法制史论集》(遗著),台北,志文出版社 1975 年 8 月初版,第 432—433 页。

徐公肃

谷林:《杂记徐公肃》,载《文汇读书周报》1999 年 1 月 30 日。

颜惠庆

颜惠庆著:《颜惠庆自传》,姚松龄译,台湾传记文学出版社1989年6月再版。颜惠庆著:《颜惠庆自传——一位民国元老的历史回忆》,吴建雍、李宝臣、叶凤美译,商务印书馆2003年3月第1版。

颜继金

刘润光、颜昌荣:《留法博士颜继金》,载广西钦州市钦南区政协文史资料委员会:《钦南文史》第1辑,1995年7月,第1—4页。

燕树棠

戴克中:《法学泰斗燕树棠教授》,载《珞珈》第139期,台北市国立武汉大学校友会编印,1999年4月1日,第35—39页。

余茂功

余茂功:《我所知道的旧交通银行》,载《湖北文史资料》1989年第3辑。

杨柳风

《法学博士杨柳风》,载《奉贤报》2008年1月22日。

杨光泩

杨立林著:《驻菲总领事杨光泩殉难略记》,载中国人民政治协商会议江苏省委员会文史资料研究委员会编:《江苏文史资料选辑》第17辑,江苏古籍出版社1986年3月第1版,第141—143页。

杨兆龙

杨兆龙著,郝铁川、陆锦碧编:《杨兆龙法学文选》,中国政法大学出版社2000年2月第1版。

杨兆龙著,艾永明、陆锦璧编:《杨兆龙法学文集》,法律出版社2005年4月第1版。

胡继定、刘纬:《享誉中外的法学权威杨兆龙先生》,载中央大学南京校友会、中央大学校友文选编纂委员会编:《南雍骊珠:中央大学名师传略续篇》,南京大学出版社2006年12月第1版,第157—162页。

于焌吉

《怀念于焌吉先生》,载沈云龙访问,林泉纪录:《于润生先生访问纪录》(“中央研究院近代史研究所”口述历史丛书)“中央研究院近代史研究所”编印发行,台北,1986年4月初版,第149—151页。

余启昌

余樾:《余启昌先生简况》,载中国人民政治协商会议北京市委员会文史资料研究委员会编:《朝阳法学摇篮》,1991 年,第 32—33 页。

翟俊千

徐思道:《翟俊千传略》,载东莞市政协文史资料委员会:《东莞文史》第 24 辑,1996 年 1 月,第 78—84 页。

翟象颐:《怀念翟俊千》,载《东莞文史》第 22 辑,1993 年 11 月,第 85—88 页。

翟学良、张磊:《桃李不言,下自成蹊——记翟俊千老人》,载《东莞文史资料选辑》第 17 辑,第 58—61 页。

曾还久

曾锦光:《曾还九兴办教育、实业事迹简记》,载政协四川省内江市东兴区委员会:《内江县文史资料》第 15 辑,1980 年,第 42 页。

曾志时

韦庆远:《怀念我们的好师长曾志时教授》,载中国人民政治协商会议北京市委员会文史资料研究委员会编:《朝阳法学摇篮》,1991 年,第 34—37 页。

查良鉴

《一生为中国法治而奋斗的人——专访中国人权协会理事长查良鉴先生》,载《"中华民国"褒扬令集》(续编五),台北"国史馆"编,1993 年,第 480—489 页;原载于《龙旗》1991 年 7 月号。

《查良鉴先生事略》,载《"国史馆"现藏民国人物传记史料汇编》第 13 辑,台北"国史馆"编印,1995 年,第 162—166 页。

张彝鼎

赵国材:《敬悼国际法学家张彝鼎先生》,载《"中华民国"褒扬令集》(续编四),台北"国史馆"编,1990 年,第 574—577 页。

《张彝鼎先生事略》,载《"国史馆"现藏民国人物传记史料汇编》第 8 辑,台北"国史馆"编印,1993 年,第 308—311 页。

蒋巍:《双子星座——海峡两岸法学泰斗张友渔、张彝鼎的传奇故事》,载《中国作家》,1994 年第 1 期,第 81—98 页。

张以藩

朱铁蓉:《张以藩生平事略》,载《长沙县文史资料》第5辑,1987年12月,第95—105页。

黄曾甫:《张以藩》,载中国人民政治协商会方长沙市委员会文史资料研究委员会编:《长沙文史资料》第2辑,1985年7月,第136—137页。

赵冰(赵蔚文)

《赵冰博士自传》,1960年,香港《新闻天地》,《大学生活》,《时报》(具体不详,资料出处均系转引)。

戈枫:《赵冰传略》,载新会市政协学习文史社会法制工作委员会:《葵乡俊彦列传》(第2辑),近代杰出人物、当代俊彦合辑,1998年10月,第58—62页。

唐君毅:《赵蔚文先生二三事》,载《中华人文与当今世界补编二》,广西师范大学出版社2005年11月第1版,第948—952页。

赵理海

《深切怀念赵理海先生》,载《中国国际法年刊2000—2001》,法律出版社2005年9月第1版,第3—5页。

乔仕彤:《赵理海及其国际法思想评述》,载《武大国际法评论》第6卷,武汉大学出版社2007年7月第1版,第347—362页。

赵理海简历,赵理海修订,作者收藏。

赵理湖:《忆与理海弟相处的岁月》,《沧桑》2001年第2期,第45—46页。

赵理湖:《怀念胞弟赵理海教授》,《沧桑》2003年第5期,第34—37页。

潘保存、沈守愚:《国际海洋法院法官赵理海先生》,载中央大学南京校友会、中央大学校友文选编纂委员会编:《南雍骊珠:中央大学名师传略续篇》,南京大学出版社2006年12月第1版,第176—178页。

赵天麟

赵智铨:《日特暗杀教育家赵天麟真相》,载中国人民政治协商会议天津市委员会文史资料研究委员会:《沦陷时期的天津》,1992年10月。

郑天锡

郑天锡著(F.T.Cheng):*East and West: Episodes in a Sixty Years'*

Journey, Hutchinson & Co.(Publishers) Ltd., 1951, London.

郑毓秀

郑毓秀著:My *Revolutionary Years: The Autobiography of Madame Wei Tao-Ming*, Charles Scribner's Sons, 1943, New York。

郑文礼

金沛仁:《郑文礼与浙江旧司法界》,载中国人民政协商委会议浙江省文史资料研究委员会编:《浙江文史资料选辑》第2辑,1962年,第105—116页。

周鲠生

周鲠生著,武汉大学法学院国际法所编:《周鲠生文集》,武汉大学出版社1993年第1版。

周如松:《周鲠生先生传略》,载《中国当代社会科学家》第五辑,书目文献出版社1983年7月第1版,第154—161页。

周如松:《记我的父亲周鲠生先生》,载《珞珈》第125期,台北市"国立"武汉大学校友会编印,1995年10月1日,第9—13页。

李谋盛:《周鲠生教授传略》,载武汉大学法学院国际法所编:《周鲠生文集》,武汉大学出版社1993年12月第1版,第3—16页。

李谋盛:《周鲠生教授事略》,载《长沙县文史资料》,1989年第8辑。

虞崇胜:《周鲠生》,载严如平、宗志文主编:《民国人物传》(中华民国史资料丛稿),中华书局1997年3月第1版,第424—429页。

潘晓霞:《望重法林——国际法学家周鲠生》,载张宪文主编:《民国南京学术人物传》,南京大学出版社2005年6月第1版,第289—298页。

丁棣华、王仁奔、徐锡黄撰:《当代物理学家周如松教授》,《珞珈》第116期,1993年7月1日,台北市"国立武汉大学"校友会编印,第75—79页。

徐正榜、张琦:《国际法学家、教育家周鲠生》,《武汉文史资料》1990年第2辑。

周泽春

周泽春著:《四十年外交纪略》,《近代史资料》1957年第2期,第99—105页。

朱家骅

胡颂平:《朱家骅年谱》(传记文学丛书之42),台湾传记文学出版社

1985 年 9 月再版。

左仍彦

陶佩潜:《永怀左公潞生先生》,载刘大卫:《纪念教育家法学家左仍彦先生》附件,盐城市政协文史资料研究委员会编:《盐城文史资料选辑》第 7 辑,1988 年 1 月印刷,第 199—200 页。

李铁铮:《我所知道的郭泰祺》,载《文史资料选辑》第 78 辑,文史资料出版社 1982 年第 1 版,第 146—151 页。

张君燕:《哥哥许君鲸》,载《苏州史志资料选辑》,2001 年刊,总第 26 辑,第 161—173 页。

金孔章、吴君琇著,金之庆编辑:《琴瑟集》,香港天马图书有限公司 2002 年 10 月初版。

《中国近现代著名海军事家——祖籍东瀚后营村的魏瀚家族事迹考略》,载《福清侨乡报》,2006 年 9 月,http://jb.fqqxb.com/news/ShowArticle.asp?ArticleID=25842。

联合国国际法委员会编辑的贺其治简历(英文),A CN.4/456/Add.1, 11 April 1994, Filling of Casual Vacancies, Note by the Secretariat, Curricula Vitae of Candidates, at 15—23。

陈夏红:《百年中国法律人物剪影》,中国法制出版社 2006 年 7 月第 1 版。

朱仲华、陈于德著:《复旦校长李登辉事迹述要》,载中国人民政治协商会议全国委员会文史资料研究委员会编:《文史资料选辑》第 97 辑,文史资料出版社 1985 年 1 月第 1 版,第 129—149 页。

何勤华主编:《中国法学家访谈录》第一卷,北京大学出版社 2010 年 1 月第 1 版。

季卫东:《京都大学法律系琐记》,载贺卫方编:《中国法律教育之路》,中国政法大学出版社 1997 年 12 月第 1 版,第 350—361 页。

陈钟浩:《我所知道的陆军大学政治部》,载《文史资料存稿选编 · 军事机构(下)》第 16 辑,中国文史出版社 2002 年 8 月版,第 322—323 页。

彭海、查克彦、江家齐:《私立扬州震旦中学史事追述》,载中国人民政治协商会议江苏省扬州市委员会文史资料委员会编:《扬州文史资料》第10辑,1991年1月,第155—162页。

胡兴荣著:《记忆南洋大学》,广西师范大学出版社2006年6月第1版。

李在敬:《留法旧事》,台北,独立作家,2014年10月第1版。

程燎原著:《清末法政人的世界》,法律出版社2003年第1版。

刘熙瑞、高凯军:《殷殷之意岂敢忘怀——周世逑先生逝世周年纪念》,载《中国行政管理》1998年第6期,第16页。

增城县政协《增城文史》编辑委员会编:《增城县历史人物》,1994年。

朱雷章:《大比夺魁——南京政府第一届高等考试亲历记》,载中国人民政治协商会议江苏省昆山县委员会文史征集委员会编:《昆山文史》第4辑,1985年9月,第103—108页。

桂清泉:《方克猷博士小传》,载《益阳文史资料》第4辑,1987年10月,第40—42页。

胡忠民:《伯兄质斋先生行宜纪略》,载张难先著:《湖北革命知之录》(近代中国史料丛刊续编第86辑),台湾文海出版社,第107—109页。

李修业:《遣送东北日侨俘的回忆》,载《文史资料选辑》第91辑,文史资料出版社1983年11月第1版,第147—166页。

陆炳熊:《程潜对我的提携》,载《武汉文史》,1989年,第100—106页。

李季伟:《留法勤工俭学亲历》(遗著),载中国人民政治协商会议四川省委员会文史资料研究委员会:《四川文史资料选辑》第23辑,四川人民出版社1980年版,第67—174页。

季羡林:《留德十年》,载《季羡林全集》,外语教学与研究出版社2009年7月第1版。

何炳棣著:《读史阅世六十年》,广西师范大学出版社2005年7月第1版。

国务院学位委员会办公室编:《中国社会科学家自述》,上海教育出版社 1997 年 12 月第 1 版。

潘泰丰:《抗日战争时期的中国旅行社》,载全国政协文史资料委员会编:《旧中国的工商金融》(文史资料精华丛书第 8 卷),安徽人民出版社 2000 年 12 月第 1 版。

张友渔:《报人生涯三十年》,重庆出版社 1982 年 12 月第 1 版。

汪赞源:《记善后救济总署驻杭州机构》,载《杭州文史资料》第 10 辑,浙江人民出版社 1988 年版,第 54—59 页。

冀朝铸口述、苏为群参访整理:《从"洋娃娃"到外交官:冀朝铸口述回忆录》,北京大学出版社 2000 年 7 月第 1 版。

留学生名录

《核发留学证书登记册》,1932—1948 年,中国第二历史档案馆,档案号:五—15337。

《安徽省十八年份国外留学省费生及奖学金生一览表》,载《安徽省教育行政周刊》1930 年第 2 期(第 3 卷第 2 期),第 75—78 页。

《安徽省二十年份国外留学省费生及奖学金生一览表》,载《安徽省教育行政周刊》1932 年第 5 卷第 7 期,第 7—17 页。

《1924 至 1929 年怀宁留学生名单》,载怀宁县教育局编:《怀宁县教育志(1898—2002)》,安徽大学出版社 2005 年 12 月第 1 版,第 149 页。

《安徽省获省费、省奖学金留学生一览表》(1931 年),载《安徽省志·外事侨务志》,方志出版社 1999 年 1 月第 1 版,第 120 页。

《民国七年吉林官自费生调查表》,载吉林省档案馆编:《王希天档案史料选编》,长春出版社 1996 年 8 月第 1 版,第 47—50 页。

姚永新集辑:《苏州留学生名录》(初稿),载政协苏州市委员会文史资料研究委员会:《苏州文史资料》第 15 辑,1986 年,第 179—270 页。

杨肇甫:《建国前潼南县在国外的留学生》,载中国人民政治协商会议重庆市潼南县委员会文史资料委员会编:《潼南文史资料》第 5 辑,1996 年,第 125—128 页。

佚名编:《清末各省官自费留日学生姓名表》(近代中国史料丛刊续编第 50 辑),总第 494 卷,台湾文海出版社。

杨仲子:《辛亥革命后江西首批官费留学生简介》,载《江西文史资料选辑》总第 15 辑，1985 年 3 月，第 91、96—97 页。

刘耀东辑：《留学日本东京法政大学同学录》，1917 年。

《里昂中法大学学生录》(Liste des étudiants de l'Institut franco-chinois de Lyon)，www. bm-lyon. fr/trouver/Fonds _ chinois/ressources/IFCL-Liste-etudiants.pdf。

北京清华学校编：*Who's Who of American Returned Students*(游美同学录)，1917。

北京清华学校编：《游美同学录》，1918 年。

华美协进社编辑：《旅美中国同人录》(*Directory of Chinese University Graduates & Students in America*)，留美中国学生战时学术计划委员会出版，1944 年 4 月再版。

《东西洋留学会员录》，1916 年。

《四川欧美同学会会员录》，1936 年 2 月印刷。

《最先留美同学录》，1924 年。

《巴黎中国学生会通讯录》(1949—1950)，载《建国初留学生归国纪事》，中国文史出版社 1999 年版，第 468—476 页。

中国留法比瑞同学会编委会：《中国留法比瑞同学会会刊》，1938 年各期。

《中国留法比瑞同学会同学录》，1940 年，重庆上海印刷公司承印。

《中国留法比瑞同学会同学录》，1943 年，新蜀报第二印刷厂代印。

上海中比友谊会编：《留比同学录》1933 年，第 2 页，上海市档案馆卷宗号：Y8-1-435。

《中华留日同学会会刊》，1941—1941 年各期。

《抗战时期我国留学教育史料——各省考选留学生》，(一、二、三、四、五、六)，台北"国史馆"。

中华人民共和国高等教育部：《留美学生名册》上下册，1956 年 3 月。

The Chinese Students' Directory, January, 1914, published by the Chinese Students' Alliance in the United States of America.

Who's Who of the Chinese Students in America, edited by Chinese Students' Alliance in the United States of America, published by Lederer, Street & Zeus company, Berkley, California, 1921.

Directory Chinese Students in America 1938—1939, Arthur A. Young, Editor, Y. E. Hsiao, General manager, published by Chinese Students' Christian Association in North America, New York City, 1939.

人名录、会员录、机构人员名录

《外交部职官履历册》,外交部文书科编印,1913 年 6 月 10 日。

《外交部职员录》,1918 年 12 月编。

《外交部职员录》,1946 年。

《清外务部部分主要官员履历》,中国第一历史档案馆,载《历史档案》1986 年第 4 期,第 40—43、79 页。

《"中国"外交机关历任首长衔命年表》,台湾商务印书馆:1967 年 3 月初版,1988 年 6 月增订一版。

《"中国"驻外各大公使馆历任馆长衔名年表》,台湾商务印书馆 1969 年 7 月初版,1989 年 6 月增订一版。

北平市参议会编:《北平市参议会参议院简历表》,1947 年。

《国立中央研究院院士录》第一辑,1948 年 6 月编印。

《国立中央研究院概况》(中华民国十七年六月至三十七年六月)。

《司法行政部职员录》,1932 年 4 月第六次印刷。

《司法行政部职员录》,1936 年 2 月编印。

黎思复、邝震球:《广东司法界派系及其主要人物》,载《广州文史资料》第 11 辑,1964 年,第 158—170 页。

《会员录》,载《上海律师公会报告书》,第 25 期,1929 年。

《上海律师公会会员录》,1939 年 9 月。

《上海律师公会会员名录》,1940 年 7 月。

《江苏吴县律师公会会员录》,载《吴县律师公会报告书》,第 13 期,1929 年。

《广州律师公会会员名录》,1949 年 4 月编印。

樊荫南编:《当代中国四千名人录》,香港,波文书局,1978 年根据 1936 年增订版重印。

《中国当代名人录》,上海人民出版社 1991 年 5 月第 1 版。

《"中华民国"现代名人录》(中英日文版),增订版第 2 辑,台北,中国名人传记中心发行，1984 年 3 月。

泉州市台湾事务办公室编:《泉州寓台名人录》，1994 年 12 月。

高雷旅港同乡会编:《高雷文献专辑》，“附茂名县知名人物概览表”，1985 年 12 月印，香港。

《中华文化名人录》，中国青年出版社 1993 年 12 月第 1 版。

Who's Who in China, second edition, published by *Millard's Review*, Shanghai, 1920.

Who's Who in China, third edition, published by the *China Weekly Review*, Shanghai, 1925.

Wh's Who in China, fourth edition, published by the *China Weekly Review*, Shanghai, 1931.

Who's Who in China: Biographies of Chinese Leaders（中国名人录），fifth edition, published by *the China Weekly Review*（上海密勒氏评论报）, Shanghai, 1936.

Who's Who in China, sixth edition, published by the *China Weekly Review*, Shanghai, 1950.

The China Who's Who 1927（foreign）, compiled and published by Carroll Lunt, printed by Union Printing & Service Agency, Shanghai, China, 1927.

Who's Who of the Chinese in New York, by Warner M. Van Norden, 1918, New York.

Linda Pomerantz-Zhang, Wu Tingfang(1842—1922), *Reform and Modernization in Modern Chinese History*, Hong Kong University Press, 1992.

Pao-chin Chu, V. K. Wellington Koo, *A Case Study of China's Diplomat and Diplomacy of Nationalism 1912—1966*, The Chinese University Press, Hong Kong, 1981.

Li Chen, A History of Chinese Law Students in the United States in the late Qing Dynasty (1878—1911), J. S. D. dissertation of Washington University School of Law, May, 2015.

The Chinese Students' Monthly, Vol. 17, Nov. 1921-June 1922.

Admission of Chinese Students to American Colleges, by John Fryer, United States Bureau of Education, Bulletin, 1909, No.2, Washington, Government Printing Office.

Thomas Harnisch, Chinesische Studenten in Deutschland, Geschichte und Wirkungihrer Studienaufenthalte in den Jahren von 1860 bis 1945, Hamburg, Institut fur Asienkunde, 1999.

第三类　教育史、留学史资料

海外留学咨询委员会编:《留学指南》,1934 年。

张天麟编译:《德国留学指导书》,中德学会,1937 年。

美国留学生编:《美洲留学报告》,上海作新社,1904 年。

留美学生会编辑:《留美学生年报》,中华书局 1913 年版。

徐正鉴:《留美采风录》,商务印书馆 1923 年版。

《美洲留学报告》,上海作新社印刷,光绪三十年。

《赴美留学指导》,商务印书馆 1946 年版。

葛建时编:《留日指南》,商务印书馆 1935 年 10 月初版。

梅佳选编:《回国留学生就业状况调查表一组》,载《北京档案史料》1996 年第 4 期,第 19 页。

黄福庆著:《清末留日学生》,台北,"中央研究院近代史研究所"专刊(34),"中央研究院近代史研究所"出版发行,1975 年 7 月初版,1983 年 6 月再版。

钱钢、胡劲草著:《留美幼童——中国最早的官派留学生》,文汇出版社 2004 年 2 月第 1 版。

林子勋著:《中国留学教育史》(1847—1975),台北,华冈出版有限公司印行,1976 年 1 月。

沈殿成主编:《中国人留学日本百年史》(1896—1996),辽宁教育出版社 1997 年 9 月第 1 版。

李滔主编:《中华留学教育史录(1840—1949)》,高等教育出版社 2005 年 9 月第 1 版。

方豪:《同治前欧洲留学史略》,载方豪著:《中外文化交通史论丛》,独立出版社,1944 年版,第 120—133 页。

刘真主编:《留学教育——中国留学教育史料》(第 1—5 册),台湾“国立编译馆”,1980 年 7 月。

舒新城编:《近代中国留学史》(东西方文化研究影印文库),上海文化出版社 1989 年 4 月影印版。原版:中华书局 1927 年 9 月初版。

陈琼莹:《清季留学政策初探》,文史哲出版社 1989 年 7 月初版。

子晖:《留法勤工俭学两年来之经过及现状》,原载《时世新报》1921 年 1 月 5—8 日,转载于张允侯等编著:《留法勤工俭学(二)》,上海人民出版社 1986 年第 1 版,第 111—144 页。

孙百刚编著:《各国教育制度及概况》,新中国建设学会出版科,1934 年 3 月出版,上海书店影印,民国丛书第三编 46。

王健著:《中国近代的法律教育》(中青年法学文库),中国政法大学出版社 2001 年 10 月第 1 版。

李喜所著:《中国留学史论稿》,中华书局 2007 年 4 月第 1 版。

王凤喈:《中国教育史大纲》,商务印书馆 1928 年 1 月初版,1930 年 3 月再版。

宋恩荣、章咸选编:《中华民国教育法规选编》(修订版),江苏教育出版社 2005 年第 2 版。

刘仲华主编:《北京教育史》(北京专史集成),人民出版社 2008 年 11 月第 1 版。

董宝良主编:《中国近现代高等教育史》,华中科技大学出版社 2007 年 12 月第 1 版。

黄福涛主编:《外国高等教育史》(第二版),上海教育出版社 2008 年 12 月第 1 版。

叶隽著:《另一种西学——中国现代留德学人及其对德国文化的接受》,北京大学出版社 2005 年 5 月第 1 版;2009 年 4 月第 2 版。

叶隽著:《异文化博弈——中国现代留欧学人与西学东渐》,北京大学出版社 2009 年 4 月第 1 版。

裴艳著:《留学生与中国法学》(中国学科现代化转型丛书),南开大学出版社 2009 年 5 月第 1 版。

谢青、汤德用主编:《中国考试制度史》,黄山书社 1995 年版。

［德］弗·鲍尔生著:《德国教育史》,藤大春等译,人民教育出版社1986年版。

李春雷著:《传承与更新:留美生与民国时期的史学》,中国社会科学出版社2007年2月第1版。

谢长法著:《中国留学教育史》(中国教育史专题研究丛书),山西教育出版社2006年7月第1版。

卫道治主编:《中外教育交流史》,湖南教育出版社1998年6月第1版。

舒新城编:《中国近代教育史资料》(上下册),人民教育出版社1961年10月第1版,1979年第6次印刷。

《中国教育年鉴》(1949—1981),中国大百科全书出版社1984年9月第1版。

朱有瓛主编:《中国近代学制史料》第2辑下册,华东师范大学出版社1989年4月第1版。

朱有瓛主编:《中国近代学制史料》第3辑上册,华东师范大学出版社1990年6月第1版。

陈景磐编:《中国近代教育史》,人民教育出版社1979年11月第1版。

潘懋元、刘海峰编:《中国近代教育史资料汇编:高等教育》,上海教育出版社1993年12月第1版。

徐希元著:《当代中国博士生教育研究》,知识产权出版社2006年1月第1版。

瞿立鹤著:《清末留学教育》,台湾三民书局,1973年4月初版,1995年4月再版。

陈学恂、田正平编:《中国近代教育史资料汇编·留学教育》,上海教育出版社1991年7月第1版。

刘晓琴著:《中国近代留英教育史》,南开大学出版社2005年7月第1版,天津。

周永珍著:《留法纪事:二十世纪初中国留法史料辑录》,国家图书馆出版社2008年7月第1版。

刘志宏编著:《赴美留学指导》,上海,商务印书馆,1946年。

杜元载主编:《抗战时期之高等教育》(革命文献第60辑),中国国民党中央委员会党史委员会,1972年9月出版,台北。

刘集林:《近代留美生与西方人文科学的东渐》(1847—1949),南开大学硕士研究生毕业论文,南开大学历史系,1997年5月。

卢建平:《法国法学教育二题》,《法学家茶座》2009年第3期,总第27辑,第13—25页。

蒋晓伟著:《上海法学教育史研究》,法律出版社2008年3月第1版。

李贵连著:《近代中国法制与法学》(法学丛书),北京大学出版社2002年11月第1版。

大会秘书处编:《国务院学位委员会学科评议组第一次会议会刊》,1981年,北京。

大会秘书处编:《国务院学位委员会学科评议组第二次会议会刊》,1983年,北京。

北京师范大学图书馆中文教育书目编辑组编:《北京师范大学图书馆解放前中文教育书目》,1989年8月。

郭玉贵著:《美国和苏联学位制度比较研究——兼论中国学位制度》,复旦大学出版社1991年9月第1版。

陈学飞等著:《西方怎样培养博士——法、英、德、美的模式与经验》,教育科学出版社2002年4月第1版。

刘伯穆:《中国的法律教育——现状、问题与方向》,载王健编:《西法东渐——外国人与中国法的近代变革》,中国政法大学出版社2001年8月第1版,第489—498页。

梅汝璈著:《关于英美法课程的教本与参考书之商榷——介绍几本浅近的法律参考书》,载梅小璈、范忠信选编:《梅汝璈法学文集》(二十世纪中华法学文丛),中国政法大学出版社2007年7月第1版,第322—323页。

刘世芳:《大陆英美法律教育制度之比较及我国应定之方针》,载孙晓楼:《法律教育》(二十世纪中华法学文丛),中国政法大学出版社1997年12月第1版,第184—188页。

杨兆龙:《中国法律教育之弱点及其补救方略》,载孙晓楼:《法律教育》(二十世纪中华法学文丛),中国政法大学出版社1997年12月第1

版，第157—183页。

燕树棠：《法律教育之目的》，载孙晓楼：《法律教育》（二十世纪中华法学文丛），中国政法大学出版社1997年12月第1版，第151—156页。

张红侠：《天津近代法学教育》，http://news.sohu.com/20080628/n257796284.shtml。

浦依莲著：《二十世纪初中国留日学生的法政教育》，许苗杰译，载《法国汉学》，教育史专号，第8辑，中华书局2003年12月第1版，第250—284页。

张少利：《北洋政府时期学位制度述评》，《中国高教研究》2007年第2期，第22—25页。

王国平：《中国最早的研究生教育》，《江海学刊》2007年第1期，第171—177页。

游玉华：《近代我国研究生教育的发展轨迹》，《大学教育科学》2005年第2期，第75—78页。

郝铁川著：《中国近代法学留学生与法制近代化》，《法学研究》1997年第19卷第6期（总第113期），第3—33页。

[美]康雅信著：《培养中国的近代法律家：东吴大学法学院》，王健译，载贺卫方编：《中国法律教育之路》，中国政法大学出版社1997年第1版，第248—297页。

黄建中：《十年来的中国高等教育》，载中国文化建设协会编集：《抗战前十年之中国》，1937年中国文化建设协会出版，1965年11月台湾龙门书局影印，第503—529页。

王伟：《美国法律学位初探》，载《英美法评论》第1辑，法律出版社2003年4月第1版，第345—364页。

张宝运、贾晓慧：《北洋大学及其留学人才论》，《高等教育研究》2005年第2期，第93—98页。

James Parker Hall, American Law School Degrees, in *Michigan Law Review*, Vol.6, No.2 (Dec., 1907), pp.112—117.

Edwin Wooton, *A Guide to Degrees in Arts, Science, Literature, Law, Music and Divinity, in the United Kingdom and Colonies, the Continent and the United States*, L.Upcott Gill, London, 1883.

Linda R.Crane, *Interdisciplinary Combined-Degree and Graduate Law Degree Programs*, 33 *J. Marshall L. Rev.* 47—80 (Fall, 1999).

Martha Minow, Legal Education: Past, Present and Future, April 5, 2010, http://www. law. harvard. edu/news/spotlight/classroom/related/legal-education-past-present-and-future1.pdf.

Erwin N.Griswold, *Law and Lawyers in the United States*, *The Common Law under Stress*, Steven & Sons, 1964.

Esther Lucile Brown, Lawyers and the Promotion of Justice, Russell Sage Foundation, 1938.

Andre Tunc, New Developments in Legal Education in France, *The American Journal of Comparative Law*, Vol.4, No.3 (Summer, 1955), pp.419—425.

Charles M. Hepburn, The Modern Law School in England and America, *Virginia Law Review*, Vol.2, No.2 (Nov., 1914), pp.85—97.

Charles Noble Gregory, A Movement in English Legal Education, *Harvard Law Review*, Vol.10, No.7 (Feb.25, 1897), pp.418—427.

John H. Wigmore, Legal Education in Modern Japan, *Yale Law Journal*, Training for the public profession of the law: historical development and principal contemporary problems of legal education of the United States, with some account of conditions in England and Canada, by Alfred Zantzinger Reed, New York City, 1921.

Gerard W. Gawalt, Massachusetts Legal Education in Transition, 1766—1860, *The American Journal of Legal Education*, Vol.17, No.1 (Jan., 1973), pp.27—50.

Wilber G. Katz, A Four-Year Program for Legal Education, *The University of Chicago Law Review*, Vol. 4, No. 4 (Jun., 1937), pp.527—536.

H.L.Wilgus, Legal Education in the United States, *Michigan Law Review*, Vol.6, No.8 (Jun., 1908), pp.647—682.

Legal Education in Great Britain, by H. S. Richard, United States Bureau of Education, Bulletin, 1915, No.18, Washington, Government

Printing Office, 1915.

The Foreign Student in America, edited by W.Reginald Wheeler, Henry H. King & Alexander B. Davidson, Association Press, New York, 1925.

Edward V.Raynolds, Legal Education in Germany, *The Yale Law Journal*, Vol.12, No.1, Nov., 1902, pp.31—34.

James B.Scott, *International Law in Legal Education*, *Columbia Law Review*, Vol.4, No.6 (June, 1904), pp.409—422.

Chinese Students in America: Qualities Associated with Their Success, Chu, Jennings Pinkwei, 1922, Teachers College, Columbia University.

An Yan, Les etudiants chinois en France: historique, situation actuelle et perspectives, Universite Rene-descartes Paris V.Sorbonne, 2001.

Thomas Harnisch, Chinesische Studenten in Deutschland-Geschichte und Wirkung ihrer Studienaufenthalte in den Jahren von 1860 bis 1945, Mitteilungen des Instituts fur Asien-kunde, 1999, Hamburg.

The History of Legal Education in the United States: Commentaries and Primary Sources, 1999.

Chinese Law Past and Present, A Bibliography of Enanctments and Commentaries in English Text, compiler and Editor Fu-Shun Lin, The East Asian Institute, Columbia University, New York, N.Y. 1966.

Sandra R.Klein, Legal Education in the United States and England: A Comparative Analysis, *Loyola of Los Angeles International and Comparative Law Journal*, Vol.13, at 601—641 (February 1991).

第四类 博士论文目录

袁同礼(Tung-Li Yuan),《中国留欧大陆各国同学博士论文目录》(A Guide to Doctoral Dissertation by Chinese Students in Continental Europe, 1907—1962), Reprinted from *Chinese Culture Quarterly*, Vol.V,

No.3, 4, and Vol.VI, No.1。

袁同礼(Tung-Li Yuan),《中国留美同学博士论文目录》(A Guide to Doctoral Dissertations by Chinese Students in America, 1905—1960), Published under the Auspices of the Sino-American Cultural Society, Inc., Washington D.C., 1961。

袁同礼(Tung-Li Yuan),《中国留英同学博士论文目录》(Doctoral Dissertations by Chinese Students in Great Britain and Northern Ireland, 1916—1961), Taipei, Reprinted from *Chinese Culture*, Vol. IX, No.4, March 1963。

Liste des theses soutenues par les etudiants de l'lnstitut franco-chinois de Lyon (《里昂中法大学博士论文目录》), www.bm-lyon.fr/trouver/Fonds_chinois/ressources/IFCL-Theses-etudiants.pdf。

《中国留学生论文目录》(1—6册),中国科技情报研究所资料馆编辑,1962年12月—1965年1月出版。

第五类　访谈

2010年5月6日上午9点至11点30分,对王毓骅先生的采访记录,地点:南京市,南京大学法学院办公室。

2010年6月1日下午2点30分至3点10分,对徐曰琨之子徐晟的采访记录,地点:上海市。

2010年6月14日上午10点30分至11点30分,对梁传愈之子梁培德的采访录,地点:上海市。

2010年11月8日下午3点—4点,对金孔章之子金之庆的访谈记录,地点:南京市。

2011年5月5日下午3点—4点30分,对何海晏及其长子何正平的访谈记录,地点:上海市。

2011年5月20日上午10点20分电话采访丘日庆先生的夫人黄贞英女士。

第六类 其他

《"中央社"六十年》,"中央通讯社"编印,1984年4月1日,第39页。

麦林华主编:《上海监狱志》,上海社会科学院出版社2003年版。

浙江省龙游县志编纂委员会编:《中华人民共和国地方志·龙游县志》,中华书局1991年10月第1版。

《嘉善县志》,上海三联书店1995年4月第1版。

《新县志》,河南人民出版社1990年1月第1版。

《新县教育志》,中州古籍出版社1995年9月第1版。

王道伟主编:《昆山县志》,上海人民出版社1990年12月第1版。

惠州市惠城区地方志编纂委员会编:《惠州志》,中华书局2007年6月第1版。

《广东省志·检察志》,广东人民出版社2006年5月第1版。

The China Year Book 1935(《中华年鉴》), edited by H.G.W.Woodhead, The North-China Daily News & Herald, Ltd., Shanghai, 1935.

《上海市年鉴》(1935),上海市通志馆,1935年4月初版。

《四川人才年鉴(1979—1994)》,四川人民出版社1996年版。

中国国民党革命委员会山东省委员会编,《山东民革五十年》,齐鲁书社2000年9月第1版。

方积根:《非洲华侨史资料选辑》,新华出版社1986年7月第1版。

李明欢著:《欧洲华侨华人史》,中国华侨出版社2002年7月第1版。

孙越生、陈书梅主编:《美国中国学手册》(增订本),中国社会科学出版社1993年9月版。

石源华主编:《中华民国外交史辞典》,上海古籍出版社1996年6月第1版。

陈忠诚著:《法苑译谭》,中国法制出版社2000年6月第1版。

陈忠诚著:《英汉法律用语正误辨析》,法律出版社1998年4月第1版。

毕连芳著:《北京民国政府司法官制度研究》,中国社会科学出版社

2009年7月第1版。

张晋藩主编:《中华法系的回顾与前瞻》,中国政法大学出版社2007年8月第1版。

黄光域编:《近代中国专名翻译词典》,四川人民出版社2001年版。

林煌天主编:《中国翻译词典》,湖北教育出版社1997年11月第1版。

王恩涌、胡兆量、周尚意、赫维红、刘岩编著:《中国文化地理》(中国人文地理丛书),科学出版社2008年第1版。

中华全国总工会编:《中国工会百科全书》(上卷),经济管理出版社1998年8月第1版。

方积根、胡文英著:《海外华文报刊的历史与现状》,新华出版社1989年11月第1版。

吴静:《近代主要教会大学授予首批学位情况概览》,载《民国时期学位制度探析》,浙江大学硕士学位论文,2001年12月。

梅汝璈著:《远东国际军事法庭》,法律出版社、人民法院出版社2005年7月第1版。

曾仲鸣:《中国与法国》,1930年11月。

沈云龙著:《近代外交人物论评》,台湾传记文学出版社1981年5月再版。

李华川著:《晚清一个外交官的文化历程》,北京大学出版社2004年8月第1版。

邹韬奋:《法学博士的来路纠纷》,《生活》周刊,第5卷第40期,1930年9月14日,转载于《韬奋全集》第三卷,上海人民出版社1995年10月第1版,第203—204页。

唐德刚著:《从"洋员"到"博士帮"——近代中国技术官僚的演变》,载台湾《传记文学》第64卷第4期,1994年4月,第55—59页。

《池州地区志》,方志出版社1996年12月第1版。

丘克辉:《建国前后梅县华侨在东南非洲的活动》,载《梅县文史资料》第18辑,1990年11月,第130—134页。

罗继祖著:《蜉寄留痕》,上海古籍出版社1999年10月第1版,第263页。

《嵊县志》,浙江人民出版社 1989 年 8 月第 1 版。

汝信、易克信主编:《当代中国社会科学手册》,社会科学文献出版社 1988 年 10 月第 1 版。

欧阳湘著:《近代中国法院普设研究:以广东为个案的历史考察》,知识产权出版社 2007 年 9 月第 1 版。

林学忠著:《从万国公法到公法外交:晚清国际法的传入、诠释与应用》,上海古籍出版社 2009 年 12 月第 1 版。

第一版后记

对于近代留洋法学博士这一问题的研究，进行得越晚则越困难。事实上，这一问题已经到了非研究不可的程度，否则笼罩在中国近代留洋法学博士头上的将是一团不解的迷雾。留洋法学博士这一头衔，在近代曾经是金光灿灿的光环，但在中华人民共和国成立后的很长一段时间内却成为人们惟恐避之不及的高帽子，今天重提旧事，不是为了摘下那些光环，也不是为了将它们重新请上神坛，而是要弄清楚那些光环背后真实的身份，而是为了还原这段历史的本来面目。

近代留洋法学博士的历史虽然仅仅百余年，然而这百余年却是中国历史上剧变的年代，经历了晚清变革、辛亥革命、军阀混战、抗日战争等等，1949 年以后，各种运动接踵而来，以“文化大革命”为顶峰，留洋法学博士的命运也随着中国的历史而上下浮沉，其间既有声名显赫者，也有默默无闻者。当基本完稿时，我不得不承认，近代留洋法学博士这一问题并不是一件容易考证的事情，近代史料虽然浩如烟海，但是真正能够用于解决本书问题的并不多。仍然有一些留洋法学博士的生卒籍贯、论文题目、学位详称等等细节尚待考证，恳请读者予以帮助和指正。我的电子邮箱是 wangwei99@fudan.edu.cn。

美国法学教授艾莉森 · W.康纳（Alison W.Conner）女士在撰写 Training China's Early Modern Lawyers: Soochow University Law School [*Journal of Chinese Law*, Vol.8 (1), Spring 1994]一文时，曾经于 20 世纪 80 年代末期和 90 年代初期在上海、香港和台湾等地采访了 50 多名东吴法学院的早期毕业生和教师，取得了宝贵的研究资料。今天再想进行类似大规模的采访已经不可能。至今在世的近代留洋法学博士已经寥若晨星。笔者于2010年5月6日在南京采访了王毓骅先生，他毕业于美国印第安纳大学法学院，时间是1949年，几乎到了本书的下限（1950年）。笔者在2011年5月5日拜访了纽约大学法学博士（J.S.D.，1936年）何海晏先生。何先生已经101岁高龄，是健在的近代留洋法学博士中年龄最长者。笔者在写作过程中还采访了数位留洋法学博士的家属，他们提供了很多有用的信息和线索。由于种种原因，有些细节已经无法彻底查清，有些采访计划未能付诸实现，留下了不少遗憾。我希望近代留洋法学博士的亲朋好友、门生故旧能够随时与我联系，指出本书的错误，补充本书的不足。另外，特别感谢何海晏先生的长子何正平先生提供了何海晏的各种毕业证书和照片等资料，这些珍贵的一手资料为本书增色不少。

在笔者的调查研究过程中，屡次遭遇挫折。很多问讯石沉大海。国内有些部门（例如有些国家级和省市级档案馆、有些机构的人事部门）对于正常的学术调研仍然不习惯、不欢迎，"警惕性"很强，而欧美一些学校（包括某些名校），也并没有人们想象的那样开放和友好，对于有关其早年毕业生的研究并不感兴趣，要么以种种名义作为托辞，要么干脆不理不睬。

与遭受的冷眼和冷遇相比，我得到了热心帮助更显可贵。华东政法大学、东南大学人事处及档案室的老师们热心解答我的提问，并帮助我查询有关档案资料；芝加哥大学校友办公室及注册处的工作人员不厌其烦地数次帮助我查找早期留学芝加哥大学的中国学生的档案；美国雪城大学（Syracuse University）档案馆的工作人员、上海社会科学院法学研究所办公室的工作人员帮助我查找或提供有关信息……牛津大学Bodleian法律图书馆的Elisabeth Wells（伊丽莎白·韦尔斯）博士在收到我的求助信后，不仅自己亲自动手查找，还专门向牛津大学学位授予机构（Degrees Conferral Unit）以及牛津大学档案馆进行查询……他们认真负责的精神和乐于助人的态度，让我深受感动。

我的同事王志强教授于2009年赴美留学，在王宠惠先生当年取得D.C.L.学位的耶鲁大学法学院攻读法学博士学位（J.S.D.）。他曾多次帮我收集整理耶鲁大学所藏中国近代留学生的资料，并不辞辛苦地复印、扫描、传送这些资料。由于很多资料属于珍善本，不允许复制，他又亲自逐段摘抄……甚至当他旅经巴黎时也抽出宝贵的时间到法国国家图书馆帮我查找资料……正是在他的帮助下，我终于查清楚了王宠惠先生具体的毕业时间——1905 年 6 月 28 日，此前人们只知道王宠惠毕业于 1905 年，而不清楚具体日期。这一发现，不仅填补了王宠惠生平研究的空白，并为进一步确定谁是中国第一位留洋法学博士（甚至谁是中国第一位留洋博士）的问题打下了基础。可以说，没有王志强教授的帮助，这本书很难写得深入。

复旦大学法学院何力教授帮我澄清了日本特许博士的问题；我的另一位同事杜涛教授帮我校对了德文博士论文题目的中文翻译；从法国留学归来的李世刚老师（巴黎第二大学法学博士）给我提供了有关 CUJAS 图书馆的信息。他们的热心相助为我枯燥的研究输入了新鲜空气，也让我更有信心将这一研究坚持下去。

复旦大学法学院毕业生周丽婷 2010 年赴美国纽约大学攻读法学硕士学位，她在繁重的功课当中，抽空帮我收集到若干纽约大学中国近代留学生的资料。美国西北大学法学院的学生邹志卿也给我提供了有关西北大学法学院历史的资料。这些珍贵的境外资料正是我在国内研究所缺乏和急需的。

2010 年 11 月 8 日，在一个秋高气爽的午后，我前往位于南京市东郊孝陵卫的江苏省农科院，专程拜访金之庆先生。在他的办公室，我们交谈了将近两个小时。承蒙金先生厚爱，赠我一册由他编辑的《琴瑟集》——里面收集了他的母亲和父亲（吴君琇女士和金孔章先生）撰写的诗词，这是后人对先人最深切的爱和怀念，我可以深深感受到洋溢在金先生身上的善良气质。

伊光仪先生的弟弟伊光俅先生、向郁阶先生的儿子向多式先生通过各种方式给本书提供了很有价值的信息，在此深表感谢。我曾将收集到的一幅伊光仪先生身着博士服的照片发给伊光俅先生，很快就接到伊光俅先生热情洋溢的回信，伊老特意赋诗一首相赠，并表示要将这张照片传给子孙珍藏。这让我既感动又振奋，我所做的一些微不足道的工作居然能够产生这样的效果，这是我始料不及的，这更坚定了我将这项工作继续下去的决心。

复旦大学法学院研究生黄晓鸥、丛大林曾经和我一同采访调查，他们还草译了10多篇博士论文的题目；复旦大学法学院研究生戴楚文、马达琮琮也协助我进行了有关采访、资料收集等工作，在此一并感谢。

上海人民出版社的徐晓明编辑给了我大力支持。对于我多次推迟交稿时间，他表现出了极大的忍耐和宽容。在出版合同等事宜上，他提供了很优惠的条件和便利，并尽量满足我对于书稿内容和形式的种种“苛求”。没有他的积极推动，这本书很难如此顺利问世。徐晓明博士和他的助手金婕编辑不辞辛苦，为我的书稿校对工作往来奔波，曾经连续四天挑灯夜战，他们的敬业和勤奋让我深受感动。

本书的出版得到复旦大学法学院的资助，在此表示谢意和敬意。

我还得到了一些网友的指点和帮助，这里不再一一列举他们的姓名，网上讨论大多匿名，我对他们的本名及身份几乎一无所知。21世纪的学术研究方法和过去有很大区别，其中之一就是增添了许多网络因素，网络扩展了学术资料的收集和利用空间，也扩展了学术交流空间。

我还要感谢其他一些不知名的朋友的帮助。我在上海市档案馆曾经遇到一个华东师范大学历史系的研究生，她耐心地教会了我如何操作缩微胶片阅读机。这些点点滴滴的帮助，全都融化在这本厚厚的书里。正是因为他们的帮助，让我感到：学术研究虽然寂寞，但并不孤独。

我的这项研究全凭个人兴趣。2010年，我申请了教育部人文社会科学规划基金项目，当时只是抱着试试看的想法，因为我既非法律史圈中的人物，也缺少法律史方面的前期成果，这个选题也不在官方指导范围之内，属于自选课题。然而出乎意料的是，我的申请获得了成功，这也是我在国内从事学术活动以来取得的第一个研究项目。对那些素不相识的教育部评审专家，我再次致以万分的谢意和敬意，正是因为你们提携后进的宽广胸怀和敏锐的学术眼光，才使这个项目获得了资金上的支持。

我要特别感谢香港大学法学院，在我博士尚未毕业的时候就被聘请我为研究员（Research Fellow），并提供了极好的研究环境，使我得以终日泡在冯平山图书馆自由自在地从事学术研究。那一段读书学习研究的时光留给了我美好的回忆，也为这项研究打下了基础。正是在香港大学图书馆里，我查阅到民国时期上海密勒氏评论报发行的《中国名人录》（*Who's Who in China: Biographies of Chinese Leaders*）的各种版本。由于是英文版，所以不存在中文“法学博士”这一模棱两可的笼统称谓，我可以用相对简便的方法查到一小部分留洋法学博士的学位种类。

在整个研究的过程中，我时常面对两种截然相反的困难：第一，资料匮乏之苦。有些留洋法学博士，只知其外文姓名，不知其中文姓名，或者只知其中文姓名，不知其外文姓名，更不知其籍贯、生平；有些虽然名为法学博士，却没有博士论文；而有些人虽然名为哲学博士，却明明写的是法学论文；有些人同名同姓，甚至背景也有几分相似，但却是完全不同的两个人，有些大学的名称很相似，例如国立北京大学和国立北平大学，稍有不慎，就有可能出错……第二，资料“过剩”之苦。部分资料千篇一律，无中生有，张冠李戴，部分资料真中有假，假中有真。面对浩如烟海的文献，如何辨别真伪？如何去伪存真？这些问题，弄得我晕头转向，几次都想中途放弃。近代留洋法学博士的历史不过百年，就已经这样难以研究，历史的真相究竟怎样才能完全揭示？这种研究，不静下心来根本无法进行下去，但是闭门造车更是死路一条！

本书的写作得到了很多图书馆、档案馆的帮助，包括中国国家图书馆、香港大学图书馆、伦敦大学 SOAS 图书馆、美国宾夕法尼亚大学图书馆、英国伦敦林肯法学院图书馆、上海市图书馆、复旦大学图书馆等。上海市档案馆的开放程度和对读者的友好程度在一定程度上代表了上海这座城市的开放性，公民仅凭身份证即可办卡查询，不需要所谓单位介绍信之类的繁文缛节，与很多档案馆那种封闭、守旧、拒人千里之外的作风截然不同。该馆电子化程度也较高，但美中不足的是，其提供的缩微胶片查阅不便，一天看下来，头晕眼花，筋疲力尽，让人感慨做学问不仅是脑力劳动，也是体力劳动。在这里顺便谈一下我对档案馆缩微胶片的想法。缩微胶片固然有利于保存原始档案，但是操作不便，清晰度不高，费时费眼费力，可谓事倍功半，在阅读的舒适度和效率上远不如纸质档案，也不如电子档案。可以肯定，缩微胶片早晚将被电子档案所取代，希望今后的学者再也不用受阅读缩微胶片之苦。

在众多的图书馆之中，南京图书馆给我留下了深刻的印象。在整洁明亮、安静舒适的古籍阅览室里，在四季如春的环境下，我可以暂时忘却世俗的烦扰，沉下心来安安静静地读书、思考、写作。窗外马路对面就是国民政府“总统府”旧址，我时常眺望那里，让眼睛得到片刻休息，但脑子却总是被民国人物挤得满满当当，他们当中的许多人，诸如民国第一位外交总长王宠惠，东吴大学法学院首任华人院长吴经熊，留美国际法博士顾维钧等，都曾经从总统府的大门进进出出，他们戴着博士帽回来，实现自己的人生抱负……从1905年严锦镕、王宠惠分别从哥伦比亚大学和耶鲁大学取得法学博士学位算起，中国近代留洋法学博士的历史已经超过了百年。100多年前，他们怀着中国法治现代化的梦想漂洋过海研究法律，100年后，我又在他们工作过的地方研究他们……

由于本书作者能力、知识和资源所限，在收录中国近代留洋法学博士的过程中，难免挂一漏万，在批评别人张冠李戴的同时自己也有可能李戴张冠。我在翻译博士论文题目的过程中，由于缺少上下文，经常举棋不定，有些术语虽然屡经推敲，最后只能选择一个中庸的译法，可能不很准确，甚至可能误译。在此，我诚恳欢迎读者批评指正，我将及时补充修订。

本书在撰写过程中还有一个深深的遗憾，即未能充分利用台湾的档案资料。近代留洋法学博士群体中相当一部分后来去往台湾，我深信在台湾一定能够发掘到他们的很多信息，至少有关他们去台后的详细履历应该可以查清。希望今后有机会到台湾进行学术调查，以弥补这一遗憾，也欢迎台湾学者同行能够不吝赐教，以促进这一研究的深入进行。

这本书稿前后耗费了我7年的光阴，开始酝酿研究这个题目的时候，我正好35岁，现在书稿终于勉强完成，而我已经40出头，人到中年。每个到了这个年龄的人，都不免为各种人事所烦扰，我要特别感谢我的妻子和女儿，她们在家里始终为我保留了一间安静的书房，一张整洁的书桌……

王　伟

2011年12月10日

上海复旦大学新江湾校区

第二版后记

“何逊而今渐老，都忘却春风词笔”。本书第一版时我刚刚四十出头，一转眼八年过去，我已经到了五十岁的关口，从当年的目光敏锐，到现在的两眼昏花。青灯黄卷催人老，再版之事不能一拖再拖。本书初版问世之后，我收到同道中人的各种鼓励之词，有些学人的论著在涉及近代留洋法学博士时直接引用这本书，这既是对我研究成果的信任，也是对我的鞭策。信任给我信心，鞭策让我坐立不安。我自己被别人的错误信息误导多次，走了很多弯路，希望我的书千万不要误导别人，不要给别人带去麻烦。我很担心《中国近代留洋法学博士考》初版中的一些问题也被当做“权威”信息而加以引用。果真如此，罪莫大焉！

我有自知之明，本书再版虽然改正了初版中的若干错误，但并非完美，更非权威。考证不详或者错误之处，敬请读者批评指正，我期待结交更多的同道中人。假如有机会，希望今后能向读者奉献第三版。

我的邮箱是 wangwei99@fudan.edu.cn，欢迎读者朋友来信交流。

王　伟

上海 2019 年 7 月 25 日

索　引

C

D

F

G

J

K

L

M

N

R

S

T

W

X

Y

Z

图书在版编目(CIP)数据

中国近代留洋法学博士考/王伟著.—2 版.—上
海：上海人民出版社，2019
ISBN 978-7-208-15635-7

Ⅰ.①中… Ⅱ.①王… Ⅲ.①法学-博士-人物研究
-中国-现代 ②留学生教育-教育史-中国-1905-
1950 Ⅳ.①K825.19 ②G649.29

中国版本图书馆 CIP 数据核字(2019)第 001767 号

责任编辑 徐晓明
封面设计 汪 昊

中国近代留洋法学博士考(第二版)
王 伟 著

出 版 上海人民出版社
(200001 上海福建中路 193 号)
发 行 上海人民出版社发行中心
印 刷 常熟市新骅印刷有限公司
开 本 635×965 1/16
印 张 41
插 页 10
字 数 645,000
版 次 2019 年 11 月第 2 版
印 次 2019 年 11 月第 1 次印刷
ISBN 978-7-208-15635-7/D・3349
定 价 142.00 元